装备建设大保障观系列

装备保障使能技术

Support Enabling Technology for Materiel

宋太亮　黄金娥　王岩磊　等编著

国防工业出版社

·北京·

内容简介

本书主要介绍了如下保障使能技术：基于性能的保障(PBL)技术、交互式电子技术手册(IETM)技术、供应链管理(SCM)技术、电子标签(RFID)技术、过时淘汰和材料匮乏(DMSMS)技术、装备一体化训练技术、预测与健康管理(PHM)技术、持续过程改进(CPI)技术、基于状态的维修(CBM^+)技术和腐蚀预防与控制技术。对每项技术介绍了技术的产生背景、基本概念、包含的关键技术，以及应用案例、发展前景等内容。

本书可供装备机关、装备研究院所、军事代表系统，以及装备研制、生产、使用保障部门和单位的管理与技术人员借鉴和参考，也可作为工程技术院校师生的参考用书。

图书在版编目(CIP)数据

装备保障使能技术/宋太亮等编著.—北京：国防工业出版社，2013.7

ISBN 978-7-118-08839-7

Ⅰ.①装...　Ⅱ.①宋...　Ⅲ.①武器装备-后勤保障　Ⅳ.①E144

中国版本图书馆CIP数据核字(2013)第127602号

※

国防工业出版社出版发行

(北京市海淀区紫竹院南路23号　邮政编码100048)

北京嘉恒彩色印刷责任有限公司

新华书店经售

*

开本 710×960　1/16　**印张** 30　**字数** 550千字

2013年7月第1版第1次印刷　**印数** 1—3000册　**定价** 89.00元

(本书如有印装错误，我社负责调换)

国防书店：(010)88540777　　发行邮购：(010)88540776

发行传真：(010)88540755　　发行业务：(010)88540717

序

随着高新技术特别是信息技术在武器装备中的广泛应用,武器装备的功能日益复杂,基于信息系统的体系作战将成为主要作战模式,作战使用对装备保障的依赖程度越来越大,装备保障工作也成为关注的焦点。历次战争表明,决定战争最终胜负的主要因素,不仅仅是武器装备的战术技术性能,还包括装备的保障性能。装备保障性能是装备能执行任务能力的度量,也是形成装备保障能力所必须具备的条件,是保证装备能否发挥战术技术性能的关键因素,没有完善的保障能力,装备就不能执行作战任务。因此,保障能力是战斗力的必要组成部分。

我国在装备建设中提出了保障能力建设并做了大量的工作。然而,装备保障工作十分复杂,需要在装备研发立项之前开始作出保障能力的全面规划。就是从联合作战需求分析到装备方案决策,直至制定初始能力文件中必须拟定有关保障能力的规划并提出预期保障性目标。随后在立项论证、设计、生产、试验和部署使用期间逐步完善及确定目标,统筹规划,协同实施,才能最终形成初始作战能力所需的保障能力。因此,需要转变武器装备保障工作发展的理念,改革装备研制的管理体制,采取先进的装备保障技术和手段等,方能有效地建设及时适用的保障能力。否则,装备交付部队后由于装备保障性设计“先天不足”,只能采取补缺配套的修补办法,来解决装备保障工作存在的问题,以致形成保障能力迟缓,甚至造成保障能力无法改善的不良后果。

20余年来,国内发布和出版的可靠性、维修性、保障性等保障特性有关的专业工程相关法规、标准、图书出版物甚多,但多数都是从装备各自设计特性角度出发阐述的。不少标准的内容和要求都是为研制过程制定的。最终结果是各项特性单独论证、单独研制和单独评审,只是完成装备定型或者生产出装备而已。其实,这一系列专业工程各自追求的特性目标都是相互关联的,都是为了一个共同目标,即装备形成保障能力或装备能执行任务能力服务的,任何一种特性都不能单独形成保障能力。在装备论证时缺乏根据任务需求对保障能力需求的详尽分析,也就不可能从保障能力需求出发来制定保障性目标和设计要求,用以进行设计并同步规划保障资源，当然也无法全面正确评价研制的最终成果是否达到预期的保障能力要求。从这个观点来说，需要在装备整个寿命周期内，树立大保障观。装备大保障观就是以装备保障能力需求为出发点和最终归宿，将各种有关保障的特性（包括可靠性、维修性、测试性、运输性、资源保障性等）综合研究，协调实现，尽快形成装备保障能力为目的的一种研究装备保障工作的学术观点和方法。大保障观也可称为保障能力观。

为此，国内有关领域的专家学者编辑出版一套从用户需求出发，以形成保障能力为目标，全面研究装备保障能力的规划、实现、保持和恢复过程，满足装备全寿命保障建设的系列丛书，以求对武器装备的保障工作起到有益的作用。以基于能力规划的方法来确定、评价、研发、部署和维持联合作战能力，国外已有较完整的法规和指令等文件。我们立足现实，从任务需求提出保障能力要求，并予以量化，付诸实践，还是一种新的尝试，肯定有不足甚至谬误之处，有待学者们商榷和批评指正。

2013 年 6 月

前　言

随着高新技术特别是信息技术在武器装备中的广泛应用,大大提高了武器装备的功能和性能,但也增加了装备的复杂程度,对装备保障的依赖程度也越来越大,因此,装备保障问题也日益突出。与此同时,信息技术的大量应用,不仅提高了武器装备的战术技术性能,而且还提高了装备的保障性能,提高了装备的保障能力。

目前,国际上和国内对"使能技术"没有给出严格的定义。使能技术的英文表述为"Enabling Technology"。一般而言,使能技术是指一项或一系列的、应用面广、具有多学科特性的关键技术。这些关键技术能够被广泛地应用在各种业务上,能协助现有科技作出重大的进步,并在政治和经济上产生深远影响。因此,装备保障使能技术是指可用于提高装备保障能力的各种技术。

本书是《装备建设大保障观系列丛书》之一,主要供装备设计人员和装备保障规划人员使用。因此,本书精选出一批目前国际上和国内正在应用的关键使能技术,从每项技术的产生背景、基本概念、关键技术,以及应用案例、发展前景等方面加以介绍,力图使读者掌握并应用这一技术,同时提供了大量参考文献供读者深入学习参考之用。

本书包括11章。第1章绪论部分主要介绍了使能技术的基本概念、使能技术的产生背景和发展趋势、使能技术在装备设计和装备保障中的应用,以及国外关于使能技术发展的最新政策,同时介绍了使能技术的需求和应用案例。第2章~第11章,每章介绍一种使能技术。

随着信息技术的发展和对武器装备作战效能要求的不断提高,大量可以提高装备保障性能的使能技术将会不断出现。本书只选择了一些常用的技术性和管理性相对较强的技术,我们将对国内和国外相关使能技术进行跟踪分析,不断地修订本书。也希望读者留意这方面的资料,对本书提供的技术提出修改意见和建议。同时希望读者加强使能技术的工程应用,如果您有更好更新的使能技术,请不吝提供给我们,我们对您的帮助表示衷心感谢。

本书某一单项技术的编者都是长期从事该项技术研究和应用的专家，他们牺牲了大量的休息时间完成编写工作，对他们所做的贡献表示衷心感谢。本书第1章和第9章由宋太亮、黄金娥、王岩磊编写，第2章由孟庆均、何成铭编写，第3章由朱兴动编写，第4章由范艳清编写，第5章由王文峰、耿力编写，第6章由曾天翔、王萍编写，第7章和第8章由张宝珍编写，第10章由丁利平编写，第11章由文邦伟编写。全书由宋太亮、黄金娥、王岩磊统编。参加本书编写工作的还有张杨、徐东、刘隆波、王琴琴。在本书编写和出版过程中得到了海军装备研究院舰船所领导的大力支持，同时也引用了专家的部分资料，在此也向他们表示衷心感谢。

目前，技术发展方兴未艾，保障使能技术层出不穷，保障使能技术研究和应用在我国才刚刚起步，有许多问题还需要进一步研究和实践，加之作者知识和经验的局限性，书中缺点和错误在所难免，恳请读者提出宝贵意见和建议。

编　者

2013年3月

目录

第1章 绪　论

随着高新技术特别是信息技术在武器装备中的广泛应用,装备的复杂性不断提高,与此同时大大增强了武器装备的战术技术性能和保障性能,但是装备保障难度却进一步加大,装备作战使用对装备保障的依赖性越来越大,装备保障问题也日益突出。

将高新技术应用于武器装备研制和保障工作,不仅可以提高武器装备的战术技术性能,而且还可以提高装备的保障性能,进而可以提高装备的保障能力,这些技术可以统称为保障使能技术。

1.1 装备保障使能技术的基本概念

目前,国际上和国内对"使能技术"没有给出严格的定义。使能技术的英文表述为"Enabling Technology"。一般而言,使能技术是指一项或一系列的、应用面广、具有多学科特征的关键技术。这些关键技术能够被广泛地应用在各行各业,不仅可以推动现有科学技术做出重大的进步,而且可以在政治和经济上产生深远影响。

使能技术是有差异的,主要表现在三个方面:一是地域差异,各国根据自身经济、科技、产业基础,结合国家发展目标,制定了本国所需重点发展的使能技术,因此各国的关键使能技术是不同的;二是层次差异,比如有多项使能技术支撑信息技术,而在宏观角度,信息技术本身就是使能技术;三是应用领域的差异,这些使能技术可以应用于不同的领域。此外,使能技术之间具有关联性,会交织,或部分重叠。

借鉴使能技术的概念,保障使能技术可以定义为:可用于提高装备保障能力的各种技术。

1.2 装备保障使能技术的国内外现状

世界各国都非常重视使能技术的发展,美国、欧盟、澳大利亚都出台了一系列政策和规划性文件,推进使能技术的发展和应用。

1.2.1 澳大利亚使能技术发展现状

2010 年 2 月 22 日，澳大利亚创新、工业与研究部(DIISR)公布了《使能技术国家战略》(以下简称《战略》)，将使能技术定义为新技术以及应用现有技术生产新产品、提供新服务或提高生产效率的技术。《战略》主要侧重于纳米技术和生物技术，并对使能技术的开发以及新技术与现有技术的结合进行战略评估。《战略》也涉及一部分信息和通信技术，特别是纳米技术、生物技术或其他技术在信息和通信技术中的新应用。《战略》主要包括以下六大主题：

(1) 制定全国统一的行动方案。按照《战略》制定的目标，联邦、州、领地的政府部门及广大利益相关者应开展广泛的联合与协作。《战略》将建立专门的联邦与州联合工作小组，协调解决与使能技术相关的问题。利益相关者的咨询委员会将提供咨询，介绍《战略》如何解决在使能技术开发与应用中可能出现的重大问题。

(2) 平衡风险与回报。《战略》将有助于帮助政府机构在制定相关政策和规章时，考虑卫生、安全、环境、社会和经济方面的因素，从而有效地管理使能技术。政府机构的工作小组将继续努力，制定统一的政府计划，来了解使能技术对卫生、安全和环境带来的影响。

(3) 公众参与。《战略》将增加公众对使能技术及相关问题的了解，帮助使能技术开发人员和政策制定人员了解公众的关切与期望。《战略》实施的"使能技术公共认知与社区参与计划"将为公众提供使能技术的准确信息，供公众参与对使能技术开发应用的讨论。

(4) 开发计量能力。《战略》将资助国家计量研究所 1820 万澳元，用于兴建计量基础设施、组建专家队伍、制定纳米技术和生物技术标准。

(5) 用技术创造更美好的未来。创新、工业、科研部将帮助政府部门、工业界和社会更好地理解使能技术的应用将如何帮助应对全球和国家面临的主要挑战，怎样提高工业生产力，并鼓励全社会负责任地开发和使用使能技术。

(6) 规划未来。通过开展具有前瞻性的各种活动，制定使能技术开发政策及管理框架，《战略》将帮助政府、研究人员、工业界和利益相关者做好迎接新技术的准备。不久将组建一个 8 ~ 10 人的专家组来指导开展相关活动。

1.2.2 欧盟委员会使能技术发展现状

2009 年 9 月，欧盟委员会公布了一份名为《为我们的未来做准备：发展欧洲关键使能技术总策略》的文件，该文件将纳米科技、微(纳)米电子与半导体、光电、生物科技及先进材料等五大科技认定为关键使能技术(KETs)。

欧盟委员会指出，KETs 的技术外溢效益和其所能产生的加成效果，可以同时提升其他领域的表现,如通信技术、钢铁、医疗器材、汽车及航天等领域,因此对欧盟地区未来的经济持续发展有着重大的影响,也有助于面对社会与环境的重大挑战,并提高欧盟在未来十年的国际竞争力。

该文件指出,虽然欧盟拥有许多 KETs 的相关研发成果,但对促进研发成果产业化的措施却有所不够。该文件中所规划的发展策略,配合欧盟持续地在研发做出更多的投资,将会有助于欧盟充分应用这些 KETs。

由于 KETs 的推广发展要注意系统性、相关性,因此要同时考虑多个不同的政策。在该文件中提出了 10 项必须考虑的问题:

(1) 将研发政策专注于 KETs;

(2) 促进欧盟境内产、学、研机构间以及产业供应链间的技术移转;

(3) 促进欧盟与会员国间发展共同的策略方案和运作项目;

(4) 运用各会员国境内的补助政策;

(5) 将 KETs 应用于气候变迁政策;

(6) 创造市场需求并配合公共采购;

(7) 与国际间高科技政策相比较,并加强国际合作;

(8) 通过双边或多边贸易谈判创造对 KETs 有利的贸易条件;

(9) 促进欧洲投资银行给予高科技产业优惠贷款;

(10) 通过高等教育与在职训练提升技术水准。

欧盟委员会将会建立一个独立的高级专家组,绘制欧盟有关各 KETs 的长期战略蓝图,并于 2010 年年底向欧盟部长会议进行了报告。

1.2.3 美国国防部使能技术发展现状

2007 年 3 月 10 日,美国负责后勤和战备完好性的国防部副部长帮办,发布军种副部长备忘录,标题为《寿命周期保障参数的输出》[1]。该备忘录提出了 14 种寿命周期保障的"使能器"(enablers),这些使能器涉及装备寿命周期内一些重要的技术和管理过程,如果这些技术得到很好的应用,将对装备战备完好性和寿命周期内的保障效果产生积极的影响。备忘录鼓励在武器装备的寿命周期过程中重视这些"使能器"的应用。这 14 种使能技术主要包括:①基于性能的保障(PBL);②腐蚀预防与控制技术;③产品唯一性确认(IUID);④技术数据/交互式电子技术手册(IETM);⑤ 基于状态的维修(CBM^+):预测与诊断,以可靠性为中心的维修(RCM);⑥持续过程改进(CPI);⑦第 10 专题:需求及 50/50,合作;⑧基地维修计划;⑨制造资源缩减和材料匮乏(DMSMS);⑩训练;⑪综合保障链管理(SCM);⑫无线电频率认证(RFID)(电子标签);⑬预测模型;⑭基于性能的协议(PBA)。

1.3 装备保障使能技术简介

进入新世纪,大量新技术不断出现,这些技术分属于不同的领域,在这些新技术中有许多技术可以提高装备的保障能力或保障效果。参考文献[2]给出了与装备寿命周期保障相关的技术如下:腐蚀防护材料;保温材料;可保障的低可见材料;过时减缓技术;技术数据自动处理技术;材料搬运技术;模拟器或训练模拟器;自动后勤声纳、数据链或信息传送;影响人的因素的先进技术,例如安全和职业健康、可居住性或者认知能力或者身体的要求;分析技术,例如自动诊断和预测;用于感觉或者趋势分析的方法/算法;能够开放系统体系结构的技术。

文献[3]给出了大量技术和方法,例如,在"系统工程设计考虑"一节中给出了如下技术:可达性设计技术;商用现成品(或者民用现成品(COTS));腐蚀预防与控制技术;关键安全产品(CSIS)设计技术;报废和非军事化(Demilitarization)处理技术;制造资源缩减和材料匮乏(DMSMS)处置技术;环境、安全和职业安全(ESOH)技术;人素系统综合(Human Systems Integration (HSI))技术;不敏感性弹药(IM)技术;互用性(Interoperability)分析技术;开放式系统设计(Open Systems Design)技术;零件管理技术;项目保护 & 系统保证(Program Protection &System Assurance)技术;质量和可生产性(Quality and Producibility)管理技术;可靠性、可用性和维修性(Reliability, Availability, and Maintainability)分析与设计技术;软件技术;频谱管理(Spectrum Management)技术;标准化管理技术;保障性(Supportability)分析与设计技术;生存性和舒适性(Survivability and Susceptibility)设计技术;产品唯一标识(Unique Identification of Items)技术。

从上面所举的例子可以看出,这些技术有助于改进系统的保障性,通过应用这些技术,产品的可靠性可能提高,从而可以降低保障费用。

我们常用的一些提高保障性方面的设计与分析技术,如可靠性工程技术、维修性工程技术、测试性工程技术、以可靠性为中心的维修分析(RCMA)、修理级别分析(LORA) 等,在这里并没有把它们列为使能技术,但是这些技术适用于整个系统,也可适用于某一层次产品,而且这些技术用于分析和评价系统达到的保障性水平,或者通过分析来提出系统及各组成部分的保障性要求。这些技术本身并不会自然提高系统的保障性,但是这些分析技术可以提供判断某一部件或者子系统是否达到保障性水平。例如,系统中的某一关键部件,可靠性非常低,不能保证产品正常功能发挥,其可靠性没有达到要求,这时候就要从结构、工艺、原理、加工、材料等方面找原因,通过设计更改,最终达到可靠性要求。这时达到的可靠性要求,不是分析和预计出来的,而是设计出来的。

因此,可靠性分析和预计技术不是关键技术,而产品中用到的某一新材料和新工艺是关键技术。因为这些分析技术都是应用非常广泛的成熟技术,而且有些还是管理技术活动,当然这些管理和技术活动对获得可保障的装备是极其重要的,必须从研制阶段的初期就开展相应的活动。关于可靠性、维修性、保障性、测试性、安全性等分析和设计技术,目前已比较成熟,而且有相应的标准可以参照执行,因此,这些技术没有作为使能技术。

根据上面的分析,考虑到各项技术的成熟性、关键性和适用性,本书重点选择如下保障使能技术进行详细介绍,同时对其他不太成熟或者未被常用的技术进行简单介绍。

(1) 基于性能的保障(PBL);

(2) 交互式电子技术手册(IETM);

(3) 供应链管理(SCM);

(4) 电子标签(RFID)技术;

(5) 过时淘汰和材料匮乏(DMSMS);

(6) 装备一体化训练系统;

(7) 预测与健康管理(PHM)技术;

(8) 持续过程改进(CPI)技术;

(9) 基于状态的维修(CBM^+)技术;

(10) 腐蚀预防与控制技术。

1.3.1 基于性能的保障

近年来,为适应新军事变革,美军积极推进基于性能的保障保障(PBL)模式,其目的是适应新的作战环境和作战样式对装备保障的要求,提高装备的战备完好性和任务持续性,缩减后勤保障规模,降低使用与保障费用,提高经济可承受性。美军实施 PBL 保障政策取得了巨大成功,目前已发展成为国防部首选的装备后勤保障政策。

1.3.1.1 基于性能的保障发展历程

20 世纪 90 年代,美军为了提高武器装备保障的效率,国防部于 1998 年颁布国防授权法 912C,授权实施产品保障创新政策,开始向 PBL 政策转变。将实施这项工作的成果写入《21 世纪的产品保障》报告,该报告描述了一种综合的产品保障环境,关注的重点是用户驱动的工作结果。

随后,国防部制定了实施基于性能的保障的工作路线图,共划分三个阶段。第一阶段,自 1999 年开始启动,致力于建立和培养实施 PBL 的环境。第二阶段,自 2000 财年开始,国防部确定开展 30 个试点项目来证明实现基于性能的保障政策的效果。这些项目涵盖所有重大武器系统族以及寿命周期的不同阶段,并贯彻了 PBL 的不同备选策略,包括全系统性能责任合同、子系统现代化、灵活的持续能力和创新的性能协议。第三阶段,从 2002 年开始全面实施 PBL。

2001 年,在四年一度的防务审查(QDR)中,美国确定了向基于能力的部队转型的方向重点,全面推行全寿命周期系统管理(TLCSM)和基于性能的保障保障(PBL)策略。2003 年,颁发 5000.1 采办文件,提出“基于性能的保障”(PBL)整体战略,并要求项目经理制定和实施 PBL 策略,目的是使整个系统的可用性最佳,同时使用与保障费用最低、后勤负担最小。该文件强调应当根据法律要求,借助政府/工业部门间的合作伙伴关系,最大限度地利用公共和私营部门的能力。

2004 年 11 月,国防部颁发《基于性能的保障:产品保障指南》,指出 PBL 是国防部首选的产品保障政策。基于性能的保障的本质是购买性能(效果),而不是像传统的方法那样购买个别零部件或修理活动。实施 PBL 可以经济有效地满足作战部队的作战任务需求。国防部积极改革合同和投资机制推进 PBL,以便购买按照性能参数度量的可用性和战备完好性。目前,美军 PBL 进展迅速,从 2000 年第一个 PBL 项目海军陆战队霍尼韦尔辅助动力装置,发展到 2002 年的 57 个项目。2005 年,现有和计划的主要 PBL 项目累计数达到 143 个。

1.3.1.2 基于性能的保障取得的成效

实施基于性能的保障政策具有如下好处:

(1) PBL 保障提高了武器装备的战备完好性和作战能力。在军用航空领域内基于性能的保障保障(PBL)合同中,美国空军与波音公司的“C-17 全球持续保障合作伙伴”(GSP)计划是成效显著的项目之一。该项目在性能参数的改进方面不断有新的突破。美国空军表示,C-17 的可用性达到了美国空军大型机队中的最高水平。C-17 的能执行任务率(MCR)目前保持在 85% 左右,飞机可用度平均达到 72%,其他的度量参数也达到了较高水平,用户满意度的主观评定超过 90%,波音也因此获得奖励。用以度量空军在 C-17 部件窗口迅速领到所需部件的发放效率,保持在 90% 以上;其他的零部件有 90% 以上能够在 48h 内送货。波音几乎是百分之百地严格按照时间进度交付所维修的 C-17,美国空军对此非常满意。据波音公司介绍,从 2001 年开始,C-17 的实际飞行时间比预期高出 5%。美国空军最初预计每架飞机每年的飞行时间约为 1000h,但实际上该项指标达到了 1200~1300h。C-17 将提前实现百万飞行小时的目标。

罗·罗公司自 2003 年起为美海军 PBL 保障 F405-RR-401 发动机。在 2003 年之前,库存的发动机的可用性已降至 70%,平均的翻修寿命低至 500h,而一台发动机通常的寿命应是 1000~2000h。在签署新的合同之后,平均换发间隔由 700h 提高至 900h。计划内的发动机拆卸率下降了 15%,发动机的平均翻修寿命提高到 1000h。在执行合同的第一年年底,发动机的可用度达到 85%。相比较而言,在刚签署合同时的可用度是 80.11%,现在达到 86.5%。而海军要求 2003 年发动机的可用度是 80%,在 2005 年达到 85%。

(2) PBL 政策可以降低系统的使用和保障费用。PBL 政策在提高武器装备战备完好性的同时,降低了使用和保障费用。据美海军统计,F/A-18 E/F 实施新的保障策略后,在产品保障费用方面节约 7400 万美元。节约的费用涉及到组成初始海军航空兵武器系统部(NAVAIR)商业案例分析(BCA)的 7 个费用要素中的 6 个。海军在 5 年期间,工程费用节约 476 万美元,综合保障费用节约 601 万美元,信息系统费用节约 1108 万美元,保障设备费用节约 7886 万美元,技术发行费用节约 464 万美元。节约费用最多的一项是保障设备费用,此项费用主要来自于组成四个费用领域的硬件采办一项。在数量削减、主要结构修理和裁剪的中继级维修方面节约费用 6350 万美元。其他项目如 H-60 试点项目,节省总拥有费用(RTOC)40 亿美元;美国海岸警卫队(USCG)的 PBL 项目,管理费用每年减少 32 万美元;M-1"艾布拉姆斯"坦克项目,到 2005 年总拥有费用节省 20%,在剩余的 30 年寿命期内,可能节省 170 亿美元的使用和保障费用;在 C-17 项目上,近 3 年使用和保障费用分别节约 1000 万、1200 万和 1500 万美元。

1.3.1.3 基于性能的保障政策面临的挑战

尽管 PBL 保障取得了显著成效,但在实施过程中也暴露出一些问题。美国积极应对这些问题,正致力于寻求最佳解决方案,以全面快速地推进 PBL 策略。

1. C-17 实施 PBL 政策暴露的主要问题

1) 如何在平时与战时的不同时期,权衡费用与可用性

波音自 1998 年开始对 C-17 实施基于性能的保障保障。第一期合同执行到 2008 年,还包括可延续到 2011 年的尚未定价的合同意向。在战时,任何时间长于 5 年的合同对双方来说都具有风险性。但在和平时期或冷战时期,则可另当别论。最近,由于 C-17 和美空军面临的作战压力,导致战备完好性参数的改进趋于平缓。波音和空军仍然在探索怎样才能确定出性能参数的合适水平。

目前双方都积累了一定的经验,并将其应用到未来的协议中去。比如,美国空军已经提高了波音每年必须达到的可用性标准,但是最近可用性的改进不大。在高强度使用 C-17 的现实环境中,美国空军希望将其可用性保持在更高水平。但是签订的长期协议中没有考虑到各种可能的情况。如果战争压力减轻,且国防部缺乏资金开展其他项目时又该如何?五角大楼很可能会以牺牲可用性的代价来降低成本。现在要关心的是如何在可用性与费用之间做出权衡?这种权衡还需要搞清楚成本与可用性之间的关系,是通过短期的成本节约就能维持下去,还是仅仅延迟了支付的时间?波音公司认为:

(1) 在设置性能目标时应将作战人员纳入;

(2) 认识到环境未来的变化,并保持灵活性。

2）军方与承包商采取怎样的合作形式

PBL 保障离不开军方与承包商的密切合作。在 C－17 实施 PBL 政策时，波音负责空军 C－17 的后勤保障，美国空军执行后勤保障方面的具体工作。空军基地现在以协议的方式提供给波音使用，波音公司向空军支付报酬。不过，波音公司与空军正在考虑，传统的工作分摊协议可能更适合于未来的合作形式，尤其是在 C－17 停产以后。这将涉及到主要的资金、承担的义务和责任。波音目前准备签署合同，要求沃纳·罗宾斯空军后勤中心 2006 年用于 C－17 项目上的工作时数为 250000h，2007 年将其提高到 450000h。美国空军必须确保未来的协议符合核心维修和基地分担 50% 工作量的法规要求。

2. F－35 PBL 保障面临的挑战

挑战一：对于 F－35 整架飞机实施 PBL 是一个新课题。政府部门希望 F－35 机队在服役 7～8 年时间，进入成熟期时的飞机可用度达到 90%。目前多数的 PBL 项目都是基于硬件层面，也有基于系统的，而基于整架飞机的 PBL 项目则是一个新课题。为了积累经验，F－35 项目办公室最近推出了两个指导性计划。伊顿宇航公司将会调查液压系统或起落架、制动系统的可用性。史密斯工业公司也与洛·马公司签订了类似的合同，确定其中一个航空电子设备或者作动系统的可用性。在未来的 6 个研发阶段，会有越来越多的子系统的合同商参与其中。从理论上，F－35 在 2012 年要实现整架飞机的单一的 PBL 合同。

F－35 PBL 项目的首要挑战将是协调武器平台的保障和持续保障提供方式从政府向伙伴关系的转变。海军和海军陆战队的 PBL 将对整个飞机机队而不仅对燃料泵或雷达系统起作用表示“谨慎乐观”。虽然已经在某些飞机（如空军的 F117、C－17、“联合之星”和海军的 T－45）的保障中应用了 PBL，但该方案对在全球使用的、由成千上万架飞机组成的庞大机队是否有效尚要拭目以待。

挑战二：如何建立 F－35 PBL 保障的整个供应链。为有效实现 F－35PBL 保障，必须建立一组通用的 PBL 过程，以便能在整个供应链中使用，并能适用于所有零部件（元器件）和分系统，包括耗材。洛克希德·马丁公司及各级供应商都将对满足 F－35 机队可用性要求和以经济可承受方式保持飞机在服役期的维修和持续作战能力负责。

洛·马公司没有将 F－35 设计成完全使用军用供应链的机型，而是吸取了民用企业的经验教训，并将其与军方做法融合在一起。现在提出的方案是，民用后勤网络负责战备物资在战区分发点之间的运送，而军方的“战区标准分发渠道”负责将这些物资运抵使用地点前的最后一段路程。由于军方负责的再补给线很短（只有几天），这就意味着有可能显著降低军方的库存。而在以往，军方在库存方面一直采用比较保守的做法，唯恐供应脱节。例如，不论在什么地域，美空军一直坚守着30天库存供应底线。而若将来采用了F-35中的PBL后勤保障办法,空军的库存量至少可以降低50%。

挑战三:如何实现飞机故障诊断技术的突破,以适应PBL。洛·马公司希望通过基于性能的保障保障(PBL)合同来应对所有的售后保障需求,以便改进传统的售后与采购成本之间的6:4之比,即售后服务占飞机总成本的60%。在将来,洛·马公司希望这两者之间的比例为5:5。

为了做到这一点,必须建立能精确预测设备的使用寿命和平均故障间隔时间(MTBF)的数据库。到2016年F-35达到批量生产时,空军、海军和海军陆战队以及包括英国、荷兰、土耳其、意大利、加拿大和其他国家的买主在内,整个F-35项目都将在全面的PBL环境中运转。这就需要在飞机故障诊断和报告方面实现巨大突破,并要求飞机的平均故障间隔时间(MTBF)比现役第三代战斗机高1倍。这将通过F-35上采用的"更为优良"的故障检测、故障隔离以及更准确的故障测试来实现。为大幅度提高MTBF,可部分通过降低故障隔离的"模糊组"(即可能导致问题的电子系统黑匣子个数)来实现。

在20世纪90年代中后期,送回大修基地修理的2/3的车间可更换单元(SRU)最终都没有发现故障。对于F-35,洛·马公司必须能够做到基本上能将故障隔离至单个SRU的水准,这样才能大大减轻飞机的保障工作负担。

挑战四:如何说服项目参与国来支持PBL政策。美国现在极力劝说各伙伴国:绕开PBL过程而自建维修队伍对整个项目参与国都是得不偿失的。但是由于各伙伴国已经出资并将会继续出资,有的国家的出资额已经占到其国民生产总值(GNP)的1%,因此,说服工作肯定是十分困难的。例如,英国已经允诺在设计与研制阶段投资20亿美元,并准备订购150架F-35。现在,尽管尚没有正式宣布,但英国确实在考虑建立自己的总装及检查(FACO)工厂以及一个维护、修理和升级(MRU)中心。这种举动可引发许多实际问题,如在洛·马公司沃兹堡总装厂之外建立多条总装线会影响到飞机生产的规模效益,造成飞机的总成本上涨,此外还涉及到技术转让、保密等方面的问题。

1.3.2 交互式电子技术手册

交互式电子技术手册(Interactive Electronic Technical Manual,IETM)出现于20世纪90年代,目前已成为美国等许多发达国家推行保障信息化战略的重要举措,也是装备保障信息化技术研究和应用的热点之一。

长期以来,IETM一直受到美国国防部和国防工业界的重视,这主要是因为IETM不仅作为一种电子手册,实现了技术手册的数字化,而且它具有交互功能,实现了技术手册的智能化;更为重要的是,IETM的数据格式采用了当前美军和国际通用的成熟标准,从根本上为实现数据的互操作性和共享性、实现数据的网络集成化提供了可能。

1.3.2.1 交互式电子技术手册的发展历程

先进复杂的武器装备,在设计、生产、使用和保障过程中会产生、传递和使用大量的技术信息数据,包括工程图纸、设计说明书、工艺卡、使用手册、培训手册和维修手册等。这些技术资料和技术手册是武器系统的重要组成部分,是支持使用操作和维护修理的重要工具和资源。

目前,这些技术资料和手册大都仍以纸为存储介质。1986 年美国国防部 38 个档案馆中存储的工程图纸达 2 亿多张;导弹驱逐舰 Vincennes 的维护手册重达 23.5t,携带这些资料将使舰艇吃水深度增加约 90mm;据透露,一套 F-16 战斗机的技术资料约 750000 页,每套成本约 21300 美元;由于重量的原因,一艘潜艇没有办法把全部维修手册随艇携带,以致有些故障必须上岸排除;1940 年,M26 坦克的技术手册只有 8000 多页,而 1980 年 M1 坦克的技术文档达 40000 多页,虽然已有少量技术资料和手册实现了数字化,但在数据格式上不能互相兼容,例如,承包商可能使用 Lotus 的 WordPro 编辑软件,军方可能只用 Microsoft 的 Word 软件,其他可能还有使用 Adobe 的 PDF 文件格式。

使用纸介质的技术手册,其后果不仅造成手册本身重量与体积大、造价高,而且其编制周期长、更新困难、使用不便;而不兼容的电子数据格式会造成频繁的数据转换、低效的数据共享和利用。两者都会延长装备设计生产周期,增加装备的全寿命费用,降低装备的保障能力和战备完好性。

1986 年,美国海军中将简姆斯·麦卡尔夫在出席 CG-52 舰的命名仪式上,发现受过高度专业训练的舰员没有将大量时间用于技术训练,而是如图书管理员一样用于查找各类维修技术手册,随后对另外三艘水面舰和一艘潜艇的调查再次证实了 CG-52 上出现的情况;1985 年,美国防部启动 CALS 项目时,就曾将技术信息的数字化、信息交换的标准化作为其重要内容。

1992 年,美国国防部面对现实需求,提出开展 IETM 项目的研究与开发。经过十多年的努力,美国国防部和海军部制定了一系列通用标准和专用标准,用以指导 IETM 的开发、应用与实施,并以统一的格式规范 IETM 的开发质量,使 IETM 能在不同部门之间、不同计算机平台上互操作,进而实现美三军之间的互操作。2003 年美伊战争,IETM 在各类信息化装备中得到充分应用:在“长弓-阿帕奇”(AH-64D)直升机的数字化维修系统中,在“艾布拉姆斯”主战坦克的数字诊断与预测“工具箱”中,都出现了 IETM 的身影。通过 IETM 可以有效提高故障诊断速度,减少维修人员的工作量,改善维修方法和过程。

IETM 的先进性是建立在对最新信息技术应用的基础上的,因此随着技术的不断发展,IETM 的技术进步出现了两种趋势,其中一种趋势是 IETM 与 Internet 技术相结合。1998 年 3 月美国海军航空兵的交互式电子技术手册的专家们根据当前Internet技术的发展,提出了基于Web的交互式电子技术手册体系结构,准备作为美国国防部所属单位实现网络集成交互式电子技术手册的标准体系结构。基于Web的交互式电子技术手册,可以通过Internet或Intranet发布、更新和获取信息,具有广阔的应用前景;另外,随着XML技术的发展,IETM领域正在使用XML作为其数据格式标准。XML可以根据信息提供者需要,自行扩展,自行定义标记及属性名,结构化地描述内容及其显示方式,具有便于表达描述、便于扩展和便于网络传输等特点。另一种趋势是IETM与人工智能(AI)技术相结合,今后的IETM集成了人工智能、专家系统和故障隔离功能,能自动进行故障分析,定位提供故障信息和故障修复信息。目前,美国国防部与国防工业界已经联合制定了新的IETM体系结构(JIA),作为IETM新的技术指南。

1.3.2.2 交互式电子技术手册的技术特点

目前,IETM最适用于维修手册,它可以将装备所需的有关故障查找与维修方面的全部技术信息集合到数据库中,为用户智能化地提供故障诊断和查找程序,使维修人员在任何需要的时间、场所和地点获得充分的信息支持。

IETM数据可以直接取自产品的各类计算机辅助设计、制造、工程的工程数据库,也可通过扫描转换,按照标准模式要求,将纸质手册和文档数字化。IETM数据不同于一般的计算机文件或多媒体数据库,而是把一套文档或手册的信息数据划分成许多信息对象,将其作为基本信息单元存储在数据库中,相互关联的信息数据按照一定的结构存储。存储时按照有关技术标准规定的中性格式,不依赖于某种特定的软件商品。读者阅读时,信息数据可以以文字、表格、图像、图纸、声音、视频、动画等多种形式表现,用户可以与计算机交互,信息数据相互参引,具有多种查询和导航功能,显示样式遵循统一标准。若有可能,ITEM可由承包商负责集成,并通过网络向用户提供服务。

按照IETM内容存储的体系结构、数据格式、显示方式和功能,国际上通常将IETM分为5级。五类IETM中,最基本的一种是一级(Class 1),最先进的是五级(Class 5)。实际上各类IETM都有自己的特点,有自己的使用对象。目前,美国很多武器装备配备的IETM一般属于比较先进的四级。几乎没有已经投入使用的技术文档和技术手册属于真正的五级。

区别于普通的交互式电子信息产品,IETM的特点主要体现在:

(1) 它以产品数据标准为基础;

(2) 它的内容主要包括产品的设计、图纸、使用、维修等数据;

(3) 它通过采用标准化和先进的多媒体技术,实现了更贴近用户、操作非常方便的用户接口;

(4) 它的存储介质具有很强的灵活性,可以是各种类型、容量合适的电子媒体,包括CD-ROM、硬盘、软盘、磁带等,也可以打印为纸张格式;

(5) 由于集成了网络通信技术,使它具有很强的网络通信和数据交换能力,保证了其数据内容的实时性和可维护性,因此分布式的信息存储形式成为其一大特色;

(6) 由于它在技术上采用了标准化的方案,使得它具有很强的开放性、可互操作性和部署能力,因此它的应用形式多种多样。目前 IETM 可以在台式电脑、笔记本式电脑、穿戴式计算机、嵌入式计算机甚至掌上电脑上使用,也可以在 Internet 上以 Web 形式实现。

1.3.2.3 交互式电子技术手册的应用示例

示例一 美国空军 F-22 战斗机便携式维修辅助装置(PMA)

F-22 是美国空军用以替代 F-15 的第四代战斗机,其综合维修信息系统(IMIS)中包含有一种便携式维修辅助装置(PMA)。PMA 是一台供维修人员带到外场去的经过加固的计算机,它是维修人员与飞机及其各系统的主要接口。PMA 可以运行 IETM,通过它可以预订备件,将各种维修工作记录在维修表格中。

该 PMA 由联信公司(AlliedSignal)研制,重约 4.5kg,使用氢化镍电池,使用键盘和功能键进行数据输入,在太阳光下完全可读。PMA 给维修人员带来的最大好处之一是,基于 IETM 可在 PMA 上显示一套详细的维修规程,告诉维修人员如何检查和更换某个部件。这些说明是交互式的,根据在维修工作过程中可能遇到的情况,向维修人员提供不同的信息。IETM 的图形取自用于飞机设计的三维计算机数据库,并被转化成经过简化的二维图,这样便于使用,而且从技术的角度看得更加清楚。将 IETM 显示在 PMA 上,这样就不需要在外场翻阅厚本的技术资料,更改时也省去了繁琐的换页过程。

PMA 的工作过程是这样的:维修人员走到飞机跟前,将 PMA 插到飞机上的一个数据口(位于轮舱和驾驶舱里),由它来接受指令。维修人员首先用 PMA 来激励某个系统,进行一次 BIT(机内测试)检查,核实故障。如果维修说明要求打开武器舱的舱门,维修人员就可以通过 PMA 将舱门打开,而不需要真实进入驾驶舱。

由于 PMA 是一个电子系统,所以它用的是最新的技术规程资料,并只显示最新的内容。在飞机旁,维修人员可以先滚动屏幕,浏览整个工作项目,然后完成各个步骤。如果存有疑问,维修人员可以将 PMA 图形中的某个部分放大或缩小。如果维修时需要零部件,可以向"维修控制"部门发一条信息,等他回去取时,零件就准备好了,他再到外场去将零件换上。该维修工作完成后,PMA 就将它记录下来,将信息送到维修控制部门。通过 PMA 还可以传送故障、零部件使用情况和消耗品等其他数据。

示例二 美国陆军"长弓-阿帕奇"(AH-64D)数字化维修系统

“长弓-阿帕奇”直升机(AH-64D)是陆军在伊拉克战争中的主战装备,该装备已采用数字化维修系统。目前航空系统国际公司AeI公司为此装备开发的数字化维修系统包括:“长弓”综合维修保障系统(LIMSS)、交互式电子技术手册(IETM)以及网络化体系结构的“蓝宝石维修管理系统”。采用数字化维修技术可以减少飞机维修人员的工作量,改善维修方法和过程;更直接地收集和确定与每一项维修任务有关的人力、备件、工具及时间。美陆军已授予AeI一项合同,利用“长弓-阿帕奇”(AH-64D)来演示验证数字化维修技术为陆军带来的益处,合同期限从2002年9月至2004年6月。

示例三 美陆军主战坦克的数字诊断与预测“工具箱”

在伊拉克战争中,美陆军主战坦克装备的信息化技术提高其自我保障能力。该类装备配备了一种数字诊断与预测“工具箱”,其主要技术就是采用了IETM。装备使用者可依据最新电子技术手册,对装备进行简单修理;对那些搞不懂的问题,还可以借助数字化通信网,向远在千里之外的专家请教,通过专家指导实现远程修理。据美军中央司令部新闻会介绍,担负南部主攻任务的美军第3机步师所有的坦克都配备了这种数字化的“工具箱”手册,士兵们往往在战斗间隙参照“工具箱”对坦克进行必要的维护。同时,五角大楼的后勤专家也通过先进的通信网对前方的士兵进行维修指导,从而减少了机械的故障率,保障了部队的前进速度。

示例四 美国海军交互式电子技术手册

在1994年,美国一家名为Martin Marietta的公司,使用超媒体交互式电子文书制作工具,花了将近一年的时间完成美国海军的蒸汽涡轮机维护手册(Gas Turbine Technical Manual)。此IETM的每一个计划,都包含了100000页以上的文字和14000个以上图形文件,另外配合声音、影像和动画的多媒体效果,在这期间共动用了20多位专家来完成此计划。此计划获得空前的成功,因为它为美国海军节省了18%~44%的机器维修时间,并且减少了50%的训练课程及43%的训练天数。

当前IETM技术在民用领域也有广泛的应用,如Lam Research公司的交互式服务手册、福特汽车公司的“发展服务轨道系统”、美国富达投资公司(Fidelity Investment Company)的“客户程序和专款咨询系统”(Procedures Manual/Fund Information System)等。

1.3.2.4 交互式电子技术手册(IETM)发展趋势

装备保障信息化就是在装备保障领域,以高技术特别是信息技术为支撑,充分利用装备保障信息资源,创新装备保障手段,不断提高装备保障的信息化、智能化水平。IETM技术集数字化技术、互联网技术和人工智能技术于一体,是新时期实现装备保障信息化的关键技术之一。以IETM推动装备保障的数字化和信息化，其所带来的经济效益和对工作效率产生的影响是巨大的。

20 世纪 90 年代初，美国国防部就将 F－16 战斗机的 750000 页技术文档制作成为 39 片 CD－ROM，对其他一些武器系统也积极采用 IETM，取得了很好的效益。据美国国防部在互联网所发布的材料透露，“艾森豪威尔”号航空母舰由于使用 IETM，进度提前 18 个月，节省 8000 万美元；SH－60 直升机由于使用 IETM，每年节省 300 万美元；美国海军 AEGIS 作战系统由于使用了 IETM 每年至少节约 100 万美元；巡航导弹（Patriot Missile）由于使用 IETM，每年仅纸张节省费用就达 25 万美元。据统计，使用 IETM，可以使生产效率提高 70%，失误率降低 50%，查询时间节省 50%，复制费用减少 70%，文档重量是原来的 1/148、体积是原来的 1/53。

美国空军新一代战斗攻击机 F/A－22 将执行从单机作战到多机联合攻击的综合复杂的空中任务。为支持该新型空军平台，波音公司和 L－3 通信公司的链接仿真与训练分部按照合同为美空军研制和生产了 F/A－22 训练系统。该训练系统由 3 个功能单元组成：飞行员训练系统（PTS）；维修训练系统（MTS）；训练系统保障中心（TSSC）。其实物组成也分 3 个部分：飞行员与维修人员训练器（模拟器）；教员带领的和学员自定步调的学习课件；电子教室。其中，多媒体课件和教室采用的都是波音 777 训练项目中选用的 COTS 顶尖技术和方法。

1.3.3 供应链管理（SCM）

随着以计算机与通信技术为代表的信息技术的飞速发展，市场经济呈现全球化发展趋势，这使企业面临着新的机遇和挑战。在这种背景下，20 世纪 80 年代末供应链的概念应运而生，并在全球制造与全球经济一体化浪潮的推动下，得到了广泛应用，并逐步形成一种新的管理模式——供应链管理（Supply Chain Management，SCM）。

1.3.3.1 供应链管理的作用及应用

（1）提高经济效益。在高技术条件下，战争的高消耗性和经费短缺的矛盾更加尖锐，效益问题上升为国家战略问题。依托社会，引入高效能的供应链管理思想，使供应链中的地方物流企业来承担和平、战争时期部分军用物资的供应保障任务，恰恰能使军用物资供应保障过程更加科学合理，而且节约资源。

（2）弥补物流系统基础设施和技术手段的不足。立足于现有物流基础设施水平实现军队物流建设的现代化，立足于现有物流设施保障打赢未来高技术局部战争，立足于我军物流建设现状实现“保障有力”的总要求，都必然要求引入供应链管理思想和模式。通过实施武器装备供应链管理，将现有的仓库进行改进，建立几个大型武器装备物流中心，完成武器装备仓库从注重数量向注重质量的转变。在此基础上，对已有仓库进行合理规划，完成武器装备、弹药仓库的整体布局，科学确定仓库储存的装备数量、种类、供应方法和供应方式，提高仓储的层次性、安全性和方便性，为武器装备的储备提供可靠的保障。

(3) 优化供应信息管理。武器装备供应链管理的信息系统由于强调共享与统一而具有更强的普适性，其在武器装备供应中的应用必然能够促进军队信息一体化改造的步伐。借助武器装备供应链管理，构建平战结合、平战一体的信息化网络，就为供应保障数据和信息快速、准确的采集、传输与处理，提高仓库管理、装卸搬运、采购、订货、配送发运、订单处理等作业的自动化水平，为部队实时掌握、跟踪、监控武器装备创造了条件，极大促进了订货、保障、保管、运输、流通加工的一体化进。

(4) 改善物资配送模式。在供应链管理环境下，武器装备供应部门可以根据不同的保障需求，自主灵活地完成武器装备的运输、配送等一系列任务；同时也可以借助社会力量进行武器装备的配送，既便于战时社会经济力量的动员，也符合我军物流军地一体化建设的内在要求。这不仅是新军事变革对我军武器装备供应保障的必然要求，也是顺应形势、加快我军武器装备建设的必然选择。

1.3.3.2 供应链的概念及结构模型

目前关于供应链和供应链管理还没有统一的定义，但大部分学者认为，供应链是围绕核心企业，通过对信息流、物流、资金流的控制，从采购原材料开始，制成中间产品及最终产品，最后由销售网络把产品送到消费者手中的将供应商、制造商、分销商、零售商直到最终用户连成一个整体的功能网链结构模式。

因此，武器装备供应链是指武器装备(包括其所配套的保障装备、零部件、器材等)经由生产、包装、采购、储存、运输、补给等环节，最终抵达作战部队(最终用户)的一个网络式链条结构。将武器装备供应链定义为武器装备筹、储、供的一个完整链条，有助于提高武器装备供应链军事和经济上的双重效益。

供应链的结构模型有多种，主要有链状模型、简化的链状模型和网状模型。链状模型主要是结合供应链及武器装备供应链的定义和供应链结构模型，得出一个简单的武器装备供应链模型。简化链状模型是对链状模型的进一步抽象，它把各级抽象成一个个的点，称为节点，并用字母或数字表示。节点以一定的方式和顺序连接成一串，构成一条图上的供应链。在简化的链状模型中，兵工厂所对的仓库不仅仅是一家，而且上级作战部队对所属部队显然也不是一对一的关系，而应是一对多的关系。保障部队 C 的供应单位不只是一家，而应是 B1，B2，…，Bn 等 n 家；而 B 也不只是一个兵工厂单独供应，而是由 A1，A2，…，Am 等 m 家；消耗单位所对应的也不仅仅是一家；这样简化的链状模型就转变为一个网状模型。

1.3.3.3 供应链管理应用案例

美军将供应链管理作为军事物流系统优化的重要思想之一，以先进的信息技术为支撑，对后勤保障的组织设置、工作流程、运输技术等方面进行整合，构建了敏捷、高效、集成的后勤保障供应链，在伊拉克战争中取得了很好的应用成效。

(1) 运作流程。美军依据供应链管理原则，采取有效措施对已运作多年的物流系统进行改进，基本构成了集成化的后勤保障供应链，实现了军事物流系统的运作优化，其运作流程如图1-1所示。

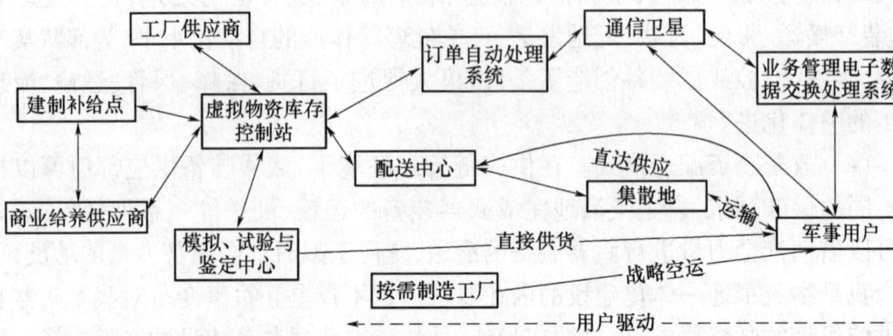

图1-1 美军后勤供应链运作流程图

图1-1中，后勤供应链包括两个部分：一是内部供应链，将后勤系统内部所有的功能结合在一起，以实现外部用户的订单；二是外部供应链，将一批独立的企业根据后勤保障需要聚集在一起，为军方提供服务。

(2) 联盟形式。美军与供应商之间的联盟形式分为三种：一是交换关系，将供应商定位于一次性商业事件中的贸易伙伴；二是合作关系，与多个供应商协作来完成任务，包括制定供应合作计划、维修、运输及相关服务；三是一体化关系，将供应商定位于后勤供应链不可缺少的一部分。

(3) 用户服务。通过有效的用户分类，可以运用已有能力的协调，迅速地将"量身定做"的物流服务提供给用户，满足不同用户的需求，持续地确保用户的满意度。

(4) 关键技术。主要包括自动识别、物资装卸载、包装、运输、通信、计算机等，用于提供三种能力：一是能够处理在供应链整个运作流程中所产生的数据，通过共享信息来下达命令和制定计划；二是能够提高战略规划和决策水平；三是能够提供战略分析工具，如一体化网络模型等。

(5) 应用效果。在伊拉克战争中，美军依靠其后勤保障战略需求，大大提高了后勤保障的可靠性、灵活性和敏捷性。主要体现在：一是满足了美军后勤保障战略需求，优化了资源配置，提高了资源利用程度；二是满足了用户的需求，基本实现了数量准确、时间及时、地点适当的后勤保障目标；三是有效提高了后勤保障业务处理效率，大大提高了后勤保障质量。

1.3.3.4 供应链管理发展前景及趋势

目前,后勤所表现出的以下5个特征,影响到供应链未来发展的趋势。

(1) 减少库存。以下各点有助于将库存减少到最低限度:持续降低资源消耗量,供应物资处于“运转”状态,由零售商直接管理库存,按订单供应部件,一站式配送,互联网信息交换方式。

(2) 更多地依赖信息技术。无纸提货单提供了在相互关联的供应链中如何加速货物流通速度的良好范例。如通过电子数据交换网(EDI),可以向客户提供电子提货单、实时运输信息,从而为客户提供更长的提货准备时间。实际上,在这种情况下,货物经常是与到货单以及其他单据同时到达的。另外,由于自动信息网络将零售商和制造商联系到一起,因此,急需的货物可以直接向制造商的配送中心订货,以减少中间环节,加快速度。

(3) 策略性外包。当自身人手减少、后勤供应方之间出现兼并,或特意为满足某个客户的具体需求时,可将某些后勤业务外包给专业公司。

(4) 共同使用公共资产。当前,随着贸易和运输业的全球化、无缝化,供应链各方联合使用某些基础设施和设备——不论其是属于军方还是民用,已成为降低后勤成本的一种有效手段和趋势。为此,美国国会已将一些国家级公路列为国家式战略通道,使其战时服务于国家安全的目的,平时则供日常车辆使用。另外,由于民用界对使用空军基地和军港的呼声不断高涨,将来更多的空军基地和军港将全面变成货运窗口,不再只服务于军事部门。

(5) 利用频繁运输航线的运营速率。采用频繁运输航线投送货物成本更低,而且货物投送时间可以更短。用于军事的频繁运输航线的一个例子是美国本土至欧洲或亚洲的航线,军用物资的运费也将采用民品的运价,以降低成本,缩短运输时间。

由于各种限制,当前武器装备供应链中,军地供应链还是彼此分离。未来武器装备供应链将实现军地一体化,即军方和军工企业决策、控制一体化。以武器装备供应链的目标为牵引,通过武器装备供应链上各个不同组织的共同努力,创造一套信息流畅、快速沟通、共同决策的供应链机制。

在这种机制中,军方和军工企业之间是“战略合作伙伴关系”,各成员有充分的信息交流,完全的信息共享,并行的运作,把个体的独立性和整体的协调性统一起来,达到双赢,实现利益一体化。一方面,军方和军工企业在所有权上是相互独立的,关系是交易关系;另一方面,双方注重共同的利益,追求长期和稳定的合作关系,讲究相互沟通,协调统一行动。这就要求军方和军工企业正确制定自己的未来发展战略,如何保证合作目标的实现必须在发展战略中得到充分体现。为实现这种战略协调与合作,军方和军工企业必须共同制定装备发展战略,各内部职能部门要充分认识和了解战略任务和目标,通过协商与合作达成共识,建立起共同的目标和价值观。武器装备发展战略制定以后,供应链运作战略应当与之相匹配,各内部职能部门的战略选择应支持供应链运作战略,以形成一个协调一致的供应链运作战略。

通过武器装备供应链军地一体化,达到军地结合、兵民结合,寓军于民、以民促军,协调发展的目的,实施人才兼容、技术兼容、生产能力兼容、设施兼容和产品兼容,从而能够最大程度地满足国民经济发展和国防建设对武器装备保障的要求。军地武器装备供应链一体化充分体现了当今世界经济和军事协调发展的思想,集中反映了供应链管理"优化整合"的核心思想。

1.3.4 电子标签(RFID)技术

随着现代战争模式的改变和信息技术的发展,对器材保障的模式提出了新的更高的要求。RFID 可以使军事后勤人员形成关于资源的综合的和集成的端到端信息。当前,美国国防部正在使有源射频识别的使用标准化并领先应用无源射频识别技术。在 2004 年,负责采办、技术与后勤的美国防部长帮办发布了要求在全国防部范围内实现射频识别的政策。

该项政策指示各军种和各局立即扩展其当前在国防部作战环境中所采用的高信息容量有源射频识别技术的利用。该项政策还指示国防部供应商分阶段地应用无源射频识别技术,要求所有物资的包装都要有专用的标识符(UID),并要他们将无源射频识别标记标在运往国防部的装备的货箱和托盘上。要求至 2008 年,全部应用该项技术。

1.3.4.1 电子标签(RFID)产生

美国防部供应链的目标状态是全面集成了的有适应性的实体,借助当今最先进的关键技术和先进的管理信息系统,使日常功能自动化并以最少的人工干预使运送中、储存中和修理中的物源达到准确和及时的可视性。射频识别是实现这个构想的基础技术。美国国防部最终要运行一个单一的、无缝的、及时响应的计划可视性网络,可访问所有的主要部分并可由整个端到端的供应链中的人们和各系统使用。

对于无源的射频识别而言,国防部要自动收集更为精细的数据,在交割的层次上注入先进的技术。这个基础将使装备在各仓库和基地间的运送合理化,增加库存准确度并使生产率得到改进。有源射频识别是一种货物跟踪能力并提供了管理合成一体的运输工作的能力。随着添加无源射频识别技术,军队正在开发一种依仗互补的有源和无源技术的端到端能力,以提供适用于所有库存的射频识别程序组合。

过去,仅在预定的交接节点收集信息,数据收集一般是被用于更新记录体系,而在某些情况下被用于生成状态报告。为了加速无源射频识别技术的采用与实现和加快学习曲线的走向，各单位都在开始将无源的能力用于类似（有时是完全相同）于遗留物资交割的一类事项处理上。然而，一俟基本的实施工作得以初具确认，真正意义上的无源射频识别就可能实现了。射频识别给出了近于实时的状态，使其更好地进行库存控制成为可能（特别是在展开的或战斗的环境中），而且使全球跟踪与追溯成为现实。

国防部将不再被限制于在固定的地点收集关于入库的与运送中的库存信息了。随着射频识别标记变得更为无处不在和该技术更为便携化，使得无论在哪里都能收集所需的信息以保障战斗指挥员的需求。同样重要的是，无源射频识别技术标准的选择要服务于削弱部门内和部门间信息流动的障碍，这在历史上就是对国防部的一个挑战。军事后勤人员将能像战斗指挥员部署与调动战斗部队那样迅速地部署与移动后勤基础设施并具有可视性。

1.3.4.2 电子标签（RFID）技术概述

射频识别（Radio Frequency Identification，RFID）技术的基本原理是电磁理论。RFID 射频是一种非接触式的自动识别技术，它通过射频信号自动识别目标对象并获取相关数据，可以识别单个非常具体的物体，不像条码那样只能识别一类物体，且识别工作无需人工干预，可工作于各种恶劣环境，并且可识别高速运动物体和同时识别多个标签，操作快捷方便，其优点是条码技术无法比拟的。

1. RFID 系统组成

最基本的 RFID 系统由三部分组成：

(1) 标签（Tag，即射频卡）：由耦合元件及芯片组成，标签含有内置天线，用于和射频天线间进行通信。电子标签中一般保存有约定格式的电子数据，在实际应用中电子标签附着在待识别物体的表面。

(2) 阅读器：读取（在读写卡中还可以写入）标签信息的设备。阅读器的控制单元的功能包括：与应用系统软件进行通信，并执行应用系统软件发来的命令；控制与射频卡的通信过程（主－从原则）；信号的编/解码。

(3) 天线：在标签和读取器间传递射频信号。任何一个 RFID 系统至少应包括一根天线以发射和接收射频信号。

2. 系统工作流程

RFID 技术的基本工作原理：标签进入磁场后，接收解读器发出的射频信号，凭借感应电流所获得的能量发送出存储在芯片中的器材信息，解读器读取信息并解码后，送至中央信息系统进行有关数据处理。

系统的基本工作流程是：

(1) 阅读器通过发射天线发送一定频率的射频信号，当标签进入发射天线工作区域时产生感应电流，标签获得能量被激活；

(2) 标签将自身编码等信息通过天线发送出去;

(3) 接收到从标签发送来的载波信号,阅读器对接收的信号进行解调和解码然后送到后台主系统进行相关处理;

(4) 主系统根据逻辑运算判断标签的合法性,针对不同的设定做出相应的处理和控制,发出指令信号控制执行机构动作。

1.3.4.3 RFID 技术在器材仓储管理过程中的应用

针对我军在武器器材仓储运输管理方面存在的问题,结合 RFID 技术、无线通信技术、数据库技术、EDI 技术、GIS 技术、GPS 技术,运用现代物流管理理念,以提高器材进/出库效率、节约时间、创造客户价值为目的,设计一个全新的、具有实用价值的仓储管理解决方案。

1. 器材仓储管理信息系统设计

1) 系统逻辑机构分析与设计

系统逻辑层次结构如图 1-2 所示。

第一层:外围手持移动设备或车载电脑终端;

第二层:RFID 中间件系统;

第三层:MIS(管理信息系统);

第四层:数据库系统。

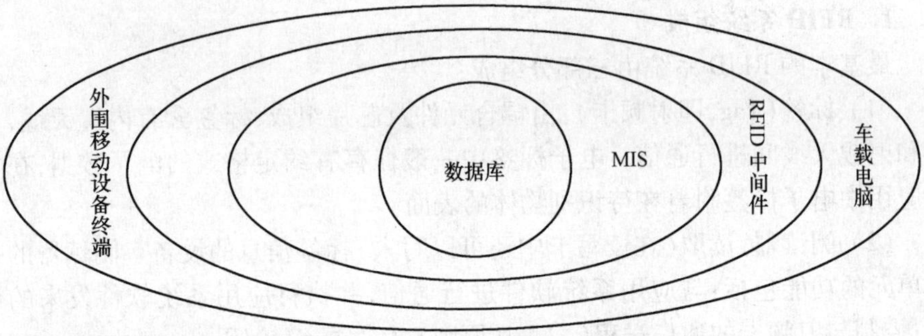

图 1-2 仓库管理系统逻辑结构

采用这种体系结构有以下几个作用:

(1) 数据采集从后台管理系统中脱离出来,提高了系统的坚固性和可收缩性。

(2) 后台管理系统与数据库存储脱离,实现了数据的独立性。

(3) RFID 中间件系统是整个系统的运营支撑平台,具有数据采集、过滤、排序、封装和转发等功能,与各功能模块无缝连接,使各不同功能模块的数据在整个平台上平滑流动。

2）应用 RFID 的仓库管理系统总体功能设计

系统的总体功能模块主要分为：出/入库管理、库存管理、采购管理、跟踪管理和数据库管理等模块，以 MIS、数据库为核心，其他子系统相互关联、相互依赖，形成了一个交错复杂的网络结构，其各模块管理如图 1－3 所示。

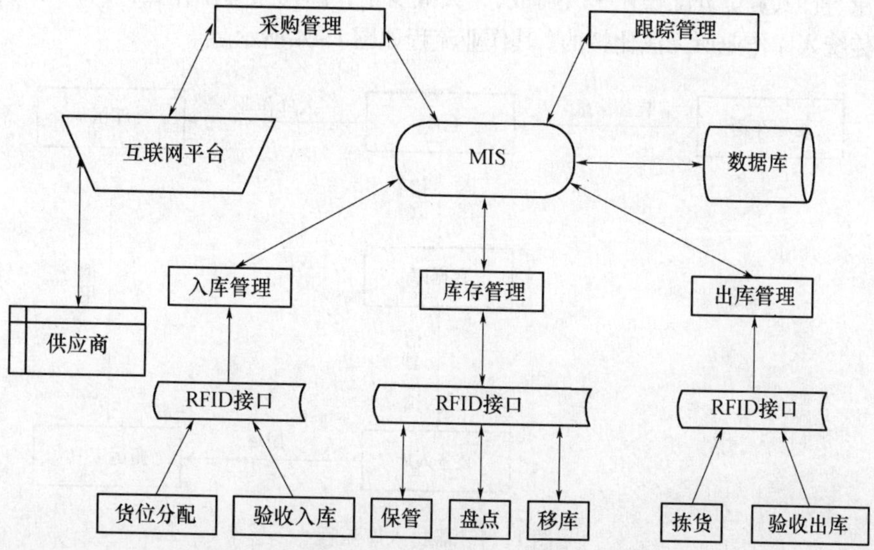

图 1－3　仓库内部主要流程

在仓库管理中，使用者直接面对的是最底层的作业层，货物经过货位分配，经验收合格，直接存库。在存库期间，可根据需要进行保管、盘点、移库等工作，当上级下达出库命令时，仓库将根据要求进行拣货、验收出库。

2. 器材仓储管理流程分析与设计

在器材下线后，贴上标签（射频卡），它含有一个独一无二的产品电子代码，然后把器材的具体情况发送到仓库，仓库接到信息后，MIS 对其进行预处理，做三个方面的安排：①安排仓库为将要入库的武器器材预定仓位，生成一个入库仓位安排方案；②向车辆下达作业指令，生成一个接装单，包括将要接收器材的 RFID 编号、名称、规格、重量、数量、包装等描述；③向库区下达入库作业方案，包括将要入库器材的 RFID 编号、名称、规格、重量、数量、包装、入库时间、安排的仓位等信息传送给库区。

在器材的运输过程中，RFID 阅读器和卫星接收机通过通信服务器，可实时发送器材上的 RFID 标志号到数据库，以查看每一件器材的变化和车辆的运行数据，实现了对武器器材运输过程的跟踪。在整个运输过程中，从制造商处接收到器材，直到送达，每件器材都可被精确跟踪，保证了武器器材运输过程的安全性。

1）器材入库

器材到达仓库，手持 RFID 阅读器将发出射频波射向标签，激活标签，开始发射各自的 ID 标志号，阅读器读取标签信息，根据已制定的入库方案，将实现货位的自动分配；根据器材都有独一无二的 ID 标志号，验货也变得格外容易。验货、入库记录、查询、货位分配操作一气呵成，大大减少了仓库内搬运工作量，节省了时间，是传统入库作业所无法比拟的。其作业流程如图 1－4 所示。

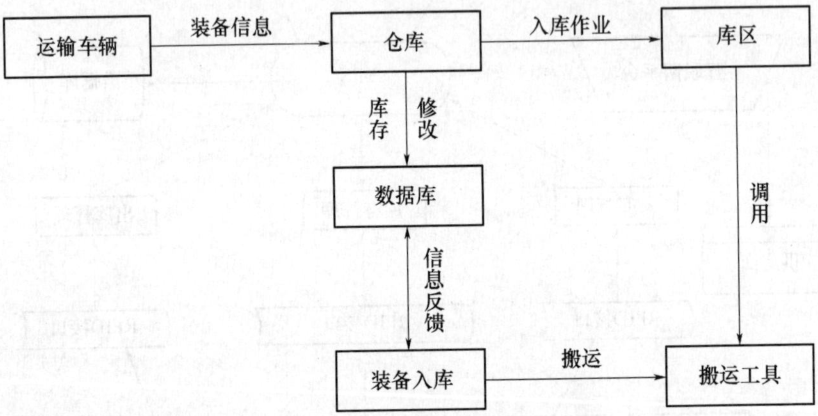

图 1－4　器材入库流程

2）保管/盘点/移库

器材出库之前，为了保证器材安全与出库的快捷，仓库要做的主要工作有：

（1）保管。整个库区应该全部置于 MIS 的监控之下，器材（RFID 标志号）、货位、摄像头之间建立关联关系。MIS 可以通过摄像头看到器材的实际状态，如要查看某一 RFID 标志号器材的状态，在 MIS 上查询到该器材，通过与它关联的摄像头，就能看到该器材在库区中的实际存储状态。

（2）盘点。将阅读器安装在库区中，库区中所有器材的信息都能实时传送到 MIS 的数据库，盘点过程只是在 MIS 上进行一次查询操作。这种模式下，盘点快捷准确，节省了大量人力与时间。

（3）移库。为了器材的集中管理、提高出库的效率，移库也是库区一项经常性的工作。与传统移库方式不同的是，MIS 可以通过器材的 RFID 标志号查看器材存放是否合理，无需到仓库实际去查看器材的存放情况（况且这种方式还不能科学的判断是否移库）。

3）拣选/出库

出库操作与入库操作类似，用 RFID 阅读器读取货位与器材信息，对照车载电脑中的出装作业方案，无需开包验货，直接装车。可见，RFID 技术实现了核对以及出库记录的一步完成。其作业流程如图 1－5 所示。

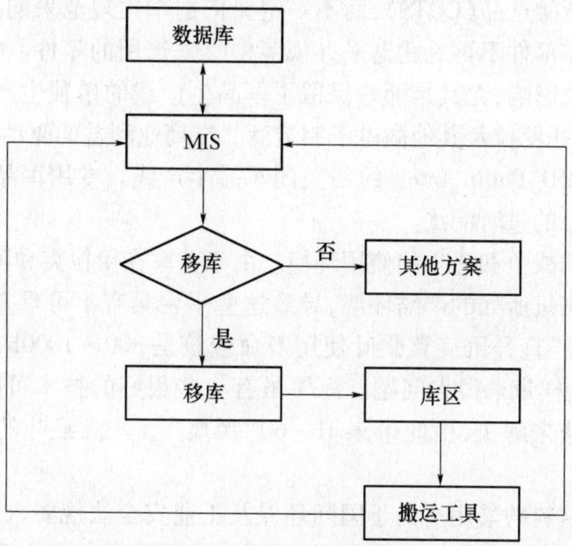

图 1-5　拣选/出库流程

1.3.5　制造资源缩减和材料匮乏(DMSMS)

武器装备过时淘汰(Obsolescence)指的是元器件、零部件、产品、器材、技术或软件不再能从原有的供应源得到,例如,原有的制造厂已关闭、制造厂可能不再生产它、制造厂不希望生产它、由于技术的进展它已被淘汰、国外进口渠道中断等。美国也将之称为制造源萎缩和材料短缺(DMSMS),又称为制造源萎缩(DMS)。

造成武器装备过时淘汰的主要原因包括以下几个方面:

(1) 复杂武器装备的服役周期长与电子元器件更新速度快的矛盾。现代电子元器件更新周期(技术寿命)一般为 18 个月,而大型复杂武器装备的研制周期和使用寿命长达几十年,且随着现代后勤保障手段的发展而不断延长,如按照美国军方当前的延寿规划:美空军 B-52 轰炸机使用寿命将超过 94 年;陆军 UH-1"休伊"直升机寿命达 49 年;海军 F-14 飞机至 2006 年全部退役时寿命也已达 37 年。复杂武器装备的服役周期长与电子元器件更新速度快的矛盾是造成军品过时淘汰的主要原因。

(2) 军品市场的急剧萎缩和军品专用生产线的关闭。1975 年美国军方在微电子市场的份额是 17%,消费需求主要是移动电话、家用电脑和其他电子设备。到 1995 年,军方所占有的微电子市场总份额不足 1%,并呈现继续下降趋势。

1994 年,前国防部长 William Perry 提出政策变革倡议,允许军方在武器系统中使用商用货架产品(COTS),而不一定要依据军用规范采购装备系统,这使得军用规范的零部件不再是武器采办规范中唯一选用的零件。COTS倡议对工业界带来了重大影响,尤其是那些保留了军品生产线的单独生产设备和保障体系的公司,如摩托罗拉及其他微电子制造商。在商业利益的驱动下,摩托罗拉及其他制造商(AMD、Philip、Intel)纷纷关闭军品生产线。专用军品生产线的关闭加剧了军品项目的过时淘汰。

(3) 频繁的战争和恶劣的使用环境。由于美军在伊拉克和阿富汗的作战速度以及在那里飞机所处的严酷环境,导致这些平台具有不可重复的耗损率。例如,H-60"黑鹰"直升机旋翼桨叶使用寿命应该是800~1000h,现在由于潮湿只能用150h,这样带来很大问题。海军虽有一些很好的技术可改善这种情况,但必须通过大修来解决,由此带来H-60"黑鹰"直升机桨叶的大量订单缺货问题。

(4) 某些材料的禁用。由于国际环保及工业安全法规要求,使得部分污染环境及对人体有害的材料被停止使用。例如,按照欧洲有害物质限制条例(European Restriction of Hazardous Substances ,ERoHS)规定,限制铅、镉、汞、多镍化联苯等材料在电子元器件制造、加工中的使用。虽然军用设备不在受限范围内,但由于许多商用电子元器件制造商同时也是军方市场的供应商,因此,铅的使用限制也给军用电子设备带来影响。出于成本效益考虑,现在许多制造商已经停止了含铅零部件的生产,这无疑又增大了军品过时淘汰问题的复杂度。

以上这些原因造成美军武器装备中的过时淘汰问题日趋严重,从而危害战备完好性并大大提高总拥有费用。过时淘汰问题已成为美军重点关注的一个问题。

1.3.5.1 过时淘汰预先管理

为了解决过时淘汰问题,美国国防部提出,最好是在过时淘汰问题产生影响之前,预先采取及时而有效的措施,以便确定过时淘汰对武器装备采办和后勤保障工作的影响并使其影响程度最小化。管理部门或项目经理通过制定有效的管理计划,可以减少或消除已确定的DMSMS问题对费用与进度的影响,同时不影响装备战备完好性和性能目标。对于过时淘汰预先管理,以下从管理流程、实施强度等级、惯例选择和成功实施关键要素四个方面加以介绍。

1. 预先管理流程

对于DMSMS问题的严重程度要求采用预先风险管理方法。预先风险管理过程包括4个步骤:问题通告、问题确认、备选方案分析和方案实施。

(1) DMSMS问题通告。通过对DMSMS问题进行评估,获得潜在和已经存在的 DMSMS 问题。将 DMSMS 问题通告以警告项目经理们某个元器件即将停产(或即将得不到),这种通告通常包括元器件数量、最后一次购买和出货日期、最小订单数量以及一些国内存货数量。为获得问题通告,项目办公室首先必须清楚了解其使用的元器件,并与能够提供通告的不同组织协作。

DMSMS 问题通告通常由美国政府与工业界数据交换网(GIDEP)、元器件制造商或原始设备制造商(OEM)发出(所有项目阶段)。在保障阶段由哥伦布防务供应中心和政府维修组织发出。

由于存在多个通告源,因此项目办公室得到的通告可能不准确、重复或延迟。项目办公室有可能早在制造商计划中断某个设备的生产时就获得通告,也有可能延迟至一种设备已经停止生产数年后才获知。

(2) DMSMS 问题确认。在收到 DMSMS 警告后,要确定 DMSMS 问题影响范围,考虑哪些系统会受到影响以及这些系统受影响的程度。

(3) 备选方案分析。通过备选方案分析、收集数据,分析费用和预期寿命等具体问题。工程人员需要综合考虑各种方法,确定一个最佳解决方案,在费用最低的情况下解决零部件(元器件)的过时淘汰问题。

(4) 方案实施。明确实施最佳解决方案所需要的投资,安排时间进度,分配各参与部门的具体责任。

2. 预先管理实施强度等级

在实施预先风险管理中,根据可用于管理的 DMSMS 资源,有 4 种等级的通用惯例。2005 年美国国防部 DMSMS 指南中定义了这 4 种 DMSMS 管理的实施强度等级。

等级 1:采取措施解决当前的过时淘汰问题。这些活动属于反应模式。包括:制订 DMSMS 计划,提出当前存在问题的解决方案等。

等级 2:采取最低限度的措施降低未来的过时淘汰风险。这些活动被称为预警模式。包括:进行 DMSMS 预测,提前发现元器件过时淘汰问题,建立货架产品清单等。

等级 3:当有机会加强保障性或降低总拥有费用时,采取更进一步的措施降低过时淘汰风险。这些活动也属于预警模式且需要额外的投资。

等级 4:在新启动系统的概念设计及生产和部署阶段采取预先措施。

3. 实施惯例选择

为了正确选择 DMSMS 实施惯例,项目经理需要根据下面几个问题评估形势。

问题 1:是否有机会加强保障性或降低全寿命周期费用? 如果答案为是,则考虑强度等级1、2和3。

问题2:是否处于设计初期阶段？如果答案为是,考虑强度等级3^+。

问题3:是否有更高层的管理人员(PM之上)开始意识到保障性问题？如果答案为是,考虑强度等级1和2。

问题4:你是否已经增强DMSMS问题的认知？如果答案为是,考虑强度等级1。

问题5:你最近是否开始意识到DMSMS问题？如果答案为是,考虑强度等级1。

4. 成功实施预先管理的关键因素

成功实施预先过时淘汰管理包括以下4个关键因素:管理"大宗买进"(buy in)、组建DMSMS管理小组(DMSMS Management Team,DMT)并选择预测工具,建立精确的材料清单(BOM)或包含技术数据包(TDP)的技术数据、财政支持。

其中组建DMSMS管理小组并选择预测工具是一个成功项目的核心。项目经理必须汇集来自项目办公室、工程、后勤、防务保障委员会(DLA)的各方代表,集中原始设备制造商(OEM)和其他机构中包括分析专家、工程师、设备专家、后勤保障人员和项目经理等各种人才将有助于管理过时淘汰问题。

材料清单也是实施预先DMSMS管理的一个重要因素。管理小组必须拥有或能够得到精确、完整的技术状态数据,在他们识别出问题零部件(元器件)之前,必须了解一个系统或外场可更换单元的零部件(元器件)和材料构成。然后管理小组应该根据费用和其他要求,选择最合适的预测工具监视零部件材料清单的状态变化,提前预测有可能发生过时淘汰的零部件。

1.3.5.2 V-22飞机的过时淘汰预先管理

1. 过时淘汰简况

V-22"鱼鹰"是一种倾转旋翼垂直/短距起飞和着陆(V/STOL)飞机,能够全天候昼夜飞行,并适应舰载环境和远程恶劣环境。随着系统寿命的增长,V-22飞机的元器件过时淘汰问题加速了对制造商的费用影响,包括设计、生产和售后保障各寿命周期阶段。这个问题对制造商提出挑战:高价值的电子设备必须能够保持可保障性水平。如果不采用预先管理过程和工具来管理零部件过时淘汰问题,这些制造商将面临日益增加的设计、制造和售后保障费用,从而将导致生产延误、费用超支、新产品投市时间延迟等各种问题。

为解决日益增长的元器件过时淘汰和DMSMS问题,V-22项目于2004年6月正式成立了一个包括政府和承包商双方人员在内的过时淘汰管理小组(OMT)。目前,过时淘汰管理小组负责监视V-22飞机上的53000多个元器件,在去年4个多月里完成了400多张过时淘汰案例单(obsolescence case sheets),并确定了解决方法。自1998财年至2004财年,过时淘汰带来的总费用节省约为3900万美元。而该OMT小组通过持续的努力,仅2005一个财年就节省了2700万美元。

2. 过时淘汰预先管理

V-22的过时淘汰预先管理工作包括:①制定过时淘汰管理计划(OMP);②建立过时淘汰管理小组;③开发一系列不同的过时淘汰数据工具;④实施验证与分析表程序;⑤经济可承受性的解决方案;⑥经费支持。

1) 过时淘汰管理计划(OMP)

V-22过时淘汰管理计划(OMP)将确定一个预测、识别并控制从方案设计直至退役的全寿命周期内过时淘汰影响的预先管理过程。这个计划将利用一切可用资源(包括国防部(DoD)、海军部(DoN)、美国空军及工业界的DMSMS工具等),综合以往的研究成果,从而避免重复工作。它将系统技术状态和元器件可用性信息与其他项目信息(如系统可靠性、备件可用性、预先产品改进计划等)结合在一起,形成供分析使用的基准数据。利用这个信息,OMP为V-22项目提供过时淘汰通告、过时淘汰对生产与保障的短期和长期影响程度,以及降低过时淘汰风险的建议。

2) 过时淘汰管理小组(OMT)

V-22过时淘汰管理小组(OMT)主要的目标是负责制定处理V-22过时淘汰元器件的程序,为IPT提供指导,解决常见的过时淘汰资金问题,并与海军航空系统司令部(NAVAIR)老龄飞机综合产品组(AAIPT)、空军装备司令部(AFMC)、老龄飞机系统项目办公室(ASC/AAA)、DMSMS工作组、政府与工业界信息交换网(GIDEP)、海军DMS工作组和空军DMS工作组等组织保持合作。OMT的任务是依照以下政策和指南:DoD 4140.1-R,海军部长指示5000.2C,负责研究、研制与采办海军助理部长备忘录(2005年1月27日),负责后勤的海军助理部长帮办备忘录(2004年5月10日),预先管理和降低V-22武器系统的过时淘汰问题,提高作战能力,降低总拥有费用,减轻全寿命周期内的DMSMS影响。这个专题小组由包括工程与后勤人员在内的多学科专家组成。

3) 过时淘汰数据工具

预先过时淘汰管理中一个重要的部分是持续地评价设备中使用元器件的潜在DMS风险,在设计阶段发现对潜在过时淘汰事件的早期告警能够帮助综合产品组确定可能发生DMS问题的危险区域,并制定降低风险计划。而过时淘汰数据工具则有助于确定V-22飞机零部件(元器件)的健康状况,对需要解决的分系统进行优先排序,并预测未来可能出现的过时淘汰问题。V-22过时淘汰管理小组拥有一整套可用的过时淘汰管理监视工具,包括AVCOM、Q-Star、TAC TRAC、OMIS等。另外,在方案设计、再设计或设计评审阶段,为使DMS对设备的影响最低，综合产品组还应该建立健康分析评价的基本原则，包括：

（1）元器件选择：应该尽可能选择那些过时淘汰风险较低的元器件；

（2）技术路线图：研制设备与元器件技术路线图，并将其与系统级技术路线图综合在一起，以预测过时淘汰情况；

（3）设计特点：设计的模块或集成电路板应该易于综合或引入替换元器件、新技术元器件或电路模块。

4）验证与分析程序

验证与分析由过时淘汰小组指定贝尔－波音责任机构完成，其用途是：验证元器件当前可用性、预测未来可用性、显示制造商数量、确定过时淘汰元器件的解决方法。该过程从获得 V－22 设备元器件清单（EPL）和材料清单（BOM）开始，将其载入过时淘汰管理工具，持续地监视 V－22 设备中使用元器件的潜在过时淘汰风险。管理系统过时淘汰的一个重要工作是保存当前配置和技术状态，当由于再设计和升级或过时淘汰的影响而在系统中添加元器件时，需要开展过时淘汰评价，并监视可用性状态变化。V－22 OMT 还利用来自 GIDEP 或其他来源的产品断档通知（DCN），为元器件序号调查列表提供易于操作的界面。

5）经济可承受性的解决方案

完成初始评价后，所有的过时淘汰通告（从 V－22 OMT 过时淘汰监视工具得到的或是供应商停产通知）都将通过表单（Case Sheet）输入到一个 V－22 过时淘汰验证与分析系统中。评价结果可以帮助管理 V－22 系统的决策者通过降低再设计概率来提高经济可承受性。为了使过时淘汰对设备的影响降到最低，V－22 项目办公室尽量综合最及时且效费性好的解决方法，具体解决措施包括：直接替代、寿命型或过渡性购买、功能性替代、回收、再设计等。值得注意的是，成本最低的方法未必就是最佳的解决方法，往往需要根据用户的要求进行综合评价。

6）经费支持

淘汰管理小组根据各项目阶段确定 DMSMS 资源保障需求及为满足这些需求所需的经费。除了当前的 DMSMS 经费需求外，OMT 还为 V－22 项目提供未来预算请求，确定预算交付过程并讨论获得充足经费的进度。如果经费不足，OMT 则将向项目经理递交报告陈述不足之处及其对战备完好性的影响，并提出建议措施。V－22 OMT 研制了 V－22 偶生工程（Non－Recurring Engineering，NRE）、过时淘汰商情分析（BCA）和项目过时淘汰管理（POM）模型用来评估费用节余。

此外，F－22 先进战斗机和 B－2 轰炸机项目中都成功地开展了过时淘汰管理，经验表明，在项目早期实施过时淘汰预先管理、制定详细的过时淘汰管理计划、给予充足经费支持并成立专门的工作小组负责相关工作，是降低过时淘汰风险及由此带来的各种费用的最有效方法。

1.3.6 装备一体化训练系统

进入21世纪以来,世界各国军队遇到的一个普遍的问题是,在训练经费减少和训练时间缩短的情况下,如何提高训练质量。高技术复杂武器装备的发展,突出了人—武器装备全系统优化的重要性。武器装备越现代化,对人员的训练保障要求也越高。比如,未来坦克装甲车辆采用的复杂装备及在高技术条件下诸兵种协同作战的复杂性,都增大了乘员和部队维修人员使用和维修训练的作用及训练的难度。借助于飞速发展的现代信息技术,可以采用多种方式来共同促进这些似乎自相矛盾的目标的实现。

1.3.6.1 美军的三次训练改革

美军历来十分重视适应战争发展和任务变化进行训练改革,自越南战争以来,已经先后掀起了三次训练改革,推动美军战斗力不断跃升。

第一次训练改革产生于越南战争结束至20世纪80年代初期。越南战争结束后,美军在认真总结和反思越战经验教训的基础上,由陆军提出"战时怎么打、平时就怎么练"的训练指导思想,并以此为指导先进行训练改革,随之带动了海、空军训练变革。

美军第二次训练改革,产生于20世纪80年代初期至20世纪末,其主要标志是掀起了以计算机模拟为核心的模拟化训练。进入20世纪80年代,以计算机技术为核心的现代模拟技术快速发展,为美军进行第二次训练改革提供了物质技术条件。这一时期,美军认为,运用计算机技术进行模拟训练,是一种可以最大限度利用资源、贴近实战的训练方式,体现了训练的一大飞跃。为此,20世纪80年代以后,美军开始将计算机模拟技术广泛应用于训练领域,并专门成立了负责研制、开发、管理模拟训练系统(器材)以及支持美军模拟训练的执行部门——"美军国家仿真中心",建立了各种作战实验室和各类大型训练基地,广泛应用虚拟现实手段进行"战争预演"。此外,这一时期,美军在大力运用计算机技术推广模拟化训练的同时,还十分强调实兵实装实弹训练,特别是联合实兵实弹演习具有不可替代的实践作用。在海湾战争、科索沃战争乃至阿富汗战争和伊拉克战争中,美军第二次训练改革的成果都得到了全面验证和展示。

进入新世纪后,美军为适应美国国家安全战略调整和战争形态发展变化的需要以及全面推进美军军事转型的任务需求,正在积极掀起以"全面联合"为主要标志的第三次训练转型。2004年6月21日,美国国防部正式批准执行《国防部训练转型实施计划》。这标志着作为美军新军事变革重要组成部分的训练转型,开始进入全面实施阶段,由此也正式拉开了自越南战争结束以来美军第三次训练转型的序幕。2006年2月23日,国防部发布修订后的《国防部训练转型计划 2006－2011 财年》。2006 年 5 月 8 日，国防部发布《国防部训练转型策略计划》，根据 2006 年《四年度防务评审》的新精神对国防部推进全军训练和教育转型的策略做出修订。训练转型是当前美军全面军事转型的重要组成部分。

1.3.6.2　美军第三次训练转型的目标和核心内容

为实现国防部长要求的为国防部提供动态、基于能力的、支持“一体化作战”的训练的构想，美国国防部训练转型实施计划对以往的训练指南、指导及实施指示做出更新，为跨军种、联合作战部队、国防部部局之间、政府之间以及跨国作战行动等所有领域的国家安全需求提供支撑。

美军在 2006 年《国防部训练转型实施计划》（以下简称《实施计划》）和《国防部训练转型策略计划》中明确提出了美军训练转型的 2 项任务和 5 项目标。

2 项任务是：更好地实现联合作战；实现国防部基于能力的持续转型。

5 项目标中的下述 3 项目标支持更好地实现联合作战的任务：通过调整联合教育和训练能力与资源满足战斗司令部作战需求，持续改进联合部队战备完好性；统一各军种、机构和组织之间的训练工作；开发个体和组织本能地从联合作战角度考虑问题的能力。

其余的 2 项目标支持实现国防部基于能力的持续转型的任务：

为新的作战方案和能力准备兵力；开发能即时准备和适应新兴挑战的个体和组织。

美军《实施计划》指出，要通过发展和运用“联合知识培养与分发能力”（对个体进行联合训练）、“联合国家训练能力”（JNTC，对各部队单位、参谋机构和联合特遣部队进行训练）和“联合评估与赋能能力”（对国防部训练计划的转型工作进行鉴定）来实现训练转型的上述任务和目标。这三种联合能力构成美军推进训练转型的核心内容。

（1）联合知识培养与分发能力：主要解决美军各级军官、军士、士兵和国防部文职人员单个人员培养和训练的问题，目的是通过以知识为基础、以网络为中心对单个人员进行全程培养和训练，强化他们对联合知识、联合技能和联合战法的熟练掌握，不断提高单个人员的“智能互通化”，形成本能地从联合作战角度考虑问题的思维能力。

（2）联合国家训练能力：主要解决各级各类单位进行集体训练的问题。

（3）联合评估与赋能能力：主要解决优化训练转型管理机制和提供赋能手段的问题。

1.3.6.3　一体化训练方案及技术实现

1. 高级分布式学习（ADL）

1997 年 11 月，美国国防部和白宫科技局面对计算机技术和网络技术的广泛应用及远程教育各自为阵的局面，提出了统一开发网络远程教育的方案——

高级分布式学习(ADL)系统。ADL是对过去的远程学习方式的发展。它以新兴的网络技术为基础,力图将分散的教育资源如授课教师、问题专家和传统的授课方式结合起来,把课程送到军营、机场、舰艇和维修基地,突破单纯院校课堂教学的老框框,寻求函授、互联网教学等新方式,以实现以学习者为中心的继续教育和训练变革。ADL的技术建立在计算机、远程通信和网络技术迅猛发展的基础上。这些信息技术的发展逐步打破了训练和使用的界限,使得军方能更完整、宏观地看待并解决教育和训练问题。

2. 分布式任务训练(DMT)

DMT是指由实况仿真、虚拟仿真和构造仿真共同构建的共享性训练环境,受训者可以个体或团体的方式进行各种层次的作战训练。例如,不同的受训者可以在不同的地点进行同样的训练,也可以进行内容完全不同的训练;可以自己独自地进行自选的项目训练,也可以进行团体间的对抗训练,即军事演习。在DMT环境下,受训者可以使用网络提供的任何一种武器或场景,实时互动地模拟各种复杂局面,逼真地展示各种可能发生的实战情形,从而为各军种从各自的专业领域或具体部署地参加综合演练创造了条件。所有这些,都有助于形成按需提供、实际自然的训练环境,并极大地打破资金、政治地理、实际技术条件以及组织调度等环节的限制,提高训练的有效性,减少与实战之间的差异。

3. 嵌入式训练(ET)

嵌入式训练系统是指在作战系统、分系统或装备上装入或增加的训练能力,它能够使装备的使用和维修人员更加熟练地掌握各项技能。嵌入式训练的概念包括以下三个方面:一是嵌入式训练的综合训练环境;二是多媒体的训练设备;三是训练与管理。嵌入式训练除具有较传统的教室训练更容易接近的明显优势外,在正确地开发和实施前提下,还具有能产生更好的使用性能的潜力。嵌入式训练系统具有的优势具体表现在:

(1) 通过减少训练所需的额外设备来降低成本;

(2) 消除训练环境与工作环境之间的差距,加速训练向在职性能的转变;

(3) 提高训练设施的可用性,提供充分及时的训练等。

当前的嵌入式训练模型是一种基于场景(scenario - based)的自由练习仿真。在该模型中,作战系统被置于一种仿真模式中,并通过模仿外部输入和事件的真实信息来激励该系统。外部仿真和内部(任务)仿真共同组成一种训练场景,代表系统使用人员或维修人员(学员)需要面对的具体任务形势。大多数情况都是在训练之后才由教官或训练小组向学员提供对其成绩的评价和反馈,有时教官根据自己的观察适时加以干预。因此,当前的嵌入式训练必须增加支持训练成绩监督、诊断、反馈以及新问题生成和问题仿真的自动化能力,形成先进的嵌入式训练系统。

先进的嵌入式训练系统将加入人类教官的许多特征，诸如：该系统将是智能化的，因此能够通过提供反馈或改编训练方案的方式对学员的响应进行解释、做出决策并立即做出反应。此外，该系统还具有人类教官所不具备的特征，比如：它可以监督每位学员所做的反应，可以根据现代训练理论可靠地、系统地提供最佳训练反应。这种系统考虑了所有在统计上已获得证明的变量，预计训练成绩相对于训练标准答案的偏差（包括学员经验、学员资格、学员的学习风格、团队成员的特征等）。其目的并不是要代替人类教官，而是为他们腾出更多时间集中用于与团队协作开展与活动有关的“更软”的事务上。

4. ADL、DMT、ET 三种训练方式的关系

高级分布式学习（ADL）主要解决的是单个人员全程培养和训练的问题，目的是充分利用国防部和各军兵种现有的教育训练资源，通过以知识为基础、以信息技术为手段、以网络系统为中心，创造出一个互通的分布式学习训练环境，使任何人员在任何时间和地点（包括跨军种、跨部门、跨政府和跨国界）都能够接受联合教育训练。美军训练转型中大力提倡采用 ADL，旨在强化美军各级军官、军士、士兵和国防部文职人员对联合知识、联合技能和联合战法的熟练掌握，不断提高单个人员的“智能互通化”，形成本能地从联合作战角度考虑问题的思维能力，帮助实现联合知识培养与分发能力。ADL 在美国整个国防部范围内得到推广应用。

分布式任务训练（DMT）是借助高速、宽带通信网络、高性能计算机和虚拟现实等技术，将独立的训练模拟器连接起来，共同组成一个完整的任务训练系统，使不同军种和个人在一种由实况仿真、虚拟仿真和构造仿真共同组成的共享性训练环境下，可以根据具体情况选择适合自己的部分，开展有针对性的任务训练。这种新的能力支持单军种和多军种大规模作战演习。DMT 现在进一步发展为分布式任务使用（DMO）。DMT/DMO 主要用于美军的战术演练，在空军和海军的飞机以及陆军的坦克和装甲车中都有应用。

嵌入式训练（ET）是将高保真的合成环境训练能力直接嵌入到作战平台中，使士兵在前方部署地能够针对一定范围的基本战斗/交战活动开展训练，还可以在作战开始前事先演练实际的使用或维修任务想定。美军在当前的训练转型中要求采用嵌入式训练计划，旨在通过依托全球联合训练网络系统，与重要国防采购项目同步设计和实施相关武器装备的训练，为部署在世界各地的美军部队及时提供熟练掌握新装备的训练，实现训练系统与国防采办的一体化，推动实现“联合国家训练能力”。ET 在美国三军都有应用。

1.3.6.4 一体化训练方案在美军典型型号中的应用

美国空军新一代战斗攻击机 F－22 将执行从单机作战到多机联合攻击的综合复杂的空中任务。为支持该新型空军平台，波音公司和 L－3 通信公司的链接仿真与训练分部按照合同为美空军研制和生产了 F-22 一体化训练系统。该训练系统由 3 个功能单元组成：飞行员训练系统（PTS）；维修训练系统（MTS）；训练系统保障中心（TSSC）。其实物组成也分 3 个部分：飞行员与维修人员训练器（模拟器）；教员带领的和学员自定步调的学习课件；电子教室。其中，多媒体课件和电子教室采用的都是波音 777 训练项目中选用的 COTS 顶尖技术和方法。

1. 飞行员训练系统（PTS）

PTS 采用 L-3 通信公司链接仿真与训练分部的三种复杂的模拟器，即全任务训练器（FMT）、武器与战术训练器（WTT）和出舱程序训练器（EPT）。

FMT 飞行模拟器采用固定位置安装，它不但能提供真实的视觉感受，而且可以对外界地貌、大气环境以及飞行环境中的敌方威胁和目标进行动态模拟。FMT 的驾驶舱位于一间后部有 9 个投影面的部分网格穹顶建筑物内。驾驶舱的外形整体尺寸与实物相仿。此外，驾驶舱内的控制、显示仪表都按实物进行配置，FMT 外部世界的飞行速度全方位视野也极其逼真，完全可以为飞行员创造一种身临其境的感觉。

在每个训练地点，FMT 按 4 台一组相互联网。各 FMT 可以单独使用，独立完成比较单一的训练任务；也可以与本组中其他任一台或几台 FMT 搭配，共同完成比较复杂的训练任务。FMT 配置有录像设备，可以将训练过程记录下来，以便事后分析。

WTT 属于程序训练器，在飞行员开始 FMT 或实际飞机训练之前使用，主要目的是精确训练飞行员操作飞机系统和投放武器的技能。WTT 采用的是简装型、部分驾驶舱，只具备前视野和完全仿真的任务设备。它可以提供基本的导航、通信、武器准备和投放用的显示器、仪表板和开关。飞行员利用 F-22 的空军任务支援系统（AFMSS）为 FMT、WTT 和飞机准备任务数据。FMT 的录像设备记录驾驶舱仪表和平视显示器（HUD）的导向、标志、重叠的座舱外前方视场，以便飞行后报告。

EPT 主要用于训练飞行员在正常和紧急情况下正确上下驾驶舱，以及在地面和飞行中的弹射操作。

2. 维修训练系统（MTS）

基本的维修训练系统（MTS）所在地主要由 7 个全尺寸局部飞机模型和 1 台教练机的发动机共 8 部分组成，即：燃油系统；机上结构修理；军械系统；起落架与辅助电源；后机身；驾驶舱与前机身；座椅与座舱盖；发动机。此外，MTS 还采用一些小型实验室和后方车间训练场景，利用不太昂贵和可修理但不适于飞行使用的零部件，对部件级维修技能进行训练。

F-22 的综合维修信息系统（IMIS）对全机队的所有维修信息进行记录和联网。有些更为复杂的训练器还像其真实的飞机一样，可以提供机上诊断功能，其诊断信息也下载到 IMIS,模仿真实飞机维修数据的传送和分发。学员和航线维修技师还可利用装载 IMIS 的便携式维修辅助设备(PMA),实现训练器与可运输的 IMIS 控制台之间的数据交换。

3. 电子教室

飞行员和维修技师教室指导采用的是多媒体计算机训练(CBT)手段,即桌面电脑和墙上投影。先编写教学课件,然后以视听方式投射在墙上大屏幕上;课件中采用的复杂图表,都来自 F-22 工程设计中的计算机辅助设计原材料;照片都是数字化照片;教授的内容都由业务专家负责撰写,他们一般都具备多年操作现役一线武器系统的丰富经验。

在教学过程中,专家一般采用为波音 777 研制的十分先进的教学方法、程序和工具;学员则在个人计算机工作站上,以自定步调或教员引导的方式开展学习,参加测验。学习材料中包括互动式的图表、录像和仔细制作的听力素材。在教师指导的、基于计算机的维修训练过程中,教员可利用控制台投射课件材料,将特定的课件发送到指定的学习站,并监督学员的学习情况。在飞行员训练过程中,学员既可以听多媒体学术讲座,又可以在武器与战术训练器教室学习教员提供的训练任务信息和图形演示程序。然后,学员在自己的 WTT 控制台和仪表板上进行练习。

4. 训练系统保障中心(TSSC)

F-22 训练系统的使用与保障功能通过训练管理系统(TMS)和训练系统保障中心(TSSC)综合在一起。TMS 将提供进度管理、保存学生档案以及训练系统性能的持续评价。TSCC 将提供技术状态管理、数据图书馆、设备保障、课件维修保障和训练系统所有单元的承包商后勤保障。

TSSC 及其 TMS 所包括的工具、方法、过程和技术规程数据原始材料,都是为了确保在 F-22 项目的整个寿命周期中,在所有需要的地点为训练系统提供保障。当学员的经验、角色和任务发生变化时,TSSC 还能对训练课程和设备进行修改、改进和扩展。

TMS 是跟踪学生训练和试验进度的一种工具,它还跟踪和计划所有训练设施相对于学生实时要求的可用性,这样将最大程度地减少训练对设备计划维修和非计划维修的影响。

TSSC 的技术状态管理可确保与飞机的技术状态和使用保持一致。每个训练地点都具备并保持与其常规和特定任务相适应的最新的训练材料。当机队增加了新的任务或武器系统时,将由 TSSC 准备并分发相关的训练材料。

1.3.7 故障预测与健康管理(PHM)技术

故障预测与健康管理(PHM)技术作为实现武器装备基于状态的维修

(CBM)、自主式保障、感知与响应后勤等新思想、新方案的关键技术,受到美、英等军事强国的高度重视和推广应用。

PHM 系统正在成为新一代的飞机、舰船和车辆等系统设计和使用中的一个重要组成部分。它包括两层含义:一是故障预测,即预先诊断部件或系统完成其功能的状态,确定部件正常工作的时间长度;二是健康管理,即根据诊断/预测信息、可用资源和使用需求对维修活动做出适当决策的能力。实际上,PHM 技术现已广泛应用于机械结构产品中,比如核电站设备、制动装置、发动机、传动装置等。而将 PHM 技术应用于电子产品则是近年来国外科技研发的重要发展趋势之一。

1.3.7.1 PHM 的产生与发展

目前国外对电子产品 PHM 技术的研发主要集中于军用电子产品,重点包括两部分内容:一是产品寿命周期原位监测中的传感系统与传感技术;二是残余寿命预测的故障诊断模型与算法。前者集中于开发无线微型传感器,以取代尺寸较大且需要有线传输数据的传统传感器。后者致力于探索各种不同类型的诊断模型与算法,为军用电子产品故障预测能力提供理论基础。

国外参与 PHM 相关技术研发的单位非常广泛,如美国国防部和三军的有关机构;NASA;波音、洛克希德·马丁、格鲁门、ARINC、霍尼韦尔、罗克韦尔、雷神、通用电气、普惠、BAE 系统公司、史密斯航宇公司、古德里奇公司和泰瑞达公司等跨国公司;康涅狄格大学、田纳西大学、华盛顿大学、加州工学院、麻省理工学院、佐治亚理工学院、斯坦福大学、马里兰大学等著名院校;智能自动化公司、Impact 技术公司、质量技术系统公司(QSI)、Giordano 自动化公司等软件公司;荷兰 PHM 联盟(DPC)、Sandia 国家实验室(SNL)、美国国防工业协会(NDIA)系统工程委员会、美"联合大学综合诊断研究中心"、美测试与诊断联盟(TDC)等协会和联盟。其中,研发电子产品 PHM 技术的单位首推马里兰 CALCE 电子产品和系统中心,其水平处于世界领先地位。

目前国外采用的电子产品故障预测方法可以归纳为以下三类:

(1) 通过监测失效征兆来预测故障;

(2) 通过设置预警电路(Canary Devices)来预测故障;

(3) 通过建立累积损伤模型来预测故障。

除上述三种方法外,国外研发机构也在努力探索使用新方法。比如,史密斯航宇公司在飞机和直升机子系统中综合利用奇异值分解、主成分分析和神经网络进行非线性多元分析以及异常状况检测;NASA 在航天飞机中使用故障检测算法(包括高斯混合模型、隐马尔可夫模型、卡尔曼滤波、虚拟传感器等)来检测产品异常状态;范德比尔特大学在航宇产品中使用前馈信号(泰勒级数展开)来预测故障。

1.3.7.2 PHM 面临的挑战

虽然国外研发机构对军用电子产品 PHM 技术表现出浓厚兴趣，而且发展迅速。但就目前来看，电子产品 PHM 技术还远未成熟，至少在以下方面面临巨大挑战：

(1) 残余使用寿命预测中的不确定性；

(2) 间歇失效的预测；

(3) 电子产品寿命周期数据的原位监测；

(4) 对 PHM 技术投资回报率的评估；

(5) 确定系统性能的阈值；

(6) 建立电子产品的基于物理的损伤模型；

(7) PHM 技术与传统电子产品的集成。

在电子产品中实施 PHM 技术的其中一个挑战是将该技术集成到传统电子产品中。传统的电子产品，尽管经常表现为竞争力差而且与现代产品的兼容性差，但由于其替代产品没有研发出来，所以仍在使用。在传统的电子产品中，比如老龄飞机的航电系统，失效模式与失效机理往往不清楚。另外，缺乏传统系统的应用专家，致使 PHM 算法中的故障预测建模不成熟和不充分。

将 PHM 技术集成到传统系统中的另外一个挑战是，难于用兼容方式综合各种技术。PHM 系统包括传感器、电子设备、计算机和软件，大部分是商业货架产品(COTS)。这些商业货架产品常常对操作环境、输入参数和使用条件具有特殊要求。一个 PHM 系统在综合到电子产品中时，需要首先克服与它自己子系统的集成障碍。

美国国防工业协会(NDIA)2006 年 4 月 13 日公布了 NDIA 电子产品预测技术工作组最终报告草案。该报告针对电子产品 PHM 技术研发现状与问题确定了四个领域的开发需求：①工具——预测系统设计工具、技术评价工具、实施的经济性分析工具以及维修过程集成工具等；②电子预测技术——工作环境传感器、器件操作体制传感器、软件预测等；③模型——失效物理、设计验证、维修过程评价、环境影响、电子预测对系统级功能性能的影响等；④硬件——用于工作环境和事件的检测与记录的硬件，以解决有用寿命的损失测量；PC 板电子预测信号感应、电缆和互联故障检测用的纳米传感器。

最终报告草案最后给出了电子产品预测技术实施路线图计划，即从上述具体开发需求出发，在四个基本领域(工具、预测技术、模型和硬件)实施大量广泛的科研项目。这些电子预测开发项目时间范围从 2 年到 5 年不等，研发内容从基本的科学技术工作到最终的验证与确认。项目每个阶段预期持续 18 ~ 24 个月。准备进行验证与确认的技术取该时间范围的下限，而处于科技开发水平的技术取该时间范围的上限。该任务路线图分阶段实施，以适应项目的互相关性。

伴随着电子预测部署能力的验证与确认和螺旋式开发,该路线图计划准备用8年左右时间完成。

在军用电子产品领域应用PHM技术已成为国外科技研发的重要发展趋势。国外工业部门与国防部门对该技术的研发主要应用于飞机/直升机、武器系统、发动机和计算机系统。国外大学和研究机构对PHM技术的研发主要集中于对电子产品正常性能偏离的检测上。目前PHM技术研发的最大障碍是对于残余寿命周期预测的不确定性的评估,以及对电子产品间歇失效的检测。因此,国外专家建议研发机构将资金投入移向这些领域,以便尽快使PHM技术进入实用阶段。

1.3.7.3 PHM技术F-35应用案例

预测与健康管理(PHM)系统是F-35飞机自主式保障方案的关键使能技术,它是当前飞机上使用的机内测试(BIT)和状态监控能力的进一步拓展。发展的主要技术因素是从状态监控向健康管理转变,其目的是减少维修人力,增加出动架次率,实现自主式保障。

1. PHM系统的结构和工作原理

F-35(JSF)飞机采用的PHM系统是一种软件密集型系统,它在一定程度上涉及到飞机的每一要素。其结构特点是:采用分层智能推理结构,综合多个设计层次上的多种类型的推理机软件,便于从部件级到整个系统级综合应用故障诊断和预测技术。F-35飞机的PHM系统是由JSF机上和机下部分构成的一体化系统,如图1-5所示。F-35的机载PHM系统分三个层次:最底层是分布在飞机各分系统部件(称作成员系统)中的软、硬件监控程序(传感器或机内测试/机内测试设备(BIT/BITE));中间层为区域管理器;顶层为飞机平台管理器。最底层作为识别故障的信息源,借助传感器、BIT/ BITE、模型等检测故障,将有关信息直接提交给中间层的区域管理器。各区域管理器具有信号处理、信息融合和区域推理机的功能,是连续监控飞机相应分系统运行状况的实时执行机构。JSF的机载PHM结构包括以下几种区域管理器软件模块,除推进系统管理器外,其他区域管理器软件都宿驻在综合核心处理机(ICP)或DMC中。

(1) 飞机系统管理器:监控飞行控制系统和通用分系统,包括起落架、环境控制系统和外部灯光;

(2) 任务系统管理器:监控通信、导航、电子战和外挂设备等,它采用电子射频的预测性诊断系统;

(3) 机体管理器:监控用于评估飞机结构健康状态、测量机体应力、过载超限和寿命消耗量等数据的传感器;

(4) 推进系统管理器:监控发动机和升力风扇健康状态,它接收包括发动机吸入碎屑监控系统、滑油状况监控系统、发动机应力监控系统、静电式轴承监控系统、静电式滑油碎屑监控系统和部件状况监控系统等传来的数据。

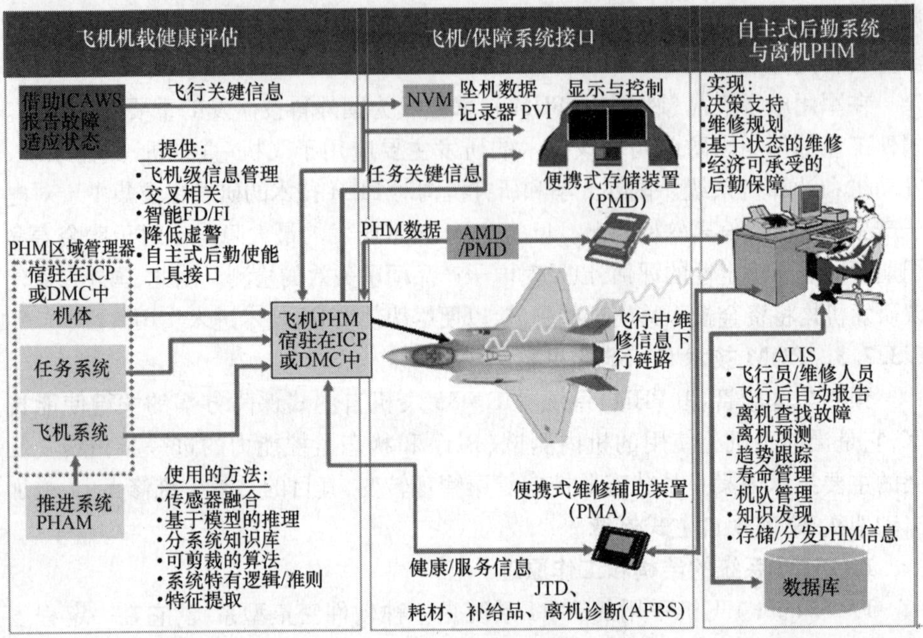

图1-5　F-35 的机载 PHM 结构

AVPHM—飞机 PHM 管理器;PVI—人机接口;MM—大容量内存;PMD—便携式存储装置;PMA—便携式维修辅助设备;ALIS—自动化保障信息系统。DMC—飞机管理计算机。

各区域管理器将区域故障信息经过整理后传送给更高层的飞机管理器软件模块。飞机管理器也宿驻在 ICP 中,通过对所有系统的故障信息的相互关联,确认并隔离故障,最终形成维修信息和供飞行员使用的知识信息,传给地面的 ALIS,ALIS 据此来判断飞机的安全性,安排飞行任务,实施技术健康管理,更新飞机的状态记录,调整使用计划,生成维修工作项目,以及分析整个机群的状况。上述区域管理器和飞机管理器利用基于模型的推理、神经网络和模糊逻辑等 AI 技术,能够更好地消除虚警,并正确隔离故障。F-35 的 PHM 软件包含了飞机总密码中的 10%,每次飞行可以储存 10 亿字节的故障和寿命使用信息。

机下 PHM 软件宿驻在 ALIS 中,它是一种综合 PHM 系统,负责完成对机载健康管理结论的综合、判别和决策,其结构与机载 PHM 类似,包括当地的区域管理器和平台管理器以及机队级的区域管理器和平台管理器。其功能包括飞行重演模块(Flight Recreation Module,FRM)、预测、诊断和寿命管理。FRM 向用户提供飞行数据播放器、飞行阅读器和图表阅读器,可以重现问题发生期间飞机的飞行(或地面功率循环)状态,从而为保障工程师和维修人员深入调查飞机发生的问题提供支持。飞行数据播放器使用户可以操纵和播放一组信号数据(来自飞机上传感器的记录数据),其输出结果可导入一个或多个飞行阅读器和图表阅读器中。机下 PHM 结构中还集成了一种智能辅助环境(IHE),帮助辅助维修人员发现并修理飞机难于诊断的复杂故障。机下 PHM 程序可将航空电子系统的故障隔离至板级水平,将机械故障隔离至外场可更换部件(LRC),如液压制动装置和变速箱。

PHM 在多个层次上采用多种类型的推理机,以便通过最大程度减少对单个传感器和算法的依赖来减少虚警,通过利用更多证据查明原因来提高故障隔离的准确性。实施 PHM 推理的一种方法是可扩展的三推理机飞机综合健康管理系统方案(图 1-6)。该方法实际上是在飞机的每个分系统(区域级)采用三种独立的推理机,在飞机平台级采用三种独立的推理机和一种综合推理机。在区域级和飞机平台级,机上和机下 PHM 都可完成以下三种类型的推理:

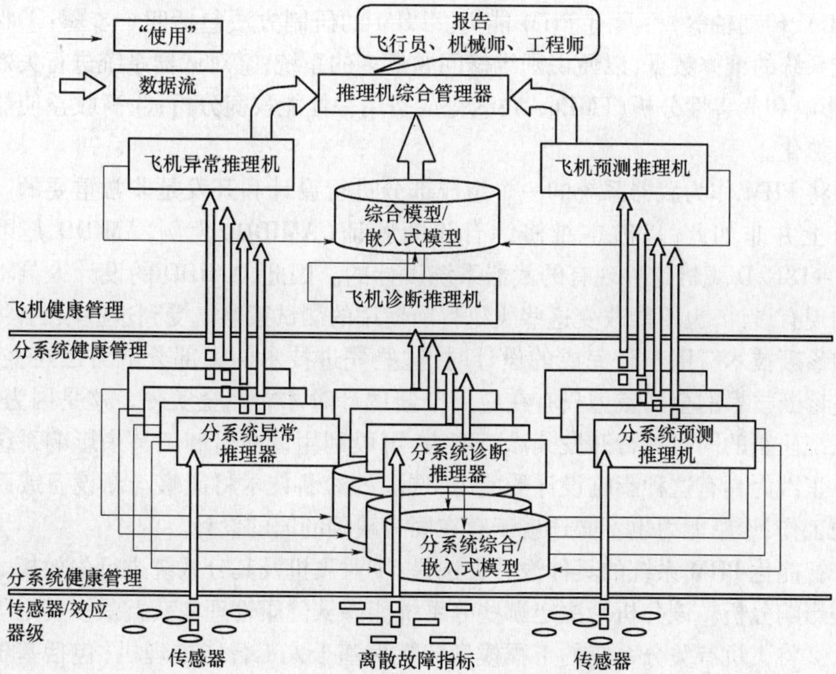

图 1-6　三推理机综合健康管理系统方案

(1) 诊断推理:对监控的结果和其他输入进行评估,确定所报告故障的原因和影响。诊断推理机由一套算法组成,采用模型对故障的输入信息进行评估。这些模型可确定失效模式、监控信息和故障影响之间的关系。

(2) 预测推理:确定飞机正朝某种已知的故障状态发展及相关的潜在影响。在许多情况下,机上预测处理主要由收集数据组成。机下处理则是根据机队信息和趋势情况完成预测推理。

(3) 异常推理:通过识别原来未预料到的情况,帮助改进飞机设计。机上处理主要是检测异常情况和收集相关数据。机下处理则是判断发现的异常是已知的故障状态还是需要研究的新情况。

推理机综合管理器综合上述三种推理机的结果,形成报告,确定已检测出和预测出的故障及其对任务的影响。

2. PHM 系统的研制方法

为了将 PHM 设计到飞行器中,首先,在联合任务说明(JMS)和使用要求文件(ORD)中对 PHM 的要求应有反映。其次,PHM 应覆盖整个机身,包括对功能系统和任务系统的故障检测/隔离,可以在飞行中实施重构;对结构进行智能载荷监控;对推进系统以单发提供双发安全性;对飞机管理系统(VMS)提供电子设备预测能力;此外,各个分系统(液压、燃油系统、电源系统、辅助动力装置(APU)、传动轴等)都具有 PHM 能力。PHM 的研制方法包括四个步骤:①收集传统系统的维修数据,以便识别维修问题最多的系统;②对武器系统进行失效模式、影响和危害性分析(FMECA);③完成费用—性能权衡分析;④高收益使能技术成熟化。

将 PHM 作为武器系统的一个组成部分进行设计和开发是非常重要的。但历史上并非如此,以航空维修综合诊断验证(AMIDD)为例,AMIDD 是围绕 F/A-18C/D 飞机这种现有的武器系统设计的。因此,AMIDD 的设计人员不能影响现有设计,也不能改变这些飞机目前使用的测试策略。受到这些限制,将先进的诊断技术应用于已完成的设计时,这些先进技术的大部分威力已经丧失。先进诊断技术的全部威力只有在应用于新设计时才能完全实现。这是因为,在新系统研制的同时并行开发其诊断能力,可以利用诊断研制工具来影响系统设计。正因为具有这种影响设计的能力,选取的诊断技术将能够与新设备或系统协同工作;诊断能力也不必迁就于存在固有缺陷的旧的设计。

智能化 PHM 系统的具体设计方法是:①对飞机及其分系统进行失效模式和关键影响分析。该分析为决定哪些分系统能够从健康管理中获益最多奠定了基础。②将飞机有关分系统的工程模型转换为基于人工智能推理机(包括基于规则的推理、基于模型的推理、基于案例的推理、神经网络、模糊逻辑和遗传算法)所示的数学模型形式。③选择推理机进行训练,以精确地模仿和识别系统或分系统的完好状态和失效模式。模型精度极限边界根据打算模仿的相关系统完好状态和失效模式方面的工程知识来确定。即,PHM 设计和训练有必要较设备或分系统的工程设计有所滞后。因此,PHM 系统的训练可能在 JSF 的整个工程与制造研制(EMD)飞行试验过程中持续进行。

在安全性、可靠性、维修性和经济承受性之间的适当权衡取决于使用数据而非估计或假设。因此,JSF 的试验和验证工作对于 PHM 的研制至关重要。应利用 JSF 方案与技术开发阶段和 EMD 阶段收集的数据来训练和验证 PHM 推理机的智能模型。PHM 系统应在 JSF 飞机整个寿命期内持续成熟并获得改进。随着飞机机群的状态与失效模式数据的累积收集,可以对人工智能系统重新进行训练,使其更精确地报告、管理飞机的状态。PHM 系统的软件被防火墙隔开,便于随着已知系统数据的增多,经常性地对其加以更新。

必须在飞机真正建造之前将 PHM 设计到飞机中,以使这种新方案具有最大效益。例如,实现预测和诊断所用的同一套数学模型、信号处理器和传感器,也可以对振动和应力实施非常精确的无源甚至有源控制。这些能力使具有传统设计余量的 JSF 机体和发动机结构寿命更长,或者它能使 JSF 建立与新的健康管理能力相一致的、保守性更低的设计余量。

3. PHM 系统的设计工具

美国一家著名的高技术工程咨询和健康管理系统开发公司 Impact 技术公司开发了一种 PHM 系统设计工具 PHM DesignTM,它是一套专门用于设计、研制、评价和部署 PHM 或基于状态的维修(CBM)系统的革新软件工具,已用于 JSF 项目的研制中。该工具将一种基于模型的 FMECA 方法与 PHM 系统策略综合起来。该设计工具根据一种精确表达寿命周期费用(LCC)关键影响变量(如系统可用性、维修性、可靠性、失效模式可观测性等)的费用函数,选择 PHM 系统最佳的设计方案。它能够评估部件和分系统级的 PHM 传感器详细要求,并将其综合到更广泛的一体化系统模型中。设计人员和(或)用户可以利用该工具进行权衡、敏感性分析和"what if"(如果……将会……)型分析,检查增减传感器和算法对 PHM 设计所产生的费用/效益关系。该设计工具还可以访问包含特定应用的现有 PHM 技术的交互式数据库,从中查找监控各种不同系统参数的传感器/算法的建议。该工具还提供了一种协同的网络化环境来促进 PHM 系统设计的实现和虚拟仿真。它不但可用于健康管理系统的设计过程,也可用于系统验证、外场数据变化的管理以及系统设计权衡评价(图 1-7)。

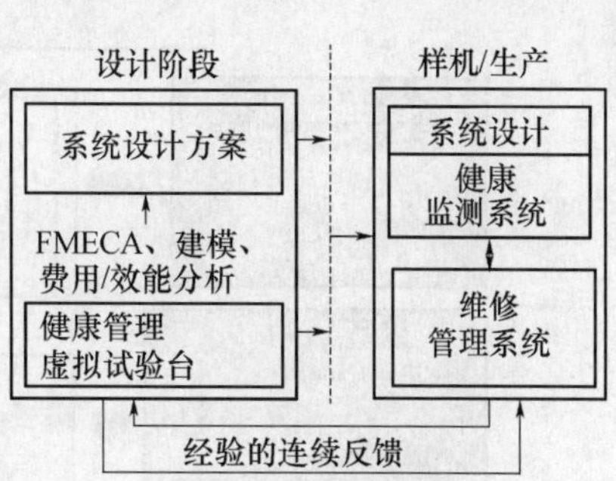

图 1-7 健康管理与系统设计

1) FMECA 与健康管理

传统的 FMECA 一般包含 3 方面的信息:特定部件的失效模式清单;各失效模式的影响,包括局部影响和最终影响;各失效模式的危害性,分为 Ⅰ ~ Ⅳ级,Ⅰ级最严重。传统的 FMECA 对于初步度量系统可靠性和识别冗余备选方式是十分有益的,但它也存在许多弱点,例如,它不涉及失效模式的前兆或征候;不涉及为观察失效模式的征候和影响需要的传感器及其位置要求;也不涉及故障诊断和预测所需要的健康管理技术;通常只是针对于分系统。

这样一来,传统的 FMECA 不但功能作用有限,而且多是固定的、被动反应性质的,不能满足现代武器系统的发展要求。因此,亟需将健康管理理念引入系统设计,以通过利用智能管理技术全面提高系统的可靠性。实施健康管理至少有两个显而易见的好处:一是能对关键部件的剩余使用寿命(RUL)做出有一定把握的预计;二是在观察到故障之后能有效隔离出故障的根源。以上两点的实现,一方面可使零备件的调拨或大修活动的安排实现最优化,从而显著缩小后勤规模;另一方面会大大缩短故障隔离时间,提高系统的可用性,缩短停用时间。

2) 健康管理系统设计方法

图 1-8 给出健康管理系统设计优化方法的全貌。首先,针对各部件之间的能量流动关系建立系统的"功能框图"(FBD),该图对各分系统之间的部件相互作用关系做出了明确的图示。与此同时,按照传统的 FMECA 方法创建列表式 FMECA,但要注意将故障征候以及相应的传感器和诊断/预测技术包含进去。也可以采用"系统响应模型"来评估传感器的安放位置和仿真的失效模式的可观察性,以抵消创建 FMECA 的手工负担。最后,将针对不同失效模式的维修工作项目包括进去。

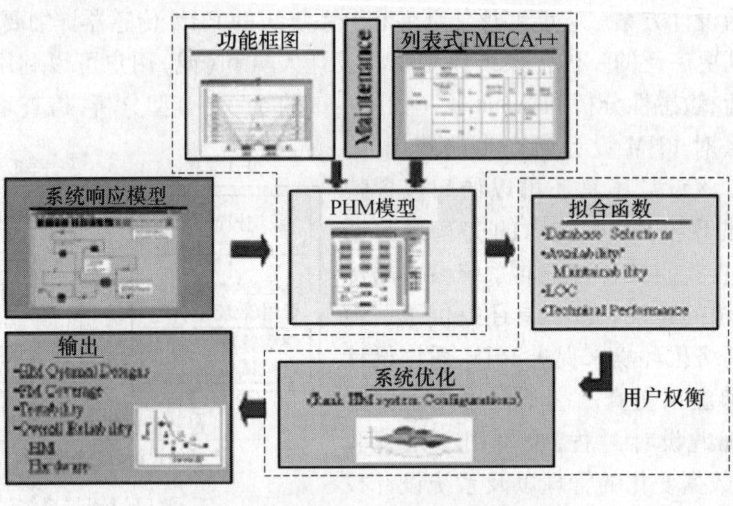

图 1-8　健康管理系统设计优化方法

从功能框图和列表式 FMECA 两个方面得到的信息,将被自动综合形成包含所有失效模式特征和相应健康管理技术的图形化健康管理环境。图形化健康管理环境简化了与相关数据库的复杂接口(界面)。图形化健康管理系统建立后,就将诸如历史故障率、硬件更换费用、虚警率等特征信息分配给相应的失效模式、连接、传感器和诊断/预测技术,并由此生成一种拟合函数,用于评估该健康管理系统配置的效益。确定该拟合函数的准则包括系统可用性、可靠性和费用。其中,有些特征信息需要人为确定,有些与诊断/预测技术有关的特征信息则可以根据独立的性能和效能试验测量结果确定或来自预先开发的数据库。最后,采用一种遗传算法(Genetic Algorithm)途径从费效角度对该健康管理配置自动进行优化。最终结果将获得一种以一定费效比保持最高系统可靠性的最优健康管理系统配置。

1.3.8 持续过程改进(CPI)

20世纪的质量管理经历了质量检验、统计过程控制和全面质量管理三个重要的发展阶段,目前可称之为卓越质量管理阶段,其中以ISO9000质量管理体系系列标准和精益6σ管理等为典型代表。卓越质量管理的核心是持续过程改进(Continuous Process Improvement,CPI),而目前公认用于持续过程改进CPI的最佳实践方法是精益6σ(Lean Six Sigma,LSS)管理。

为了配合其业务转型战略的实施,美国国防部从2006年开始推行持续过程改进/精益6σ(CPI/LSS)计划。本文拟对美国国防部推行CPI/LSS计划的总体情况进行综述,重点介绍CPI/LSS计划的体系框架及实施指南,简要剖析该计划对我军装备质量建设推行精益6σ管理的启示。

1.3.8.1 美国CPI技术发展概况

美军业务转型是在军事革命和军队转型的大背景下进行的,经历了20世纪90年代末的“业务革命”时期、21世纪初的“业务管理现代化”时期和2005年以来的“业务转型”时期三个重要阶段。为了全面推进业务转型,美国国防部撤销了业务现代化与系统一体化办公室等机构,2005年2月成立了国防业务系统管理委员会,作为美国国防部监督管理业务领域转型的最高机构,负责审批业务企业化体系结构及企业化转型规划,并对业务转型工作实施领导和监督。

2005年底美国国防部成立了业务转型局,其职能是利用信息技术,对国防部五大核心业务领域(即人力资源管理、武器系统全寿命管理、装备供应与服务管理、固定资产与设施全寿命管理以及财务管理)、六大部门(即陆、海、空三军种部以及运输司令部、国防后勤局与国防财会局)实施改革。

为了缓解国防部总经费需求持续增长和国防预算削减的双重压力,节约经费开支,精简组织机构,减少繁冗工作环节,提高工作效率,美国国防部将精益6σ作为其实施业务转型战略的最佳选择和有力工具,在国防工业企业和各军兵种开展精益6σ管理应用实践活动的基础上,从2006年5月起在整个国防部范围内开始大力推行持续过程改进/精益6σ计划,逐步在装备论证、研制、生产、试验、使用和保障全过程,以及国防部业务管理全系统,包括机关、院校、医院等全面推行,从而成为提高整个国防部组织绩效水平的一项长效措施制度,以此加强对作战系统的支持保障能力,使国防部成为一个自觉的精益6σ或持续改进组织。

精益6σ管理起源于美军的装备承包商摩托罗拉、洛克希德·马丁、波音、雷神等著名的军工企业。随着精益维修理论、6σ质量管理理论的不断发展和在这些装备承包商的广泛应用,精益6σ逐渐被美军认可,并在美军各军兵种的一些组织零散使用,后来各个军兵种开始在各自的组织内统一实施。随着精益6σ在各军兵种的成功实践,2006年5月美国国防部发布了《持续过程改进转型指南》,并于2008年7月进行了修订,详细阐述了以精益6σ为主的持续过程改进计划。同时,美国国防部陆续颁布了一系列的指令指示,对CPI/LSS的实施方法、政策制定、职责分工等做了明确规定,国防部根据最新颁布的指令还制定了到2012年的"精益6σ制度化战略体系"。总结起来美军推行CPI/LSS计划大致经历了三个阶段,分别是国防工业企业自主实施阶段、各军兵种独立实施阶段、国防部CPI/LSS计划全面推行阶段。

1. 国防工业企业自主实施阶段

精益6σ是由美国摩托罗拉公司提出的6σ管理和日本丰田公司首创的精益生产有机融合产生的一种先进管理模式,随着精益6σ理论的发展其得到了越来越多公司的青睐,这其中就包括洛克希德·马丁、波音、雷神等企业,精益6σ已经成为他们在竞标中取得订单的制胜法宝。而且,大部分公司已将精益6σ植入公司文化,发展出了独具特色的精益6σ管理模式。例如,雷神公司的雷神6σ系统(R6σ)、霍尼韦尔的霍尼韦尔运营系统(HOS)。又如,全球第一大防务公司洛克希德·马丁于1999年开始了"LM21"计划,主要就是在企业内推行精益6σ管理方法。随着精益6σ管理的发展,越来越多的美国国防工业企业通过精益6σ管理来降低成本。美国宇航工业协会负责供应商管理的主管最近说,"越来越多的供应商正在应用精益制造生产流程来降低成本提高业务量。排名在前50%的供应商中有90%多参与精益制造计划,一半的国防子承包商使用精益制造"。精益6σ在美国国防工业企业的成功为精益6σ在美国国防部及各军兵种的实施奠定了基础。

2. 各军兵种独立实施阶段

随着精益6σ在美国国防工业企业的发展和成功,精益6σ不仅为这些企业带来了巨大的经济效益,也将这一管理模式传递到供应链的下游组织——美国国防部和各军兵种。刚开始,精益6σ由各军兵种的一些组织零散使用,后来各个军兵种开始在各自组织内统一实施。陆军部长于2005年8月、空军部长于2005年11月、海军部长于2006年5月分别签署了在各自军兵种范围内实施精益6σ的备忘录。

精益6σ在各军兵种的实施主要是致力于缩短装备维修周期,降低维修成本，并对食品运送以及对部队的保障等所有相关事务进行改进，提高战争准备度和战斗能力。各军兵种在实施精益6σ后取得的世界级卓越绩效奖，证明了这一管理方法在军兵种实施的有效性：陆军装备研发中心于2007年获波多黎奇国家质量奖；陆军红河仓库、莱特肯尼仓库、托比汉那仓库、海军供应系统和罗宾斯空军基地都获得被誉为“制造业诺贝尔奖”的新乡奖。

1.3.8.2 美国国防部CPI实施

为了在国防部广泛开展CPI/LSS计划，成为促进国防部项目效率与效能的手段，国防部于2008年5月颁布了国防部DoDD5010.42指令，规定了开展该项计划的政策方针、职责分工等内容，为了贯彻落实该指令，国防部于2009年7月17日颁布了国防部指示DoDI5010.43，细化了指令的有关规定，其中包括：CPI/LSS计划的目的、适用性、政策、职责以及具体实施程序。

为了指导国防部各部门实施CPI/LSS计划，2006年5月美国国防部颁布了《持续过程改进转型实施指南》，并于2008年7月推出了其修订版本《持续过程改进/精益6σ实施指南》。与第1版相比，修订版除了对其主体内容进行了补充完善之外，还增加了附录H（DoD资格认证程序）。以下以修订版为重点，对国防部CPI/LSS实施指南的内容框架进行简要介绍。

1. 实施指南框架结构

该实施指南是用于国防部范围内进行设计、管理和保持CPI以及LSS成果的一种有效手段，提供了一种用于贯彻执行和保持持续改进文化的体系框架（图1-9）。

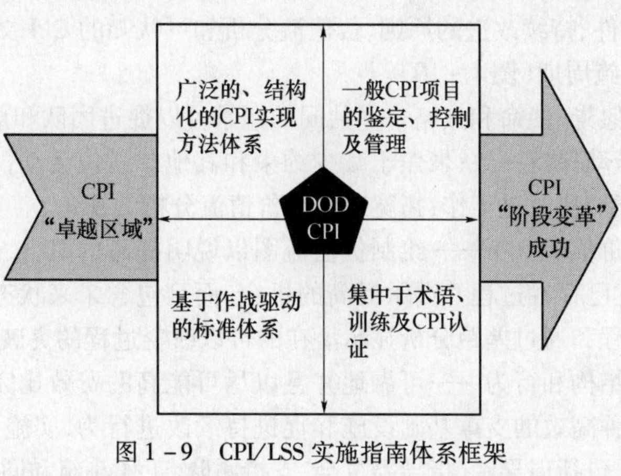

图1-9 CPI/LSS实施指南体系框架

（1）内容包含广泛的、结构化的CPI实现方法体系：该方法体系集中关注为何合理的改进规划是必需的以及怎样确定和执行最佳的解决方案，包括正确聚焦改进活动的战略规划以及实现实体间价值链的综合性能改善的组织层次的运行规划。

(2) 基于作战驱动和面向结果度量的 CPI 目标体系:该目标体系追求和实现的是每一个 CPI/LSS 改进项目必须通过对面向结果的性能度量的具体测量来最有效地满足顾客在时间、质量和成本方面的需求。

(3) 面向 CPI 改进项目管理和综合集成的通用格式:CPI 改进项目要求一种有效的项目管理手段来实现预期目标和鼓励最大可能地实现国防部文化的整合,该指南提供了启动、跟踪和评估改进项目,包括与项目相关的活动和成果的一种通用格式。

(4) 组织创新、培训和资格认证顺利推进的有效方式:提供了测量组织 CPI/LSS 成熟度的基本框架;人员必须通过培训后担任全职或兼职角色,外部的专家援助可作为一种初始资源使用,但其目标是在合理的时间框架内对过程改进的完全自主实现。

该实施指南逻辑上按照概念导入——战略规划过程——必需的组织结构构建的顺序组织内容,剩余部分和附件内容如下:①CPI 体系框架详细介绍了 CPI 概念及计划实现途径;②角色和职责部分介绍了国防部 CPI 结构化实现途径中特殊的参与者和组织要素;③附录部分提供了各个特殊主题的更深层次的资料和素材,包括执行规划框架、CPI 培训和资格认证要素、项目进展评估技术以及 CPI 工具箱等内容。

2. 持续过程改进体系框架

1) CPI 基本概念

一些基本概念对于有效贯彻执行 CPI 是非常必要的,具体包括 CPI 执行的几个"务必"条件、持续改进的原则、价值流分析和可认知的 CPI 文化等内容。

2) CPI 实施周期(图 1-10)。

(1) 制定愿景、使命和战略——共同的愿景可以促进团队和部门的合作,使目标、度量和行动保持一致;聚焦于减少约束和其他非增值活动,实现对资源的最佳利用;持续加快改进工作;拓宽对整个价值流分析的视角。

(2) 进行价值流分析——绘制价值流图以说明提高的机会,不仅包含典型现状图,即描述已存在过程并揭示提高的机会;而且包含未来状态图,即描述了期望的未来过程和通过差距分析显示潜在的可以改善过程的突破点。

(3) 制定结构和行为——可靠地并且以尽可能高的费效比完成一项任务,取决于发展一种高效的支撑基础设施和促进持续改进行为,实施 CPI 项目需要一个通用框架,包括倡导者、指导委员会、支持团队、工作小组和同级别小组。

(4) 整合和部署目标——保证某一组织以协调的方式推进的关键要素之一是整合和部署目标,在组织最低级别单元的目标和国防部最高层组织目标之间应该存在一条可见的连线将它们联系起来,保证过程朝着可度量和可见的目标推进。

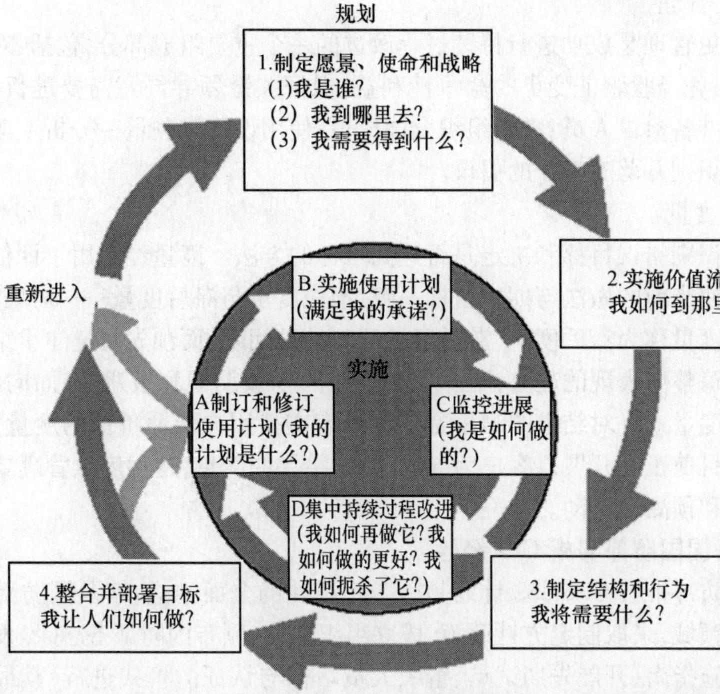

图 1－10 CPI 实施周期

(5) 建立和修正运行计划——这个计划是针对过程所有者和支持团队的行动的具体计划,是一项在特定时间内完成指定的、明确的与 CPI 相关的任务的承诺。

(6) 实施运行计划——运行计划在实施过程中会得到 CPI 支持团队的支持,筹划指导委员会的监督以及倡导者的倡议。

(7) 监控进展——筹划指导委员会是指导并提供支持团队的高级参与者,其成员使用与其他工作组一致的度量和数据来判断这项工作如何推进,并且反馈给倡导者。

(8) 聚焦 CPI——CPI 应当是完成运行计划的基础战略,通过捕捉和标准化工作小组取得的积极成果,持续过程改进提升了现有的实践活动。

(9) 重新进入——应当定期对整个过程重新审视,以检查组织是否正在朝着使命和愿景所表述的和战略计划所描述的状态前进,否则重新返回到开始。

3) 运行计划

运行计划的过程持续改进要素必须支持战略计划,它包括一系列确保持续过程改进项目有效的活动,该计划的目标如下:确认实现特定组织转型的措施;识别和建立目前的最佳实践;在组织内提供一致的、可扩展的 CPI 部署计划。

4）变更管理

过程变更管理是成功进行持续过程改进的一个重要组成部分，包括：对领导者组织培训；凭经验验证变更的竞争性利益；保证关键领导同意需要进行变更；为管理变更准备参谋人员；教育组织全体成员；使用设计－测量－分析－改进－控制方法来识别并落实 CPI 的倡议。

5）CPI 度量

度量是识别错误目标和决定是否达到目标的方法。度量经常用于评估组织如何做才能使当前的做法与期望目标一致：预先度量与滞后度量——对质量、进度和费用的度量称为滞后度量，滞后度量反映的是问题，而预先度量注重结果并可很好地跟踪整体表现的趋势，至少允许有些问题被期望和被避免；面向客户、基于结果的度量——对结果的测量是那些具有支持用户使命价值的度量，一些国防部组织目前正在开展以客户为导向、基于结果的度量，这种度量管理要求集中于预防性和预测性活动。

1.3.8.3 美国国防部实施 CPI 经验

美国国防部推行 CPI/LSS 计划是一个系统性的全面推进，涉及国防部所有职能部门和领域，采取制定方针政策、成立组织机构、颁布国防部备忘录、发布指令指示和实施指南、开展先期试点、组织人员培训与认证的模式进行，其最终目标是确保美国国防部成为一个自觉的精益 6σ 或持续改进组织。总体来看，美国国防部推行 CPI/LSS 计划，一是建立高效的推进组织机构，确保 CPI/LSS 计划的顺利推行；二是明确各个层次机构和部门人员的职责权限，确保 CPI/LSS 实施计划的贯彻落实；三是规范持续改进工作的具体实施程序，确保 CPI/LSS 改进活动的有序展开；四是强化参与人员的技能培训和资格认证，确保 CPI/LSS 改进项目的实施效果。

1. 制定政策法规与指南，促进计划的开展

为了推行和指导国防部范围内推行持续过程改进/精益 6σ 计划，2006 年以来陆续颁发了国防部备忘录《建立国防部范围内持续过程改进计划》和《国防部范围内持续过程改进/精益 6σ》、国防部指令 DoDD5010. 42《国防部范围内持续过程改进/精益 6σ 计划》、国防部指示 DoDI5010. 43《国防部范围内持续过程改进/精益 6σ 计划的实施与管理》以及国防部实施指南《持续过程改进/精益 6σ 实施指南》等一系列政策性和指导性文件，明确规定了国防部推行持续过程改进/精益 6σ 计划的方针政策、组织机构、职责权限、实施程序等内容，并为精益 6σ 改进项目的实施提供了具体的工作指南，以法规文件促进该计划的开展。

2. 建立组织机构，明确职责权限

美国国防部从引入精益 6σ 管理之初，就明确要逐步建立起高效的精益 6σ 推进组织机构。在管理决策层，成立了持续过程改进/精益 6σ 计划办公室和以办公室主任为主席、国防部各成员单位代表为委员的高级筹划指导委员会，以加强对持续改进工作的全面领导和具体业务工作的监督检查。在具体实施层，各成员单位内部建立了“倡导者—黑带大师—黑带—绿带”的组织实施体系，为精益 6σ 改进项目的有序开展提供了组织保证。指令指示和实施指南详细规定了国防部主管副部长、计划办公室主任、高级筹划指导委员会、各成员单位等组织和个人在推行精益 6σ 管理中的职责权限，确保了精益 6σ 管理的全面贯彻实施和顺利有序推行。

3. 规范推行实施程序，严格过程管理

为了确保持续过程改进/精益 6σ 计划的顺利推行和有序展开，有关法规文件从体系框架、实现手段和实施程序三个方面进行了具体规范。建立了该计划成功实施的体系框架，即内容包含广泛且结构化的实现方法体系、基于作战驱动和面向结果度量的改进目标体系、面向改进项目管理和综合集成的通用格式以及人员技能培训和资格认证顺利推进的有效方式，提供了以 CPI/LSS 计划制度化、战略整合、方法统一、CPI/LSS 一体化和人力资源管理等为主要内容的持续改进实现手段。建立了基于“定义—测量—分析—改进—控制—推广”的精益 6σ 改进项目规范化实施流程，严格对改进项目的进度监控和进展评估等过程管理，确保了精益 6σ 项目改进活动的有序展开。

4. 开展人员技能培训，强化资格认证

加强对国防部主管领导和各成员单位领导持续改进理念的培训，组织开展了对精益 6σ 改进项目实施人员观念和技能的培训，培养了一大批管理和技术骨干，如 2007 年 8 月开始实施黑带大师课程培训以来，国防部总共授予了 62 名军官和文官黑带大师资格。详细规定了国防部各成员单位的培训目标和认证目标，加强了对参与人员的从业资格认证，获得资格认证的绿带和黑带成为了国防部各成员单位和部门推行精益 6σ 管理的中坚力量。定期组织开展研讨交流，加强各成员单位之间开展精益 6σ 管理实践的经验教训交流，注重改进项目参与人员以及支持团队人员的普及培训，确保了持续改进工作的全面有序展开和改进项目实施效果。

1.3.8.4 美国国防部实施 CPI 的效果

采用 CPI 可以把许多事情变得更好。持续过程改进影响装备可靠性、修理或更换周转时间和费用，以实现战备完好性目标。CPI 成效的一些事例：KC－135 飞机基地维修流程时间由 400 天减少到 215 天；每台 HEMTT 车基地修理要求从 2000h 减少到 1100h；F404 发动机部件拆卸时间从 15.5 天减少到 1.5 天；LAV－25 战斗车辆基地修理消耗的费用减少 25%～30%；T700 发动机通过实施可靠性改进，平均拆卸间隔时间（MTBR）已经增加约 30%。

国防部推行 CPI 的成功，取得许多具体的成效。例如：

—海军航空兵“航空速度”计划的一个典型调查,在改进“夏季雇工过程”前,完成该过程要消耗4000个工时,24个步骤,过程周转时间70天,为一个新成员要花费12800美元。而在执行CPI后,完成这个过程只需1000个工时,4个步骤,过程周转时间45天,一个新成员只花费2400美元。

—AIMD Lemoore发电厂车间,通过重视持续改进过程,发动机修理周转时间逐次减少:2001年10月83h,2002年3月降为40h,2002年10月再减为14h,2003年3月为11h,2003年10月为10 h,到2004年3月仅为5h。

—海军系统司令部改进论证与批准(J&A)过程,目标是减少论证与批准流程时间和重复工作,增加评审时间的灵活性。原来需要41天的平均流程时间,来回传递51次,一次通过的只有1%,电子交付只有40%,5次连续评审;而实施CPI,连续改进后,现在平均流程时间只要5.4天,来回传递过程只有11次,一次通过74%,100%电子交付,3次评审。其主要改进措施包括:改进工作过程(方法);提高自动化处理水平——评审过程电子化,直接接收文件、通知;减少连续和重复的评审工作;明确与系统司令部的沟通要求,开发提交文件、报告的模板。

推行CPI,国防部顶层领导的支持和管理是最重要的因素:2006年5月21日国防部助理部长备忘录指示,进一步提高作战人员的效率加速CPI的应用;要求每个军种实施一个顶层的由部长签署的CPI计划并分享其成果;2006年8月建立国防部CPI资深指导委员会,以支持国防部范围CPI文化与成果,包括收集国防部范围CPI训练、教育、论证、讨论和实践经验,增加推行CPI组织的数量——国防情报局(DIA)、国防部长办公室(OSD)、健康事务局等。

至今已取得的重要结果:建立了跨国防部范围现役人员CPI训练大纲,各个级别和地区约6000人经过训练;平衡日益增长的公营与私营部门CPI训练与认证能力;数以百计的CPI工程项目已经起步或完成。这些项目将绩效目标与明确的基于结果的成效联系起来,达到切实的成效;为各个与企事业和用户联系的工程项目建立明确的指标。

1.3.9 基于状态的维修(CBM^+)

所谓基于状态的维修(Condition-Based Maintenance,以下简称CBM^+),是指根据对设备(装备)状态的实时或接近实时的评估而采取的一整套维修措施。其宗旨是,只有在有需要维修的客观证据时才进行维修,同时保证设备的安全、可靠性并降低使用和维修费用。

可以从以下三个方面来理解什么是CBM。

首先,CBM是一种维修方式。它与通常所说的“视情维修”含义基本相同。按照国外维修界目前普遍认可的看法,维修分为反应式(reactive)维修也称非主动维修和主动性(proactive)维修也称预先维修。所谓反应式维修,是指将设备一直用到坏了才修,在这之前不进行计划维修。主动性维修是指在故障发生前预先就采取措施,消除故障隐患,它包括预防性维修和预测性维修。

预防性维修也称计划维修,是目前流行的一种维修方式。它的主要特点是:

(1) 它是静态的,即根据固定的间隔期安排维修(检查、修理、翻修);

(2) 维修对象的故障模式和维修要求是在设计过程中预测出来的。

预测性维修是通过预测设备的初期故障而进行维修,是动态的。它有 CBM 和预测性维修(prognostics)两种形式。这两种形式之间的重要区别在于,CBM 根据当前的状态指示识别即将发生的故障,而预测性维修则能根据应力载荷预测设备的剩余寿命。

现行的设备维修仍主要采用预防性维修。这种维修方式会造成很多弊端,如:费用高,劳动密集,需要大量备件库存;做不必要的维修,如过早拆卸部件,造成无效劳动;不能防止灾难性故障;"不能复现"或"重测合格"率高等。采用预测性维修则可以缓和这些问题。

其次,CBM 是一种技术。它以传统的状态监控技术、诊断技术等为基础,综合了多种先进的技术,其中主要包括传感器技术、人工智能技术、计算机技术、通信技术、网络技术等。这些技术的综合为准确掌握设备的状态、获得需要维修的客观证据创造了条件。

第三,CBM 是一个系统。CBM 从确定设备的当前状态开始,而确定设备的状态有三种基本的途径:

(1) 通过嵌入设备的传感器和计算机;

(2) 通过与设备的接口或电线相匹配的便携式传感设备来"读"出嵌入的传感器的信号;

(3) 利用人工的测量仪器和仪表,如轮胎磨损测量仪等。

1.3.9.1 CBM 的构成和功能特征

一个 CBM 系统通常由机上部分和机下部分构成。其中,机上部分包括用于收集状态监控数据的各种嵌入式传感器和计算机,还包括用于传递来自传感器的信号的数据总线、电线和接头。机下部分包括用来定期检查设备状况的便携式维修辅助装置或传感设备,此外,还包括一个计算机化的维修管理系统,它通常是一个网络化的工作站环境。

CBM 系统的功能可以从"机上"和"机下"两个方面进行描述。机上功能是指嵌入设备的功能,它反映了如何实时地收集、分析和处理信息,嵌入的功能越多,实时性就越强。

CBM 系统的功能因系统而异,有的功能很有限,有的则很先进和完善,主要包括以下几个方面的功能。

(1) 故障检测:机上的故障检测有两种方式,一是直接通过传感器;另外是通过一个软件/硬件系统推断某个故障状态或将它预测出来。所用的推理软件一般是基于模型的或者基于神经网络的。

(2) 故障隔离:在机上完成故障检测后,需要先进的设备在机上隔离故障。

(3) 故障评估与故障恢复:故障评估是指在机上根据当前的任务能力对故障影响的严重程度做出评估。故障恢复是指被监控的系统或设备具有能启动余度功能或做出在降低任务能力的情况下工作的决策的硬件和软件。

(4) IETM(交互式电子手册):IETM 的种类很多。从 CBM 的角度来说,主要关心其如何与设备接口,以及是否能够利用嵌入的 CBM 硬件和软件。

(5) 与后勤信息系统的集成和自动"启动"决策:这是 CBM 最先进的一种功能,能够根据决策支持软件,自动地启动维修管理系统。

有关 CBM 功能的详细描述,还可以参见后面介绍的联合攻击机 PHM 系统。

1.3.9.2 CBM 的发展与应用

1. 民用领域

CBM 技术最早开始于 20 世纪 70 年代,并首先在民用部门的设备维修领域得到应用。到了 80 年代,这项技术在很多行业已经是不可或缺的了。它们采用 CBM 的目的有很多,但主要是为了增加设备的能工作时间,降低维修费用,从而最大限度地获得设备投资的收益,增强企业的竞争能力。2000 年美国的一项调查显示,有 37 个行业采用了 CBM。迄今为止,CBM 技术的发展和应用效果还主要体现在民用领域。

据统计,目前设备维修所采用的各种维修方式中,基于状态的维修只占 15%,将来的目标是要提高到 55%。通过采用 CBM,将使总的维修工作量比现在减少 50%。

目前,在美国和西方其他国家,CBM 已成为一个热点,尤其是在民用领域。很多与维修相关的行业、研究机构、专业团体都在从事 CBM 方面的研究并组织有关的技术活动,如召开研讨会、出版专门的刊物等。在美国,成立了一个由 50 多家公司参加的"机械设备信息管理开放系统联盟"(MIMOSA),由它负责 CBM 技术的使用和提供,并制定相关的标准。

在民用航空领域,美国波音公司正在开发一套飞机状况管理(AHM)系统,它可以在飞机发生故障之前进行故障预测,能实时地从空中向地面发送数据,从而尽快排除故障,缩短飞行延误时间。

另外,ARINC 公司也在与 NASA 合作,研制"飞机状态分析与管理系统"(ACAMS)。它实时地融合飞机总线上的信号,进行分析,对飞机的结构和各分系统的状态做出诊断和预测。该系统通过无线电数据链将关键故障的分析结果自动传给地面。它可以确保飞机出动的可靠性并改进零备件管理。2001 年该系统进行了成功的地面演示，样机于2003年试飞。

2. 军用领域

过去的几十年里，军事装备的技术发生了巨大变化，而相应的维修管理方式和实践却没有多大变化。与民用设备一样，军事装备的维修仍主要采用预防性维修方式。所造成的突出问题是，维修占用的人力多，费用高，装备的完好性不能满足使用要求。20世纪90年代以来，随着军事战略的调整和军事革命的深入，美军开始后勤改革，先后颁布了《联合设想2010》和《联合设想2020》，提出了“聚焦后勤”的策略，要求未来减少装备维修人员，减少维修费用，提高维修的有效性，使后勤保障的反应更加迅速、灵活。这就要求改变现行的维修管理方式。在这样的大背景下，美军各军种纷纷开始尝试利用新技术特别是CBM来应对这一挑战，以期使武器系统和设备具有机上计算功能，实现智能化，便于实时地掌握装备的状态，从而达到优化装备的维修、提高战备完好性和任务可靠性的目的。

目前，美国的各军种都在一些装备研制项目中试验CBM技术。其中最具有全局性影响的项目主要有四个：联合攻击机（JSF）的PHM系统，海军的综合状态评估系统（ICAS），陆军的诊断改进计划（ADIP），以及直升机的综合机械诊断—状况与使用监控系统（IMD－HUMS）。其中JSF是新研制项目，它所采用的PHM系统代表了目前CBM技术所能达到的最高水平。其他三个项目则是在现有装备的基础上，改进其CBM能力。

CBM以先进的技术为依托，以维修对象（装备）的智能化为前提。它既代表了维修的发展方向，同时也代表了装备的发展趋势。CBM的应用前景非常广阔，必将对未来的维修保障方式带来深远的影响。航空维修领域应密切关注并积极跟踪这方面的发展动态，系统地开展相关的研究。

1.3.10 腐蚀预防与控制技术

金属与周围环境介质之间发生化学或电化学作用而引起的破坏或变质被称为腐蚀。高分子材料在贮存和使用过程中，性能会逐渐变坏，以致最后丧失使用价值，人们通常习惯把高分子材料性能变坏的现象称为老化。但随着材料科学的发展，人们逐渐把环境对高分子材料等非金属材料的破坏或变质也称为腐蚀。

金属腐蚀有多种类型，按反应类型可分为电化学腐蚀与化学腐蚀，而按破坏形态可分为均匀腐蚀和局部腐蚀。均匀腐蚀指遍布金属整个表面上和连成一片的腐蚀破坏，如钢铁在大气中的锈蚀和银的变色；锌、铝及其镀层表面布满的白色腐蚀产物等。金属均匀腐蚀的危害较小，若知道其腐蚀速率即可估算其相应的使用寿命，可通过在设计时保留一定的余量来确保其性能正常发挥。局部腐蚀仅发生在金属表面上的个别地方，常常造成结构强度的局部弱化。局部腐蚀比均匀腐蚀的危害性更大，往往在没有任何预兆的情况下导致结构的突然破坏，很可能造成灾难性事故。因此，在装备设计时必须特别重视局部腐蚀问题。

1.3.10.1　装备腐蚀预防与控制的作用

装备因环境因素造成失效或故障，不但会极大影响装备的战场生存能力，严重制约装备的作战效能，而且因降低了装备的结构完整性以及战术技术性能，进而缩短了装备的服役寿命。

装备腐蚀预防与控制是以装备用材料、工艺或功能系统为对象而进行的腐蚀行为表征、腐蚀机理分析、防腐蚀设计、系统集成控制、强化试验验证与工程化应用，以提高装备抗环境腐蚀能力、保障装备效能与服役寿命、降低事故风险、减少全寿命周期费用与后勤维护维修工作量等为目的的一系列工作的统称，是一项从装备研制顶层即开始的系统工程。

装备腐蚀预防与控制工作就是通过选用适当而经济的材料和采取适当而经济的腐蚀控制措施，有效防止或显著减缓腐蚀，最大限度地减轻由腐蚀造成的军事损失、经济损失和社会危害。一般认为，只要通过普及腐蚀预防与控制知识，加强管理，充分利用现有的防护技术，就可使腐蚀损失降低15%～30%。

装备腐蚀预防与控制是军工行业的共性技术，也是事关各行业军工产品、军工主导产业及民品发展的基础技术，它贯穿于产品设计、制造、贮存、使用和维护全过程，是各国国防科技重大共性基础技术，因此装备要发展，腐蚀预防与控制技术要先行。

充分认识腐蚀对装备所产生的危害，针对装备存在的腐蚀问题，分析其产生的各种原因，在装备的设计、研制、生产和维护中，采用经过验证的经济而有效的腐蚀控制技术开展腐蚀预防和控制工作，不但对保障装备效能、提高装备的战备完好性、延长装备的服役寿命、降低装备全寿命周期费用具有重要作用，而且能够大大减少后勤保障的负担。因此，对装备进行经济而有效的腐蚀预防与控制是一项特别重要的工作，有着巨大的经济和军事价值。

1.3.10.2　装备常用腐蚀预防与控制技术

有效减轻和控制所有部门的腐蚀的基础是需要有新的和创新方法。在过去，一些单项的国防计划已积累了一大批高效的预防和控制腐蚀方法。不幸的是，极少将它们有益的结果转用于其他应用的项目，常常是重起炉灶。这样的情形必须彻底改变。如果能有合适的前瞻性的在项目之间的转换技术，美国国防部在此方面的投资就会获得巨大的回报。使现有资产更不受腐蚀的影响，才能从根本上减少维修费用、延长寿命，从而减少购置费用，增加储备。这需要所有部门的支持才能实现这一策略。弗吉尼亚工业学院和州立大学已经研制出3维(3－D)图形陷入技术，该技术允许工程师、科学家和设计人员去研制从分子水平到全系统充分沉浸(immersive)图形表现。该技术提供了一种全新的方法来观察腐蚀及其作用。

国防部也必须向设计人员提供所需要的手段和信息,以便他们能够采用最好的可利用的技术。充分而完善的材料选择是必需的,以确保足够的耐腐蚀性。要实现这一要求,国防部应直接向设计人员提供技术信息,以便他们能够快速、有效地选择最好的可利用的技术。国防部已经投资了大量的资金在腐蚀预防和控制技术上,但要获取和使用可选择的这些计划的数据仍然是困难的。倘若直接通过在线专家系统,确信能使当前的设计工作发生实际的改革。

常用腐蚀预防与控制技术包括如下几个方面:合理设计结构、正确选用材料、表面前处理、工序间防锈、表面转化膜、金属覆盖层、涂料涂装、防锈封存包装、电化学保护、工况介质环境处理。

综上所述,对金属材料的防护必须符合"有效保护"和"经济便宜"两条准则。有时单靠一种方法是不够的,往往需要几种方法结合起来应用,例如大口径钢弹壳采用磷化后电泳涂漆,再用塑料包装筒包装贮存。

1.3.10.3 腐蚀预防与控制典型案例

下面以美军 P-3 飞机腐蚀预防与控制技术为例,介绍典型案例。

1. P-3 飞机存在的腐蚀问题

P-3 飞机是美国洛克希德·马丁公司应美国海军的要求而研制的海上巡逻和反潜飞机。美军的许多飞机都存在腐蚀老化问题,包括空中加油机、战斗机以及战术运输机等,其中问题最严重的可能是 P-3 海上巡逻机群,这不仅因为 P-3 是在 1962 年~1990 年间生产的,而且它们经常要在低空盐雾环境中飞行,这对飞机的技术状态造成极其不利的影响。

由于 P-3 飞机处于严重的腐蚀环境,即使是最新的 P-3C 型的许多部件也产生了腐蚀,估计其比预计的设计寿命要降低 8 年之多。目前美国海军在全球工作的 P-3C 飞机超过 200 架。尽管 P-3 飞机已经老化,但它仍是美国主要的海上巡逻机。由于 P-3 海上巡逻和反潜机群迅速逼近其服役寿命的末期,为了维持 P-3 这一传统飞机一直服役到 2015 年,美国海军及其对外军售伙伴——加拿大军方、澳大利亚皇家空军和荷兰皇家海军,在 1997 年启动了结构寿命评估计划以评估飞机机身疲劳寿命和材料状况。

结构寿命评估计划小组采用整体分析方法实现总拥有费用最小化和提高战备完好性,其主要措施包括采用最新的成熟技术使机身固有性能最大化、增强保护以抵抗工作环境以及改进探测缺陷的能力,同时实现减少使用、维修和保障费用的目的。

P-3 飞机设计于 20 世纪 60 年代早期,7075-T6 铝合金被广泛用于机身。尽管其具有高强性能,但回火的 7075 铝合金呈现极其不良的应力腐蚀和剥落特性,外加严酷的海洋工作环境会导致显著的腐蚀问题。实践证明,传统的腐蚀预防与控制方法不能有效地解决 P-3 飞机上发现的腐蚀损伤。在 P-3 飞机结构寿命评估计划中,采用整体方法来减缓该问题,但这需要三方面的技术支撑——最大化机身固有能力、增强防护以抵抗工作环境能力和改善探测缺陷能力。另外,某些部件还需要再设计以消除现有设计缺陷和改善可生产性。通过采用最新的成熟技术来获得最优化传统飞机的结构性能,同时还可降低使用、维修和保障费用。

2. 腐蚀预防与控制对策

1) 最大化固有能力

材料在保证 P-3 飞机的安全及寿命方面起着重要的作用。P-3 飞机主要采用 7000 系铝合金制造,而该合金对环境引起的损伤如点蚀、空穴腐蚀、剥蚀以及恒定载荷及疲劳载荷下的环境加速裂纹的扩展很敏感。

结构寿命评估计划小组研究了几种具有优异耐蚀性能的合金,被认为是可能一对一替代现有的材料。7150-T77511、7249-T76511 和 7055-T7XXXX 铝合金显露出作为最好的替代候选物的可能。依据结构寿命评估计划小组的意见,在所有已知飞机计划中研制的大量合金,这些新材料详尽的特性受到前所未有的重视。

美国铝公司采用热处理回火专利技术生产的 7150-T77511 铝合金,适用于生产宽窄挤压制品。美国联合合金公司和 Spectrulite 国际财团股份有限公司对非专利技术生产的 7249-T76511 铝合金宽窄制品的热处理工艺最优化。美国铝公司非专利技术生产的 7055-T74511 和 7055-T76511 铝合金,被评估后分别作为窄的 7075-T6511 和 7178-T76 铝合金挤压制品的候选替代物。这些材料的航材规范(AMS)制定后由汽车工程师学会 D 委员会批准用于一般用途。测试了各个合金的 100 多个试样以形成 A 和 B 基线设计容限,该数据已被提交作为 DOT/FAA/AR-MMPDS-01《金属材料性能研发和标准》的内容。另外,美国海军在印度洋服役的航空母舰上对新材料进行了 6 个月的环境暴露试验(图 1-11),以验证这些新材料耐严酷环境腐蚀的能力。

2) 增强防护

结构寿命评估计划小组评价了先进涂覆层和密封剂技术,以便改进材料性能和减少周期寿命费用。

美海军维修基地成立了一个 P-3 腐蚀行动小组以及 P-3 机群保障小组,制定了 P-3C 在基地维修时引入水置换型防蚀剂(WDCPC)的计划。美国海军《飞机武器系统的清理及腐蚀控制》技术手册(NAVAIR 01-1A-509)是美国三军通用的文件,它规定了几种水置换型防蚀剂在易腐蚀区或涂层损伤区的应用。这些 WDCPC 可以渗入到裂纹、空隙等处,一般采用喷涂或刷涂,通常为透明或半透明的涂层。WDCPC 可用于飞机大梁/腹板装配件、靠近辅助动力装置的内

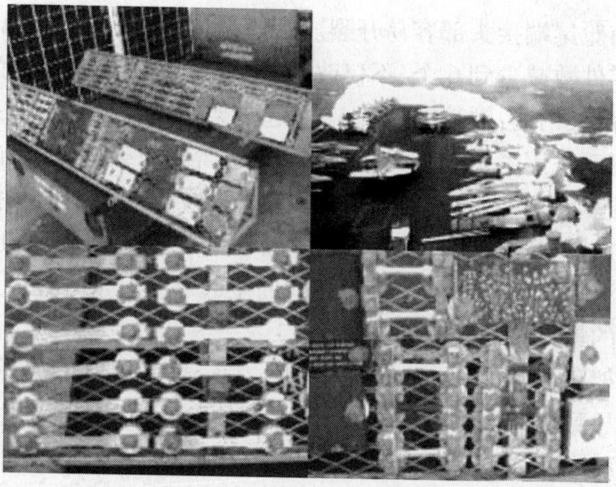

图 1-11　美国海军在航空母舰上开展的新材料环境暴露试验

部结构、水平和垂直安定面、通道、盥洗间以及舱门等易腐蚀部位。WDCPC 在基地维修中一般被认为是降低用户成本和提高机群战备完好性的关键措施。

Ormecon 公司的 CORRPASSIV® 化学涂装产品是另外一类被评价的材料和工艺。该产品可充当电子接受体/供体，其聚苯胺给氧提供电子并参与金属氧化物壁垒的形成。初步结果表明该产品的性能比传统聚合物涂层更优异，可能取代化学转化涂层，是替换现有保护涂层的一个典型示例。

高速火焰喷涂被认为是适合涂装高强钢部件的最佳工艺。由火焰驱动的高速喷气发动机采用金属粉末涂装工艺。P-3 飞机起落架汽缸和炸弹舱传动装置选择采用高速火焰喷涂，验证计划包括试样和全尺寸试验，以及服役试用装置。实验室试验结果证实其性能相当于或优于铬镀层；具有类似的附着性能；增加了硬度、耐磨损、耐腐蚀和耐冲击性；大幅降低疲劳和氢脆敏感性。在结构寿命评估计划中 P-3 飞机的全尺寸腐蚀疲劳试验表明，经过 59000 架次起落循环没有发现异常情况，同时在试验之后对起落架进行了完全破坏性拆解。另外，P-3飞机的起落架汽缸累计超过 2000 个起落和炸弹舱传动装置工作超过 600 个飞行小时而没有发现任何工作缺陷。

3）再设计

再现有关发动机舱纵梁上部、主起落架桁肋和起落架阻力支柱在使用中出现的缺陷，有助于解决 P-3 机群过多的故障时间和高维修费用问题。目前的再加工/修复/更换方法，不能提供与现有设计和制造方法有关的疲劳裂纹以及腐蚀损伤长期和经济可承受的解决办法。通过采用最新技术，结构寿命评估计划小组一体化设计了这些部件，从而改善了可生产性和可维修性。

（1）发动机舱纵梁：以往由多达 39 个零件点焊而成的发动机舱上部纵梁生

产复杂,并且前舱尾端接头部容易开裂。新的设计采用数控加工 17－4 PH 耐蚀钢坯,将总的零件数减少到 6 个,不仅改善了可生产性,而且消除了疲劳问题。

(2) 主起落架桁肋:锻造的 WS167 主起落架桁肋存在对应力腐蚀损伤敏感的问题,同时由于采用了 7075－T6 材料而引起插孔开裂,而以往的再加工容许公差却导致频繁的部件更换。新的数控加工的桁肋采用更耐蚀的 7050－T7451,并且增加了再加工容许公差。该设计也将桁肋的制造时间从 6 个月大幅缩短到 6 周。沃特飞机工业公司采用相同的主起落架全尺寸疲劳试验夹具成功地测试了桁肋的最大荷载。

(3) 起落架阻力支柱:以往的起落架阻力支柱采用 4340 钢管设计,由于湿气易于滞留而导致腐蚀损伤,同时也妨碍内部检测。另外,由于生产技术复杂而使部件质量不稳定。再设计采用 AERMET 100 钢和数控加工技术生产有开口断面的新起落架阻力支柱(图 1－12),从而避免湿气滞留而导致的腐蚀损伤,同时显著提高可生产性并易于检测和再加工。

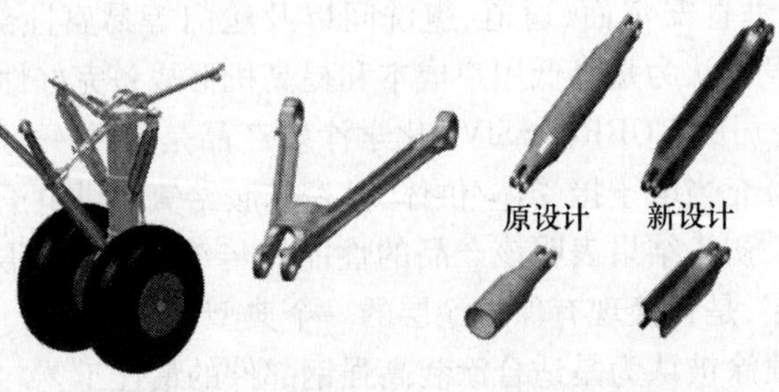

图 1－12　起落架侧支柱和阻力支柱

美国海军及对外军售伙伴实施的结构寿命评估计划采用最新的成熟技术实现飞机的结构性能最优化,可成功地解决 P－3 飞机的老化问题,同时还能降低工作、维修和保障费用,使总拥有费用显著减少。通过这一系列必要的检测、修复、更换和再设计工作,能够支撑 P－3 机群执行正常的勤务,并满足美国海军直到 2015 年前对 P－3 机群的存量要求。

1.3.10.4　腐蚀预防与控制发展趋势

腐蚀预防与控制技术发展有以下几个方面的趋势:

(1) 大力研发耐蚀而经济的材料。所有装备都是由材料构成的,材料是腐蚀控制的基础,因此装备用材料耐蚀性优劣永远是装备腐蚀预防与控制的根本,是装备腐蚀预防与控制的内因,其他的外部防腐蚀技术、方法和措施只是外因,起辅助和补充防护的作用,不能从根本上解决装备腐蚀问题。研发新的特种合金、新型陶瓷、复合材料等耐腐蚀材料,是从根本上治理装备腐蚀问题的最好途径。在保证材料耐蚀性的同时,也应极其重视降低材料成本,因为如果材料价格太高,即使其耐蚀性特别突出,其应用范围和用量仍会受到很大限制,大力研发耐蚀和低成本的装备用材料是装备腐蚀预防与控制的永恒主题和方向。

（2）创新研发腐蚀预防与控制技术和工艺。随着装备向高毁伤、信息化、精确化、全天候发展，在对高性能新材料需求不断增加的同时，也对这些材料的腐蚀防护提出了新的要求。可以说，没有新材料的腐蚀防护，就没有新材料的工程应用。因此，不断开发新的腐蚀预防与控制技术和工艺，满足装备用各种新材料的防护需求，弥补新材料在耐腐蚀方面的不足，与新材料研发一样是装备腐蚀预防与控制永恒的主题和方向。

（3）强化腐蚀预防与控制技术和工艺的自然环境考核与验证。装备的制造、运输、贮存和使用等都离不开自然环境，自然环境是装备在全寿命期内经历的最基本环境。自然环境中的各种因素及其交互作用可能会腐蚀或破坏装备结构及材料，造成器件、部件和装备性能劣化和功能失常，从而影响其作战效能。因此，高度重视对装备及材料、构件、工艺进行自然环境试验，掌握其在各种典型环境条件下的腐蚀特征和变化规律，考核和验证装备腐蚀预防与控制技术及工艺的环境适应性优劣，采取相应改进措施，为装备环境适应能力的提升提供技术支撑。

（4）重视腐蚀预防与控制技术系统集成。引起装备腐蚀的环境无处不在，导致装备腐蚀是不可避免的。“腐蚀是从绘图板上开始的”，因此腐蚀控制也必须从设计阶段即介入。装备腐蚀控制涉及正确选材、合理设计、表面处理和涂覆、防护包装、改善环境条件和注入缓蚀剂、电化学保护等多种途径，任何环节的失误都可能对装备造成不利影响。在装备腐蚀预防与控制工作中，从系统工程的角度，重视对装备生产各个阶段所涉及的腐蚀预防与控制技术进行系统集成，不但可以有效提高装备腐蚀防护水平，而且从成本、效益出发，也可实现腐蚀控制的投资效益最大化。

（5）系统开展装备腐蚀监检测。装备的腐蚀通常是各种环境因素对其产生缓慢作用下逐渐发生损坏或劣化的具体表现，都有一个发生和发展的过程。有些腐蚀表现在外部如出现金属锈蚀、涂层脱落，肉眼即可发现，而有些则是肉眼无法直接发现的，如涂覆层下的腐蚀疲劳开裂。在各种腐蚀形态中，有些腐蚀对装备功能、性能没有太大影响，而有的不但对功能、性能有影响，而且对装备的结构完整性和安全性都会产生重大影响。因此，系统地开展装备腐蚀监检测，特别是关重部件进行腐蚀状况的在线、实时、无损监（检）测，并进行腐蚀状况评价和预测预报，不但可以保证和提高装备的完整性和安全性，还可以实现视情维修，与传统间隔维修制度相比，有较好的针对性，可显著节约人力和物力。

（6）研发环境友好型的绿色腐蚀预防与控制技术。装备腐蚀预防与控制技术、工艺、措施的实施，或多或少都需要消耗防护材料，有些腐蚀防护工艺所用材料有毒，有些则在生产过程中产生有毒有害物质。从严格意义上讲，没有任何一项腐蚀预防与控制技术的实施没有污染，而只有污染严重和不严重之分。随着人们对环境保护越来越重视，对环境保护的要求和法规越来越严格，在装备生产中所受到的限制也越来越多。从社会义务来讲，装备所采用的任何腐蚀预防与控制技术、工艺和措施都应当尽可能降低对环境的污染和损害。因此，在装备生产中，需要不断满足和符合环境保护的要求，应当积极主动开发和应用高效、施工方便、成本低廉的环境友好型的绿色腐蚀预防与控制技术，如用于工序间的长效水基防锈剂，淘汰对环境危害大的落后的技术和工艺。总之，研发满足装备腐蚀防护需要的环境友好型的绿色腐蚀预防与控制技术是社会发展的必然趋势。

综上所述，装备的腐蚀预防与控制是一项复杂的系统工程，涉及材料、结构设计、生产、运输、贮存、管理、维护、使用等诸多环节。虽然装备腐蚀过程是一个自发的过程，完全避免装备腐蚀是不可能的，但是只要通过合理选材、正确设计、科学生产、提高工艺水平、改善贮存条件、加强技术防护和科学合理的管理，就可以减缓腐蚀发生、发展的速度，延长装备服役寿命，大大降低装备后勤保障的负担，降低装备全寿命周期费用，保证装备的战备完好性，把腐蚀对装备造成的危害与损失降到最低，从而实现装备腐蚀预防与控制在军事和经济方面的巨大价值。

1.3.11 其他保障使能技术

1.3.11.1 不敏感弹药技术

1. 技术的发展过程

作为早期的不敏感弹药技术研究，美国很早就注意到火炮发射的安全性，并开始研制低易损性(LOVA)发射药。国际社会对不敏感弹药的关注则可以追溯到1984年，北约弹药安全信息分析中心提出了有关包覆发射药的问题。随着弹药和炸药安全和适用性问题的提出，北约不敏感弹药信息中心(NIMIC)于1988年在美国成立。NIMIC最初由法、荷、挪、英、美参加的五国备忘录提供资助，1991年在布鲁塞尔建立了永久性组织。加、意、葡、西、澳等6国家后来也相继参加，到1994年，NIMIC已得到全部北约伙伴的同意。2000年2月，芬兰、瑞典、丹麦等非北约国家也相继加入。2004年12月，该组织改名为弹药安全信息分析中心(MSIAC)，老牌军事技术强国德国在2005年10月才被批准加入该组织。

目前，不敏感弹药技术已经在大多数类型的弹药中得到广泛应用。据NIMIC组织介绍，有关不敏感弹药的规范是从1988年开始应用的，其北约标准化协议在1998年颁布，并通过配套文件提供了一套评估和试验的方法体系。到现在为止，该规范已经被12~15个国家批准，特别是在美国，不敏感弹药规范已经正式成为法律。在规范的执行方面，有些国家按弹药目录规则执行，有些国家则采取更灵活的解释。例如，由于火炮弹药受到的威胁要比空投弹药大，因而控制得更加严格。

2. 技术的应用价值

(1) 不敏感弹药大大提高了安全可靠性。不敏感弹药对各类外界刺激有相当的稳定性，大大降低了由于事故或外界激发对作战人员和装备的破坏，特别是减少了由于小事故而引发灾难性事故的危险。例如，坦克、自行火炮等陆地平台被敌方击中后，如果采用不敏感弹药，弹药殉爆的可能性就会大大降低，不致发生人车俱毁的灾难性后果。

(2) 不敏感弹药的安全性使战场指挥官有了更大的灵活性。不敏感弹药对贮存、运输环境的要求低，指挥员可以安全、方便地获得所需弹药。

(3) 减轻了后勤保障的压力。不敏感弹药降低了对船舶停泊靠岸的要求，提高了船舶的使用性；降低了贮存、运输的安全标准，从而降低了军械库的建设成本；弹药的运输可以选择更多的手段和方式。不敏感弹药还缩小了安全警戒距离、减少了对公众利益的侵犯。

(4) 不敏感弹药性能可靠，且在全寿命周期内几乎不用维护；尽管单价较高，但全寿命费用并没有明显升高。

3. 影响不敏感弹药技术的因素

(1) 加热导致热分解。炸药分子在热冲击下分解，通常为放热反应。在炸药被密闭的条件下，这种分解和放热可能导致链式反应，即从燃烧到爆燃再到爆轰，这就是所谓的 DDT 反应。

(2) 高速撞击诱发振动波。炮弹、破片的高速冲击或者其他炸药爆轰会引发振动波。振动波能量可能使炸药分子折断、分解，产生中间产物，并不断反应、释放能量，导致压力和热量增加，并最终导致爆轰；振动波也可能使均质炸药中的小空穴坍塌，引发热点效应，进而激发出爆轰。这种反应过程被称为振动到爆轰转化反应，即 SDT。

(3) 电(电磁)效应。电磁辐射可能对于炸药产生直接或间接影响。直接影响如静电放电和闪电击发，它们可产生热和振动，从而使炸药产生 DDT 或 SDT 反应。间接影响包括雷达发射、无线信号发射、电磁脉冲和闪电产生的电磁场等，这些因素将可能加热某些雷管中的导线，或者在引信电路中产生感应电压，从而导致弹药的意外引爆。

(4) 综合激发效应。一个最典型的例子就是轻武器弹丸和低速破片的冲击。由于速度不足，受到攻击的弹药不会立即产生 SDT 反应；但随着穿透过程的持续，会引发弹药炸药局部的加热和破坏(破碎、再压缩)，引起表面积和温度的增加，最终导致 DDT 反应。这是一种迟延的 DDT 反应，因此也被称为 XDT。

4. 不敏感弹药技术的现状

TNT 熔铸装药技术是 3 种基本的炸药装填方式之一。该技术的缺点就是装药受热后融化、受冷后凝结,多次反复会引起渗油现象,在着火时或不经意碰撞下就会发生爆炸。这也正是 B 炸药发生膛炸或殉爆的原因之一。研制不敏感弹药,主要就是围绕改进或取代 TNT 炸药而展开的。

1.3.11.2 产品唯一标识(IUID)技术

美国通过全资产可视化,提高装备和物资供应的效率。可视化是指能够及时快速提供装备及物资的位置、数量、状态、价格、调动等信息。为此,美军从 2003 起启动一项称为"产品唯一标识"(IUID)的行动计划,即为每件产品配备"唯一标识标签",永久性地印制或者粘贴在产品上,通过专用设备即可读取产品标签中的一组数据。为些,美国国防部颁布了相应法规,建立了管理体系,行动计划取得了预期效果。

1. IUID 记录信息的内容及应用

IUID 启示三种类型的信息。第一类是产品的基本信息,包括产品名称、用途、制造厂商、国家库存编号、价格、产品在装备中的位置、产品所在装备的技术状态等,这些信息相当于产品的"身份信息",这些信息一般在整个寿命周期中不会发生变化;第二类信息是产品的位置信息,包括产品所处的位置、由谁使用管理等信息;第三类信息是产品的状态信息,包括产品所处的环境、是否可用等信息。

IUID 是美军对所有产品进行永久性标识的一种措施。这些信息一旦做成 IUID 在整个供应链中将是唯一的,信息主要分成两部分,一部分是人员可直接认识并可调取的,主要是一些基本信息;另一部分是机器可以读取的矩阵式二位条码信息,主要包括存储历史数据,包括装备使用、维修、升级、改造历史等重要信息。

2. 美军推行 IUID 的主要措施

(1) 建立了国防部统一领导、各军兵种全面参与的管理体制。美军从开始推行 IUID 之初,就强调各部门和各兵种之间的协调配合,以保证信息共享和通用性。2003 年,国防部采办、技术和后勤副部长任命保障与装备战备完好性副部长帮办办公室担任 IUID 行动计划的主管部门,各军兵种指定机构负责推行这项行动计划。2009 年 7 月组建了 IUID 特别工作组,对行动计划实施情况进行监督和评估,由维修政策与计划副部长帮办助理担任组长,国防部长办公厅及各军兵种有关部门参加。工作组目标是评估在国防部供应链中推行 IUID 的效益并为相关政策进行调整提供建议。

(2) 制定并发布 IUID 政策法规。从 2003 起国防部发布一系列政策备忘录、国防部指令、指示,保证行动计划实施的效果。2004 年,国防部在《美国联邦采办条例国防部补充条例》中,要求承包商对采购的装备和产品进行标识,同年发布 IUID 政策,要求为美国老旧装备系统实行标识。2007 年,国防部发布 DODD8320.03 号国防部指令,要求将 IUID 能力嵌入到部分信息系统中。2008 年,国防部发布 DODI8320.04 号国防部指示,确认了 IUID 标准,同年 6 月,发布国防部指示 DODI8230.04《产品唯一标识标准》并于2010 年2 月进行了修订,明确了美军一类产品和二类产品的 IUID 应用的范围。2010 年"产品唯一标识工作组"发布评估报告,修改了二类产品的 IUID 的应用范围。

3. 美军推行 IUID 面临的挑战

美国推行 IUID 也不是非常顺利,也存在一些缺陷。一是没有提出推行 IUID 的定量指标和明确进度。国防部只是原则上提出实施 IUID 的要求,并没有给出具体数量和进度要求,因而各部门和各军兵种进展情况参差不齐,没有规定合适的目标要求。二是没有完整评估 IUID 需要的成本。国防部自 2003 年启动后,各兵种没有提供完整的历史信息和预算环境。三是 IUID 功能尚未嵌入现有及未来保障信息系统。国防部没有明确提出在整个国防部或者各军兵种的"企业资源计划"系统间使用 IUID 的数据需求,陆军、空军、海军陆战队和国防后勤局在各自的"企业资源规划"系统开发中也未提出相关要求,只有海军陆战队在 2012 年 1 月提出了需求草案。因此,近期内不太可能在所有系统中共享共用 IUID 数据。

1.4 装备保障使能技术应用

前面介绍了 12 种保障使能技术,这些技术涉及装备设计和装备保障两个方面,但都是可以最终减少保障负担和提高装备保障能力的技术。这些技术中的大部分都是信息技术发展的产物。

目前,装备可靠性、维修性、保障性、测试性、安全性和环境适应性技术已有相关国家军用标准,已经在型号中得到一定的应用,这些技术有助于改进系统的保障性,通过这些技术降低保障费用,减少保障负担,提高装备的保障能力,本章未作详细介绍。

本书介绍的 12 项技术,在国外应用比较广泛,许多素材都是来自国外文献资料的总结。从美国开展这些技术的经验来看,为了保证使能技术在我国装备设计和保障工作中得到应用并发挥有效作用,必须解决如下问题。

1. 制定并发布相关政策法规和标准

政策是行动的向导。为了推广某一方面的技术,必须制定相关政策,制定相关管理规定,并编制配套的标准。例如,2003 年,美国颁发 5000.1 采办文件,提出"基于性能的保障"(PBL)整体战略,并要求项目经理制定和实施 PBL 策略;

为了在国防部广泛开展 CPI/LSS 计划,成为促进国防部项目效率与效能的手段,国防部于 2008 年 5 月颁布了国防部 DoDD 5010.42 指令,规定了开展该项计划的政策方针、职责分工等内容,为了贯彻落实该指令,国防部于 2009 年 7 月 17 日颁布了国防部指示 DoDI5010.43,细化了指令的有关规定,其中包括 CPI/LSS 计划的目的、适用性、政策、职责以及具体实施程序。为了推行 IUID,2004 年,美国国防部要求在《美国联邦采办条例国防部补充条例》中,要求承包商对采购的装备和产品进行标识,同年发布 IUID 政策;2007 年国防部发布 DODD8320.03 号国防部指令,要求将 IUID 能力嵌入到部分信息系统中;2008 年国防部发布 DODI8320.04 号国防部指示,确认了 IUID 标准,同年 6 月,发布国防部指示 DODI8230.04《产品唯一标识标准》。

我国为了推行电子交互式技术手册和电子标签,制定了相应的国家军用标准,但是缺乏必要的政策、法规进行规范,因此推广的范围和深度受到一定的限制。为加强使能技术的推广和应用,应当制定装备使能技术发展战略,制定行动路线图,并颁布相应规章制度。

2. 建立或者指定总部统一领导、各军兵种参与的管理机构

路线决定之后,成功的关键在于用人。从国外推广保障使能技术的经验来看,必须首长建立国防部统一领导、各军兵种参与的管理机构。例如,美国国防部从引入精益 6σ 管理之初,就明确要逐步建立起高效的精益 6σ 推进组织机构。在管理决策层,成立了持续过程改进/精益 6σ 计划办公室和以办公室主任为主席、国防部各成员单位代表为委员的高级筹划指导委员会,以加强对持续改进工作的全面领导和具体业务工作的监督检查;2003 年,国防部采办、技术和后勤副部长任命保障与装备战备完好性副部长帮办办公室担任 IUID 行动计划的主管部门,各军兵种指定机构负责推行这项行动计划。2009 年 7 月组建了 IUID 特别工作组,对行动计划实施情况进行监督和评估,由维修政策与计划副部长帮办助理担任组长,国防部长办公厅及各军兵种有关部门参加。

3. 开展应用试点工作,积累经验并逐步扩大应用范围

为了保证使能技术应用的效果,首先需要通过试点取得经验,同时通过试点改进使能技术,以进一步扩大应用的范围,保证使能技术的总体效果。

参考文献

[1] Memorandum for Secretaries of the Military Departments. Implementation of Life Cycle Sustainment Outcome Metrics Data Reporting. Dec. 11, 2008.

[2] 宋太亮,李军. 装备建设大质量观[M]. 北京:国防工业出版社,2010.6.

[3] Defense Acquisition University. Defense Acquisition Guidebook, August 5, 2010.

第2章 基于性能的保障

2.1 引 言

21世纪初，为了应对各种新的安全挑战，在降低军费开支的情况下继续全面保持军事优势，以美国为首的西方军事强国，采取一系列重大战略举措，加紧推进新军事变革。新军事变革和转型对武器装备及其保障建设所带来的影响无疑是巨大而深刻的。

在装备保障领域，积极推行基于性能的保障（Performance - Based Logistics，PBL）就是最具代表性的转型举措之一。从2000年第一个PBL项目实施以来，PBL得以全面、持续、快速发展，成效很大，PBL已成为美国国防部武器装备采办的首选保障策略。

2.1.1 PBL的概念与内涵

基于性能的保障（PBL）在国内也常翻译为“基于性能的后勤”或者“基于绩效的后勤”。美国防务采办大学发布的《基于性能保障：项目经理的产品保障指南》中对PBL定义为：PBL是通过权责明晰的长期保障协议，将保障作为一个综合的、可承受的“性能包”来购买，从而使武器系统的性能和战备完好性达到最优。简单地说，PBL购买的是最终保障性能的结果，而不是传统的一个个硬件产品或服务。PBL是美国国防部首选的产品保障策略，要求在降低费用、缩小后勤保障规模的同时，实现全系统可用性最优。

简而言之，PBL的目的是购买保障“性能结果”或“性能包”，而不是传统的单纯购买产品、零部件或修理活动。所以明确“性能”由哪些参数来表达尤为重要。代表军方的项目经理要与用户/作战部队一起共同确定系统的保障性能要求，然后与产品保障提供方一起，通过将这些要求（包括相应的性能参数）记录在基于性能的协议中，来实现这些要求。PBL的有效实施，取决于精确地反应用户需求并能有效地度量保障提供方的绩效的顶层性能参数。

PBL的顶层性能参数一般包括使用可用度、使用可靠性、每个单位使用小时的费用、后勤规模、后勤响应时间等。其中：

使用可用度是系统能够执行任务的时间的百分比或者保持作战节奏的

能力。

使用可靠性是对系统实现任务成功目标的度量。根据系统的不同,任务目标可以是出动、巡航、发射、到达目的地或者其他具体参数。

每使用单位费用是给定系统的总使用费用除以相应的度量单位。根据系统的不同,度量单位可以是飞行小时、做功小时、发射次数、行驶里程或其他的服务和系统的具体参数。

后勤规模是指政府/承包商为部署、维持和移动系统所投入的必需的后勤保障的规模或"力量"。可度量的要素包括库存/装备、人员、设施、运输资产和不动产。

后勤响应时间是从后勤需求信号发出到满足这些需求所经历的时间,"后勤需求"指的是系统后勤保障所必需的系统、部件或资源,包括人力以及保障服务。

当然在 PBL 实施的过程中,需要根据武器系统的作战任务对这些顶层性能参数进行剪裁取舍,并确保顶层性能参数与保障提供方的职责范围相一致。

本质上,PBL 是一种创新的用户驱动型的保障制度安排,用户(武器系统使用方)不需告诉保障提供方如何去做,只需告诉其所需要的保障性能结果,保障提供方就会依据基于性能的协议(PBA)的要求,全力以赴地完成好与装备保障相关的工作,尽可能达成满意的保障性能结果,以便从中获益。

在这种保障制度安排中,一是要以用户为中心,以武器系统为对象,确定顶层性能参数和指标,如使用可用度、使用可靠性、单位使用费用、后勤规模、后勤响应时间等。这些顶层性能参数和指标是实施 PBL 的出发点和落脚点。二是要建立新的组织机构,主要包括项目经理、产品保障经理、产品保障集成方和产品保障提供方(保障源)等,其中项目经理和产品保障经理为军方管理部门承担,产品保障集成方和产品保障提供方为军方或民间的工业部门承担。项目经理提出需求,产品保障集成方负责实施。三是要签订以客观度量标准为基础的基于性能的协议或合同,购买保障性能结果而不是购买产品或服务等分散交易。一般情况下基于性能的协议期限较长,促使保障集成方有效提升保障能力,实现长期收益的最大化,规避短期行为。四是要通过合理的激励机制,激励保障提供方高效地提供保障服务。

PBL 策略的实施可以实现双方共赢,一方面提高了武器装备的战备完好性,降低了寿命周期费用,用户受益;另一方面保障提供方与用户建立了更为密切且长期的合作关系,只要不断提高保障能力,保障提供方就能够获得更多的、稳定的收益。

与传统的装备保障制度相比,PBL 有着明显的区别,如表 2-1 所列。

表 2－1 PBL 与传统装备保障策略的主要区别

	传统保障策略	PBL 策略
购买形式	购买个别零部件或维修活动	购买性能结果
管理形式	分阶段负责,军方负责列装后管理	全寿命周期系统管理,由项目经理全面负责
组织结构	传统的烟囱式的组织机构	组建由项目经理领导的 PBL 小组
保障源与联系点	多点分散保障源和联系点	全面综合保障链,单一负责联系点
保障对象	以产品为中心	以武器系统为中心
资金保证	几乎总是提供少于 100% 的资金	几乎总是提供 100% 的资金
保障协议周期	中、短期协议	长期协议
保障提供方	军方建制单位	军方建制单位;合同商
保障过程	以“尽力而为”为特征的保障程序	以 PBA 为基础的保障程序
风险承担	军方承担主要保障风险	承包商承担主要保障风险

2.1.2 PBL 产生背景

PBL 是装备保障变革的产物,但是这种变革的背后却有着深层的客观原因。20 世纪,美军逐步建立并完善了传统的“规模型”保障模式,这种保障模式的特点是“摊子大、费用高、效率低”。其中“摊子大”是指装备保障资源及其形成的保障系统规模较大,其原因是多方面的,既有保障资源缺乏有机融合、整合,军兵种各自为政,重复建设的问题,也有综合后勤保障工作开展不充分,保障资源需求不合理,保障系统盲目建设的问题;“费用高”是指每年用于装备保障的费用高昂,据美国海军研究生院 2006 年 8 月公布的统计数字,美国国防部每年的后勤预算超过 1000 亿美元,其中装备保障费用占预算的 70% 以上,而且这笔费用还在不断增长;“效率低”是指装备保障系统的“内耗”严重,大量的人力、物力和财力浪费在增值不高的环节上,后勤响应时间较长。美军深深感到传统的装备保障模式难以为继,必须大力进行改革,提高装备保障的效益。

进入 21 世纪,为了满足部队作战的机动和保障要求,削减后勤规模,节省保障费用,发展先进装备,美国国防部考虑将“规模型”的装备保障系统改造成高度敏捷、可靠的系统,实行“按需”保障。保障模式改造的一个方面是推行“精确保障”理念,即针对现有保障系统,用快速、经济的运输和信息来代替多层次的保障体系,实现对兵力投送的有效和高效保障,促进装备保障从“规模型”向“精确型”转变。

保障模式改造的另一个方面是以深化“军民融合”为契机,进行保障策略创新。20 世纪 80 年代美国提出了“综合后勤保障”(ILS)的概念。在这种思想的指导下,军方和承制方逐渐形成了一套在武器装备采办过程中开展综合后勤保障的成熟方法,承制方与军方用户共同对装备的保障性能结果负责。进入 21 世纪以来,随着美军军事转型的加速,承制方与军方用户之间的合作关系越来越紧密,客观上要求承制方或保障提供方更多地对装备的保障性能结果"负责",降低装备保障费用、提高战备完好性,促进装备保障从"规模型"向"效益型"转变。

然而,这种转变需要制度上的创新。即:需要打破传统的装备研制与装备保障相互隔离的局面,应在装备研制阶段考虑装备的保障问题;需要从全寿命周期的角度考虑装备的保障问题,尽量降低装备的保障费用;需要以最终的保障效果为目标,牵引保障资源的优化、保障系统的重组、保障手段的改进、保障组织的精简。与此同时,商业界的一些先进管理思想和运营模式给跨国公司带来了巨大成功,外包、流程再造、供应链管理等一系列先进理念的推行,提高了商业的运行效率、服务质量和经济效益。

因而,装备保障制度创新的内在需求,加上美国国防部的外部推动,以及商业界成功经验的启示,于是基于性能的保障(PBL)策略应运而生了。

2.1.3 PBL 的地位与作用

(1) PBL 作为获取和实施武器系统持续保障的新理念,是装备保障改革的需要,是美国国防部优选推行的首选的保障策略。这种策略能够保证合同的甲、乙双方(甲方:政府/军方用户;乙方:承包商/保障提供方)均能获益,如表 2-2 所列。

表 2-2 实施 PBL 的可能产生的效益

甲方:政府/军方用户	乙方:承包商/保障提供商
(1) 提高战备完好性/作战能力 • 改进装备可靠性、维修性与保障性 • 获得更加可靠的供应链 • 持续的技术升级 (2)通过以下举措降低寿命周期费用 • 优化后勤基础设施 • 缩减后勤规模 • 降低持续保障费用 • 购买性能而非库存 • 供应链集成 • 使用最佳商业惯例 (3)避免或降低 • 技术过时 • 制造商或保障源的减少 • 寿命周期费用的增加 • 预算的不稳定 • 其他风险	(1)增加利润潜能 • 改进产品与过程的性能 • 赢得合同奖励的能力 • 使整体费用最小的能力 (2)长期合同保证 • 实现投资回报的能力 • 了解并适应税收趋势 (3)使基础设施投资最优 • 扩展了市场活动 • 保持了系统设计和数据的控制力 • 增加了提供保障服务的灵活性 • 减少了政府部门强制规范与过程

(2) PBL是全寿命周期系统管理的发展。全寿命周期系统管理是指在一个武器系统的整个寿命周期中,由军方任命的项目经理来落实、管理和监督与采办、研制、生产、列装、保障和处置有关的所有活动,真正赋予项目经理全寿命管理的职责。这种全寿命管理机制使装备的采办和保障实现了一体化。

全寿命周期系统管理和PBL都强调在系统寿命周期中及早关注保障问题,通过提高可靠性、维修性和保障性来提供更加有效的、经济上可以承受的、完好的武器系统。全寿命周期系统管理和PBL赋予项目经理全寿命管理职责,要求他实现两个主要目标:一是研制的武器系统必须不断减少对后勤保障的要求;二是装备保障本身必须是有效和高效率的,必须尽量减少满足装备保障要求所需的资源和时间,以提高系统完好性、降低使用和保障费用为最终目标。

同时,PBL也有自身的特点,它更注重装备保障的"整体性"与"结果性",即以提高军队作战任务能力为目标设定了相关的顶层性能参数,如使用可用度、使用可靠性、单位使用费用、后勤规模、后勤响应时间等,这些性能参数形成了不可分割的"性能包",并以这些性能参数为牵引,指导保障协议的签订、保障组织的建设、保障资金的提供等寿命周期内各项工作的开展,最终达成理想的保障性能结果。因此,PBL是全寿命周期系统管理的继承与发展。

2.2 PBL发展历程

为推动装备保障的改革,美国国防部出台了一系列相关的战略性文件。1996年美国参谋长联席会议主席制定的《联合构想2010》提出了"聚焦后勤",要求通过融合信息技术、后勤技术和运输技术,实现快速、灵活、精确的保障。美国国防部96/97版《后勤战略计划》指出"威胁的变化要求后勤保障必须灵活、机动、一体化、兼容、精确,将保障瞄准需要的地方。同时,需要降低国防部后勤保障系统的费用。"1998年的《国防拨款法案》明确提出了后勤改革的要求,并由此拉开了后勤改革的序幕。

美国国防部向PBL的具体转变,开始于国防部范围内的一个工作组根据1998年的防务授权法令912C节的授权所进行的关于产品保障的创新性工作。这个由来自国防部部长办公室、各军种、联合参谋部和国防部后勤局的60余位代表组成的工作组,制定了一个转变保障策略以贯彻适用的最佳工作处理方法。他们的工作成果被写入一份名为《21世纪的产品保障》的报告中,这份报告首次提出了"产品保障要重点关注用户所需要的武器装备的性能"这样一个观点,为"基于性能的保障"(PBL)的提出奠定了理论基础。

2000年,美国国防部确定了30个试点项目进行PBL的实践试点。这些项目涵盖了所有重大武器系统族以及寿命周期的不同阶段。这些项目贯彻了PBL

的各项策略，包括全系统性能责任合同、子系统现代化、灵活的持续能力和创新的性能协议。

2001 年，美国国防部《四年一度防务评审》也明确指出，国防采办需要转型，才能应对21 世纪的威胁。为了显著提高部署能力和保障能力，唯一出路就是改革后勤实践，通过实施 PBL 策略来实现以用户为焦点的武器系统保障，基本确定了 PBL 策略的地位。

2003 年，美国国防部颁发的 5000.1 采办文件提出了 PBL 整体策略，要求项目经理制定和实施 PBL 策略，使整个系统可用性最高，同时又使费用最低和后勤负担最小。

2004 年 11 月，美国国防部颁发《基于性能保障：项目经理的产品保障指南》指出：PBL 是国防部首选的产品保障策略。基于性能的保障的本质是购买性能，而不是像传统的方法那样购买个别零部件或修理活动。实施 PBL 可以经济有效地满足作战部队的作战要求。国防部积极改革合同和投资机制以便购买按照性能准则度量的可用性和战备完好性，国防部和各军种全面推行 PBL。至此，完全确立了 PBL 策略在寿命周期装备采办中的地位。

2006 年，美国国防部的《四年一度防务报告》指出，国防部在 PBL 策略发展方面已经取得了巨大的进步，未来仍将致力于 PBL 的实施，以期在供应链物流成本、性能方面大幅提高，并通过使用诸如精细 6σ 等工具为性能的连续改进提供足够支撑。

到 2007 年，经过修订的国防部指令 DODD 5000.01“基于性能的保障”指出：项目经理应当开发并实施“基于性能的保障”（PBL）策略以使全系统可用性最优，同时降低成本和后勤规模。到 2008 年，DODI 5000.02“国防采办系统的运行”指出：基于性能的产品生命周期保障是 PBL 的新阶段，它为在生命周期完好性、可靠性和全拥有费用等方面满足采办要求提供了最好的策略，已经将 PBL 纳入全系统、全寿命装备采办范畴。

2.3 PBL 的实施方法

2.3.1 PBL 实施模型

PBL 的实施一般遵循着相似的程序与规则，美国国防部发布的《基于性能后勤：项目经理的产品保障指南》中提供了由 12 个步骤构成的 PBL 实施模型。当然，这 12 个步骤并非严格的和固定不变的，项目经理及其 PBL 小组应该以最适合其项目、业务和使用环境需要的方式进行剪裁。另外，模型中的步骤也非完全按顺序进行，根据实际需要有些步骤可以并行实施。PBL 实施模型如图 2－1 所示。

图2-1　PBL实施模型

1. 要求与保障综合

PBL实施的首要任务是确定与武器系统任务能力相协调的保障要求，将各种保障要求进行综合后采用顶层性能参数表达出来，以关键性能参数的形式写进合同当中。保障要求的综合，需要代表军方的项目经理及其工作小组与武器系统用户机构（基层部队司令部）进行磋商。根据二者磋商的结果，将作战需求和保障能力需求转化为顶层保障性能参数，并写进基于性能的协议。显然，这种磋商并非一蹴而就，随着作战想定的变更和使用环境的演变，保障要求也可以变更。因此，需要项目经理与用户机构之间保持长期的、密切的配合。

为了实现必要的灵活性，项目经理应借助协议（合同、协议备忘录、谅解备忘录和军种级协议）实施PBL策略，这些协议规定了保障性能目标以及相应的保障性能参数的变化范围，以满足适应资源、作战速度或其他使用要求的变化的需要。例如，平时训练与战时出动显然有着不同的保障性能要求，因此在基于性能的协议中应当考虑这种任务的变化，达到尽是避免、减少修正或重新制定PBL协议的程度。

2. 组建PBL小组

PBL工作早期的一个关键步骤是组建包括用户的PBL小组，来开展和管理PBL的实施。尽管项目经理是全寿命周期系统的管理者和责任人，但PBL策略的实施依赖于各方的参与，特别是用户（武器系统使用方）的参与，并在最佳持续保障策略的制定方面达成一致。

PBL小组的组成可能因项目的成熟度和任务的变化而变化。项目经理必须清楚自己的系统处于寿命周期的哪个阶段，知道即将临近哪一个重大里程碑/事件,并为决策者提供有用的信息,以便使项目在寿命周期中成功地向前推进。

PBL 小组由项目经理或其产品保障经理领导,小组成员可以由政府和私营部门的职能专家组成,并应包括所有相关各方的代表。PBL 小组成员可能包括来自各部队司令部总部的代表和来自供应、维修及运输参谋机构的后勤代表,也可能包括来自使用司令部或国防部各局以及工程、技术、采购、审计、信息技术机构和保障承包商的代表。小组组建之后,成员要共同确定目标、制定行动和里程碑计划。但是不管怎样,所有的成员都能跨越组织机构的界限工作才是至关重要的。因此,PBL 小组跨越了传统的烟囱式的组织结构。

3. 建立系统基线

为了制定有效的 PBL 策略,项目经理需要确认现有的性能与预期的性能要求之间的差异。因此,项目经理要确定当前的性能和费用基线并形成文件。在确定和形成系统基线文件时应回答四个关键问题:

(1) 产品的保障要求范围是什么?

(2) 谁是关键的责任方?

(3) 产品保障费用及性能目标是什么?

(4) 对于已部署的系统,过去的战备完好率是多少,改造或新研系统的使用与保障费用如何?

项目的寿命周期阶段决定了系统基线建立工作的范围。对于没建立保障组织结构的新项目,其系统基线应包括对被替代系统的保障费用的分析。若没有被替代的系统,则应进行寿命周期费用估算。对于新研系统,可以在系统开发与演示验证阶段,利用产品保障的工作模型验证其保障性能。系统基线一旦确定,就可以根据其与期望的保障水平的比较,进行保障方案的制定和修改。

对于现有系统,基线评估是 PBL 方法——工作案例分析的基础。有必要弄清其持续保障和战备完好性的历史数据以及相关的使用与保障费用。对于已部署系统,如果能得到实际数据,应当使用实际数据进行基线评估。

4. 确定性能输出目标

顶层保障性能输出目标和相应的性能参数应当以作战部队的需求为重点:以最小的后勤规模和合理的保障费用,获取一个可用、可靠和有效的系统。

与作战部队签订的正式性能协议规定了性能输出目标,也奠定了 PBL 工作基础。PBL 小组应当把武器系统的可用性、任务可靠性、后勤规模和/或系统总体战备完好性水平等少数参数作为性能输出目标的重点。最好将上述性能参数和现有的作战部队的性能度量及报告系统联系起来。甚至,作战部队的顶层性能输出目标可以与现有的后勤和财政参数联系在一起。

5. 选择产品保障集成方

PBL 策略的一个基本原则就是“单一保障职责”,产品保障职责一般是由一个或多个产品保障集成方来完成的,他们负责将所有公有和私营保障来源集成起来,以便实现既定的性能目标。项目经理或产品保障经理从公有(建制单位)或私营(承包商)部门中选择一个产品保障集成方,对满足 PBL 协议所必需的工作和业务关系进行协调。在 2.3.2 节中将详细讨论产品保障集成方的职责、选择与管理。

6. 制定工作量分配策略

PBL 策略要求:"最大限度地利用公有和私营部门的能力",并考虑"最佳竞争能力"以及合作时机。项目经理和 PBL 小组必须根据先前建立的系统基线,确定各部分工作量,并评估完成这些工作的最好的地点、人选和方式,同时要考虑遵循现有法令、规章及有关的军事部门指南的要求。通常,保障工作既包括系统中特殊的子系统、产品或部件,又包括通用的子系统、产品或部件。为了实现保障工作量分配的最佳决策,制定有效的保障策略,要考虑上述所有因素,利用包括工作方案分析在内的决策工具,选择最佳的保障来源或保障提供方。几乎所有的武器系统保障都由公有/私营保障源混合构成。要找出正确的保障源工作量分配组合比例,需要依据对组合后固有能力的最佳值来确定。

7. 制定供应链管理策略

供应链管理策略对于 PBL 的成功实施至关重要。器材(物资)保障是武器系统保障的重要链环。如果装备保障不能做到"适当的器材、适当的地点、适当的时间",一切熟练的人员、先进的技术和性能都毫无意义。在器材管理时,通常将供应保障产品分成以下四类。

(1) 专用可修产品:这些可修产品(零部件)是某些武器系统特有的,其通常由武器系统的主要供应商/原始设备制造商提供保障,因为他们有过硬的技术和相应的资质,以保证保障源的稳定可靠。

(2) 通用可修产品:这些通用可修产品(零部件)是与其他武器系统通用的,有大量的供应源。这些产品通常在国防部装备管理过程中进行建制性(军方建制单位)管理,但它们也是签订 PBL 合同的备选项目。

(3) 特殊消耗品:这些消耗产品只在某些特定的武器系统上使用,通常由武器系统的主要供应商/原始设备制造商提供保障。应当重点考虑商业性管理(由主要供应商负责这些产品的采办),也可以选择国防后勤局作为首选供应来源。

(4) 通用消耗品:这些消耗产品是多个武器系统通用的,通常由国防后勤局管理和供应。如果国防后勤局不能满足时间、费用或数量要求时,由主要供应商采购这些消耗品也是可行的。如果保障工作全部由私营部门承担,项目经理应当鼓励在国防后勤局与卖方之间签订基于性能的协议。

在从私营供应来源购买备件或修理件之前,应当考虑特殊的国防部库存物资,并制定好实施计划。供应链管理包括备件的分配、资产可视性和减缓过时淘汰。从作战部队的角度来看,运输及资产可视性对高层性能参数有重要的影响,应当在 PBL 策略中加以强调。

8. 签订基于性能的协议

基于性能的协议意在确保有关各方(用户/作战部队、项目经理及保障提供方)建立各级保障的正式关系。这不同于通常的以"最大努力"法为特征的国防部建制保障程序(完全由军方建制单位执行的保障工作)。基于性能的协议清晰地描述了性能输出目标、相应的保障要求以及实现性能目标和保障要求所需的资源,并在相关各方在明确责任与权利的基础上达成了一致。

在实施 PBL 的过程中,签订一个完整的、被认可的、有资金保证的产品保障/持续保障协议是一个关键步骤。其实质是在项目经理、产品保障集成方和用户之间签订一个能够满足武器系统作战/使用要求(如战备完好性、可用性、响应时间等)的基于性能的协议。后文 2.3.4 节将详细讨论基于性能的协议。

9. 进行基于性能的保障的工作方案分析

在进行基于性能的保障的工作案例分析(PBL BCA)的过程中,要从费用的角度评估备选方案的优劣,尤其要与传统保障策略进行对比,以实现作战部队的保障性能目标。后面的 2.3.5 节详细讨论了基于性能的保障的工作案例分析。

10. 签订合同

PBL 合同应规定保障性能要求,清晰地阐述双方的地位和职责,规定性能参数,需要时还应规定激励措施,并且明确如何评价性能。

理论上,PBL 合同应当实行固定价格,以已知的价格保证所需要的输出结果(目标)。但是,在建立稳固的费用、资源和物资基线之前签订固定价格合同是有风险的,在"价格风险"减少到国防部和承包商都能接受的水平以前,应避免固定价格合同,因而在产品保障寿命的早期时常使用成本补偿合同。PBL 策略通常采用分阶段的签约方法,随着时间的推移,从最初的成本补偿合同、到成本加奖励合同、再到固定价格加奖励合同,逐步变化。

在实施 PBL 策略时,要优先选择长期合同。由于 PBL 策略提供了增长利益的基础,其内在的"自我激励"机制鼓励保障提供方生产"优质产品",如提高部件与系统的可靠性。然而,提高可靠性所必要的基础设施改进需要一定的投资,只有保障提供方经过权衡后认为投资是值得的,这种"自我激励"才会发挥作用。因而,只有当合同期限足够长,能够确保保障提供方的上述措施能得到足够的投资回报时才能实现。

PBL 合同也应包括适当的退出准则,或者对由于承包商不能继续提供保障(或丧失继续提供保障的兴趣)的最坏情况一旦出现时的"处置方法"。对于以军方建制机构为主导的 PBL 策略,应当使用谅解备忘录/协议备忘录来确定协议条款、性能输出目标和有关各方的职责。

所有 PBL 的基于性能的协议都应该包括：性能目标、职责、可靠性增长目标、维修性改进、合同条款、灵活性（保障范围）、逐渐减少的制造源/过时淘汰、持续现代化/改进、奖励/惩罚以及费用节省/稳定性。工业部门的 PBL 签约优先考虑包括：性能参数、最小重点产品数目、最高负债、风险降低、长期（5 年以上）、激励、净资产收益率以及透明度与灵活性。

11. 财政保证

在执行基于性能的协议的过程中，项目经理必须贯彻国防部的财政过程策略。例如，项目经理必须以作战使用要求为基础估计年度费用，并审查资金流的适用性；关注个别重点产品，以保证其单项专用资金能极好地促进购买性能的目标；资金一旦拨出，军方（客户）必须确保实施基于性能的协议以及后续保障合同中所规定的保障所需的资金到位。

贯彻国防部的财政过程策略，并不意味着项目经理对保障资金的直接"控制"，但项目经理对用于持续保障的资金确实发挥着严格的管理和监督作用。

12. 实施与评估

PBL 策略实施过程中，项目经理的监督作用包括制定性能评估计划、监测性能水平，在必要时修订产品保障策略和基于性能的协议。项目经理作为用户（军方）的代理人，确认产品保障集成方的绩效，并批准奖励报酬。项目经理必须采取"层层管理"方法，而不能假定合同/协议会自我管控。

各军种必须对系统保障策略进行定期审查与评估，将性能和保障的实际水平与期望水平进行比较。审查原则上应当在形成初始作战能力之后每三到五年，或者当要求/设计突然变更或突然出现性能问题时进行。而评估至少每个季度进行一次，主要评估内容包括：产品保障集成方/提供方的绩效；所采取的产品改进；技术状态控制；以作战部队的要求改变或系统设计变更为基础的基于性能的保障协议的修改等。

2.3.2 PBL 实施规模

PBL 项目实施的过程是相似的，其主要差别在于项目规模的不同。PBL 项目覆盖了从部件级到系统级的广泛范围，如图 2－2 所示。

在这个范围的一端是单一产品，而另一端则是整个武器系统。规模越大，PBL 项目的实施与评估越复杂。不仅 PBL 工作案例分析的工作内容要根据候选项目清单进行剪裁，而且进行工作案例分析所需的时间也受 PBL 实施规模的影响。

通常，产品型的 PBL 项目最容易实施，因为产品基线/保障水平估计比较容易，而且通常可能只涉及一个承包商。该承包商最了解制造过程、系统可靠性和可能的改进，可能会成为产品保障集成方的主要候选对象。

不同规模的PBL项目

	保障要素		
	所有的	多种的	单一的
系统级	整个系统的所有要素	整个系统的多种要素	整个系统的单一要素
分系统级	分系统的所有要素	分系统的多种要素	分系统的单一要素
部件级	单一部件的所有要素	单一部件的多种要素	单一部件的单一要素

图 2－2　不同规模的 PBL 项目划分

费用风险是承包商考虑的重点问题，如果 PBL 承包商又是原始设备制造商时，费用风险将会降低。与单一产品相关的工作案例分析完成起来应该相对容易而且快。相反，武器系统类型的 PBL 复杂程度更高一些。不仅必须获取更多数量零件的费用、可靠性和保障性历史数据，而且从制造方面就可能涉及几百个不同的原始设备制造商。有些风险是由于承包商（们）不是大多数零件的原始设备制造商，却要被迫和制造厂商签订转包合同的事实。风险/复杂性越大，PBL 趋向于建制性（军方建制单位承担）的可能性也就越大；风险/复杂性越小，PBL 趋于商业性（商业承包商承担）的可能性越大，如图 2－3 所示。

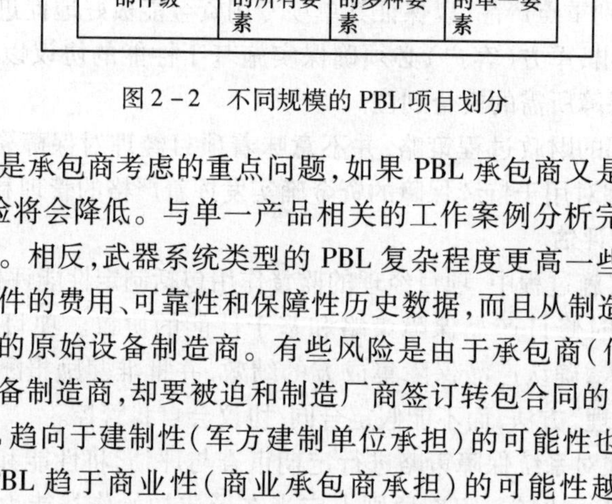

图 2－3　产品保障集成方（PSI）的职责范围

2.3.3 产品保障集成方的选择

对于一个具体产品的 PBL 项目而言,其监督和管理问题通常由项目经理委派给"产品保障经理"。产品保障经理是一个以各种军种职能头衔为特征的顶层称呼,例如项目经理后勤助理、系统保障经理等,由其领导某个产品 PBL 策略的制定和实施,并确保在持续保障期间实现预期的保障目标。产品保障经理为了完成这些目标,会根据需要雇佣一个或多个产品保障集成方。

产品保障集成方是一个执行机构或实体,根据正式的约定,例如合同、协议备忘录、谅解备忘录等,负责集成所有符合要求的公有或私营保障源,以实现既定性能目标。产品保障经理,在仍然负责监督与管理责任的同时,将作战部队要求的性能输出目标委派给产品保障集成方完成。在这种关系下,遵循"购买性能"的原则,只要能实现输出目标,产品保障集成方在如何提供必要的保障方面拥有相当大的灵活性和自由。

项目经理或产品保障经理可以从公有(建制单位)或私营(承包商)部门选择产品保障集成方。根据需要,保障集成方也可以协调的保障源(保障提供方)可能来自于建制机构或私营机构,或者二者的结合。

PBL 策略实施的基本组织结构如图 2-4 所示。

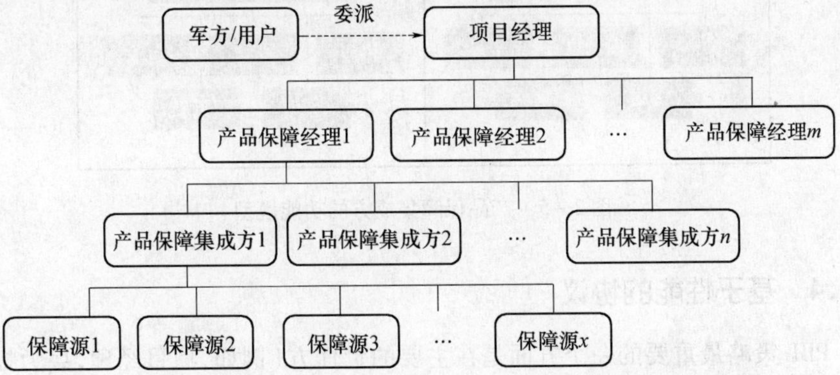

图 2-4 PBL 基本组织结构

根据 PBL 策略和与作战部队的协议,产品保障集成功能是记录在采办策略中的产品保障策略的关键组成部分。当产品保障由许多个机构完成时,产品保障集成方是负责综合满足协议保障/性能参数所必需的所有保障源的唯一责任人。最有可能的综合方候选者包括:系统的原始设备制造商或总承包商;建制机构,产品或后勤司令部(例如国防后勤局、海军库存控制站、仓库);来自私营部门的第三方后勤集成方;项目经理自己的后勤机构。通过回答一系列问题,项目经理就能更好地评价候选的产品保障集成方(PSI)并选择能提供最大效益的候选对象。项目经理可能需要回答的典型问题是：

(1) 在这个产品策略中应规划什么样的持续保障功能?

(2) 履行这些功能需要什么样的具体能力?

(3) 功能是政府(公有部门)固有的吗?

(4) 与履行这些功能有关的法令和规章有什么特定的限制条件吗?

(5) 期望的功能在商业部门履行是否更为普遍?

(6) 哪一个提供方能以最低寿命周期费用提供所需的性能的最佳结合?

在支撑采办系统的过程中提供产品或服务的任何机构都是一个产品保障提供方(保障源)。产品保障集成方的主要任务是整合不同产品保障提供方的活动。

产品保障集成方的功能可以纵向(按照系统组成,分级提供保障)或横向(按照保障类型,分类提供保障)排列,如图2-5所示。其主要区别在于,前者被赋予实施和管理"自上而下"的保障职责,后者则是分类地实施一系列保障,可能为多个平台同一类保障。

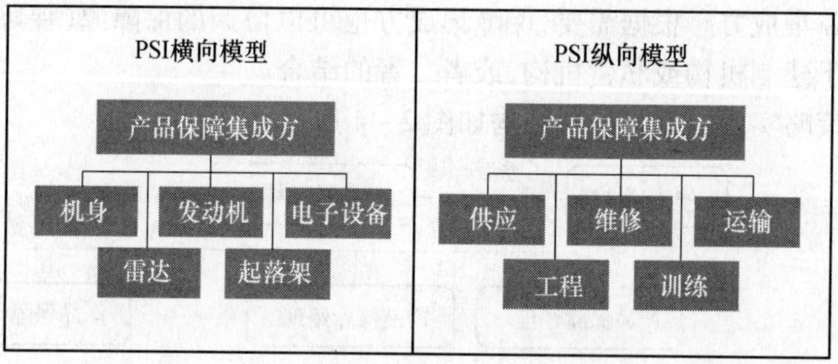

图2-5 产品保障集成方的功能模型

2.3.4 基于性能的协议

PBL策略最重要的一个方面是在主要的责任方(例如,项目经理,兵力提供方,产品保障集成方,和/或保障提供方)之间签订协议的观念,该协议以正式文件的方式规定了性能和保障的期望目标和相应的保障资源,以便实现预期的PBL目标。美国国防部要求:"项目经理应当和用户一道,在性能协议中记录性能和保障要求,规定输出目标、度量标准、资源承诺和有关各方的职责。"术语"性能协议"是一个适合于政策指南的顶层术语。在实际的PBL实施指南中,为了确保清晰和一致,使用更明确的术语"基于性能的协议(PBA)"。

基于性能的协议是PBL策略的一个关键组成部分。它们描述了议定的性能基线,并确定了实现这些性能目标所必需的保障。项目经理根据作战部队所要求的性能目标,确定所要求的保障水平,并将期望的性能与相应的保障费用一致起来。一旦有关各方接受了议定的性能、保障和费用,项目经理就与用户签订基于性能的协议,称为"用户协议",该协议明确了用户所要求的使用保障和性能水平;并且与保障提供方(包括商业的保障提供方和建制的保障提供方)签订基于性能的协议,称为保障提供方协议,该协议明确了为满足作战部队的要求必须达到的保障参数。

2.3.4.1 用户协议

项目经理与用户签订的基于性能的书面协议是整个 PBL 策略的核心。该协议通常以门限值和目标值确定性能输出的范围,在此范围内,不同 PBL 性能输出水平对应着不同的目标价格(用户的费用)。用户协议以正常的作战/使用要求为依据,描绘了所有的约束和边界条件。用户协议必须包括"超出"规定作战行动的具体条款和条件。

用户的基于性能的协议提供了 PBL 工作的基本目标。一般集中在很少几个基于性能的输出参数,如武器系统可用性、任务可靠性、后勤规模和/或系统总体战备完好性,就能得到有效的解决方案。然而,在制定实际的 PBL 保障计划的过程中,由于作战行动中的装备保障活动往往是军民结合的,某一保障提供方不能对实现性能(如可用性)所必需的保障活动进行有效的"控制"。因而,不可能直接将作战部队的性能目标规定为保障提供方协议中的保障参数。

此外,用户协议应该足够灵活,以适应作战节奏或执行年度资金的变更,或者突然或紧急提出的保障要求。用户协议还应该清晰地表达资金风险和性能风险等,并留有选择余地。

2.3.4.2 保障提供方协议

项目经理可以与建制保障提供方或商业保障提供方签订基于性能的协议。

对商业机构提供的保障,在大多数情况下,合同就是基于性能的协议。因此,合同包含已经达成一致意见的性能和/或保障参数,它们被确认为能满足作战部队的要求。在大多数情况下,最终的性能要求(如可用性)可能被排除在合同参数之外,因为承包商可能不具备对决定系统可用性的所有保障工作的控制——某些保障工作可能继续要由建制机构或其他保障提供方执行。因此,合同中规定的往往是保障提供方可以为之"负责"的保障参数,而不是顶层性能要求。为了激励承包商达到期望的性能参数,适当的协议激励包括奖金、奖励条款、费用节省共享等措施,将促进和提高合同承包商的绩效。

对于由建制机构提供的保障,可以采用基于性能的协议(PBA)和非基于性能的协议(non - PBA)两种形式,其中非基于性能的协议可以是协议备忘录或谅解备忘录。二者之间一个重要的区别是,PBA 包含了议定的满足作战部队需求的性能和/或保障参数,对此作战部队同意交付资金,而 non - PBA 则没有这方面的内容。与建制保障提供方签订协议的目的,是正式地以文件形式记录议定的满足性能要求的保障级别和相关的资金。和商业提供方相似,对于建制保障提供方应有一套监测、评估、激励的措施。

需要说明的是,在基于性能的协议中,保障提供方不应对他们不直接执行或管理的保障工作负责。因此,项目经理可能需要选择保障提供方能够负责的下一层保障参数,这些参数大部分是直接促成作战性能的。目前用于评估的保障参数可以是:供应链费用、销售比率、维修修理周转时间、库存周期、交付及时率等。除了可定量评估的保障参数外,由 PBL 小组主观地评估一些产品保障需求的要素是适当的也是必要的。此外,在保障参数构建和性能评估中,明确地描述任何可能影响性能但又在保障提供方控制之外的因素是很重要的。

2.3.4.3 风险

由于 PBL 策略注重的是采购"性能水平"或"性能结果",而非采购分散的产品或服务,因此 PBL 策略将这个系统级的保障风险从国防部转移到保障提供方身上。如果采取了正确的参数、激励和严格的超范围限制,基于性能的协议将很好地激励保障提供方做出"好的"决定,而不是"坏的"决定,以便获得好的收益。尽管如此,风险是无处不在的,构建正确的基于性能的协议将有效降低保障的风险,但无法消除"风险"。

在传统的保障策略中,当国防部购买产品和服务时,国防部负责指定需要的货物和服务品种与数量。保障提供方只负责提供相应的产品和服务。如果国防部管理者对需要修理的产品或需要购买的产品数量做出错误决定,那么因此导致的系统运行效能降低的责任就在于国防部,而不是保障提供方。相反地,当国防部采购保障或性能水平时,那么相应的决策(例如,需要修理的产品、需要采购的产品的数量)的责任以及运行效能的风险就转到保障提供方身上。

风险与收益应当成正比,签订基于性能的协议过程中,应有效地识别风险并制定风险分配策略,以减轻或补偿承担风险方。尽管国防部的风险程度减小了,但是,识别各种潜在的风险因素,确保这些风险的分配合理,并确保各种风险处于项目经理和保障提供方的严格管控之中,仍然是非常重要的。

2.3.4.4 奖惩措施

基于性能的保障合同的一个关键的特征是,采用了私营行业的商业模式——为性能付款,因此它也符合商业合同的管理,包含奖惩措施条款。

对于承担 PBL 合同的承包商而言,他们的大部分甚至是所有的利润维系于基于性能的参数,并以此赚取合同中包含的奖励是很普遍的。对于建制的保障提供方(例如仓库、基地等)而言,激励也是重要的。制定合理的保障目标和相应的激励措施,对于建制的保障提供方从传统保障策略向 PBL 策略转变是非常重要的。

对于很好地完成合同甚至超出预期的商业保障提供方(承包商),PBL 合同/协议中的激励措施可以是:超出性能标准的奖励费;激励合同中的激励费;奖励额外合同周期;分享节省费用;给予可靠性提高获得的利润;提供签约优先权;基础设施优先投资;人员训练、资格认证或教育优先投入;在精益理论、6σ 和约束原理实践应用方面的优先投资;以及其他的额外奖励。

对于不能很好地完成合同内容的承包商,PBL 合同也可以有相应的处理措施,例如:要求承包商不增加费用条件下履行额外的服务;降低合同价格;减少/取消激励费;不履行奖励条款;将承包商在性能报告方面的"差评"计入国防部数据库;终止合同等。

对于建制的保障提供方,如果执行 PBL 合同不力,相应的处理措施可以是:要求建制提供方在不增加费用的情况下履行服务直到达到性能标准;在一定时间内退还由于不执行合同而造成的折扣费用;如果没有达到性能目标,不履行奖励条款协议;在不发放已提供的保障费用的条件下终止协议;终止协议并将保障任务转到其他保障提供方等。

为达到性能目标要求,应以不同的方式激励建制基地,因为建制基地不完全是由利润驱动,他们以不亏损和保持他们的工人就业为驱动。建制基地的高层(指挥部)对建制基地领导层有着明确的指挥控制关系,对于建制基地的工作量(保障任务)也有着强烈的影响,因此,应考虑与其指挥部建立合作关系。基地降低其运行费用,也是保持其经营竞争力的有效手段。如果经营不善,其工作量将转到满足作战部队要求的商业实体。不能达到合同/商业协议对建制基地的业务和名声是不利的。基地也可以像公司一样,对业绩特别好的个人和团体进行财政上的激励,个人也可以通过提供节约费用的有益建议得到奖励。

2.3.5 PBL 工作案例分析

PBL 工作案例分析可以认为是指导某一 PBL 项目实施的决策方法和全景描述,涉及了开展 PBL 项目具体工作中各个方面的决策问题。显然,在 PBL 策略真正贯彻实施之前及实施过程中,需要这样一种经过剪裁的但完整工作案例分析。

PBL 工作案例分析提供了最优价值分析,考虑的不仅是费用因素,还包括支持投资决策的其他定量的和非定量的因素,如性能、可生产性、可靠性、维修性和保障性的提高等。PBL 合同前期在可靠性和维修性改进的投资,短期内会增加系统的费用,但在后期会带来整个寿命周期费用的降低,这样的做法是重要的,通常也是必要的。这意味着,在装备使用阶段,承包商触摸(修理)设备的次数越少,他赚的钱就越多。为评估这种调整(如可靠性和维修性改进的投资)决策的正确性,PBL 工作案例分析制定人员清楚地理解和表达这种调整的过程、范围和目的是很重要的。

PBL 工作案例分析的作用还体现在:在投资一个项目的初始阶段提供合理的决策;对于备选保障方法的选择给出具体指导意见;能够对任何范围、时间进度和预算的改变做出正确的反应;确定不同的产品保障策略对于各项预算账目的不同程度的影响;是一个实时的文件——当项目或机构发生改变时,它们应该在工作案例的更新资料中有所反映;用于验证在项目完成时的计划利润的实现情况。

PBL 工作案例分析本质上是一个扩展的费用/利润分析,目的是确定产品保障的最优价值解决方案,以寻求最优的解决办法。即:在给定的费用和其他约束下,包括定性的或主观因素,确定了哪个备选保障方法可以提供最佳的性能输出结果。

一个 PBL 工作案例分析应该在一种公平的、不带偏见的方式中制定,不应该为了某个事先规定的目标而刻意为之。其分析过程和结果,应能够经得住独立审计机构严格的分析和检查。其具体内容包括:不同的保障策略对应的相关费用及利润;用于量化利润和费用的方法和基本原理;性能/费用/时间进度/持续保障的综合权衡影响因素和评价方法;支持和验证 PBL 策略的必需的数据;数据变化的灵敏度;风险的分类分析;最优价值备选方法的执行计划的建议和摘要,等等。

从 PBL 工作案例分析的内容结构上应当包括:必要的引言——详细说明这个工作案例分析的主题、用途和所涉及的目标;方法和假设——规定了分析方法和确定的约束条件(例如,在某时间阶段依据什么、检查哪个机构的费用和利润);商业影响——在一个或更多的假定中对预期财政的影响;风险估计——结果如何依赖于重要的假设;结论和建议——基于目标分析结果,建议的具体工作。

此外,基于性能的保障工作案例分析是一个反复迭代的过程,在整个寿命周期中,随着项目计划的发展和对工作和任务环境变化的反应,根据需要进行管理和更新。

2.4 PBL 的应用效果

为了能够更好、更快和更节省地采购和部署满足 21 世纪作战需求的武器装备,美国国防部于 20 世纪 90 年代中期发起了一场以经济承受性为核心的防务采办改革。在这次改革中,基于性能的保障和基于性能的采办策略取得了巨大的成功。下面简单介绍关于应用效果较为明显的 PBL 项目。

2001 年美海军与波音公司签订的为期 5 年的 F/A-18E/F 综合战备完好性保障团队 CFIRST) 的 PBL 保障合同,获得了令人满意的结果。飞机可靠性提高 10%,能执行任务率从 2000 年的 57% 提高到 2005 年的 72%。5 年合同期中,保障费用节省1.5亿美元。

罗·罗公司自2003年起依据PBL协议为美海军保障F405－RR－401发动机。在2003年之前,库存发动机的可用性已降至70%,平均翻修寿命低至500h,而一台发动机通常的寿命应是1000h～2000h。在签署新的合同之后,平均换发间隔由700h提高至900h。计划内发动机拆卸率下降了15%,发动机平均翻修寿命提高到1000h。在执行合同的第一年年底,发动机可用率达到85%,现在已经达到86.5%。相比较而言,在刚签署合同时的可用率是80.11%。

美军F－22"猛禽"战斗机实施了PBL项目,该项目团队由洛克希德·马丁公司、波音公司、普惠公司及美国空军组成,项目实施后被美国国防部授予了系统级PBL奖。该团队通过实施PBL保障策略,使得各方形成了有效的合力,推动F－22保障系统的快速成熟,及时向作战部队提供优良的保障,保证"猛禽"战斗机达到最优的战备完好性。通过PBL策略的实施,整个机队的平均维修间隔时间延长了69%,战机执行任务率提高了15%,修理时间减少了20%,节省费用达140亿美元,占战机整个寿命周期保障费用的35%以上。

F－35是美国第一个在型号研制中全面实施系统级PBL策略的武器装备,主承包商是洛克希德·马丁公司,负责为飞机研制一种集中管理的自主式保障系统。F－35实施PBL的特点是:洛克希德·马丁公司作为产品保障集成方,即承担系统总体性能和集成责任,向军方交付其担保的F－35总体性能,政府则允诺与洛克希德·马丁公司保持长期合同关系。PBL合同中规定的基本性能指标是:军方按每飞行小时付费给承包商以获得承包商担保的飞机能执行任务率和训练系统,可用度(如99%)。洛克希德·马丁公司将PBL子合同进一步下放给各原始设备承包商。PBL项目的主要目标是提高武器装备的战备完好性,降低寿命周期费用。据F－35项目官员称,F－35与F －16相比,采用PBL不仅提高了飞机的战备完好性,还可以减少寿命周期费用20%。PBL对供应商产生了激励,鼓励他们将更高的可靠性建造到其产品中。供应商显然不希望他们在F－35上的设备出任何问题,因为他们要为修理这些设备支付费用。采用PBL后,其利润将来自于提供高可靠、可预计的部件,使军方摆脱干扰作战效能的定期维修。

英国主要以可用性合同的方式实施PBL项目,并且已经在一些武器系统上取得了成功。例如,英国对整个皇家空军的"旋风"战斗机队实施了PBL模式。BAE系统公司作为保障集成方与英国国防部和皇家空军合作,共同提高"旋风"战斗机的可用性。BAE系统公司主要负责对整个"旋风"战斗机系统(包括10万个以上的部件、组件和零件)的可用性进行管理和规划,对维护和维修过程(由皇家空军人员实施)进行协调,确保武器系统的性能水平满足要求。这一PBL项目取得了巨大的成功,通过项目的实施,使得雷达的可用性水平提高到

98%,人工维护时间减少47%,节约费用达13亿英镑。

十余年的PBL实践已经并且继续证明,PBL策略不但提高了武器装备的战备完好性,而且降低了保障费用。据统计,通过实施PBL,美国武器装备的可用性提高20%~40%,成本减少15%~20%。

2.5 PBL的发展趋势

1. PBL应用范围逐步扩大

PBL策略的应用范围呈不断扩大之势,美国2002年有57个PBL项目,2005年快速上升到143个项目,2007年已超过200个PBL项目。截至2008年底,美国国防部实施了超过300项的PBL项目,这对其大量的武器系统的保障能力产生了积极影响。据统计,美国国防部用于PBL合同的支出已经从2001年的14亿美元增长到了2009年的50亿美元,到2013年可达到74亿美元。

2. PBL项目层次不断提高

PBL保障合同签署的范围非常广泛,不管是整个武器系统,还是其中的一个部件,还是某一系统,都可与承包商签署基于性能的合同。依据PBL策略"购买性能"的本质,则应将PBL项目实施的层次定位在系统级。但是,显然部件级的PBL项目相对简单而且容易实施。就目前而言,正在PBL项目实施大都是部件级的,也有少部分是分系统级的,系统级的PBL项目较少。但是随着时间的推移,PBL项目的层次会不断升高,如F-35战机的未来保障已经定位于系统级层面上。

3. PBL拓展到系统全寿命

当前,PBL项目更多地是针对现有装备进行的,但也要求新研武器系统尽早实施PBL策略。近年来PBL项目表现出的一个显著特征就是签署的合同期限越来越长,进一步向全寿命周期管理转变。这也符合美军极力倡导的"从摇篮到坟墓"的合同管理方法,即全寿命周期合同,它可简化地理解为"谁研制,谁生产,谁保障,及至退役处理"。这种做法要求武器系统的承制方在研制阶段就同步考虑装备的保障问题,客观上推动了承制方"主动地"而且"全力地"进行装备综合保障工作,以便于在装备的使用阶段满足性能输出目标,进而实现利益的最大化。

4. PBL示范效应影响深远

经过多年的理论发展与具体实践,PBL策略的先进性及取得的成效已为越来越多的国家所承认。PBL策略在美英等国取得了巨大成功,其对美英等过自身采办体制的影响以及对其他各国的示范效应都是明显的。尤其是美国国防部将PBL作为优先的装备保障策略之后,PBL在各国装备采办过程中得到越来越广泛的应用。除了美英之外，还有许多国家已经开始或正在考虑实施 PBL。如法国正在加速 ED-145 的 PBL 进程，新加坡和韩国的 F-15 已成功采用 PBL，荷兰也正在考虑对其装备的“阿帕奇”和“支奴干”直升机采用 PBL 等。随着 PBL 策略的成熟，它将对更多国家的装备保障和采办策略产生影响。随着 PBL 策略的不断成熟与发展，可以预见，它将对世界各国的装备采办策略产生更为深远的影响。

参考文献

[1] 董良喜，越强斌，张红梅. 美军 PBL 理论及其应用概述[J]. 维修理论动态，2009(23)29-36.

[2] 郭祥雷，刘丽文. 美军基于性能的采办改革及对我军的启示[J]. 军事采购，2008(5)：36-38.

[3] 基于性能的后勤：项目经理的产品保障指南[M]. 总装备部电子信息基础部技术基础局与总装备部技术基础管理中心，2005.

[4] 刘维维，何成铭，刘福胜. 基于性能的后勤[J]. 装备质量，2007(3)：23-34.

[5] 王崑声，袁建华，赵艳，等. 国外基于性能的保障模式的实践与启示[J]. 中国航天，2011(9)：10-11.

[6] 杨兴华. 美军“基于性能的后勤”简介[J]. 外军空军后勤，2004(6)：4-6.

[7] 于晓伟，张宝珍. 美国基于性能的后勤实施现状分析[J]. 装备质量，2007(3)：14-22.

[8] 于晓伟，刑晨光. 基于性能的后勤：武器装备的首选保障模式[C]. 武器装备综合保障信息化技术研究论文集，2009：30-33.

[9] 张红梅，毕媛园，郭祥雷. 基于性能的装备保障理论研究现状分析[J]. 军事经济学院学报，2010(10)：43-45.

[10] Diane K. Morales. Total Life Cyc1e Systems Managements Proven in Operation Iraqi Freedom[C]. RMS Partnership, 2003.

[11] Henry Canaday. Making PBL Work in Wartime[C]. Overhaul & Maintenance, 2006.

[12] F/A ~ 18E/F Integrated Readiness Support Teaming Program (D-2003-120)[C]. Department of Defense Office of Inspector General, 2003.

[13] Canek Jackson, Rodrigo Pascual. Optimal maintenance service contract negotiation with aging equipment [J]. European Journal of Operational Research, 2008, 2(189): 387-398.

第3章 交互式电子技术手册

20世纪80年代,美国国防部提出了交互式电子技术手册(Interactive Electronic Technical Manual,IETM)的概念。经过20多年的发展,IETM作为武器装备"持续采办与全寿命保障"(Continuous Acquisition and Life - Cycle Support,CALS)战略的关键支撑技术,得到了迅速发展,技术日臻成熟,应用极其广泛,已成为装备保障信息化领域的关键支撑技术和研究热点。

3.1 IETM概述

3.1.1 IETM概念

IETM概念的提出,最初是为了解决装备技术资料数量激增、成本昂贵,体积庞大、使用不便、查询困难、维修停机时间长、更改周期长、时效性差等难题,用它来代替传统的纸质文档和技术手册。IETM不单纯是技术资料的概念,而是有关技术数据集合层面的概念。随着信息技术的发展,IETM已成为覆盖装备技术资料全寿命阶段的一套完整的技术解决方案,其目标是采用标准化数据格式和自动化编制系统,实现技术手册的数字化、网络化和自动化的编制、更改、管理、发布和使用。

目前,IETM仍没有统一的定义,也有不同的称谓,如IETP—交互式电子技术出版物,IETD—交互式电子技术数据等。从本质上讲它们是一致的。

美国国防部定义IETM为:"IETM是一个用于武器系统诊断、维修和维护的数据集成信息包,能在电子屏幕上为装备用户提供交互式显示。它一般由软、硬件开发商或政府组织的开发团体研制而成,并以合适的媒体加以存储提供给用户。"

GJB 6600给出的定义:IETM是以数字形式存储,采用文字、图形、表格、音频和视频等形式,通过人机交互方式提供装备基本原理、操作使用和维修等内容的技术出版物。

IETM也可理解为:"一种使用自动化编制与管理系统、模块化编制、标准数字格式存储、全寿命管理、电子化发布、交互式阅读的具有互操作能力的电子技术手册系统。"

随着 IETM 技术的发展,IETM 又有了更广阔的内涵,广义上讲:"IETM 是结构化、交互化和智能化的装备技术数据的载体;是一种新型的、重要的数字化保障装备,是与其他保障系统、测试系统、管理系统的接口平台"。

3.1.2 IETM 产生与发展

20 世纪 80 年代末,美军启动了一系列 RDT&E 项目,探索 IETM 的有效途径。1992 年 11 月,美国国防部制定并颁布了三个军用规范:MIL－M－87268《IETM 通用内容、样式、格式和用户交互要求》、MIL－D－87269《可修改的 IETM 数据库》、MIL－Q－87270《IETM 质量保证程序要求》。此后,IETM 得到了快速发展,各军种研发了许多 IETM 编制与阅读系统,如 Quill 21TM 系统、AIMSS 高级综合维修保障系统、TechSight 开发工具、JIMIS 软件等。美国国防部对标准也进行多次修订,最新版本为 2007 年的 MIL－DTL－87268C 和 MIL－DTL－87269C。

随着联合作战样式的出现,以及网络技术的发展,IETM 系统之间的互操作需求日益急迫,但依据以上标准开发的 IETM 却难以达到这种要求。为解决各军种独立开发的 IETM 编制与显示系统只能独立使用,相互之间不具备互操作性的问题,1997 年美军发起了联合 IETM 互操作性体系结构(Joint IETM Interoperability Architecture,JIA)项目,开始研究基于 Web 的 IETM 技术。2000 年 5 月,颁布了 MIL－HDBK－511《交互式电子技术手册互操作性指南》,对与 IETM 互操作性有关的问题,如浏览器、对象封装、IETM 寻址和注册、Web 服务器等进行了概括性的规定。JIA 通过创建一个高层的联合式"IETM"体系结构指导和规范 IETM 的获取、管理、显示和互用性;利用对象技术的原理通过互联网技术获取、维护和发布 IETM;当可共享的和可互操作的技术信息被发布到最终用户的工作位置时,用户能够通过一个通用的用户界面,阅读和使用技术数据,而不必理会 IETM 的著作来源和数据格式。JIA 能覆盖美军当时使用的全部格式的 ETM 和 IETM(如:PDF、Raster、HTML、AIMSS、QUILL、JIMIS、TechSight 等)以及研制中的新的 IETM。

美军 IETM 的广泛应用和取得的巨大效益,引起了世界各军事强国的高度重视。1984 年,欧洲航空工业协会(AECMA)和英国国防部(MoD)成立了一个专门的工作组(ADWG),负责在 ATA100 的基础上开发一个技术出版物国际规范。1989 年,AECMA Spec 1000D《基于公共源数据库的技术出版物国际规范》标准第 1 版正式颁布。在 ADWG 的努力工作下,Spec1000D 规范不断地进行更新。Spec1000D 的主要思想是将技术信息划分为能够自我描述的数据模块(Data Module,DM),所有的 DM 都被存储在公共源数据库(Common Source Data Base,CSDB)中,可通过各类代码、信息类型以及其他元数据信息,以目录或检索等方式检出，并发布成纸质手册和 IETP 两种形式。与美军标相比，Spec1000D 标准的最大的优点就是提供了数据重用的功能。正是这种优势吸引了包括美国在内的一些国家和组织加入到了 Spec1000D 标准的发展之中。

目前，S1000D 由欧洲航空航天和防卫工业协会（ASD）、美国航空工业协会（AIA）和美国航空运输协会（ATA）共同维护。包括美国在内的几十个国家都开始采用 S1000D，如 F－117A 飞机、“全球鹰”无人机、F－18 飞机发动机，以及发展中的 JSF 项目等美军装备均采用了 S1000D。最新的标准是 2009 年 5 月颁布的 ASD/AIA/ATA S1000D Issue 4.0.1，全面覆盖了军用、民用航空、航海、陆地装备的需求。按照 TPSMG 的计划，S1000D 仍将逐步发展下去，并且有明确的发展步骤和时间节点。为 S1000D 标准配套的 IETM 编制与管理平台主要有美国 PTC 公司的 Arbortext 软件、挪威 CORENA 公司的 Life□S1000D 软件、澳大利亚 ADG 公司的 R4i 软件等。

民用航空领域也十分重视 IETM 的应用。20 世纪 80 年代，美国航空运输协会在 ATA Spec 100 规范中增加了数字化资料的内容。90 年代初，增加了附录——数字化资料规范（包括 SGML）。1994 年 6 月，ATA Spec 100 规范中的数字化资料的内容被剥离出来，形成了新的 ATA Spec 2100《飞机保障数字化资料标准》。2000 年 3 月，ATA 又将最新版本的 ATA Spec 2100 和 ATA Spec 100 组合成一个新的规范——ATA iSpec 2200《航空维修资料标准》。ATA 规范虽然不是强制性的，但已被国际主流航空公司和飞机制造商所普遍采用，成为事实上的民用航空器技术出版物制作的国际通用规范。波音和空客这两大国际飞机制造公司均为其制造的飞机研发了 IETM 系统，如 InfoTrust 公司为波音飞机开发的“FlightLine 航空技术数据管理系统”，空客推出的 AirN@ v 系统等。IETM 在民用航空领域的应用已相当成熟，发展中的空客 380 项目采用的仍是 ATA iSpec 2200 标准，而波音 787 项目则执行 S1000D 标准。

3.1.3 IETM 应用效益

IETM 不同于普通电子文档，从信息的创建和管理角度看，它具备将各种技术信息充分集成的能力；从用户使用角度看，提供的信息在组织结构上进行了优化，便于理解，并能与保障工作有机融合，充分发挥技术资料的使用价值和效能；从维护性角度看，能与用户实际的需求相结合，对技术资料进行信息扩展，如积累使用、维修经验信息等。在实现交互电子化的同时，IETM 还致力于实现 IETM 同专家系统、在线检测、实时监控、自动故障报告、故障隔离、训练系统、航材供应、其他保障系统以及知识工程的集成。IETM 的诸多优势，使其迅速在装备保障领域产生了巨大效益。据美军统计，在维修现场使用 IETM，技术人员查找所需技术信息的时间可缩短 50%，故障隔离的正确率提高了 35%，排故效率提高了30% ~60%，故障隔离效率提高了20% ~50%，机件的错误拆除率降低了26% ~60%，航材请领的时间缩短了94%。使用IETM，可使编写技术文档的费用降低40%，出版费用降低60%，更改每页文档所需时间缩短为原来的1/9。更为重要的是，IETM可实现数据的共享和网络集成化，能够完成信息化条件下装备的联合保障和远程保障任务，提高信息化条件下的装备保障能力。

3.1.4 IETM国内发展情况

20世纪80年代，我国开始引入综合后勤保障(ILS)和CALS概念，90年代后期，一些保障性工程学术会议上出现了介绍IETM概念的文章。进入21世纪，随着信息技术的发展和国外先进成熟的IETM编制软件开始进入我国，我国IETM技术的研究和应用进入了起步阶段。2000年，中国航空工业组织了跨学科、跨单位的CALS专家组，编制了《飞机电子技术手册编制要求》。按此要求，西飞公司于2002年10月完成了“新舟”60客机全套电子化用户技术资料《MA60飞机技术出版物》，并交付民航使用。随后，又为多个型号的军机编制了电子化技术手册。这些电子化技术手册均采用PDF格式，信息的交互式查询和使用功能不强，属于较低级别的IETM解决方案。

真正意义上的IETM最先是在军内的一些院校研发的，如空军工程大学2000年开发的“XX型飞机军械检测车IETM”、海军航空工程学院青岛分院2001年开发的“某型直升机辅助维修与训练系统”等。

2007年，我国的国防工业部门开始引进部署国外成熟的电子技术出版物平台，如PTC公司的基于S1000D标准的Arbortext电子技术出版物平台、Corena公司的Life□S1000D平台、以及雷神公司的AIMSS工具软件，并在多个型号装备中开展了IETM系统的开发工作。

我国的IETM标准已初步建立。2006年，我国确定了基于S1000D规范建立IETM军用标准体系的发展路线，并组织开展了交互式电子技术手册军用标准的编制工作。2007年，中航某研究所加入了S1000D规范编制维护工作组(TPSMG)，成为该组织的观察员(O会员)，代表中国参加该组织的各项技术活动。2008年，GJB6600－2008《装备交互式电子技术手册》系列军用标准颁布，该标准由四部分组成：总则、数据模块编码和信息控制码、模式、数据字典。2008年，中国标准化研究院与军队某工程学院开始共同编制GB/T 24463《交互式电子技术手册国家标准》，2009年10月发布。该标准由互操作性体系结构、用户界面与功能要求和公共源数据库要求等三个部分组成。

我国IETM平台产品已走向实用，已有工业和信息产业部某研究所的“TR－TDMS技术资料保障平台”、航天某测控公司的“Quick IETM通用设计与开发环境”，以及海军某学院的“NA－TDMS技术资料编制与管理支撑平台”等一批平台产品投入使用。

目前,我国 IETM 研究已进入快速发展阶段,一些新研装备已开始同步开发 IETM。在舰船、飞机、战车、电子、铁路装备等方面,均有 IETM 系统投入使用。

3.2 IETM 相关标准

目前,国际上 IETM 标准规范主要分为两大体系:MIL - PRF - 87268、MIL - PRF - 87269A 和 MIL - HDBK - 511 组成的美国军用标准体系;欧洲航空航天和防卫工业协会(ASD)、美国航空工业协会(AIA)与美国航空运输协会(ATA)共同发展的 S1000D 标准。由于在发展之初的背景渊源不同,导致两种标准采用了完全不同的技术原理和数据结构,在交互技术方面也有一定的差异。两种标准各有其优缺点,各有其适用的领域范围,也均得到了较好的应用,目前仍在并行发展。

3.2.1 美国 IETM 军用标准

(1) MIL - DTL - 87268C《IETM 通用内容、样式、格式和用户交互要求》规定了通用的、标准化的 IETM 数据显示方式,目的是确保各种 IETM 系统的操作使用方法具有一致性。主要包括管理信息、适用性声明、说明、目录、帮助、术语与缩写词等与技术内容相关的帮助信息,以及警告信息等通用内容要求;语言结构特性、文本、图形、音频、视频、编码等信息的显示和使用限制等通用样式要求;用户界面布局、文本、图形和警告信息的组织与显示等通用格式要求;界面控制与 IETM 信息交互等用户交互功能的通用要求。MIL - DTL - 87268C 对 MIL - PRF - 87268A 没有实质性修改。

(2) MIL - DTL - 87268C《可修改的 IETM 数据库》规定了采用标准标记语言(SGML)创建 IETM 的数据库(IETMDB)应遵循的数据元素结构、命名规则,以及信息交换格式等要求。IETM 定义了一个层次化的内容数据模型(Content Data Model,CDM)来描述技术信息内的逻辑和层次关系。CDM 采用三层结构(MIL - PRF - 87269A 为两层):顶层为通用层,用于定义数据特征的语法规则和跨应用的通用属性,共有五种模板;中间层为交换层,用于提供一个内容数据模块的协调兼容空间;底层为特定内容层,用于定义武器系统的特定技术信息元素,其信息模型由通用层中的基本元素(文本、图表、图形、对话)以特定的方式组合而成,并根据武器系统的层次结构(系统/分系统/设备)来组织技术信息。信息模型有四种类型:程序信息、描述信息、零部件信息和故障信息。另外,该规范删去了 MIL - PRF - 87269A 中有关数据的文档类型定义及标签集的 4 个附录,仅在附录 A 中原则地给出文档类型定义和标签说明。

(3) MIL－HDBK－511《交互式电子技术手册互操作性指南》为IETM的互操作性定义了技术框架和联合IETM体系结构(JIA)，推荐采用通用浏览器、IETM对象封装、电子寻址和库函数、网络和数据库服务器接口等商用技术，来解决IETM终端用户级的互操作问题，为IETM的网络化应用与集成奠定了基础。该指南提出的JIA架构虽然在用户层面上解决了互操作问题，但仍没能解决源数据的互操作问题。

3.2.2 ASD/AIA/ATA S1000D国际规范

S1000D标准是一个针对装备全寿命周期技术资料保障的国标标准，对技术资料的内容范围和深度，如信息类型和数据结构，给出了细致的说明；对技术资料的规划、编制、管理、出版、交换、使用和更改等全部生产和使用过程，提出了明确的方法；对技术资料的形式，如纸质、IETM等，规定了显示样式和交互功能要求。S1000D采用了多项ISO标准、CALS标准和W3C标准，如扩展标记语言(XML)、计算机图元文件(CGM)和可扩展3D图形(X3D)等，技术新，表现力强，易于跨平台、跨系统使用。S1000D有完善的维护体制和发展计划，适用范围向所有武器装备、民用交通工具和大型装备不断拓展，已获得了国际上的广泛认同，成为应用最广泛的标准。

3.2.3 GJB 6600国家军用标准

为了统一我军获取IETM时的要求，为IETM研制、定型、验收以及使用和维护提供依据，总装电子信息部组织了军内外十余家单位的专家学者，在借鉴美军和欧洲相关标准的基础上，并结合我国国情制定了GJB 6600《装备交互式电子技术手册》标准。

GJB 6600主要是参照S1000D 2.2版的内容制定的，在知识产权、安全保密、编码要求以及后期维护等方面，解决了国外标准存在的一系列不适合我军装备建设的问题。该标准由四部分组成：

(1) GJB 6600.1—2008总则。该部分规定了装备交互式电子技术手册的功能、内容、样式、数据格式和管理信息等要求。在功能要求方面，为便于IETM订购时把握，将IETM的功能划分为基本功能和扩展功能，并给出了评价方法；在显示要求方面，充分考虑了我军信息技术的现状和IETM的浏览习惯。

(2) GJB 6600.2—2009数据模块编码和信息控制码。该部分规定了装备交互式电子技术手册的数据模块编码和信息控制编码要求，其中，“创作单位码”采用了我国的组织机构代码，并给出了通用技术信息的系统和分系统代码定义，以及舰船系统和分系统、电子/软件/自动化系统、导弹系统、地面车辆系统、军械系统等系统的专用部分定义。

(3) GJB 6600.3 — 2009 模式。该部分规定了装备交互式电子技术手册模式(Schema)的通用层信息和信息层信息要求,并给出了描述类、程序类、故障类、维修计划类、操作类、图解零件类、接线类、过程类等八类数据的 Schema 示例。

(4) GJB 6600.4 — 2009 数据字典。规定了装备交互式电子技术手册通用元素,以及描述类、程序类、故障类、维修计划类、操作类、图解零件类、接线类、过程类等八类数据元素的内涵、格式、属性以及数据项之间关系等要求。

GJB 6600 作为军用标准主要以军方对 IETM 的要求为主,即军方对 IETM 产品的最终要求,对于信息的如何产生和 IETM 如何发布等具体要求并未涉及。在 IETM 工程项目的实施过程中,应与 GJB 3968—2000《飞机用户技术资料通用要求》等 40 余项技术资料标准配合使用,并制定本行业的业务规则。

3.3 基于 S1000D 的 IETM

3.3.1 基本概念

1. 数据模块

数据模块(Data Module,DM)是利用文字、表格、图形、图像、动画、音频和视频等媒体元素描述装备或其部件的结构、性能和操作步骤等技术信息的独立的、完整的数据单元。数据模块是一个技术出版项目的最小信息单元,采用可扩展标记语言(XML)描述。

数据模块由两部分组成:管理信息和内容信息,如图 3-1 所示。管理信息用于在公共源数据库中(CSDB)对数据模块的管理控制,包括数据模块标识、版本、更改、适用性、密级等管理用信息,这部分对所有的数据模块都是通用的;内容信息包含供用户阅读的具体技术内容,如描述性信息、维护步骤信息等,不同类型的数据模块在内容结构组织方面有所不同。

2. 数据模块代码

数据模块代码(Data Module Code,DMC)是数据模块的标准化和结构化标识符,包含在数据模块的标识与状态段中。DMC 与数据模块的版本号一起构成数据模块的唯一标识,用于在 CSDB 中管理数据模块。

DMC 由硬件/系统标识、信息类型和学习类型(可选)3 个部分,8 个代码段,17~37 位字符(字母与数字混排)组成,各段之间用连字符“-”连接,其结构如图 3-2 所示。

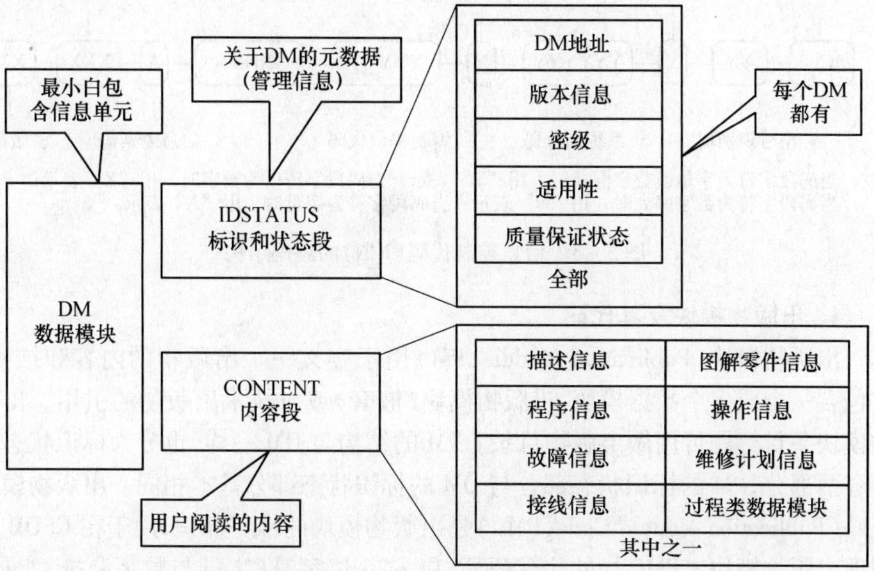

图 3-1 数据模块的结构

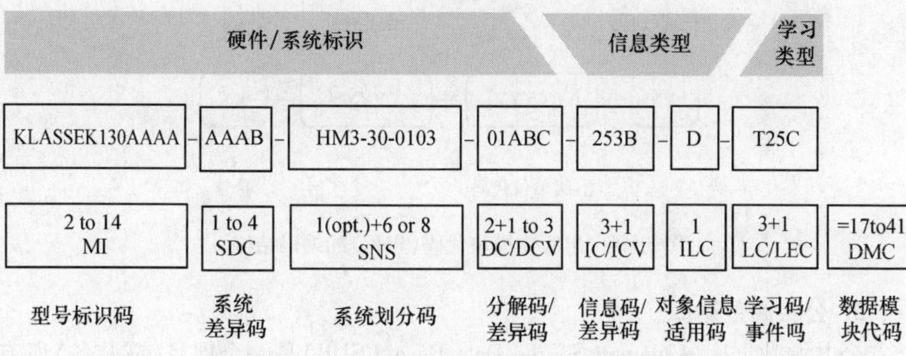

图 3-2 数据模块代码(DMC)结构

3. 信息对象及其代码

信息对象是指图形、图像、动画、音频和视频等多媒体信息(非 XML 数据)。信息控制代码(Information Control Number, ICN)由数字、字母等字符组成,用以唯一标识及索引与数据模块相关联的信息对象,结构化定义的标识符。

ICN 可采用项目编码的方法。项目编码是基于型号识别码基础上的一种编码方法。ICN 分为 10 个代码段,长度 29 ~ 45 位字符(字母与数字混排),第一个代码段是前缀“ICN”,各段之间用连字符“-”连接,其结构如图 3-3 所示。

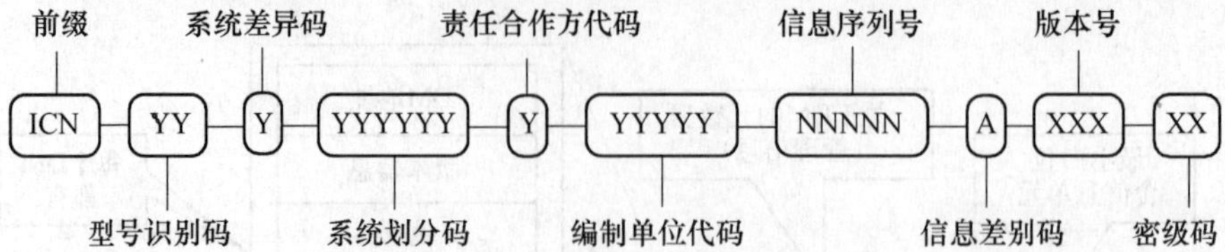

注：当码段字符为字母或数字混排时，用“Y”表示；当码段字符仅为数字时，用“X”表示；当码段字符为数字序列时，用“N”表示；当码段字符为字母时，用“A”表示。

图 3－3　信息控制代码(ICN)的编码结构

4. 出版物模块及其代码

出版物模块(Publication Module,PM)用于定义一个出版物的内容和结构，它包含一个或多个数据模块、出版物模块(嵌套)或对技术出版物的引用。出版物模块条目标题可用做出版物目录。PM 的结构与 DM 一样,也分为标识状态和内容两部分,PM 的标识状态部分与 DM 的标识状态部分基本相同。出版物模块代码(Publication Module Code,PMC)是出版物模块的唯一标识,用于在 CSDB 中管理出版物模块。PMC 由 4 个代码段、14 ~26 位字符(字母与数字混排)组成，其编码结构如图 3 －4 所示。

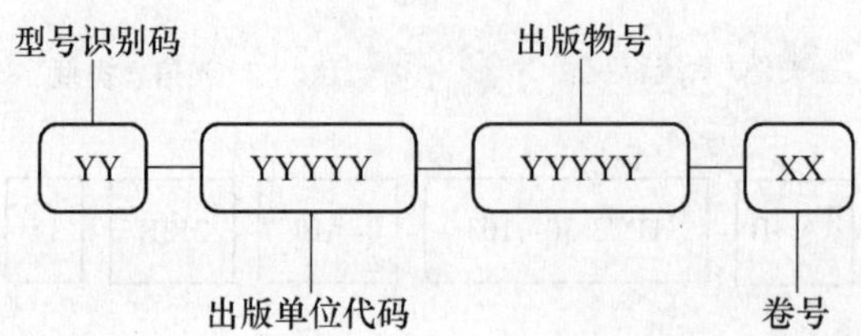

图 3 －4　出版物模块代码(PMC)的编码结构

5. 公共源数据库

公共源数据库(Common Source Data Base,CSDB)是一个项目(或装备)所有信息对象的存储仓库和管理工具。主要用于支持技术资料的可控编制、出版、质量验证、数据交换,以及由源存储格式以不同的媒体介质发布技术出版物,如纸式、PDF 和 IETM 等。

CSDB 通常为数据库。CSDB 中存储的对象包括 DM、信息对象(插图、多媒体以及与 DM 相关联的,并被 DM 调用的其他非文本数据,如图形、视频、仿真动画等)、DM 列表、意见反馈、出版物模块(PM)、数据分发通知(DDN)等。全部对象都有其相应格式的编码,如数据模块代码、出版物模块代码、信息对象控制码等。CSDB 中的存储对象应做到无冗余存储,可通过编码、信息类型以及其他的元数据信息,以目录或搜索的方式将信息对象从 CSDB 中检出。

6. 信息集

信息集(Information Set,IS)是一个虚的概念,在 CSDB 中存储的是数据模块,没有信息集。信息集可以类比为“手册”,它协助确定一型装备使用与维修所需的技术内容的种类、范围和深度,决定数据模块的划分方法,并最终确定出数据模块需求清单。信息集本质上是从 IETM 项目管理的角度对信息模块进行聚合的一种手段,其选择的角度可以多种多样,可以按照专业类型来划分信息集,也可以按内容特点来划分信息集。

7. 数据模块需求清单

数据模块需求清单(Data Module Requirement List,DMRL)是 IETM 项目所需编制的全部数据模块的列表,用于 IETM 项目的规划、报告、发布以及配置管理。DMRL 的内容至少应包含数据模块代码(DMC)、数据模块标题、版本号、发布日期、质量保证状态、数据模块类别等信息。

8. 出版物需求列表(List of Applicable Publications)

用于描述所需的出版物项目,以及出版物之间的组织与引用关系。

9. 数据分发通知(Data Distribution Note,DDN)

用于在型号参研单位之间、参研单位与用户之间,进行技术内容(DM)交换的通知。主要包括需要交换的数据模块清单、状态信息、审签信息等。数据交付时,通常将 DDN 和需要交换的 DM 打成一个数据包。

3.3.2 IETM 数据流程

S1000D 标准采用了模块化设计思想,将技术内容分解为数据模块,存储在 CSDB 中。数据模块是技术资料中最小的自包含的信息单元,采用 XML 对数据进行描述,实现了数据与格式的分离,通过定义统一的模式(Schema)的方式实现数据模块结构的统一,为数据的交互奠定了基础,为 IETM 的信息交互提供了保障。插图、图像和多媒体等非 XML 格式文件作为信息对象依附于数据模块(与 DM 相关联)。

技术手册以出版物模块(PM)的形式组织,通过定义 PM 的结构和内容,引用 DM 和 PM(嵌套),并形成序列来实现。PM 使用 PM DTD/Schema 生成 XML 文件,使用出版物模块代码(Publication Module Code, PMC)标识。DM、信息对象和 PM 等均存储在 CSDB 中。全部信息对象应无冗余存储,通过较为统一的显示界面对技术信息进行访问,可通过代码、信息类型或其他元数据,以目录或搜索的方式从 CSDB 中检出。IETM 发布引擎将所需的 DM 组织成 XML 文档,与对应的 XSL、CSS 样式单一起发送给 IETM 阅读器显示。线性出版引擎将所需的 DM 组织成面向页的文件,如 Word 或 PDF 文件,打印输出成技术手册。IETM 的数据流程如图 3-5 所示。

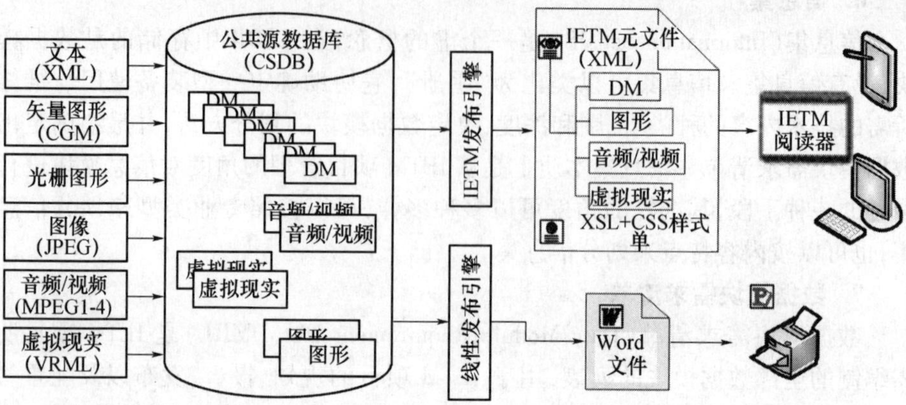

图 3-5　基于公共源数据库的技术出版物的数据流程

一个项目(或一型装备)所涉及的全部 DM、图形和多媒体信息、PM 等均存储在 CSDB 中。CSDB 中的信息对象可以按照需要,以不同的方式进行组合,以满足 IETM、训练系统或其他应用程序等多种应用需求。S1000D 标准采用的模块化设计思想有利于技术信息内容的一次创作生成,多次重复使用,极大地方便了数据内容的重用;采用单一数据源管理的思想,便于数据内容的更改,能够实现数据一次更改、全部引用的自动更新。

3.3.3　技术信息类型

在 IETM 中,用户阅读的技术内容信息是包含在数据模块中的,不同类型的数据模块在内容结构组织方面有所不同。S1000D 2.2 版本中定义有 9 种类型的数据模块:描述性信息模块、程序性信息模块、操作信息模块、故障信息模块、维修计划信息模块、过程信息模块、图解零部件信息模块、馈线数据信息模块和战伤抢修与评估模块。GJB 6600 中只定义了前 8 种数据模块。其中,过程信息模块主要用于描述交互式程序结构信息,是由其他类型的数据模块按一定的逻辑顺序组合(引用)而成的。

随着 S1000D 的发展,数据模块的类型也在不断增加。在 4.0 版本中,数据模块的类型达到了 17 种。但新增的数据模块主要用于管理信息,如技术信息仓库模块、适用性交叉引用表数据模块、业务规则交换模块等。

3.3.3.1　描述性信息模块

描述性信息模块是对装备、装备结构、系统及设备等的功用、组成、技术数据、安装位置、工作原理和有关注意事项的描述。主要由各级段落组成,并配有充分的插图。段落的级数最好不要超过五级。

3.3.3.2 操作信息模块

操作信息模块用于向操作使用人员提供操作使用的必要信息。该信息模块主要包括两种类型:基于卡片和表格形式的操作卡以及基于文本段落形式的操作描述信息。

1. 操作卡

操作卡主要包括标题、警示信息、段落、图表、操作步骤等内容。

操作步骤包括操作概述信息、操作步骤组、子操作步骤、收尾工作等内容。应明确执行本操作的人员所需具备的技能等级,以及本操作是否需要具备一定资质的人员进行操作复核。

操作概述信息包括:标题、参加操作的人员以及其他相关信息。

操作步骤组有两种方式:一种是基于"如果……则……,否则 ……"或"当……则……"的条件规则判定程序,为用户提供在某种条件约束下应当执行的操作步骤信息;另一种是直接描述具体的操作步骤信息。

操作步骤有两种具体形式:一种是直接说明具体操作步骤序列;另一种是交互式描述,操作人员执行某一操作,得到某一响应,进而执行下一操作,得到下一个响应,直至操作完成。

子操作步骤是操作步骤下进一步嵌套的操作步骤,子操作步骤的内容与操作步骤类似。

2. 操作描述信息

操作描述信息主要包括标题、警示信息、描述性信息和图表等内容。描述性信息应采用分级段落的形式描述操作步骤的逻辑关系。

3.3.3.3 程序性信息模块

程序性信息模块用于描述一个具体的维修任务,如部件的拆装、清洗、润滑、测试、校验等维修工作。程序性信息主要由准备工作(所需工具、设备、耗材、备件、资料、需要打开的断路器、安全条件等)、维修步骤(由各级步骤组成,最好不要超过五级)以及收尾工作(将装备恢复到初始状态的操作步骤)组成。

3.3.3.4 故障信息模块

故障信息模块主要用于描述装备的故障现象、故障诊断、故障定位方法等信息。故障类信息分为故障报告信息和故障隔离信息两大类。

1. 故障报告信息

故障报告信息来源于装备的中央监控系统、设备自检,以及操作和维护人员。故障报告信息的描述必须是准确规范的,以便于维护人员能够准确分析故障,恰当地选择适用的故障隔离信息。根据故障处理状态的不同,故障报告信息可分为已隔离的故障、已检测到的故障信息、已观察到的故障和关联故障等四类信息。其中,已隔离的故障是由监控系统检测出并已进行隔离的故障,可以引用维修程序；其他三种故障信息则需要引用故障隔离程序。

2. 故障隔离信息

故障隔离信息用于详细说明故障隔离方法，包括故障标识、故障描述和隔离程序等内容。

(1) 故障标识：应通过故障代码唯一标识此故障类型。

(2) 故障描述信息：包括故障信息显示符和故障的详细文字描述。

(3) 隔离程序：应详细说明故障隔离步骤，包括准备工作、主要隔离步骤和收尾工作等内容。

① 准备工作：应说明所需条件、所需人员、引用信息、保障设备、耗材、备件和安全条件等内容。

所需条件用于描述维护工作开始前必须具备的条件，如断路器或开关应处于的状态。

所需人员用于描述执行该任务所需人员的相关信息，如所需人数、专业、技术等级、工时等内容。

引用信息用于描述执行该任务所需引用的其他技术资料。

保障设备、耗材和备件等元素分别用于描述执行该任务所需的特殊工具和测试设备、消耗品和备件，包括名称、型号或件号标识码、数量和备注等内容。

安全条件用于描述执行该任务时需要注意的事项，包括警告信息、注意信息和注释信息等内容。

② 主要隔离步骤：用于描述故障隔离的各个主要步骤，包括隔离步骤和隔离程序结束步骤。

故障隔离程序实质上是一个基于“if A then B”结构的规则判定程序，可以用故障隔离框图或结构化隔离步骤序列的形式描述。每个隔离步骤应包括：操作项目(必须做什么?)、问题(操作的结果是什么?)，以及可能的回答(“是”、“否”或单项选择列表)。每种回答均应指向一个特定的隔离步骤。

隔离程序结束步骤是故障隔离框图各分支的终节点，只有“操作项目”，没有“提问”和“回答”。

③ 收尾工作：用于描述故障隔离结束后，所需进行的装备恢复工作和工作结束条件。

3.3.3.5 维修计划信息模块

维修计划信息模块用于描述武器装备的维修和检查的种类、维修时间间隔、维修任务的定义等信息。维修计划信息模块主要包括四类信息：时间限制信息、任务信息、检查信息以及维修配置信息。

时间限制信息：定义武器装备或系统的时间限制、周期以及寿命信息等。

任务信息：定义某特定系统维修任务，主要包括执行该任务所需的人员信息

（等级、专业）、所需设备耗材工具等信息、引用的技术资料信息、时间限制信息以及与之相关的其他任务信息。

检查信息：定义检查种类以及相关的人员信息，主要包括检查的时间限制信息及该检查项目的相关任务信息。检查的时间限制信息包括抽样检查、阈值检查、检查类型（系统检查、结构检查、目视检查等）、特殊情况下的检查等内容。

维修配置信息：定义功能组件相关的维修功能（检查、测试、勤务等）、维修级别、所需时间、所需工具及测试设备等信息。

3.3.3.6 图解零部件目录信息模块

图解零部件目录信息用于描述武器装备、系统、设备实施维修所涉及的全部可更换零部件的信息。主要内容包括各系统的组件、分组件的零部件图解图和相应的零部件目录表。图解图应以轴视图的形式描绘部组件的分解或拆卸关系。零部件目录表格应给出图序号—项目号，各零件、分组件、组件的件号，名称、安装位置、有效性、件数、生产厂家等内容。

3.3.3.7 接线信息模块

接线信息不仅仅是电路（馈线）图。接线信息模块主要用于描述线路相关信息，主要包括：导线、电缆（线束）、电气设备件、连接器、配电装置、附件、连接套管、收缩套管、标识套管、线路导管、导线材料等信息。

3.3.3.8 战伤评估与修理信息模块

战伤评估与修理信息模块用于描述当装备在战场上发生了妨碍完成预定任务的战斗损伤、随机故障、耗损性故障、人为差错、偶然事故以及维修供应品不足和环境变化等情况时，判定损伤部位与程度、现场可否修复、修复时间和修复后的作战能力，确定修理场所、方法、步骤及应急修理所需保障资源，以及采取相应的应急修理措施，使装备迅速恢复到能执行当前任务的工作状态或能够自救等一系列活动方面的信息。

战伤评估与修理信息模块不包括（维修）程序信息模块中规定的常规修理方法，其主要内容应包括损伤评估程序、应急抢修方法、所需保障资源清单。

1. 损伤评估程序

损伤评估程序应提供适用于装备或重要部件的战场损伤评估的内容、方法、程序和损伤评估报告表。

评估内容包括损伤部位程度及对装备完成当前战斗任务的影响，损伤是否需要修复，损伤修复的先后顺序，在何处与如何进行修复，所需保障资源，修复后装备的作战能力及使用限制。

评估方法是指评估过程应采用的检测方法，如外观检查、功能检查或性能测试等。

评估程序应提供用于该装备评估的决断过程流程图、各重要部件完成其战斗任务的各项必要功能的损伤评估程序流程图或评估表。

损伤评估报告表主要内容包括:损伤对该装备完成当前任务的影响、损伤的分系统、分系统中损伤的部件或零件、该损伤是否可在现场修复、修复后装备的作战能力及使用限制、修复时间、修理人员数及种类、所需物资器材、各损伤分系统的修复次序、现装备是否要求回收或自救。

2. 应急抢修方法

应急抢修方法主要内容包括:标题、说明、使用限制、所需人员和时间、所需资源、实施步骤、注意事项,以及其他方案。完成同一修理可能不止有一种方法,此时应按其效果的优劣依次列出各方案,每一种方案应包括描述应急抢修方法所需的上述要素。

3. 所需保障资源清单

所需保障资源清单的内容包括:专用或制作的工具、消耗品和原材料、代用材料与零件。

3.3.4 IETM 显示样式

IETM 阅读器界面通常由标题栏、目录区、导航区、主内容区等四部分组成,如图 3-6 所示。标题栏位于屏幕顶端,显示应用程序名称、密级、数据模块编码和主内容区所显示的数据模块标题等信息;目录区通常位于主内容区左侧,采用树型目录提供导航交互功能;导航区位于主内容区的上端或下端,通常提供上一页、下一页、目录、历史记录、查找、打印、反馈、退出、帮助、状态信息等基本控制功能;主内容区用于显示 IETM 的技术内容,可以分割显示文本、图形、表格、多媒体等信息,但最多不能超过三个子区域。此外,IETM 阅读器还应支持超链接和对话框等交互功能。

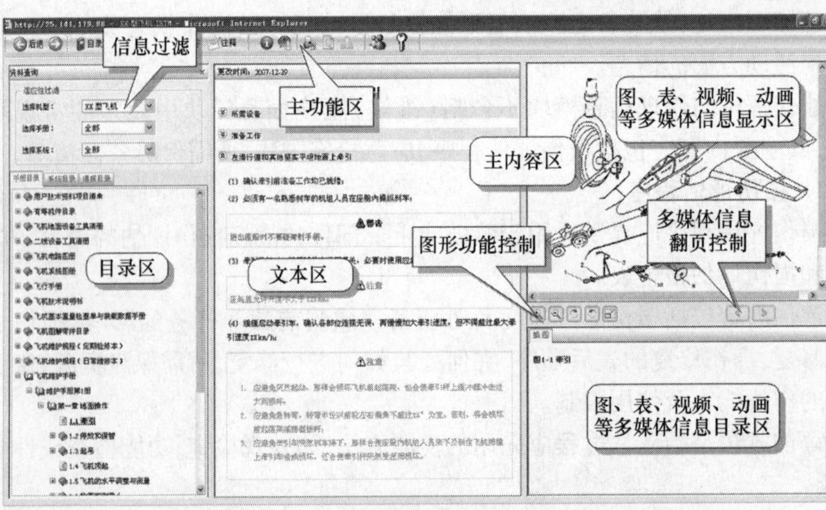

图 3-6 某型教练机 IETM 系统主界面

3.3.5 IETM 交互功能

IETM 的交互性是其区别于 ETM 的最显著的技术特征。IETM 改变了传统纸质技术手册的静态知识表达方式,采用文字、图形、表格、音频、视频和交互式动画等多样化形式,形象、直观、生动地表现技术信息,更利于用户理解;IETM 还改变了传统纸质技术手册的线性组织方式,以框架结构的形式,为用户提供多种的信息访问途径,更利于用户快速查找当前任务所需的全部信息。S1000D 定义了 IETM 的 12 种类型功能,见表 3-1,既有 IETM 的交互功能,也包括了 ETM 的功能。GJB 6600 则按照基本功能和扩展功能两大种类,定义了 9 种功能类型,其中基本功能为 IETM 必须具备的功能,扩展功能为根据用户需要可供选用的功能。

表 3-1　IETM 交互功能

功能类别	功能项
访问控制	登录①、锁定和解除锁定①、退出①
注释	操作完成指示器(复选框)、全局数据注释、局部数据注释、个人注释①、文本红线标记②、图形红线标记
交付与发布	纸质出版物、物理介质、网络发布
诊断	故障诊断—用户驱动①、故障诊断—软件驱动②、动态故障诊断,电路、流体系统轨迹图、系统模拟②、故障预测
外部程序	导出数据、获取数据、零件订货、信息反馈、维护数据集、任务报告、资源调度、知识管理
图形	平移①、缩放①、展开①、调整①,装配/分解,安装位置图,3D 模型②
链接	外部引用①、内部引用①、热区引用①、零部件数据链接,目录、图表和照片列表①,热区②
导航	上下翻页①、回退①、历史记录①、书签、系统/子系统导航①、恢复初始界面、日志管理②、图像导航、对话框驱动交互、语音命令、全文检索①、用户自定义逻辑检索②、跨库检索、上下文检索、关键词搜索①、适用性过滤②、多种内容对象同步显示、窗口捕捉
打印	屏幕打印①、打印指定的数据模块①、打印相关数据、打印手册②
特殊内容	扉页信息、保障性技术数据、警告/注意信息、应急程序、照片①、音频①、视频②、动画、技术数据帮助、功能帮助、训练信息
更新	隐性更改指示与标记、显性更改指示与标记、完全更改①、定期更改和紧急更改②、准实时更新
用户操作模式	Web 浏览器阅读、单机模式、网络连接

① GJB 6600 定义的基本功能;
② GJB 6600 定义的扩展功能

3.4 IETM 关键开发技术

3.4.1 XML 与 Schema

为便于装备技术信息的描述、处理、存储、传输与显示发布,IETM 主要技术标准均推荐使用 XML 作为文本描述语言。

3.4.1.1 可扩展标记语言

可扩展标记语言(eXtensible Markup Language,XML)是由 W3C(World Wide Web Consortium,互联网联合组织)于 1998 年 2 月发布的一种标准,同 HTML(Hyper Text Markup Language,超文本标记语言)一样是 SGML(Standard Generalized Markup Language,标准通用标记语言)的一个简化子集。

所谓"标记"是根据数据本身的信息对数据进行编码的方法,简单地讲,就是根据文档片段所表达的信息,为其添加标记,以对文档内容进行数据分类和索引。因此,用标记语言描述的文档可以看作是文档化的数据库。

SGML 一种通用的文档结构描述标记语言,为语法标记提供了非常强大的工具,同时具有极好的扩展性,因此在数据分类和索引中非常有用。但 SGML 复杂度太高,不适合网络的日常应用,加上开发成本高、不被主流浏览器所支持等原因,使得 SGML 在 Web 上的推广受到阻碍。

HTML 伴随着 Web 技术的发展应运而生。HTML 简单易用、灵活方便,使人们发布、检索、交流信息都变得非常简单,对 Internet 的爆炸式发展产生了积极的作用。但是,HTML 作为一种简单的表示性语言,它只能显示内容而无法描述数据内容,而这一点恰恰是电子商务、智能搜索引擎所必需的。另外,HTML 语言不能描述矢量图形、数学公式、化学符号等特殊对象,在数据显示方面的描述能力也不尽如人意。最重要的是:HTML 只是 SGML 的一个实例化的子集,可扩展性差,用户根本不能自定义有意义的标记供他人使用。

XML 则将 SGML 的丰富功能与 HTML 的易用性结合到 Web 的应用中,以一种开放的自我描述方式定义了数据结构,在描述数据内容的同时能突出对结构的描述,从而体现出数据之间的关系。XML 具备了 HTML 所没有的三种优势:可扩展性、结构化和灵活性,既具备了 SGML 的核心特征,又有 HTML 的简单性,同时还具备有许多新的特征,如定义严格、语法明确、表示方便、结构良好,非常适合于各行业定义自己的标记。

XML 包含有 Schema(模式)或 DTD(文档类型定义)、XSL(Extensible Style

sheet Language,可扩展样式语言)和 XLL(Extensible Link Language,可扩展链接语言)等要素。具体来讲,XML 具有以下主要优势:

(1) 良好的可扩展性。允许各类组织或使用者建立适合自己需要的标记集合,作为该领域信息共享与数据交换的基础。

(2) 严谨的结构化。XML 具有自我描述性质,能够很好地表现许多复杂的数据关系,便于应用程序理解文档内容、抽取语义信息,在 XML 文件中准确高效地搜索相关的数据内容。

(3) 内容与显示分离。XML 把文档的三要素(数据、结构、显示方式)独立开来,分别处理。XML 文件只描述数据与结构,而把显示格式从数据内容中独立出来,保存在样式单文件(Style Sheet)中,使得 XML 数据存储格式不受显示格式的制约,并且文件的显示方式也更加灵活。

此外,XML 还具有很多优势,如适用于所有类型的数据,能够支持多种输出、使用和表达形式,支持以电子格式访问智能数据;能够很方便地进行数据管理、更新和输出,以及很便于向新技术过渡;能够支持 Internet 和 WWW;可以使用廉价的工具来开发等。

XML 的大量优势,使得其具有很广泛的用途:一是可用于任何形式的信息和文档,包括办公文档、技术手册、目录、书本等;二是可用于任何的数据内容,如文本、数学或化学公式、图形图像、视频、声音等;三是可用于任何类型的数据交换,包括电子商务、系统数据、数据库等。

XML 的以上特点,使得它越来越受到电子商务领域的重视,被称为下一代电子商务的语言。在 IETM 领域,XML 也非常易于实现数据的创建、管理和发布,并且具有很强的互操作性。

3.4.1.2 文档模式

XML 文档具有灵活的开放性。与 HTML 文档一样,XML 文档本身无法对文件中的数据进行严格的定义。为了使计算机能够正确地处理 XML 文件,必须给出 XML 文档使用的语义约束。

早期的定义语言使用的是文档类型定义(Document Type Definition,DTD)。DTD 是一套关于标记符的语法规则。它定义了文档的逻辑结构,规定了文档中所使用的元素、实体、元素的属性、元素与实体之间的关系。DTD 可以提供一种统一的格式;可以保证数据交流和共享的顺利进行;能够不依赖具体的数据就能知道文档的逻辑结构;可以验证数据的有效性。从另外一个意义上讲,DTD 定义了数据模型映射到 XML 文档的方法。但是,DTD 直接沿袭了定义 SGML 语言的方法,给 XML 的应用带来的不便。

XML 文档模式(Schema)是 W3C 于 2001 年 5 月定义并发布的一项标准。XML Schema 与 DTD 一样,也是对某一类 XML 文档进行约束并确定其结构,包括对元素、属性、数据类型的完整定义,及某个XML文档中所使用的元素、实体、元素的属性、元素与实体之间的关系的特殊约束。XML Schema使用的是XML语法,并且在功能方面比DTD更完善,也更容易扩展。XML Schema相比DTD主要优势有以下几点:

(1) 支持XML语法。XML Schema文件同时也是XML文档;

(2) 定义了多种数据类型,如整型、字符型、浮点型、布尔型、日期型等;

(3) 可针对未来的需求进行扩展;

(4) 支持命名空间。

使用XML Schema可以十分方便地定义数据约束,描述文档内容,验证数据的正确性。同时,也能够很方便地与来自数据库的数据协同工作。

3.4.2 CGM图形

CGM(Computer Graphics Metafile,计算机图形元文件)是美国国家标准化委员会(ANSI)于1986年公布的计算机图形元文件国家标准,用来描述、存储和传输与设备无关的矢量、向量以及两者混合的图像。随后被国际标准化组织采纳为国际标准(ISO/IEC 8632)。在随后的几年中,CGM格式标准几经修改,在1999年发布了第4版。1999年,W3C颁布了WebCGM V1.0规范,将CGM应用扩展到了Web上,支持Web导航要求。目前所使用的是2008年颁布的WebCGM V2.1标准。

CGM标准由一套标准的与设备无关的定义图形的语法和词法元素组成,用于描述二维图形(包括矢量图形和光栅图形)。CGM文件有纯文本和二进制两种格式,能够实现图形与元数据的分离存储。文件体积小、图形表现能力强,数据互换性好,主要应用于复杂工程图形,它是智能图形(Intelligent Graphics)的主流和首选标准,也是目前大多商用产品采用的规范。

CGM图形除了具备矢量图形的无失真缩放、旋转、镜像等基本功能外,还具有很强的交互功能,如导航链接、图形元数据查询与提取等。因此,CGM图形是S1000D标准推荐使用的首选的图形格式。

3.4.3 X3D虚拟技术

X3D(Extensible 3D Specification 3D,可扩展3D图形规范)是Web3D协会于2001年8月发布的国际标准。Web3D可以简单地看作是Web技术和3D技术相结合的产物,即使用3D技术在Web上构建三维虚拟场景,使用户能浏览并对其进行交互性操作,以体验身临其境的逼真感受。自1994年以来,Web3D技术得到了快速发展,先后出现了VRML、U3D、Cult3D、X3D等ISO标准。

X3D 由三个单独的 ISO 标准组成。

(1) 抽象概念规范(ISO19775):对所有的功能性进行了抽象描述;

(2) 文件格式编码规范(ISO19776):用来描述如何把抽象的结构化的标准编码到具体的文件中;

(3) 编程语言存取规范(ISO19777):描述了一系列编程语言对应抽象服务的功能映射。

X3D 支持 VRML97 全部语法规则和内容,并使用了 XML 语法体系,能把几何数据和运行时的行为描述结合到一个文件中,其内容是模块化的和可重用的。X3D 的主要任务是把 VRML 的功能封装到一个轻型的、可扩展的核心之中,为开发者提供了依据项目规则自定义扩展功能的能力,解决了 VRML97 与 Web 和多媒体集成能力较弱的问题。X3D 灵活性更强,既能满足基本要求也能进行扩展,因此任何一个开发者都可以根据自己的需求,扩展其功能。在统一的 X3D 基本框架下,能够保证不同开发商的软件具有互操作性。X3D 的出现有利于结束当时 Web3D 技术的混乱局面,得到了众多厂商的支持。

X3D 可以作为 S1000D 中交互式 3D 模型的实现技术,为装备的使用与维修技术人员提供逼真的场景视图,准确地显示使用与操作、拆卸与安装、分解与装配等程序信息,实现操作程序的可视化。而且,用户可以参与其中,控制使用与维修程序的显示,实现仿真训练。

3.4.4 技术内容编制工具

数据模块本身是一个 XML 文档。XML 文档是一种纯文本文件,可以使用任何纯文本编辑器编写,如记事本、写字板及其他一些字处理软件。为了提高编写效率,保证 XML 文档的"结构良好性"(Well - Formed)与"有效性"(Validated),通常使用 XML 编辑器来编写 XML 文档,如 Altova XMLSpy。但是,编写人员仍需直接面对 XML 文件,必须完全了解其机理和编程方法,难度较大。同时,IETM 中需编写的 XML 文档数量通常多达数百个上,使用 XML 编辑器无法满足规模化开发、分工协作、过程管理和内容管理的要求。因此,IETM 项目中数据模块的编制通常使用专用的编辑软件,如 Arbortext Editor、Inmedius S1000DauthorPro、SiberSafe S1000D Author 等。

专用技术内容编辑软件在外观和工作方式上,与用户熟悉的字处理软件很相似,可以按照 S1000D 高效率地创建各类数据模块,实现 XML 文档的编辑处理以及业务规则的编写,还具有数据模块验证、热点集成、创建数据模块引用(外部引用)和交叉引用(内部引用)等功能。主要功能包括:

(1) 依据内容结构模板(DTD/Schema)进行结构化内容编辑;

（2）重用公共数据源数据库中的可重用单元，如段落、表格、图形、列表、警告、注意等；

（3）支持符合 S1000D 标准的各类数据模块的 XML 文档导入；

（4）支持对任意层次的内容片段进行有效性标注，指明适用范围；

（5）无需做任何样式的排版，只需关注内容的编写。

值得一提的是，Inmedius S1000DauthorPro 软件，除了支持“标记”和“文本”编辑模式外，还提供了“所见即所得”（WYSIWYG）XML 的编辑模式，可以快速、准确地生成并交付符合 S1000D 标准要求的文档，如图 3－7 所示。

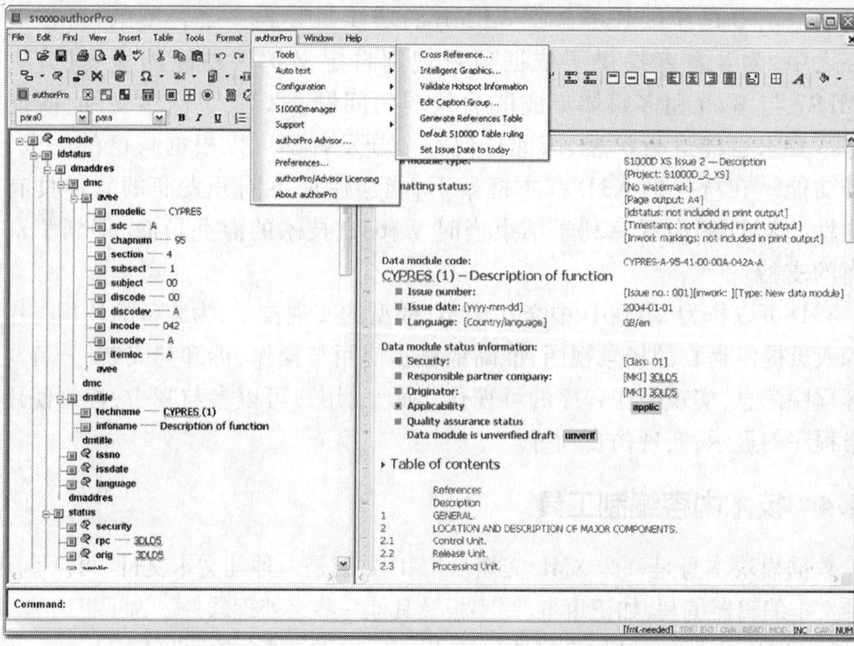

图 3－7　Inmedius S1000DauthorPro 技术内容编辑软件

另外，针对 S1000D 标准 2.0 版增加的 Process 数据模块，Inmedius 还提供了专用的 S1000Dprocesseditor 过程数据模块编辑器，为用户开发交互功能更强的 IETM 提供了便利。S1000Dprocesseditor 采用“所见即所得”的流程图式编辑环境，如图 3－8 所示。提供有包含各种组件的元素库，用户可以通过拖拽的方式编制流程图，轻松创建和编辑过程数据模块；还提供有逻辑表达式编辑器，可以将复杂的元素（如数

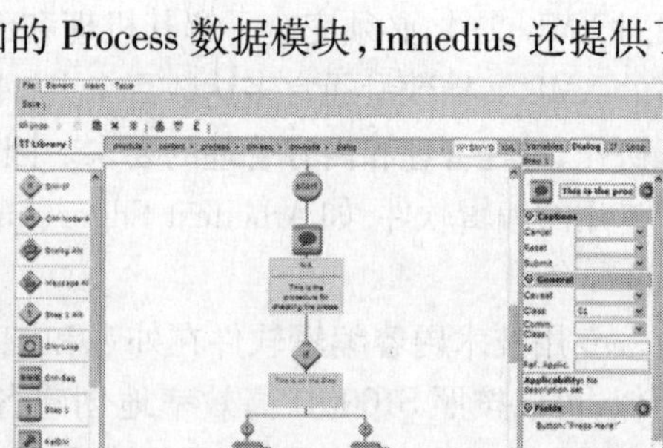

图 3－8　S1000Dprocesseditor 过程数据模块编辑器

值、数学公式、字符串、集合以及布尔运算）添加到表达式编辑器中，并以图解视图直观地显示表达式。不熟悉 XML 的用户也能够创作和编辑过程数据模块，并最终生成符合 S1000D 标准的 XML 文档。

3.4.5 技术内容全寿命管理平台

IETM 系统平台应为技术资料的编写、管理和使用人员构建一套集编制、管理、阅读于一体的 IETM 综合解决方案，能够在分布式协同工作的环境下，实现技术资料的编制与改版、单一数据源全寿命管理、编审批全流程管理、线性出版和 IETM 发布，以及交互阅读等功能，确保 IETM 格式标准化、内容规范化、过程可控化、发布多样化和自动化。目前，已有很多专业的 IETM 开发平台可供使用，比较成熟的有 PTC 的 Arbortext 电子技术出版物平台、Corena 公司的 Life * S1000D 管理系统、Inmedius 公司 S1000D 出版套件、SiberLogic 公司的 SiberSafe IETM 开发平台、以及海军航空工程学院青岛分院的航空装备技术资料编制与管理支撑平台 - CAN 产品。

3.4.5.1 Arbortext 电子技术出版物平台

美国 PTC 公司 Arbortext 电子技术出版物平台是一套完整的技术出版物动态出版解决方案。能够创建可重用的文档信息（包括文本、插图和动画）；创建高质量的 2D 和 3D 技术插图；与其他人协同开发文档；设置管理权限，管理文档版本，管理审阅与批准等出版过程；为不同的用户自动构建所需用途的出版物；以多种格式（印刷件、Web、CD - ROM、手持式设备）自动发布出版物。Arbortext 还能够整合各工业部门提交的各种类型的装备保障数据，实现技术出版物的格式标准化、内容结构化、过程自动化、发布多样化。使用 Arbortext 平台可以使技术出版物的编制效率提高 20%，编制能力提高 50%。

Arbortext 平台包括技术内容编制、技术插图绘制、内容管理、发布、IETM 阅读等工具模块。

3.4.5.2 技术内容编制工具

（1）Arbortext Editor - S1000D：专业化的技术手册内容的编辑工具，可以按照 S1000D 高效率地创建各类数据模块，实现 XML 文档的编制，以及业务规则的编写。主要功能包括：结构化内容编写、重用数据单元、XML 文档导入、有效性标注。

（2）Arbortext Import/Export：数据导入工具，可以将基于特定模板的 Word 文档转换为符合特定 DTD/Schema 要求的 SGML/XML 文档。

（3）Arbortext Authoring Interface - S1000D：Arbortext Editor 编辑器与 Arbortext CSDB - S1000D 之间的接口插件。主要功能包括：接收编写任务、内容检索与重用、热点创建、DM 预览（PDF 或 IETP）。

3.4.5.2 技术插图绘制工具

(1) Arbortext ISODraw CADprocess：功能强大的技术插图绘制软件，可以利用已有的3D模型，直接生成技术插图。主要功能包括：3D文件数据导入、操纵3D模型生成各种投影、转换成2D插图、添加热点链接、尺寸自动标注、添加示意图标、插图自动编号、零部件信息自动更新。

(2) Arbortext IsoDraw Foundation：不使用三维CAD模型，直接进行2D/3D技术插图绘制。支持CGM图形格式。

3.4.5.3 技术内容管理工具

(1) Arbortext CSDB - S1000D ：符合S1000D标准的公共源数据库管理模块，用于创建、配置、管理S1000D项目和技术出版物内容。主要功能包括：项目创建和配置、DMRL创建、任务分配与管理、版本管理和寿命周期管理、数据交换、可重用单元管理、流程模块编辑、内容验证、线性发布或IETP发布预览。

(2) Arbortext Reviewer - S1000D：对CSDB中统一管理的DM进行电子签审流程管理与记录。

3.4.5.4 技术出版物发布工具

Arbortext Publisher - S1000D用来从Arbortext CSDB - S1000D中创建和发布技术出版物。主要功能包括出版物创建与管理、发布验证、线性发布(PDF)和IETP(IETM)发布。

3.4.5.5 IETM(IETP)阅读工具

(1) Arbortex IET PViewer：基于S1000D标准的IETM浏览器，支持单机运行模式和服务器运行模式，支持S1000D功能矩阵中的绝大多数交互功能。主要功能包括：产品结构导航、手册结构导航、动态链接；操作步骤与故障隔离程序的逐步向导；图文对照浏览、多媒体内容嵌入、三维交互式动画与模拟操作；警告注意、前提条件等的弹出式对话框或高亮显示；更改的高亮显示与提示；分类检索和全文内容检索；动态有效性过滤；维修经验记录与注释，以及在线反馈；维修工作包的自动生成；工具、设备、耗材统计；历史浏览记录、引用关系查看、快速备件查询、书签、实时打印等功能。

(2) Arbortext Isoview：CGM图形浏览器，可作为IE或者其他应用程序的浏览插件，支持热点链接、红线标注、注释和查询等CGM图形的高级交互功能。

3.4.5.6 Corena S1000D技术出版系统

丹麦Corena公司的Corena S1000D技术出版系统是遵循S1000D标准设计研发的一个CSDB管理系统，支持符合S1000D标准的技术出版物全寿命周期业务过程。

Corena S1000D包括以下主要功能模块：

(1) 信息及业务规则设置：定义信息类型和信息规则。

(2) 项目配置：主要用于SNS管理；DMC、ICN、DMLC、DDNC、CCODE/IPRC

等编码设置;密级设置; DM 配置,包括对象信息适用码(ILC)和信息码(IC);注释(Comment)/过程审查(IPR)设置;通过团体规范或行业规范配置系统工作状态。项目配置信息能以配置文件包的形式交换,可以很方便地创建一个新的 CSDB,或在不同的系统之间共享某个 CSDB 的配置信息。

(3) 用户与权限管理:定义组织机构、人员、角色和权限。

(4) 工作流管理:定义信息对象的寿命周期状态流。

(5) 项目配置文件:导入/导出项目的各种定义文件,以便于共享项目规范与设置。

(6) 外部程序设置:设置用于内容编辑和预览的外部程序。

(7) 数据交换:主要用于设置数据交换规则,导入 S1000D 数据交换包,创建和导出 S1000D 数据交换包,以及在导入过程中进行行业规则交换(BREX)验证。

(8) 项目管理:主要用于管理与 DM、PM 以及图形和多媒体等信息对象相关的工作流;DM 管理;图形和多媒体管理;PM 编辑与管理;DM 分组管理;外部文档参引管理;文档归档;DML 管理;工作任务分配与管理。

(9) 反馈信息管理:管理注释(Comment)或过程审查报告(IPRF)。

(10) 工具与设备管理:统一管理技术出版物中描述的工具设备、备件、耗材等信息。

(11) 内容编辑:检入/检出 DM 和插图等信息对象;控制编辑过程;支持引用统一管理的工具设备、备件、耗材等信息;支持 S1000D 规范定义的各种信息参引;便捷的内容适用性定义;工作任务分配管理;指定使用的第三方内容编辑器的路径。

(12) 发布与交付:主要用于创建可交付的出版物,并对其进行管理。

Corena S1000D 集成了 Corena 公司的 IET P 编制/浏览工具软件 Corena IETP,使用户可以便捷地制作和更改基于 MS Internet Explorer 浏览器的 IETP/IETM。

3.4.5.7 Inmedius S1000D 出版套件

美国 Inmedius 公司的 Inmedius S1000D 出版套件是一套 IETM 综合解决方案,全面支持基于 S1000D 标准的 IETM 制作流程,而且建立了与保障性分析记录(LSAR)的联系和数据同步,扩展了基于 SCORM 标准的培训教材的应用。

(1) S1000DauthorProXE:XML 编辑器。AuthorPro 还为正在使用 Arbortext Editor 的用户提供了一个插件,其中嵌入了 S1000D 各版本的 DTD 和 Schema,能够提高 Arbortext Editor 的数据模块编制效率。

(2) S1000Dprocesseditor:过程数据模块编辑器,提供"所见即所得"的流程图式编辑环境。

(3) S1000DmanagerCSDB:CSDB 管理系统,能够对 IETM 全寿命周期内的所有数据进行全程追踪与管理,主要功能包括:支持多个 IETM 项目并行管理;

用户权限管理与角色分工；任务分配与工作流管理；业务规则定义和管理；版本控制；编码规则管理；定制 PM 和样式单；PDF 和 IETM 两种发布方式；标准化数据导入导出（DDN，DMRL，SNS）；IETM 项目进度报告；信息对象的时间戳记追踪；不符合项目报告等。

（4）S1000Dreview IETM：IETM 编制质量审查的工具，审查者可以对 IETM 的内容或样式提出修改意见，提交给 S1000DmanagerCSDB，并反馈给编制者。

（5）S1000Dinteract IETM：基于通用 Web 浏览器的 IETM 应用程序，支持在线浏览和离线浏览（单机）两种部署方式。

（6）S1000Dimpact LSAR：LSAR 与 S1000D 数据之间的接口工具，跟踪 LSAR 的变化，自动更新数据模块的内容，保持技术出版物与工程数据的同步。

（7）S1000Dtransition：PDF 出版物发布工具，可以将符合 S1000D 的同一源数据发布成符合不同标准样式要求的出版物，如 S1000D、ATA 特定标准样式。

（8）S1000Dinstructor：SCORM 课件制作工具，用于将 CSDB 中的 DM 转化为 SCORM 课件的软件模块，并补充其他训练内容。

（9）S1000DiConvert：数据转化工具，能够对结构化的 XML 数据进行标准版本升级（如将旧版本的 S1000D 数据转化为新版本的 S1000D 数据），或将非结构化的数据（如 Word、PDF）转化为符合标准的 XML 数据。

（10）S1000DAdvisor：业务规则引擎，用于检验所创作的 XML 内容（数据模块）是否符合项目自定义的业务规则。

3.4.5.8 SiberSafe IETM 开发平台

加拿大 SiberLogic 公司的 SiberSafe 是一套基于 S1000D 标准的 IETM 开发平台，为 IETM 的开发提供了一套基于 XML 进行文档协同创作的解决方案。SiberSafe 也是目前市场上唯一的基于语义 Web 技术构建的知识模型管理平台，专注于信息内容的重用、单一数据源出版和文档在线协同创作等方面。系统由以下模块组成：

（1）SiberSafe S1000D Author：用于创建可重用的数据模块单元，可将所有的内容素材集成到 XML 编辑环境中来。SiberSafe S1000D Author 集成有三个工具：XMetal Author XML 编辑器、SDI Editor CGM 图形编辑器，以及用于制作交互式 3D 仿真动画的 NGRAIN Producter 3D 编辑器。

（2）SiberSafe CMS/CSDB：按照产品知识结构对技术信息实施单一数据源管理。主要功能包括 S1000D 的项目管理、数据模块管理、信息的访问和组织，以及版本控制管理等。

（3）SiberSafe Reviewer：出版工作流程管理工具。

（4）SiberSafe Styler：根据出版内容要求，从 CSDB 提取数据，并根据出版媒体和样式要求，输出成规范的 PDF、IETP/IETM 或纸张格式。

(5) SiberSafe S1000D Viewer:基于浏览器的 IETM/IETP 阅读器,支持本地离线浏览和服务器客户端形式的在线浏览。

(6) SiberSafe SDK:基于 Java 和.NET 平台的二次开发包(API),可供不同类型的用户进行个性化定制与扩展功能开发。

3.4.5.9 IETMS1000D 技术资料保障平台

工业和信息化部赛宝装备综合保障研究中心的 IETMS1000D 技术资料保障平台是基于 S1000D 标准开发的一套通用技术出版物编制、管理、出版发布和技术资料全寿命周期维护的软件平台,也支持 GJB 6600 技术资料标准。平台采用全中文界面,对 S1000D 标准标签实现了全部汉化。

(1) IETMS1000D – Editor:XML 格式技术资料编辑器,可进行编辑样式管理。

(2) IETMS1000D – CMS:内容管理系统,主要包括内容管理、图库及多媒体管理、工作流引擎三个功能模块。内容管理模块的主要功能包括项目管理、基础数据配置、DMRL 创建和管理、数据模块管理、业务规则管理、适用性管理、PM 管理、数据交换、内容验证、注释管理;图库及多媒体管理模块用于按 SNS 结构对技术插图和多媒体进行管理;工作流引擎用于实现技术资料编制过程中的分配、编辑、校对、审核、审批等协同工作和监督管理。

(3) IETMS1000D – IBB:出版管理系统,主要功能包括交互式出版样式管理、交互式出版客户化定制、交互式出版发布、线性出版样式管理、线性出版发布。

(4) IETMS1000D – IBV:交互式阅读器,其交互功能满足 S1000D 标准要求,包括用户权限管理,全文检索、导航、跳转等阅读控制功能,书签、会话、注解、输入、警告提示等人机交互功能。

3.5 IETM 项目开发

IETM 项目开发是一个复杂的系统工程,需要装备主管机关、装备总体设计单位、承制单位、使用单位以及技术协作单位多方共同努力协作完成。由于装备现状存在一定的差异(如新研装备和现役装备),IETM 项目开发的环节不尽相同(如现役装备 IETM 的开发需要技术资料的电子化处理环节,新研装备则不需要),但核心内容基本一致,主要涉及业务规则的制定、信息集和数据模块类型以及粒度大小的确定、项目数据模块需求列表的定义、数据模块的编制、传统技术资料的转化、技术插图的转化和编制、技术内容管理、IETM 发布、IETM 使用与更改管理等内容。

3.5.1 项目开发流程

IETM 项目开发通常分为技术方案设计、IETM 编制、验收交付、使用维护等阶段,各阶段的主要工作内容及阶段成果形式如图 3－9 所示。

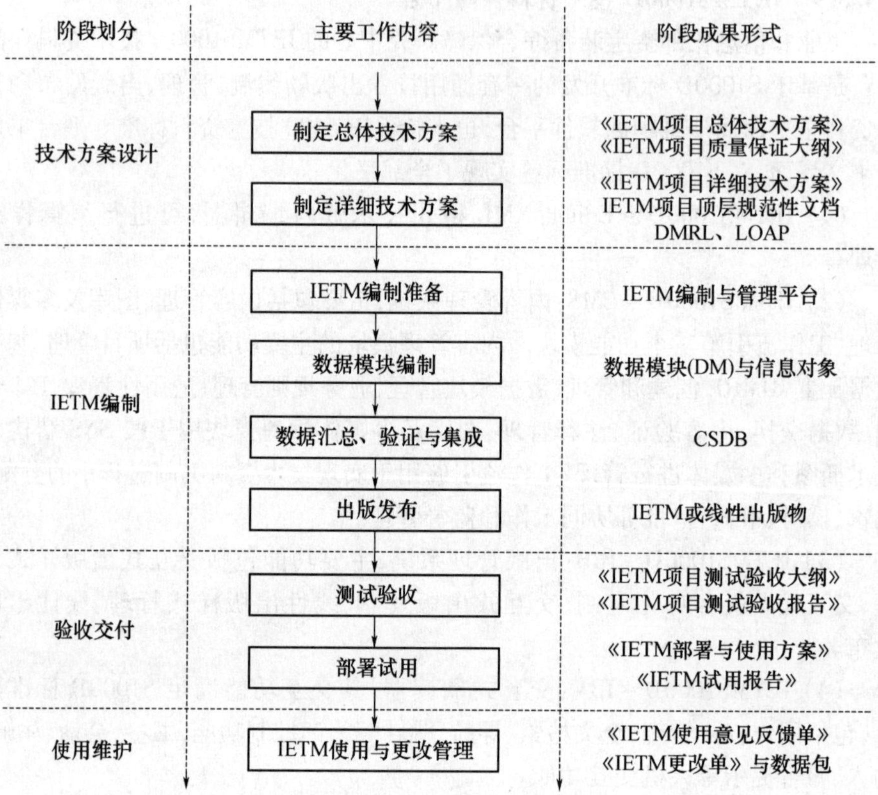

图 3－9 IETM 项目开发流程

3.5.2 方案设计

方案设计由总体设计单位牵头,协作单位参与,主要明确 IETM 项目需求、工作内容、技术路线、工作分工和进度安排,并制定质量保证方针政策,形成 IETM 项目总体技术方案、详细技术方案、质量保障大纲和顶层规范性文档。

1. 需求分析

根据装备的综合保障要求与方案,对装备操作使用与维修工作、技术资料、数据基础、使用对象、应用场景进行综合分析,确定所需的 IETM 出版物项目、数据范围和深度,明确各类信息的显示样式、交互功能和性能需求。

2. 总体技术方案

以需求分析为基础，制定总体技术方案，主要内容包括 IETM 项目开发遵循的标准(具体到版本)、技术资料项目与采用的信息类型、显示样式、交互功能、IETM 开发平台选取、数据更新机制、数据安全与管理、应用部署方案、进度安排、组织实施方式、质量保证措施等。

3. 详细技术方案

详细技术方案需要明确 IETM 编制过程中的每一项工作内容及工作方法，并明确责任分工，确保编制各阶段工作顺利开展。为确保 IETM 质量，详细技术方案还应包含对质量保障工作的具体措施。

制定详细技术方案时，一项重要的工作是制定顶层规范性文档(项目规范)，同时还应编制数据模块清单和出版物清单。

顶层规范性文档是 IETM 项目开发的具体依据和指导文件，是各参研单位在数据编制、管理、出版、使用、维护等各阶段均应共同遵守的业务规则及管理规定，用于指导并约束各参研单位能够有序、顺利地开展 IETM 开发工作。

数据模块清单(DMRL)应列出 IETM 项目所需编制的全部数据模块，可以采用表格的形式，其结构由数据模块代码、数据模块名称(包括技术名称和信息名称)、类型、责任单位、版本号、日期、草案号和质量验证等部分组成。详细技术方案中的任务分工可以在 DMRL 中具体明确。

出版物清单(List Of Applicable Publications, LOAP)应列出 IETM 项目所需的全部出版物项目，可以采用表格的形式，其结构由出版物模块代码、出版物名称、版本号、密级、正文前材料、数据模块代码、数据模块名称，嵌套的出版物模块代码、出版物名称等组成。

4. 质量保障大纲

总体设计单位应牵头组建 IETM 项目质量控制小组，负责 IETM 工程的质量控制工作。IETM 项目质量控制小组应根据项目合同与总体技术方案，制定《IETM 项目质量保证大纲》。质量保证大纲既可以作为总体技术方案的组成部分(如质量保证措施)，也可以单独编制。质量保证大纲的主要内容包括质量控制单位(小组)的构成、任务、职责；IETM 开发过程各阶段需要编制的文档名称及要求，文档质量评审的准则；遵循的标准、条例和约定；阶段评审的时机及工作内容；软件配置管理；开展质量控制活动所需的支持工具(软件)、技术和方法；媒体控制；对协作单位的控制等。

5. 制定 IETM 部署及使用方案

总体设计单位联合技术支撑单位、使用部队单位研制总要求或申报书以及《×××型舰舰船装备 IETM 应用管理指南》为基础，制定 IETM 部署使用方案。该方案应包括 IETM 应用范围(部署方案)、实施内容及过程、责任分工、IETM 更新程序、IETM 对软硬件的要求等相关内容，形成文档《IETM 部署及使用方案》。

IETM 的部署和使用规划应结合×××型舰的业务工作、网络平台建设情况和装备及后勤综合保障管理系统应用部署情况开展。应用范围（或部署方案）应涉及 IETM 的使用模式（网络版、单机版）、需要使用的终端站点、各终端站点的使用方法（在线、离线）、各终端站点使用技术手册的范围、各终端站点与服务器的通信方法、安全保密策略、用户角色及群组的规划、技术资料使用管理规范、部署工作任务及人员分工、硬件要求以及拓扑要求等。

3.5.3 项目规范

为了确保 IETM 项目的参与各方能够顺利协作，总体设计单位应联合项目协作单位，共同制定项目详细技术规范。在 S1000D 中，项目规范也称为业务规则。项目规范是组织或项目对技术资料编制、管理、存储、交换、出版、交付、使用、维护全寿命过程中的每一项工作如何开展所做出的决定。项目规范是项目实施的依据和指导文件，应为 IETM 项目参与各方的贯标工作提供帮助、解释和指导，并通过适当的举例帮助参与各方理解规范，避免模糊性，以确保整个 IETM 项目的实施具有一致性。

S1000D 标准将业务规则分为通用规则、产品定义规则、维修体制和维修作业规则、安全规则、业务处理规则、数据编制规则、数据交换规则、数据完整性管理规则、现有数据转化/管理和处理规则、数据发布规则等 10 种类型。具体到 IETM 项目中，可以按照以上分类编写项目规范，也可以视情分解或组合编写。通常情况下，IETM 项目至少应制定以下项目规范：

（1）项目通用技术规范：用于确定项目贯彻 S1000D 标准的总体要求，主要包括：要贯彻的 S1000D 标准的版本；要遵循 S1000D 标准中的哪些内容，如使用哪些信息类型；选择所需的信息集及数据模块类型；定义各类标识信息和状态信息；定义数据模块代码（DMC）、信息控制码（ICN）和出版物代码（PMC）的结构、长度，确定各码段的定义；定义项目术语。

（2）单位编码规范：为 IETM 项目编制过程中涉及的每一个单位分配唯一的标识，用来保证在 IETM 编制、数据交换、出版发布过程中单位编码的一致性。

（3）系统编码（SNS）规范：按照装备（产品）的系统组成结构，对用户操作使用和维修工作中可能涉及到的系统、分系统、分分系统、单元或组件进行逐级分解，并定义系统划分码（SNS）。主要包括 SNS 的长度、各码段的定义及用法、SNS 标准定义（S1000D 第八章）的选择、项目自定义的 SNS。

（4）信息码（IC）编码规范：IC 码用于标识 DM 内容所属的信息类别（如功能组成、技术参数、操作程序、维修程序等）。IC 编码规范应以 S1000D 标准定义的信息码为基础，确定信息码使用的范围，定义信息码及信息名称，并建立各类数据模块与信息码之间的对应关系。

（5）信息控制码（ICN）编码规范：ICN 是图像、多媒体数据的编码，该规范主要对 IETM 编制过程中引用的图像、多媒体信息的编码规则进行统一说明。

（6）DMRL 编制规范：确定 DMRL 的编制过程、编制依据以及原则，主要用于说明使用 DMRL 实现对编制任务明确分工的管理方法。

（7）数据模块（DM）管理规范：主要用于规范 DM 的编写过程，确定数据模块的编码、版本控制、安全控制、数据约束、权限管理、质量控制、更改控制、发布要求和适用性等管理方法。

（8）Schema 剪裁规范：确定 IETM 采用的数据模块类型，规范 IETM 中所使用的 Schema 元素，为业务规则交换（BREX）数据模块提供编写依据，为项目管理人员提供数据管理、数据交换依据。

（9）数据模块编制规范：包括段落、列表、标题、引用、数字、计量单位、术语、警示信息等通用文本信息的编写规定，以及各类型数据模块的具体编写规定。

（10）插图和多媒体信息编制规范：对 IETM 引用的技术插图、多媒体信息的制作、管理和使用进行统一规定。需要明确定义插图和多媒体的样式细节（如尺寸、线型、颜色等）、文件命名方法、文件格式、链接功能和交互功能，以及显示方式。

（11）数据交换规范：确定数据交换流程，对技术数据的文件命名、文件格式、传递与交换、导入与导出等规则进行统一规定。

（12）适用性编制规范：确定适用性内容及基本编写原则，定义适用性基础数据，包括装备或设备的批次号、使用环境，并明确后续技术状态变更后，适用性的变更方法。

（13）数据验证规范：描述编制过程中数据内容的完整性、一致性、可用性等方面的校对、审核、审批、发布等验证工作需要遵循的规范，并明确数据的验证环境、数据验证原则、数据验证流程。

（14）IETM 出版物组织与管理规范：定义 IETM 出版物的组织结构，正文前材料（扉页）组成要求，PMC 编码方法。

（15）IETM 出版样式规范：规定出版的 IETM 的样式要求，包括界面布局、通用元素样式要求和各类型数据模块的样式要求、交互式显示效果要求等内容。

（16）纸质手册样式规范：规定线性出版手册（Word、PDF 格式）的页面样式设计、通用元素样式要求和各类型数据模块样式要求等内容。

（17）IETM 交互功能规范：根据 S1000D 的功能矩阵确定项目应实现的交互功能。

3.5.4 开发平台构建

IETM 开发平台是 IETM 开发工作的基础,是开发单位必备的工具。平台建设包括硬件平台和软件平台两项建设内容,两者之间应统筹考虑,相互协调,以满足开发功能与性能要求。硬件方面包括硬件平台的品种、规格、数量、性能及功能等要求,软件方面包括软件平台的功能、性能、保密要求、部署要求、客户端数量以及支持的标准等要求。

IETM 软件平台应具备 DM 编制、插图和多媒体信息编制、内容管理和工作流管理、IETM 和线性手册发布、交互阅读、更改管理等功能模块,其架构如图 3-10 所示。

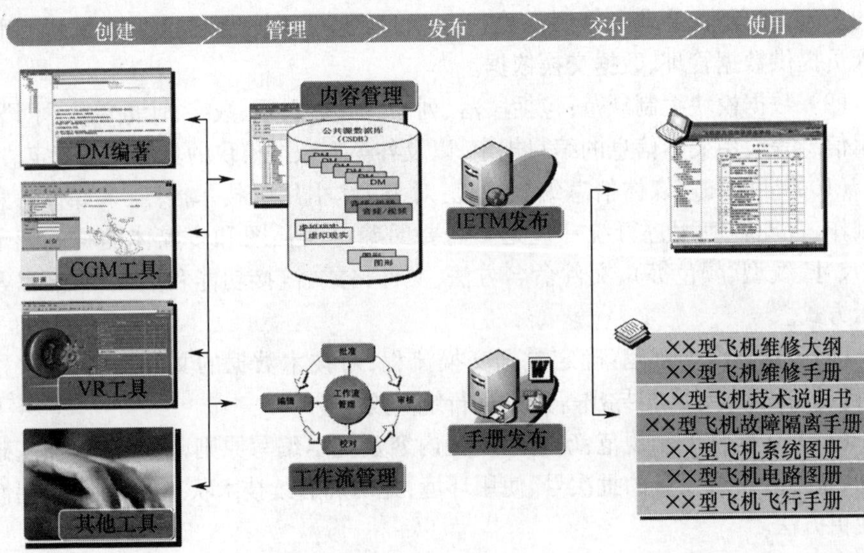

图 3-10 IETM 项目开发软件平台的体系架构

IETM 软件平台的构建并不一定采用同一公司提供的产品,可以根据项目规模、功能要求、性价比灵活配置,但应注意的是所选模块必须符合 S1000D 标准要求,满足项目规范管理要求,并具有良好的稳定性和安全性,能提供足够的技术支持和二次开发服务。

在软件平台的构建过程中,最好对软件平台的标准化情况和项目的符合性情况进行验证。验证的依据包括项目规范、S1000D 标准等。验证内容包括 IETM 编制过程管理功能验证、平台的数据存储格式验证、出版物验证、数据交换验证等。参与编制的各协作单位之间在构建平台时,最好能够准备标准化验证数据,按照项目实际业务流程,编制 IETM 演示样例,以进行充分的验证。

IETM 软件平台的构建除了编制、管理与发布等主要模块外,还需要配置数据库软件、图形设计软件、虚拟模型的显示等第三方工具等。表3-2是某型飞机IETM项目开发平台软件模块组成。

表3-2　某型飞机IETM项目开发软平台件模块组成表

功能类别	软件	功能类别	软件
数据模块编制	Arbortext Editor - S1000D	CGM图形显示插件	Arbortext IsoView
CGM图形编制	Iso Draw 7.0	交互式3D显示插件	Cortona VRML Client
虚拟手册开发平台	Parallel Graphics VMEP	图像处理	Adobe Photoshop
内容管理	Corena S1000D技术出版系统	视频处理	Adobe Premiere、Ulead videostudio
工作流管理		动画制作	Micromedia Flash MX6.0
IETM发布		三维建模	3dMax、UG
IETM阅读器	自主开发	数据库	Oracle RDBMS 10g

3.5.5　技术数据编制

技术数据的编制工作主要包括数据模块的编制、图形和多媒体对象创作、入库或提交等工作。技术数据的编制工作应按照DMRL的分工,使用合适的编辑工具,遵循业务规则开展。数据模块、插图及多媒体信息入库或提交前,应进行有效性、业务规则、数据完整性的验证。

3.5.6　技术内容管理

各参研单位在数据模块和信息对象的编制过程中,均需要按照编制、校对、审核、修订、发布的工作流程进行管理,最大限度地保证各信息单元内容质量和版本安全可控。因此,在编辑过程中除了关注信息单元内容的正确性和有效性外,还要注重标识与状态部分的信息管理,特别要加强对信息单元的编码、编制单位、版本控制、适用性交叉引用管理、安全保密、质量保证、数据的更改与恢复管理等。

各参研单位编制的数据模块和信息对象最终要提交到总体设计单位汇总出版。数据应以数据分发说明(DDN)包的形式提交,总体设计单位与DMRL比对,并进行有效性、完整性校验后,导入到CSDB中。总体设计单位与各参研单位要共同做好元数据的导出、打包、传递、接受、导入,以及数据的校对、验证与安全保密工作。

3.5.7　IETM出版发布

根据LOAP,从CSDB中提取数据,创建出版物模块并发布技术出版物。IETM发布工作包括组织手册内容(引用DM/PM)、组织正文前材料(如目录、有效页目录、更改记录等)、确定并编制出版物的样式单以及出版模块。最后,通过"出版工具"将组织好的出版物列表、出版物引用的DM与PM、引用的信息对象、出版物样式以及IETM的导航阅读引擎等进行打包。

1. 样式定义

样式定义是指对手册的展示样式进行统一的规划和部署,如目录用什么字号、字体,页眉、页脚如何设计等。样式不仅对线性手册有效,对IETM同样有直接的约束,所以样式定义是IETM编制工作的一部分。样式文件与数据模块是分离的,在CSDB数据库中也是独立存储的。对于IETM来说,样式通常采用XSL + CSS定义。对于线性出版,比如PDF输出,通常采用XSL - FO。

2. 线性出版

按纸质手册的结构与样式组织数据模块,生成出版物模块,并发布为Word、PDF或HTML格式文件。通常,手册结构分为"扉页"(正文前材料)和"正文"两部分。

3. 交互式出版

按IETM的结构与样式组织数据模块,生成并发布IETM。交互式出版有三种形式:

(1) 单机版。数据库或文件系统放在本地PC上,不需要网络支持可独立运行。

(2) 在线更新版。单机运行,但也可根据需要连接到网络进行数据的更新。

(3) 网络阅读版。数据部署在服务器上,用户通过Web访问,按照分配的权限,浏览实时更新的资料。

3.5.8 IETM测试验收

IETM项目测试与通常意义的软件测试不同。软件测试主要是检查软件的错误和漏洞,而IETM本质上是技术资料,其内容的完整性、准确性及标准符合性才是测试重点,二者是有明显区别的。IETM项目的测试验收可以采取自验证或第三方验证的方式组织实施。第三方验证时,开发单位应提交全部数据与文档。测试验收工作开始前,应制定《IETM项目测试验收大纲》;工作结束后,应出具《IETM项目测试验证报告》。IETM项目的测试验收主要包括内容完整性与一致性验证、标准符合性验证,以及技术内容准确性验证三个方面,主要以检查单的形式,采取专家评估的方式进行。

3.5.8.1 内容完整性与一致性

按照DMRL和LOAP逐项检查,验证内容的完整性;若是纸质技术资料向IETM的转化项目,采取校对的方法,验证IETM的技术内容与纸质技术资料内容的一致性。

3.5.8.2 标准符合性

主要从 IETM 的内容、界面、功能、数据模块模式(Schema)、编码以及采用的数据元素格式等方面,与 S1000D 标准进行一致性验证,按照完全符合、基本符合、不符合三级给出评价。目的是检验开发出的 IETM 产品是否满足标准要求,是否能符合数据交换和互操作性的要求。标准符合性验证可按以下项目分别进行:

(1) 基本要求:是除功能要求、显示要求以及数据要求之外的其他要求,主要包括目录树要求、管理信息要求、安全保密要求、安装运行要求、包装要求等。

(2) 功能要求:主要是按照项目的 IETM 交互功能规范,或 S1000D 功能矩阵对交互功能进行逐项检查。

(3) 内容元素要求:主要是对文本、图形、音频、视频和动画,警告、注意和注释等内容元素进行符合性验证。

(4) 显示和控制要求:主要是对文本、图形、表格、音频、视频、动画、3D 模型,警告、注意和注释等内容的显示样式和控制功能进行符合性验证。

(5) DMC 和 ICN 编码要求:主要是对 DMC 和 ICN 的编码结构、各码段的定义进行符合性验证。

(6) 数据结构要求:主要是对数据模块的标识与状态,所采用各类数据模块的内容结构,如描述类、程序类、故障类、维修计划类、操作类、图解零件类、接线类、过程类等数据模块的 Schema 进行符合性验证。

3.5.8.3 技术内容准确性

IETM 项目(特别是新研装备的 IETM 产品)还需要进行技术内容准确性验证。技术内容准确性验证通常应在 IETM 试用阶段,结合装备的使用与维修工作开展。此项验证工作量巨大,总体研制单位应与装备用户密切合作,结合用户开展各项工作的时机,逐个数据模块地验证其技术内容的准确性,特别是程序类数据模块,各项要素(如工具设备、准备工作、操作步骤、收尾工作等)均应完整准确,可操作性强。

3.5.9 IETM 使用管理

经过测试验证的 IETM 可以交付装备用户使用。交付时,总体设计单位应根据使用单位的业务工作、网络平台建设情况和保障信息系统建设情况,编制《IETM 项目部署及使用方案》,主要内容包括 IETM 应用范围、用户角色与群组划分、安全保密策略、管理工作内容及过程、责任分工、IETM 更新程序、对软硬件要求等相关内容。IETM 使用过程中,必须建立畅通的信息沟通、反馈、更改与监督机制,实施技术资料的全寿命管理,确保 IETM 的现行有效性。

3.6 IETM 应用前景

IETM 应用是一个复杂的系统工程,涉及到很多学科和众多社会问题,其相关理论、技术及应用模式的研究和开发工作正逐步深入地展开,向着集成化、网络化、智能化的趋势快速发展。

3.6.1 IETM 发展趋势

IETM 作为装备保障信息化的重要技术手段,是在军事需求的牵引下和信息技术的推动下产生与发展起来的。因此,信息技术的不断发展与装备保障模式变革的不断深化,必将促进 IETM 技术的快速发展。

(1) S1000D 标准将成为 IETM 国际通用标准体系。

ASD S1000D 国际标准综合了原有主流 IETM 标准的优点,如 MIL 标准、ATA 标准和 AECMA 标准,全面关注了源数据的标准化、用户交互机制、运行格式和用户体验,其规范的范围已经涵盖了军用陆海空装备和民用装备,并在很多装备中得到了成功应用,如美军的 F-117A、“全球鹰”无人机、JSF,俄罗斯、欧盟国家的战机、舰艇和战车项目,波音 787 民机项目等。目前,该标准还在按照 IETM 的发展需求,有计划地不断进行修订完善,以适应不同类型装备、不同行业与组织、不同保障模式的需要。随着 IETM 技术的发展,S1000D 标准将不断发展完善,有可能成为通用国际标准。

(2) IETM 的创建向集成化解决方案发展。

技术内容的现行有效性是正确使用装备、规范开展维修活动的基础。IETM 的数据种类多、来源广泛,要确保技术内容的现行有效,最佳的技术途径是从数据第一次产生的系统中获取(单一数据源)。PLCS(产品全寿命保障)信息交换标准(ISO10303-239)出现之后,为不同产品的数据模型提供了一个有效的集成平台,用户可以在 PLCS 上创建自己的数据交换集(Data EXchange set, DEX)。目前,PLCS 与 S1000D 之间的数据交换集(S1000D DEX)已在研究制定之中,相关研究成功后,将使 IETM 与产品数据管理(PDM)、产品配置管理(PCM),以及其他信息系统之间实现数据交换、有效集成,实现 IETM 的自动化编制、分布式集成、实时内容管理和动态发布。

(3) IETM 与训练系统有机集成。

技术资料的基本功能是培训,训练系统的技术内容又大多源自技术资料。IETM 与训练系统的有机集成,可以建立一种“双赢”的数据共享机制。在训练系统中直接引用 IETM 的技术信息,可以减少数据的冗余,使训练更贴近装备实际;而在 IETM 中引用训练系统中的多媒体素材和训练策略,又可以增强 IETM 的实时训练功能。在高级分布式学习(ADL)领域应用最广泛标准是“可共享内容对象参考模型”(SCORM)标准。目前,S1000D 与 SCORM 标准的融合已走上实质阶段,未来的 IETM 与 ADL 系统将衔接得更加紧密,技术人员的训练周期将大幅缩短,而技术保障能力却能显著提升。

(4) IETM 与保障工作融为一体。

装备保障信息化的发展趋势是一体化信息保障,IETM 系统作为装备保障综合信息系统的重要组成部分,不仅仅是结构化、交互化和智能化的装备技术数据的载体,更应是一种新型的、重要的数字化保障装备,是与其他保障系统、测试系统、管理系统的接口平台。一方面,IETM 将充分融合专家系统、人工智能、自动诊断、故障隔离等技术,不断地提高其辅助维修能力;另一方面,IETM 还将与器材供应保障、维修质量控制等其他保障信息系统充分集成,实现信息共享与自动交换,显著地提高装备保障效率。

(5) 广泛引入新技术,不断提升 IETM 的效能。

信息技术的飞速发展,为 IETM 效能的提升奠定了坚实的基础。如采用新的输入/输出技术(如头盔显示、语音命令、视觉跟踪等),解放了技术人员的双手(不用操作键盘、鼠标),提高了维修效率;采用虚拟现实技术,增强了 IETM 的表现力,提高了 IETM 的训练效能(既可观看演示,还可以模拟操作);采用引入人体结构模型的三维立体图像的动态显示,实现了维修程序可视化,提高了 IETM 技术内容准确性验证的效率(无需在装备上实际操作)。这些新技术的采用,使 IETM 不仅在信息组织结构上实现了优化,也为技术人员提供了功能更为强大的 IETM。

3.6.2 F-22 飞机 IETM

F-22 IETM 是 F-22 综合保障信息系统(Integrated Maintenance Information System)的重要组成部分。F-22 IMIS 将技术规程(TO)数据、维修记录、器材供应,以及飞机机上自测试系统(BIT)等集成在一起,为维修人员提供单一的维修信息综合数据源,如图 3-11 所示。

F-22 IETM 遵循 MIL 标准设计,按照飞机结构的系统/子系统/设备或部件的标准系统划分(SNS)方法组织,提供有描述信息、程序信息、故障隔离信息和零部件信息等基层级维修所需的四种类型的信息。IETM 的数据来源主要是后勤保障分析记录(LSAR),文档格式为 SGML 文件;图形是由 CATIA 设计的三维工程模型直接转化生成的 CGM 交互图形,开发的 IETM 最终导入 IMIS 中,如图 3-12 所示。

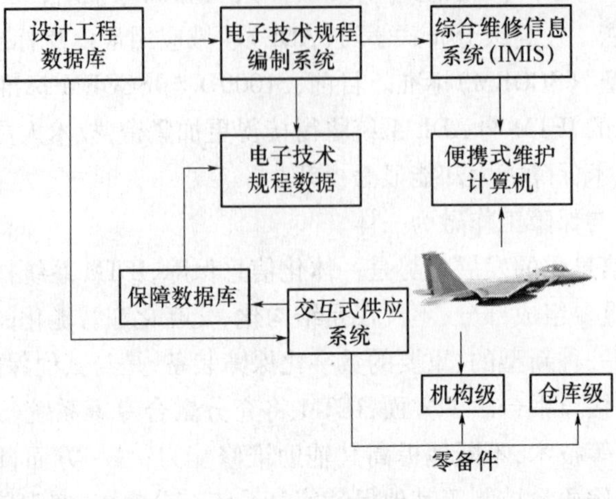

图 3-11　F-22 的综合保障系统

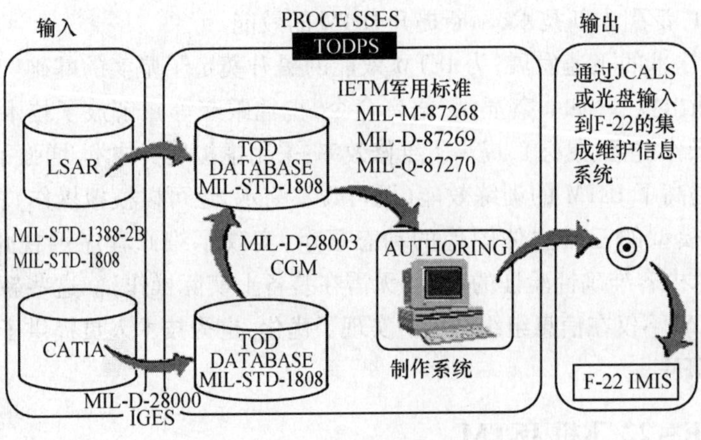

图 3-12　F-22 IETM 的数据编制流程

IETM 装载在联信公司(AlliedSignal)研制的 PMA 中使用,如图 3-13 所示。装载了 IETM 的 PMA 是一种数字化保障设备,具有其他保障系统、测试系统、管理系统的接口,可以通过起落架舱和座舱内的数据接口与飞机通信,主要功能如下:

(1) 查阅整个维修工作内容、要求、方法与步骤,逐一步骤地指导维修人员完成维修工作。

(2) 通过数据接口与飞机通信,下载故障信息,驱动故障隔离程序。IETM 能告诉维修人员怎样检查、怎样诊断故障、怎样更换部件,此过程中,维修人员可以通过 PMA 激励飞机上的某个系统,进行一次 BIT 检查或执行一个操作(如打开武器舱舱门),以核实故障。

(3)向航材部门发出零部件请领信息。

(4)自动记录维修过程,如故障、零部件使用情况和消耗品等数据,生成记录表格,并将信息发送到维修质量控制部门。

图3-13 F-22 PMA应用场景

3.6.3 F-35联合技术数据

联合攻击机(JSF)是美国波音公司/洛克希德·马丁公司正在研制的新一代高级战术攻击机,具有兼顾隐身、高机动性、高生存性和低成本等特点。JSF重点强调经济可承受性和通用性,采用同一平台、三种型别,主装备与保障系统并行研发的模式,以最大限度降低研制费用、生产费用和使用费用。JSF提出了基于性能的后勤(PBL)的概念,其中的重要组成部分是自主式保障信息系统(ALIS)。ALIS能够对全部的后勤保障资源实施管理,包括维修保障与计划编制、细化到每一项成品的产品技术状态管理、故障预测与诊断支持、全资产管理与可视化、维修保障资源管理、训练、联合技术数据(JTD)等,均有机集成为一体,如图3-14所示。

JTD是维修技术人员访问技术信息的单一入口,可以通过TrilogView阅读器访问实时的技术数据(非传统的向用户传送方式)。JSF JTD遵循S1000D标准,在常规的数据结构和交互功能基础上,JTD在集成化方面有新的突破。JTD不再包含故障隔离或故障树数据,主要依靠在线故障预测与健康管理(PHM),通过知识工程、专家系统、人工智能、案例推理、基于模型的故障分析软件的结合,提供故障排除指导。PHM通过ALIS与JTD链接在一起。电路图和原理图也综合在PHM的故障排除指导程序中。另外,ALIS是一个存储全部JSF飞机技术状态信息的庞大的数据库,利用S1000D的适用性属性和元素,JTD实现了实时内容过滤,可以区分飞机型号和技术状态的差异,显示维修技术人员所需的技术信息。

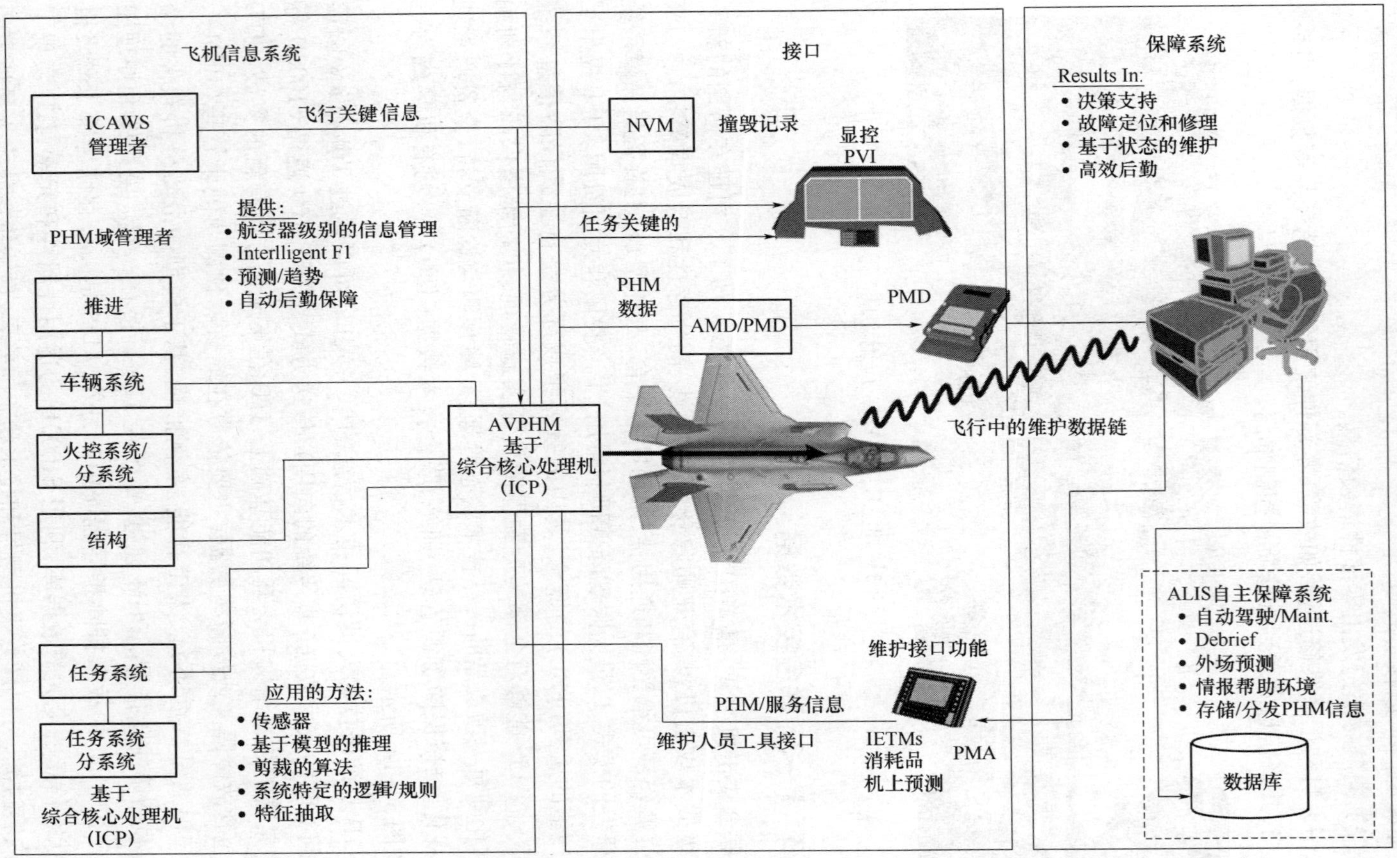

图3-14　F-35 PHM体系结构

3.7 开展 IETM 工作的对策与建议

3.7.1 充分认识 IETM 在装备保障信息化中的重要地位

技术资料作为综合保障十要素之一,是支持武器系统操作使用与维护保养的重要工具,是装备保障的重要资源,具有基础性与法规性的作用,地位十分重要。美国国防部在 1985 年推行“持续采办与全寿命周期保障”(CALS)的信息化战略时,即将 IETM 列为 CALS 的四大关键技术之一首先发展。我国装备综合保障工作起步较晚,技术资料建设工作基础较弱,但随着装备承研承制单位对综合保障工作重视程度的提高,技术资料体系建设工作也已逐步走上正轨。

在技术资料体系建设中,首先应抓好顶层设计,充分论证并制定技术资料体系建设的技术标准及相关政策法规;其次应重视用户的过程参与,用户应全程跟踪、参与技术资料编制方案的制定、资料编写、评审、试用和更新各个阶段;三是应突出与其他装备保障体系的联合设计,相互协调、相互支持、相互作用,不断综合,最终形成合理、可行的技术资料体系。特别是在研制阶段要科学合理地提出研制总要求,详细规定所需的数据模块类型、数据模块需求清单、出版物需求清单、信息对象(图形、多媒体)需求清单;要建立技术资料验证机制,以确保维修程序的完整性和准确性,以及工具、耗材、人员需求的合理性。

3.7.2 积极探索信息化环境中 IETM 工作流程再造

基于 CSDB 的出版物的编制流程则是通过对装备进行详细分析,将文档分解为小的信息单元,逐一编写数据模块,并储存到公共源数据库中。协作单位在同一个公共源数据库中共享信息,以便于重用与修订,并可以杜绝由于多源头、多版本管理所引起的混乱现象,技术资料的现行有效得以保证。这种方式需要依赖于良好的信息基础设施以及分布式协同工作模式,目前我国武器装备技术资料所建立的工作体系、工作流程、法规制度、管理办法和技术规范标准等,均是以纸张作为信息存储和传递介质的重要保证,积累了丰富的经验,基本能够保证武器装备保障工作正常开展,但是在许多方面不能适应信息化要求,必须根据情况进行修订、补充、完善、优化,以便使武器装备保障工作适应信息化环境。

首先,必须明确工业部门作为承制方的主体地位,确立由工业部门承担技术资料全寿命管理的原则;其次,要建立贯穿用户与整个工业部门的协调组织机制,用户既要全程参与技术资料建设的各阶段,也要及时反馈使用与维护经验,使技术资料不断更改完善,形成良性的闭环管理;三是承研承制单位之间也要完善协调机制,建立依托信息化环境的协同工作机制,真正实现单一数据源管理。

3.7.3 尽快建立适合我国国情的 IETM 标准维护体制

目前,我国的 IETM 标准 GB/T 24463 与 GJB 6600 均已建立,对 IETM 的发展起到了一定推动作用,但仍不够完善。GJB 6600 主要是参照 S1000D 2.2 版的内容制定的,以军方对 IETM 的要求为主,对于信息的如何产生和 IETM 如何发布等具体要求并未涉及。在 IETM 工程项目的实施过程中,还要与 GJB 3968 - 2000《飞机用户技术资料通用要求》等 40 余项内容支撑类技术资料标准配合使用。但是,GJB3968 - 2000 等国家军用标准也大多是以要求为主,内容规定不够详细,可操作性相对也不强,相互之间协调性不高,也基本没有修订;而除飞机以外的其他装备,如舰船、战车等,其技术资料的内容支撑类标准基础更差,这就给技术资料与 IETM 的实施带来了很大困难。

S1000D 标准则采用的是维护体制,有专门的标准维护组织,也有相应的发展计划,2.3、3.0、4.0 等版本也已相继发布,适用的装备类型更广,也增加了许多新的内容。因此,我们应积极跟踪国外先进技术标准的发展,特别是 S1000D 的发展情况,并学习 S1000D 成功的发展经验,尽早建立我国 IETM 标准化组织,不断地发展、修订、完善相关标准;其次,各行业也要建立规范组织,以国军标为基础,建立符合装备保障实际的业务规则类部门标准、军兵种标准、行业标准或项目规范。在强调学习国外先进经验、先进理念和先进技术的同时,也必须充分考虑我国国情,包括装备研制生产体制、装备保障体制、装备管理体系与技术等方面的实际情况。脱离国情,简单地把外国有关标准翻译过来就当成我们自己的标准,盲目照搬国外的某些具体做法,是不切实际的,也是肯定行不通的。

3.7.4 大力发展自主知识产权的 IETM 编制与管理平台

IETM 编制与管理平台是发展装备 IETM 的必备工具。由于国内 IETM 的研究发展时间较短、技术攻关力度相对不足,虽然已有若干自主研发的 IETM 平台产品和大量成功应用案例,但仍不如国外产品成熟,因此,我国很多单位使用的均是国外的 IETM 平台。这些国外产品,虽然技术较为先进、功能较为强大、成功应用案例较多,但在我军装备上应用存在诸多的问题:

(1) 存在巨大安全隐患。装备 IETM 工程的实施涉及很多装备技术资料,基本上都需要保密,甚至密级很高,采用国外平台给防范失泄密风险带来了一定的难度。

(2) 存在一定技术风险。IETM 工程的实施涉及装备研制生产模式与部队的维修模式,要建立综合集成环境,必须能够与我国的各类业务信息系统互联互通互操作,这就要求 IETM 平台必须能够适应我国武器装备行业实际情况。

(3) 存在一定服务风险。IETM 工程的实施需要平台开发商提供大量的技术支持,如贯标、培训、定制服务等,这就需要与技术支持人员建立顺畅的沟通渠道,甚至是需要技术支持人员直接参与工程实施,这种过深的支持服务是不会允许国外厂商提供的。由此可见,必须大力发展自主知识产权的 IETM 平台,尽快摆脱关键技术受制于人的局面,才能使我国 IETM 走上健康发展之路。

总之,IETM 是武器装备现代化、信息化、数字化的必然要求。推广应用 IETM 是一个系统工程,涉及到武器装备和 IETM 的研制、生产、使用等多个环节;涉及到武器装备研究设计单位、生产厂商、IETM 编制单位、使用单位等多个部门;涉及到计算机软件、硬件、网络通信、信息安全等多个方面。它不是一个简单的技术问题,需要一系列配套的运行机制与管理规范,并应放在整个国防工业和装备保障信息化建设的全盘中考虑。在 IETM 工程实施中,既要借鉴国外的先进经验,也要立足我国国情,采取典型试点、逐步推广的渐进思路,稳步推进我国 IETM 走上健康的快速发展之路。

参考文献

[1] GJB 6600.1-2008 装备交互式电子技术手册 第一部分:总则.

[2] GJB 6600.2-2009 装备交互式电子技术手册 第二部分:数据模块编码和信息控制编码.

[3] GJB 6600.3-2009 装备交互式电子技术手册 第三部分:模式.

[4] GJB 6600.4-2009 装备交互式电子技术手册 第四部分:数据字典.

[5] GJB 6600《装备交互式电子技术手册》实施指南. 总装电子信息基础部标准化研究中心,2010.9.

[6] PTC Arbortext 动态信息交付软件. PTC 公司,2011.

[7] CORENA S1000D 产品介绍. CORENA 公司,2011.

[8] Inmedius 产品简介. Inmedius 公司,2011.

[9] IETM^{S1000D}技术资料保障平台介绍. 工业和信息化部赛宝装备综合保障研究中心,2011.

[10] Jan Haslam. JSF Joint-Service Technical Data(JTD) and S1000D[C]. Third S1000D User Forum, 2004.

[11] 张凤鸣, 惠晓滨. 航空装备故障诊断学.[M]. 北京:国防工业出版社, 2010.6.

[12] 朱斌. 美空军为实现“增强型基于状态的维修”,在十个支撑领域推行改革倡议[EB/OL]. [2007-10-24]. http://home.cetin.net.cn/qrms/file/200710/upFiles/07fc5e82-f465-4002-9d6a-8563e546fd15.pdf.

[13] 朱兴动,宋建华,黄葵,等. 武器装备交互式电子技术手册-IETM[M]. 北京:国防工业出版社, 2009.12.

[14] 宋建社,曹小平,等. 装备维修信息化工程[M]. 北京:国防工业出版社, 2005.2.

[15] 现代武器装备持续采办与全寿命支持—CALS[M]. 北京:航空工业出版社, 2007.8.

[16] 杜晓明,王丹,常雷. 集成化的交互式电子技术手册技术研究[J]. 装备指挥技术学院学报,2006,17(3):77-80.

[17] 陈信钦,王卫国. 交互式电子技术手册应用与发展展望[J]. 现代防御技术,2003,31(1):55-59.

[18] Eric J Jorgensen, Joseph J Fuller. Potential benefits to navy training programs resulting from increased use of interactive electronic technical manuals[R]. NSWC, 1995.10.

[19] Linda J Mark, H Dewey Kribs. Cost/Benefits Analysis of interactive Electronic Technical Manuals Automa-

ted Classroom (IETM/AC) [R]. Technology. Instructional Science and Development, Inc. Pensacola, FL. 1996.4.

[20] Paul T McMahon. Interactive Electronic Training Manual (IETM) Guide [M]. Washington, DC: Defense Systems Management College, 1999.

[21] NATO ITD Interoperability Task Force. NATO Integrated Technical Data (ITD) Interoperability Task Force "Roadmap" [R], 2002.5.

[22] 安钊. 装备交互式电子技术手册若干关键技术研究[D]. 北京：装甲兵工程学院, 2009.

[23] TPSMG. S1000D Tutorial [EB/OL]. http://www.asd-europe.org,2004.

[24] 陈德煌, 高峰. F-22 保障系统[J]. 航空工程与维修, 2002,(3).

[25] F-22 Raptor Support System [EB/OL]. http://www.globalsecurity.org/military/systems/aircraft/f-22-sys-supt.htm.

[26] Jan Haslam. JSF Joint-Service Technical Data (JTD) and S1000D [C]. Third S1000D User Forum, 2004.

[27] Dimitri A. Dousis, Bruce O'Donnell. V-22 Tiltrotor Aircraft Vibration Monitoring from Design to Field Operations[C]. IEEE AUTOTESTCON, 2002.

[28] V-22 Osprey Maintainability [EB/OL]. http://www.globalsecurity.org/military/systems/aircraft/v-22-maintain.htm.

[29] 交互式电子技术手册通用设计与开发环境 Quick IETM 3.0[EB/OL]. http://www.casic-amc.com/softwa/content.jsp? id=688.

[30] 马好东. Di-VITE 远程测试及故障诊断系统助推装备保障信息化[C]. 第十七届全国测试与故障诊断技术研讨会, 2008.5.

[31] PHM 健康状态管理软件平台[EB/OL]. http://www.casic-amc.com/softwa/content.jsp? id=710.

[32] ASD&AIA&ATA. S1000D Issue 4.0.1, International Specification for Technical Publications Utilizing a Common Source Database[S]. 2009.5.

[33] 薛建武,李磊,陈尧清. 智能化 IETM 需求分析方法[J]. 航空制造技术, 2008,(11).

[34] David W. Cooper, Veitch F. P., Anderson M. M. Adaptive Diagnostics and Personalized Technical Support (ADAPTS) [C]// Aerospace Conference, 1999. Proceedings. IEEE, 1999.

[35] Rabih F Kraidli. Adaptive Fault Diagnosis in Interactive Electronic Technical Manuals (IETMs) [D]. Morgantown, W. V., USA: West Virginia University, 2003.

[36] Svante Ericsson, Nicolas Dupuy. S1000D Tutorials[C/OL]. Moscow, Russia: S1000D Users Forum, 2010. http://www.s1000d.ru/userforum/presentations/Day_1_01_S1000D_Tutorials.pdf.

[37] ASD&AIA&ATA. S1000D Issue 4.0.1, International Specification for Technical Publications Utilizing a Common Source Database[S]. 2009.5.

[38] Denny Raitz. S1000D Tutorials[C/OL]. Konserthuset, Växjö, Sweden: S1000D Users Forum, 2004. http://www.s1000d.org/content/events/user_forum/vaxjo/22pm01_S1000D%20Tutorial.pdf.

[39] 胡梁勇,徐宗昌,刘惠君. S1000D 中 IETM 数据模块管理分析[J]. 国防技术基础, 2008,(6).

[40] OASIS CGM Open WebCGM TC Committee Draft. WebCGM 2.0[S]. 2005.5.

第4章 供应链管理

4.1 供应链管理的产生背景和发展历程

4.1.1 供应链管理产生的背景

工业时代追求高效率以及分工的重要性,使得每个企业都向着单纯、高效的方向加速发展,认为只要能达到效率最大化,就必然会因此而获得较大的利益。然而,由于企业的运输、生产、再运输、再生产过程是一个复杂的过程,带有很大的不确定性,因此,在肯定工业时代所带来的进步的同时,必须看到它的不足之处,即由于过分强调工作切割及局部优化,整体的概念被削弱。

为了应对这些不确定性,管理者往往将增加库存作为对抗不确定性的一种保险措施。在单一的生产过程中,这种不确定性可以通过建立一定的库存(包括原料、工件和最终产品)来克服。但企业要降低成本,就要减少库存,而这样势必影响对用户的压力以改进他们自己的职能指标。随着不确定性在整个行业所构成的生产网络中的不断传播,企业只能依赖于经验和直觉把握库存量的大小和设立库存的地点。这样一来,供应链中就会在某些节点上存在断续的库存以保证其他节点维持最小库存。但如果把目光放到供应链整体,就会发现供应链的总库存过多,而重新分配库存又会导致整个系统协作的失败。

企业为了解决上述一系列问题,已经不能再仅仅依靠传统的企业管理思想,必须寻求新的管理方法来解决,供应链管理就是在这种环境下应运而生的。供应链管理产生的原因主要是由于以下几个方面,从这里也可以看出供应链管理对企业的重要意义。

(1) 降低成本的需要。企业为降低成本、提高竞争力,在企业内部管理上下了很大工夫,引入了 TQC、MRPⅡ、ERP、精益生产等多种科学管理方法,因此,对于很多内部管理比较规范的发达国家的大企业来说,似乎在企业内部进一步大幅度降低成本的潜力已经不是很大。而在供应链的两头,即零部件供应管理和产成品的流通配送环节,尚有很大的节约成本的潜力,需要加以关注和研究。

(2) 物流、信息流快速的发展。由于当今市场竞争日益激烈,缩短产品的开发周期、生产周期、上市周期就成为提高竞争力的一个重要方面,而全部生产周期、上市周期的缩短取决于从产品开发周期、采购供应周期、加工制造周期直至流通配送周期全过程的缩短,这就有必要关注整个供应链上物流和信息流的快速流动。

(3) 提高核心能力的需要。当今世界各国企业越来越专注于自己的“核心能力”(Core Competence),通过突出自己独特的核心能力来加强竞争力,而把非核心业务外包(outsourcing)给其他企业,这意味着整个供应链变长,意味着更加需要“链”上各个企业加强合作,从而更突出了加强供应链管理的必要性。

(4) 企业联盟的出现。当今很多企业已经感到,单靠一个企业的努力在日益激烈的市场竞争中难以取胜,有必要多个企业结成“联盟”,共同与其他“联盟”竞争。而联盟的“盟友”,首先是与本企业事业内容相关的上下游企业,即供应链上的其他成员。集成供应链正是这样的一种企业联盟。

正是由于这些原因,企业开始探讨如何致力于跨企业的供应链管理,从而使供应链管理思想理论和方法获得了急速发展。

4.1.2 供应链管理的发展历程

在过去几十年间,企业组织结构和内部职能划分都发生了巨大的转变,供应链管理也从分散式发展到集中式,再到当前的集中与分散相结合的阶段。

1. 供应链管理的萌芽阶段

美国管理学家 Stevens 在 1989 年提出的供应链管理概念,是一种集成的思想,包括企业内部集成和企业外部集成,这是供应链管理的萌芽阶段。此期间,供应链上各成员之间的合作开始变得重要。但是由于业务信息标准化程度低、数据完整性较差、分析支持系统不足,以及缺乏信息共享的激励机制等诸多原因,供应链管理仅是被学者们偶尔提及。

2. 供应链管理的初步形成阶段

随着经济全球化的逐步深入,企业之间的利益冲突不断出现,导致企业合作绩效不高,从而削弱了整个企业联盟的竞争力。为了克服上述问题,必须要实现信息的有效共享。在这个阶段,高级计划排程系统、企业资源规划系统的迅速传播和广泛采用,以及后来与业务流程重组相结合,是供应链管理初步形成的主要推动因素。随着企业资源规划系统的出现和高级计划排程系统的引入,供应链管理成为一项切实可行的选择。同时跨企业的协作推动了供应链流程更加一体化。此时,人们逐渐认识到供应链计划要和需求预测、生产调度作为一个集成的业务流程来看待。而供应链执行决策也逐渐向跨部门、跨企业的一体化方向发展。采购和制造企业能够共同进行原材料的采购决策,从而实现生产成本最小化。同样,用户服务、分销和物流企业也可以通过共同进行订单履行的决策,实现用户服务成本最小化。

3. 供应链管理的发展成熟阶段

进入21世纪,出现了一个对于供应链管理具有深远影响的强有力手段——互联网。利用互联网,供应链流程所需的大部分输入信息已经可以从底层迅速传递到整个供应链,甚至更多的数据直接来自最终用户,一体化的集中供应链计划变得更加有效。相关人员也将可以根据业务状况的最新进展来检查和调整有关信息,迅速更新需求预测,并做到支持用户直接更新。同时,购买方和销售方有关产品季节性、促销活动以及新产品等信息的共享,进一步强化了该趋势的发展,从而提高了相关的效益,实现了更高的用户服务水平和更低的供应链成本。此时的供应链管理从供应链推动模式(面向库存)发展到需求拉动模式(面向需求),供应链成功运作的四大因素突现出来:实时的可视性(横跨整个供应链)、灵活性(供应和来源的选择)、响应性(针对用户需求多变和订货、交货周期缩短)以及快速的新产品上市(根据市场潮流和新型设计)。

4.1.3 供应链管理的作用及应用

1. 提高军事经济效益

在高技术条件下,战争的高消耗性和经费短缺的矛盾更加尖锐,效益问题上升为国家战略问题。在和平与发展成为当今时代主题、爆发世界性全面战争可能性日益减少的形势下,国家必然以经济建设为中心,军费投入规模受到限制,势必要求走投入较少、效益较高的集约式发展之路。同时,以较少的投入获得较高的经济效益,也是军事物流建设的重要原则。但目前我军物流系统建设条块分割、重复建设、资源浪费、保证效益不高。而依托社会,引入高效能的供应链管理思想,使供应链中的地方物流企业来承担和平战争时期部分军用物资的供应保障任务,恰恰能使军用物资供应保障过程更加科学合理,而且节约资源。通过武器装备供应链,连接部队与生产厂,使生产计划科学合理,从而以最小的支出解决武器装备订购,特别是小批量的武器装备订购的困难,实现全军统一、高度集中的筹措管理,使筹措到的装备有用,必须减少不必要的损失,提高筹措的经济效益。

2. 弥补我军物流系统基础设施和技术手段的薄弱

20世纪90年代以来,我国工作重心转移到以经济建设为中心,大力发展生产力上,这就要求国防和军队建设服从和服务于这个大局。同时,由于我国仍处于社会主义初级阶段,经济和科技的落后必然导致军费投入不足以及国防基础设施建设相对滞后、技术含量低。因此,在短时间内,我军物流基础设施建设水平与发达国家相比处于劣势的状况难以发生根本改变。

立足于现有物流基础设施水平实现军队物流建设的现代化,立足于现有物流设施保障打赢未来高技术局部战争,立足于我军物流建设现状实现"保障有力”的总要求,都必然要求引入供应链管理思想和模式。通过实施武器装备供应链管理,将现有的仓库进行改进,建立几个大型武器装备物流中心,完成武器装备仓库从注重数量向注重质量的转变。在此基础上,对已有仓库进行合理规划,完成武器装备、弹药仓库的整体布局,科学确定仓库储存的装备数量、种类、供应方法和供应方式,提高参考的层次性、安全性和方便性,为武器装备的储备提供可靠的保障。

3. 优化武器装备供应信息管理

信息时代的到来使信息战已成为现代战争的主要作战样式,信息化武器装备保障也成为我军武器装备建设的首要任务。目前,军队物资保障也成为我军武器装备建设的首要任务。目前,军队物资保障的信息系统研制和开发工作势头旺盛,但是各自为政、独立开发的现象比较严重,从而造成了在用系统繁多杂乱,相互之间的共享和交换能力差。

武器装备供应链管理的信息系统由于强调共享与统一而具有更强的普适性,其在武器装备供应中的应用必然能够促进军队信息一体化改造的步伐。借助武器装备供应链管理,构建平战结合、平战一体的信息化网络,就为供应保障数据和信息快速、准确的采集、传输与处理,提高仓库管理、装卸搬运、采购、订货、配送发运、订单处理等作业的自动化水平,为部队实时掌握、跟踪、监控武器装备创造了条件,极大促进了订货、保障、保管、运输、流通加工的一体化进程。

4. 改善装备配送模式

正在进行的新一轮军事变革,对武器装备供应保障产生了深刻而广泛的影响。目前,世界各军事强国都按照信息化要求,基本完成了把传统“松散型”保障变为一体化的“集约型”保障。通过“可视性”系统对保障资源的透明化和动态化掌握,把“概略保障”转变为适时、适地、适量的“精确保障”;采用直达、远程遥控等一系列新的保障方式,把坐等部队申请的“被动保障”模式转变为向部队实施配送的“主动保障”模式……如此迅猛的装备保障变革浪潮,必然要求我们加快武器装备供应保障改革的步伐。

实施武器装备供应链管理,为武器装备配送进行科学规划,明确配送方案、运输路线、运输方式,精简机构、提高效益创造了有力条件。在供应链管理环境下,武器装备供应部门可以根据不同的保障需求,自主灵活地完成武器装备的运输、配送等一系列任务;同时也可以借助社会力量进行武器装备的配送,既便于战时社会经济力量的动员,也符合我军物流军地一体化建设的内在要求。这不仅是新军事变革对我军武器装备供应保障的必然要求,也是顺应形势、加快我军武器装备建设的必然选择。

4.1.4 外军供应链管理实践

4.1.4.1 美军供应链管理的实施和改革

在美军,传统的后勤供给流程被不同部门分割的情况已经持续多年。因此,供应链管理的理论和方法一出现,就引起了美军的高度重视。美军的《2010 联合构想》、《2020 联合构想》和《聚焦后勤》等官方文件一致认为:供应链管理是后勤保障系统优化的重要思想之一,其实质是一个以供给、储存和运输三大部分为主的军用物资供给过程,并认为供应链管理应作为一种有创新意义的方法为作战人员提供最佳保障。

1. 美后勤实施供应链管理的步骤

美军将供应链管理用于美军后勤综合保障系统的过程,设定为 6 个基本步骤:组建实施团队、建立实施战略、绩效评价、设计供应链、选择并运用最佳的技能和技术以及供应链管理的实施。

步骤一:组建实施团队

供应链管理的实质是跨功能的一体化流程。因此,供应链管理实施团队需要消除职能部门障碍,对供应链运作实施全过程的管理,从而为用户提供高效服务。实施全过程的管理需要跨越组织的边界,“直通式”的组织结构是实施供应链管理的理想结构。从各自为政、高度分割的职能部门转变为一个跨功能的团队是有效实施供应链管理的关键。美军后勤物资的供给过程都是由不同部门完成的,物流资源的支配权分别在三军各自的物资司令部,如陆军司令部、海军供给系统司令部、海军陆战队后勤司令部和空军物资司令部。美军在组建国防部供应链实施团队的过程中,充分考虑到了以上这些职能部门熟悉本部门的运作细节,组建了国防部供应链管理实施团队。

美军的供应链实施团队分为三个层次:一是战略管理层,由各军兵种司令部代表组成,是高层管理人员的“代言人”,其任务是为供应链管理提供战略指导;二是核心运作层,由各部门的实际运作人员组成,是完成军事物流运作的核心单元,其任务是面向用户,满足用户需求;三是保障支持层,由不同的职能部门组成,是实施供应链管理的保障单元,其任务是向战略管理层和核心运作层提供各种保障。实施团队领导人的最佳人选是美军的后勤核心——国防部后勤局的高级军官。

国防部供应链实质上是一个军用物资供给过程。该过程包括供给、储存和运输三大步骤。以前这些运作过程是由不同部门完成的,物流资源的支配权分别掌握在美军各自的物资司令部。由于这些职能部门熟悉本部门的运作细节,因此,这些部门中的优秀人员是国防部供应链实施团队成员的合适人选,如表 4 - 1所列。

表4-1　美国国防部供应链实施团队人员组成

组织人员	目　标
各军兵种司令部的代表	提供政策指导和高层管理人员的交流界面
后勤司令部供给管理参谋	赋予核心团队成员权利,并提供相关的技术人员和物资管理与配送方面的专家支持
后勤司令部给养参谋	提供相关技术人员和给养方面的专家支持
各军兵种运输参谋	提供相关技术人员和运输方面的专家支持
各军兵种作战参谋	提供需求的标准
采办工作小组	提供相关技术人员和采办流程方面的专家支持
审计工作小组	提供相关技术人员和财务管理、预算方面的专家支持
信息技术小组	提供相关技术人员和信息技术方面的专家支持
合同管理小组(当需要时)	为整个供应链管理实施过程提供合同管理

步骤二:建立实施战略

供应链管理实施不仅仅是开发新的软件、缩短流程周期或以一种新的方式处理用户和供应者之间的关系,而是在于识别国防部供应链中的各个环节,并最终将其整合成高效的无缝运作流程。因此,在国防部中实施供应链管理是战略层次的,是对以前的物资供给方式的根本性变革。供应链管理实施团队必须从战略的角度来完成这个任务。

美军建立实施战略的主要工作是建立供应链管理实施计划,并获得高层批准。美军在制定供应链管理实施计划时,参考了以下两个框架。

(1) 政府绩效和成果法案(Government Performance and Result Act, GPRA)框架,主要包括以下内容:

① 供应链的主要功能和运作细节;

② 明确的目标;

③ 如何实现目标的详细描述,包括运作流程、技能、技术、人员、资金和其他实现目标所必需的资源;

④ 建立评价目标完成情况和整个运作流程的指标体系;

⑤ 识别组织外部影响因素,建立运作流程里程碑。

(2) 洛克福德咨询公司计划框架,包括四个步骤:

① 诊断和概念的建立。这个步骤主要是评价目前供应链的竞争能力。对于国防部来说,供应链的竞争能力意味着满足军事用户的需求。诊断是通过需要的能力与目前已具备的能力相比较来进行的。

② 详细的行动计划。这个步骤主要包括组织革新、建立新的运作流程和信息系统、识别可以获得的资源等内容。该行动计划旨在提高整个供应链系统的

可靠性、灵活性、质量、服务水平和减少费用。

③ 构建能力。构建能力是通过步骤①和②来实现的。这个步骤依赖于可支配资源的可获得性。

④ 绩效评价。在完成步骤之③后,必须对运作结果进行绩效评价,因为供应链是一个过程而不是一个工程,绩效评价应当围绕整个供应链的实施过程进行。

尽管可以利用上述框架建立国防部供应链实施战略,但国防部供应链实施战略有其特殊性,主要工作包括三个方面:

(1) 评价目前的军事物流运作流程。目前的美军军事物流系统已经运作多年了。该流程模式还是第二次世界大战时的陈旧模式。不断变化的世界形势需要美军物资供给流程进行重大变革。

(2) 评价并建立供应商之间的关系。国防部供应链呈现出两种形式:一种是内部供应链,其将军事物流系统内部所有的功能连接在一起,以实现外部用户的订单;另一种是外部供应链,其定义为:一群独立的组织,根据工作需要聚集在一起,为国防部提供物流服务。供应链管理实施团队应当识别出在国防部供应链中的两种形式。在评价供应商之间的关系时,团队应当将注意力集中在供应链的外部。

目前,国防部所需的通用配件、修理工具和各类补给物资,如燃料、衣物、药品、建筑材料等,都是从私人供应商中获取。私人供应商为国防部提供的物资约占国防部所需总量的40%,该方式能够减少国防部所属仓库的数量。同时国防部采购流程的重大变革,优化了采购的方法和程序。

实施团队必须认识到成功实施供应链管理在很大程度上依靠与私人供应商建立并保持长期、有效的合作关系这个因素。在国防部所有供应商中,国家级别的就超过10000家,另外还包括位于本土和海外为数众多的地区级供应商。

(3) 分析用户的需求。由于国防部是一个具有多个层级的官方组织,因此"国防部供应链用户"的概念容易混淆。从军事用户这个角度来说,基本上没有市场因素的冲击。尽管"国防部供应链用户"是"天生注定"的用户,但时间、数量、质量等需求标准却更加严格。由于国防部供应链最终必须满足所有的合法的用户订单,因此,供应链管理实施团队必须对"用户"有一个更为特殊的定义。

国防部供应链用户的定义为:获得授权,可通过国防部供应链要求物资供给或相关物流服务的任何组织。这个定义包括两个方面:一个是供应链的最终用户,如作战部队单元;另一就是供应链中的某一个功能单元,如补给中心、维修厂等。

一旦实施团队接受这个定义,下一步工作就是区分不同用户的因素,其目的就是能够为不同的用户提供差异化的服务。在商业运作中,划分用户的种类被称为用户细分。其他的因素是需求的优先权、地理位置、费用、所需的数量、技术指标、组织关系及所供给武器或装备的型号。在设计国防部供应链中，配送时间通常建立在这些因素之上。显然，短时间的配送可能是优先级别高的订单。而长时间的配送允许供应链参与者可以更好地优化库存、运输等运作流程。

用户可以根据不同的因素进行细分，如地理位置、所支持武器系统或武器装备的型号、组织的优先级别等。通过有效的用户分类，供应链组织能够运用新的方式去识别恰当的能力，并将能力加以整合，以便持续地确保用户的满意度。通过用户订单能力的提高及各部门之间合作更加密切，国防部供应链可以通过运用已有能力的协调，迅速地将"量身定做"的物流服务提供给用户，实施不同的战略来满足不同用户的需求。

步骤三：绩效评价

绩效评价指标体系应当反映整个供应链管理实施的情况。国防后勤系统的用户希望在可靠性、灵活性和敏捷性三个方面得到提高；同时，后勤系统还面临着减少费用的挑战。目前，国防部还很缺乏比较完备的绩效评价指标体系。目前的指标体系已经过时，不能完全反映目前的实际情况。例如，传统的仓库使用率是用来评价仓库使用的价值，而现在仓库不再是用来储存物资，其功能体现在使物资更加快速地流动，因此通常用物品更新率这个指标来评价仓库的使用价值。

在供应链管理实施战略的正式文件中，团队必须识别供应链管理绩效评价的指标体系。为了评价供应链管理的绩效，实施团队应当采用客观绩效衡量信息，如质量、周期时间、顾客满意度、费用等。另外，实施团队的焦点还应当从基于职能部门的绩效评价转移到面向顾客满意度和整个运作流程费用。

目前的指标体系主要体现的是供应链中单独的运作单元的绩效。团队应当建立能够给国防部物流管理者、供应商、用户提供一套持续的、全面的、定量的，且能反映整个供应链绩效和费用的指标体系。

步骤四：设计供应链

这个步骤集中于描述整个供应链的流程图：从市场或政府部门得到军用物资，并将这些军事物资输送到最终的军事用户手中。在供应链设计的这个层面上，必须将流程与功能加以区分。供应链设计是从流程的角度出发，而功能是根据流程的需要而存在。

在进行将来的供应链设计时，实施团队在相当程度上受到已有的组织结构、当前的运作流程、规则和组织文化的束缚。如果完全忽视这些情况来设计供应链，无论是对实施团队还是用户来说，都是不切实际的。另外，现代供应链管理并没有完全消除基本的功能，如运输、仓储、配送等。因此，在国防中实施供应链管理并不是完全废除当前所有的运作流程。实施团队必须确保是"理智的再造”,20 世纪 90 年代早期的业务流程重组在此处是不适用的。因此,实施团队的挑战在于如何运用商业中总的供应链思想来满足国防部后勤运用的需求。

设计供应链应当从全局出发,而不是拘泥于细枝末节。实施团队刚开始应当致力于选择关键的流程作为改进的对象,从而提高关键的指标。实施团队选择关键流程,可以参考以下步骤:

(1) 实施团队识别并选择关键的流程作为改进的对象。为了帮助识别合适的流程,实施团队可以从已有的流程模型入手,建立一个高层次的运作概念图。这个概念图将描述一个一体化的、首尾相连的供应链。

(2) 根据不同的武器系统、供应商的种类、技术和性质、用户的需求等因素,实施团队应当识别并区分不同的供应链设计。一般来说,需要 4 ~6 个不同的供应链。

(3) 实施团队应当有一个运作节点连接图来描述供应链流程。该图适用于步骤(2)中识别的不同的供应链,有助于从整体上把握整个供应链,并且可以根据不同的指标和已获得的资源将供应链分解成有机的组成单元。该图包括了完成供应链的全部流程单元,通过修改节点之间的关系,该步骤主要是设计整个供应链的流程图。美国国防部一开始就致力于选择关键流程作为改进对象,从而提高关键指标。

步骤五:选择并运用最佳的技能和技术

供应链管理实施团队面临的最困难的任务就是为将来的供应链流程选择合适的软件和支持技术方案。主要包括以下几个方面:自动识别技术、物资装卸技术、包装技术、维护装备、运输车辆和装备、通信技术、计算机技术等。一般来说,供应链管理包括众多功能,如资源计划、生产计划、仓储、运输、需求预测、订单实现和用户服务。因此,供应链管理解决方案便有了相对应的软件,如配送中心的运输计划、仓储管理、订单管理等。

在国防部后勤系统中,有许多部门通过运用新技术来提高运作效率。但是值得考虑的是尽管购买了最先进的计算机系统,却并没有预期的效果。由于目前采用新技术的效费比并不是很高,实施团队就有必要明确自己最适用的技术。

对于支持供应链管理的实施,技术系统必须提供三种能力:一是必须能够处理在供应链整个运作流程中所产生的数据,通过共享信息帮助下达命令和制定计划;二是能够提高战略规划和决策水平,从而更加有效地配置资源;三是能够提供战略分析的工具,诸如一体化网络模型等。实施团队必须明确、选择并应用这些技术,并能够在提高整个供应链绩效和费用之间取得平衡。因此,在应用一项新技术之前,应该评价该技术是否能实现较高的费效比。

步骤六:供应链管理的实施

美军制定的供应链管理实施计划非常完整,从最初的产品供应商到最终的用户，包括了整个供应链管理流程。美国国防部供应链管理实施的目标集中体现在用户满意度上，即在正确的时间、使用恰当的费用、以正确的方式将正确的产品按照正确的数量运送到正确的地方，来服务正确的用户。美国国防部规定，在实施供应链管理时，必须突破来自各方面的障碍，将注意力转移到整个流程上来，确定与流程相关的管理者、目标、里程碑、评价体系和奖惩体系。

2. 美后勤供应链的改革措施

为了确保后勤供应链管理的顺利实施，美军采取了一系列改革措施，主要有以下几点：

(1) 工作任务下派。以空军为例，美国国防部将在空军领域实施的供应链管理及相应的改革分派给了空军器材部(类似我军的装备部门)，并委派空军器材部负责为空军的后勤供应链实施和改革设计总体框架及具体的行动指导路线，从而有效地防止各下属单位在执行各自任务时搞“下有对策”。此外，由空军器材部充当主管的检查机构，确保了下属部门全力以赴地按照总体框架和行动指导路线完成各自的任务。

(2) 建立单一供应链。美军对已存在的后勤供应链进行了深入分析，并由相关管理和技术人员提出相应的测试、开发和改善建议。这些建议提高了美军后勤供应链的效率，并使新的策略得到最大程度的执行，以保障作战部队用户。其中，最为引人注目的是美军摒弃以前的错综复杂的承包商保障关系，建立了各个军种和承包商群体的单一供应链，避免了承包商和各军种对相对稀缺资源的竞争。

(3) 成立专门管理组织。美国国防部还专门建立了“国防后勤执行官”和“国防后勤委员会”，以帮助美军后勤转型和后勤供应链管理的实施、改革。2003 年 9 月，国防后勤执行官和国防部长颁发的首批业务命令之一就是建立运输司令部，命令运输司令部作为美军后勤物资配送的主管部门，并通过将现有机构和相关人员的重新组合，成立了部署与配送中心。2004 年 1 月，部署与配送中心将一个由来自国防后勤局、陆军地面部署和配送司令部、空军空中机动司令部的大约 65 位专家组成的实践小组派到美军中央司令部，在该司令部司令官的管理下工作，指导站区的空中和地面配送业务。在伊拉克战争中，美军通过建立“部署配送作战中心”直接改善了“伊拉克自由”行动中的战区配送，获益明显。

(4) 出台相关政策文件。美军出台了一系列以“空军 21 世纪远征后勤”、“后勤部门采购与供应链管理”为代表的官方文件，旨在有效降低后勤保障费用、良好地控制武器装备库存与维护费用、缩短物资采购与供应的周期，并要求武器装备、军需物资的准时率达到 100%。

(5) 充分利用高技术手段。美军充分利用高技术手段来完善美军后勤供应链系统的技术支撑。至 2004 年春季，美军各个后勤供应链的制造商和承包商已经可以通过电子手段来完成美军的补给配件以及装备所需的图纸和数据的投标工作，在技术数据业务中实现了从纸张到数字的彻底转换。现在，制造商和供应商都可定期访问该中心的业务系统——现代化招标网，以获取所需的图纸、数据和招标项目。

美军以上的一系列举措，都表明美军正在国防领域全面地改革和完善其后勤供应链，以应对未来不断变化的军事需求。

4.1.4.2 英军供应链管理的实施与改革

未来保证军事实力在全球的领先地位，英军始终紧跟美军，走在世界军事变革的前沿。据英国国防部网站报道，英国军队正在实施一个单一的连贯性国防后勤转型计划，旨在将整个国防的所有后勤转型活动（包括作战行动的前方部署、国防工业范围内的活动、装备采购初始阶段或计划处理活动）纳入其中。其核心内容就是通过对后勤供应链进行改革和完善，使三军后勤保障的作战效能、效率和灵活性发生革命性变化。英军通过后勤供应链的改革和完善，取得了显著的成效，主要体现在以下几个方面：

(1) 增强了终端用户、前线部队的信息；

(2) 简化了“从工厂到伞兵坑”的端到端流程；

(3) 使“基于效果的作战”成为可能；

(4) 提高了部队的战备和持续保障能力；

(5) 提高了后勤供应链的绩效；

(6) 提高了平台的可靠性、完好性和稳定性；

(7) 减少了维修环节，提高了周转次数。

2005 年 7 月 21 日英国国防部网站报道，英国国防部开始对战时物资供应链进行根本的改革，以解决伊拉克战争中英军物资供应系统暴露出的问题。主要包括：将从本土到前线的整个供应链交由国防部后勤全权负责；对国防部物资保障机构进行重大调整，按战时要求理顺组织指挥关系；优化武器装备和物资器材的储存、分发、前送程序，从而提高效率并降低成本。按照国防部的设想，实施供应链管理，由国防部后勤部对战时物资供应实行“一条龙”服务。将使装备和物资的配送体系构造成流线型结构，通过减少 2000 个工作岗位、关闭 3 个武装仓库，在 2010 年之前达到每年降低保障成本 0.5 亿英镑，大大加快配送速度和提高保障的精确性的目标。

4.1.4.3 其他国家供应链管理的实施与改革

面对军队人员裁减和经费有限的实际情况，世界其他军事强国也都在积极主动地实施供应链管理，以求做到“少花钱多办事”。

加拿大军队正在创建并运用能充分整合物资价值链上所有要素的后勤供应链综合保障系统，并确定出该后勤供应链综合保障系统具备四个要素：

(1)“确保正确”。在正确的时间，以正确的价格获得正确的装备物资和服务，同时为确保正确的人员遵守正确的规则提供正确的保障。

(2) 装备采购和后勤保障的社会化。最突出的举措之一就是实施“装备采购保障优化计划”。该计划的目标是在生成和维持战斗力的同时，以较低的成本保持或提高装备采购和保障的有效性。该计划的重点将是存储和配送油料、被服、弹药、武器校准和质量保证等方面。

(3) 全资可视。加拿大正在与几个潜在的联盟伙伴合作研制可提供在运装备物资可视的方案。这项工作包括几个相关信息系统的整合，这项系统是：全国调动与配送系统，联合编制与调动管理系统，以及作为联合同盟解决方案之一的北约联盟部署与调动系统。

(4) 健全的业绩衡量体制。加拿大军队在整个国防部范围内采取了以“余额账卡分析法”为基础的若干举措，把2020年国防战略中规定的指标、年度计划指导文件，以及按照这些目的和指标对工作绩效的监控连接到一起。

俄罗斯军队在大规模的裁员行动之后，逐步开始全面转向质量建设阶段，尤其是在后勤保障领域加大力度，突出后勤的多能化、信息化。俄军充分重视供应链管理思想在军事后勤中的运用，在2005年初公布的国防部后勤与通信数字化建设纲要中，声称将开发后勤指挥信息化网络，为在俄军后勤领域引入供应链管理提供良好的信息和技术平台。同时俄军还将进一步加快后勤部门的一体化联勤组建步伐，确保完全转入新的联勤保障体制，组建类似美军的保障实体，为实施后勤供应链管理铺平道路。

4.2 武器装备供应链管理的理论和方法

4.2.1 武器装备供应链的概念及结构模型

4.2.1.1 武器装备供应链的定义

供应链的思想起源于后勤，原指军方的后勤补给活动，随着商业的蓬勃发展才逐渐推广应用到商业活动之中。目前关于供应链和供应链管理还没有统一的定义，但大部分学者认为，供应链是围绕核心企业，通过对信息流、物流、资金流的控制，从采购原材料开始，制成中间产品及最终产品，最后由销售网络把产品送到消费者手中的将供应商、制造商、分销商、零售商直到最终用户连成一个整体的功能网链结构模式。

因此，武器装备供应链是指武器装备(包括其所配套的保障装备、零部件、器材等)经由生产、包装、采购、储存、运输、补给等环节，最终抵达作战部队(最终用户)的一个网络式链条结构。将武器装备供应链定义为武器装备筹、储、供的一个完整链条,有助于提高武器装备供应链的军事和经济上的双重效益。

4.2.1.2 武器装备供应链的特征

(1) 不均衡性。平时状态下,武器装备需求量相对平稳,数量相对较少,分布也较均衡。而战争时期,武器装备供应链中由武器装备所构成的物流随战争规模、战场方向的变化而急剧变化,武器装备需求量可能在短时间内会大大增加,物流方向朝战场方向高度集中,物流速度急剧加快。

(2) 时效性。无论在平时还是在战时,武器装备供应工作都有时间上的限制,这种限制在战时表现得更为突出。因此,武器装备供应链的运行,重点保障的时机是在战时,在战时才能更体现出其价值与作用。现代条件下,战争的发生与结束越来越突然,准备时间越来越短,就越能体现武器装备供应链的时效性。

(3) 信息的不对称性。信息共享是建立供应链的基础之一,但在武器装备供应链中,供应商信息对军队是完全透明的,而军队需求信息由于保密性要求,对供应商是半透明的。

(4) 经济效益的隐蔽性。从本质上讲,武器装备供应链运行的主要目的是完成武器装备供应任务,而武器装备供应链与商业供应链一样存在着内在的经济规律,蕴藏着巨大的经济效益,只不过由于军事特性的掩盖表现得比较隐蔽。

(5) 军事效益的突出性。武器装备供应链构建的初衷是为战争服务的,武器装备供应是在严密的军事组织指挥下进行的活动,武器装备的流量和流向均属于军事秘密,武器装备的流量增大、流向集中,往往可视为军事行动的准备。战争期间,武器装备供应还要受到敌方的干扰和破坏,特别是在高技术条件下,这种干扰和破坏还将加剧。高质量地完成武器装备供应工作,是武器装备供应链运行的终极目标,也是其最大的军事效益所在。

4.2.1.3 武器装备供应链的结构模型

1. 链状模型

结合供应链及武器装备供应链的定义和供应链结构模型,可以得出一个简单的武器装备供应链模型,如图 4-1 所示。武器装备因为作战的需要(平时则是因为维持稳定及训练等的需要),最终为作战部队消耗。武器装备(及装备信息)经历了兵工厂、仓库、装备供应部队、作战部队等多级传递,并在传递中完成产品加工、装配等转换过程。

2. 简化的链状模型

链状模型只是一个简单的静态模型,表明供应链的基本组成和轮廓概貌,进一步地可以将其简化成简化链状模型,如图 4-2 所示。简化链状模型是对链状模型的进一步抽象,它把各级抽象成一个个的点,称为节点,并用字母或数字表示。节点以一定的方式和顺序连接成一串,构成一条图学上的供应链。简化链状模型着力于供应链中间过程的研究。在两个链状模型中需要明确以下问题:

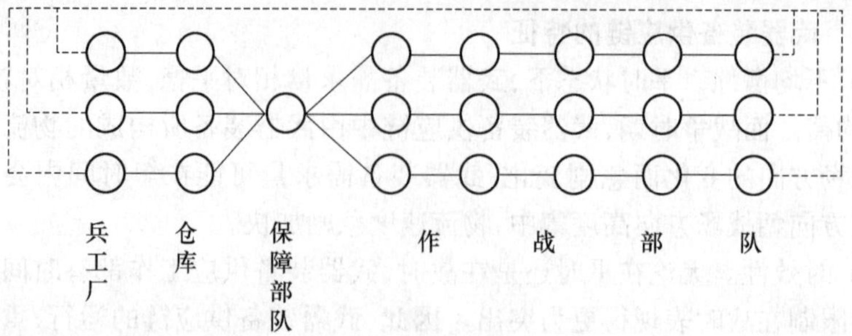

图 4 – 1　链状模型

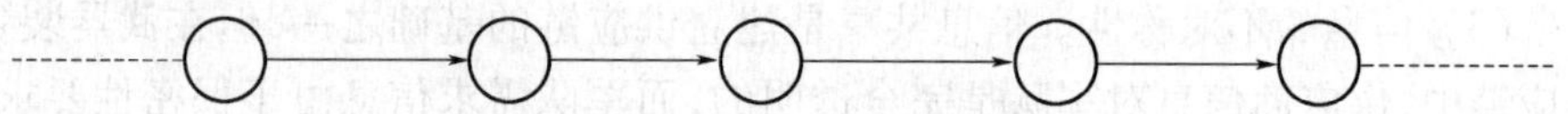

图 4 – 2　简化链状模型

(1) 供应链的方向。在供应链上除了流动着物流(武器装备的流动)和信息流外,还存在着资金流。物流的方向一般都是从兵工厂流向仓库,再由仓库流向供应部队,最后由供应部队流向作战部队。在特殊情况下,武器装备在供应链上的流动可以是超越的,即在作战情况下可以由兵工厂直接流向供应部队等。可以依照物流的方向来定义供应链的方向,以确定兵工厂、仓库、保障部队、作战部队等之间的顺序关系。模型中的箭头表示供应链的物流方向。在特殊情况下,供应链中物流的流向可以是反向的,即可以从作战部队流向供应部队,从供应部队再流回仓库,甚至流回到工厂。

(2) 供应链的级。在简化链状模型中,定义 C 为保障部队时,可以相应地认为 B 为仓库,A 为兵工厂,而且可以递归地定义三级供应单位、四级供应单位……;同样地可以认为 D 为一级消耗单位,E 为二级消耗单位,并可递归地定义三级消耗单位,四级消耗单位……。一般地讲,由于武器装备供应链的军事性,应尽可能地考虑多级供应或消耗单位,这样有利于从整体上了解供应链运行状态。

3. 网状模型

在简化的链状模型中,兵工厂所对的仓库不仅仅是一家,而且上级作战部队对所属部队显然也不是一对一的关系,而应是一对多的关系。保障部队 C 的供应单位不只是一家,而应是 B_1、B_2、…、B_n 等 n 家;而 B 也不只是一个兵工厂单独供应,而是由 A_1、A_2、…、A_m 等 m 家;消耗单位所对应的也不仅仅是一家。这样简化的链状模型就转变为一个网状模型,如图 4 – 3 所示。网状模型更能说明现实世界中武器装备的复杂供应关系。在理论上,网状模型可以涵盖所有的武器装备供应的单位,把所有单位都看做是上面的一个节点,并认为这些节点存在着联系。当然,这些联系有强有弱,而且在不断变化着。通常,一个节点仅与有限的节点发生关系,但这不影响对供应链模型的理论设定。网状模型对武器装备供应关系的描述更强,适合于对供应关系的宏观把握。

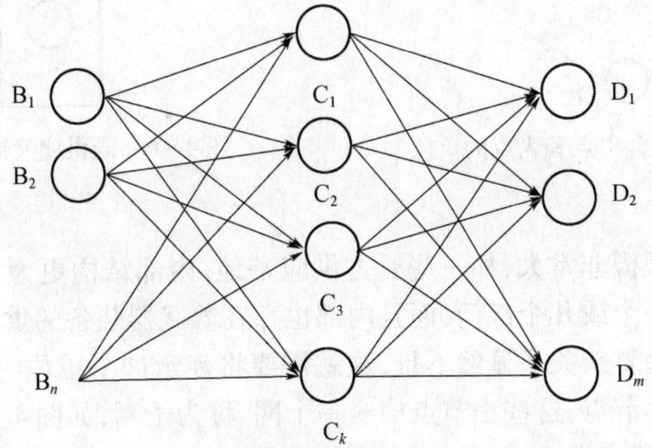

图 4-3　网状模型

1）入点和出点

在网状模型中,物流做有向流动,从一个节点流向另一个节点。这些物流从某些节点分流流出。这里把这些物流进入的节点称为入点,把物流流出的节点称为出点。如图 4-4 所示,节点 A 为入点,节点 F 为出点。对于某些单位既为入点又为出点的情况,出于对网络表达的简化,将代表该单位的节点一分为二,变成两个节点:一个为入点,一个为出点,并用实线框将其框起来。如图 4-5 所示,A_1 为入点,A_2 为出点。同样地,如某些单位(如仓库及作战部队中的军、师、旅、团等)既有着供应的作用,又消耗着武器装备,也可将其一分为二,甚至一分为三或更多,变成两个节点:一个节点表示供应,一个节点表示消耗,也用实线框起来。如图 4-6 所示,B_1 供应 C,而 B_2 又接受 C 的供应。

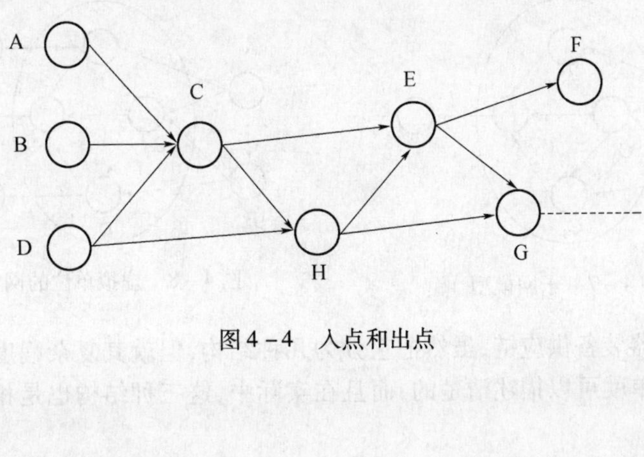

图 4-4　入点和出点

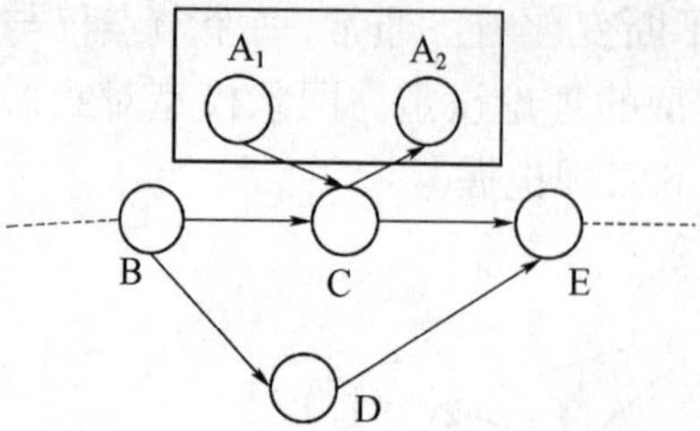

图 4-5　包含出点和入点的单位

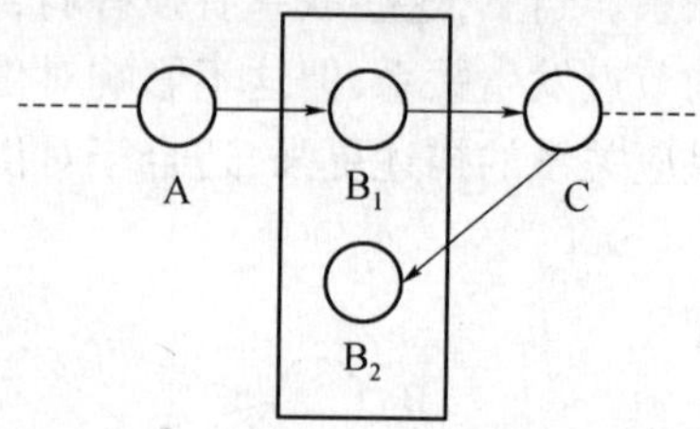

图 4-6　既供应又消耗的单位

2）子网

有些单位规模非常大,如一些后方供应基地,内部结构更为复杂,与其相联系的只是其中一个或几个部门,而且内部也存在着武器装备的供应关系,用一个节点来表示这些复杂关系显然不行,这就需要将表示这个单位的节点分解成很多相互联系的小节点,这些小节点构成一个网,称为子网,如图 4-7 所示。在引入子网概念后,研究图 4-7 中 C 与 D 的联系,而不需要考虑节点 C_1、C_2、C_3 与 D 的联系,这就简化了无谓的研究。子网模型对国防后方供应基地及联合战役作战部队是很好的描述。

3）虚拟单位

借助以上对于子网模型过程的描述,可以把供应链网上为了完成共同目标、通力合作、并实现各自军事效益的单位看成是一个单位,这就是虚拟单位,如图 4-8 所示。虚拟单位是在武器装备供应活动中,一些单位的供应或消耗单位为了共同的利益和目标在一定的时间内结成的相互协作的利益共同体。虚拟单位组建和存在的目的是为了在战时更好地完成武器装备供应任务,并实现武器装备供应的最大军事效益。当作战或武器装备供应活动结束时,这种关系一般不复存在。

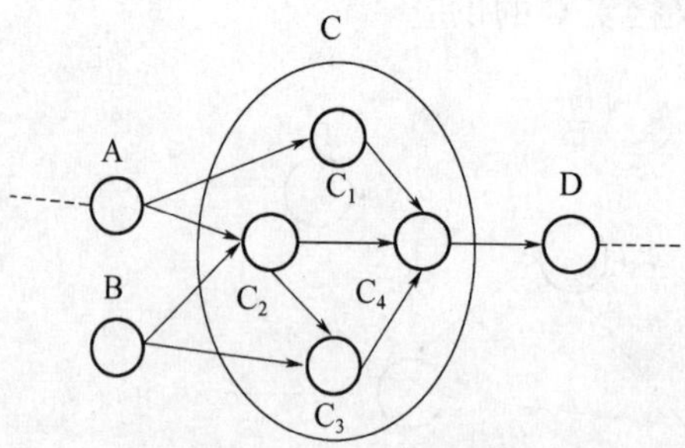

图 4-7　子网模型

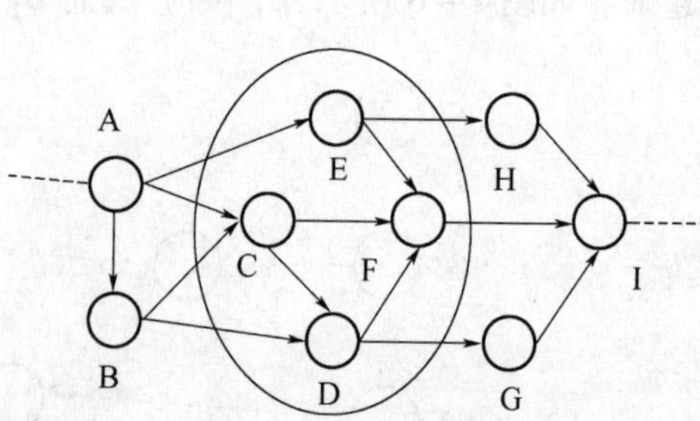

图 4-8　虚拟单位的网状模型

对于武器装备供应链,虽然把它分为几种结构,但就其复杂程度来讲,远远不是这么简单就可以描述清楚的,而且在实际中,这三种结构也是相互交叉、相互融合在一起的,没有绝对的分界线;相反它们的相互融合会更有利于发挥武器装备供应链管理的功能,更有利于武器装备供应保障的成功。

4.2.2 武器装备供应链管理的内涵

4.2.2.1 武器装备供应链管理的定义

只要存在武器装备供应活动,武器装备供应的链条就客观存在。随着供应链管理理论及思想的出现,人们更加关注武器装备供应链的状态,并对客观存在的链条进行优化管理。由武器装备供应的定义,可以认为:武器装备供应链管理是指对围绕武器装备供应链的一系列活动实施的管理,这一管理涵盖了武器装备供应链的全部,是对武器装备供应链中的物流、信息流、资金流所进行的组织、协调、控制及优化等。

武器装备供应链管理有以下几个层面的含义:

(1) 武器装备供应链管理是对武器装备供应链整个链条实施的管理,涵盖了武器装备"由生到死"的全寿命各阶段。

(2) 武器装备供应链管理不仅是对已存在的供应链进行管理,更重要的是对其进行优化,实现武器装备供应链的良性、高效运行。

(3) 武器装备供应链管理不是简单的新名词的变化,而是管理本质上的一种变革,是一种全新的管理理念的注入。

(4) 武器装备供应链管理不同于一般的供应链管理,也不同于普遍意义上的军事供应链特别是后勤供应链管理。由于武器装备自身的特点,使用武器装备供应链管理有着自己的特点和自身的特殊需求。

(5) 武器装备供应链管理需要对现行管理体制的一系列内容进行变革,需要构建起一个完善的武器装备供应链管理的理论体系,以用于指导实践。

(6) 武器装备供应链管理需要大量的高新技术特别是信息技术的支撑。

4.2.2.2 武器装备供应链管理的特点

武器装备供应链管理同以往的武器装备供应保障工作相比体现出了先进的思想及理念,主要表现在以下方面。

(1) 以作战部队需求为中心。

在武器装备供应链管理中,它以满足作战部队需求为最高目标。武器装备供应链管理本质上是满足作战部队的需求,通过对作战部队需求的快速反应,为作战提供可靠的、高效的保障。而在以往的武器装备供应过程中,武器装备供应部门则强调的是自身的计划和方案,虽然也考虑了作战的需求,但程度相对较低,往往不能满足作战部队特殊、多样化的需求。

(2) 集成化管理是关键。

供应链管理应用网状技术和信息技术,重新组织和安排业务流程,实现集成化管理。武器装备供应链管理理论体系构建的一个重点，就是要重构武器装备供应业务流程，变革供应组织结构，充分应用先进的信息及网络技术，全方位提高武器装备供应效率和效能。通过应用现代信息技术，例如条形码技术、电子订货系统、数据读取系统、预先发货清单技术、电子支付系统等，使武器装备供应链中的各组成单元不仅能及时有效地获得其供应对象的需求信息，而且能对信息做出及时响应，满足服务对象的需求。信息技术能缩短从订货到交货的时间间隔，提高供应效率和水平。

(3) 一体化管理是趋势。

武器装备供应链管理的一体化是指在不同职能部门之间、不同层次部门之间通过信息流，达到武器装备供应的高效率和低投入的目的。武器装备供应链管理是通过物流将供应链上的各节点、各部门连接起来，改变供需双方的矛盾关系，使其形成军事效益和经济效益的共同体，建立起共同利益的协作关系。通过把从武器装备生产单元到消耗单元（最终用户）的物流活动作为一个整体进行统一管理，始终从整体和全局上把握物流的各项活动，使整个武器装备供应链的库存水平最低、经济消耗最低、武器装备供应效率最高，实现武器装备供应链整体运作最优化。由于军队层次关系的特殊性、计划性和强制性，尤其在战时，武器装备供应的要求非常严格，实现武器装备供应链管理一体化的关键在于正确处理各部门之间的关系，使不同层次的部门之间、同一层次不同职能的部门之间能够有一个协作与通信的平台，各部门之间能够共享信息，形成整体上的合力，达成能量和能力的聚焦。

(4) 全寿命管理是必然。

对武器装备进行全寿命管理，即从武器装备“出生”直到武器装备的“死亡”进行系统的管理。武器装备供应实施供应链管理，就必然从武器装备全寿命的角度和立场去规划武器装备供应的全部工作。通过实施全寿命管理，实现武器装备供应链管理的价值。另外，全寿命管理，要求必须对现行的体制进行变革。需要从顶层上进行规划与设计，既要见到成效，更要稳妥。全寿命管理要求武器装备供应链管理的组织机构的管理职能得到大幅的拓展，管理范围要进行适当的前伸和后延，以更好地实现武器装备供应链管理的军事效益和经济效益，更好地实现各环节的无缝链接，从而最大化各个阶段的效益和价值。

4.2.2.3 武器装备供应链管理的目标

作为一种管理策略，为适应当前信息化战争和网络化战争发展的需要，突破那种“大而全，小而全”的自我封闭的管理体制，武器装备供应链管理将从原料的供应开始，经过不同单元的制造加工、包装、运输、调配等过程直到作战部队的供应链上的各个职能部门有机结合在一起，从而最大限度地发挥供应链整体的力量，达到武器装备供应链整体效益最大化的目的。其目标主要体现在以下几个方面。

1. 库存的虚拟化

库存管理是武器装备供应链管理中一个比较复杂的环节,库存量过多或过少都会带来损失。一方面,为了保持一定的战争储备,以备突如其来的战争需要,必须保持一定的库存;另一方面,库存不仅占用了大量的资金、人力和物力,同时如果一定的时期内没有需求,当库存武器装备的寿命期限到后,就不得不销毁,又要浪费大量的人力、物力和财力。因此,如何科学地预测各种形势的变化与发展,正确预测武器装备的需求,一直是库存管理的重中之重。武器装备供应链的全方位的需求信息,用实时、准确的信息取代实物库存,减小需求预测的误差,从而降低库存,提高效益。

如果能够实时把握形势的发展与变化,准确地掌握用户需求变化的信息,只进行相应的先期或一定时期内的用户需求的库存,其他需求在需要时再组织生产,则可以较好地解决库存积压与浪费的问题。实质上就是以准确的信息代替了实际的库存,实现库存的虚拟化存在。

2. 关系的一体化

传统的武器装备供应过程只是"供与收"的关系,供应与接收的各单元并不考虑自己行为可能产生的后果以及可能产生的经济上的损失和物资上的浪费。各单元考虑的只是完成自己的任务,而没有从全局的、整体的角度去考虑整个供应链的运行问题。武器装备供应链管理,则强调一种良性互动和制衡的关系,是从整体上考虑整个供应链运行的状态,并强调供应链整体的运行效果。如果一个环节完成了自己的任务,而恰恰是该环节任务的完成间接地造成了供应链运行上的不良状态,或者该环节的完成并没有促进整体运行的改进,则要追究该环节或单元的责任。这样,就使得武器装备供应链上的各单元和环节成为一个利益的共同体,不再各自为政,而从整体上共同促进武器装备供应链的运行。

3. 业务流程同步化

武器装备供应管理以往只注重了在一个层次上的单元或节点内部实行纵向一体化管理模式,而武器装备供应链管理更强调的是采用新的横向一体化管理思想,重视供应链上各单元和节点的协调问题,强调单元与节点间资源、信息共享,以获得供应链的同步化运作。供应链管理要求在各单元与节点之间建立一种更加亲密的战略伙伴关系,形成利益相关的共同体。通过共享信息,改进与协调各自的业务运作流程,由原来的共同决策转变为共同思想,使供应链上的各单元和节点能及时做出或调整它们的策略,从而确保自我任务完成的同时,能够促进供应链整体的运行。

4. 管理运作信息化

供应链管理是真正意义的信息化管理。与以往的管理信息化不同,供应链管理利用先进的信息网络技术,使供应链各个节点之间信息互通,资源共享。从原材料的采购、生产加工、包装、补给直到最终用户(作战部队),相关信息在供应链上安全而顺畅地流动,如同润滑剂和粘合剂将各个单元和节点无缝地连接在一起,整体共同应对用户的需求,实现快速供应,满足用户的多样化需求,实现武器装备需求的定制化。

4.2.2.4 武器装备供应链管理的原则

要正确实现武器装备供应链管理的目标,必须坚持一定的原则,在一定原则的指导与规范下正确开展武器装备供应链管理。

1. 以用户需求为中心

武器装备供应链中,用户管理是供应链管理的起点。供应链源于用户的需求,同时也终于用户需求,因此,武器装备供应链管理是以满足用户(主要是作战部队)需求为核心运行的。随着战争形态的发展与变化,武器装备的种类更加丰富多样,用户需求也千变万化,存在着个性差异,供应单元对于需求单元的预测往往不准确,一旦需求预测与实际需求差别较大,不仅仅是造成人力、物力、财力上的浪费,更有可能贻误战机,甚至导致作战的失败。因此,武器装备供应链管理的过程,始终围绕着满足用户需求这一核心目标进行,充分调动一切要素,共同为满足用户需求而展开一系列活动。

2. 优化供应层次和环节

一般意义上的武器装备供应层次相对较多,过程过于繁琐,在武器装备供应工作实施过程中需要经过各个层次的审批及相关手续,从而使得武器装备供应的效率不高,效果不好。当前,随着军队体制编制的调整,武器装备供应体制也在进行着一系列的调整。武器装备供应工作要实施武器装备供应链管理,首要的就是要对供应的体制编制进行调整,减少武器装备供应的层次和环节,使用户的需求能够直接快速地传递给供应部门,甚至可以让用户能够明确掌握武器装备的储备情况,从而缩短用户与武器装备之间的空间与时间的距离,使武器装备供应工作更直接、更快,从而提高武器装备供应链运行的效率。

3. 掌握最低投入与最佳保障之间的平衡

在人们的头脑中往往有"为了战争或赢得战争胜利可以不惜一切代价"的想法,然而,随着武器装备进一步的高科技化,武器装备所消耗的人力、财力和物力进一步加大,如果还是以旧的观念去对待武器装备供应问题,将会处于非常被动的地位,同时也无法保证武器装备供应的效果。因此,在我国以经济建设为中心的今天,既要做好军事斗争的准备工作,还必须确保不影响正常的经济建设,更应能满足未来战争的需要。因此,在武器装备供应链管理的实施中,必须坚持掌握最低投入与最佳保障之间的平衡。这就要求在实施武器装备供应链管理中,不断地对各种因素进行分析,把握环境与形势的变化与发展,充分利用高技术手段，在确保实现最佳保障的前提下，合理控制武器装备供应过程中的投入。

4. 提供及时、准确的信息，并能充分共享

在过去的武器装备供应过程中，由于各方面条件的限制，武器装备供应人员往往不能及时掌握准确的信息，同时对信息的重视程度也不够，更无从谈起信息的共享，相反还会有故意隐藏相关信息的情况与现象，在一定程度上阻碍了武器装备供应工作的开展。在武器装备供应链管理中，维持武器装备供应链运行的核心因素就是信息，没有信息或者缺少信息，武器装备供应链的运行就缺少依据，就无法确定运行的速度、方向等。因此，要保证武器装备供应链管理的顺利实施，就必须提供及时、准确的信息，同时，要使相应的信息做到横向和纵向的充分共享，以促进武器装备供应链管理的集成化、一体化，从而提高武器装备供应链管理的效率。但是，在实现信息共享时，需要把握好共享的度，必须确保信息的安全。

5. 建立有效的供应链管理绩效考核体系

对武器装备供应实施供应链管理，不仅仅是形式上的变化，更是在实质上的变革与发展。武器装备供应链管理实施的效果如何，对武器装备供应工作有着重要的影响。为了确保武器装备供应链管理的实施效果，必须建立科学、细致、准确、可操作性强、具有反馈与指导作用的绩效考核体系，以促进武器装备供应链管理的实施和效果的提高。

4.2.3 武器装备供应链管理的主要内容

由于武器的特殊性和武器装备供应链管理实施的要求、环境等的不同，武器装备供应链管理在继承了商用供应链管理的基本思想、基本理论体系和基本原则的同时，还需要在具体问题具体分析的基础上，科学、合理地确定武器装备供应链管理的主要内容。这样，既可以明确武器装备供应链管理实施的目标和重点，也可以使武器装备供应链管理的实施更加规范，便于建立起完善、有效的武器装备供应链管理体系。

4.2.3.1 物流管理

1. 物流业务管理

物流业务管理，是对武器装备供应链管理中有关物流业务活动进行管理，主要包括以下内容：

（1）物流计划管理。主要有长远计划（规划），年度计划，季、月、旬计划，在战时情况下甚至还包括周、日计划。长远计划通常包括预测未来武器装备物流的流量、流速及构成，武器装备的运输，武器装备的储备规模，物流的机械化、自动化、信息化，以及武器装备物流运作的效果等。年度计划指在对物流活动的各种业务活动预测的基础上，在一个年度内所要达到的物流目标，例如对物流流量的分析，运行的效费比预测，物流设备设施的更新、维修、改革等的估计，物流运行的效果及达到物流目标的措施、手段等。季、月、旬计划是指武器装备供应管理的各部门对自己所管理的物流业务在数量、质量上的具体实施计划。周、日计划一般情况下用于战时，由于战时处于非常紧急的情况，需要对物流的各项业务进行非常详细的计划，分划详细的物流阶段，以满足需求。

(2) 物流关系管理。主要是指对武器装备供应链中物流的各个节点之间及各节点内部的关系所进行的管理。物流关系管理要把各种物流活动有机、协调地联系起来，使之尽可能达到同步运行，使各单元之间、各节点之间实现无缝连接。这对于武器装备供应链运行水平的提高具有重要的意义。

(3) 物流活动管理。是对武器装备供应链中的物流活动进行的管理，是物流管理中的一项重要内容。物流管理的目的，就是使物流运行中的人、财、物得到合理的运用，以取得最佳的军事和经济效益。物流活动管理主要包括物流速度控制、物流数量和质量控制、物流成本管理、物流费用分析、物流效果预测等内容。

(4) 物流系统管理。主要通过物流信息系统和物流作业系统两方面的管理来实现。物流信息是组织、协调物流活动的“眼睛”，通过物流订购、库存、运输、调配等一系列信息的管理，对物流活动的各阶段进行及时的、准确的协调与控制，是物流系统管理的目的。物流作业系统分别由生产、包装、装卸、搬运、运输、配送、储存等子系统组成，对这些字系统进行合理的组织、安排、调度是对物流作业系统的管理。

(5) 物流人员管理。主要包括物流人员的合理运用、物流人员的培养等内容。合理的物流系统的建立、物流新技术的推广和应用、科学的物流方案的设计与选定、物流军事和经济效益的提高、民用物流技术的引入等，全都需要合格的物流人员来完成。目前，军队物流人才培养的力度、规模和方式都有待于进行科学的规划，加大培养的力度。由于武器装备的特殊性，有着特殊的需求，武器装备供应链和物流人员的培养，更需要加强培养的力度，拓宽培养的途径，以使合格、高素质的物流人员尽快地充实到武器装备供应链管理的人才队伍中来。

2. 物流技术管理

物流技术管理是指对物流活动中技术问题进行科学研究、技术保障的管理。物流技术在发展过程中形成了物流硬技术和物流软技术这样相互关联、相互区别的两大技术领域。

(1) 物流硬技术管理。物流硬技术是指组织武器装备完成物流各环节所涉及的各种机械设备、工具、仓库建筑、站场设施以及用于完成物流活动的电子计算机、通信网络设备等。武器装备供应链物流硬技术应该最大限度地应用军地通用的硬技术，同时要具备发展武器装备物流过程中所需要的特殊硬技术的研制、生产能力。

（2）物流软技术管理。物流软技术是指为组成高效率的物流系统而使用的应用技术，主要包括业务操作自动化平台、管理信息系统及其他支撑相关装备及硬件运行的各种技术等。在信息化技术高速发展的今天，物流软技术的作用越来越重要，成为保障武器装备供应链运行的"神经中枢"，因此，应该通过各种途径，引进相关人才和技术，大力提高物流软技术管理的能力。

4.2.3.2 信息流管理

信息流是指信息在产生、传输、利用过程中的运行状态和形式。信息流是武器装备供应链管理的基本支撑，维系着武器装备供应链的运转，保证武器装备供应链管理能够正常的发挥作用。

（1）信息流规划管理。是指从整体上对信息流进行的规划，主要包括对信息流的信源、信道、信宿、流通速度、流通质量、信息内容体系、信息安全体系、信息人才等进行的规划、设计与建设。

（2）信息流过程管理。是指对信息流通的各个环节进行的管理，主要包括对信息需求分析、信息采集、信息加工、信息存储、信息利用、信息传递、信息反馈、信息评价等进行的管理。

4.2.3.3 资金流管理

资金流是武器装备供应链系统内或者是系统间为保证供应链的运行而进行的有目的的资金流动。资金也是维持武器装备供应链运行的因素之一，资金流在供应链中也起着举足轻重的作用，不容忽视。资金流管理指的是为保证武器装备供应链的不间断运行，而对资金流规模的变化动态施加影响的过程。

资金流管理的任务就是为武器装备供应链按数量、时间、来源充分和及时地提供资金保证。具体来说主要包括对资金流的源头、资金流的规模、资金流的时机、资金流的控制、资金流的处置等进行预先的计划，从而能够保证资金流有序、有度地运行，使资金能够得到合理的使用。

4.2.3.4 风险管理

风险管理是武器装备供应链管理的一项重要内容，这是由武器装备供应链管理的方式所决定的。对武器装备供应实施供应链管理，就意味着要尽可能地引入民用资源、民用技术、民间力量，最大限度实现供应业务的外包，在此过程中，存在着各种各样的风险问题。这就必须对武器装备供应链的风险进行科学的管理，将风险降低到最低。

（1）风险分析。武器装备供应本身就存在着许多的风险，在武器装备供应链管理实施的全过程都需要对武器装备供应链管理实施的风险进行科学的、前瞻性的分析与判断，分析可能存在的风险，查找存在该风险的原因和消除该风险的办法、措施，并对存在的风险进行整体上、全局上的规避、消除等部署与安排等。无论是信息风险管理，还是实体安全管理，都是在风险分析的基础上展开的。

（2）信息风险管理。信息既是武器装备供应链管理的重要内容，更是影响武器装备供应链管理安全的重要影响因素，对信息风险进行管理，是保证武器装备供应链安全运行的关键。信息风险存在于武器装备供应链管理的全过程，存在于各项工作当中，信息风险管理相对于其他风险管理难度更大。信息风险管理除了加强人员主观上防范外，重点是在技术上采取防范措施，最大限度地降低信息风险。

（3）实体风险管理。实体是指武器装备供应链管理过程中所用到的设备、设施等。实体风险管理较之于信息风险管理，相对较容易和简单。实体风险管理的重点在于提高武器装备供应链管理人员的风险防范意识，在主动积极地防范敌对势力破坏的同时，科学、合理地使用设备、设施。

4.2.3.5 供应商管理

供应商管理在武器装备供应链管理中也是一项比较重要而且关键的问题。供应商管理主要包括供应商档案的建立、供应商的选取（先期的评价、比较至最后的确定）、合同的签订与履行等问题。其中，供应商的选取、合同的签订与履行是供应商管理的重点和难点。

（1）供应商的选取。如何根据实际的需要，正确地选择合适的供应商对武器装备供应链管理的实施效果具有重要的影响。在进行供应商选择时，首先要考察的是安全保密能力。安全主要是指交付给合同商完成任务的保密上必须能够确保所选取的供应商能够按照保密的要求，完成自己所负担的任务。其次，要考察供应商是否具备完成相应任务的资质，是否具备完成相应任务的能力，包括人力、物力、财力、技术能力等。

（2）合同的签订与履行。合同的签订与履行关系到相应的任务的完成质量和速度。合同签订既要选择合适的对象，更有确定明确的、合适的内容以及完成的期限、经费、人力等。因此，合同签订必须谨慎、细致，同时需要做大量的调查研究工作，确保合同能够正确履行与实施。在履行过程中，要进行实时的、定期的监督，确保合同履行的质量。

4.2.3.6 其他管理内容

除了物流管理、信息流管理、资金流管理、风险管理、供应商管理外，武器装备供应链管理内容还包括一些其他管理内容，如软硬件建设管理、科研管理、一体化管理等。这些管理内容并不是独立于前面所提到的物流管理、信息流管理、资金流管理和风险管理之外的，而是相互交织、融合在一起的。

（1）软硬件建设管理。主要是指对武器装备供应链管理过程当中所需要的软硬件建设的一系列问题进行管理，主要包括确定人力、物力、财力上的投入，软硬件的革新、研制、生产的数量、质量、时机等。

(2) 科研管理。主要是针对武器装备供应链管理过程中需要攻克的技术问题所展开的科学研究活动进行管理,主要包括科研的立项和投入、科研成果的质量、科研成果的推广与应用等问题。

(3) 一体化管理。主要是指对武器装备供应链进行整合或者重组,增加供应链管理效益和效能的一种举措或变革。一体化管理主要包括综合基础的管理、军地一体化的管理、资源整合管理、业务流程重组等内容。

4.2.4 武器装备供应链管理的基本方法

4.2.4.1 联合库存管理

1. 联合库存管理的基本思想

联合库存管理是在战争前(或平时管理中)就将武器装备分散到武器装备供应链的各环节单位中,使得武器装备保障部队在保障的过程中能够比较从容,任务也就减少了许多。但要注意的是这里面后方仓库的库存仍然占据着较大的一部分,以免作战部队负担过重,而影响作战机动性能。

联合库存管理就是以后方仓库为中心的联合库存管理,如图4-9所示。它强调各方同时参与,共同制定库存计划,使武器装备供应链中的每个库存管理者都从相互协调性考虑,保持武器装备供应链相邻节点之间的库存管理者对需求的预期保持一致,从而有效地消除需求不平衡的状况,从而可以提高武器装备供应链同步化程度。

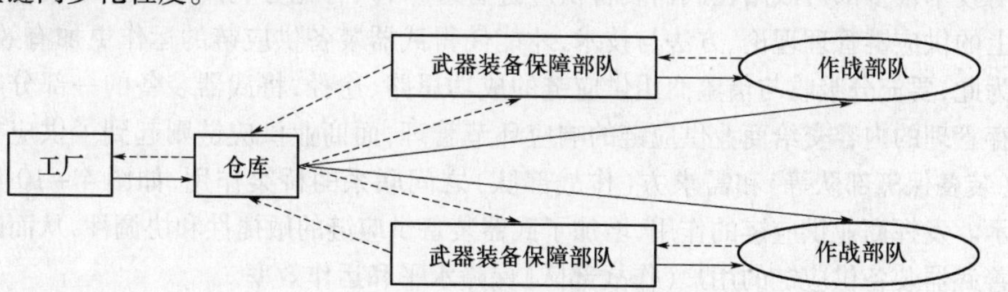

图4-9 基于仓库的武器装备库存控制模式

2. 联合库存管理的实施策略

1) 建立供需协调机制

为了发挥联合库存管理的作用,供需双方应密切合作,建立供需协调管理的机制,明确各自的目标和责任,建立合作沟通的渠道,为武器装备供应链的联合库存管理提供有效的机制。

要建立供需协调管理机制,应从以下几个方面进行:

(1) 认同作战目标。对于武器装备供应链的各个环节应明确作战目标并围绕此目标进行合作。

(2) 建立联合库存的协调控制方法。这需要各方注重自己的角色定位,明确自己的责任和作用,共同努力使武器装备供应链发挥最佳效能。

(3) 建立武器装备供应链管理信息沟通的渠道或系统,保证武器装备供应链需求信息的一致性和稳定性,保证需求信息在武器装备供应链中的畅通和准确性。

在武器装备供应链管理过程中,实施联合库存策略,为武器装备供应链的同步化运作提供了条件和保证,提高了供应链的稳定性。

2) 建立快速响应系统

快速响应系统是20世纪80年代末发展起来的一种供应链管理策略。在武器装备供应链运作的过程中,其目的就在于减少武器装备供应链中武器装备从兵工厂到作战部队过程的时间和环节,最大限度地提高武器装备物资运作的效率。需要用以下几种手段来保证这种策略的成功:

(1) 武器装备及其物资条码化,以加快调拨等表目的传输速度;

(2) 各环节内部业务的自动化;

(3) 采用更有效的各环节之间的横向和纵向的合作,消除武器装备供应链各环节之间的障碍。

3) 发挥商业供应链的作用

武器装备供应链是供应链理论的一个分支,一般意义上的供应链理论、方法与技术很多都可以用在武器装备供应链管理中,只有充分利用与发挥一般意义上的供应链管理理论、方法与技术,才能使得武器装备供应链的运作更加有效。为此,要充分吸收与借鉴商用供应链的成功思路、途径,将武器装备的一部分库存管理的内容交给商业供应链的响应环节管理,而商业供应链则起到了供应方(装备保障部队等)和需求方(作战部队)之间联系的桥梁作用,如图4-10所示。发挥商业供应链的作用,增加了武器装备供应链的敏捷性和协调性,从而改善武器装备供应链的用户(作战部队)保障水平和运作效率。

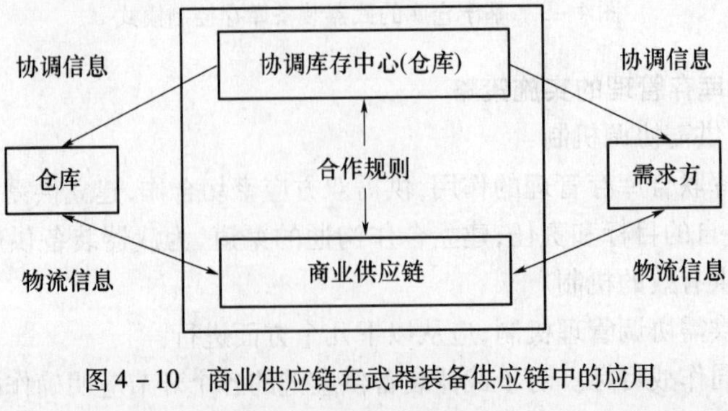

图4-10 商业供应链在武器装备供应链中的应用

4.2.4.2 快速供应方法

武器装备供应,最重要的一点应该是快速、及时地对作战部队或需求用户进行武器装备供应,而快速供应则为这一要求提供了可行性。所谓快速供应,是装备供应单元对作战部队(需求用户)的武器装备需求做出快速反应,并实现“在正确的时间、正确的地点提供正确的武器装备”。

快速供应是一种全新的业务方式,它是由技术支持的业务管理思想,即在武器装备供应链中,为了实现共同的目标,至少在两个环节之间进行的紧密合作。就武器装备供应而言,其共同的目标一般包括:一是提高供应水平,最大化军事效益,即在正确的时间、正确的地点用正确的武器装备来满足作战部队的需求,正确的武器装备,既包括数量上的,也包括质量上的;二是努力提高武器装备供应链的经济效益。

目前武器装备的消耗大大增加,过量的消耗影响制约着经济建设,也影响着武器装备供应的效果。要求武器装备供应链的各环节之间努力实现“无缝连接”,并提高其各系统的通用性,协调一致,在最大实现武器装备供应军事效益的同时,力争降低其经济消耗。而要实现快速供应,需要正确的、充分的技术支持,对当前供应的流程、组织等进行适当的调整,以便于实现快速供应。快速供应的本质就是通过各方有效地管理彼此间的物流、信息流和资金流,并彼此接受这种新的“开放”关系,快速供应才会真正发挥作用。实现快速供应包括各单元间跨越其任务界限来重新设计筹措、补给、供应等业务。实施快速供应需要 6 个步骤,如图 4-11 所示。每一个步骤都需要以前一个步骤作为基础,比前一个步骤有更高的军事、经济效益。

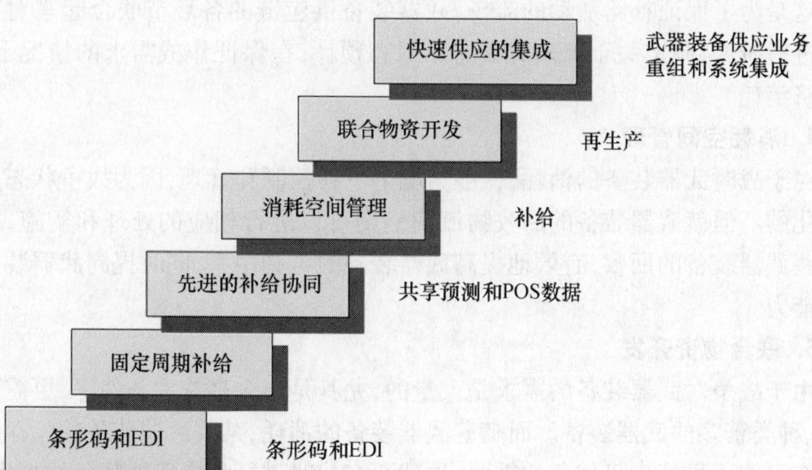

图 4-11 实施快速供应的步骤

1. 电子数据交换(EDI)

电子数据交换是计算机间交换武器装备供应的各项表目,需要遵从一定的标准,只有在各个部门、各供应环节的表目具有一致性的时候,才能在进行业务操作时方便地进行各种表目的交换。这里要求进行的工作是要将各种表目进行标准化、实用化,统一各种表目,这样才能满足互换性和操作的无限制。电子数据交换的实施一般分为以下阶段:

(1) 电子数据交换的技术实现,主要满足各供应环节通过电子数据交换进行沟通的需要;

(2) 将电子数据交换系统同武器装备供应链的各环节现有系统集成起来,加快信息流的速度,并提高通信数据的准确性;

(3) 重新设计业务流程,以支持全面实现电子数据交换所带来的一些变化。

2. 固定周期补给

要保障作战部队(用户)对武器装备的需求,就需要武器装备供应方能够迅速及时地将武器装备供应到作战部队(用户)手中。但是如果要根据作战反馈的信息和所掌握的需求信息再进行补给,则有时会因为客观的情况和作战的复杂环境而导致供应失利。为此,就可以根据以往的消耗规律和消耗预计,采取固定周期补给的方式对作战部队(用户)实施武器装备供应,即所谓的自动补给,它是在武器装备消耗预测的基础上进行的。自动补给基于过去和目前消耗数据及其可能变化的软件进行定期预测,同时考虑目前的武器装备储存情况和其他一些因素,以确定补给量和补给周期。

3. 先进的补给协同

这是为了保证补给活动的流畅,武器装备供应链的各环节联合起来对消耗数据进行研究,制定关于未来需求的计划和预计,在保证作战需求的情况下,降低经济消耗。

4. 消耗空间管理

对于战时武器装备的消耗,一般情况下不易控制和管理,因为战争状态是千变万化的。但就武器装备的回收物流我们则可以进行相应的处理和实施,通过对一些武器装备的回收,有效地提高武器装备的再利用率,同时提高武器装备的再生能力。

5. 联合物资开发

由于战争对武器装备的需求是大量的,尤其是当今高技术条件下,更需要大量的、种类繁多的武器装备。而随着武器装备的消耗,某些武器装备的库存和储备就有可能不再能满足战争的需要,这就要在战时进行相应武器装备的再生产。这时的生产要能满足需要,时间和数量上都不会影响战争的进程,那就需要相应兵工厂和武器装备供应链各环节充分进行联合,共享物资、信息等资源,加快生产进程，保证生产武器装备的质量和数量，缩短武器装备的出厂时间，使武器装备快速供应到部队（用户），以达到满足需求的目的。

4.2.4.3 效率型需求者反应方法

效率型需求者反应是指为了保证作战部队的需求，兵工厂、仓库、装备供应单元、作战部队（用户）等武器装备供应链组成各方通过相互协调和合作，更好、更快并以最大的军事效益和最小的经济消耗为目的的供应链管理系统。效率型需求者反应是一种把以前处于分离状态或联系松散状态的供应链联系在一起来满足作战部队需要的工具，由贯穿供应链各方的四个过程组成，如图 4－12 所示。

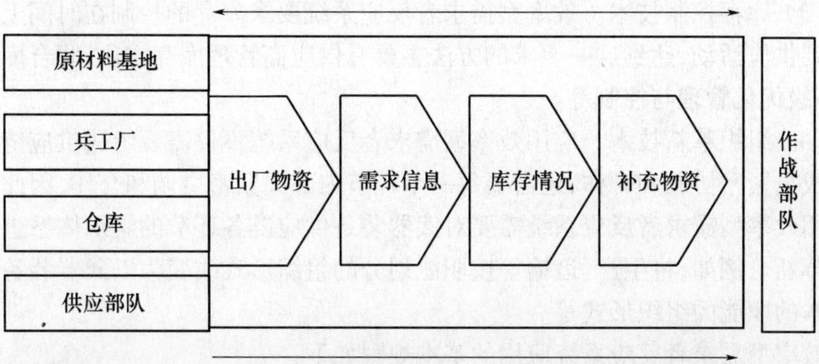

图 4－12　效率型需求者反应和武器装备供应链运行过程

为了实现效率需求者反应系统的具体目标，即实现高效率的供应、低的经济消耗、基础关联设施设备建设、消除各环节间连接的间隙、满足作战部队的需求，就需要把供应环境管理、物流管理、信息技术和组织革新技术有机结合起来，如图 4－13 所示。

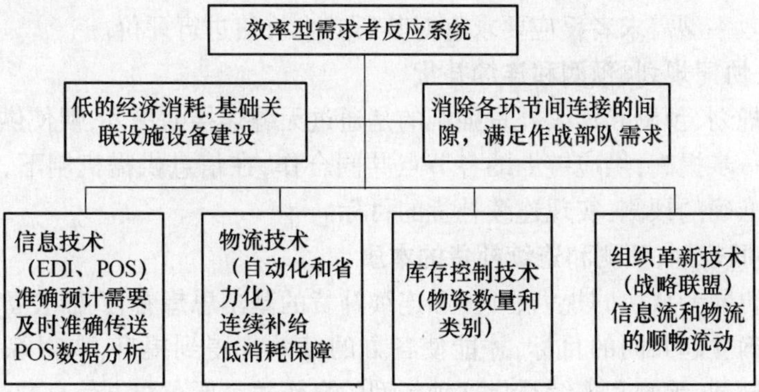

图 4－13　效率型需求者反应系统的构造图

效率型需求者反应系统的主要技术如下：

(1) 信息技术。效率型需求者反应系统应用的主要信息技术有电子数据交换和消耗时点信息技术。电子数据交换主要是在武器装备供应链之间传送交换各种报表，提供库存信息等。而消耗时点信息技术则是了解掌握作战部队消耗武器装备的情况，从而能够有充分的准备时间为进行武器装备供应做好准备工作。

(2) 物流技术。效率型需求者反应系统要求及时配送和流动分配。要实现这一要求，就要利用物流的一些先进设备，采取一些先进的管理思想，例如，连续补给计划、交叉配送等。

(3) 库存控制技术。效率型需求者反应系统要求库存的控制在时间上不会影响到供应活动，达到这一要求的方法主要有供应商管理库存方法、联合库存控制、多级优化管理与控制等。

(4) 组织革新技术。应用效率型需求者反应系统不仅需要组成供应链的每一个成员紧密协调和合作，还需要每一个环节内部间紧密协调和合作，因此成功地应用效率型需求者反应系统需要对武器装备供应链各环节的组织体系进行相应的革新。例如，将生产、运输等按职能划分的组织形式改变为以武器装备流程为基本的职能的组织形式等。

效率型需求者反应系统应用的基本规则如下：

(1) 效率型需求者反应的目的是向作战部队(用户)提供高效率、高质量的武器装备供应。

(2) 效率型需求者反应要求供需双方或多方必须紧密合作、密切协调。

(3) 必须及时准确地掌握武器装备供应所需的各类信息。

(4) 效率型需求者反应一般要在实现高的军事效益的情况下，尽量降低其经济消耗。

(5) 效率型需求者反应要求有对其所产生价值进行评价。

4.2.4.4 协同规划、预测和连续补货

协同规划、预测和连续补货强调的是通过无缝连接的深入，促使供应链的整合程度进一步提高，供应链上的各节点共同合作，在信息供需机制下，通过科学的规划和准确的预测，实现连续补货的目标。

1. 协同规划、预测和连续补货的本质

(1) 协同。从协同规划、预测和连续补货的基本思想看，武器装备供应链各节点需要确立起共同的目标，才能使各方的绩效都得到提升，取得综合性的效益。协同规划、预测和连续补货这种新型的合作关系要求双方信息共享、充分协同，从而确立协同性的运营战略。协调的重要步骤就是保密协议的签署、纠纷机制的建立以及共同激励目标的形成。同时，在确立这种协同性目标时，不仅要建

立起双方的效益目标,更要确立协同的效益驱动性目标。只有这样,才能使协同性得以更加充分的体现。

(2) 规划。规划是指顶层的设计,为了达成目标,武器装备供应链管理过程中,必须在协同的基础上,进行科学的规划和合理的设计。为了实现共同的目标,需要双方协同制定消耗计划、库存计划、配送策略、运输计划等。

(3) 预测。协同规划、预测和连续补货强调双方必须有最终的协同预测,单方的预测很难保证预测结果的准确性。武器装备供应链上的相关节点协同进行预测,既有助于认清共同的目标,把握实现目标的各个环节和重点难点问题,更有利于提高预测结果的准确性,同时可以加强大家对实现目标的共同认识。

2. 协同规划、预测和连续补货的体系结构

以协同规划、预测和连续补货概念为基础建立武器装备供应链的体系结构,分为四个功能层:

(1) 决策层。主要负责管理业务节点的领导层,包括各个节点联盟的目标和战略的制定、跨节点和单位业务流程的建立、各节点间信息交换和共同的决策等。

(2) 运作层。主要负责合作业务的运作,包括制定联合业务计划、建立单一共享需求信息、共担风险和平衡合作节点的能力等。

(3) 内部管理层。主要负责节点内部的运作和管理,包括武器装备的分类管理、库存管理、生产管理、分发管理等。

(4) 系统管理层。主要负责武器装备供应链运行的支撑系统和环境管理等。

3. 协同规划、预测和连续补货实施过程中应当注意的因素

(1) 以"双赢"为共同价值取向。随着武器装备供应链管理过程中相关业务的社会化,"双赢"的理念应该在武器装备供应链管理中得到贯彻与尊重。"双赢"成为得到合作伙伴认同、获得合作伙伴支持的重要问题。

(2) 为武器装备供应链成功运行提供持续保证,共同承担责任。武器装备供应链上每个节点的权限和能力各不相同,而且还包括地方的一些节点参与进来。为不断进行服务,在合作过程中,必须注意区分责任与义务,不仅不应该推脱责任,在某些情况下,还应该担当起相应的责任,这样才能取得合作伙伴的信任,才能确保合作的连续性和成功。

(3) 制定合作的标准和规范。武器装备供应链管理过程中各节点间的合作不应该是杂乱的、随意的,尤其是在特殊环境下(如在战时),武器装备供应链中各个节点应该在一定标准的基础上,在共同遵循的规范与原则下进行合作,这样既便于认清责任与义务,也有助于任务的分配与完成。

4.2.4.5 供应链运作参考模型

供应链运作参考模型(Supply - Chain Operations Reference - model,SCOR)是由供应链协会(Supply - Chain Council,SCC)作为供应链管理的跨行业标准开发支持的,是第一个标准的供应链业务流程参考模型,是供应链的诊断工具,适合于不同工业领域的供应链运作参考。目前,供应链运作参考模型已经推出6.1版。

供应链运作参考模型把供应链上的业务过程归纳为四个层次以及五种基本的过程类型。

供应链运作参考模型的四个层次是指:

第一层,顶层(过程类型),定义了供应链运作参考模型的范围和内容,明确了五个基本的管理业务流程,它是公司确立其供应链性能和目标的基础。

第二层,配置层(过程类别),通过选择30种核心过程类别,公司可在这一层实现"按订单配置"(Configured - to - Order)的供应链,实现其运作策略。

第三层,过程元素层(过程分解),定义了公司在目标市场获得成功的能力,包括过程元素的定义、过程元素的信息输入和输出、过程性能指标、最佳实践以及支持最佳实践需要的系统能力,企业在这一层对运作策略可以进行微调。

第四层,实施层(过程元素分解),公司实施已配置的特定供应链,这一层定义了实现竞争优势以及适应变化的商业环境的实施方案,该层随企业的具体情况而异,因此供应链运作参考模型没有进行具体的定义。

供应链运作参考模型五个基本的管理业务流程是计划、资源、制造、交付以及退货,并分属于三种不同的类型,即计划、执行和使能(Enable)。计划类型的流程,它是对预期资源进行安排以满足预期需求。通常是定期对规划周期内的总需求进行平衡,以提高供应链的响应时间。执行类型的流程,是由计划或实际的需求触发以改变产品的状态。资源、制造、交付和退货等业务流程都是执行类型的流程,包括日程和顺序的安排、物料和服务的转换以及产品的运输等。使能类型的流程,是对计划类型和执行类型的业务流程所依赖的信息和关系进行准备、维护和管理。

通过供应链运作参考模型,企业可建立标准的过程描述,企业间能够准确地交流供应链问题,并能有效地评价其供应链性能;通过测量和评价最佳实践指标来优化企业的运作活动,并进行定量分析以确定性能改进的目标,提高某一过程可能带来的潜在利益。

4.2.4.6 供应链管理标准评价体系——集成供应链结构

集成供应链结构通过一组指标,从点对点的角度评价武器装备供应链,从而设计和改进武器装备供应链,提高供应链管理的效率。该模型将业务流程、评价指标、最佳实践和技术特性进行了统一,具体如图4-14所示。

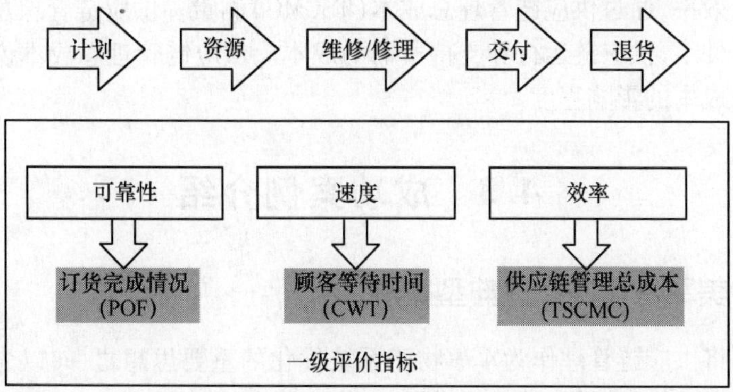

图 4－14　集成供应链结构模型

在供应链相关的五个方面：计划、资源、维修/修理、交付和退货，根据评价指标进行评价。图 4－15 为评价指标体系。

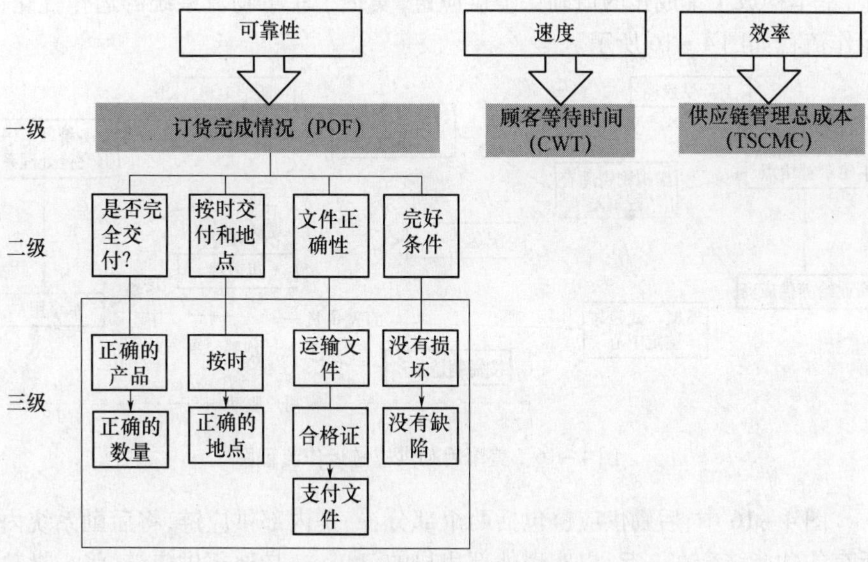

图 4－15　集成供应链结构评价指标体系

其中，一级评价指标包括：

(1) 可靠性，通过订货完成情况（POF）测量。订货完成情况是指能够按时以正确的文件、条件并且没有损坏的交付订单的百分比。订货完成情况说明供应链能否持续地满足顾客的需求。

(2) 速度，通过顾客等待时间（CWT）测量。顾客等待时间是指活动要求开始到完成的实际时间。顾客等待时间说明最终顾客是否能够快速得到服务。

(3) 效率,通过供应链管理总成本(TSCMC)测量。供应链管理总成本是指在正常条件下,供应链运行和支持所需的成本。供应链管理总成本说明供应链的变化对成本的影响程度。

4.3 成功案例介绍

4.3.1 美军供应链管理典型案例

美军将供应链管理作为军事物流系统优化的重要思想之一,以先进的信息技术为支撑,对后勤保障的组织设置、工作流程、运输技术等方面进行整合,构建了敏捷、高效、集成的后勤保障供应链,在伊拉克战争中取得了很好的应用成效。

1. 运作流程

美军依据供应链管理原则,采取有效措施对已运作多年的物流系统进行改进,基本构成了集成化的后勤保障供应链,实现了军事物流系统的运作优化,其运作流程如图 4-16 所示。

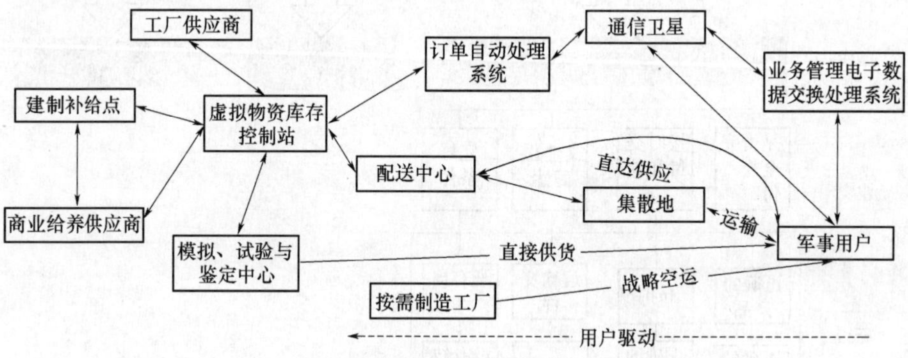

图 4-16 美军后勤供应链运作流程图

图 4-16 中,后勤供应链包括两个部分:一是内部供应链,将后勤系统内部所有的功能结合在一起,以实现外部用户的订单;二是外部供应链,将一批独立的企业根据后勤保障需要聚集在一起,为军方提供服务。

2. 联盟形式

美军与供应商之间的联盟形式分为三种:一是交换关系,将供应商定位于一次性商业事件中的贸易伙伴;二是合作关系,与多个供应商协作来完成任务,包括制定供应合作计划、维修、运输及相关服务;三是一体化关系,将供应商定位于后勤供应链不可缺少的一部分。

3. 用户服务

通过有效的用户分类,可以运用已有能力的协调,迅速地将"量身定做"的物流服务提供给用户,满足不同用户的需求,持续地确保用户的满意度。

4. 关键技术

主要包括自动识别、物资装卸载、包装、运输、通信、计算机等,用于提供三种能力:一是能够处理在供应链整个运作流程中所产生的数据,通过共享信息来下达命令和制定计划;二是能够提高战略规划和决策水平;三是能够提供战略分析工具,如一体化网络模型等。

5. 应用效果

在伊拉克战争中,美军依靠美军后勤保障战略需求,大大提高了后勤保障的可靠性、灵活性和敏捷性。主要体现在:一是满足了美军后勤保障战略需求,优化了资源配置,提高了资源利用程度;二是满足了用户的需求,基本实现了数量准确、时间及时、地点适当的后勤保障目标;三是有效提高了后勤保障业务处理效率,大大提高了后勤保障质量。

4.3.2 美陆军装备司令部供应链管理典型案例

1. 运作流程

美陆军装备司令部维修备件供应链运作流程主要分为三个级别。新备件是用陆军工作资本基金从工厂采购的。备件在到达国防保障局的任何一个战略(或靠前)分发基地后,进入国防部供应系统,即备件供应的第一级。这是陆军装备司令部维修备件供应链的战略级部分。陆军装备司令部的国家级大宗维修备件库存储备在供应链这一级。

备件供应链的第二级是由数百个供应保障机构仓库组成的全球供应网络。这些仓库和被保障的战区、旅、团、营各级部队建在一起。战略分发基地和供应保障机构有共同的资金来源(陆军工作资本基金),拥有指定的管理员在全球范围进行采购和开展维修活动(寿命周期管理司令部的器材管理员)。

供应链的第三级包括了由基层级拥有并负责维护的数以千计预定的器材。保障供应机构只有部分库存可以部署,而所有的预定备件都是可以机动供应的,因此预定备件一般限于保障部队近期战术和训练行动所需的关键器材。可修理的备件在使用后失去使用功能时将通过供应链进入相应级别的维修场地进行维修。若器材已无法修理,器材管理员将发布一道命令,将其从供应链中剔除。

2. 供应链模型

美军界强调,“军事 SCM 系统必须借助民营企业的经验和专长”。美陆军装备司令部在借鉴工业供应链模型的基础上,开发了符合工业标准的供应链运转模型,其中采用了整体、系统的方法来分析供应链网络,如图 4-17 所示。模型分为 5 个过程:制定规划、寻找产品来源、产品生产、产品交付和产品返还。任何一家运转供应链的机构都一定或多或少地涉及这 5 个过程。

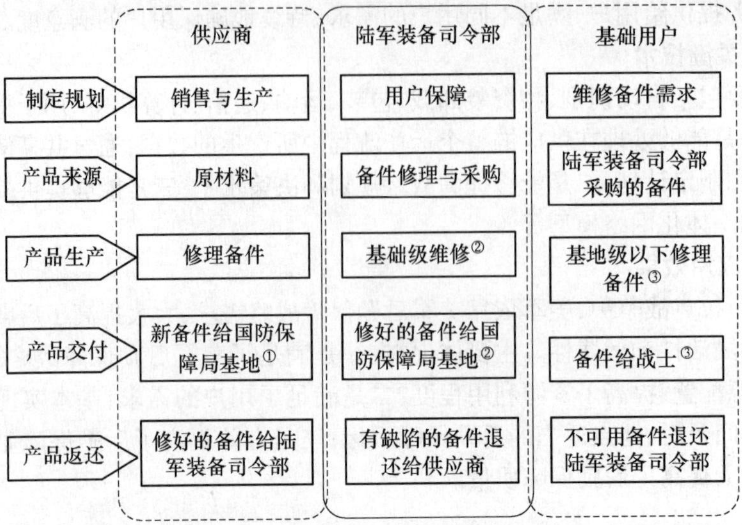

注:①备件由此进入陆军装备司令部供应链;②不可用的消耗型备件在此处理;③失去功能的可修复备件在此处理。

图4-17 陆军装备司令部的供应链模型

根据该模型,陆军装备司令部修改了以往的维修备件供应渠道,把以往以陆军装备司令部为中心的备件供应链转变成一种以供应运转参考模型为基础的供应链。该模型最主要的特征是整个供应链中的每一个主要通道(供应商、陆军装备司令部和陆军用户)都有其自身内部的供应链需要管理。然而,这三个独立的供应链最终都要连入一个规模更大的供应链。这表明,三个供应链中的任何一方采取任何措施都会对其他两个供应链产生影响。

3. 备件需求规划过程

美陆军装备司令部的老系统以及部分部署的保障现代化计划新系统都会计算各维修备件的需求等级,计算的依据有:历史需求数据、管理参数、预先计划需求、安全的库存量、储备能力、最划算的采购量以及各种用来计算作战储备的数学模型。通过计算,确定每一个备件的基本库存数量,这一数量即是备件再订购的预警点。当库存备件、已订购备件总和降至基本库存数量以下时,即触发这个预警点,器材管理员将启动新备件采购计划或向上申请适量的备件填充库存。

通过实践发现,美陆军司令部维持基本库存数量将投入很高,因此陆军装备司令部决定改进需求规划程序,主要采取了以下两方面措施:一是缩短行政审批时间;二是对行政审批时间进行预先规划,同时尽量使用长期合同。

当陆军装备司令部的器材管理员启动一项采购申请时,文件要依次通过寿命周期管理司令部的工程、采办、法律、小商业以及其他多个办公室。采购申请中要完成的工作有:打包整理所有的技术资料、制定采办策略、听取工业部门建议、适当的时候开展协调、审查采购申请、授予合同或下订单。完成上面这一行政过程花费的时间被称为行政审批时间。缩短行政审批时间是陆军装备司令部在司令部范围内改进供应链规划程序时要完成的首项工作。陆军装备司令部利用一体化集成小组、价值流分析、改善任务、新数据管理系统以及其他持续改进工作来缩短行政审批时间。

在缩短时间方面最好的做法还是对行政审批时间进行预先规划,同时尽量使用长期合同。预先规划是指尽量在器材管理员启动采购申请之前把行政审批中能实现完成的步骤都完成,而不要把所有的审批步骤都积压到采购申请启动之后。这种做法将节省大量时间,且预先规划是一次性投资,做完一次,以后的采购都可以重复利用其方法。长期合同是指跨度达到5年且有最低采购量和最高采购量限制的合同。在合同确定后,该器材管理员后续的采购申请就可以根据长期合同直接下订货订单,实现快速采购。另外,采用长期合同可以把陆军装备司令部的备件供应链与供应商的供应链关联起来,让供应商能更好地了解装备司令部的未来长远需求,从而为其未来生产更好地制定计划,准备资源。

4. 与供应商建立长期合作关系

在分析采购工作,对供应商进行合理化整合后,美陆军装备司令部与优秀供应商建立长期合作关系。建立合作关系的目标是:把供应商整合到陆军装备司令部备件管理供应链中来,帮助供应商改进产品质量、降低费用、改善服务。司令部与这些优秀供应商每半年举办一次会议,使用“供应商管理计分卡”来跟踪供应商的服务效果。记分卡可用于衡量实现关键指标方面的进展。关键指标包括:行政审批时间、产品交货时间、误运率、周转时间以及备件供应量等。司令部利用这些供应商来完成合同,达到自己在备件交付、保障能力、成本、性能以及其他方面的目标。

5. 取得的成果

美军将备件工作纳入军事供应链管理已获得丰硕成果:

(1) 按照用户第一的思想建立军民通用标准化供应程序和标准化数据库。

(2) 实施全部军事资产可视化。使备件在完成包装、确认、运输全过程都被可视化地跟踪,实现端对端的器材保障。

(3) 实施仓储信息化。掌握最新仓储信息,利用备件横向支援、调用,减少或消除装备拆拼修事件,实现“用信息换库存”的目的。

(4) 进一步缩短用户等待时间。在传统备件供应中,安全库存水平是按提前订货时间内需求量标准差的2倍来设定,但这是经济上难以承受的。由于军事供应链缩短了提前订货时间,因而减少了安全库存水平,从而节省了库存费用。在这方面美国防部副部长帮办 Roger Kallock 提出了一个很高的目标,他要求军事供应链应具备用5天或更短的时间,将指定货物按要求送到指定地点的能力。

(5) 采用信息技术,对库存进行动态控制。电子商务和虚拟仓储方案改变了物流模式的涵义。实时访问潜在客户和供应商的商务数据,提高了管理人员库存动态控制和货物立即派送的能力。

(6) 纳入供应链管理的另一个成果是减少了从订货申请到货物到达的获取循环时间,进一步满足了用户的平战要求。

(7) 对备件费用不再只关心采购费用,而是采购费、分发费、运输费、贮存费、维修费、报废或回收费等统筹考虑,实现寿命周期内备件费用最低。

4.4 发展前景及趋势

武器装备供应链管理的发展目标是:

(1) 科学、准确地预测武器装备需求,优化制定武器装备需求计划,适时进行武器装备筹措,缩短武器装备订货周期,搞好武器装备供需平衡。

(2) 根据军队战略部署,科学规划武器装备供应链各个节点的物理布局和功能,合理确定武器装备储备结构、储备数量和储备布局,适时、适量、合理、配套地进行武器装备储备部署。

(3) 协调利用武器装备资源,有效实施库存控制,加快武器装备周转速度,减少武器装备库存积压,提高武器装备管理效益。

(4) 建立高效仓库体系,严密组织作业管理,有效提高作业效率和质量,确保储存武器装备的数量准确、质量完好。

(5) 优化武器装备供应渠道,合理组织武器装备运输,准确地实施武器装备供应,提高武器装备需求响应速度,保障部队需求。

由于各种限制,当前武器装备供应链中,军地供应链还是彼此分离。未来武器装备供应链将实现军地一体化,即军方和军工企业决策、控制一体化。以武器装备供应链的目标为牵引,通过武器装备供应链上各个不同组织的共同努力,创造一套信息流畅、快速沟通、共同决策的供应链机制。在这种机制中,军方和军工企业之间是“战略合作伙伴关系”,各成员有充分的信息交流,完全的信息共享,并行的运作,把个体的独立性和整体的协调性统一起来,达到双赢,实现利益一体化。一方面,军方和军工企业在所有权上是相互独立的,关系是交易关系;另一方面,双方注重共同的利益,追求长期和稳定的合作关系,讲究相互沟通,协调统一行动。这就要求军方和军工企业正确制定自己的未来发展战略,保证合作目标的实现必须在发展战略中得到充分体现。为实现这种战略协调与合作,军方和军工企业必须共同制定装备发展战略,各内部职能部门要充分认识和了解战略任务和目标,通过协商与合作达成共识,建立起共同的目标和价值观。武器装备发展战略制定以后，供应链运作战略应当与之相匹配，各内部职能部门的战略选择应支持供应链运作战略，以形成一个协调一致的供应链运作战略。

通过武器装备供应链军地一体化，达到军地结合、兵民结合，寓军于民、以民促军，协调发展的目的，实施人才兼容、技术兼容、生产能力兼容、设施兼容和产品兼容，从而能够最大程度地满足国民经济发展和国防建设对武器装备保障的要求。军地武器装备供应链一体化充分体现了当今世界经济和军事协调发展的思想，集中反映了供应链管理"优化整合"的核心思想。

参考文献

[1] 高军，崔世娟. 武器装备供应链管理. 北京：国防工业出版社，2008.

[2] 美军装备司令部备件供应链转型. 装备维修保障动态，2009.6.

[3] 杨学强，杜家兴，黄俊. 装备器材供应链管理初探. 应用高新技术提高维修保障能力会议论文集.

[4] 纪鹏，王铁宁，倪明仿，等. 装备物流供应链管理合作机制研究. 第二届军事物流学术论坛暨装备物流学术交流论文集.

[5] 徐海峰，樊荣. 后勤装备采购供应链管理的几点思考. 后勤学术，2006.4.

第5章 电子标签

5.1 引 言

电子标签(Radio Frequency Identification,RFID)即射频识别,它通过射频信号自动识别目标对象并获取相关数据,在20世纪80年代进入商业应用阶段,最初应用在一些无法使用条码跟踪技术的特殊工业场合,例如在一些行业和公司中,这种技术被用于目标定位、身份确认及跟踪库存产品等。

自20世纪90年代以来,RFID技术广泛的应用前景在全球获得了共识,并得以迅速发展。这项技术以其无需直接接触、无需光学可视、无需人工干预即可完成信息输入和处理,并且具有操作快捷方便、高速识别移动物体、多目标识别等特点而广泛应用于生产、物流、交通、医疗、防伪等领域,显示出了巨大的发展潜力与应用空间,被认为是21世纪最有发展前途的技术之一。

RFID技术涉及信息、制造、材料等诸多高技术领域,涵盖无线通信、芯片设计与制造、天线设计与制造、标签封装、系统集成、信息安全等技术。世界各发达国家和国际跨国公司对RFID技术非常重视,都在加速推动RFID技术的研发和应用进程。

5.2 产生与发展现状

从信息传递的基本原理来说,RFID技术在低频段基于变压器耦合模型(初级与次级之间的能量传递及信号传递),在高频段基于雷达探测目标的空间耦合模型(雷达发射电磁波信号碰到目标后携带目标信息返回雷达接收机)。1948年哈里斯托克曼发表的“利用反射功率的通信”奠定了RFID技术的理论基础。

RFID技术的发展可按十年期划分如下:

1940~1950年:雷达的改进和应用催生了RFID技术,1948年奠定了RFID技术的理论基础。

1950~1960年:早期RFID技术的探索阶段,主要处于实验室实验研究。

1960~1970年:RFID技术的理论得到了发展,开始了一些应用尝试。

1970~1980年:RFID技术与产品研发处于一个大发展时期,各种RFID技术测试得到加速。出现了一些最早的 RFID 应用。

1980 ~ 1990 年:RFID 技术及产品进入商业应用阶段,各种规模应用开始出现。

1990 ~ 2000 年:RFID 技术标准化问题日趋得到重视,RFID 产品得到广泛采用,RFID 产品逐渐成为人们生活中的一部分。

2000 年后:标准化问题日趋为人们所重视,RFID 产品种类更加丰富,有源电子标签、无源电子标签及半无源电子标签均得到发展,电子标签成本不断降低,规模应用行业扩大。

至今,RFID 技术的理论得到丰富和完善。单芯片电子标签、多电子标签识读、无线可读可写、无源电子标签的远距离识别、适应高速移动物体的 RFID 技术与产品正在成为现实并走向应用。

5.3 理论、方法和特点

5.3.1 RFID 工作原理及系统组成

RFID 系统由标签、读写器和数据处理系统三部分组成。

RFID 标签和读写器通过调制的无线信号进行通信,读写器向 RFID 标签发出命令,RFID 标签根据接收到的命令做出响应。最常见的是无源 RFID 系统,当 RFID 标签进入读写器的工作范围时,从电磁场中获得能量,标签内部的微芯片电路被激活,芯片从读写器发出的电磁波中解调出数据进行处理,或者将数据写入标签内部的存储器中,或者将数据调制后发送给读写器,解读器把它转换成相关数据。控制计算机就可以处理这些数据从而进行管理控制。

RFID 标签由芯片和天线构成,根据 RFID 标签的内部构造可分为三种:有源,无源和半无源。带有电池的称为有源标签,不带电池的称为无源标签。无源标签使用读写器发出的电波,作为启动 IC 回路的能量,因此它有半永久性使用的优点,但是通信距离比有源标签要短。另一方面,有源标签使用内部的电池来进行无线通信,因此比无源标签的通信距离要长,不过会受到电池寿命的限制,价格也比无源标签高。

除此之外,还有一种内置电池的 RFID 标签,电池的能量不用于与读写器的通信链路,而是作为内部电路、存储器或传感器的供电。标签向读写器返回响应的过程和无源标签一样,都是通过调制读写器的载波信号实现的。

5.3.2 RFID 的频率特点及规划

5.3.2.1 RFID 的工作频段

通常情况下,RFID 读写器发送的频率称为 RFID 系统的工作频率或载波频率。RFID 的工作频率不仅决定着 RFID 系统工作原理、识别距离，还决定着 RFID 标签及读写器实现的难易程度和设备成本。RFID 技术按照工作频段可分为低频(LH)、高频(HF)、超高频(UHF)和微波(MW)。不同频段下的 RFID 系统具有不同的特点，在读写范围、读写速率和使用环境要求等方面也都不同。

低频标签典型工作频率为 125kHz 和 133kHz。低频标签一般为无源标签，其工作能量通过电感耦合方式从读写器耦合线圈的辐射近场中获得。低频标签与读写器之间传送数据时，需位于读写器天线辐射的近场区内；识读距离一般情况下小于 10cm；典型应用有动物识别、容器识别、工具识别、电子钥匙等。

高频标签典型工作频率为 13.56MHz。该频段标签工作原理与低频标签完全相同，即采用电感耦合方式工作。高频标签的识读距离一般情况下小于 1m。高频标签的数据传输速率快，已广泛应用于电子车票、居民身份证、电子钥匙、市民卡、门禁卡等。

超高频标签典型工作频率有 433MHz、860MHz ~ 960MHz 和 2.45GHz。超高频射频标签可分为有源标签与无源标签两类。超高频通过电磁波传递能量和交换信息。相应的 RFID 系统识读距离一般大于 10m，有源标签识读距离可达百米。超高频射频标签主要用于物流、铁路车辆自动识别、集装箱识别、托盘和货箱标识等。

微波标签典型工作频率为 5.8GHz。微波标签主要是有源标签，工作原理与超高频射频标签相同，即通过电磁波传递能量和交换信息，其识读距离大于 10m，有源标签识读距离可达百米。微波射频标签主要用于公路车辆识别与自动收费等。

5.3.2.2 我国 RFID 频率规划

除了 125kHz、13.56MHz 和 2.45GHz 等 ISM 频段也可用于 RFID 系统之外，由于 UHF 频段的 RFID 技术具有电波传播性好、标签尺寸适中等特点，适合长距离识别和大规模应用，因此一直是业界关注的热点，各国在这一频段的频率规划及使用情况各不相同，欧洲使用的超高频是 865 ~ 868MHz，美国是 902 ~ 928MHz，日本是 952 ~ 954MHz。

我国国家无线电管理局在综合考虑 RFID 使用者的要求和制造者的利益，实现与国际接轨，同时考虑我国相关产业的发展要求的基础上，于 2007 年 4 月发布了《800/900MHz 频段 RFID 技术应用试行规定》，规定了我国 UHF 频段试行使用频率为 840 ~ 845MHz 和 920 ~ 925MHz，其中 840 ~ 845MHz 是我国特殊的，为我国 RFID 产业发展预留了广阔的空间。

5.3.3 RFID 关键技术和方法

5.3.3.1 空中接口协议

空中接口协议是标签和读写器之间进行通信的协议，包含物理层和媒体接入控制(MAC)层,物理层包含数据的帧结构定义、调制/解调、编码/解码、链路时序等,MAC 层包含链路时序、交互流程、防冲突算法及安全加密算法等。

5.3.3.2 防冲突算法

防冲突管理机制的目的是解决多标签冲突的问题,目标是能够快速清点所有标签,得到标签的相关信息。防冲突机制是 RFID 协议的核心内容,该机制的优劣直接影响到系统的处理能力,因此防冲突算法的设计应以提高清点效率为主要目标,同时还应提高防冲突算法的稳定性,减小清点效率和速度的波动,对于有源标签还要考虑降低功耗。

5.3.3.3 标签状态机

标签状态机是基于系统的工作模式、信息安全机制要求设计的,兼顾了标签在不同状态下的功耗情况。比如,标签状态可分为休眠、侦听、就绪、仲裁、收集、会话和安全会话等,在各状态下,标签只能执行规定的命令,对于其他命令,标签能够不响应或进行异常响应。

5.3.3.4 安全机制

安全机制主要是针对 RFID 在应用过程中可能面临的安全威胁而采取的措施,主要通过 RFID 空中接口协议实现,主要包括:信息只读、标签标识符唯一、存储区加锁、密码访问、实体鉴别、数据加密、数据完整性保护、物理激活、操作距离控制、标签灭活等措施。

5.3.4 相关标准

5.3.4.1 国际标准

目前,RFID 还未形成统一的全球化标准,市场呈现多种标准并存的局面,出自各国或各团体经济利益的考虑,标准的统一会遇到很大困难,但是随着全球物流行业 RFID 大规模应用的开始,RFID 标准的统一已成为业界的广泛共识。

目前国际上制定 RFID 标准的主要机构是国际标准化组织(ISO)、国际电信联盟(ITU)以及各个区域和行业性标准化组织,诸如欧洲电信标准化协会(ETSI)、欧洲标准化委员会(CEN)、欧洲电气标准化委员会(CENLEC)、EPC Global 和泛在 ID 中心(Ubiquitous ID center,UID)等,还有各个国家的标准化组织等都已开始 RFID 技术的标准化工作。

ISO 是世界上最大的最有权威的非营利性国际标准化专门机构,是一个由国家成员组成的、世界范围的标准联合体,根据该组织章程,每个国家只能有一个最具代表性的标准化团体作为其成员。IEC(国际电工委员会)是世界上成立最早的国际性电子、电工标准化机构,其权威性是世界公认的。下面将主要介绍 ISO/IEC 负责制定的与 RFID 相关的国际标准。

ISO/IEC 的 JTC1 负责制定与 RFID 技术相关的国际标准,主要机构有 ISO/

IEC JTC1 SC31 和 ISO/IEC JTC1 SC17，ISO 其他有关技术委员会也制定部分与 RFID 应用有关的标准。

ISO/IEC JTC1 SC31 自动识别和数据采集分技术委员会承担了 RFID 技术的标准化研究工作。主要包括标签和读写器之间的空中接口协议、读写器对数据的编码、压缩处理以及空中接口符合性测试等方面的标准。

SC31 分委会已经制定了 RFID 的术语标准、空中接口标准、符合性测试标准和实时定位系统标准。空中接口标准覆盖了低频（135kHz 以下）、高频（13.56MHz）、超高频（433MHz，860～960MHz，2.45GHz）。其中高频的空中接口标准"ISO/IEC 18000－3"中的模式 1 即是 SC17 分委会制定的"ISO/IEC 15693 邻近式耦合卡"的协议部分。

ISO/IEC JTC1 SC17 则主要负责与卡和身份识别相关的 RFID 技术标准工作。

ISO TC104 货运集装箱分委会、ISO TC122 包装分委会以及 ISO TC104/TC122 JWG 供应链联合工作组等负责制定 RFID 相关应用标准。

5.3.4.2 国家标准

国内的 RFID 应用发展迅速，已有很多大规模的应用，但是存在的问题是整个技术体系都是按照国际标准在开发，而国际标准中涵盖了大量的专利，这对我国 RFID 产业发展是极为不利的。

我国对 RFID 技术标准的制定也非常重视，原信息产业部于 2005 年 10 月成立了电子标签标准工作组，工作组分为七个专题组，包括标签与读写器组、频率与通信组、数据格式组、信息安全组、应用组、知识产权组；工作组由 140 余家产学研用单位组成，承担我国 RFID 国家标准、电子行业标准的制定工作。

目前，我国 RFID 国家标准立项 31 项（见表 5－1 和表 5－2），电子行业标准立项 16 项，涵盖了术语、空中接口协议、数据内容、测试方法、应用规范等方面。

表 5－1　RFID 国家标准计划项目

序号	国标计划号	项目名称	归口单位
1	20051883－T－339	信息技术 AIDC 技术 用于物品管理的射频识别技术标准化参数定义	全国信息技术标准化技术委员会
2	20051884－T－339	信息技术 AIDC 技术 用于物品管理的射频识别技术低于 135kHz 通信的空中接口的参数	全国信息技术标准化技术委员会
3	20051885－T－339	信息技术 AIDC 技术 用于物品管理的射频识别技术在 13.56MHz 通信的空中接口的参数	全国信息技术标准化技术委员会
4	20067263－T－339	信息技术 AIDC 技术 用于物品管理的射频识别技术在 433 MHz 频率下的空中接口通信参数	全国信息技术标准化技术委员会

（续）

序号	国标计划号	项目名称	归口单位
5	20080528－T－469	信息技术　射频识别设备性能测试方法系统性能测试方法	全国信息技术标准化技术委员会
6	20080529－T－469	信息技术　射频识别设备符合性测试方法 第3部分:13.56MHz空中接口通信测试方法	全国信息技术标准化技术委员会
7	20080564－T－469	信息技术　用于物品管理的射频识别技术数据协议 第1部分:应用接口	全国信息技术标准化技术委员会
8	20080565－T－469	信息技术　用于物品管理的射频识别技术数据协议 第2部分:射频识别数据结构的注册	全国信息技术标准化技术委员会
9	20080566－T－469	信息技术　用于物品管理的射频识别技术数据协议 第3部分:射频识别数据结构	全国信息技术标准化技术委员会
10	20080567－T－469	信息技术　用于物品管理的射频识别技术数据协议 第4部分:电池辅助和传感器功能的应用接口命令	全国信息技术标准化技术委员会
11	20081342－T－469	13.56MHz射频识别标签基本电特性	全国信息技术标准化技术委员会
12	20081343－T－469	13.56MHz射频识别读/写设备规范	全国信息技术标准化技术委员会
13	20081344－T－469	800/900MHz射频识别读写器规范	全国信息技术标准化技术委员会
14	20081354－T－469	射频识别标签物理特性方法	全国信息技术标准化技术委员会
15	20081389－Z－469	信息技术　用于物品管理的射频识别实施指南 第1部分:具备RFID功能标签	全国信息技术标准化技术委员会
16	20081390－Z－469	信息技术　用于物品管理的射频识别实施指南 第2部分:回收和RFID标签	全国信息技术标准化技术委员会
17	20081392－T－469	信息技术　射频识别设备性能测试方法标签性能测试方法	全国信息技术标准化技术委员会
18	20081393－T－469	信息技术　射频识别设备符合性测试方法 第6部分:860~960MHz空中接口通信测试方法	全国信息技术标准化技术委员会
19	20081394－T－469	信息技术　用于单品管理的射频识别数据协议:数据编码规则和逻辑存储功能	全国信息技术标准化技术委员会
20	20081397－T－469	信息技术　自动识别和数据采集技术协调词汇 第3部分:射频识别	全国信息技术标准化技术委员会

（续）

序号	国标计划号	项目名称	归口单位
21	20100380 – T – 469	射频识别（RFID） 系统通用安全技术要求	全国信息安全标准化技术委员会
22	20100381 – T – 469	射频识别系统密码应用技术要求 第1部分：密码安全保护框架	全国信息安全标准化技术委员会
23	20100408 – T – 469	信息技术　射频识别设备互操作性测试方法	全国信息技术标准化技术委员会
24	20100410 – Z – 469	信息技术　用于物品管理的射频识别实施指南 第3部分：超高频 RFID 读写器系统在供应链中的实施和操作	全国信息技术标准化技术委员会
25	20100411 – Z – 469	信息技术　用于物品管理的射频识别实施指南 第4部分：标签数据安全	全国信息技术标准化技术委员会
26	20110137 – T – 469	信息技术　用于物品管理的射频识别 2.45GHz 频率下的空中接口通信参数	全国信息技术标准化技术委员会
27	20110138 – T – 469	射频识别空中接口符合性测试方法 2.45GHz	全国信息技术标准化技术委员会
28	20110139 – T – 469	信息技术　用于物品管理的射频识别840 ~ 845MHz和920 ~ 925MHz 频率下的空中接口通信参数	全国信息技术标准化技术委员会
29	20110140 – T – 469	信息技术　射频识别标签通用技术规范 2.45GHz	全国信息技术标准化技术委员会
30	20110141 – T – 469	信息技术　射频识别标签通用技术规范 800/900MHz	全国信息技术标准化技术委员会
31	20110142 – T – 469	信息技术　射频识别读写器通用技术规范 2.45GHz	全国信息技术标准化技术委员会

表 5 – 2　RFID 电子行业标准计划项目

序号	行标计划号	项目名称	归口单位
1	2009 – 1680T – SJ	电子标签读写设备无线技术指标和测试方法	全国信息技术标准化技术委员会
2	2009 – 1681T – SJ	用于信息处理产品和服务数字标识格式规范	全国信息技术标准化技术委员会
3	2009 – 1682T – SJ	基于十进制网络的电子标签信息定位、查询与服务发现和应用	全国信息技术标准化技术委员会
4	2009 – 1683T – SJ	基于互联网的电子标签信息查询与服务发现	全国信息技术标准化技术委员会

（续）

序号	行标计划号	项目名称	归口单位
5	2009－1684T－SJ	基于射频技术的用于商品与服务的代码域名规范	全国信息技术标准化技术委员会
6	2009－1685T－SJ	危险化学品气瓶标识用电子标签通用技术要求 第1部分:应用技术规范	全国信息技术标准化技术委员会
7	2009－1686T－SJ	危险化学品气瓶标识用电子标签通用技术要求 第2部分:气瓶电子标识代码	全国信息技术标准化技术委员会
8	2009－1687T－SJ	危险化学品气瓶标识用电子标签通用技术要求 第3部分:读写器特殊要求	全国信息技术标准化技术委员会
9	2009－1688T－SJ	服装制造生产线电子标签通用技术标准	全国信息技术标准化技术委员会
10	2009－1689T－SJ	大型公共活动(会展、赛事)电子票务系统应用技术规范	全国信息技术标准化技术委员会
11	2009－2742T－SJ	基于射频识别的瓶装酒防伪应用数据模型	全国信息技术标准化技术委员会
12	2009－2743T－SJ	基于射频识别的物流供应链事务应用数据模型	全国信息技术标准化技术委员会
13	2009－2744T－SJ	射频识别标签信息查询服务网络架构技术规范	全国信息技术标准化技术委员会
14	2009－2808T－SJ	离散制造业生产管理用射频识别标签数据模型	全国信息技术标准化技术委员会
15	2009－2809T－SJ	离散制造业生产管理用射频识别读写设备管理接口规范	全国信息技术标准化技术委员会
16	2010－2192Z－SJ	仓储业务射频识别应用指南	全国信息技术标准化技术委员会

5.3.4.3 国家军用标准

为了加快 RFID 在军事领域的应用，提高我军信息化建设的水平，2008 年至 2011 年，由中国人民解放军总装备部组织研制了一批 RFID 国家军用标准。2011 年 9 月发布了 22 项国家军用标准，包括技术标准、数据内容标准、测试标准、产品规范。具体如下：

（1）GJB7369—2011　军用射频识别系统安全通用要求；

（2）GJB7370—2011　军用射频识别标签和读写器安全测试与评估方法；

（3）GJB7371—2011　军用物资和装备自动识别标识符；

（4）GJB7372—2011　军用有源射频识别标签通用规范；

（5）GJB7373—2011　军用无源射频识别标签通用规范；

(6) GJB7374—2011　军用射频识别术语；

(7) GJB7375—2011　军用物品唯一标识；

(8) GJB7376—2011　军用射频识别标签唯一标识；

(9) GJB7377.1—2011　军用射频识别空中接口 第1部分:800/900MHz参数；

(10) GJB7377.2—2011　军用射频识别空中接口 第2部分:2.45GHz参数；

(11) GJB7378.1—2011　军用射频识别空中接口符合性测试方法 第1部分:800/900MHz；

(12) GJB7378.2—2011　军用射频识别空中接口符合性测试方法 第2部分:2.45GHz参数；

(13) GJB7379—2011　军用射频识别设备的系统性能测试方法；

(14) GJB7380—2011　军用射频识别读写器通用规范；

(15) GJB7380—2011　军用射频识别读写器通用规范；

(16) GJB7381—2011　军用射频识别现场检测设备通用规范；

(17) GJB7382—2011　军用射频识别标签数据结构通用要求；

(18) GJB7383.1—2011　军用射频识别读写器接口协议 第1部分:800/900MHz；

(19) GJB7384—2011　军用射频识别数据转换协议；

(20) GJB7385—2011　军用射频识别信息服务体系结构；

(21) GJB7386—2011　军用射频识别信息共享服务接口；

(22) GJB7387—2011　军用射频识别唯一标识编码解析系统接口；

(23) GJB7388—2011　军用射频识别读写器访问和管理应用接口；

(24) GJB7389—2011　军用射频识别信息服务符合性测试方法。

5.4　成功案例介绍

5.4.1　1比特系统

1比特可以有两种状态:“1”或“0”,用1比特来表示读写器作用范围内有电子标签或没有电子标签,其典型应用就是商场里的电子防盗系统。

电子防盗系统一般由以下几部分组成:读写器、电子标签和去活化器。去活化器可以在商品付款后使电子标签去活化,变得无效。在某些系统中,去活化后的电子标签可以重新活化,成为可以再次使用的电子标签。

5.4.2 RFID 在生产流水线中的应用

下面介绍的系统采用 RFID 技术作为制造业生产流水线现场的在制品跟踪和生产状态监控的基础,实现了制造和质量的可视化和数字化管理。

5.4.2.1 系统构成

基于 RFID 的 MES 系统构成如图 5-1 所示。

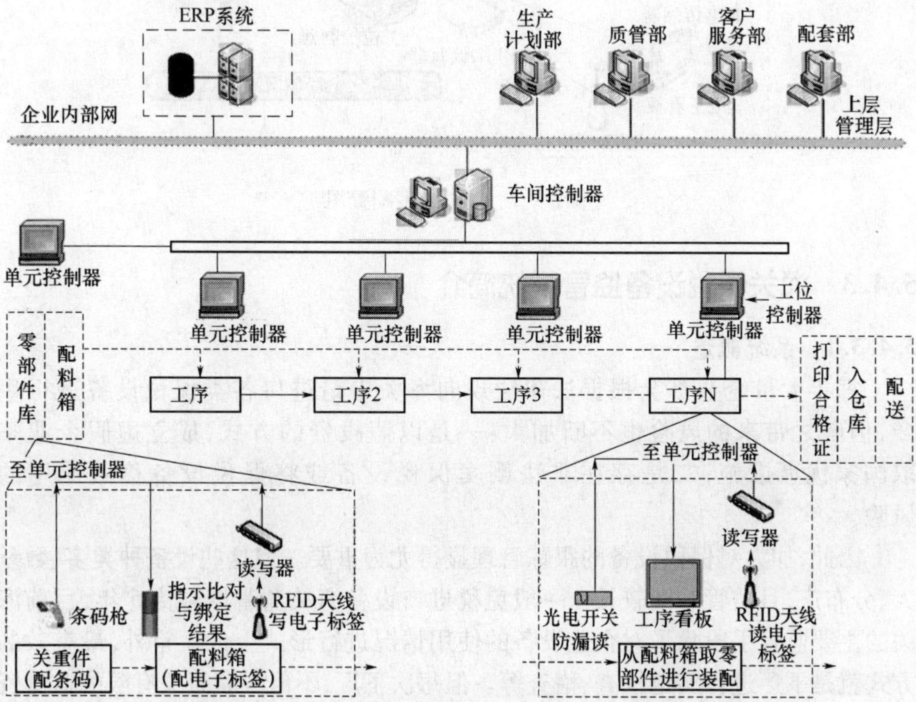

图 5-1 基于 RFID 的 MES 系统构成

车间控制器位于企业上层管理层和车间控制层之间,实现现场控制系统与计划层 ERP 等系统的网络和数据的集成。

底层工位控制器下连生产线上各种生产控制和检测设备,上接车间控制器,实现底层生产数据的采集及其与车间控制器的通信集成。一般置于生产线关键工位处。

5.4.2.2 工位典型配置

关键工位设有工位控制器,工位控制器下连 RFID 读写器、电子看板等生产控制和检测设备,上接车间控制器,实现工位生产数据的采集及其与车间控制器的通信和应用集成。图 5-2 给出了工位典型配置图。

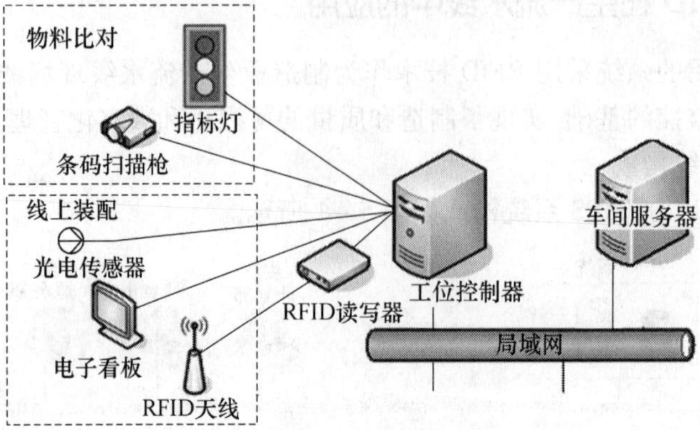

图 5－2　工位典型配置图

5.4.3　海关保税设备监管系统简介

5.4.3.1　系统概述

每年大量企业都会根据法律法规向海关申请进口各类保税设备进行生产，但随之带来的风险也不断加大：一是以假投资的方式，成立虚假企业骗取国家优惠措施；二是存在非法倒卖保税设备或将保税设备移做他用的风险。

因此，加大对保税设备的跟踪管理显得尤为重要。但这些设备种类多、数量大、分布广，且监管时间较长。一般免税进口设备海关监管期限为 5 年，目前海关的主要监管手段除了对企业设备的使用情况进行形式上的年审外，最有效的方式就是下厂进行实地核查、稽查等。但每次下厂，不但考验海关有限的监管资源，而且会对企业的正常经营活动造成一定的影响。

海关保税设备监管系统是一套基于 RFID 物联网技术的设备跟踪管理解决系统。系统为每一台保税设备安装一个唯一的 RFID 标签，再通过系统对 RFID 标签进行监控，从而实现对企业保税设备的跟踪与管理，以解决上述困扰海关与企业的难题。

5.4.3.2　系统架构

系统根据企业保税设备价值的高低安装不同的 RFID 标签，价值高的安装有源标签，价值低的安装无源标签，根据标签的不同，也分别采取不同的监管模式。

1. 有源标签的监控

对于安装有源 RFID 标签的高价值设备，系统采取自动实时监控模式。在安装有源 RFID 标签设备的使用地点同时部署 RFID 读写器，RFID 读写器不间断地扫描有源 RFID 标签,一旦设备非正常离开使用地或非法拆卸,则系统将该信息上报到海关系统,及时提醒海关人员设备被移动。其系统网络拓扑图如图 5 -3所示。

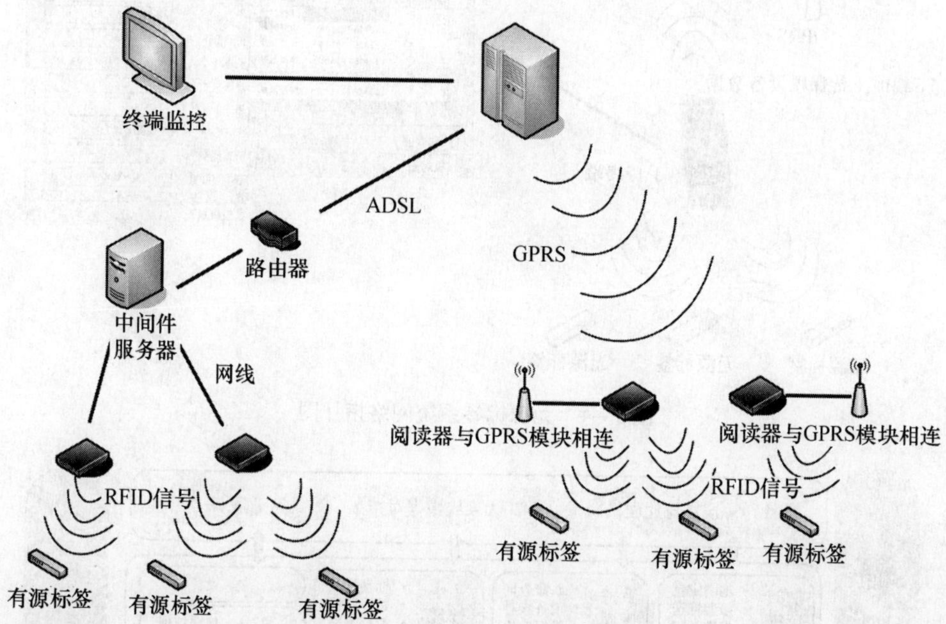

图 5 - 3　有源标签系统网络拓扑图

2. 无源标签的监控

对于安装无源 RFID 标签的低价值设备,系统采取人工盘点核查监控模式。在安装无源 RFID 标签设备的区域,海关工作人员持手持终端设备对这些设备的 RFID 标签进行远距离的扫描盘点,并直接将结果通过 GPRS 与关贸通系统的数据进行匹配;或者海关人员也可以事前先将企业设备信息下载到手持终端设备的 SD 卡中,在扫描盘点时,直接与 SD 卡中的数据进行匹配。其系统网络拓扑图如图 5 - 4 所示。

该系统在提供的 2 种监管模式基础上,同时实现了丰富的应用功能,主要用于构建设备管理和监控平台,提供实时监控保税设备使用情况的功能,并形成设备异常预警和响应的常态机制。其系统功能图如图 5 - 5 所示。

5.4.3.3　系统优势

(1) 降低海关对保税设备监管的风险。通过该项目的实施,当不法企业出现资产转移行为时,系统能及时预警,及时制止不法企业倒卖、挪用保税资产等违法行为的发生,从而降低海关对保税设备监管的风险。

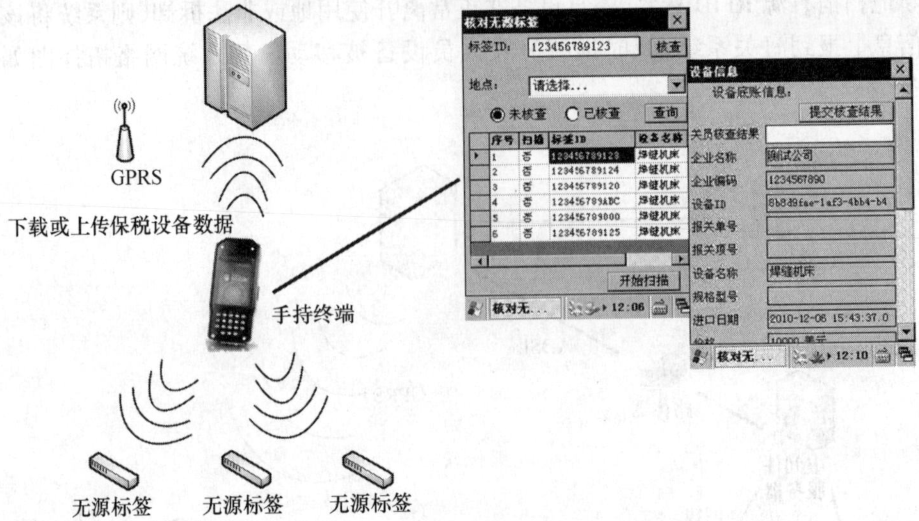

图 5-4　无源标签系统网络拓扑图

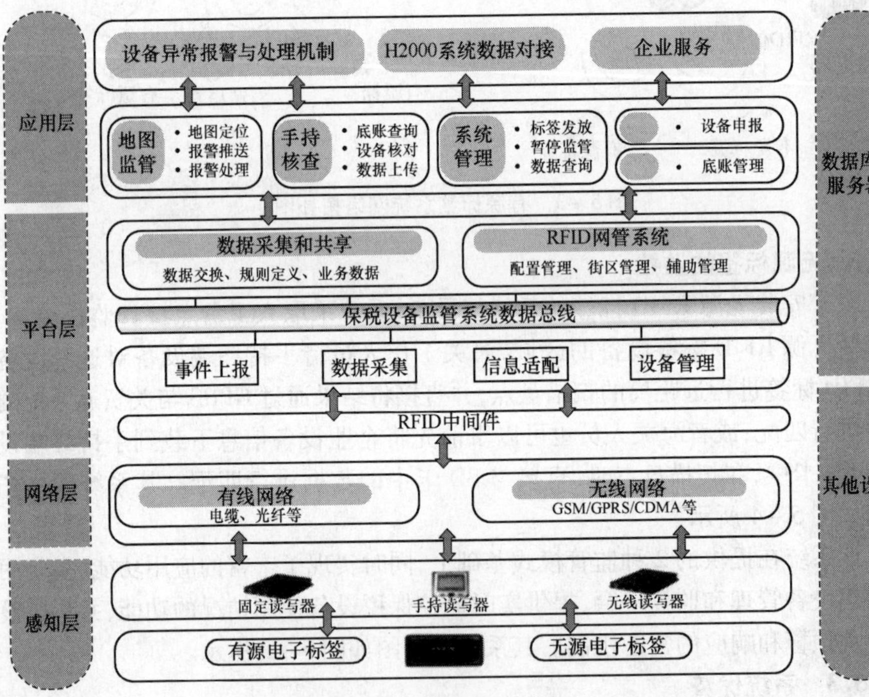

图 5-5　系统功能图

（2）节省人力、物力和财力，实现双赢。使用 RFID 设备在厂房进行设备的数据采集，通过网络了解保税设备使用情况，将海关人员从繁重的现场监管中解放出来，便于海关集中精力做好其他更重要的工作；同时最大程度减轻了实地验核对企业的影响。

(3) 提高海关工作效率。目前海关亲赴现场的监管方式效率低，一天可能只能检查一两家。使用 RFID 技术进行远程监管和跟踪，大大提高了工作效率，提升了海关形象。

5.4.4 港口集装箱管理系统简介

5.4.4.1 系统概述

港口集装箱管理系统采用集装箱智能电子铅封为信息载体，结合港口集装箱堆场部署的阅读器网络，实现了集装箱进出港管理堆场管理及集装箱运输的在途管理。系统可对运输过程中的物流信息进行可视化实时跟踪，大大加快了集装箱的流通速度，提高了集装箱利用率，从而全面提升集装箱管理和运输水平。

5.4.4.2 系统架构

本系统采用二级网络结构，包括三大设计模块：在港口下属各码头闸口部署集装箱智能铅封数据采集点，在集装箱堆场部署集装箱定位阅读器网络，港口数据中心设立总调度和监控点。各码头设立服务器管理本地系统，同时利用有线或无线网络将港口内所有码头的采集点和服务器相连，搭建成统一平台。

所有用户均通过港口数据中心的服务器登陆系统，进行用户权限验证，管理港口内所有集装箱的实时信息，集装箱货主或船公司可通过互联网查询集装箱当前所有信息。

系统功能图如图 5-5 所示，系统网络拓扑图如图 5-6 所示。

5.4.4.3 系统优势

(1) 提高集装箱管理的效率，节约集装箱装卸和流通时间。采用 RFID 技术，自动收集集装箱信息，提高集装箱的流动速度，代替了传统的人工盘查、核实业务流程，提高了集装箱运转流程中的可靠性、安全性，有效减少集装箱装卸及流通时间，解放了人力，大大提高了港口作业的工作效率。

(2) 提升港口作业速度，提高港口管理水平。集装箱信息堆场利用率信息实时共享，为决策层提供实时、准确的参考依据，决策层可充分实现有效调度，提高了港口信息化管理水平。

(3) 货主、集装箱运输企业可从中受益。货主、集装箱运输企业可通过网络实时追踪掌握集装箱的信息，实时了解货物最新动态，为集装箱物流供应链信息化、透明化奠定良好的基础。

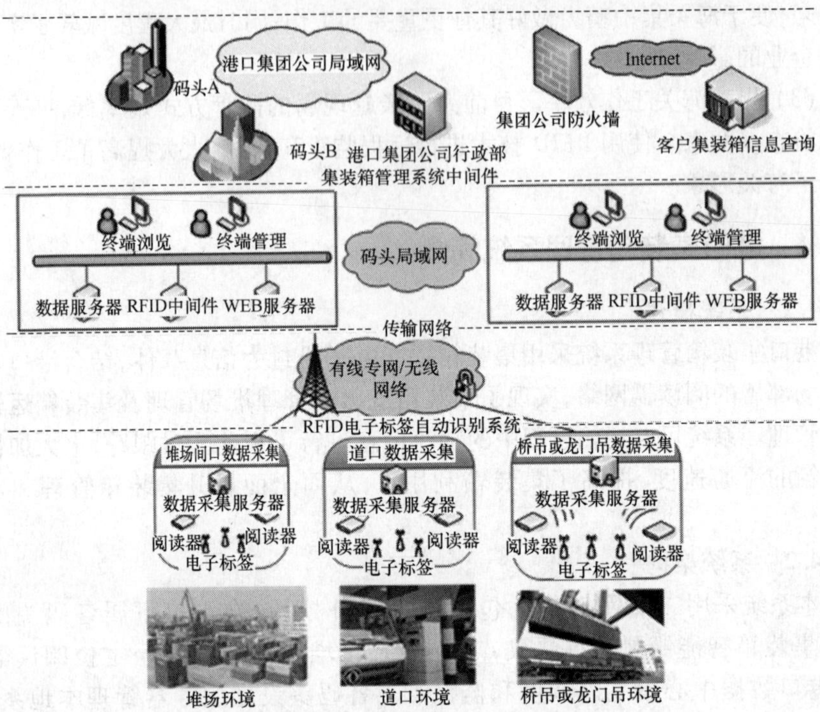

图 5-6　系统网络拓扑图

5.4.5　RFID 在供应链管理中的应用

5.4.5.1　概述

RFID 技术，作为快速、实时、准确采集与处理信息的高新技术和信息标准化的基础，免除了标签识读过程中的人工干预，在节省大量人力的同时可极大地提高工作效率和数据的准确程度，所以 RFID 技术对物流和供应链管理具有巨大的吸引力。

从采购、存储、生产制造、包装、装卸、运输、流通加工、配送、销售到服务，是供应链上环环相扣的业务环节和流程。在供应链运作时，企业必须实时地、精确地掌握整个供应链上的商流、物流、信息流和资金流的流向和变化，使这四种流以及各个环节、各个流程都协调一致、相互配合，才能发挥其最大经济效益和社会效益。

然而，由于实际物体的移动过程中各个环节都是处于运动和松散的状态，信息和方向常常随实际活动在空间和时间上变化，影响了信息的可获性和共享性。而 RFID 正是有效解决供应链上各项业务运作数据的输入/输出、业务过程的控制与跟踪，以及减少出错率等难题的一种新技术。

5.4.5.2 RFID 技术在供应链各环节中的应用

1. 进货环节

采用了 RFID 技术一改往日传统的销售商进货管理,利用读写器获取货物及同时到达的物流信息,对货物自动统计信息并传入信息系统后入库;货物安置在不同的仓库区域后,可以利用固定的电子标签读写器对货物在仓库中的存放状态进行监控,如指定堆放区域、上架时间等信息的统计。

当仓储区域货物期限快到时则自动发出报警信号给中央调度系统通知工作人员;出库时,货物信息的变动同样传送到相应数据库。使用 RFID 技术使得货物的登记变得自动化,更加快速准确,减少了人员需求与货物损耗,实现了快速提货和取货,并最大限度地减少存储成本。

2. 销售环节

商家在销售环节使用电子标签对货物进行统计,只需在主机的系统管理软件上便可查询到货物的详细信息,例如存货的种类以及数量。同样在付款台对物品实现自动扫描和计费,取代繁琐的人工收款模式。更令消费者关注的有效期问题,系统对于某些具有时效性商品的有效期限进行监控,提醒商家做出相应的处理,避免过期的损失;同时商品管理系统对货物进行管理,在缺货时及时通知商家补货,保证货源充足,提高销售环节的效率。

3. 运输环节

在货物表面贴上 RFID 标签(例如贴在集装箱和外包装上),可以对货物进行跟踪控制。处在运输过程中的货物被安装在车站、码头、机场、高速公路出口等处的读写器读取到电子标签的信息后,连同货物的位置信息传送给货物调度中心的数据库中,准确及时地更新物流网中的货物信息。

RFID 技术在以上环节中应用使得合理的产品库存控制和智能物流技术成为可能。RFID 非常适用于对物流跟踪、运载工具、仓库货架以及目标识别等要求非接触数据采集进行和交换的场合,广泛用于物流管理中的仓库管理、运输管理、物料跟踪和货架识别、商店(尤其是超市)。

5.4.6 车辆管理系统

使用 RFID 不停车收费系统(ETC)是一种先进的路桥收费方式,通过安装在车辆挡风玻璃后面的电子标签与在收费站 ETC 车道上的微波天线之间的专用短程通信,利用计算机联网技术与银行进行后台结算处理,达到车辆通过收费站不停车就交费的目的,从而加快了路桥收费道口的通行能力,与人工收费通道相比,ETC 车道通行能力可提高 4~6 倍,而且可减少车辆在收费口因交费、找零等动作引起的排队等候,并大大降低了收费口的噪声与废气排放。

对于公路收费系统,由于车辆的大小和形状不同,在电子标签和读写器之间大约需要 4m 的读写距离与快速读写能力,因此系统的频率应该在 UHF 以上频段。实现方案是将多车道的收费口分成自动收费口和人工收费口两部分。

在自动收费车道的道路上方架设读写器天线,当车辆通过天线下方时,车上的电子标签被天线检测到,进入自动收费口的车辆,过路费自动从用户账户上或预付费电子标签上扣除,并用指示灯或蜂鸣器告诉司机收费已完成,不用停车即可通行。人工收费口仍维持现有的操作方式。违规的车辆将被摄像。

射频识别不停车收费系统按其功能包括自动识别控制子系统、自动判断子系统、数据采集子系统、车辆检测子系统、闭路电视子系统和信号控制子系统。

(1) 自动识别控制子系统负责控制收费系统所有设备的运行、收费业务操作的管理以及与收费站计算机的通信和数据交换。主要由读写器、天线和收费员终端等组成。

(2) 自动判断子系统主要由光栅、高度检测器、轴数检测器等组成,该系统通过对采集车辆的高度和轴数等参数来判断车型。

(3) 数据采集子系统主要由天线和电子标签组成,在电子标签上写有标签编号、车号、车型、车主、应缴金额、余额和有效期等信息,天线读取信息后传送给车道控制机。

(4) 闭路电视子系统主要由车道摄像机和收费站监视器组成,主要用于拍摄违规车辆。

(5) 信号控制子系统主要由通行信号灯、偏差信号灯等组成,可能还有自动栏杆,用于提醒驾驶员正确使用不停车收费车道。

(6) 车辆检测子系统主要由环形线圈组成,用于激活天线读取电子标签信息,控制通行信号灯、偏差信号灯和自动栏杆(如有的话),并可统计车流量。

5.5 应用前景

RFID 技术已经拥有较长的应用历史,它是一门综合的技术,涉及到微电子技术、材料科学、微波技术、计算机软件以及现代管理科学等许多领域,应用空间广阔,与国民经济各个领域有着千丝万缕的联系,特别是在国民经济结构调整、全社会运用信息技术提高经济运行效益和质量的形势下,RFID 等自动识别技术将会逐渐渗透到社会经济生活的方方面面,发挥越来越大的作用,发展前景广阔。

5.6 我国装备保障领域的应用策略和建议

随着现代战争模式的改变和信息技术的发展,对装备保障也提出了更高的要求。目前我军装备的管理模式基本上还依赖于手工记录,信息化水平稍好些的单位采用了条码技术。也有一些单位开始研究 RFID 技术在军事保障上的应用,并已经出现了很多成功的案例。比如军人保障卡、器材箱管理、弹药箱管理等。但也暴露出了标准不统一,存在专利和信息安全的隐患。为了统一标准、规避国外专利、提高信息安全,我军已经发布了具有自主知识产权的一批 RFID 关键标准。

为了合理采用 RFID 技术提高装备保障能力,笔者提出几点策略和建议:

1. 坚持采用符合国家军用标准的产品

RFID 国家军用标准是在总装备部的指导下,由我国军内外多家 RFID 骨干企业共同研制的成果。相比于国际标准,国家军用标准更符合我军应用需求,特别是信息安全需求。而且,这批 RFID 国家军用标准涵盖了空中接口、信息安全、数据格式、唯一标识等内容,各项标准的内容相互兼容,构成了一个比较完整的 RFID 标准体系。采用符合国家军用标准的产品有利于各部门信息和业务的互联互通。

2. 做好需求分析

我国 RFID 国家军用标准在技术内容上和国际标准差别较大,性能有明显的提升,功能更多。因此,各用户单位在采用 RFID 技术时不要盲目跟风,要从应用环境、业务需求、管理模式等角度出发,分析对 RFID 系统的功能、性能以及信息安全方面的需求,设计科学、合理和低成本的解决方案。根据识读距离、存储区大小、信息安全要求等确定工作频率、无源标签还是有源标签、信息安全机制等内容。

3. 与条码技术相结合

与条码技术相比,RFID 技术具有识别距离远、非可视识读、识别速度快、信息容量大和信息安全性高等特点,但与条码技术相比,成本更高,标签一旦损坏,信息就不可恢复。因此在实际应用中,可考虑将条码技术和 RFID 技术相结合,互为补充,采用条码备份 RFID 标签的信息。

参考文献

[1] 王爱英.智能卡技术(第3版)——IC 卡与 RFID 标签.北京:清华大学出版社,2009.

第6章　过时淘汰和材料匮乏

随着电子技术飞快的发展,复杂武器装备的性能主要取决于电子技术的应用。现代电子元器件技术寿命一般为18个月,软件版本和某些新技术的更新周期也只有几年。然而,例如F-22战斗机之类大型复杂武器装备,其研制周期长达20年,B-52远程轰炸机的使用寿命长达50多年。

正是由于大型复杂武器装备的长研制周期及长使用寿命与电子元器件等的短技术寿命问题的交汇,造成了现代大型复杂武器装备在研制、生产及使用和保障过程中遇到了过时淘汰的严重挑战。它不仅将影响所有设备、模块、软件、工具、机械部件、过程、器材、保障设备、标准和规范,还影响产品寿命周期各阶段和各个领域,已成为世界各国军方、国防及民用工业界关注的一个严重问题。

随着我国新一代武器装备的研制,大量先进电子系统装到装备中,例如某型第三代航空武器装备研制过程中也遇到了电子元器件的过时淘汰问题。今后随着第三代武器装备投入使用以及第四代武器装备的研制,面临的过时淘汰问题将会更加严重。

本章通过介绍国外的先进经验与教训,提出解决过时淘汰的各种有效措施,在武器装备的寿命周期中,从管理上、设计上和使用上入手,经济有效地解决过时淘汰问题提供技术支持,对有效地缩短武器装备的研制周期、降低研制费用以及使用和保障费用都将起到积极的作用,具有重要的意义。

6.1　过时淘汰的定义、内涵及其背景分析

6.1.1　过时淘汰的定义与内涵

过时淘汰(Obsolescence)指元器件、零部件、产品、器材、技术或软件不再能从原有的供应源得到,例如,原有的制造厂已关闭、制造厂可能不再生产它、制造厂不希望生产它、由于技术的进展它已被淘汰、国外进口渠道中断等。美国也将之称为制造资源递减和物资短缺(DMSMS),又简称为DMS。

美国军标中对DMSMS的定义是指一种产品的最后一个已知制造商或供应商丢失或即将丢失,又或保障一个武器系统所需的原始物资短缺。DMSMS可能在从设计到使用与保障的系统寿命周期中的任一阶段发生,从而危害战备完好

性并大大提高总拥有费用。它已成为世界各国军方、国防及民用工业界和有关服务领域关注的一个严重问题。

6.1.2 装备过时淘汰的背景分析

6.1.2.1 复杂武器装备的服役周期长与电子元器件的更新速度快的矛盾

过时淘汰问题可以说是在我们生活中经常发生的事件。例如,手机通常在它的使用寿命到达之前的1~2年就过时淘汰了,因为新技术的引入推动市场营销,几乎每个月都会有新手机出现;现代电子元器件更新周期(技术寿命)一般为18个月,这意味着电子设备采用的新型电子元器件平均使用一年半之后就会过时淘汰;目前市场进口的小型“傻瓜”照相机,使用3~5年后,修理时就找不到零部件更换;在日用商品环境中,从总体上说,5年的产品寿命认为是足够了。

然而,对大型复杂装备而言,不仅其研制周期长而且其使用寿命达几十年,如,美国空军的F-22隐身战斗机,从立项开始到投入外场使用,经历了20年之久;B-52轰炸机从20世纪50年代投入使用到现在已服役了50多年;“欧洲战斗机”的设计寿命为60年,而当前美国空军飞机机队的平均使用寿命已达到22年。另一方面,正如现代医疗技术的发展使得病人的存活期不断延长一样,现代后勤保障手段的发展也使得武器系统的使用寿命不断延长(图6-1),如按照美国军方当前的延寿规划:美空军B-52轰炸机使用寿命将超过94年,陆军UH-1直升机寿命达49年,海军F-14战斗机寿命达41年。

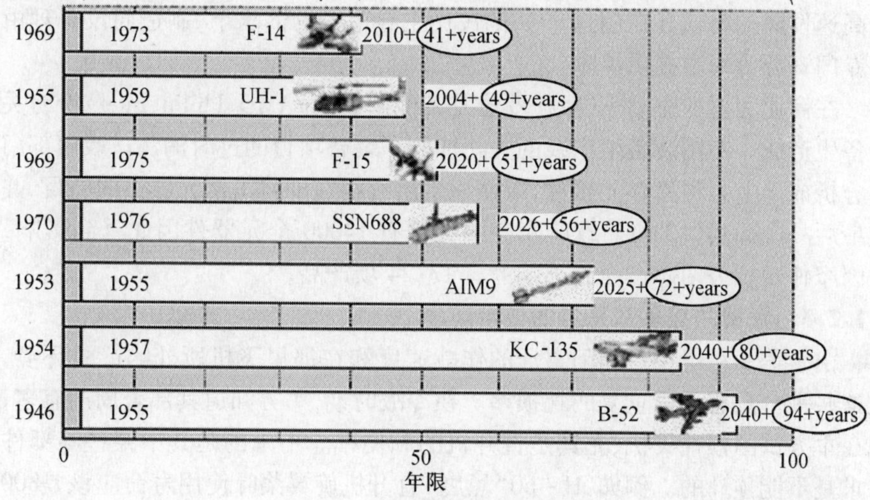

图6-1 美军武器装备寿命周期

复杂武器装备的服役周期长与电子元器件的更新速度快的矛盾是造成装备过时淘汰的主要原因。如 F－22 先进隐身战斗机在研制阶段后期，大量的软件版本必须更新，而且每年要花费 5 千万美元来解决电子元器件的过时淘汰问题；在科索沃战斗中，美军的 F－15 战斗机等复杂装备由于元器件过时淘汰问题，造成不少航空电子设备因缺少备件无法维修而使飞机停止飞行；美国海军每年为其飞行小时账户（其中包括燃料、可修件和消耗品）支付大约 22 亿美元费用，其中大约有 10 亿美元花费在可修零部件上，这些零部件的成本每年上涨 7%～8%，是海军因过时淘汰产生的最大支出增长项目之一。

6.1.2.2 装备市场的急剧萎缩和装备专用生产线的关闭

1975 年美国军方在微电子市场的份额是 17%，消费需求主要是移动电话、家用电脑和其他电子设备。到 1995 年，军方所占有的微电子市场总份额不足 1%，并呈现继续下降趋势。

1994 年，前任国防部长 William Perry 提出政策变革倡议，允许军方在武器系统中使用商用货架产品（COTS），而不一定要依据军规采购装备系统，这使得军规零部件不再是武器采办规范中唯一选用的零件。这项改革有利于降低成本和获得最佳功能。同时，武器系统中的商用货架产品能够由产品制造商进行有序更换和维修。但 COTS 倡议对工业界带来了重大影响，尤其是那些保留了装备生产线的单独生产设备和保障体系的公司，如摩托罗拉及其他微电子制造商。

在 Perry 倡议之前，这些制造商一般会保留单独的军用系统制造生产线，产品能够持续多年——最多 15～20 年——具有可用性。Perry 政策促使他们重新做出决策：是继续开放这些设施，还是关闭它们投入民品生产。可以想象，在技术高速发展的时代和在超过 99% 的民用主导市场的需求下，制造商没有理由保留专门资源为军方提供保障。

在商业利益的驱动下，摩托罗拉及其他制造商（AMD、Philip、Intel）纷纷关闭装备生产线。专用装备生产线的关闭加剧了装备项目的过时淘汰。政府部门必须分析成千上万种库存元器件，以便识别所有存在即将淘汰元器件的项目，并确定最后一次购买（LTB）。政府库存中大概有 14000 个元器件因此受到影响，其中因摩托罗拉公司停产受到影响的有 13124 项产品。

6.1.2.3 频繁的战争和恶劣的使用环境

由于美军在伊拉克和阿富汗的作战速度和在那里飞机所处的严酷环境，导致这些平台具有不可重复的耗损率。在冷战时期，军方知道其部署周期有多长，现在军方试图预计飞机、尤其是直升机的利用率。不幸的是其中某些零部件的需求是不能预计的。例如，H－60“黑鹰”直升机旋翼桨叶使用寿命应该是800～1000h，现在由于潮湿只能用 150h。这样带来很大问题。海军虽有一些很好的技术可改善这种情况，但必须通过大修来解决，由此带来 H－60“黑鹰”直升机桨叶的大量缺货订单问题。

6.2 过时淘汰对装备的影响及解决措施

过时淘汰不仅是各种电子元器件问题或单纯材料短缺问题,它将影响所有设备、模块、软件、工具、机械部件、过程、器材、保障设备、标准和规范等。它还影响产品寿命周期各阶段和各个领域。每个领域都必须给予足够的重视并给予优先考虑。同时,过时淘汰不仅仅是后勤保障、元器件和采购问题,它涉及到设计、研制、生产、采购、使用和保障等各个方面的问题,需要由各个部门协同解决,从装备立项开始就应考虑过时淘汰问题。

6.2.1 在寿命周期各个阶段产生的影响

解决过时淘汰问题的一个关键是要搞清楚项目所处的寿命周期阶段——研制、生产和服役阶段,各个寿命周期阶段的过时淘汰问题的特征与程度都不相同。

6.2.1.1 研制阶段

当产品处于研制阶段时,时间是一个至关重要的因素。研制某种特殊产品的武器系统项目需要采购用于工程模型研制(EMD)的零部件。从研制阶段开始到进入下一环节(生产)的时间间隔一般为24~36个月,在这段时间内,有许多产品可能已经过时淘汰。

由于目前新项目中一般引入COTS组件而非塑封微电路(PEM),产品的寿命周期通常为18~24个月。在研制环节,产品在设计过程中就发生过时淘汰的情况并非没有。例如,某个项目在为期24个月的系统研制过程中,历经了13种不同的COTS产品更改,由于这些更改,必须对所有的替代品进行测试,以确保它们具有合适的替代功能,这延长了设计周期的时间并增加了成本。许多时候,替代品还要求软件上做出稍微修改。

在设计阶段应采取以下措施降低电子元器件过时淘汰影响,将系统功能性地划分成易于更换的独立LRU、SRU或SDU;制作的印制电路板应适合预期的大尺寸存储器或备选外壳样式;根据制造商的产品系列路线图选择与未来版本兼容的微处理器型号;最大程度地利用VHDL语言。

6.2.1.2 生产阶段

当一个系统完成研制和取证过程,下一步就是生产。在授予生产后同之后,生产小组必须按照其物料清单(BOM)采购产品。通常在生产阶段,约有10%~20%的有源元器件和商用货架组件会发生过时淘汰。

OEM通过利用自主投资、最后一次购买(LTB)或MILSTRIP(库存系统中的政府采购产品)政府产品;或通过寻找备选或替代元器件以及其他技术,能够减缓过时淘汰的发生。但当元器件没有备选替代品时,就不可避免地要进行重新设计。依据生产合同中的数量和合同条款要求,持续采购一些元器件以满足生产要求。但即使合同也不能保证那些元器件一定可用。如某个项目曾与一个大的半导体制造商签署协议,要求后者为其提供 10 年门阵列产品,但在一年后该公司因为利润不大就关闭了生产线。生产阶段为降低元器件过时淘汰风险可采取的措施包括:过渡性购买(Bridge Buy);全寿命购买(LOT),承包商可用性保证;政府制造设施;技术更新;基于性能的后勤保障策略。

6.2.1.3 使用与保障阶段

武器系统一旦被部署,产品寿命周期就进入服役阶段。由于元器件的不可用性以及政府法定的经费和授权约束,政府大修基地或指定的维修工厂需要持续不断地为武器系统设备提供保障。这一阶段的过时淘汰问题使产品的维修变得费劲、费时。

这一阶段可采取的措施包括:修改或重设计、重新定义需求、持续的现代化更新、系统升级和服役寿命延长项目(SLEP)。

6.2.2 过时淘汰对不同类型产品的影响

产品过时淘汰现在已不仅仅限于电子元器件范围,尤其是随着飞机老龄化趋势的日益严重,非电子类产品的过时淘汰问题也变得越来越严重。

6.2.2.1 电子产品过时淘汰

军用系统中电子产品的过时淘汰事件极其普遍,正如前面所说,军用系统中电子元器件过时淘汰的主要原因包括:复杂武器装备的服役周期长与电子元器件的更新速度快的矛盾;商业利益驱动制造商关闭市场日渐缩减的装备生产线。空军装备司令部(AFMC)的"DMSMS 案例解决办法指导"(Case Resolution Guide)中提到,大部分 DMSMS 问题发生在电子元器件领域,主要是半导体和微电子电路及其他电子元器件(AFMC,2001:1)。

可以说电子产品,尤其是微电子电路,构成了 DMSMS 案例的主体。图 6-2 是美国政府工业资料交换项目(Government Industrial Data Exchange Program,GIDEP)对 1997 年—2000 年 DMSMS 资料统计。图 6-3 是美国 1991 年—2000 年航空电子设备销售额占电子销售总额的比例。据工业界专家估计,2003 年底已经有 100 多家制造商的 20 万多种电子元器件发生过时淘汰(TEXAS Instruments 2003)。而 F-22 战斗机的电子元器件过时淘汰预算超过 1 亿美元。

过时淘汰对电子产品的影响根据程度不同,分为元器件级、组件级、设备级。电子产品过时淘汰的解决方法通常包括以下几种:

(1) 选择替代品。如果一种元器件变得不可用,最理想的解决方案就是寻

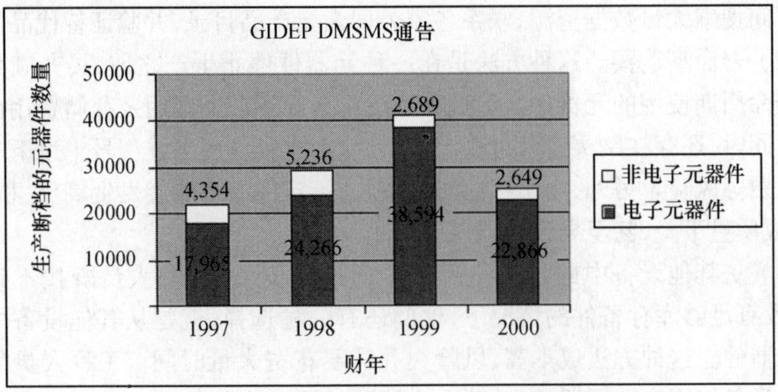

图 6-2 GIDEP 1997 年—2000 年 DMSMS 资料统计

	1991	1992	1993	1994	1995	1996	1997	1998	1999	2000
消费者	$14,391	$14,279	$17,731	$22,083	$30,342	$26,804	$28,241	$33,115	$40,321	$51,367
汽车	$3,015	$3,077	$3,785	$5,095	$7,313	$6,466	$6,849	$7,987	$9,812	$12,524
计算机	$22,318	$25,934	$34, 875	$46,750	$66,898	$60,853	$65,697	$78,924	$97,563	$125,804
工业界	$6,146	$6,631	$8,130	$11,163	$16,295	$14,453	$15,405	$18,019	$22,331	$28,461
通信	$7,403	$8,448	$11,080	$14,805	$21,146	$19,142	$20,746	$25,060	$31,531	$41,112
军方	$1,335	$1,495	$1,709	$1,985	$2,410	$1,933	$1,900	$2,120	$2,495	$3,074
总值	$56,599	$61,856	$79,303	$103,875	$146,399	$131,647	$140,835	$167,223	$206,052	$264,342

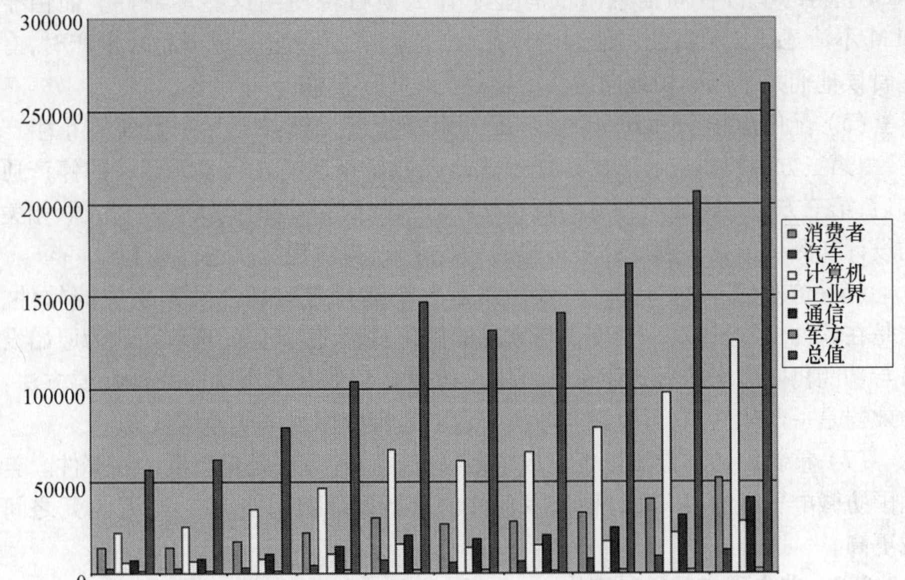

图 6-3 航空电子设备销售额占电子产品销售总额的比例

找一个与其具有相同或相似功能的替代品。这种情况下,工程人员需要花费大量的时间搜索大量数据资源,联系各家公司索要产品目录,并验证替代品。

(2) 寿命型购买。这种方法是在一种元器件停止生产之前,买齐满足整个系统寿命周期使用的元器件。但这种方法将会导致前期费用及存储费用的大幅增长。同时,还存在购买备件过多、长期存储造成备件丢失或型号中途下马造成备件浪费等风险。另外,由于存储时间较长,零备件还可能会发生氧化、积灰、污染,造成质量下降,甚至导致元器件不可用。

(3) 从其他设备中回收该种元器件(reclaim)。在工程人员既找不到替代品,又没有足够库存备件的情况下,他们还有一种选择,就是从其他设备中回收这种元器件。这种方法成本高、风险大并需要花费大量时间。工程人员需要明确何种设备使用这种元器件,并确定这种设备是否拥有充足的供应源,然后从设备中拆卸下所需要的零部件,经过打磨后再投入使用。

(4) 最后一次购买 (LTB)。最后一次购买是指在制造商关闭某产品的生产线之前,使用方购买足够的该种产品以满足保障武器系统的需要。但在确定供应某项目所需要的产品数量时,不仅政府内部的保障体系存在问题,原始设备制造商(OEM)也不清楚自己的产品在哪里被使用且需求量多少。产生这个问题的部分原因是由于 OEM 产品要流经一些分销中心,当产品被购买后,分销商或 OEM 获得的项目合同信息中没有显示什么项目将使用这些零部件。而由于 OEM 不清楚什么项目使用他们的产品,当他们决定终止一种产品的生产时,有些时候他们并不能确切地向适当的项目提供 LTB 通知。

(5) 配件市场(Aftermarket)。配件市场指某元器件原始制造商停止生产后,由第三方继续供应。它的运作模式是在原始制造商发出某元器件的停产通知后,第三方公司将原厂拥有的现货库存全部购回,并同时购买裸片、晶圆、相关的设计和测试工具。然后针对客户的采购要求,提供现货或进行重生产。

(6) 仿效(Emulation)。仿效是制造一个运行过时硬件及其软件的软件。它是在软件中,通过对一个硬件与软件的模仿过程,使其他处理单元认为原始设备与功能仍以原来的形式存在且可用。仿效是延迟技术淘汰的一种必要方法,仿效器是一个软件,它可以在非原生平台上运行应用程序或操作系统。

(7) 重新设计。最激进也是成本最昂贵的一种方法是重新设计零部件。美国国防微电子机构(DEMA)估计零部件的重新设计费用在 10 ~ 40 万美元之间或更高。

6.2.2.2 非电子产品过时淘汰

由于飞机老龄化趋势的影响,非电子元器件(机械件)过时淘汰也成为航空领域面临的一个问题。这里所说的老龄飞机是指超出初始设计服役寿命的飞机。

以美国空军为例，到1999财年为止，空军机队中3/4的飞机寿命都已超过20年；到2020财年，空军机队的平均寿命将超过30年，而这些飞机的设计寿命大部分为20～25年。采办如F－22、F－35之类的新型飞机可能有助于遏制战斗机的老龄化趋势，但对所有机队的总体老龄化没有太大影响。

机队平均年龄受如KC－135等大批量装备机型的影响。目前有400多架KC－135飞机在服役，其中最年轻的KC－135飞机年龄为36，平均年龄为40。然而空军并没有替换这一主力加油机机型的计划，他们打算继续使用这一飞机到2040年，那时最年轻的KC－135飞机年龄也达到75岁。

由于腐蚀破坏、疲劳裂纹和过度磨损等原因，老龄飞机中的机械零部件经常会发生故障停用。以上因素在飞机进入老龄阶段之前影响并不大，但在飞机进入老龄阶段后，却是导致零部件过时淘汰的主要诱因。机械件过时淘汰表现在以下几个方面：

(1) 原来的制造商不愿再生产该类零部件。一般而言，军方市场对于非电子零部件的需求量相对较小，制造商从中获得的利润也低。因此造成原来的一些厂家即使仍有生产能力，但也不愿意再继续生产这类零部件。

(2) 材料或工序已经被淘汰。在原来的制造商不愿意再生产的情况下，需要寻找新的制造商，而这时就需要拥有该零部件的完整技术数据包(TDP)。一份完整的技术数据包包括生产该零部件所需要的所有技术数据(如材料、尺寸、技术规范和加工程序)以及详细的取证实验要求。但如果一份TDP过旧，虽然它完整地描述了该零部件的生产过程，但往往由于材料或加工程序过时淘汰，造成该类零部件仍然无法生产。

材料过时淘汰源于供应商致力于研制强度更大、更轻且更耐磨的新材料而终止旧材料的生产。虽然新材料具有很多优点，但它们未必具备能够直接取代旧材料的机械或化学特性，因此就有可能导致零部件的重新设计。

加工程序的过时淘汰通常是由于环境法规改变造成的，如用于金属零部件脱脂的三氯乙烯就是一个例子。金属脱脂是工业生产中的一个重要程序，用于消除经过打压、机加工、焊接、浇铸或压铸的零部件表面的油污或吸附颗粒。由于美国一度加强对三氯乙烯使用的环境控制，限制了其在工业领域中的应用。而许多旧的TDP中依然执行需要利用三氯乙烯进行金属脱脂的技术规范，如果利用其他物质来代替，将会影响其他工艺程序。

(3) 技术数据包(TDP)不正确或不完整，原始制造商(OEM)倒闭。一份不完整的TDP通常缺乏生产该零部件所需要的详细图纸，如缺少描述零部件如何组装的装配图，或是关键零件图纸。而TDP不正确，如零件工程图上的标准尺寸错误，将会进一步增加零件的生产难度。OEM在加工零件时会针对已发现的图纸错误发出一个工程更改通告(ECN)，给出纠正后的正确尺寸，但TDP中通常不会包含这个纠正尺寸。

(4) 需要的加工工具不可用。这里的加工工具包括铸模、锻模、夹具、金属片样板等。如果无法购买到或重新制造原始的加工工具,就必须改变零部件的加工工序。而如果更改后的工序要求材料或形式(如需要将原来的铸造件变成机加工件)变化,那么TDP也要做出相应修改。

(5) 需要的试验设备不可用。复杂机械零部件通常需要专用的试验设备来满足测试要求。而像那些零部件一样,由于使用要求的降低,这些试验设备也会遭到了淘汰。

目前对非电子产品过时淘汰通常采用双重解决途径(Dual - Path Approach):短期和长期综合方案(图6-4)。短期方案是通过快速采办来解决一些关键零部件的短缺,它并不能从根本上解决DMS问题,且从长期过时淘汰管理策略来看,短期方案的费用比较昂贵。长期方案就是通过预先管理,从根本上找到导致零部件过时淘汰的原因并采取措施予以解决。

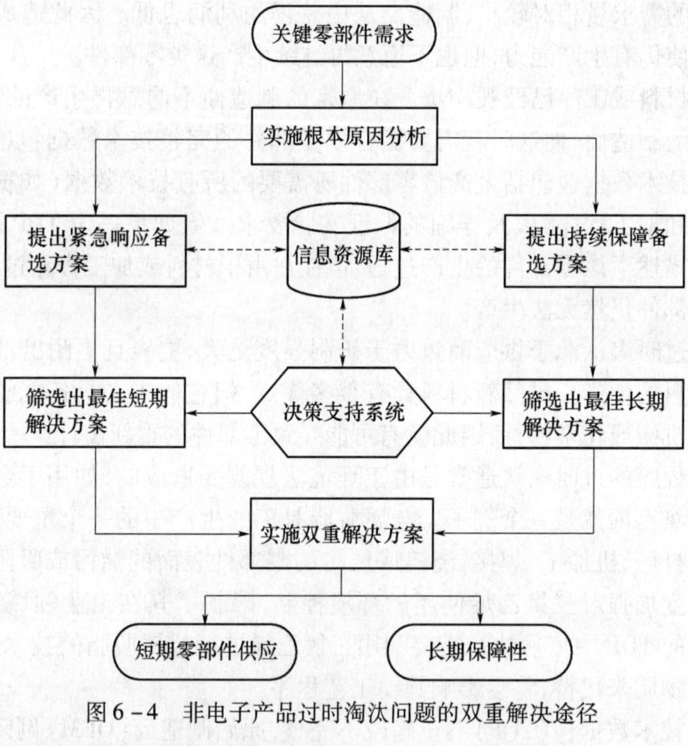

图6-4 非电子产品过时淘汰问题的双重解决途径

其中短期解决方案可采取的措施包括:

(1) 从库存中购买零部件(Buy from Stock),这是最直接的解决办法。这种方法的缺点是缺乏可追溯性,在购买零部件时最重要的一点是要供应商证明其出售的零部件来自经认证的制造商。

(2) 回收利用(Reclamation),通常是从退役系统中回收所需零部件。例如,美国空军位于吐桑市(Tucson)附近的戴维斯—蒙森空军基地(Davis - Monthan Air Force Base)飞机弃置场存有许多退役的军用飞机,可以为仍在服役的老龄飞机(如B-52、KC-135)提供机械零部件。

长期解决方案采取的措施包括:

(1) 维修或大修(Repair or Overhaul)。这种方法通过修理或大修使原本已经不能再使用的零部件(包括回收件)能够重新投入使用,这可能需要为一些原设计不可修的零部件开发新的维修或大修程序,对于这些零部件而言,新的维修功能可以在系统寿命周期为零部件提供持续保障。这种方法适用于平均故障间时间(MTBF)较短的零部件。

(2) 依据TDP进行再生产(Manufacture to TDP)。当系统管理人员拥有一份完整的TDP时,可以寻找一家新的制造商来生产所需要的零部件。这种方法最有可能产生的问题是TDP本身存在错误(如前面所述),最佳解决方法是比照一个原始制造商生产的零件检查TDP错误。

(3) F3I替代品。为防止由于过时淘汰问题带来的可靠性降低,可以选择一个F3I替代品来取代停产零部件。采用这种方法的基础是要清楚地了解被取代零部件的性能与功能规范,及其与系统的接口和对系统的影响,并保证替代品不会削弱系统的其他性能。

(4) 反求工程(Reverse Engineering)。这种方法是通过检测、测试现有零部件,来确定材料、加工工艺、涂层和几何尺寸。这种方法的最大困难是正确地确定几何尺寸公差,公差不正确可能会导致零部件过早破坏或疲劳。如果有多个可用零部件可供检测,那么反求工程可以得到对某关键尺寸的统计描述,从而可以得到可靠的公差范围。但大多数情况下可用的过时淘汰零部件都很少,因此通常需要根据经验、工业标准和系统测量来确定公差范围。

(5) 重新设计(Redesign)。重新设计包括改变一个零部件的设计以提高某些性能,大部分是提高可靠性。重新设计对于非电子元器件淘汰而言是成本最高的一种解决方法,并且需要占用很长时间(新设计的产品要进行认证试验)。因此,除非没有其他办法,否则一般都会采取反求工程或替代品方式。

6.3 装备的过时淘汰管理

正如前面所述,过时淘汰问题对所有设备、软件、工具、过程、保障产品、标准与规范等都产生影响,并且影响产品寿命周期的各个阶段。因此,过时淘汰是不可避免的,它的费用昂贵也是不可忽视的。但它的影响及费用是可以通过预先考虑和认真制定计划、实施有效的过时淘汰管理减少到最低程度。

过时淘汰管理的目的是确保将过时淘汰作为产品设计、研制、生产和使用保障的一个组成部分进行管理，以降低产品寿命周期的费用和影响，获得优化的费用效能。

6.3.1 过时淘汰管理、监督机构

为了解决过时淘汰问题，必须加强过时淘汰管理，把它作为产品设计、研制、采购、生产、使用和保障工作的一个组成部分。为了实施有效的过时淘汰管理，首先必须建立相应的管理或监督机构。

6.3.1.1 英国的过时淘汰管理机构

1. 元器件过时淘汰组

英国针对最早出现而且影响最广的元器件过时淘汰问题，于1997年成立了元器件过时淘汰组（COG），以帮助工业界处理电子元器件和机械零部件的过时淘汰问题，为有关专业人员提供互相研讨、交换信息以及共享信息的场所和机会。COG由来自军方、航空与航天及通信公司的核心成员组成，作为一个自筹资金的经营实体，其主要任务如下：

（1）讨论与确定产品过时淘汰的准则；

（2）确定并分析处理过时淘汰的各种方法；

（3）推动过时淘汰管理的进展；

（4）安排过时淘汰管理领域中的培训课程；

（5）组织技术讨论会与贸易展览会；

（6）促进其他学会人员参与COG；

（7）与其他国家及国际的实体进行联络和合作；

（8）提供各种信息渠道并使有关过时淘汰数据能够共享。

该机构每季度举行一次学术讨论会。例如2003年2月11日—12日在英国威尔士加的夫市举行了元器件与机械零部件的过时淘汰讨论会。

2. 国家过时淘汰中心

为了对英国工业界提供过时淘汰管理支持，由英国政府的贸易与工业部投资支持成立国家过时淘汰中心（NOC）。它的主要目标是为中小型企业提供低费用的过时淘汰管理支持。它的过时淘汰管理软件工具也完全适合于大型企业使用。NOC的专门服务包括提供解决各种过时淘汰问题的技术建议以及技术引入方法，还能够对非电子及电气零部件、软件、防护材料、燃油及滑油、金属及非金属结构材料、油漆、表面保护层、聚合物与粘结材料等的过时淘汰管理提供支持。

6.3.1.2 美国的过时淘汰管理机构、组织

1. 美国国防部及军方责任机构

2001年的美国国防部条例4140.1－R中规定负责后勤的国防部副部长助

理(DUSD(L))负有监督并实施 DMSMS 项目的职责,包括建立并维护实施准则。它还规定每个国防部部门指定一个 DMSMS 责任机构/人。

陆军指派负责研制和采办的参谋长助理(AMCRAD)负责 DMSMS 项目的总体管理。海军指定海军海上系统司令部(NAVSEA)承担 DMSMS 管理职责。空军 DMSMS 责任则由空军物资司令部(AFMC)承担,而空军 DMSMS 项目由空军研究实验室(AFRL)制造技术部门负责管理。为对抗日趋严重的装备过时淘汰问题,国防部制定了 DMSMS 任务目标(GIDEP,2001)。

国防部和各军种开展了一系列倡议,包括:政府工业资料交换项目(GIDEP),共享数据库(SDW),合作小组倡议,虚拟元器件保障基础(VPSB),过时淘汰预测工具(OPT),关键系统需求的快速反应(R2CSR),元器件过时淘汰倡议,电子元器件过时淘汰倡议(EPOI)等。

2. 国防微电子机构(DMEA)

美国政府还投资建立国防微电子机构(DMEA)来保持关键的过程和制造关键的元器件,主要负责与集成电路微电子器件相关的 DMSMS 问题。因为微电子器件的过时淘汰问题太复杂,如果没有政府的支持是解决不了的。DMEA 是一个受信赖的第三方机构,工业部门能够同意与它签订多种产品协议,而不怕过程与设计数据被泄露给对手。DMEA 在国防部过时淘汰问题的方案开发和合作中发挥着重要作用。

3. 国防部 DMSMS 工作组

为解决过时淘汰问题,1994 年负责后勤的国防部副部长助理(DUSD(L))批准成立国防部 DMSMS 工作组。DMSMS 工作组目前由国防微电子机构(DMEA)领导,是由来自国防部项目、工业界和供应商组织的代表组成的一个官方组织。图 6-5 为美国国防部 DMSMS 工作组的组成结构。

工作组的指导方针如下:

- 愿景:为各军种提供一个交流通用过时淘汰问题的平台。
- 目标:降低过时淘汰的费用影响,通过政府工业数据交换项目(GIDEP)和其他国防部、军方机构传播信息。
- 目的:通过项目间合作避免高成本的重设计。

遵照以上指导方针,这一工作组有以下几个作用:

(1) 对国防部政策和程序提出改进建议,以降低 DMSMS 影响、鼓励实施 DMSMS 预先管理;

(2) 通过培训,促进 DMSMS 管理惯例的使用;

(3) 开发降低 DMSMS 影响的新方法;

(4) 综合政府与工业界的 DMSMS 工作,加强双方合作;

(5) 衡量 DMSMS 工作的效能。

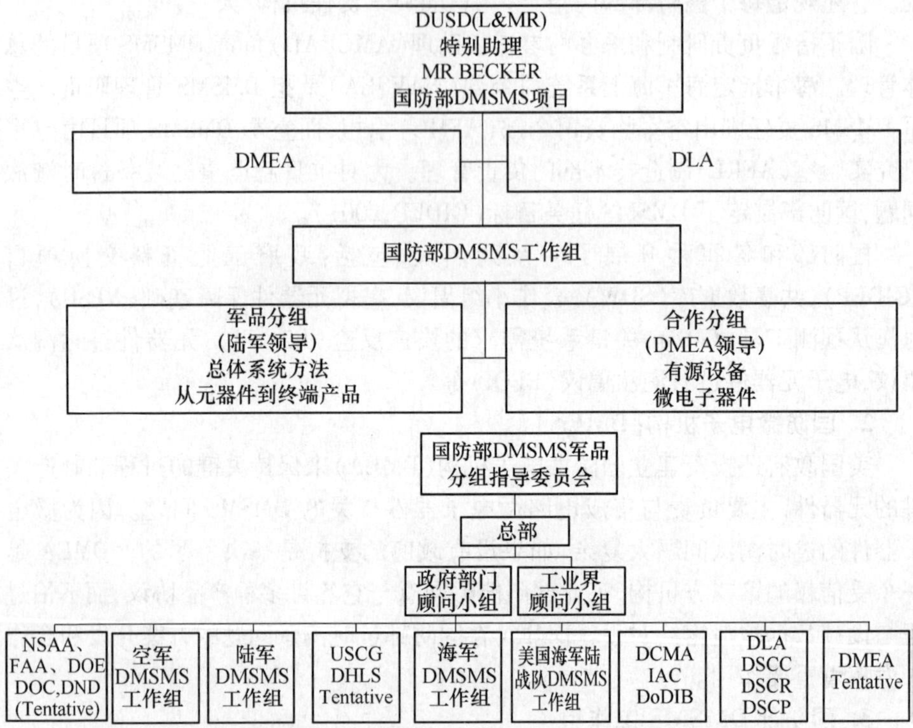

图 6－5　美国国防部 DMSMS 工作组

1）哥伦布防务供给中心（DSCC）

哥伦布防务供给中心（DSCC）是国防后勤机构（Defense Logistics Agency）的一个组成部分，1996 年 1 月正式组建并命名，是美国部队最大的武器系统元器件（主要是半导体和微电路）供应商，负责武器系统中关键产品的设计控制、采办和管理，以及 DMSMDS 项目的实施。它将 DMSMS 管理责任分配到每位管理人员。

2）工业界组织

美国的国防工业界也成立了一个协调组，通过该协调组，三军和设计部门可以共享各种过时淘汰软件工具和解决途径，从而获得显著的经济效益。该协调组得到美国政府机构以及许多供应商的支持。

6.3.2　过时淘汰风险评估与预先管理

6.3.2.1　过时淘汰风险评估

在装备的研制中，为了进行有效的过时淘汰管理，项目经理首先必须考虑到在装备寿命期中与过时淘汰有关的使用风险：

(1) 由于缺少备件对装备可用性产生的影响；

(2) 由于采用替代的零部件对装备性能降低的影响程度；

(3) 提前替换可能需要的费用有多大；

(4) 防止过时淘汰发生而采取其他措施的费用；

(5) 过时淘汰发生的可能性有多大(包括新技术进展的考虑和采用新的法律和法规所造成过时淘汰的影响)。

每个项目或装备需要就上述各因素进行正式的风险评估,以便能够选择正确的对策。美军或欧盟解决 DMS 问题的策略大概相同,主要分为两种：

其一为反应模式(reactive)。这意味着过时淘汰问题发生时就采取措施进行解决。这并非在过时淘汰发生前什么都不做,例如要召开定期会议、评审关键零部件的供应状况等。这种方法使过时淘汰问题在影响到最终用户的作战效能之前就能够得到处理。这种方法的结果是丧失了采用低费用解决方法的机会；为了保存作战能力需要支付更多的资金。

其二为先期预警模式(proactive)。先期预警模式是导入风险管理的概念。对项目进行早期投资,采用各种工具及资源,提前发现元器件过时淘汰问题;制定并实施过时淘汰管理计划;预测项目中有问题的元器件,从工程上和后勤上采取解决措施。例如,进行谨慎的“过渡性购买”以保证专用元器件的库存量;提出在组件级的最佳解决措施。这种对策主要用于新研项目,它允许事先制定解决措施的计划,以便能够及时向用户提供经济有效的产品。

6.3.2.2 过时淘汰预先管理

一个有效的、预先 DMSMS 管理过程可以提高武器装备的可用性和保障性,因此对于提供更为有效、经济可承受和战备完好系统而言是至关重要的。2005 年美国国防部 DMSMS 指南中定义了 DMSMS 管理的四个实施强度等级:

等级 1:采取措施解决当前的过时淘汰问题。这些活动属于反应模式。包括:制定 DMSMS 计划,提出当前存在问题的解决方案等。

等级 2:采取最低限度的措施降低未来的过时淘汰风险。这些活动被称为先期预警模式。包括:进行 DMSMS 预测,提前发现元器件过时淘汰问题,建立货架产品列表等。

等级 3:当有机会加强保障性或降低总拥有费用时,采取更进一步的措施降低过时淘汰风险。这些活动也属于先期预警模式且需要额外的投资。

等级 3 +:在新启动系统的概念设计及生产和装备阶段采取预先措施。

四个强度等级的常用惯例如表 6 - 1 所列。

表6-1　DMSMS管理常用惯例

强度等级1	强度等级2	强度等级3	强度等级3+
指定DMSMS责任人	认知训练	电路设计方针	制定系统路线图
认知汇总	DMSMS预测	VHDL[1]	有计划的系统更新
内部交流	DMSMS指导小组	技术评价	技术引入
外部交流	商用货架产品列表	EDI[2]	技术透明
DMSMS计划	DMSMS方案数据库	技术引入	VHDL
元器件列表筛选	机会索引		可编程逻辑设备
元器件列表监视	网站		
当前过时淘汰产品的解决方案	使用影响分析		
保障性清单			

注:1. VHDL:甚高速集成电路(VHSIC)硬件描述语言;

2. EDI:电子数据交换

为了正确选择DMSMS实施惯例,项目经理需要根据下面几个问题评估形势:

问题1:是否有机会加强保障性或降低全寿命周期费用?如果答案为是,则考虑强度等级1、2和3。

问题2:是否处于设计初期阶段?如果答案为是,考虑强度等级3+。

问题3:是否有更高层的管理人员(PM之上)开始意识到保障性问题?如果答案为是,考虑强度等级1和2。

问题4:你是否已经增强DMSMS问题的认知?如果答案为是,考虑强度等级1。

问题5:你最近是否开始意识到DMSMS问题?如果答案为是,考虑强度等级1。

图6-6是在已知DMSMS问题程度的时候,选择常用惯例的过程。除此之外,为选择合适的惯例,项目经理还必须考虑项目的复杂度、可用资源、管理方法以及采办寿命周期阶段。例如,对于一个进入技术研制阶段的项目而言,可以计划在系统研制与验证阶段建议征询书(RFP)中综合3级惯例;但对一个处于使用与保障阶段的项目,就无法实现把所有图表转变成电子数据交换(EDI)格式。因此,在选择惯例时,还要考虑其可能对以下因素的具体影响:

(1)装置生产费用估计;

(2)寿命周期费用估计;

(3)效益成本(cost performance)与进度的综合考虑;

(4)采办策略;

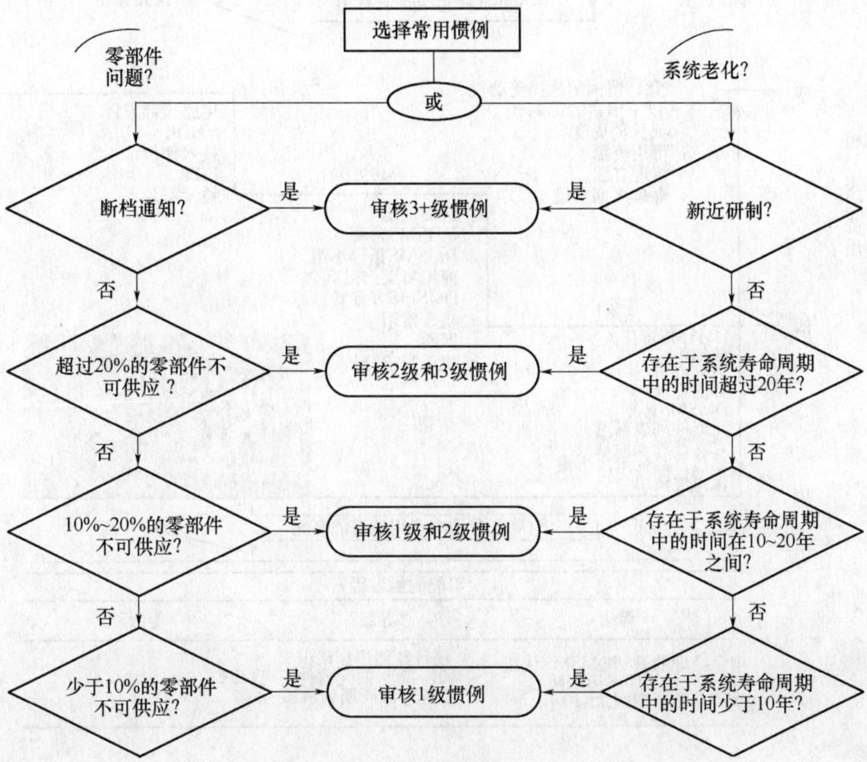

图6－6　选择惯例的过程

(5) 经济可承受性限制；

(6) 风险管理；

(7) 计划的系统可用性。

获得足够信息后，项目经理可以选择最适合项目的惯例，从而降低成本和过时淘汰风险。图6－7是不同的惯例对于降低全寿命周期费用的作用。

成功实施预先过时淘汰管理包括以下四个关键因素：管理“大宗买进”(buy in)、组建DMSMS小组(DMSMS Management Team，DMT)并选择预测工具、建立精确的物料清单(BOM)或包含技术数据包(TDP)的技术数据、财政支持。其中组建DMSMS小组并选择预测工具是一个成功项目的核心。项目经理必须汇集来自项目办公室、工程、后勤、防务保障委员会(DLA)的各方代表，集中原始设备制造商(OEM)和其他机构中包括分析家、工程师、设备专家、后勤保障人员和项目经理等各种人才将有助于管理过时淘汰问题。

BOM也是实施预先DMSMS管理的一个重要因素。DMT必须拥有或能够得到精确、完整的技术状态数据，在他们识别出问题元器件之前，必须了解一个

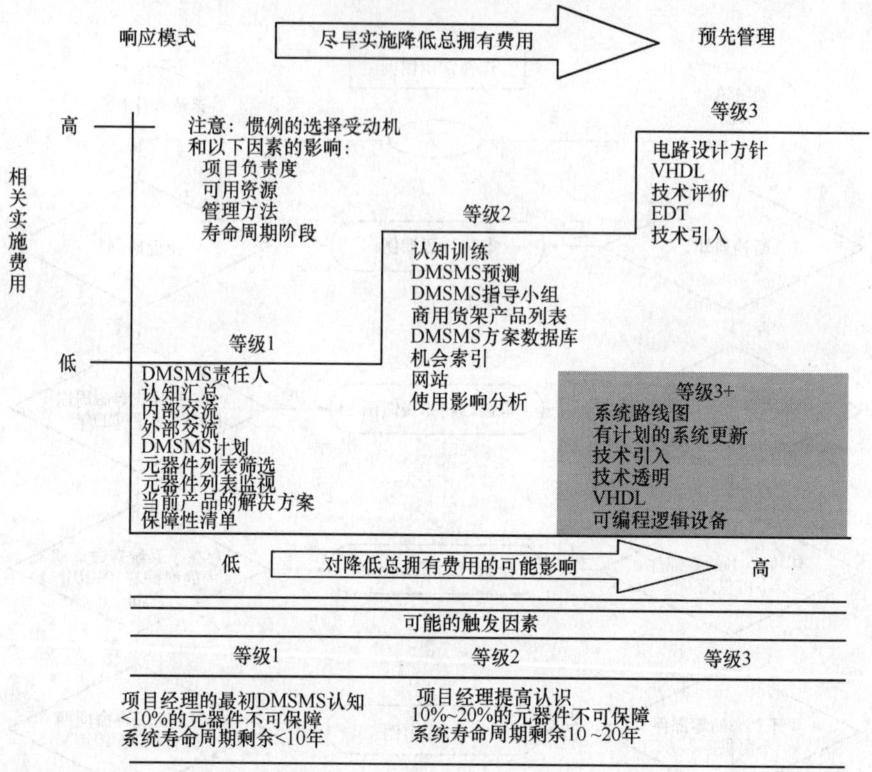

图6-7　不同惯例对于降低总拥有费用的作用

系统或LRU的元器件和物资构成。然后DMT应该根据费用和其他要求，选择最合适的预测工具监视零部件BOM的状态变化，提前预测有可能发生过时淘汰的元器件。

6.3.2.3　过时淘汰问题的解决流程

无论反应模式或先期预警模式，其解决DMS问题的流程是一致的，差别只在于先期规划或事后执行。解决DMS问题的流程都包括：DMS问题评估；DMS问题确认；研究最佳解决方案；解决方案的具体执行（图6-8）。

1. DMS问题评估

通过DMS问题评估，获得潜在和已经存在的DMSMS问题通告。DMSMS断档通告警告项目经理们某个元器件即将停产（即该元器件即将不可用）。这种通告通常包括元器件数量、最后一次购买和出货日期，最小订单数量以及一些国内存货数量。为获得问题通告，项目办公室首先必须清楚地了解其使用的元器件，并与能够提供断档通知的不同组织协作。美国的DMSMS问题通告通常由以下机构发出：

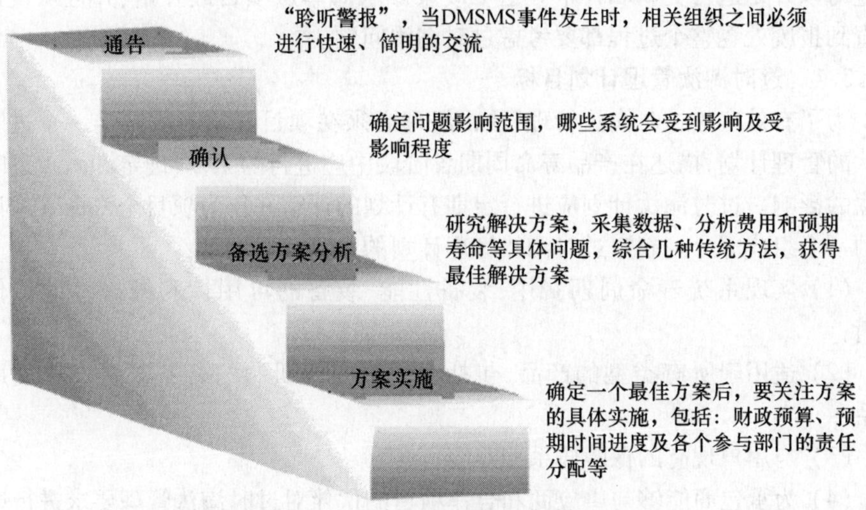

图 6－8　DMSMS 风险管理过程的四步模型

（1）所有项目阶段：美国政府工业资料交换项目（GIDEP）；元器件制造商；原始设备制造商（OEM）。

（2）保障阶段：哥伦布防务供应中心（DSCC）；政府维修组织。

由于存在多个通告源，因此可能存在项目办公室得到的通告不准确、重复或延迟等可能性。项目办公室有可能早在制造商计划中断某个设备的生产的时候就获得通告，也有可能迟至一种设备已经停止生产数年后才获知。

2. DMSMS 问题确认

在收到 DMSMS 警告后，要确定 DMSMS 问题影响范围，考虑哪些系统会受到影响以及这些系统受影响的程度。

3. 确定最佳解决方案

研究备选方案，收集数据，分析费用和预期寿命等具体问题。工程人员需要综合考虑各种方法，确定一个最佳解决方案，在费用最低的情况下解决零部件的过时淘汰问题。

4. 方案的具体实施

明确实施这些技术所需要的投资，安排时间进度，分配各参与部门的具体责任。

6.3.3　制定过时淘汰管理计划

美国海军部长后勤帮办 Nicholas Kunesh 出台的一项政策为解决过时淘汰问题指出了另一条有效途径，即所有项目都应制定过时淘汰计划，在每个里程碑都应对该计划进行更新和评审。这项政策要求海军从项目最开始、并且从设计一直到报废处置整个过程都要考虑过时淘汰问题。

6.3.3.1　过时淘汰管理计划目标

为了有效实施过时淘汰管理,项目经理必须在项目开始时就制定一个过时淘汰的管理计划,描述在产品寿命周期各阶段中应进行的工作,确定和减少过时淘汰的影响。过时淘汰计划应进行定期有计划的评审并作为项目全寿命管理计划的一个组成部分。制定过时淘汰管理计划的主要目标如下:

(1) 实现系统寿命周期费用、装备性能、装备的可用性和维修性的最佳权衡;

(2) 适用于所有类型的产品,包括为用户专门研制的装备或是现成民用产品;

(3) 与用户现有的保障体系相兼容;

(4) 为承包商能够与供应商和合作项目的伙伴对过时淘汰管理要求进行谈判提供依据;

(5) 具有不受环境变化影响的能力;

(6) 考虑到元器件或模块被替代后,对装备或部件进行重新鉴定的需要。

过时淘汰计划应包括如下各方面的内容:

(1) 装备存在的各种过时淘汰问题;

(2) 按照项目阶段列出过时淘汰的确定、分类和记录的方法;

(3) 对新研制和传统的产品提出长期和短期减少过时淘汰影响的对策;

(4) 记录对各种过时淘汰问题适用的管理对策;

(5) 过时淘汰问题管理程序与过程图以及与其他项目的接口;

(6) 通过标准化途径管理过时淘汰问题的方法以及如何与何时应用这些方法;

(7) 项目的性能指标。

6.3.3.2　寿命周期各个阶段的过时淘汰管理工作

1. 研制阶段

研制阶段的过时淘汰/DMS 问题并不多,此阶段还应着重于工作规划、组织建构、零件使用政策、系统构型、制定 DMS 执行范畴及作业程序,以及防治未来的 DMSMS 相关问题。在研制阶段应做的工作包括:

(1) 组建 DMSMS 综合产品组(Integrated Product Team,IPT)。欧美国家在武器采办寿命周期内一般都会成立相关综合产品组,整合组织架构,并请相关组织负责,以团队力量推动工作进展。DMS IPT 的工作职责主要是制定 DMS 作业程序及解决 DMS 问题,其组织成员应涵盖方案计划、设计、物料采购、市场分析、元器件工程师与系统合同商等。

(2) 拟订 DMS 相关策略及作业程序。研制初期应拟订 DMS 相关策略,如规定 DMS 工作范畴。一般大型武器装备如果要全面执行 DMS 工作,所需要的人力与经费相当庞大,因此必须在研制初期拟订执行策略才能达到降低成本的作用。构型制定也是 DMS 重要策略之一,如美 F-22 飞机为避免因单一构型受到 DMS 问题影响,而花费了大额构型工程研改经费,并采取批量生产策略。另外,还应该制定作业程序,如 DMS 执行工作流程、停产零件替代品验证流程等。相关策略及作业程序可依实际作业需求,在各寿命阶段进行修订。

(3) 与主承包商或转包生产商协定工作条款。在确定 DMS 执行策略后,应依据计划需求与装备系统主承包商或转包商制定工作条款,以便后续工作中依据工作条款要求主承包商/转包商执行相关工作。

(4) 制定 DMSMS 工作计划书。计划书内容包含 DMS IPT 组织架构、工作职责、DMS 工作策略、工作项目、工作进度等。计划书应随系统寿命周期各阶段发展,依据实际工作需求进行改进。在系统投入使用后,计划书需纳入产品全寿命管理计划(Through Life Manage Plan, TLMP)中,直至该系统淘汰为止。

(5) 制定零部件管理计划及选用准则。美军在 2001 年修订 MIL-HDBK-512A 元器件管理;2001 年国防标准化项目办公室发行了 SD-19,通过零部件管理节约寿命周期费用,主要希望在武器采办过程中执行零部件管制,以便达到减少零件类别、选用多商源零件、减少特殊零件使用、提高零件互换性及可靠性维护度、控管零件选用品质及程序,并减少 DMS 产生及影响。在武器研制初期制定零部件管理计划,有助于减少 DMS 问题的产生。

(6) 建立 DMS 资讯系统资料库,协助管理及解决 DMS 问题。目前美国的专业资料库包括:TACTRAC(TACTech 公司)、ECOM(UWAHALI 公司)和 AVCOM(MIT 公司)等系统。这些系统的功能大致相同,主要提供以下功能:以树形结构分列系统、外场可更换单元(LRU)、工厂可更换单元(SRU)、元器件资料;分析系统 DMS 健康状况;提供 DMS 元器件资讯;DMS 元器件自动预测系统。

(7) 编制 DMS 执行预算。为使 DMSMS 工作在武器全寿命周期中顺利执行,应及早规划并编制预算。在美军武器采办中,F-22 战斗机是第一个将 DMSMS 计划纳入从研制到服役的寿命周期内的案例,指定了 10 亿美元执行整个寿命周期内的 DMSMS 相关工作,使相关工作顺利进展。

2. 生产、使用与保障阶段

对于生产、使用与保障阶段,主要偏重于 DMS 问题解决上,应执行的相关工作包括:

(1) 生产前执行 DMS 问题筛选。进入生产前必须执行 DMS 问题筛选,在进入批量生产前应确认所有分系统中的零部件是否有停产问题,以便在批量生产前要求主承包商/转包商针对停产问题提出解决方案,在确认解决方案后才进行批量生产。

(2) 确认系统构型以利管理。

(3) 依据 DMS 解决方案评估作业程序,持续筛选并解决 DMS 问题。

(4) 定期召开 DMS IPT 会议,研讨及综合评估并执行解决方案。

(5) 依据工程研改资料修订 DMS 资讯系统构型资料。

(6) 持续执行零部件管理计划,以减少 DMS 问题。

(7) 运行阶段还要执行计划的系统升级(Planned System Upgrades)。

6.3.4 过时淘汰标准、指南和手册

为了指导工业界和使用部门有效地对过时淘汰问题实施标准化和规范化管理,英国国防部在 1998 年 5 月就颁发了过时淘汰的过渡性军用标准 INT DEF STAN 00 - 71/1《过时淘汰管理指南》,规定了过时淘汰管理的策略、计划与程序。该标准于 2000 年正式发布实施,后于 2001 年 10 月由英国国家标准 BS 7000 设计管理系统, Part5"过时淘汰管理指南"替代。BS7000 Part5 为英国军民用产品开展过时淘汰管理,制定寿命周期各个阶段的过时淘汰管理过程的框架提供指导。此外,北大西洋公约组织 AC/301 核心组制定标准化协议 STANAG4598,以指导建立国际范围内的过时淘汰管理框架。

为了减少过时淘汰的影响,使国防部各管理机构及项目办公室在装备研制、生产、使用和保障过程中,能够及时采用经济有效的工程方法,确保实现最低拥有费用目标,并且使过时淘汰管理方案在系统寿命周期中通过签订合同得到实施,美国国防部国防微电子机构(DMEA)授予美国航空无线电设备公司(ARINC)研究合同,于 1999 年 5 月完成研究并出版解决过时淘汰问题的费用指标的研究报告《解决制造资源递减和物资短缺问题的费用因素》,使国防部能够统一报告费用节省数额,并决定是否实施过时淘汰管理计划。

为了有效实施过时淘汰管理计划,ARINC 按合同要求于 2000 年 5 月完成编写并出版了项目经理手册《减少过时淘汰风险的通用方法》,该手册为项目经理和综合产品组提供过时淘汰管理的实用方法,使过时淘汰的影响减低到最小。

2001 年 12 月 ARINC 又编制并出版采办指南《实施元器件过时淘汰管理的合同要求(草案)》,该指南为项目经理和综合产品组编制招标书和修订现有合同以包括过时淘汰内容提供指导。该指南汇集了项目经理多年来在各种讨论会上发表的观点、看法和意见,作为上述两个文件的补充。

2001 年 10 月 31 日发布的美军 MIL - HDBK - 512 中的"元器件管理"部分为实施基于性能的元器件管理提供了过程指导,有助于确定在某一给定项目中实施元器件管理的程度,并帮助确定建议征询书中有关元器件选择和使用管理的内容。它强调过时淘汰管理程序应该包括使用元器件类型(如微电路)的预

先过时淘汰预测,并在过时淘汰发生时,针对其影响制定响应策略。

空军条例 63 - 1201(2000 年 3 月 5 日)中“确保使用安全性、适用性和效能”(OSS&E)部分确定了建立和维持空军系统及终端产品在其整个使用寿命内的安全性、适用性和效能的过程。OSS&E 强调了风险管理和配置管理以及影响这两个方面的 DMSMS 问题的重要性。这项政策要求首席工程师不要选用来自同一授权机构的产品,而要批准其他的 DMSMS 备选方案。

美国空军装备司令部颁布的 AFMCI23 - 103(2000 年 10 月)条例中 2.1 章要求每个项目经理需要“有效地解决生产、维修和追加采办中的 DMSMS 问题”,2.4 章要求制定一个评价 DMSMS 各备选解决方案的后勤与费用影响的过程,2.5章要求采集和保存 DMSMS 数据。

目前美军在国防政策上解决 DMS 问题,主要依据 DOD regulation 4140.1 - R 物资管理法规章节 1.4DMS 政策及程序执行,“国防部各部门应该制定一种程序解决 DMSMS 问题及由此带来的影响,国防部部门应该通过预测可能发生的 DMSMS 现象预先考虑系统寿命周期内的 DMSMS 问题,并采取适当的后勤、采办、经费举措阻止 DMSMS 对战备完好性和总拥有费用的影响”。该法规要求国防新武器采办过程中必须执行 DMS 工作,以确保 DMS 问题在武器采办寿命周期各个阶段能适时适宜地解决。此法规由国防部采办和技术副部长办公室制定,由三军执行。

美国三军各执行单位又另外制定了武器采办政策及 DMSMS 手册,例如陆军器材司令部(AMC)制定了 AMC P5 - 23 Management DMSMS ;空军装备司令部(AFMC)制定了 DMSMS Case Resolution Guide;海军系统司令部(NAVSEA)制定了 DMSMS Case Resolution Procedures Guide。

6.4 降低过时淘汰风险的方法与技术

在武器采办项目中,通过采取一些先进的过时淘汰预测、分析及设计技术,结合过时淘汰预先管理,可以有效地降低零部件过时淘汰风险,减少武器系统的总拥有费用。目前常用的降低过时淘汰风险的方法与技术包括以下几种。

6.4.1 过时淘汰预测技术

通常情况下,过时淘汰问题只有在生产或维修过程中需要购买某种零部件时才被发现,因为即使有些时候工程人员获得“最后一次购买”通知,但由于不了解对该零部件的未来需求情况,结果常常会错失良机,因此过时淘汰预测具有非常重要的意义。在设计或重新设计工作中,要利用一切可用信息资源更新所有元器件及其可生产率列表来预测过时淘汰问题。

预测元器件过时淘汰的目的是:跟踪并记录元器件过时淘汰信息,准确提供当前的元器件生产状态,如是否发出了停产或最后一次购买通知? 并预测当前没有停产的元器件何时会停产。进行过时淘汰预测的一个可行方法就是让制造资源规划系统人员检索零部件数据库中的过时淘汰情况,而过时淘汰的资料来源包括:商业可用数据库(如 TACTECH、ITOM、AVCOM、ASPECT);分销商;制造商最后一次购买通知等。

大部分电子元器件都要经过几个寿命周期阶段,对应元器件销售情况的变化分别为:开始、增长、成熟、下降、停产。元器件过时淘汰预测就是基于该产品寿命周期模型的基础上进行的。成功的电子元器件过时淘汰预测不仅要预测出某种元器件的最后一次购买日期,还要保证预测结果的准确性。下面介绍几种过时淘汰预测方法。

6.4.1.1 传统产品寿命周期预测方法

传统的寿命周期预测方法是"打分卡"(scorecard)方法,这种方法通过一组技术属性来确定元器件的寿命周期阶段,每种属性被给予一个寿命周期代码和一个相应权重。通过将所有属性的寿命周期代码进行简单权重平均,可以得到该元器件的总体寿命周期阶段。

这种方法存在以下三个的缺点:由于其主要依赖技术复杂度、软件市场等技术特性,因此不能准确捕获市场变化趋势;由于它假定所有的集成电路都遵循相同的寿命周期曲线,且所有寿命周期阶段的长度都相同,因此经常会得到错误的预测结果;这种方法没有给出预测置信度的衡量标准。

6.4.1.2 基于数据挖掘的过时淘汰预测方法

在有些情况下,尤其是对于寿命周期较短的零部件而言,可用来构建预测模型的数据非常有限,这时就需要利用数据挖掘算法扩充过时淘汰风险数据库。成功的数据挖掘是统计方法、可视化工具和数据库技术的综合。数据挖掘需要不同类型的专家开展合作。第一类专家拥有专业领域知识,第二类专家处理数据,第三类专家研究并判断不同分析方法的采用。目前有许多数据挖掘商业软件可供使用,如 ARMiner、Clementine、GhostMiner 等。

基于数据挖掘的过时淘汰预测方法综合利用寿命周期曲线预测方法,并通过挖掘最后购买或最后运出日期的历史数据确定某电子元器件供货商的过时淘汰时间。首先它通过对某电子元器件寿命周期曲线进行拟合得出销售数据高斯分布的平均值和标准偏差,并创建趋势方程预测该类元器件未来型号的寿命周期曲线。通过这种方法不仅可以得到更准确的过时淘汰预测结果,并且能同时预测指定用户的置信度水平。

2002 年洛·马公司在美空军 CPOM 项目中对这种方法和其他几种方法(如 i2 - TACTrac 和 Total Parts Plus)进行了评价,证明了这种方法同商业分类量表中的预测方法具有同等准确度。

基于数据挖掘的预测方法需要综合传统过时淘汰预测工具中的一些信息,如制造商数量、市场份额和技术因素等。另外,它也并非适用于每种类型的元器件。大型的电子元器件数据库是预测过时淘汰数据的来源,但关键是如何挖掘数据以寻找出重要趋势。

6.4.1.3 综合软计算的预测方法

为解决现有的基于时间序列(Time Series)的预测工具需要大量数据且不适用于短寿命周期产品的问题,新加坡制造技术研究所提出了在其开发的预测工具 SIMForecaster 中综合软计算方法的理论。SIMForecaster 已成功地用于多个工业重要预测问题中,它通过综合多种优化算法加强了基于统计预测方法的标准预测工具。例如,为适应制造过程中用户需求的不确定性和波动性,预测工作中需要考虑许多问题,包括需要保持的库存量等。

通常情况下,制造商很难预测将来能接收到多少用户订单;另一方面,即使已收到的用户订单也可能会因为偶然原因而被取消。这就造成制造商很难确定究竟需要保存多少零部件库存,库存量太高,占用资金就高;库存量太低,则无法满足用户需求,从而降低商业利润。SIMForecaster 则可以成功解决这个问题,它拥有一个评估模块,可以自动评估和选择可产生更优性能的最优算法,可以精确预测用户需求并大大降低库存成本。

然而,SIMForecaste 虽然具有以上优点,但不适用于短寿命周期产品的预测。新加坡制造技术研究所的研究人员通过在这种工具中综合传统软计算模型(如神经网络、遗传算法等),实现了在数据不足或数据丢失的情况下完成建模的目的,从而消除了 SIMForecaster 预测工具的局限性,使其能够预测短寿命周期产品的过时淘汰风险。

此外,对于非电子类过时淘汰零部件而言,由于它们通常不具有共同特性,因此对这类产品的预测一般需要采用 6.2.2.2 所介绍的非电子产品的具体过时淘汰特征而进行。目前可用的非电子类产品过时淘汰预测方法包括 Howard (2002)和 ARINC(2006)两种,对此本书不再详细介绍。

6.4.2 过时淘汰对装备的维修和使用影响分析

众所周知,飞机的可用性对于使用方(航空公司或军方)而言是最重要的一项因素,为了降低由于元器件过时淘汰对于飞机可用性带来的影响,不仅需要预测元器件寿命周期,同时还需要预测关键产品的过时淘汰对维修和修理带来的影响。现有的航电设备通常只拥有有限数量可用于保障超出初始计划寿命期限的飞机的零部件,随着飞机寿命和服役期限的增长,过时淘汰事件无可避免地也要随之增长。因此项目经理需要预先知道由于故障及过时淘汰原因,哪种航电终端产品(或装配件)和组件的备件库即将耗尽,以及备件耗尽后对系统和飞机任务率将造成什么影响。

传统的备件模型通常根据供应与需求关系确定备件数量。然而由于经费的限制,为在有限的经费额度下达到最高的可用性,必须进行备件优化。维修机构在进行备件分析时需要考虑过时淘汰因素,预测由于过时淘汰造成的不可维修而导致备件耗尽的时间,确定关键的管理决策(如备件采购、技术更新、可靠性改进)日期,对关键维修产品进行优先排序,判断需要对哪种产品进行(trade－off)研究以确定是否需要技术更新。

可以设想,当一个被送往大修基地维修的组件确定出故障产品或零部件,且该故障产品已经过时淘汰时,如果在项目之初进行了预先过时淘汰管理(LTB或其他方法),那么这个组件就可以被维修;否则该组件将不能维修。这种不可维修性带来的影响包括:延长不能工作时间、系统或飞机可用性降低、紧急技术更新相对预先规划的费用增加以及延期交货等。

为了避免这种情况的发生,可以采用使用影响分析(Operational Impact Analysis, OIA)过程模拟所有系统、装配件或组件的为期 20 年的维护与修理状况。该模型可以基于现有库存、机队飞行小时、拆用配件、预期平均(维修)要求时间(MTBD)和元器件过时淘汰预测,确定一个关键系统或装配件具有可保障性的年限。维修要求应该基于真实情况和得到的维修要求率及系统使用时间确定,如果一个产品不在其使用寿命的恒定故障率区域,维修要求需要做出相应调整(考虑疲劳或改进)。利用商业预测工具可以计算出过时淘汰随时间的发展趋势,将此作为输入,OIA 模型可以确定出 20 年内故障组件所需的维修元器件的存在可能性。如果维修用元器件已经不存在(如过时淘汰),那么 OIA 模型将用完所有的组件备件库,并把这些不可再维修的备件归类到可拆配件库。OIA 过程的目的是基于机队飞行小时、终端产品需求率、终端产品和组件产品的供应数量、组件过时淘汰率,产生对终端产品库存状态的一个合理的多年(20 年)映射。

汇总各个组件(subassembly)的映射结果,可以得到过时淘汰对于装配件 assembly(或终端产品)备件库的影响。OIA 将指明对于一个给定系统或装配件,如果不采取任何过时淘汰管理措施,由于使用需求和过时淘汰带来的不可维修性,哪些备件库将有被耗尽的危险。相应的解决方法包括:解决过时淘汰问题、在生产阶段提高备件采购数量、技术更新或可靠性改进。

OIA 可以帮助维修经理确定出需要优先对哪些终端产品开展详细的过时淘汰缓解研究,同时还为预算优化提供了定量依据,并可以预测零部件过时淘汰对于备件可用性的影响。目前 ARINC 已经研制出了一种预测过时淘汰对备件可用性影响的软件模型。

6.4.3 制订设计更新计划

基于过时淘汰预测，在设计阶段通过制定最佳的设计更新进度，也是降低过时淘汰风险的一种有效手段。设计更新的优点包括：为现有系统提供新方案、增强功能、消除过时淘汰、提供灵活性、加强互换性和互操作性。

图6－9给出了单个元器件的设计更新规划时间线（实际工作中需要并行综合多种元器件的更新时间线），包括无过时淘汰阶段和大批该元器件过时淘汰阶段。图中的最后一个阶段是生产，这是由于武器系统的初始设计和制造过程一般较长，再加上由于生产订单增加以及补充备件等各种原因，造成很多情况下在元器件已经过时淘汰后还需要继续生产该产品。

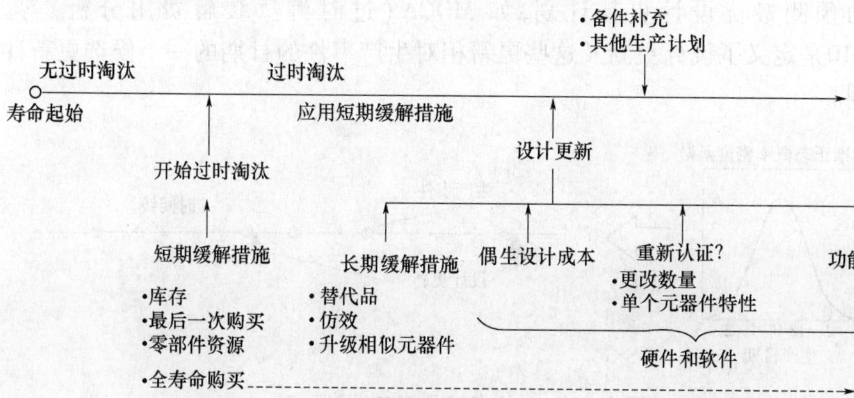

图6－9　单个元器件的设计更新规划分析时间线

当一个元器件发生过时淘汰后，必须立即采取有效的解决途径（或是全寿命购买或是延迟至下一设计更新的短期解决方法）。当实施设计更新时，必须确定更新过程中的设计更改，采取“长期”过时淘汰缓解措施，并计算出与设计更新相关的一切费用，包括重复费用（recurring）、偶生费用（non－recurring）和重新认证费用等。而完成设计更新后的元器件是否需要重新认证取决于设计更改带来的应用影响，主要由该元器件在整个产品系统中所起的作用和设计更改中所做的非关键更改的数量来决定。另外，如果需要进行重新设计，那么重新设计中必须要对现有功能进行升级，并且要预测未来零部件可能发生的过时淘汰问题。总之，所有的设计更新必须兼容软硬件的重新设计和重新认证。

值得注意的是，制定设计更新决策所依赖的许多数据具有高度不确定性，包括：

① 成本分析的输入数据的不确定性，如与某种认证试验相关的重新认证费用；

② 更新日期的不确定性。

第一种不确定性可以通过 Monte Carlo 建模来解决。第二种不确定性更为复杂,可以通过采用一种选择候选更新计划的算法来解决。一个候选更新计划包括产品寿命周期中的设计更新数量以及这些更新相对于生产事件的日期。

这里所说的生产事件是指任何可能造成需要追加该产品生产的事件(如追加的订单或备件补充)。一旦选择了一个候选更新计划,就等于选择了对生产事件日期的真实采样(其中每个生产事件的日期作为一个概率分布输入)。在完成对日期概率分布的采样后,就得到了一个具有真实日期的采样更新计划。利用基本 Monte Carlo 途径,将生产日期采样和寿命周期费用计算过程重复一定次数,就可以产生候选更新计划的寿命周期费用柱状图。有许多软件工具可用于帮助预测最优设计更新计划,如 MOCA(过时淘汰缓解费用分析)等。图 6 - 10是定义了设计更新及这些更新相对生产事件的日期的一个候选更新计划示例。

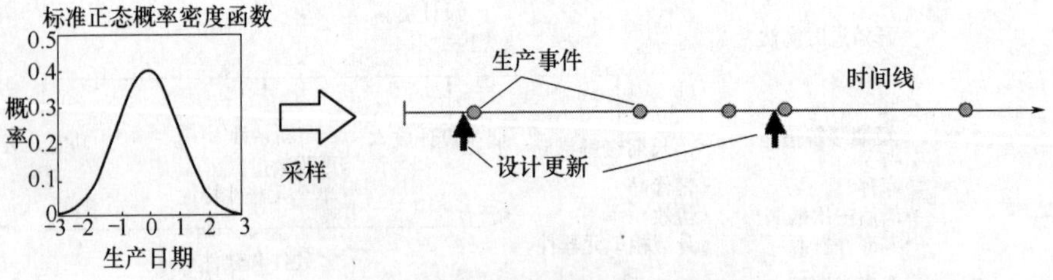

图 6 - 10　一个备选的更新计划示例

如果不实施设计更新,采取短期缓解措施只能解决当前紧迫的 DMS 问题;而通过设计更新可以减少面临过时淘汰问题的元器件数量,从而降低过时淘汰费用。在实际应用中,通过技术更新可以加强战斗机功能,并可节约多达 1.8 亿美元的费用。

6.4.4 降低过时淘汰风险的其他方法

1. 使用早期告警数据库

降低过时淘汰风险的一种传统方法是开发并保存详细的数据库,该数据库应该包括系统中每个元器件的信息。拥有一个这样的数据库,系统管理人员或工程师将可以确定替换的优先级别(元器件、电路板、分系统或系统),并可以制定替换的进度以维持系统功能。同样,保留数据有助于快速查找过时淘汰通告、元器件可靠性、可用性、维护性和保障性,这类分析能够支持管理人员制定经费计划以完成必要的零部件替换。

2. 购买处于寿命周期初期的元器件

如果说预测过时淘汰事件比较困难，那么一种技术或元器件进入市场的日期却可以很容易知道。因此明智地选择过时淘汰元器件的替代品，即选择购买处于寿命周期早期阶段的元器件，也可以有效防止或延迟未来的过时淘汰事件。

3. VHDL

随着集成电路技术的发展，迫切需要提高设计效率，其中甚高速电路硬件描述语言（VHDL）就是一种先进的设计工具。设计者根据 VHDL 的语法规则，对系统目标的逻辑行为进行描述，然后通过综合工具进行电路结构的综合、编译、优化，通过仿真工具进行逻辑功能仿真和系统时延的仿真。近年来，VHDL 在电子工业领域已经成为一种标准设计工具。利用 VHDL 设计零部件、电路板或系统，易于替代不同的零部件。而且采用 VHDL 设计工具，当利用更新的或不同的技术来取代某个元器件或集成电路时，不需要进行重新设计。但需要注意的是，VHDL 方法只适用于数字设计，所有模拟设计部分必须进行转化或重设计。

4. 开放式系统构架（OSA）

OSA 是一种商业和工程策略，它利用开放式系统接口标准研制系统构架，以保证最大程度的可用性。开放的系统接口标准是广泛应用于市场上的、定义了接口技术规范、服务、协议或数据格式的公开的可用文件。

OSA 可以降低元器件停产、技术过时淘汰、单一供应商等相关问题的影响，提高武器系统的经济可承受性和持续保障能力。开放式系统构架能够引入可用的、稳定的、可保障的 COTS 产品，在政府不花费或花费很少研制费用的情况下引入新技术；并使新系统能够有效、连续地执行现代化策略；另一方面，减少了过时淘汰和 DMS 问题，利于系统的长期保障。

6.5 装备型号过时淘汰管理

由于过时淘汰对武器装备所产生的重要影响，过时淘汰问题的管理目前已成为所有武器平台的一个重要考虑因素。下面以美军 F－22 战斗机、B－2 轰炸机、V－22 倾转旋翼机为例，具体介绍型号中的过时淘汰管理工作。

6.5.1 F－22 过时淘汰管理

6.5.1.1 背景

美国空军第四代战斗机 F－22 的过时淘汰管理工作是美国空军由承包商管理过时淘汰的第一个项目。F－22 至今发现的过时淘汰问题，大多数出现在航空电子系统中，例如 F－22 航空电子系统采用的通用集成处理器（CIP），由 12 块 inteli960MX 微处理器组成。按照企业标准，在 2004 年元月之前将永久性停止 1960MX 生产线,该公司将不再生产这种产品,产生了过时淘汰。

因此,2003 年 11 月空军决定更换该计算机结构,扩大 F-22 航空电子处理器的能力。在 F-22 研制过程中,洛克希德·马丁公司每年要花费 5 千万美元来解决过时淘汰问题。

除了电子元器件外,软件及材料的过时淘汰也出现不少问题。F-22 制定了过时淘汰管理大纲来管理各类过时淘汰问题,包括积极参与设计评审要求的制定,对主要承包商和供应商进行有效的元器件监控,对元器件过时淘汰问题快速反应并采取有效措施,建立对元器件购买商的控制与再设计决策之间的关系。表 6-2 列出了 F-22 元器件(零部件)过时淘汰问题的简要情况。

表 6-2 F-22 过时淘汰简况

元器件(零部件)类型	过时淘汰的元器件种类	受影响的现场可更换模块(LRM)	每架飞机的 LRM 总数
电气	245	110	377
机械与材料	1	152	

6.5.1.2 过时淘汰的管理

1. 管理策略

为了解决 F-22 的过时淘汰问题,洛克希德·马丁航空公司制定了过时淘汰的管理策略,主要包括:

(1) 制定具体要求来保证所有新设计都具有防止过时淘汰的能力;

(2) 对新设计进行评估来确保新设计近期不出现过时淘汰问题;

(3) 不断地寻找潜在的过时淘汰问题,确定各种分系统和平台中间存在的共同问题;

(4) 对每个过时淘汰问题进行权衡分析获得费用最低的备选方案,把权衡研究的结果提交给用户备案;

(5) 确保所有元器件购买有一个明确的计划的再设计方案。

2. 有效的元器件监控

F-22 过时淘汰管理的一项重要管理措施就利用对主承包商运行的数据库寻找 F-22 飞机近期和远期可能出现的过时淘汰问题并发现各个分系统存在的共同性。同时要求供应商对他们的元器件进行监控,并要求他们具有自己的过时淘汰管理策略。此外,作为飞机主集成商的洛克希德·马丁航空公司应证实所有过时淘汰问题都是确实无疑的,并且寻找备用的库存点或者供应点,其重点应尽快制定计划并实施元器件购买和再设计行动。元器件监控的关键是尽早对过时淘汰问题发出通告。

3. 元器件购买要求

F－22 元器件购买的主要要求是要购买足够数量的元器件以便满足最后一批飞机生产所需的元器件，并考虑原始设备制造商在制造过程消耗的元器件数量和飞机备件的需要量，以及根据可更换的设备固有的和诱发的故障率确定飞机修理的要求。

此外，根据再设计的风险程度可能提出附加元器件购买的要求，当再设计未能纳入预定的生产批次时，这些附加购买的元器件用于减缓再设计可能出现的风险。图 6－11 表示 F－22 元器件购买与再设计之间的关系。

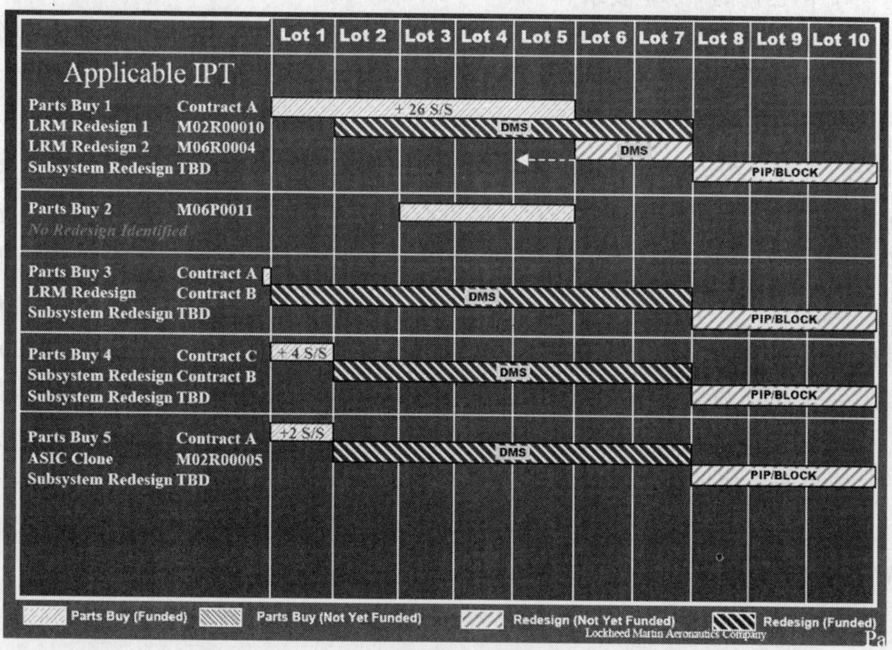

图 6－11　F－22 元器件购买与再设计之间的关系

ASIP—应用专用集成电路；Block—批次；DMS—制造源递减；IPT—综合产品组；Lot—生产批次；LRM—现场可更换模块；PIP—产品改进计划；S/S—运送－批（ship－set）；TBD—待定。

4. 参与再设计

F－22 应对过时淘汰的另一种措施是采用再设计的方法，F－22 再设计通常遵循如下原则：

（1）为应对过时淘汰采用的所有再设计应在外形—配合—功能接口（F3I）上替代原设计，但不要求增加原设计的功能和性能；

（2）在设计过程中采用元器件选择和防止过时淘汰设计来避免过时淘汰的发生；

（3）初步设计评审应记录采取避免过时淘汰措施对设计产生的影响如何；

(4) 关键设计评审应阐明对已选用的所有零部件的预测情况，证明其寿命周期接近终结的任何零部件的采用是合理的并形成文件。

6.5.1.3 F-22 的合同要求

制造源递减(DMS)是造成过时淘汰的主要原因，F-22 制造过程中的 DMS 管理全都是关于采用控制的方法对进度风险进行管理。为了保证按 F-22 项目总进度计划(No24)和有关 DMS 的专门合同条款(H-027)要求的生产进度交付产品，承包商应完成与 DMS 有关的必要活动。

1. 承包商的 DMS 要求

为解决 F-22 的 DMS 问题，要求承包商确定并解决其产品可能出现的 DMS 问题，保证将来按生产进度要求交付产品；同时要求元器件购买延续期不应超过连续 5 个生产批次的时间，元器件购买持续时间由承包商自己决定；要求确定的所有分析结果应按 F-22 项目总费用的比例给出最低的总拥有费用，并向 F-22 的系统项目办公室(SPO)提供权衡研究结果，以供审查；还要求 DMS 的再设计应集中在对原设计的 F3I 的替代方面，若要求增加新能力应签订合同，作为独立的工程更改建议(ECP)，对费用节省的要求应另外提供资金；要求所有设计评审应包括对防止 DMS 的能力进行评估；此外，对突然发生的事件，例如来自国会的 DMS 资金减少，应做出反应并立即提供进度保护。

2. 承包商过时淘汰的工作重点

承包商在其产品研制过程中，通过实施各种解决 DMS 问题的方案来保证将来的生产进度，这些解决方案是按照 F-22 的项目总费用比例并考虑各种因素确定的最低费用方案。在此过程中，承包商的工作重点包括：

(1) 权衡研究。每次发生 DMS 突发事件时应开始进行权衡研究，以确定应采取最佳的解决途径。

(2) 临时性购买。承包商应按经济的再设计点购买元器件。现有的国会限制允许承包商购买元器件持续 5 个生产批次时间，即从批次 3 到批次 7，合同规定到批次 2。

(3) 再设计。为解决 DMS 的外形—配合—功能接口再设计费用由 DMS 的资金支付。为增加新的能力或降低费用而采取的再设计应另外专门投资。

3. 合同签订方法

在与承包商签订合同过程中，应使承包商具有最大的责任，并使 F-22 项目办公室充分了解合同要求的解决 DMS 问题的情况。合同中应明确提出每一个生产批次资金，包括为了管理过时淘汰项目每年增加的资金额、启动或继续实施再设计计划所需的资金、完成延续 5 个批次任何必要的元器件购买的费用以及在自己的限额内考虑处理过时淘汰突发事件所需的费用。

6.5.1.4 F－22 解决过时淘汰的方法

解决过时淘汰的新工具或新的途径的采用促使 F－22 过时淘汰工作得到进展，F－22 解决过时淘汰问题通常采用如下方法：

（1）零部件仿真和电路板级仿真；

（2）寿命期元器件购买；

（3）备用元器件的选择；

（4）强化再设计；

（5）临时性元器件购买；

（6）外形—配合—功能接口再设计；

（7）对已发生的批次更改进行协调；

（8）通用的设计途径。

6.5.2 B－2 飞机过时淘汰管理

6.5.2.1 背景

1997 年，当 DMSMS 问题影响 B－2 飞机的元器件供应以及维修零部件补给的费用和进度时，B－2 系统保障经理（SSM）启动了 DMSMS 管理项目。B－2 的过时淘汰风险包括：

（1）过时淘汰最终导致现有电子 SRU 和 LRU 不可维修；

（2）过时淘汰将阻碍 SRU 和 LRU 的供应；

（3）新的设计将包含一些过时淘汰元器件；

（4）纠正措施费用过高。

实施 B－2 飞机 DMSMS 项目的两个基本目标是：

（1）防止 DMSMS 导致任务能力中断，并采取优先措施确保 DMSMS 产品在可接受的交付时间（lead time）内恢复可用性。

（2）通过采取经济的、预先 DMSMS 方法，降低 B－2 总拥有费用。

为达到上面的两个目标，DMSMS 管理组（DMT）评价 B－2 LRU 和 SRU 中电子元器件的现有的和未来可能的 DMSMS 风险，确定 LRU 中每个过时淘汰元器件的详细经费预算和建议，总结 LRU 级的评价结果和费用，为纠正决策和 DMSMS 工程需求计划（DERP）预算提供支持。

在这个项目中，B－2 SSM（556 ACSS/CC）负责向 B－2 系统项目主管（B2SG/CC）汇报 B－2 保障性，SSM 则指派 DMT 经理（556 ACSS/GFSTLT）领导这个项目（表 6－3）。

表 6－3　B－2 过时淘汰管理小组（DMT）的成员组织

机　构	代　号	位　置
B－2 作战系统保障小组 系统保障经理 B－2DMSMS 管理组经理 B－2 综合产品组	556 ACSS/CC 556 ACSS/GFSTLT 556 ACSS/GFSTTB	TAFB[1]，OK
国防微电子机构	DMEA	Sacramento，CA
哥伦布防务供给中心 有源设备分部	DSCC－CAA	Columbus，OH
确保辐射容限内保障与支持中心	RTASSC	WSMR[2]. NM
美国航空无线电设备公司（ARINC）	ARINC	Dayton，OH Oklahoma City，OK
B－2 原始设备制造商	OEMs	各地
诺斯罗普·格鲁门公司	NG	El Segundo，CA
Sarnoff 公司	Sarnoff	Princeton，NJ

注：1. 廷克（Tinker）空军基地；
　　2. 白沙滩导弹试验场

6.5.2.2　数据来源和方法体系

表 6－4 列出了 B－2 项目中 DMT 用来识别问题并寻找解决方案的技术和后勤数据来源。

表 6－4　DMT 数据来源

名称	来源	使用
APB[1]	AFMC	用于 DERP 的 LRU 术语和后勤数据
B－2 MRD[2]	NG	每个装配件的配置契约和数量
CHADD[3]	NG	辐射容限信息需求
CITIS[4]	NG	技术图纸
D200	AFMC	需求数据（LRU 和 SRU）
DLA 339 DB	DLA	利用 DLA 产品反复查对 PPR
GIDEP DB	GIDEP	元器件断档通知
Haystack®	IHS Inc.	产品识别、技术状态数据和后勤数据
ICS[5] Consumption	NG	ICS 修理的零部件消耗
LOGRUN	DLIS[6]	联合产品识别数据（推荐）
Microcircuit Query	DSCC	标准微电路图纸有关的制造商元器件序号

（续）

名称	来源	使用
Notices DB	ARINC	与 B－2 硬件相关的 DSCC 和 GIDEP 通知
MYB DB	ARINC	B－2 项目多年购买（MYB）的采购和库存
PROM/ROM[7] DB	DSCC	PROM/ROM 项目的可编程设备
Q－STAR™[8]	QinetiQ	零部件过时淘汰预测
R&R[9] Database	NG	LRU 要求，维修小时，机队飞行小时
SAMMS[10]	DLA	多年购买元器件的需求
TACTRAC™	IHS Inc.	零部件过时淘汰预测

注：1. 航电规划基线；
2. 物资要求数据；
3. 计算机化确保硬度设计文件；
4. 承包商综合技术信息系统；
5. ICS：临时承包商支持；
6. 国防后勤信息服务中心；
7. 可编程只读存储器/只读存储器；
8. Qinetiq 保障技术评价资源；
9. 拆除和替代；
10. 标准的自动化物资管理系统；
LRU—现场可更换单元；
SRU—车间可更换单元

表 6－5 列出了 B－2DMSMS 管理项目中采用的一些具体方法。

表 6－5　B－2 过时淘汰管理项目中的具体方法和作用

名称	使用
BCA	比较预先管理与响应式管理的费用
CAA[1]	确定费用节约（基于 DEMA 技术）
DERPs	判断预算过程中的具体方案
DMT 数据库	囊括所有的 DMSMS 数据
ALAR[2]	报告 LRU 内 SRU 的 DMSMS 问题和解决方案
DTPL[3]	排列 DMT 工作量的优先次序
OIA	预测（由于过时淘汰）随时间发生的零备件损失
PRP	获得对每个元器件问题的详细研究
SPL[4]	对解决方案进行优先排序以输入预算过程

注：1. 费用避免分析；
2. 自动 LRU 评价报告；
3. DMT 应予最优先考虑的事列表；
4. 解决方案优先排序表

6.5.2.3　过时淘汰管理流程

1. 识别 B－2 DMSMS 问题

B－2DMSMS 项目中利用以下几种途径识别过时淘汰问题：利用预测工具识别过时淘汰，AVCOM（MTI）、TACTRAC（IHS）和 Q－STAR（QinetiQ）都是用来识别和预测电子过时淘汰状态的商业工具；利用 LRU 或 SRU 的任务能力（MI-

CAP)情况识别过时淘汰;利用 DSCC 断档通知(DN)识别过时淘汰;利用 DLA Form 339 submittal 识别过时淘汰。

2. 提出建议解决方案

针对电子元器件和非电子类产品过时淘汰分别提出相应的最佳解决方案,并对该方案进行费用分析。表6-6是B-2电子元器件过时淘汰的解决措施和相应费用分析。

表6-6 B-2中使用的过时淘汰解决方案费用分析

措施类型	描 述	费用(FY06)
回收	运输、刷新、试验	\$4,000
admin 替代器	产品变更(如,类型变化)	\$45,900
桌面替代品	TDP 缺陷的工程评价(如利用相同零件的高可靠性型号)	\$93,636
正常替代品	TDP 工程调研、试验、TDP 更新	\$312,120
复杂替代品	工程调研,F^3I^2 元器件试验,系统试验 QCI^3 试验,TDP 更新	\$468,180
仿真	反向工程,开发一种个性化晶片	\$572,220
配件市场	裸片包装,元器件试验,QCT 试验	\$1,040,400
主要 DMSMS 项目	SRU、模块或元器件的工程、项目管理、集成、试验、TDP 更新	\$1,040,400

注:1. TDP:技术数据包;符合性检查;
2. F^3I: From, Fit, Function, and Interface Assembly;
3. QCI:质量成型、固定、功能及同装配件的接口

而对于非电子产品的过时淘汰问题,ARINC 向管理供应商的工程部门(如国防供应中心 DSC, Richmond)发送问题零部件报告(PPR),以获得一个方案建议。对于不存在库存列表的非电子类产品,ARINC 将向配置管理机构发送有关该产品的 PPR。

3. 方案验证

验证是对建议方案的技术充分性的确认。获得验证项目用的经费后,IPT 采取配置更改措施(如 ECP)来验证该方案。DMT 提供 DMSMS 工程需求计划(DERP)来获得所有 LRU 级相关的使用、技术和后勤决策因素。

4. 执行方案

剩下的工作就是 DMT 管理人员和其他机构落实每一项方案,必要的措施:IPT 做出预算单;DMT 采办并储存元器件;IPT 更新技术和后勤文档(以允许修理时使用新设计的备选元器件);OEM 实施必要的(建议的)工程措施。此外,B-2项目中采取的 DMSMS 管理措施还包括:公布、购买和存储电子元器件多年购买(multi year buy)数量;使用可编程设备;防止未来设计中出现 DMSMS 问题。1999 年的一份 B-2DMSMS 项目商业分析(BCA)认为 B-2 预先管理项目具有良好的效费比。

6.5.3 V－22 过时淘汰管理

6.5.3.1 背景

V－22"鱼鹰"是一种倾转旋翼垂直/短距起飞和着陆(V/STOL)飞机,能够全天候昼夜飞行,并适应舰载环境和远程恶劣环境。随着系统寿命的增长,V－22 飞机的零部件过时淘汰问题加速了对制造商的费用影响,包括设计、生产和售后保障各寿命周期阶段。这个问题对制造商提出挑战:高价值的电子设备必须能够维持多年具有可保障性。如果不采用预先管理过程和工具来管理零部件过时淘汰问题,这些制造商将面临日益增加的设计、制造和售后保障费用,从而将导致生产延误、费用超支、新产品投市时间延迟等各种问题。

为解决日益增长的元器件过时淘汰和 DMSMS 问题, V－22 项目于 2004 年 6 月正式成立了一个包括政府和承包商双方人员在内的过时淘汰管理小组(OMT)。目前,过时淘汰管理小组负责监视 V－22 飞机上的 53000 多个零部件,在去年 4 个多月里完成了 400 多张过时淘汰表单(Obsolescence Case Sheets),并确定了解决方法。自 1998 财年至 2004 财年,过时淘汰带来的总费用节省约为 3900 万美元。而该 OMT 组通过持续的努力,仅 2005 财年就节省了 2700 万美元。

6.5.3.2 管理项目

V－22 的预先过时淘汰管理项目包括:

(1) 一个过时淘汰管理计划(OMP);

(2) 一个过时淘汰管理小组(OMT);

(3) 一系列不同的过时淘汰数据工具;

(4) 一个验证与分析表过程;

(5) 经济可承受性的解决方案;

(6) 经费支持。

1. 过时淘汰管理计划(OMP)

V－22 过时淘汰管理计划(OMP)将确定一个预测、识别并控制从概念设计直至飞机退役的全寿命周期内过时淘汰影响的预先管理过程。这个计划将利用一切可用资源(包括国防部、海军部、美国空军及工业界的 DMSMS 工具等),综合以往的研究成果,从而避免重复工作。它将系统技术状态和零部件可用性信息与其他项目信息(如系统可靠性、备件可用性、预先产品改进计划、航点路线图等)结合在一起,形成供分析使用的基准数据。利用这个信息,OMP 为 V－22 项目提供过时淘汰通告、过时淘汰对生产与保障的短期和长期影响程度,以及降低过时淘汰风险的建议。

2. 过时淘汰管理小组(OMT)

V-22 过时淘汰管理小组(OMT)是一个过时淘汰专题小组,它具有明确的目标,负责开发处理 V-22 过时淘汰元器件的程序,为 IPT 提供指导,解决常见的过时淘汰资金问题,并与海军航空系统司令部(NAVAIR)老龄飞机综合产品组(AAIPT)、空军装备司令部(AFMC)、老龄飞机系统项目办公室(ASC/AAA)、DMSMSgongzuozu 、政府工业界资源交换项目(GIDEP)、海军 DMS 工作组和空军 DMS 工作组等组织保持合作。OMT 的任务是依照 DoD 4140.1-R、SECNAV Instruction 5000.2C、ASN(RD&A) Memo Jan. 27, 2005、DASN(L) Memo May 10,2004等政策和指南,预先管理和降低 V-22 武器系统的过时淘汰问题,提高作战能力,降低总拥有费用,减轻全寿命周期内的 DMSMS 影响。这个专题小组由包括工程与后勤人员在内的多学科专家组成,见图 6-12。

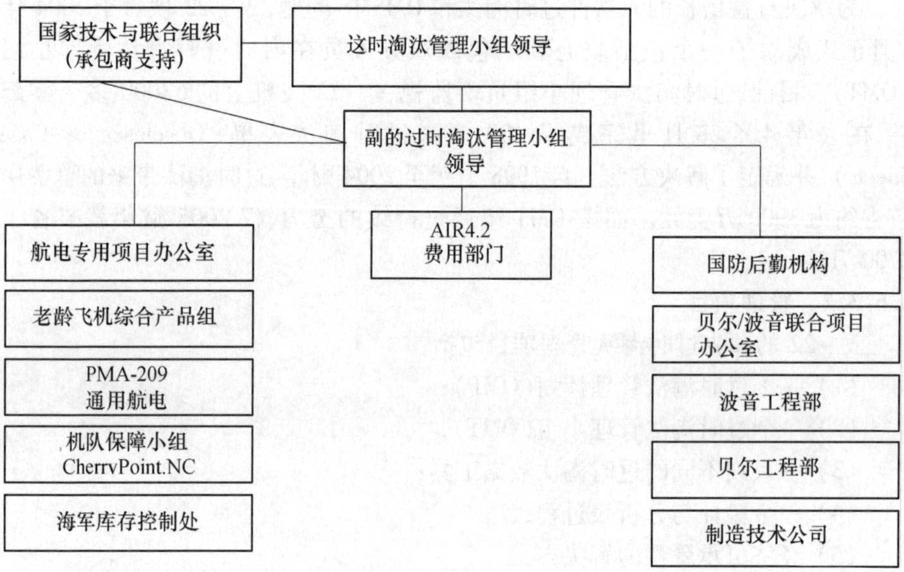

图 6-12 V-22 过时淘汰管理小组构成

3. 过时淘汰数据工具

预先过时淘汰管理中一个重要的部分是持续地评价设备中使用零部件的潜在 DMS 风险,在设计阶段发现对潜在过时淘汰事件的早期告警能够帮助综合产品组确定可能发生 DMS 问题的危险区域,并制定降低风险计划。而过时淘汰数据工具则有助于确定 V-22 飞机零部件的健康状况,对需要解决的分系统进行优先排序,并预测未来可能出现的过时淘汰问题。

V-22 过时淘汰管理小组拥有一整套可用的过时淘汰管理监视工具,包括 AVCOM、Q-Star、TAC TRAC、OMIS 等。另外,在概念设计、重设计或设计评审阶段，为使 DMS 对设备的影响最低，综合产品组还应该建立健康分析评价的基本原则，包括：

(1) 元器件选择：应该尽可能选择那些过时淘汰风险较低的元器件；

(2) 技术路线图：研制设备与元器件技术路线图，并将其与系统级技术路线图综合在一起，以预测过时淘汰情况；

(3) 设计特点：设计的模块或集成电路板应该易于综合或引入替换元器件、新技术元器件或电路模块。

4. 验证与分析表过程

验证与分析表由过时淘汰小组分派，由贝尔/波音责任机构完成，其用途是：验证元器件当前可用性、预测未来可用性、显示制造商数量、确定过时淘汰元器件的解决方法。该过程从获得 V－22 设备元器件列表(EPL)和物料清单(BOM)开始，将其载入过时淘汰管理工具，持续地监视 V－22 设备中使用零部件的潜在过时淘汰风险。

管理系统过时淘汰的一个重要部分是保存当前配置和技术状态，当由于重设计和升级或过时淘汰的影响而在系统中添加元器件时，需要开展过时淘汰评价，并监视可用性状态变化。V－22 OMT 还利用来自 GIDEP 或其他来源的产品断档通知(DCN)，为元器件序号调查列表提供易于操作的界面。

5. 经济可承受性的解决方案

完成初始评价后，所有的过时淘汰通告(从 V－22 OMT 过时淘汰监视工具得到的或是供应商断档通知)都将通过表单(Case Sheet)输入到一个 V－22 过时淘汰验证与分析系统中。评价结果可以帮助管理 V－22 系统的决策者通过减少重新设计概率来提高经济可承受性。

为了使过时淘汰对设备的影响降到最低，V－22 项目办公室尽量综合最及时且效费性好的解决方法，具体解决措施包括直接替代、寿命型或过渡性购买、功能性替代、回收、重设计等。值得注意的是，成本最低的方法未必就是最佳的解决方法，往往需要根据用户的要求进行综合评价。

6. 经费支持

OMT 根据各项目阶段确定 DMSMS 资源保障需求及为满足这些需求所需的经费。除了当前的 DMSMS 经费需求外，OMT 还为 V－22 项目提供未来预算请求，确定预算交付过程并讨论获得充足经费的进度。如果经费不足，OMT 则将向项目经理递交报告陈述不足之处及其对战备完好性的影响，并提出建议措施。V－22 OMT 研制了 V－22 偶生工程(Non－Recurring Engineering, NRE)、过时淘汰商业案例分析(BCA)和 POM 模型用来评估节省费用。

参考文献

[1] 王萍,曾天翔. 军工产品过时淘汰的概念、内涵、影响及解决途径. 中国航空工业发展研究中心,2007,(1).

[2] 曾天翔. 装备面临过时淘汰的挑战和应采取的措施. 中国航空工业发展研究中心,2004,11.

[3] Diminishing Manufacturing Sources and Material Shortages (DMSMS) Guidebook (Version 1. 1), 2005,(12).

[4] Robert A. Polanowsi. Successful solution to the parts obsolescence problem. 9th joint FAA/DoD/NASA conference on aging aircraft, 2006.

[5] Walter Tomczykowski. Operational Impacts of Avionics Repair Caused by Obsolescence. 9th joint FAA/DoD/NASA conference on aging aircraft, 2006.

[6] Alan B Howard. DMSMS Case Resolution Determining Part Obsolescence is Only the Beginning, 9th joint FAA/DoD/NASA conference on aging aircraft, 2006.

[7] Gary W Steverson. Diminishing manufacturing sources and material shortages(dmsms) lifting the load from the program offices. 9th joint FAA/DoD/NASA conference on aging aircraft, 2006.

[8] Roger Steines, etc. No data? No money? No problem! cost effective technology insertion. 9th joint FAA/DoD/NASA conference on aging aircraft, 2006.

[9] Mr. George Sacarelos, et. DMSMS and the Acquisition Process. Department of Defense 2002 Diminishing Manufacturing Sources andMaterial Shortages (DMSMS) Conference, 2002(3):25 – 28.

[10] John T McDermott. Reducing the Impact of Obsolescence in Military Systems, DMSMS 2002 Conference.

[11] LR Avery. Reverse Engineering Complex Application – Specific Integrated Circuits(ASICs), DMSMS 2002 Conference.

[12] David Lasater, Sam Calloway. Successful DMSMS Management the F – 15 Way, DMSMS 2000 Conference, 2000(8).

[13] DMSMS Acquisiton Guidelines—Implementing Parts Obsolescence Management Contractual Requirements. DEMA RAFT, 2001. 12.

[14] Chris Wilkinson. Component obsolescence management for aerospace electronic equipment.

[15] Eur Ing Ken Hunt, Siefried Haug. Challenges of Component obsolesence. royal aeronautical society conference in london, 2001.

[16] George A. Sacarelos. F – 22 DMSMS Management Program. Lockheed Martin Aeronautical Company, george. a. sacarelos@ lmco. com.

[17] Diminshing Manufacturing Sources and Material Shortages (DMSMS) Management Plan for the B – 2 Weapon System (Proactive Risk Management), 2006(6).

[18] Robin Y Brown. V – 22 Verification and analysis process. 9th joint FAA/DoD/NASA conference on aging aircraft, 2006.

第7章 装备一体化训练系统

训练与训练保障是指训练装备使用与维修人员的活动与所需的程序、方法、技术、教材和器材等,它是保障资源要素之一。进入21世纪以来,世界各国军队遇到的一个普遍的问题是,在训练经费减少和训练时间缩短的情况下,如何提高训练质量。

高技术复杂武器装备的发展,突出了人—武器装备全系统优化的重要性。武器装备越现代化,对人员的训练保障要求也越高。比如,未来坦克装甲车辆采用的复杂装备及在高技术条件下诸兵种协同作战的复杂性,都增大了乘员和部队维修人员使用和维修训练的作用及训练的难度。借助于飞速发展的现代信息技术,可以采用多种方式来共同促进这些似乎自相矛盾的目标的实现。

7.1 装备使用与维修训练和训练保障的发展概述

装备使用与维修训练是军事训练的重要组成部分。训练保障是军事训练的物质基础,对创新训练手段、改善训练环境和提高部队训练质量,具有重要的保证和推动作用。训练与训练保障的发展是随着军事训练的发展而发展的。军事训练的发展历程见表7-1。

表7-1 军事训练的发展历程

时期	作战样式	战争需求	军事训练重心	军事训练所形成战斗力的侧重点
农业时代	冷兵器	棍棒	以舞枪弄棒为主(拜师学艺,人工培训)强调强化体能	面对面的格斗能力
工业时代	热兵器	枪炮	以操枪弄炮为主(实物操作训练+机械模拟器训练)强调提高技能	以使用和维修武器平台为主的操作技能
	"海权论"、"空中制胜论"问世以来	强大的陆、海、空联合作战能力	海空训练(实物操作训练+基于计算机的模拟训练))	
信息时代	联合作战	陆、海、空、天、电等多种作战力量协调配合	以基于网络的分布式任务训练为主,在强调传统的"操作技能"的同时,突出基于网络的多军兵种一体化联合训练	以信息对抗为基础的联合作战能力

7.1.1 战争需求是军事训练发展的原动力

战争需求永远是军事训练发展的原动力。当战争由冷兵器发展到热兵器时,借助枪炮延伸人的生理能量成为战争的需求,军事训练的重心由强化体能发展到了提高技能;当“海权论”、“空中制胜论”问世并导致战场范围空前扩展时,强大的海、空作战能力成为战争的需求,于是,海、空训练成为军队训练的重头戏。

当前,联合作战已经成为未来战场的主要作战样式,多种作战力量密切协调成为战争的需求,于是,多军兵种的一体化联合训练应运而生。另外,军事训练是提高战斗力的主要途径,不同时期军事训练所生成战斗力的侧重点是不同的。农业时代,军事训练以舞枪弄棒为主,生成的主要是面对面的格斗能力;工业时代,军事训练以操枪弄炮为主,生成的主要是以使用武器平台为主的操作技能。

进入信息时代,信息化的各种因素全方位、多层次、高速度向军事领域渗透,使未来战争呈现信息主导、体系对抗、诸军兵种整体联战的特点,军事训练在强调传统的“操作技能”的同时,把陆、海、空、天、电等多种“异质”力量的“集成与磨合”放到突出位置,通过基于网络的一体化训练,生成新的以信息对抗为基础的功能互补、联动应变的一体化作战能力。可以说,军事训练变革的实质,是信息化战争强制军事训练向一体化方向转型。

训练保障相应地也走过了以下几个阶段:人工训练(常规的教学、培训)—机械模拟器训练—以计算机技术为核心的模拟训练(单个模拟器的个体训练)—基于网络的分布式任务训练(团体训练、联合训练)。从单兵训练器材到合成指挥演练,从单一学科到多学科交叉,构成了一幅幅模拟训练的独特风景。

7.1.2 美军的三次训练改革

美军历来十分重视适应战争发展和任务变化进行训练改革,自越南战争以来,已经先后掀起了三次训练改革,推动美军战斗力不断跃升。

第一次训练改革,产生于越南战争结束至20世纪80年代初期。越南战争结束后,美军在认真总结和反思越战经验教训的基础上,由陆军提出“战时怎么打、平时就怎么练”的训练指导思想,并以此为指导先进行训练改革,随之带动了海、空军训练变革。

美军第二次训练改革,产生于20世纪80年代初期至20世纪末,其主要标志是掀起了以计算机模拟为核心的模拟化训练。进入20世纪80年代,以计算机技术为核心的现代模拟技术快速发展,为美军进行第二次训练改革提供了物质技术条件。

这一时期，美军认为，运用计算机技术进行模拟训练，是一种可以最大限度利用资源、贴近实战的训练方式，体现了训练的一大飞跃。为此，20 世纪 80 年代以后，美军开始将计算机模拟技术广泛应用于训练领域，并专门成立了负责研制、开发、管理模拟训练系统（器材）以及支持美军模拟训练的执行部门——“美军国家仿真中心”，建立了各种作战实验室和各类大型训练基地，广泛应用虚拟现实手段进行“战争预演”。

此外，这一时期，美军在大力运用计算机技术推广模拟化训练的同时，还十分强调实兵、实装、实弹训练，特别是联合实兵实弹演习具有不可替代的实践作用。在海湾战争、科索沃战争乃至阿富汗战争和伊拉克战争中，美军第二次训练改革的成果都得到了全面验证和展示。

进入 21 世纪后，美军为适应美国国家安全战略调整和战争形态发展变化的需要以及全面推进美军军事转型的任务需求，正在积极掀起以“全面联合”为主要标志的第三次训练转型。2004 年 6 月 21 日，美国国防部正式批准执行《国防部训练转型实施计划》。这标志着作为美军新军事变革重要组成部分的训练转型，开始进入全面实施阶段，由此也正式拉开了自越南战争结束以来美军第三次训练转型的序幕。

2006 年 2 月 23 日，国防部发布修订后的《国防部训练转型计划 2006—2011 财年》，2006 年 5 月 8 日，国防部发布《国防部训练转型策略计划》，根据 2006 年《四年度防务评审》的新精神对国防部推进全军训练和教育转型的策略做出修订。训练转型是当前美军全面军事转型的重要组成部分。

7.1.3 美军第三次训练转型的目标和核心内容

为实现国防部长要求的为国防部提供动态、基于能力的和支持“一体化作战”的训练的构想，美国国防部训练转型实施计划对以往的训练指南、指导及实施指示做出更新，为跨军种、联合作战部队、国防部部局之间、政府之间以及跨国作战行动等所有领域的国家安全需求提供支撑。

美军在 2006 年《国防部训练转型实施计划》（以下简称《实施计划》）和《国防部训练转型策略计划》中明确提出了美军训练转型的 2 项任务和 5 项目标。2 项任务是：

（1）更好地实现联合作战。

（2）实现国防部基于能力的持续转型。

5 项目标中的下述 3 项目标支持更好地实现联合作战的任务：

（1）通过调整联合教育和训练能力与资源满足战斗司令部作战需求，持续改进联合部队战备完好性。

（2）统一各军种、机构和组织之间的训练工作。

(3) 开发个体和组织本能地从联合作战角度考虑问题的能力。

其余的2项目标支持实现国防部基于能力的持续转型的任务：

(1) 为新的作战方案和能力准备兵力。

(2) 开发能即时准备和适应新兴挑战的个体和组织。

美军《实施计划》指出，要通过发展和运用"联合知识培养与分发能力"（对个体进行联合训练）、"联合国家训练能力"（JNTC，对各部队单位、参谋机构和联合特遣部队进行训练）和"联合评估与赋能能力"（对国防部训练计划的转型工作进行鉴定）来实现训练转型的上述任务和目标。这三种联合能力构成美军推进训练转型的核心内容。

1. 联合知识培养与分发能力

主要解决美军各级军官、军士、士兵和国防部文职人员单个人员培养和训练的问题，目的是通过以知识为基础、以网络为中心对单个人员进行全程培养和训练，强化他们对联合知识、联合技能和联合战法的熟练掌握，不断提高单个人员的"智能互通化"，形成本能地从联合作战角度考虑问题的思维能力。为发展联合知识培养与分发能力，《实施计划》明确了4项措施：

(1) 联合个人培养计划，要求单个人员以联合作战所需的单兵联合科目为基础，在其整个职业生涯中进行全程学习、培养和训练，不间断地获取联合知识和强化联合技能。

(2) 联合分布式学习计划，充分利用国防部和各军兵种现有的教育训练资源，以信息技术为手段，以网络系统为中心，创造出一个互通的分布式学习训练环境，使任何人员在任何时间和地点（包括跨军种、跨部门、跨政府和跨国界）都能够接受联合教育训练。

(3) 设立"联合知识培养与分发能力"联合管理办公室，由联合部队司令部、特种作战司令部、有关作战司令部、国防大学和各训练中心等人员组成，主要职责是监管发展联合知识培养与分发能力方面的工作，推进联合个人教育与训练快速螺旋式发展。

(4) 成立联合顾问团，由国防部长办公室、联合部队司令部、各作战司令部、各军种以及国防大学、高级军种学院等部门和单位代表组成，主要职责是指导协调如何发展联合知识培养与分发能力。

2. 联合国家训练能力

主要解决各级各类单位进行集体训练的问题。为此，美军提出了获得此种能力的5项发展计划：

(1)"实兵、虚拟和推演"体系结构计划。"实兵"主要指利用各种训练场地进行的实兵实弹实装演练，"虚拟"主要指利用虚拟现实技术模拟特定的作战环境而进行的模拟训练，"推演"主要指以指挥和参谋人员为主体的部队或个人利用计算机进行的作战进程推演。

（2）训练场地现代化计划。通过改进和完善各军兵种训练场地的信息搜集系统、演习跟踪监视系统、训练评估系统、通信系统、假想敌部队装备以及必要的支持系统基础设施，营造联合训练或联军训练环境，使各军兵种的训练场地具备联合训练功能。

（3）训练场地使用保障计划。通过建立组织领导机构、制定相关政策法规、加强与政府部门和非政府组织的协调使用等措施，最大限度地保障部队使用训练场地时不受或少受城市建设、环境保护、空中管制、电磁限制等因素的影响。

（4）重要国防采购项目嵌入式训练计划。通过依托全球联合训练网络系统，与重要国防采购项目同步设计和实施相关武器装备的训练，为部署在世界各地的美军部队及时提供熟练掌握新装备的训练，实现训练系统与国防采办的一体化。

（5）成立"联合国家训练能力"联合管理办公室，主要负责对联合部队训练机构的训练资源进行整合，并监管实兵、虚拟和推演模拟体系结构计划、训练场地现代化计划、训练场地使用保障计划以及重要国防采购项目嵌入训练计划的实施，以满足发展联合国家训练能力的需要。

3. 联合评估与赋能能力

主要解决优化训练转型管理机制和提供赋能手段的问题。在发展联合评估与赋能能力上，美国国防部在《实施计划》中提出了3项措施：

（1）联合评估计划，主要包括：建立统一的个人和单位接受联合教育与训练资格认定制度，制定联合训练实绩评定标准，在提高军种训练评估水平的基础上加强对联合训练的评估，健全联合作战和联合训练中总结经验教训机构，对训练转型的规划、计划、项目和投资进行系统评估，把训练转型与部队战备有机结合等内容，以确保对整个训练转型过程实施准确的指导和管理。

（2）联合赋能计划，主要包括：改进现有的联合训练系统，开发联合训练实绩分析与衡量工具，开发联合训练对战备水平影响的评估系统，构建联合作战和联合训练经验教训网络系统。

（3）组建"联合评估与赋能能力"联合管理办公室，地点设在美国弗吉尼亚州亚历桑德罗的联合实验室，主要负责监管发展联合评估与赋能能力的相关工作。

7.1.4 军事训练与训练保障面临的新形势

（1）装备使用与保障日趋复杂，对军事训练的要求增高。新型武器装备结构复杂，信息技术所占比重明显增大，其精密程度和系统性决定了有丝毫差错都可能使武器系统难以发挥效能。因此，对武器装备的检测、保养、修理等提出更高要求，传统的“眼看、耳听、鼻闻、手摸”等判断故障的方式已经远远不够了，必须在训练和训练保障中增大先进技术应用的比重，突出装备保障指挥自动化系统、自动化检测系统、远程支援会诊系统和网络化技术的训练，使装备训练和训练保障跟上武器装备发展的步伐。

（2）高技术条件下诸兵种协同作战的复杂性，增大了军事训练的难度。未来高技术条件下的联合作战，保障对象多元，保障力量众多，组织指挥复杂，任务异常繁重，只有通过诸军兵种联合保障，才能做到统筹规划，优化资源配置，避免重叠浪费，提高保障效益。因此，创新训练模式，必须以作战需求为牵引，加强诸军兵种装备保障力量的相互协作，努力形成与联合作战相匹配的战保一体训练模式。

（3）未来战场环境复杂性加剧，作战节奏加快，对保障训练提出高要求。未来高技术局部战争，战场环境复杂，作战节奏加快，装备消耗量和战损率陡增，装备保障任务十分艰巨。因此，创新装备保障训练模式，必须着眼于困难复杂的战场环境和恶劣多变的气象条件，积极开展区域保障、基地保障、支援保障、伴随保障等训练，提高应急机动和综合保障能力。

（4）和平年代训练和“非战争行动”训练成为军事训练的重要内容。在和平时期，大量的兵员处在预备役状态，如何经常性地训练他们掌握和熟悉复杂的武器装备的使用和维修，是各国军队都面临的突出问题之一。此外，随着执行反恐怖、反毒品走私、反海盗、抢险救灾、人道主义援助等任务的增多，为了从战争行动尽快顺利地转为非战争行动，加强不同形式的反恐怖作战等“非战争军事行动”的针对性研究和训练，也成为各国军队军事训练的重要内容。

（5）军事训练从基于既定作战任务的训练向基于提高打赢能力的训练转移。着眼作战需求进行训练，是军事训练的基本原则。近年来的几场高技术局部战争昭示人们：在信息化条件下，基于威胁的作战将逐渐让位于基于能力的作战。与此相适应，部队训练内容也与未来信息化战争日趋合拍，呈现出由基于既定作战任务向基于提高打赢能力转变的发展趋势。美、英等国的军事训练重点向以下几方面的转移正是这种趋势的体现：加强战斗精神训练、注重联合训练、强化应急训练、突出信息战训练、进行非战争军事行动训练等。

7.2 信息技术在训练和训练保障中的作用

7.2.1 信息技术推动训练和训练保障的重大变革

信息技术不仅对武器装备的训练和训练保障提出了新的更高的要求，同时也为训练和训练保障注入了新的活力，推动了训练和训练保障的变革。美军自越战后进行的三次训练改革中,信息技术对后两次改革的推动作用功不可没。

(1) 信息技术运用于训练,首先带来了训练手段的现代化。计算机网络的资源共享性、操作交互性等特点,使计算机网络、多媒体技术等现代化的训练手段逐步运用到训练第一线,使传统的电化教学手段如虎添翼。受训人员通过计算机网络,可以在全时段、全地域对任何种类和数量的信息进行交互使用。很多国家都在借助现代信息技术的成果,加紧实施信息作战和保障训练,悄然展开数字化训练,不断深化模拟训练,大力开展基地训练。

(2) 带来了训练方法的变革,使训练方法更加灵活多样。计算机网络技术、多媒体技术、虚拟现实技术等运用于训练和训练保障,使分布式任务训练、高级分布式学习(网上远程教学、网上联合演练、网上模拟对抗)、嵌入式训练等新的训练方法应运而生,训练的组织形式更加灵活多样。

部队可以通过网络组织异地集中训练,也可以通过交互式终端设备,适时运用储存于网络中的各种信息进行自主学习和训练。

(3) 带来了训练内容的变革,使训练内容更加丰富、更加贴近实战的需要。训练内容的科技含量进一步提高,增大了自动化训练和训练保障内容的比重,拓展了适应现代战争需求的新的训练和训练保障领域。随着信息技术发展带来的电子战、网络战进入作战和训练实践,许多国家的军队纷纷调整发展战略,增设信息机构,编制了信息战部队,加强了“网络战”、“电子战”和“信息战”训练。

(4) 带来了训练器材的信息化,贴上电子标签的训练保障器材,使训练和训练保障更加高效。

7.2.2 信息技术的运用强化了训练和训练保障的科学管理

运用多媒体网络技术实施训练和训练保障的科学管理,可以使各级指战员对训练情况进行实时监控,了解上级的训练意图,监督下级的训练实施;可以利用网络对训练成绩进行综合评定和对训练信息资料的存储及查询。使各级训练的组织领导者能够运用现代数学方法,利用网络中存储的各类训练信息,对训练过程进行科学评判,综合分析训练评判结果,对训练内容进行论证,使整个训练和训练保障过程都建立在科学的基础之上,从而大大提高训练和训练保障管理效益,促进训练和训练保障向科学、正规、高效的方向发展。

7.2.3 信息技术的应用简化了训练和训练保障的难度

随着现代信息技术的发展及在武器装备中的广泛应用,在一定程度上简化了训练和训练保障的难度。一个典型的实例就是 F－22 战斗机的维修训练,由于 F－22 战斗机及其训练系统大量采用人工智能、建模与仿真、虚拟现实、先进传感器技术和信息融合技术等信息技术,使飞机具有很强的机上诊断能力和信息融合能力，飞机基本上能自主诊断自身的问题，并告诉维修技师应当检查哪些部位，维修训练器和教室训练则能逼真地复制飞机的故障隔离环境。这些都使飞机所需的维修人员减少，使所需的训练量和训练难度降低。F－22 战斗机飞行员和维修人员的训练所需时间并不比 F－15 的多。

比如，由于陆军运用信息技术实现了全资可视化，所有的后勤物资都贴有电子标签，使训练保障工作也变得简单，一般的官兵只需将识读器靠近贴有条码的器材或外包装上，随着“滴滴”几声，箱内器材的类别、数量等方面信息一目了然，不见了往日那种“器材千千万，用时找不见”的野战器材保障现象。

7.2.4 信息技术的运用促进了训练和训练保障质量和效益的提高

传统的武器系统研制周期长、试验次数多、耗资大；传统的军事训练则需要投入大量的人力、物力和财力，而且重复性差，甚至可能造成人员伤亡。而先进的分布式仿真通过联网技术将分散各地的在回路中的仿真器、计算机生成兵力（CGF）以及其他设备联系为一个整体，形成一个可以在时间和空间上相互耦合的虚拟战场合成环境，参与者可以自由地交互作用。

这样，各类用户（武器装备的研制部门、采购部门、训练部门和使用部门）可在合成环境中按需要综合应用各种仿真手段进行演习、训练和试验，鉴定现有的和研制中的武器装备的性能（包括可靠性、维修性、保障性）、部署和综合保障能力，它使过去主要依靠野战演习完成的工作将来可以在室内利用计算机、仿真器和人工合成的虚拟环境下进行。仿真技术的进一步发展还将野外演习的部队和这种仿真器联系起来进行演习。ADS 具有仿真技术的可控性、无破坏性、安全、可多次重复经济性等特点。在军事训练方面，利用仿真器产生动态、直观和逼真的环境，使部队能够在一个虚拟的真实的环境中进行空战或地面作战等军事演习。

采用分布式仿真系统进行军事训练带来益处是显而易见的：

（1）节省费用，无需动用大量人员和装备进行实战演习。

（2）有助于部队保持高水平战备状态，因为利用仿真系统可反复进行多次演练，有利于部队掌握新式武器装备的使用与维修和新战术的运用。而且，演习的全过程都可以记录下来，便于及时发现和解决问题。

（3）可避免因实战演习可能造成的人员意外伤亡、武器装备损耗和环境污染。

计算机网络技术、建模与仿真技术、虚拟现实技术等信息技术运用于训练和训练保障，可以在实战训练、演习前对使用与维修训练和训练保障的内容进行网上对抗演练，根据模拟对抗结果反馈的信息，进行修改、补充、完善，并确定最佳方案，使以往许多只有在战场和实兵实装训练场上才能获得的训练经验与训练效果,可以在仿真实验室中取得。

这样不仅避免了过去一次一次反复在现场进行实兵实装推演的过程,而且还能使作战理论、训练实践和最后战斗力的形成,在最短训练时间里得到最优化的组合,减少了训练费用,增强了训练的针对性、对抗性、灵活性,实现战场资源、网络资源和训练资源的综合利用,达到省时省钱、安全又有质量的效果。同时,还可以利用网络上各院校、科研单位和友邻单位的教学成果,进行网上远程教学和异地同步训练,避免了重复备课和低水平教学。

7.3 一体化训练方案及技术实现

7.3.1 高级分布式学习(ADL)

1997 年 11 月,美国国防部和白宫科技局面对计算机技术和网络技术的广泛应用及远程教育各自为阵的局面,提出了统一开发网络远程教育的方案——高级分布式学习(ADL)系统。ADL 是对过去的远程学习方式的发展。它以新兴的网络技术为基础,力图将分散的教育资源如授课教师、问题专家和传统的授课方式结合起来,把课程送到军营、机场、舰艇和维修基地,突破单纯院校课堂教学的老框框,寻求函授、互联网教学等新方式,以实现以学习者为中心的继续教育和训练变革。

ADL 计划是美国国防部的一项战略性举措,是实现美军训练转型构想和目标的一个关键途径。其目的是为美军在本土和海外进行军事准备提供支持,任务是提供最高质量的教育与培训的途径、为个体的需求量身定做教学内容、在任何时间和任何地点提供高效的信息传输。

ADL 的技术建立在计算机、远程通信和网络技术迅猛发展基础之上。这些信息技术的发展逐步打破了训练和使用的界限,使得军方能更完整、宏观地看待和解决教育和训练问题。

近十年来,ADL 在美国政府、工业界和学术界领导者的通力合作推动下,不断发展,制定并发布了国际公认的 ADL 技术标准——可共享课件对象参考模型(SCORM),促进了教育和培训软件在国防部、联邦政府、学术界和私营界之间的互用性和重用性;成立了多种 ADL 合作实验室(ADL Co - Labs),为政府和私营界合作研究、开发和评估符合 SCORM 标准的新型学习技术样机、指南和规范提供论坛;美国政府/军方、工业界和学术界的许多著名组织都成为 ADL 伙伴;美国国防部办公厅为 ADL 项目提供方针政策、监督和协调,如负责战备完好性的副部长帮办 DUSD(R)为国防部的 ADL 实施提供执行方针和项目监督与指导,并与国防部办公厅(OSD)、联合参谋部以及国防部有关部门共同建立了协调国防部内部 ADL 项目的管理论坛。ADL 现在已经涉及到国际上政府间、行业间和学校间的共同合作,如美国 ADL 团体与北约(NATO)训练集团个人训练和教育开发工作组建立起密切的工作关系。

美国国防部还与英国、加拿大国防部签署成立了 ADL 研究和开发合作试验室的工作协议等;美国国防部和三军也实施了多项 ADL 项目,如美国联合军种的 ADL 项目有:分布式联合训练创新计划(DJTI)、联合虚拟学习环境(JVLE)、联合电子图书馆、在线交互式课程、联合指挥与控制研究项目(JC2RP)、联合部署训练中心(JDTC)等;美国陆军的“21 世纪的陆军训练”、“陆军整体远距学习项目”(TADLP)、“21 世纪教室”、“分布式训练技术工程”(DTTP)以及“预备队教育与学习(REAL)项目”等。

美国海军和海岸警备队采用 ADL 进行损伤控制修理训练,不但节省了成本,而且提高了军舰的战备完好性和水兵的安全。美国空军组建了 ADL 学院,专门负责制定和实施空军的 ADL 项目。空军的“航空航天远征军(EAF)在线”和“个人训练师方案”是 ADL 后选方案。美国空军应用 ADL 的成功案,例如美国空军技术大学系统与后勤学院利用空军技术网,将 200 名住校生的面授课程转化为利用卫星进行电视授课,费用支出从原来的 37 万美元,降低到后来的 1.3 万美元。

有关研究表明,利用基于 ADL 技术的指导和培训,有可能降低指导成本达 30% ~60%;降低指导时间达 20% ~40%;提高指导有效性达 30%;提高学员知识和成绩达 10% ~30%;并显著改进组织的效率和生产力。在上述基础上,2006 年 6 月 16 日美国国防部发布指示 DoDI 1322.26“分布式学习的开发、管理和交付”,详细规定了为国防部人员开发、管理和交付分布式学习而应当遵循的国防部政策,指派国防部各部门的责任,规定实施步骤和建立信息要求。

7.3.2 分布式任务训练(DMT)

过去,军事训练主要依赖于实体武器系统,这也是当时开展任务训练的唯一载体。同样,飞行训练也多依靠教练机来进行,其间采用的一些飞行训练器也主要是进行程序训练,如紧急情况处理、仪表使用等,目的是增加飞行员对其所驾驶飞机的熟悉感,以便在实际训练中有效地利用好有限的飞行小时。

近几十年来,随着武器系统复杂性的不断提高以及和平条件下军事行动日益增多,采用实体飞机进行训练不但风险高而且也越来越不现实,从而大大影响了飞行训练的数量和质量。为解决这一问题,美军开始借助其先进的计算机技术和网络优势,推行分布式任务训练(DMT),在很大程度上改进了训练的质量和经济承受性。当前,分布式任务训练已成为美军改革其军事训练体制过程中大力倡导的一种训练方式。

DMT 是指由实况仿真、虚拟仿真和构造仿真共同构建的共享性训练环境，受训者可以个体或团体的方式进行各种层次的作战训练。例如，不同的受训者可以在不同的地点进行同样的训练，也可以进行内容完全不同的训练；可以自己独自地进行自选的项目训练，也可以进行团体间的对抗训练，即军事演习。

在 DMT 环境下，受训者可以使用网络提供的任何一种武器或场景，实时互动地模拟各种复杂局面，逼真地展示各种可能发生的实战情形，从而为各军种从各自的专业领域或具体部署地参加综合演练创造了条件。所有这些，都有助于形成按需提供、实际自然的训练环境，并极大打破资金、政治地理、实际技术条件以及组织调度等环节的限制，提高训练的有效性，减少与实战之间的差异。

DMT 训练具有以下特点：首先，它采用专门研制的先进的模拟器（驾驶舱），并利用网络技术将许多模拟器互联，可保证训练的内容水平和质量标准。其次，它可同时向处在不同地域的几十名飞行员或坦克驾驶员提供技术训练，使整个飞行中队或坦克营受益。该训练最大的优点是，不管学员所处地理位置如何，大家在同一时间内看到的都是同样的东西。不但节省了大量差旅费开支，也大大克服了传统的单体式训练效率低下的弊端。另外，指挥人员和管理人员可通过虚拟传感器或语音广播网，随时了解训练情况，或通过自身的虚拟坦克或飞机访问学员正在面对的虚拟战场。

尽管 DMT 尚不能完全代替实战演习，但采用 DMT 进行装备使用人员与保障人员训练，可以节省费用，并切实提高演习效率，因为很多训练任务可以借助该方式进行先行训练，无需动用大量人员和装备进行实战演习；有助于部队保持高水平战备状态，因为利用仿真系统可反复进行多次演练，有利于部队掌握新式装备的使用与维修和新战术的运用，而且演练的全过程都可以记录下来，便于及时发现和解决训练问题；可以避免因实战演习可能造成的人员意外伤亡、武器装备损耗和环境污染；此外，DMT 还具有高保真效果、全视景战场、摆脱具体条件的限制、可方便地实现多军种的联合训练，以及信息沟通方便、数据收集与传播简便、训练任务设置快捷、训练成功率高、训练效果评价客观等优势。

近年来，美国空军研究实验室与美军各大军种及工业界进行合作，共同开发 DMT 相关技术，并直接将过渡技术和改进的训练方法提供给军方用户。这种新型训练方案已在美军的 F－15、F－16、F/A－18 等多种飞机中获得应用，DMT 在美国空军基地已具备一定规模。到 2006 年，美战斗空军（包括欧洲和亚洲）部队中的 A－10、E－8、F－22、JSF、EC－130H、RC－135、F－117、B－1、B－2、B－52、EC－130E 等诸多机型中都引入了 DMT；美陆军的仿真、训练和仪表司令部（STRICOM）也正在为地面部队开发一套 DMT 系统——近距作战战术训练器（CCTT）家族。

CCTT 家族中地面模拟器包括 M1 坦克家族、M2/M3 战车、火力支援组战车

(FIST－V)、野战炮和防空平台；飞行模拟器包括侦察和攻击直升机。主要的CCTT单元能复制营或旅一级总部。美国海军也制定了分布式任务训练总计划，该计划的第一步就是委托L－3通信公司的链路仿真与培训分部(Link Simulation and Training Divisions)开发F/A－18C的DMT。美国海军还计划将该先进的分布式训练能力增加到E－2C"鹰眼"机载报警与控制系统(AWACS)、P－3C"猎人"海上巡逻、EA－6B"徘徊者"电子战和H－60直升机模拟器平台中，以促进全面互用性和支持网络化训练演练。2005年，英国国防部也开始实施分布式仿真任务训练项目。

目前，英国国防部正在委托QinetiQ公司领导的ACTIVE小组为英国国防部(MOD)分布式仿真任务训练(UK MTDS)项目开展能力方案验证(CCD)。UK MTDS CCD设施将设在皇家空军(RAF)Waddington基地，并可与英国和美国的其他训练仿真设施建立连接。该设施包括由cueSim制造的4台"狂风"GR4和4台"台风"模拟器，1台7座机载告警与控制系统(AWACS)仿真设施以及1套练习管理和分析成套设备和相应的规划、飞行前指示、飞行后汇报设备。UK MTDS CCD首次试验在2006年中进行。UK MTDS是MOD整个网络使能能力(NEC)项目的重要组成部分，将提供一个综合和真实的合成训练环境，飞行员可以在多机作战场景中训练，其重点是训练战术作战而不是学习如何飞行。

自1998年夏季开始在美国空军军事训练中推行的分布式任务训练(DMT)，在短短的几年时间内就迅速成熟起来，并进一步演变出新的方案。为了将训练与试验工作更好地统一在同一个旗帜下，近几年来美国空军参谋长指示开展一个战备完好性创新计划——分布式任务作战(DMO)，作为DMT的后继方案。DMO是用联网的模拟器来模仿真实的空战情景。

在此过程中，指挥与控制单位都可以参与其中。它能够实现真正的任务预演。DMO借助一系列任务训练中心(MTC)来开展军事演习和训练工作。MTC包含训练设备(模拟器以及其他实时反馈设备)以及可供单独或分布式训练使用的构造仿真设施。借助DMO及其任务训练中心(MTC)完善功能的落实，可以实现空军的训练和战备完好性目标。飞行员可以用自己的方式在用电脑图像表达的城市情境中漫游、向关键桥梁投放精确制导弹药或灵巧炸弹，有关飞行员在其中练习航空技能的DMO和MTC的情况都会及时向他们提供正面的反馈。

如今，DMO已成为美国空军成功实施军事训练转型的一个关键基石，空军装备司令部航空系统中心训练系统产品组(TSPG)负责将空军的所有训练系统联网，实现从DMT向DMO的转变；空军专门在科特兰空军基地成立了分布式任务作战创优中心(DMOC)，作为战区级全维作战训练、试验和任务排演的分布式任务作战(DMO)的牵头集成方。

目前，由洛·马公司代表空军负责该中心的运行、维修、研制、研究和分析工作。此外,美国空军已经通过与工业部门签署一些大额合同对 DMO 给予了积极支持。其中,波音公司在 F-15C 项目上获得价值 5.74 亿美元的 15 年期合同,在 F-15E 项目上获得价值 2.8 亿美元的合同;波特兰的普莱克斯(Plexsys)在 AWACS 项目上得到了 7560 万美元的合同;洛·马公司在 F-16 项目上得到了 2.49 亿美元的合同。目前,DMO 能力涵盖了 F-15、F-16 和 AWACS 的训练器。按照计划,将来会将"捕食者"无人机、B-1、F-22、F-35 等包括进去。

由于现代军事训练日益寻求高保真虚拟战场,再加上实况演习不但难以组织且费用昂贵,尤其像 JSTARS、AWACS、RC-135"铆接"(Rivet Joint)电子侦察机之类数量少、需求高的装备实况训练费用更高,因此,DMO 必然成为美军首选的训练工具。根据目前的 DMO 实施路线图,到 2010 年,美军将借助 DMO 实现一个"健壮的任务环境",具体目标包括:

(1) 每个作战单位都将设置一个任务训练中心(MTC)。

(2) 设立战斗机和空战管理 MTC,其中包括 F-15、F-16C、AWACS 和特种部队。

(3) 设立情报、侦察和监视(ISR)一体化中心,以联络 JSTARS、Rivet Joint 和"捕食者"无人机。

(4) 设立指挥与控制及空间任务演练 MTC,其中包括 F-22、F-15E 和 B-2。

(5) 建立供联合和同盟作战训练使用的全能的全国联合训练中心(JNTC)。

7.3.3 嵌入式训练(ET)

当前军事训练中的另一种发展趋势是,将高保真的合成环境训练能力直接嵌入到作战平台中,使士兵在前方部署地能够针对一定范围的基本战斗/交战活动开展训练,还可以在作战开始前事先演练实际的使用或维修任务场景(scenarios)。嵌入式训练系统是指在作战系统、分系统或装备上装入或增加的训练能力,它能够使装备的使用和维修人员更加熟练地掌握各项技能。

嵌入式训练的概念包括以下三个方面:

(1) 嵌入式训练的综合训练环境;

(2) 多媒体的训练设备;

(3) 训练与管理。

嵌入式训练除具有较传统的教室训练更容易接近的明显优势外,在正确开发和实施前提下,还具有能产生更好的使用性能的潜力。嵌入式训练系统具有的优势具体表现在:

(1) 通过减少训练所需的额外设备来降低成本;

(2) 消除训练环境与工作环境之间的差距,加速训练向在职性能的转变;

(3) 提高训练设施的可用性,提供充分及时的训练等。

当前的嵌入式训练模型是一种基于场景(scenario - based)的自由练习仿真。在该模型中,作战系统被置于一种仿真模式中,并通过模仿外部输入和事件的真实信息来激励该系统。外部仿真和内部(任务)仿真共同组成一种训练场景,代表系统使用人员或维修人员(学员)需要面对的具体任务形势。大多数情况都是在训练之后才由教官或训练小组向学员提供对其成绩的评价和反馈,有时教官根据自己的观察适时加以干预。虽然这种嵌入式训练模型比传统的基于计算机的反复训练(drill - and - practice)有明显的进步,它仍存在许多实质性的问题,主要表现在:

(1) 劳动密集型训练方法。对学员训练成绩的监督和评价由教官负责,导致教官对学员比例较高,在许多情况下达到1:1。

(2) 训练度量方法随意。没有统一的训练监督与评价手段,教官/训练小组自行制定度量和诊断学员训练成绩的方法。没有一致的度量和评价方法及标准。

(3) 容易损失数据。只靠人工监督学员的训练成绩,对学员一段时间内的成绩数据只有非常有限的捕获能力,对所捕获数据进行熟练和完好性效果的及时分析能力也很有限。

(4) 依赖于非正规的诊断机理。除了教官/训练小组的口头评语外,一般几乎没有别的反馈提供给学员。缺乏有组织的评价和数据记录手段。产生的诊断非常特殊而且很不正规,学员成绩的许多方面没有诊断出或只有直觉的诊断结果。

(5) 导致反馈延迟。由于学员的训练成绩数据由教官手工记录,教官又缺少对这些数据进行分析和组织的工具,导致反馈延迟。

(6) 涉及繁杂的场景产生和控制过程。嵌入式训练模拟器要求精确地定义场景。产生新方案或修改旧方案以满足新需求是一种困难的过程。而且,即使教官可能希望按照他们想让学员遇到的决策或任务来设计场景,场景的输入文件也必须根据外部事件定义。结果,制作一种对学员/训练小组有特定训练价值的场景既困难又耗时。

(7) 不同地点可能产生迥然不同的训练效果。由于对训练成绩的监督、诊断、反馈和新方案的定义都由当地的教官或训练小组负责,基于场景的、自由操作的嵌入式训练无疑会产生迥然不同的效果。当教官水平高、又有时间和动力来很好地使用该嵌入式训练方法时,训练结果可能会比较理想。但是,在教官水平差、压力大、又比较繁忙的情况下,训练效果可能会大打折扣。

因此,当前的嵌入式训练必须增加支持训练成绩监督、诊断、反馈以及新问题生成和问题仿真的自动化能力,形成先进的嵌入式训练系统。

先进的嵌入式训练系统将加入人类教官的许多特征,诸如:该系统将是智能化的,因此能够通过提供反馈或改编训练方案的方式对学员的响应进行解释、做出决策并立即做出反应。此外,该系统还具有人类教官所不具备的特征,比如:它可以监督每位学员所做的反应,可以根据现代训练理论可靠地、系统地提供最佳训练反应。

这种系统考虑了所有在统计上已获得证明的变量,预计训练成绩相对于训练标准答案的偏差(包括学员经验、学员资格、学员的学习风格、团队成员的特征等)。其目的并不是要代替教官,而是为他们腾出更多时间集中用于与团队协作开展活动有关的"更软"的事务上。

近几年来,美国海军航空作战中心训练系统部(NAWCTSD)及由洛·马公司的先进技术实验室、CHI 系统公司、Sonalysts 公司以及微型分析和设计公司组成的一个承包商队伍开展了一组相关研究项目,利用人工智能(AI)技术、建模与仿真技术、虚拟现实技术、网络技术等现代化信息技术,来实施和演示验证先进嵌入式训练构想。其中包括以下两个主要项目:

(1) 一个先期技术研制(ATD)项目,验证一种先进的嵌入式训练系统,在"宙斯盾"(AEGIS) 战斗系统现有的嵌入式训练设施中增加在嵌入式训练期间对 AEGIS 战斗信息中心(CIC)操作员行为的监督能力,并利用操作员成绩的嵌入式产生或预计模型来诊断操作员成绩。

(2) 舰载教官训练和保障(SITS)开发项目,是一组工具,帮助从历史成绩数据和当地训练需求中选择训练目标,根据训练目标制定适当的场景,并开发和保存适当的一般技能和任务要求,以及根据这些要求度量的具体学生的成绩数据。SITS 项目也集中于 AEGIS CIC 应用。

目前,嵌入式训练系统在美国陆、海、空军以及联合军种武器装备中已有一定的应用,如美国海军的和平时期舰队主力战术训练系统(BFTT)、"宙斯盾"作战训练系统(ACTS)、和平时期舰队主力电子战训练系统(BEWT)、舰载训练系统(OBTS)等,美国海军的下一代濒海作战舰——"自由号"LCS USS 将全面配装嵌入式训练仿真。海军得出的结论是:嵌入式训练系统较当前其他海上训练系统具有多种优势。

美空军嵌入式仿真训练系统的使用主要面向如下各项:

(1) 面向雷达探测群的仿真;

(2) 面向基于防空部队的仿真;

(3) 针对空军部队(包括飞行员、截击人员、空军基地人员和空中交通管制人员的训练等)的仿真;

(4) 空中电子对抗的仿真。

空军各部门的技术人员将根据仿真训练的实际需求把所需要的训练内容与

相应功能“嵌入”仿真训练系统里面去。例如,在美军斯科特空军基地与其他一些空军机动作战中心经常希望通过无线因特网使用手动器材与演练支持系统及嵌入式训练系统连接起来,提升设备的利用效率,能够更有效地训练空军人员。

此外,空军安全辅助训练中队也在使用嵌入式训练器材;美国联合工业公司下属的 AAI 公司开发了战术无人机视觉训练系统,在其中也采用了嵌入式仿真训练系统。采用嵌入式仿真训练系统已成为空军训练转型的一种趋势。

早在 1987 年,美国陆军确定了将嵌入式训练作为训练设备策略的首选方法。在 1995 年 6 月,美国陆军宣布将嵌入式训练作为 21 世纪军队的关键训练计划之一。1996 年 5 月,美国陆军参谋长发表了他的设想:“我们提出任何新系统都必须具有嵌入式训练系统”。

如今,美陆军的嵌入式军事仿真训练系统广泛地应用在陆军训练领域中的许多方面。例如,Bradley A3 战车的嵌入式训练系统、美陆军训练与条令司令部(TRDOC)的目标部队嵌入式训练系统(OFETS)等。目标部队嵌入式训练系统覆盖了目标部队宽广的范围,从未来作战系统(FCS)、目标部队勇士(OFW)、目标部队指挥与控制系统、21 世纪战斗旅及其下属部队(FBCB2)、未来作战系统的过渡装甲车直到目标部队计划中的另外 60 个系统。由于目标部队从系统到系统不断出现变化,使用目标部队嵌入式训练系统,就能够跟踪这一变化,并能及时将原先系统的数据保留下来,并能传送数据到需要的地方去。

美军还研制了针对徒步士兵的嵌入式训练器、用于训练战术分队的智能嵌入式系统、嵌入式坦克设计训练器与嵌入式反坦克导弹训练器等。美国陆军还专门制定了嵌入式仿真科技目标规划,计划在 2004 年前后将嵌入式训练嵌入到未来战斗系统中去。嵌入式仿真是一项强有力的技术,它将在目标部队计划中具有许多用户,它将能够长期对于搭载士兵和徒步士兵有使用价值。

总之,先进的嵌入式训练技术为各军种大幅度提供战备完好性和降低训练费用提供了很现实的机会。

7.3.4 ADL、DMT、ET 三种训练方式的关系

高级分布式学习(ADL)主要解决单个人员全程培养和训练的问题,目的是充分利用美国国防部和各军兵种现有的教育训练资源,通过以知识为基础、以信息技术为手段,以网络系统为中心,创造出一个互通的分布式学习训练环境,使任何人员在任何时间和地点(包括跨军种、跨部门、跨政府和跨国界)都能够接受联合教育训练。美军训练转型中大力提倡采用 ADL,旨在强化美军各级军官、军士、士兵和国防部文职人员对联合知识、联合技能和联合战法的熟练掌握,不断提高单个人员的“智能互通化”,形成本能地从联合作战角度考虑问题的思维能力,帮助实现联合知识培养与分发能力。ADL 在美国国防部得到推广

应用。

分布式任务训练(DMT)是借助高速、宽带通信网络、高性能计算机和虚拟现实等技术,将独立的训练模拟器连接起来,共同组成一个完整的任务训练系统,使不同军种和个人在一种由实况仿真、虚拟仿真和构造仿真共同组成的共享性训练环境下,可以根据具体情况选择适合自己的部分,开展有针对性的任务训练。这种新的能力支持单军种和多军种大规模作战演习。DMT 现在进一步发展为分布式任务使用(DMO)。DMT/DMO 主要用于美军的战术演练,在空军和海军的飞机以及陆军的坦克和装甲车中都有应用。

嵌入式训练(ET)是将高保真的合成环境训练能力直接嵌入到作战平台中,使士兵在前方部署地能够针对一定范围的基本战斗/交战活动开展训练,还可以在作战开始前事先演练实际的使用或维修任务想定。美军在当前的训练转型中要求采用嵌入式训练计划,旨在通过依托全球联合训练网络系统,与重要国防采购项目同步设计和实施相关武器装备的训练,为部署在世界各地的美军部队及时提供熟练掌握新装备的训练,实现训练系统与国防采办的一体化,推动实现"联合国家训练能力"。ET 在美国三军都有应用。

ADL、DMT、ET 三种训练方式的比较见表 7-2。

表 7-2 三种训练方式的比较

训练类型	训练对象	训练目的	训练地点	应用
ADL	个体	联合知识培养和分发能力	互联网所及的任何地方	在美国国防部和三军中推广应用
DMT/DMO	集体	战术任务训练	军事基地	在美空军和海军飞机以及陆军坦克和装甲车中应用
ET	个体	使用与维修训练	前方部署地	在美三军应用
训练类型	训练环境			主要训练器材
ADL	互联网环境			共享性课件
DMT/DMO	由实况、虚拟和构造仿真组成的共享性训练环境			模拟器
ET	高保真合成环境			真实装备

7.3.5 联合训练技术支撑平台

联合作战已经成为现代化战争的一种主要形式。联合作战正经历一个由松散向紧密、由低级到高级的发展过程,参战诸军兵种间的相互关系,逐步从行动中互不冲突演变为能力上融合一体。这种转变过程的实现需要在增强信息优势、优化编制结构、加强联合训练等多个方面,进行深入探索和创新。其中,如何依托信息化的训练手段、网络化的训练系统和基地化的训练设施，将陆、海、空、天不同军兵种部队集聚在一起，高质量、高效益地开展不同层次和规模的联合训练，在反复磨合中实现整体作战能力的提高，是实现诸军兵种作战能力高度融合的一个必要条件。

那么，如何实现联合作战与联合训练的无缝链接，使训练在近似作战的环境与条件下顺利展开？美军认为，标准、实用、高效的联合训练技术支撑平台无疑是实现这一目的的基石和关键。现阶段美军联合训练技术支撑平台主要由以下三个部分构成。

1."信息网络技术平台"——达成联合训练的先决条件

美军认为，单军种训练系统只具备单一的训练功能，不能满足信息化战争诸军种联合作战的需求。要实现诸军种间训练系统的互联互通互操作，必须有一个标准、通用的技术平台将其无缝链接，使诸军种训练真正达成统一模式，从而实现战斗力的整体提高。

20 世纪 80 年代，美军研制出以信息网络技术为核心的"分布交互式"诸军种联合训练网络系统，基本上解决了互联互通互操作的问题，成为美军达成联合训练的先决条件。其主要功能是将分散于全球不同地点、相互独立的军种训练系统用计算机网络连接起来，组成高度一体化的网络系统。在此联合训练网络系统中，对各军种的训练观念、训练理论、训练手段、训练方式以及训练内容进行高度融合、共享，使受训军兵种置身于联合训练的氛围中，围绕共同的作业条件实施分布式的模拟演练，使各军兵种部队相距遥远却如"同室操戈"。

进入 20 世纪 90 年代末，随着"网络中心战"理论的提出和应用，支撑美军联合训练的信息网络技术平台有了质的发展和提高。在重金打造和大量高精尖信息网络技术广泛应用下，诸军种联合训练网络系统在"网络中心战"理论牵引下，真正实现了"联得上"、"通得了"、"用得好"，使各军种间的联合训练落到了实处，使战斗力成指数增长。

2002 年 7 月举行的"千年挑战 2002"演习中，美军就启用了诸军种联合训练网络系统，分散在全美 26 个指挥中心和训练基地的各军兵种指挥人员，在同一战争背景、同一战场态势、同一作战想定下，同时，同步进行了组织指挥大规模联合作战的模拟演练，对联合训练和联合作战的无缝链接实施"真刀真枪"的检验，为美军在伊拉克战争中速战速决奠定了基础。

2."仿真模拟技术平台"——实现联合训练的主要手段

美军能够达成诸军种联合训练，与其大量采用先进的仿真模拟技术付诸于训练演习是密不可分的。美军认为将诸军种力量调遣、整合实施大规模的联合训练和联合军演不但费人费时、消耗资源多，而且操控非常"棘手"。而利用已掌握的高新技术，特别是采用计算机支持的"仿真模拟技术"进行联合模拟训练,既动用的兵力比例小、消耗的资源少,又可多次、异地实施连续的军种联合训练和演习,从而达到理想的联合训练效果。例如,“坚固盾牌”联合军演使用仿真模拟技术只需要 8 万个人 · 日和花费 350 万美元,但若采用常规的方式实施,需要 80 万个人 · 日和花费 4000 万美元,并且很难达到预期演习效果。美军联合训练的“仿真模拟技术”平台主要有以下几个系统组成。

(1) 战区级联合作战仿真模型系统。是美军实施联合训练的主要仿真模拟系统。该系统采用兰彻斯特作战损耗率的方法和错综复杂的后勤模型显示部队的运动,主要用以支持战区战略级和战役级训练,使联合部队和多国部队在空中、地面和海上的作战行动更加直观,更加便于操作。

(2) 联合训练联邦模型系统,是美军目前最常用的一种训练系统。该系统由若干独立的军种模型组成,通过聚合级仿真协议软件连接,并在一个共同的战斗空间互操作,而且该系统可以实现最全面的 C^4I 连接,主要用以支持各联合司令部以及联合特遣部队的战役作战模拟训练。

(3) 联合仿真系统,是由各联合部队、军种部队和若干机构共同操作的仿真系统,可以支持上至国家战略级作战,下至战术级战斗等所有级别的行动。主要模拟作战区域内地面、海上、空中、太空的所有联合行动及其相互作用,为各联合司令部、各军种部队以及联合特遣部队提供支持,保证他们能够按照作战任务完成所有通用联合科目和军种科目的训练。

(4) 联合冲突战术仿真系统,是一种多站点交互高分辨率实体仿真系统,主要用于训练、分析、任务计划以及预演等多项活动。该系统不但可以模拟某建筑物内或某作战车辆中的战斗人员,也可以模拟师级部队的战斗行动;还能支持非战争军事行动、居民地战斗、特种作战、常规地面战斗行动以及任务预演。

(5) 联合集成数据库准备系统,是一种辅助性系统。在为联合模拟训练进行准备时,需要建立并测试数据库。此时,美军往往启用联合集成数据库准备系统,以减少准备工作所需要的时间和人力。

(6) 战区综合系统,是一组由构造仿真器和虚拟仿真器组成的综合系统,用于支持联合训练和战区应急演习。第一个投入使用的是欧洲战区综合系统,位于各远程站点的陆军地面部队参演人员可以通过构造仿真器,与美国空军的空中作战中心相连接。

3. “导控监测技术平台”——提高联合训练质量的科学保证

美军认为,联合训练是以提高联合作战体系精确、快速、高效作战能力为主要目的的训练。因而,如何对训练过程精确、高效导控和全面、动态监测,如何对训练结果准确、系统地评估将直接影响到联合训练的效率及与联合作战的无缝链接。为此,美军投入大量的资金,广泛应用先进高科技设备,构建一体化的“导控监测技术平台”,全面对一体化训练实施全时域、全过程的导控监测与评估，美军把这项任务赋予担负训练演习多重角色的联合作战实验室来完成。

目前，美军依托各军种实验中心与大型训练基地（陆军的国家训练中心，海军的关塔那摩湾训练中心，空军内利斯作战训练中心，海军陆战队的29棵棕榈树训练基地等），在全军共构设了30多个各类大、中型联合作战实验室。

这些实验室设有多个支撑训练演习的技术平台，其中导控监测技术平台是"重头戏"，主要包括三个系统：

(1) 导控系统，主要功能是对联合训练的全过程实施灵活的调控，根据训练总体目标，有计划地用事前拟定的训练文件，或随机生成的战场动态情况，对训练进程进行适时的干预和引导。

(2) 监测系统，主要功能是对训练全过程进行准确、全面、动态、客观的监测和训练数据等信息的记录，为训练导控和评估裁决提供依据。

(3) 评估系统，主要功能是对训练产生的各类数据、信息，进行以定量为主、人机结合的分析评估。

7.3.6 试验与训练使能体系结构（TENA）

未来的作战方案严重依赖于网络中心战（NCW）能力，它需要基于互操作（互用性）和重用为试验和训练界提供一种新的技术基础。国家不可能完全重建整个试验和训练靶场，必须制定一种策略，保证已有的靶场能力得到重用，并且未来的投资能支持互操作。因此，迫切需要一种能克服当前靶场烟囱式设计、能实现靶场之间的互操作、资源重用和可组合的机制。

出于这种原因，近些年来，美国国防部通过"试验与评价核心投资计划"（CTEIP）之一的基金会2010倡议（FI 2010）（DoD联合互用性倡议）提出了试验与训练使能体系结构（TENA）。FI2010在2005财年初完成了TENA的初始互用性和重用工作。TENA的互用性和重用继续改进工作目前由TENA软件开发机构（TENA SDA）负责管理。TENA已经获得美国国防部联合国家训练能力（JNTC）等关键倡议的认可。TENA有望为连接试验场、训练场、实验室和各种建模与仿真资产提供一种机制。

基金会2010倡议（FI 2010）项目是美国国防部采办和技术副部长办公厅试验、系统工程和评价处主任通过试验与评价核心投资计划（CTEIP）资助的一个互用性倡议。陆军是牵头实施方，空军和海军作为支持方。FI 2010工作通过应用仿真、硬件在回路实验室、实况/使用试验和训练系统之间的面向对象的系统互用性，旨在改进系统的研制、试验、训练和部署。

7.3.6.1 TENA体系结构

TENA设计的主要目的是给试验和训练靶场及其顾客带来负担得起的互操作。TENA通过使用"逻辑靶场"的概念来促进一体化的试验和训练，推动基于仿真的采办(SBA),支持美军2020年联合设想(JV2020)。一个逻辑靶场将分布在许多设施中的试验、训练、仿真、高性能计算技术集成起来,并采用公共的体系结构将它们连接在一起互操作。在一个逻辑靶场中,真实的军事装备及其他仿真的武器和兵力之间能彼此交互,无论它们存在于世界上任何地方。

目前,基于上述TENA驱动需求所设计的TENA系统体系结构概览如图7-1所示,它确定了五类基本软件。

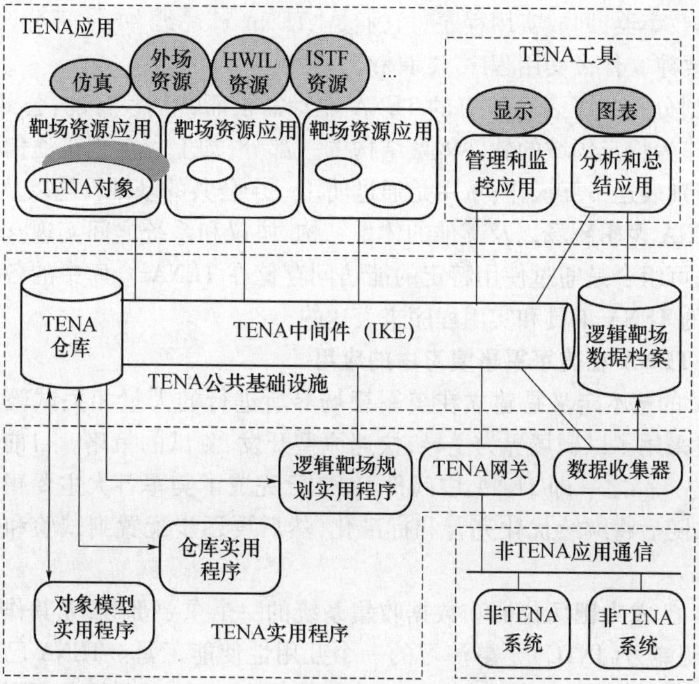

图7-1 TENA系统体系结构概览

(1) TENA应用(靶场资源应用和TENA工具):靶场资源应用是与TENA兼容的靶场仪器仪表或处理系统,它们是任何逻辑靶场的心脏;TENA工具是通常可重用的TENA应用,TENA工具可大致分类为:事件规划人员的工具套件;事件管理器/监控器;通信管理器;事件分析工具套件,它们有助于促进对逻辑靶场事件的全寿命管理。

(2) 非TENA应用:与TENA不兼容但在某个逻辑靶场中需要的靶场仪器仪表/处理系统、被试系统(SUT)/训练参与者(TP)、仿真、C^4ISR系统。

(3) TENA公共基础设施:为实现TENA的目标和驱动需求奠定基础的那些软件子系统,包括用于存储应用、对象模型、其他信息的TENA仓库,用于信息实时交换的TENA中间件,用于存储想定数据、试验事件期间所收集的数据以及总结信息的逻辑靶场数据档案。

(4) TENA 对象模型:所有的靶场资源和工具之间用来通信的公共语言。某个逻辑靶场中所使用的对象模型称为"逻辑靶场对象模型"(LROM),它依据 TENA 对象模型定义,可包含 TENA 标准的对象定义,也可能包含非标准的对象定义。

(5) TENA 实用程序:为逻辑靶场使用 TENA 及相应的管理而特别设计的应用,大致包括:仓库管理器;资源浏览器;逻辑靶场规划实用程序;数据档案管理器;数据收集器;回放实用程序。它们是"TENA 产品线"的一部分。TENA 产品线表达要建立什么实用程序、工具和网关。

上述划分是为了表达所有的 TENA 驱动需求而特别设计的:公共的 TENA 对象模型作为特定领域的软件体系结构的一部分,加上一个用于通信的公共基础设施,特别表达了互操作;重用是通过使用一个公共的基础设施以及存在大量的能在 TENA 逻辑靶场以及其他的体系结构、协议和系统之间实现互通的网关来表达的;可组合是通过使用特定的能访问存储在 TENA 仓库中的各种对象定义和组件的 TENA 工具和实用程序来表达的。

7.3.6.2 TENA 在美军军事演习中的应用

TENA 的基本定义是建立在美军靶场界所进行的大量相关试验的基础上的,其开发采用了以靶场界为主导,快速原型开发、测试的策略。目前所开发的 TENA 核心产品之一即 TENA 中间件 IKE2 已完成了美军各大主要靶场的实际测试工作,随后将继续优化完善和标准化,然后再逐步配置到试验和训练靶场使用。

TENA 已成为靶场仪器和数据收集系统的一个重要部分,尤其作为美国国家联合训练能力(JNTC)军事演习的一个互用性使能工具。TENA 已在多次分布式实况演习中证明自己是一个关键使能工具,这些演习包括美国联合部队司令部的"千年挑战 2002"、2004 年的两次重大的联合国家训练能力(JNTC)演习、代号为"对付威胁"(Cope Thunder)04-02 演习和"联合红旗 2005"等。下面是一个具体的应用实例。

在 2002 年 7 月 24 日到 8 月 15 日期间进行"千年挑战 02(MC02)"联合实验演练中,TENA 用于将多个靶场集成起来。MC02 是由多个靶场和联合兵力司令部(JFCOM)共同开展的支持联合实验的一次初步努力,参与演练的包括仿真的兵力、真实的兵力、仪表化的试验/训练靶场。

为联合实验 MC02 而进行的 JFCOM 靶场集成活动实现了一个 TENA 逻辑靶场,成功地演示了 TENA 通过保密的网际协议路由器网络(SIPRNET)和租借的广域网通信运行的能力。参与 MC02 演练的试验/训练靶场包括暮古角/海上靶场、中国湖陆地靶场、中国湖电子战靶场、国家训练中心、内利斯空军基地、南加利福尼亚海军陆战队靶场(SCORE)等。

演练中,已有的靶场仪器仪表系统(传感器)探测各种真实的活动目标并将探测到的各种真实目标的“时间空间位置信息”(TSPI)数据以靶场系统的格式提供给靶场 TENA 网关,这些靶场网关与靶场仪器仪表数据接口,并将靶场数据格式转换成 MC02 的 TENA 对象模型,然后将 TENA 状态分布对象(SDO)分发给订购这些对象的其他靶场网关或靶场显示应用。其中,有一个靶场网关将 TENA 对象数据提供给与全球指挥与控制系统(GCCS)的接口,该接口再将 TENASDO 属性转换成 GCCS 标准的 OTH 消息格式,OTH 消息再经串口提供给 GCCS 工作站,从而将来自靶场的真实信息报告给 MC02 中的演练管理控制方(白方);此外,演练管理控制方还通过 GCCS 工作站接收来自真实作战传感器感知的实验战场信息,通过 GCCS 工作站接收由仿真兵力生成并转换成 GCCS 消息格式的信息。

这样,MC02 中的演练管理控制方能将来自真实作战传感器(通过数据链通信)的信息、来自靶场的信息(通过 TENA IKE2 通信)以及来自仿真(基于 HLA)生成的信息同时显示在公共作战画面(COP)上,实时显示对整个实验战场的态势感知。这些显示信息还可区分各自的来源,从而演练管理控制方可以对它们进行对照分析。实验表明,通过逻辑靶场报告给演练管理控制方分析人员的靶场 TSPI 数据是及时的,而且比实验中使用的来自真实作战战术来源的数据具有更高的分辨率。

实践证明,TENA 作为靶场数据系统的一个有机组成部分,已成为实现靶场互用性和资源重用的一个要素。

7.4 一体化训练方案在美军典型型号中的应用

7.4.1 F-22 战斗机的一体化训练系统

7.4.1.1 F-22 战斗机的一体化训练系统构成

美国空军新一代战斗攻击机 F-22 将执行从单机作战到多机联合攻击的综合复杂的空中任务。为支持该新型空军平台,波音公司和 L-3 通信公司的链接仿真与训练分部按照合同为美空军研制和生产了 F-22 一体化训练系统。该训练系统由 3 个功能单元组成:飞行员训练系统(PTS);维修训练系统(MTS);训练系统保障中心(TSSC)。其实物组成也分 3 个部分:飞行员与维修人员训练器(模拟器);教员带领的和学员自定步调的学习课件;电子教室。其中,多媒体课件和电子教室采用的都是波音 777 训练项目中选用的 COTS 顶尖技术和方法。

1. 飞行员训练系统(PTS)

PTS 采用 L-3 通信公司链接仿真与训练分部的三种复杂的模拟器,即全任务训练器(FMT),武器与战术训练器(WTT)和出舱程序训练器(EPT)。

FMT 飞行模拟器采用固定位置安装,它不但能提供真实的视觉感受,而且可以对外界地貌、大气环境以及飞行环境中的敌方威胁和目标进行动态模拟。FMT 的驾驶舱位于一间后部有 9 个投影面的部分网格穹顶建筑物内。驾驶舱的外形整体尺寸也与实物相仿。此外,驾驶舱内的控制、显示与仪表都按实物进行配置,FMT 外部世界的飞行速度全方位视野也极其逼真,完全可以为飞行员创造一种身临其境的感觉。

在每个训练地点,FMT 按 4 台一组相互联网。各 FMT 可以单独使用,独立完成比较单一的训练任务;也可以与本组中其他任一台或几台 FMT 搭配,共同完成比较复杂的训练任务。FMT 配置有录像设备,可以将训练过程记录下来,以便事后分析。

WTT 属于程序训练器,在飞行员开始 FMT 或实际飞机训练之前使用,主要目的是精确训练飞行员操作飞机系统和投放武器的技能。WTT 采用的是简装型、部分驾驶舱,只具备前视野和完全仿真的任务设备。它可以提供基本的导航、通信、武器准备和投放用的显示器、仪表板和开关。飞行员利用 F-22 的空军任务支援系统(AFMSS)为 FMT、WTT 和飞机准备任务数据。FMT 的录像设备记录驾驶舱仪表和平视显示器(HUD)的导向、标志、重叠的座舱外前方视场,以便飞行后报告。

EPT 主要用于训练飞行员在正常和紧急情况下正确上下驾驶舱,以及在地面和飞行中的弹射操作。

2. 维修训练系统(MTS)

基本的维修训练系统(MTS)所在地主要由 7 个全尺寸局部飞机模型和 1 台教练机的发动机共 8 部分组成,即燃油系统、机上结构修理、军械系统、起落架与辅助电源、后机身、驾驶舱与前机身、座椅与座舱盖和发动机。此外,MTS 还采用一些小型实验室和后方车间训练场景,利用不太昂贵和可修理但不适于飞行使用的零部件,对部件级维修技能进行训练。

F-22 的综合维修信息系统(IMIS)对全机队的所有维修信息进行记录和联网。有些更为复杂的训练器还像其真实的飞机一样,可以提供机上诊断功能,其诊断信息也下载到 IMIS,模仿真实飞机维修数据的传送和分发。学员和航线维修技师还可利用装载 IMIS 的便携式维修辅助设备(PMA),实现训练器与可运输的 IMIS 控制台之间的数据交换。

3. 电子教室

飞行员和维修技师教室指导采用的是多媒体计算机训练(CBT)手段,即桌面电脑和墙上投影。先编写教学课件,然后以视听方式投射在墙上大屏幕上;课件中采用的复杂图表,都来自 F-22 工程设计中的计算机辅助设计源材料;照片都是数字化照片;教授的内容都由业务专家负责撰写,他们一般都具备多年操作现役一线武器系统的丰富经验。

在教学过程中,专家一般采用为波音 777 研制的十分先进的教学方法、程序和工具;学员则在个人计算机工作站上,以自定步调或教员引导的方式开展学习,参加测验。学习材料中包括互动式的图表、录像和仔细制作的听力素材。在教师指导的、基于计算机的维修训练过程中,教员可利用控制台投射课件材料,将特定的课件发送到指定的学习站,并监督学员的学习情况。在飞行员训练过程中,学员既可以听多媒体学术讲座,又可以在武器与战术训练器教室学习教员提供的训练任务信息和图形演示程序。然后,学员在自己的 WTT 控制台和仪表板上进行练习。

4. 训练系统保障中心(TSSC)

F-22 训练系统的使用与保障功能通过训练管理系统(TMS)和训练系统保障中心(TSSC)综合在一起。TMS 将提供进度管理、保存学生档案以及训练系统性能的持续评价。TSCC 将提供技术状态管理,数据图书馆、设备保障、课件维修保障和训练系统所有单元的承包商后勤保障。

TSSC 及其 TMS 所包括的工具、方法、过程和技术规程数据原始材料,都是为了确保在 F-22 项目的整个寿命周期中,在所有需要的地点为训练系统提供保障。当学员的经验、角色和任务发生变化时,TSSC 还能对训练课程和设备进行修改、改进和扩展。

TMS 是跟踪学生训练和试验进度的一种工具,它还跟踪和计划所有训练设施相对于学生实时要求的可用性,这样将最大程度地减少训练对设备计划维修和非计划维修的影响。

TSSC 的技术状态管理可确保与飞机的技术状态和使用保持一致。每个训练地点都具备并保持与其常规和特定任务相适应的最新的训练材料。当机队增加了新的任务或武器系统时,将由 TSSC 准备并分发相关的训练材料。

7.4.1.2 F-22 训练系统的研制和部署

在 F-22 项目的工程与制造阶段(EMD)进行训练系统设计和研制。通过在飞机与训练的设计数据库之间建立直接连接,提高了 F-22 训练系统研制效率。例如,飞机后勤保障数据(LSA)直接反馈给教学系统设计数据库中,从而缩短了学习目标的开发时间。对飞机的 CATIA(计算机辅助三维交互式应用程序)和 COMOK(全尺寸计算机模型)工程数据库的直接访问大大缩短了图形开发时间。

美国空军和波音公司在美国佛罗里达州的廷德尔(Tyndall)空军基地建立了一个新的 F-22 维修训练设施。廷德尔将成为为 F-22 飞行员训练和维修训练设立的第一个美国空军基地。廷德尔基地的第 372 训练中队第 4 独立小分队将负责维修训练工作;第 43 战斗中队将进行飞行员训练。

2002 年 8 月,波音公司开始在廷德尔空军基地安装 F-22 飞机的训练设备。训练室和训练设备的安装将分阶段进行,在 2003 年初投入使用以支持当年年底交付的 F-22 飞机训练工作。

第一阶段,安装 5 个全自动电子教室和 2 个维修训练实验室。接下来安装全尺寸座椅、座舱罩以及设备结构训练器。2002 年 9 月,波音及其子承包商Encompass 公司、附属工程师有限公司完成了 5 间全自动化电子教室和 2 间维修训练实验室的安装,它们设置在廷德尔基地中的一座 8000 平方英尺(约 $743m^2$)的建筑物中。

2002 年 10 月开始建造一座供训练飞行员使用的 3500 平方英尺(约 $325.15m^2$)教学/模拟器大楼,3 间 WTT 教学室、4 台全任务训练器(FMT)、6 间电子教室和 20 个电子操作手册站(Electronic Workbook Station)将设置在内。波音的子承包商 L-3 通信公司负责安装 WTT 和 FMT。安装在廷德尔基地的将是首座可以同时进行飞行员训练和维修训练的设施,这些 21 世纪的杰出训练设备将确保飞行员和维修人员在 2003 年接收到 F-22 飞机之前做好充分的准备。

波音公司负责对所有 F-22 飞行员及维修人员进行训练,整个训练计划耗资 7.2 亿美元,其中 2.2 亿美元用于开发训练用原型机及其配套软件。

7.4.1.3 F-22 训练系统的关键技术

1. 多平面幻影技术

为满足 F-22 飞行员对亮度和分辨率的要求,F-22 是第 1 个采用 9 平面 SimuSphere 视觉系统的项目。无论飞行员的头部和视线朝向何方,该系统的图像发生器都能借助电子头部跟踪器材来自动改善分辨率。这些合成要素为"猛禽"飞行员创造一种高度沉浸的 SimuSphere 训练环境,这对于训练飞行员的态势感知能力非常关键。SimuSphere 方案正在成为一种标准的训练途径。L-3 公司除了交付带最新的 SimuSphere 系统的 F-16 和 F/A-18 新型模拟器外,正在改装 F-16、F/A-18 一些现役较老的训练器。SimuSphere 系统可以有 3 个、5 个、7 个或 9 个面。L-3 公司将继续考虑通过未来的生产改进,使F-22 SimuSphere系统获得进一步改进。

2. 网络化技术

在廷德尔空军基地的高保真复杂任务情景中的全任务训练器的另一个关键的训练技术是网络化。这使飞行学员能在一个包括威胁在内的共同世界里进行综合任务飞行训练。WTT 也实现了联网,教官可使其中的几位飞行员在一起训练飞行或独立训练飞行同样的任务。最终可按照全球战区的观点,将 F-22 FMT 连接到一个包含其他飞机(如 AWACS 或 F-15 等)在内的分布式任务操作训练情景中。

F－22是技术密集的飞机，具有传感器融合能力，为了以最高保真度仿真这种能力，模拟器采用了实际飞机的软件。这使得在模拟器上即使一个像按动飞机上按钮的最小的体验也能复制。

3. 数据融合技术

数据融合是F－22飞行的一个关键因素，以前的飞机中，飞行员不得不对来自多个显示器的数据进行解释，F－22可自动进行数据融合处理，使飞行员获得对环境的一个完整的描绘。F－22的显示器具有更大的屏幕和更多彩色图形，同时对输入的传感器数据的自动融合使飞行员的工作更加简便。这意味着即使F－22是更复杂的飞机，训练飞行员所需的时间也并不比F－15的多。技术进步所创造的真实感对F－22的维修训练同样是最好的。以故障隔离为例，维修训练器和教室训练复制飞机的故障环境。这些训练考虑了智能飞机中模块的拆卸和更换。像F－22这样的智能飞机一般都能诊断自身的问题，告诉维修人员检查哪些部位，从而减少了所需的维修人员数量和维修人员所需的训练量。

7.4.2 F－35联合攻击机的一体化训练系统

F－35联合攻击机(JSF)是美国洛克希德·马丁公司研制的供美国空军、海军、海军陆战队及其盟国使用的新一代先进战术攻击机，具有兼顾隐身、高机动性、高生存力和高杀伤力等特点，重点强调经济承受性、通用性和保障性，最大限度地降低寿命周期费用。JSF基于经济承受性的后勤保障构想如下：

(1) JSF应能在世界上任何作战区域自行部署，其后勤规模仅包括它将发射的武器、其飞行所需的燃料和初次激烈战斗所需的人员。

(2) 采用信息技术革新和综合后勤保障方案，结合非凡的可靠性和健壮的预测与状态管理(PHM)系统，促进视情保障及维修方案的实施。

(3) 将开放系统方法作为基本设计的一部分纳入，以在整个寿命周期内提供持续利用新兴技术的能力。这些新兴技术应能在降低总拥有费用(即寿命周期费用LCC)的同时改善飞机的可靠性，从而提高飞机的战备完好性。

为了实现上述后勤构想，美军联合攻击机项目办公室在JSF项目之初，根据现代后勤保障理论以及联合攻击机未来发展需要，提出了联合攻击机自主式保障系统的研究计划。该计划的一个显著特点是JSF自主式保障系统的开发几乎贯穿了飞机系统的研制全过程。而一体化训练系统是JSF自主式保障系统的关键组元之一。

7.4.2.1 F－35的一体化训练系统构成

F－35(JSF)飞机的一体化训练系统(ITS)(图7－2)用于满足在JSF寿命周期内，飞行员、维修人员、基础设施操作人员及教官的训练和绩效保障需求。该ITS包括设计、开发、交付、评价和改进JSF人员的训练所需的所有分系统、设备、硬件、软件和参考数据。

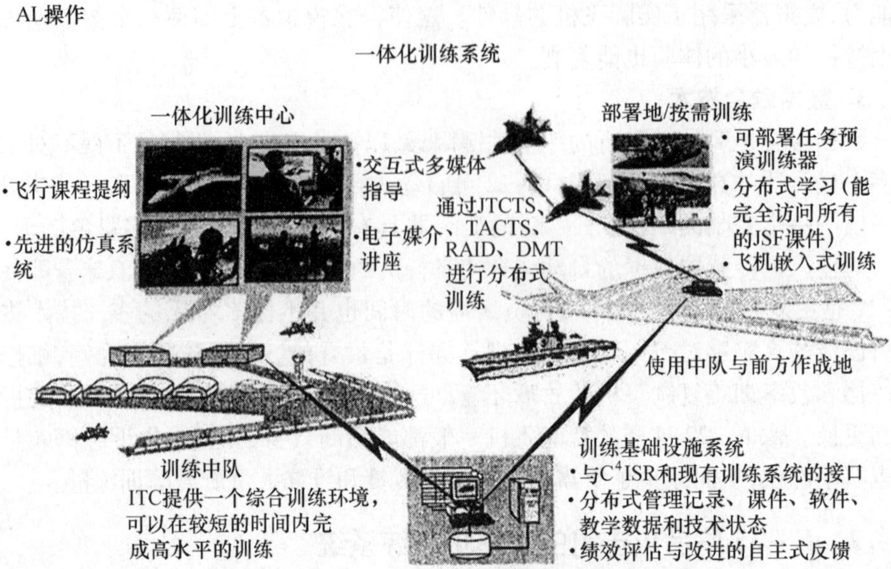

图7-2　一体化训练系统

JTCTS—联合作战战术训练系统；TACTS—机组作战战术训练系统；RAID—机载无线测试报告系统；DMT—分布式任务训练；ITC——一体化训练中心。

ITS的核心是一体化训练中心(ITC)，加上适当的训练器材。JSF第一个一体化训练中心可能建在美国弗罗里达州的埃格林空军基地，计划于2009年10月准备就绪。该中心将成为其他JSF训练中心的样板，JSF飞行员和维修人员将在这里接受培训。最终将建立6个JSF一体化训练中心，其中3个在美国、2个在欧洲、1个在澳大利亚。

JSF ITC是政府拥有的、承包商经营的训练设施，采用开放系统结构，易于根据个人、小组或团队训练需求进行重构，还为技术更新和扩展提供了灵活性。ITC设在航空基地，可以利用航空基地的资源如建筑、工作区、带记分系统的战术训练场、低空航线和跑道/停机坪空间；还可用于支持训练出动。ITC具有现代化课件，为飞行员和维修人员提供全面的训练环境，可提供个体、小组和团队训练能力。它综合利用教室教学、模拟器和真实飞机开展飞行员和维修训练。在ITC训练结束后，能向部队交付合格的飞行员和维修人员(图7-3)。

ITC的个体训练包括飞行员和维修人员个人能做的所有训练内容，如借助基于计算机的课件完成对飞机系统和分系统的熟悉训练。小组训练广泛利用教室情景和器材，进行设备运行和部件拆卸与更换等方面的训练。在团队训练中，维修人员组成一个团队，在真实的训练场景下，利用训练器材和工作设备进行交互训练(图7-4)。

图 7-3　训练系统可交付的能力

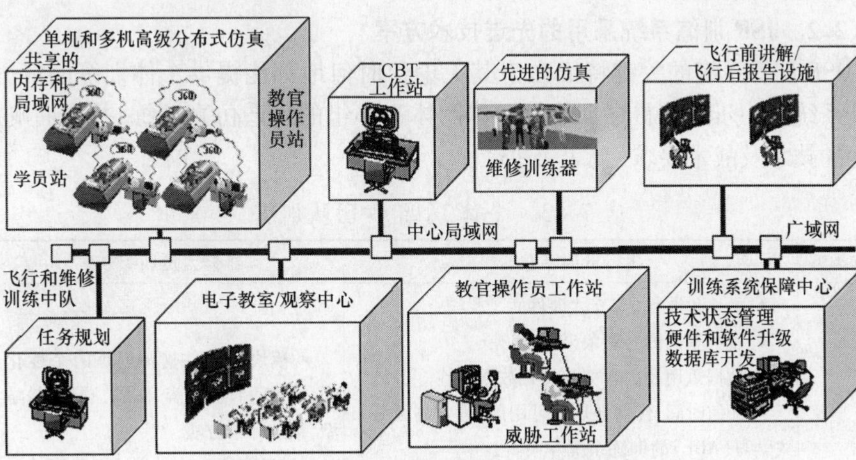

图 7-4　JSF 的一体化训练中心(ITC)

JSF 训练系统借助训练器材与自主式后勤信息系统(ALIS)和 JSF 任务保障系统的接口,可以提供全面访问任务规划、飞行前讲解和飞行后报告等功能。ALIS/JDIS 能使维修人员全面访问所有 JSF 课件及从飞机上下载维修数据。

训练基础设施系统(TIS)在一个全局网中连接所有 JSF 训练资产,可提供端对端的可视性和训练操作管理。TIS 根据飞机着陆前 ALIS 发来的维修及保养信息，采用“按需训练”方式为飞行员和维修人员提供训练，这样便于飞机高效率、协同地再次出动。飞机下传的维修数据包括（但不限于）剩余燃油量、飞机电池完好状态、武器状况和 PHM 记录的故障及有关的状态信息。PHM 利用可用数据对系统当前和未来的状态提供准确及时的分析和预测，因此，PHM 可减少所需的人员成套技能，从而减轻维修队伍的训练负担。

训练基础设施系统主要包括训练接口与飞行完好性、训练系统保障中心，训练管理系统三部分。训练接口与飞行完好性的功能是提供训练系统与其外部系统之间的综合网络交易接口；辅助鉴定和验证用户和数据申请；提供分布式操作的数据接口（远距离学习、分布式训练、任务预演）。

训练系统保障中心的任务是：为训练系统使用基线、训练系统研制基线和技术状态所控制的项目提供技术状态管理；为训练系统更改提供一种研制环境；研究和提供训练系统客户保障解决方案；管理训练系统产品的寿命周期保障；管理训练系统产品备件；发布和分配训练系统基线要求；训练系统绩效评估。训练管理系统的任务是：保存学员训练记录（管理训练课程提纲、保持训练进度、监督训练进展、教官批评和评价机制、报告训练系统工作性能）；提供交付训练可见的机制；提供学员进展控制与方便绩效评估；提供训练系统资产状况；提供报告（打印或电子格式、标准报告、客户报告）。

7.4.2.2 JSF 训练系统采用的先进技术方案

JSF 训练系统的关键特征在于其无论何时何地都能提供个体训练的能力，而且系统进一步支持贯穿训练统一体团体和小组的构造仿真训练，并全面响应变化的技术及战术要求（见表 7－3）。

表 7－3　个体、小组和团队训练

训练类型	飞行员训练方案	维修人员训练方案
个体训练	• 模块化课件（交互式课件） • 可共享的内容对象（SCO） • 数据重用及内容剪裁的元数据标签 • 任何时间、任何地点都可用的、符合高级分布式学习（ADL）的训练系统 • 飞行员个人辅助设备（PPA） • 在联合训练中心或基地训练中心的武器战术训练器和武器系统训练器（用于扩大亲身体验） • 为个体连续训练提供的中队级武器战术训练器 • 与高级分布式学习兼容，并且可共享的内容对象参考类型 • 来自学习资源中心的训练支持	• 模块化课件支持训练的个性化选择，诸如：目的、内容、步骤、顺序、教学类型、绩效评估方法 • 与“高级分布式学习”兼容的课件允许个体训练随时随地能够获得 • 便携式维修辅助设备是所有训练级别的关键要素 • 联合训练中心或基地训练中心的训练器材支持个体的实际操作训练

（续）

训练类型	飞行员训练方案	维修人员训练方案
小组训练	• 联合训练中心和基地训练中心的设施允许同时开展同样任务的小组教学。 • 任务训练中心和可运输的任务训练中心的配置支持小组训练（列队观察或者战区内观察）、飞行前讲解、飞行后报告 • 任务训练中心可在教员指导下开展小组规模的计算机辅助教学训练，包括初始合格训练、升级和进修训练 • 个体选择目的、内容、进度、排列顺序、指令类型和性能评估方法 • 联合训练中心和基地训练中心的电子教室允许教员们控制内容、进度、顺序和教授内容的长度。学员可单独或组成小组相互帮助 • 教员指导下的计算机辅助教学训练	• 电子教室是基本的使能器 • “维修人员教育中心”支持教员指导下的计算机辅助教学训练，如：初始资格鉴定；升级；进修 • 联合训练中心和基地训练中心设施支持小组教学：多个学员；相同或不同的任务；并行教学
团队训练	• 设备（武器战术训练器和武器系统训练器）和设施（联合训练中心和基地训练中心）组成的网络帮助进行全面的团队级训练 • 优化的设备与设施可在本地或在外地能（采用分布式任务训练模式）支持真实的多机训练 • 和其他 JSF 任务要素（其他的任务训练中心）及与分布式任务训练兼容的其他要素（如 AWACS）相互作用，旨在以一个单元的形式完成各项工作/任务 • 飞机上通过飞行数据链（IFDL）、联合战术作战训练系统和机载无线测试报告系统实现多机嵌入式训练 • 高保真的联合合成作战空间融合了实况的、虚拟的和构造的（仿真）环境，用于开展团体的训练	• 全面的团队级维修人员训练借助于：维修人员设备设计（即发动机和辅助动力系统维修训练器以及武器维修训练器）；联合训练中心和基地训练中心设施总体规划和设计 • 减少原始飞机在团队训练中的使用 • 维修人员训练的重点是一体化的团队任务，如发动机的拆卸和安装；武器装载；再次出动准备；航空器任务重置

从表 7－3 中可以看出，JSF 训练系统广泛采用了各种先进的训练技术，如高级分布式学习（ADL）、分布式任务训练（DMT）和嵌入式训练（ET）技术。

1. 高级分布式学习

JSF 课件采用符合“高级分布式学习”的体系结构，这是获取可部署、同步且高效费比训练系统的基础。JSF 课件将由“可共享的内容对象”的模块组成，这些模块可按照所需的形式进行组合，以满足各种各样的训练及信息访问要求。根据“高级分布式学习”/“高级分布式学习共享内容参考模型”（SCORM）标准，课件内容将被打包成网络版的“可共享的内容对象”。

对于各飞机型号的通用部件(如动力系统的燃气发生器),其“可共享的内容对象”开发后,就可重用于所有型号,因此可节约开发时间和费用。对于动力系统的其他部分,由于各型号有所区别,就需要创建独特的“可共享的内容对象”,以反映这些区别。通过按照适当顺序交付”可共享的内容对象”,可实现各型号的训练,“训练管理系统”的控制机制有助于这一过程的实现。同样,“可共享的内容对象”在交付期间的重组将解决各军种的很多训练需要,例如课程的准确构成将根据各军种职业结构的不同而有所不同。

在 JSF 课件中使用的许多“可共享的内容对象”都是很有用的交互式电子技术数据。为满足课件和交互式电子技术数据的使用要求,波音公司建议 JSF 项目创建一种能存储“可共享的内容对象”的公用数据库,这一举措将大大节省费用,因为“可共享的内容对象”开发完成后,既能用于数据集成,又能用于“综合电子性能保障系统技术成熟度项目”。在方案演示验证阶段开展的“模块化课件经济可承受性倡议”中通过重用实现了费用节省。资源访问系统用于课件和交互式电子技术数据的开发。借助“资源访问系统”的自动化工作流程来协调、规划和跟踪数据对象的开发和集成,以创建交互式电子技术数据。

JSF 项目采用已经过实践检验的教学系统开发方法,选择和设计“可共享的内容对象”的内容。在这种方法中,飞行员和维修人员的任务、作业、工作和学习分析具有共同的要素,并且共享数据和分析结果。这就为确定通用训练要求、提高训练效率,支持保障、维修和使用要求提供了机遇。“资源访问系统”可保证所有科目在开发期间都使用经过批准的相同产品数据。

可以预计,飞行员和维修人员的大量学习目标都是相同的,诸如对飞机的全面熟悉、地面安全和防护设备、地面安全程序、维修情况讲评和飞行员救生等。在很多情况下,两个小组可使用同样的训练产品来完成共同的训练目标。然而,由于两个小组在训练内容上存在差异,可能导致无法使用同样的训练产品来完成训练,或者在学习目标相同的情况下却无法通过相同的训练事件来完成训练。在这些情况下,坚持符合“高级分布式学习”和”高级分布式学习共享内容参考模型”的要求,有助于根据各自的背景、任务、作业、环境和训练目标,对课件进行剪裁,以便最有效地满足每个小组的需要。

2. 分布式任务训练

JSF 分布式任务训练(DMT)组成部分包括训练器材(武器系统训练器和武器战术训练器)、飞行前讲解/飞行后报告系统和基础设施,可应用于任务训练中心(MTC)、可运输的任务训练中心(TMTC)和中队内的局域或广域多级组网。

JSF 分布式任务训练网络支持小组训练(分区和分部战术)以及团体、联队、各军种的联合和合成军事行动。这一训练允许所有的飞机、指挥和控制单元在人工合成的、性能稳定可靠的任务演习环境下，通过 DMT 网络实现协同。

图 7-5 展示了波音公司提出的 DMT 方案。作为基本的设计要求之一，JSF 训练系统能为具有不同保密级别的维修人员和飞行员提供多级保密训练（图 7-6）。波音公司为基地训练中心和中队训练场活动提供的主要外部训练接口有：数据库快速生成系统、训练管理和保障系统、分布式任务训练广域网。

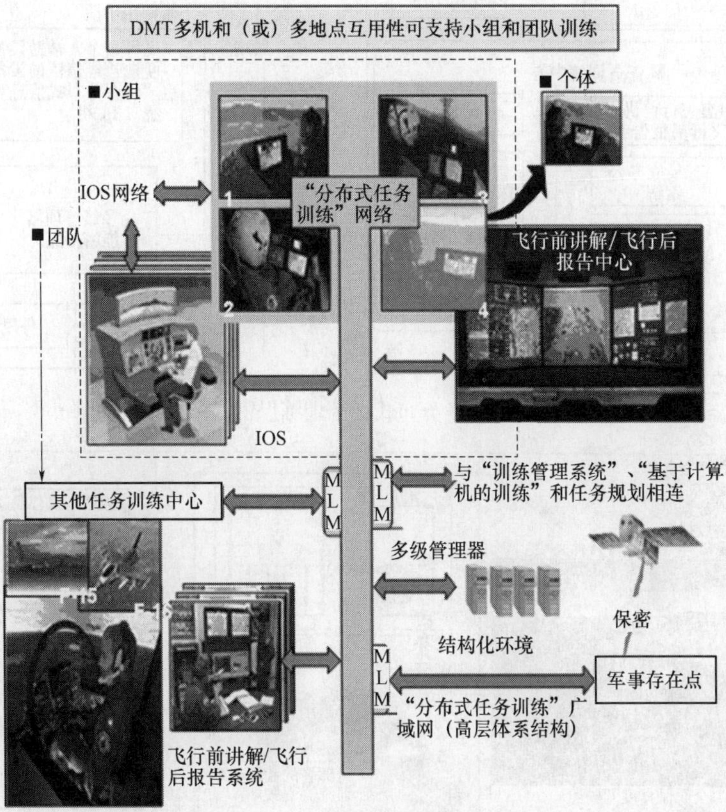

图 7-5　分布式任务训练可支持个体、小组和团队训练

"武器系统训练器"和"武器战术训练器"由基于开放式结构的模块化、可升级和可重复使用的硬件配置项（HWCI）和计算机软件配置项（CSCI）组成，它们以可承受的寿命周期费用提供高保真训练，同时增强同步更新能力。"武器系统训练器"和"武器战术训练器"共享一种从全任务仿真以及"进攻作战协同环境"导出的通用体系结构（图 7-7）和通用软件。与保密接口连接后，"武器系统训练器"和"武器战术训练器"可以实现任务预演能力和多地点"分布式任务训练"的互操作性。

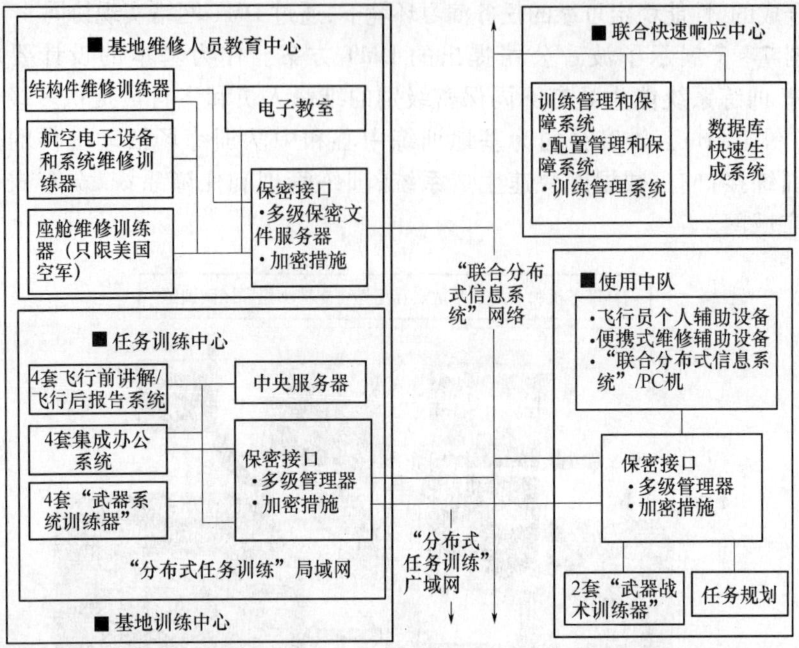

图 7－6　JSF 分布式任务训练保密网络设计

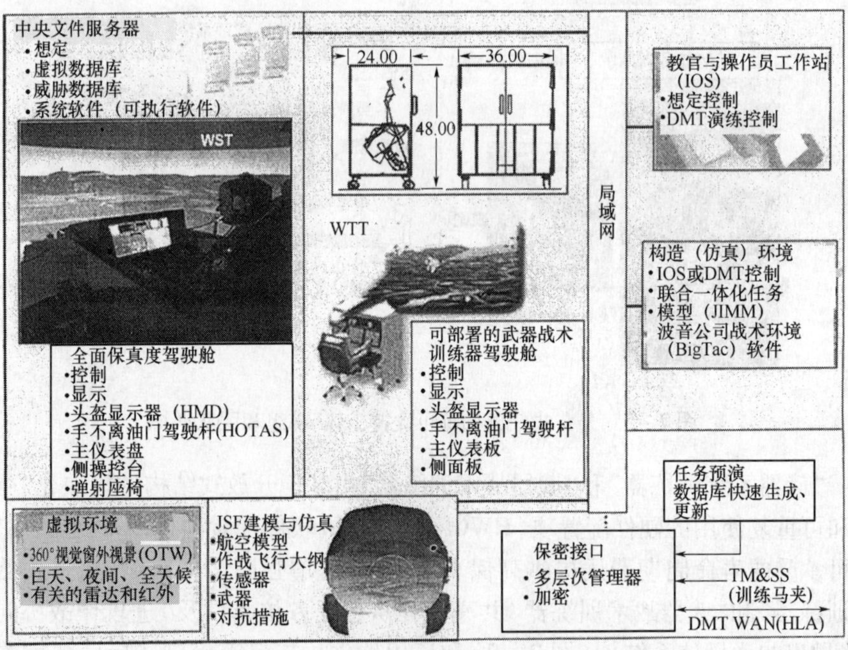

图 7－7　任务预演和 DMT 兼容的训练器结构（WST 和 WTT）

TM&SS—训练管理和保障系统（训练马夹）；DMT WAN—广域网（高层体系结构 HLA）。

"武器系统训练器"(WST)是任务训练中心的主要训练器材,是联合训练中心和基地训练中心的关键组成部分。它是一种全保真训练器材,既可以独自使用,支持个体训练;也可以联网使用,提供各种武器和战术的群体训练。当"武器系统训练器"作为"可运输的任务训练中心"的组成部分部署时,可以用来培训执行任务所需的技能,以及提供战区特定作战方案所需的战术和技能训练。

"武器战术训练器"(WTT)是"武器系统训练器"的一种功能强大和可部署的中队级硬件衍生品(图7-7)。由于"武器战术训练器"能与"武器系统训练器"中使用的基于通用"飞行大纲"和"进攻作战协同环境"的训练软件共享,因此,二者的固有能力几乎是完全相同的。"武器战术训练器"视觉设计方案为在研的"武器系统训练器"头部跟踪"头盔显示器"备选方案,提供了虚拟的OTW视景、"头盔显示器"分布式红外传感器图像和"头盔显示器"飞机符号系统。"武器战术训练器"是将"武器系统训练器"的飞行员工作站的后部截去后,将所有网络兼容的部件重新封装成可由两人搬运的加固柜,以便于满足JSF"型号规范"中的可部署训练和保障规模要求。

"武器战术训练器"是为了放置在舰上,以支持可部署的任务预演和舰载JSF中队的训练需要而专门设计的,在安装时,它能够很容易地通过现役及未来水面舰艇的舱口和过道的狭窄空间。"武器战术训练器"能放置在备用房间、情报室等可用的空间内,并联成网络以支持小组和团队训练。"可运输的任务训练中心"经过剪裁后,能部署在带有机库甲板的舰艇(CV/CVF或L级)上,就像目前的"海军航空系统司令部的可运输攻击/袭击预演系统"(TSTARS)一样。

如果舰上安排了专用空间,"武器系统训练器"和合适的外围设备可放在这些空间中,这实际上就是在舰艇上重建了一个任务训练中心。英军和波音公司联合对当前和未来战舰设计开展了初步的保障性研究,研究表明应为训练设备分配$27m^3$的空间。舰艇人员的任务技能往往会因长时间的远洋军事行动和无飞行任务的港口停泊而退步,"可运输的任务训练中心"和"武器系统训练器"则具备了维持舰艇人员基本作战任务技能所需要的全部能力。

虽然"武器战术训练器"一般只用作个体训练器材,但它也可以通过保密接口与外界联网(图7-7),从而使作战中队可以在局域网内彼此交互操作,或者通过保密接口与其他"分布式任务训练"设施相连。通过这种方式,中队成员能够参与当地(基地级)的"武器系统训练器"演练,或参与大范围的"分布式任务训练"。两套中队"武器战术训练器"可完成JSF空军型特有的、可部署的按需训练和任务预演要求。

支持飞行员训练所必需的构造(仿真)单元包括:空对空,空对面,指挥、控制、通信、计算机与情报。"联合一体化任务模型"(JIMM)是构造环境仿真的基本部件。"武器系统训练器"和"武器战术训练器"的构造环境仿真是训练系统的一个模块化可升级部件，它还可以联网并完全符合“分布式任务训练”的指挥与控制要求（图7－5）。

波音公司战术环境（BigTacTM）可能成为构造环境仿真的一个部件，作为“联合一体化任务模型”的补充，BigTac最初是为美国海军A－6E和F－14D训练器器材研制的，后来经改进和试验，用于支持芬兰F/A－18C的武器战术和态势感知训练器，当前用在美国空军F－15C“鹰”和F－16“战隼”的“分布式任务训练”项目以及F－22“猛禽”的四机全任务仿真训练器中。

高保真飞行员训练器已经从40英尺的圆屋顶飞行操作训练器（OFT）逐步演变为更小、更紧凑、具有综合显示和自维持能力的“武器战术训练器”（图7－8）。“武器战术训练器”是为了支持JSF中队的部署训练和任务预演要求而专门设计的。它带有机柜大小、适于部署的飞行员工作台和视觉显示器。每个中队分配两套“武器战术训练器”，在中队的保障规模计算中已经考虑了“武器战术训练器”。

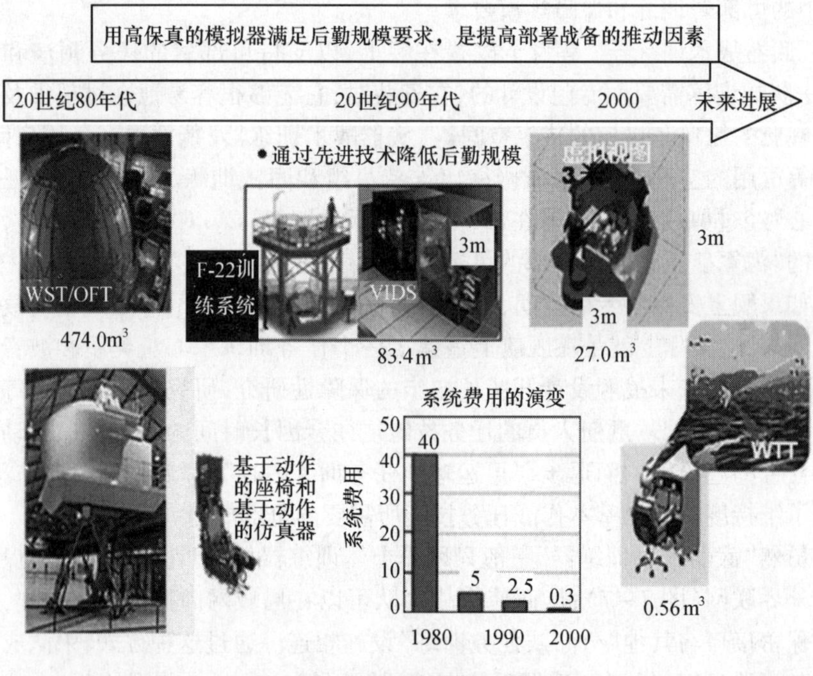

图7－8　飞行员训练器的演变

“武器战术训练器”和“武器系统训练器”在支持任务预演方面的能力是相似的，且都能使用航空系统的任务规划数据。使用“武器战术训练器”可满足可部署的任务预演能力要求。“武器系统训练器”和“武器战术训练器”能直接读取和解密任务规划系统所产生的数据，这些数据通过保密接口从航空器的“数据传输盒带"或"联合分布式信息系统"网络基础设施中获得。"武器系统训练器"和"武器战术训练器"还能通过相同的保密接口,从"训练系统保障中心"接收任务预演数据,以更新"数据库快速生成系统"(RDBG)。因此,为任务训练中心配置的"武器系统训练器"、为中队配置的"武器战术训练器",以及可部署的"武器战术训练器"都能支持任务预演和任务规划的综合要求。

"数据库快速生成系统"可近实时地以半自动方式创建和更新合成地形模型,以支持任务训练和预演。位于"训练系统保障中心"的"数据库快速生成系统"可通过"联合分布式信息系统"网络按需提供全球更新能力。"数据库快速生成系统"可生成以下各种训练要素所要求的地形数据集:视觉模型、大气模型、高度模型、传感器模型、视距模型和地形图,从而实现所有数据集之间的相关。

"数据库快速生成系统"将与教员和操作站之间建立接口,以协调训练器材中相关子系统的数据更新和数据资源可用性(图7-9)。其设计基础是收集各种商用工具,集成为一个以图像和任务规划数据作为输入的自动生成系统。该设计方案既支持就地生成(与训练系统部署在同一地点),也支持分布式生成(建在"训练系统保障中心"内)。

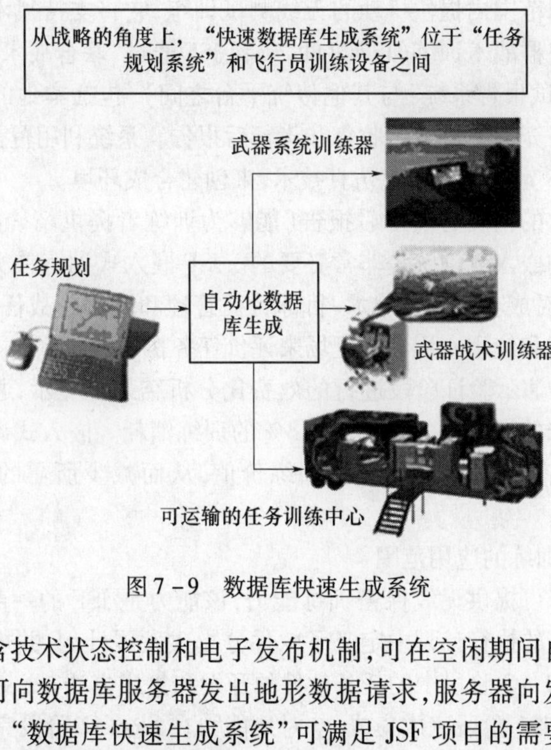

图7-9 数据库快速生成系统

该设计包含技术状态控制和电子发布机制,可在空闲期间自动更新训练系统。训练系统可向数据库服务器发出地形数据请求,服务器向发出申请的系统实时传递数据。"数据库快速生成系统"可满足JSF项目的需要——对做好执行任务准备的作战部队的军事需求做出快速响应。

3. 嵌入式训练

从历史情况看,美军的航空训练时间中,只有5%用于飞行仿真。而“联合构想2010/2020”要求飞行仿真训练时间增加到所有飞行训练时间的1/3,包括作战技能开发时间和任务预演时间。按照美军“联合构想2020”的要求,先进的仿真在JSF飞行员训练大纲中将占到大约35%。计算机仿真技术的发展,使得军事人员能够随时随地进行模拟训练。

1) 嵌入式训练的用途

在JSF飞行员训练系统中包含了嵌入式训练能力。JSF嵌入式训练并非用于初始训练任务,而是用来加强和保持技能及知识。JSF的嵌入式训练(ET)能力将是熟练度训练和战术发展的主要方法。嵌入式训练的本质是:将训练变成部队作战系统的组成部分,从而使作战部队具备训练能力。JSF嵌入式训练是可部署且作战部队在需要时可获得的,因此有助于持续保持作战部队的战备完好性。

JSF的嵌入式训练技术将已经过实践检验的F-22软件设计与“联合战术作战训练系统”(JTCTS)和“机载无线测试报告系统”(RAIDS)兼容性有机地结合在一起,同时考虑了未来系统不断增长的集成和兼容性要求。JSF嵌入式训练方案可在全球范围内提供机动的无线测试训练,它将支持战术大队级的个体训练和多机战斗群战术训练(JSF之间,或者JSF通过“联合战术作战训练系统”或“机载无线测试报告系统”与其他传统平台之间),包括本地的和分布式的武器模拟。它还将充分支持数据收集和飞行后报告。系统利用覆盖现实世界所有用户的精确GPS定位和分布式仿真技术,来创建合成环境。

对训练事件的精确的飞行后报告(能够为训练者提供精确的即时反馈)对于实现有意义的嵌入式训练是非常必要的。JSF嵌入式训练首次提供了电子训练数据包,用来对成功完成的战术、目标特征管理和武器作战任务等训练评分,而无需消耗军械和使用专用训练靶场来评价任务执行情况。

在JSF方案演示验证阶段进行的效费比分析结果也显示,通过作战行动嵌入式训练和特殊的训练任务,能节约13%的训练消耗。嵌入式训练能够完成多种训练目标,提高每个出动波次的训练价值,从而减少所需的实际出动波次数量。

2) 嵌入式训练的应用范围

嵌入式训练可提供无线保密训练能力,该能力是JSF的一部分。在CSOW和航空电子设备的执行计划中定义了软件分批次发展计划,并规定了在工程与制造研制block 1~3阶段中的任务软件的开发和集成方法。F-22基线嵌入式训练能力在block 1阶段完成集成,空对地能力在block 2阶段完成,“联合战术作战训练系统”的使用是在block 3阶段。在其他备件和课件管理(CM)集成到飞机上的同时,它们的模拟方式也同时完成集成。在基线和"联合战术作战训练系统"及"机载无线测试报告系统"等使用模式下,嵌入式训练的功能都是相同的,但训练的范围不同。

(1)嵌入式训练软件的基线。嵌入式训练将用于提供不同作战级别的真实训练想定。嵌入式训练基线的功能特点在于它是 JSF 任务系统软件的组成部分。在航空电子设备体系结构的初始设计中包括支持嵌入式训练所需的接口(图 7-10)。训练想定中的任务数据和选项(包括训练目标、航线点和作战巡逻(CAP)任务等)将在任务规划工作站制定,并且用座舱的"数据传输盒带"传送给 JSF 航空器。"数据传输盒带"还包含合成的跟踪和威胁剖面,增加了战术情况的复杂性。这种功能是飞机的一个固有组成部分,不需要其他设备或供应品。JSF 嵌入式训练软件包含了嵌入式的舱门管理逻辑,这种管理逻辑消除了武器舱门在训练期间的不必要磨损。

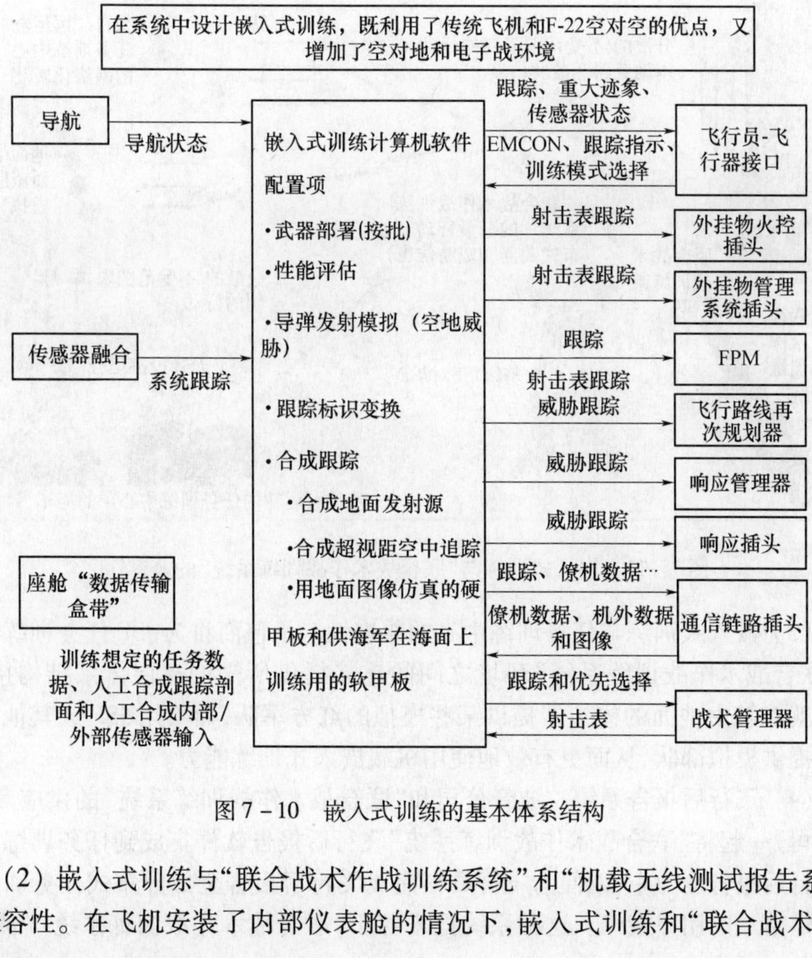

图 7-10　嵌入式训练的基本体系结构

(2)嵌入式训练与"联合战术作战训练系统"和"机载无线测试报告系统"的兼容性。在飞机安装了内部仪表舱的情况下,嵌入式训练和"联合战术作战训练系统”(英军为“机载无线测试报告系统”)兼容,此功能特点允许 JSF 在与“联合战术作战训练系统”核心部件相连的情况下参与联合分布式演习,如图 7－11所示。与“联合战术作战训练系统”的兼容性便于在各种任务和分散的/不受范围限制的作战行动中开展嵌入式训练。假如使用下一代 EHUMTM“空中作战机动设备”(英军和北约其他国家的一种空中作战机动设备,一种先进的数据链),可实现与“机载无线测试报告系统”的互用性。当部署在核心作战行动区域外部时,这种模式还允许在空对地和空对空训练中开展分散的、不受范围限制的作战行动,此外它还可提供对演习参与者的行为进行讲评的能力。在工程与制造研制阶段的试验中,可使用“联合战术作战训练系统”和“机载无线测试报告系统”,来减少训练时间、降低专业化设备要求和费用。

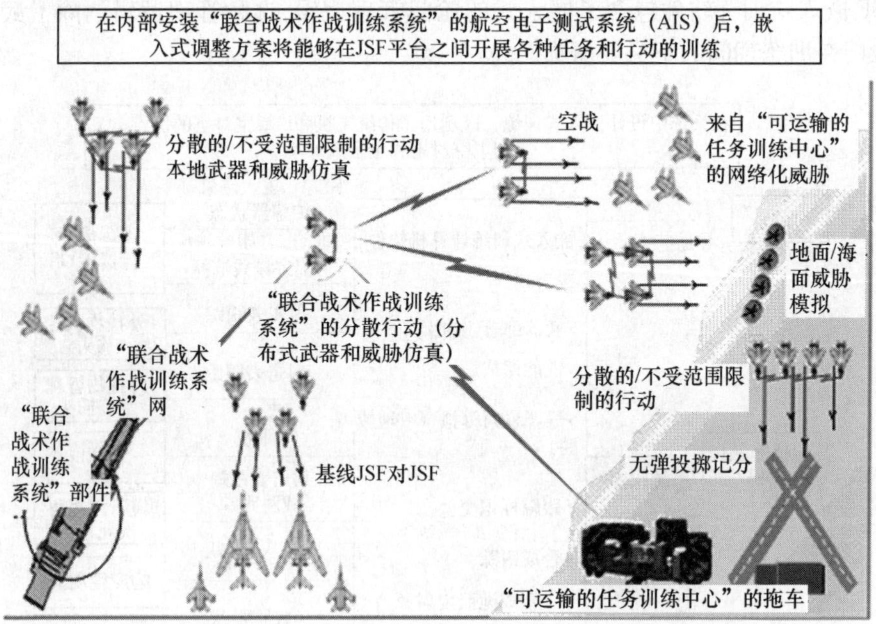

图 7－11　嵌入式训练与“联合战术作战训练系统”的兼容性

(3) 嵌入式训练与任务训练中心的兼容性。承包商将为 JSF 任务训练中心和“联合战术作战训练系统”环境之间的连接提供所需的高层体系结构接口。这样就能够由地面的模拟器提供某些模拟的红方军队,而不用 JSF 或其他传统飞机提供模拟部队,从而更有效地使用机载嵌入式训练能力。

(4) 飞行后报告系统。波音公司和“联合战术作战训练系统”的供应商(雷神公司)一起将“联合战术作战训练系统”飞行后报告软件集成到任务训练中心的飞行后报告能力中,以便为飞行员在完成飞行后报告全部分布式任务训练事件提供单一的用户接口。这种系统把来源于“联合战术作战训练系统”(或“分布式任务训练”)的真实数据与飞机上或任务训练中心设施上的JSF任务数据记录综合在一起,变成统一的飞行后报告。波音公司在建设F-15C“合同训练仿真服务分布式任务训练”飞行后报告系统中积累了这方面的经验。

3）嵌入式训练的功能特点

波音公司为JSF提出的嵌入式训练方案提供了3个特定领域的本地训练和分布式训练:①JSF的空对空交战;②针对JSF的地对空威胁;③JSF对威胁和目标实施打击的空对地投弹评分。详细内容见表7-4。

表7-4　嵌入式训练的功能

嵌入式训练功能的实现方案
模仿支援和对抗JSF的空对空射击和记分 ·用IFDL、ID、IFF和主动或被动传感器识别参与者 ·选择合适的导弹和导弹剖面 ·提供预计的ID转换,或提供飞行员可选的ID转换 ·模仿对抗(主动、被动和消耗性的)
模仿支援和对抗JSF的地对空射击和记分 ·仿真威胁发射、威胁发射和主动寻找目标(AAA)发射 ·仿真和模拟“突然出现的”威胁
模仿空对地军械和记分: ·传感器及机地外数据的集成 ·仿真反馈核武器剖面 ·评估仿真的武器交付核武器作用
模仿JSF作战库存 ·武器运输
嵌入式训练接口的兼容性 ·现有的传统测距系统
嵌入式训练与“训练管理系统”的接口 ·绩效测量系统和改进措施 ·“电子训练数据包”的登录(训练评分) ·系统诊断

7.4.2.3　JSF训练系统的研制特点

JSF项目的前身是“联合先进攻击技术”(JAST)计划。该计划开始于1993年,目的是为美国空军、海军、海军陆战队及其盟国研制下一代多用途战斗机。该项目于1996年开始进入方案验证阶段,由波音公司和洛·马公司这两大承包商获得该阶段的合同。

该阶段的工作主要围绕三个目标展开:

(1) 各军种提出经过充分确认、经济上可以承受的使用要求;

(2) 对各种降低研制、生产和使用保障费用的关键技术进行投资和验证,以便降低风险;

(3) 验证使用方案。

这些目标的实现为工程研制阶段奠定了良好的基础。2001 年 10 月 26 日,美国国防部宣布,JSF 项目开始进入系统研制和验证阶段(SDD)(以前称为工程和制造研制(EMD)阶段),并由洛·马公司赢得该阶段的研制合同。F-35 项目的采办目标是获得整个飞机系统,它要求自主式保障系统与飞机同步研制,并要求整个自主式保障系统在飞机达到初始作战能力时就能投入使用,为用户提供保障。因此,洛·马公司在研制飞机的同时,还将负责管理、设计、开发和交付作为自主式保障系统组成部分的一体化飞行员和维修训练系统。

训练系统常常是重大武器系统项目最易忽视的一个方面。但对于 JSF 而言,单在研制和验证(SDD)阶段对训练系统的投资就达 7.5 亿美元。训练系统研制合同作为 JSFSDD 合同的一个组成部分,一并签署。由于计算机和网络构成 JSF 训练系统的关键要素,因此,洛·马公司在 JSF 训练系统的研制过程中采取了有节奏的步调和开放系统设计方法,即选择训练系统滞后于飞机的研制近 1 年,以便等飞机设计方案能确定下来并保持稳定。否则,训练系统可能在以后需要花费大量费用进行重大改进。而且,这样做可以给设计人员和政府官员更多时间来全面讨论有关的关键问题,如应将训练系统设置在何处;开放系统方法便于引入这些快速演变技术的最新成果。

洛·马公司负责 JSF 的训练系统研制。它采取的策略是综合利用先进技术、计算机系统、飞行系统和课件系统。课件的开发从 2004 年开始,JSF 训练系统成套器材的设计和制造需要花费 24~36 个月时间。训练系统全部准备就绪并正常运行的最后期限是在 2008 年年中以前,保证第一架飞机 2008 年出厂时,将同时具有训练系统。迄今为止,还没有其他项目能够这样做。

JSF 项目将经济承受性、杀伤力、生存性和保障性/部署性视为其四大支柱。为此,在方案验证阶段,军方成立的 JSF 型号办公室配合波音和洛·马两大承包商,对 JSF 飞机的保障方案和保障性考虑因素(包括训练和训练保障要求)进行了充分的验证。在 JSF 系统设计和研制合同执行期间,对唯一的 JSF 训练系统开展设计、研制、试验和交付工作,该工作具体包括教学系统开发、课件、训练器材、训练基础设施和一体化训练中心几部分。JSF 训练系统研制中具体体现出如下几个特点:

1. 组建综合产品组,飞机与其训练系统保持同步

在 JSF 项目的研制过程中,采用了综合产品和过程(IPPD)研制方法,组建了由多层次综合产品组(IPT)构成的完善的 IPPD 项目管理组织机构,并根据不同阶段的任务需要进行调整。其中训练综合产品组就是其中的一个有机组成部分。JSF 项目办公室(JSFPO)人员包括人力、人员和训练(MPT)IPT 领导和代表,他们是全权负责 JSF 训练的规划、计划和预算及采办的采办项目经理。

早在 1994 年,美国国防部就成立 JSF 项目办公室,全面负责 JSF 项目的实施和管理。项目办公室包括来自美国空军、海军、海军陆战队和英国国防部的采办、使用和保障等各方面的人员,并采用多专业综合小组(IPT)的方式开展工作。在方案验证阶段,项目办公室的组织结构如图 7-12 所示。

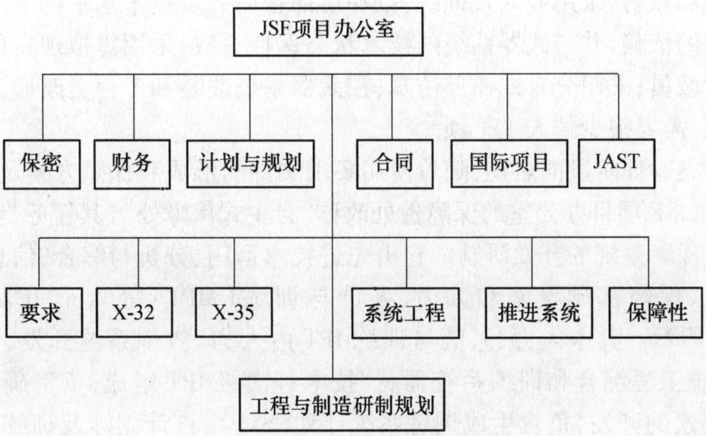

图 7-12　JSF 项目办公室组成

训练和训练保障作为保障性要素之一,是保障性要求和保障方案的一个有机组成部分。JSF 项目办公室设有专门负责保障性的机构。在方案验证阶段的前期,该机构称“保障性处”,它主要负责配合承包商确定 JSF 飞机的保障方案和保障性要求,并对所涉及的关键技术进行评价和验证。

保障性处由自主式保障、综合后勤保障(ILS)规划、可靠性与维修性(R&M)工程、保障性分析与综合、训练等 IPT 组成(图 7-13)。其中,训练小组的任务是确定、评价和验证各种训练技术和方案,使其转变为 JSF 武器系统真正的训练系统,并确保训练系统的设计和研制,以保障和提高 JSF 的经济承受性、杀伤力、保障性和生存性。它由来自所有参与 JSF 项目的训练部门的代表组成。

美国空军作战司令部(ACC)、空军装备司令部航空系统中心(ASC)、空军教育与训练司令部(AETC)和空军研究实验室(AFRL)分别派出用户代表、采办人员、训练部门的飞行员和维修人员,以及研究人员,由他们代表空军的意见。

美国海军航空系统司令部、海军作战中心的飞机处、武器处、训练系统处，以及海军航空维修训练大队派出海军的专业代表。海军陆战队及其第 14 航空后勤中队派出陆战队的飞行员和维修人员。英国空军和海军派出一名飞行员和维修人员的代表参加所有会议，并协助准备训练文件。最后，项目的承包商也定期参加电视电话会议，并受邀参加训练 IPT 的所有会议。

该小组的目标是：运用技术进步的成果，开发经济上可承受的、有效而全面一体化的训练系统，优化维修人员和使用人员的训练质量并提供及时使用。

为了提高 JSF 的训练效率和效能，降低训练费用和寿命周期费用，JSF 拟采用以下训练方案：采用与个人的数字化辅助设备相连的交互式电子技术手册和维修信息数据库，在部署的情况下进行"适时"的训练；直接从 CAD 数据库形成训练课程和教材；采用嵌入式训练，以补偿部署后人员技术水平的下降，减少对实弹训练的依赖，并与武器系统的技术状态保持一致；采用虚拟现实的教员，不需要专业教员；采用分布式任务仿真；在武器系统改装和工程更改后，模拟软件自动更新，需要很少的人工干预。

在方案验证阶段的后期，随着使用要求文件的形成和保障方案及保障性要求的确定，JSF 项目办公室的保障性处改称"自主式保障处"，其任务是致力于整个自主式保障系统的开发研制。它由先进技术运用、分析与综合、信息系统、智能化飞机、保障基础设施和人力、人员与训练（MPT）等六个 IPT 组成，如图 7－14所示。其中人力、人员与训练 IPT 由人力、教学系统开发、训练信息系统、系统工程综合和训练系统器材/技术等次级 IPT 组成，负责确保训练系统具体要素的开发，负责生成训练系统计划（STP），该计划涉及训练系统的所有方面，包括各军种训练方案的研制、采办、改进改型、试验、确认、评价、保障和管理。

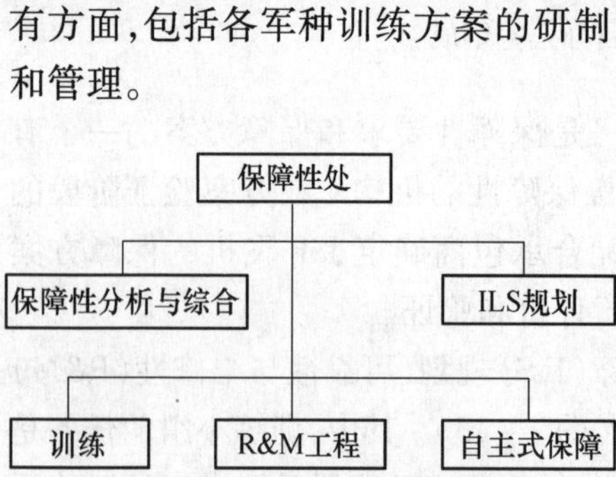

图 7－13 保障性处的组成

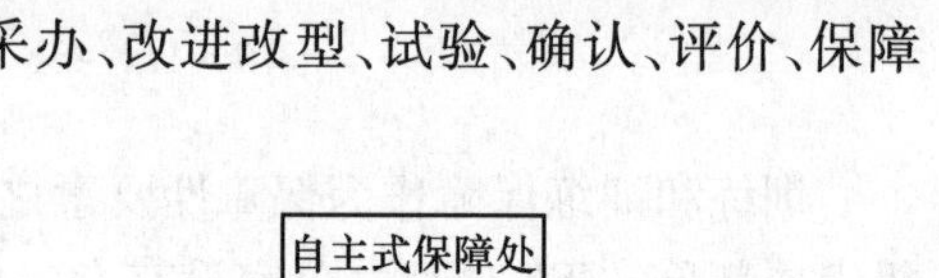

图 7－14　自主式保障处的组成

MPT IPT 便于训练专家和 JSF 武器系统用户跨学科代表汇聚一堂，共同解决 JSF 训练问题。该 IPT 负责识别、鉴定并验证各种训练技术和方案，并将其转化为 JSF 飞机的训练系统和任务计划系统，确保设计与开发出来的训练系统和任务计划系统能够保障并改进 JSF 飞机的经济可承受性、杀伤力、保障性和生存性。该小组负责对承包商提出的训练系统方案、研制计划和工程研制过渡计划进行评价，向 JSF 费用分析小组提供训练系统的采办与使用费用数据，向承包商提供有关各军种现行的训练政策、程序及系统的建议和材料。它还与承包商合作，确定并开发出满足联合作战使用要求并采用先进技术的有效而全面综合的训练系统。

在 JSF 项目进入工程研制阶段后，自主式保障处由保障系统 IPT、自主式保障信息系统 IPT 和训练系统 IPT 等三个 IPT 组成，如图 7－15 所示。其中训练系统小组又分为系统集成 IPT、训练器材 IPT、教学系统开发 IPT、训练基础设施系统 IPT、课件 IPT、一体化训练中心 IPT 等六个分 IPT。包括洛·马公司 JSF 小组、诺·格公司、BAE 系统公司在内的所有成员都参加了大多数的 IPT，还包括其他公司及联合项目办公室的代表。比如，BAE 系统公司负责 JSF 项目中英国方面的训练工作，向训练 IPT 提供一名英国训练顾问，英国皇家空军也派代表参与。各主要次级 IPT 的产品如图 7－16 所示。

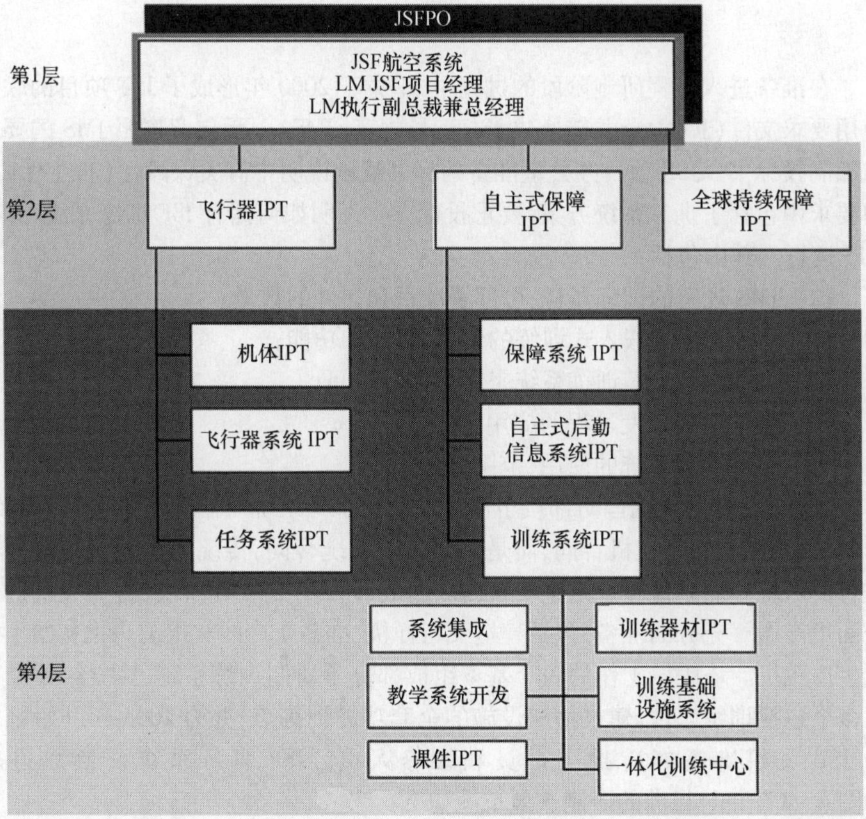

图 7－15　JSF 项目的系统研制与验证阶段组织机构

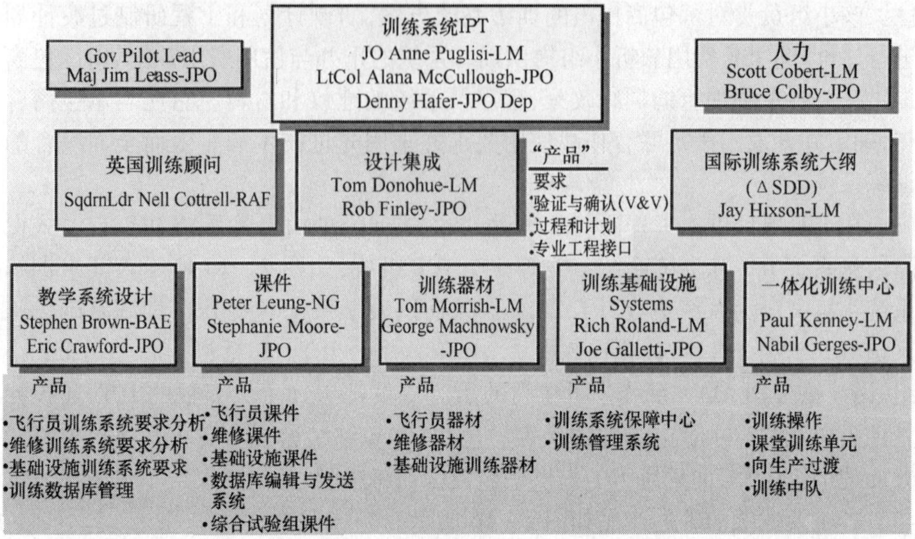

图 7-16 JSF 训练系统综合产品组

在准备进入工程研制阶段的过程中,军方于 2000 年形成了 JSF 项目的联合使用要求文件(JORD),并转换成 JSF 型号规范(JMS)。承包商按照 JMS 的要求来编制投标书。JSF 项目办公室准备的标书编制说明中有关保障性(自主保障)的要求中包括了训练系统方案,要求投标方要说明如何拥有 JSF 训练系统,并按 JMS 运行。其中包括:

(1) JMS 规定的训练器材、可部署项目和课件的数量;

(2) JMS 规定的嵌入式训练的使用、范围和功能;

(3) 如何通过 JSF 训练系统来缩短训练时间;

(4) 教学系统开发过程的应用;

(5) 训练管理系统的使用、范围和功能。

2001 年 10 月美国国防部授予洛·马公司 JSF 系统研制和演示验证(SDD)合同,这不只是一个飞机合同,而是一个飞机系统合同,传统上与飞机采购分开进行的训练和后勤保障也是整个合同的组成部分。在 SDD 阶段,将为飞机进入全面生产做好充分的准备,包括建造飞行样机、准备生产线和组装一批初始小批量生产飞机。该阶段工作的一个基本组成部分是研制训练系统,建立第一个甚至多个包括训练课件、建筑物和设施的全套功能训练点,并为 2008 年开始服役的 JSF 飞机准备好首批飞行员和维修人员。JSF 训练系统研制总进度如图 7-17所示,目前的研制进展情况如下:

(1) 顶层要求目标/策略仍在落实中;

(2) 采用一个合理、严格的要求分配过程;

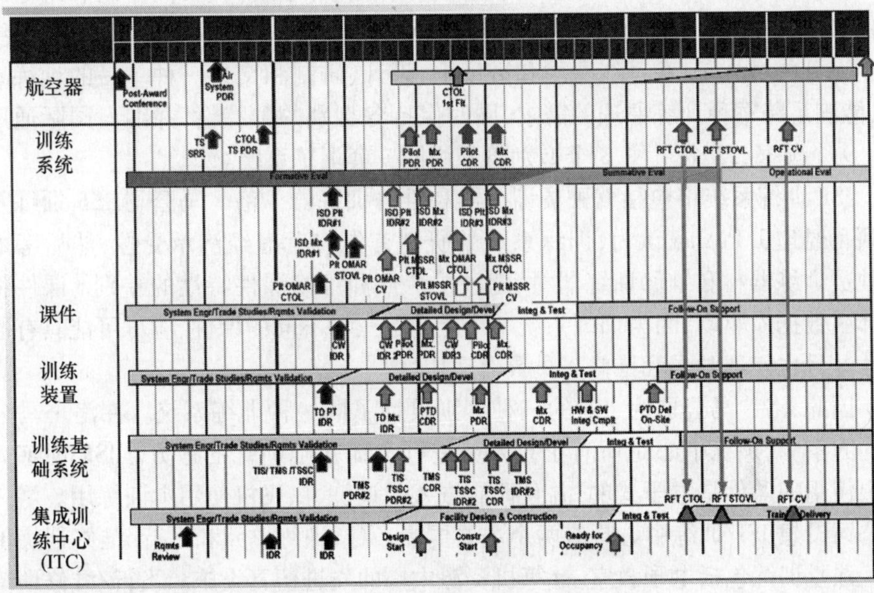

图 7－17　JSF 训练系统总进度

(3) 到 2002 年 2 月,已将合同规范要求分配到第 3 层(即训练系统);

(4) 到 2003 年第一季度训练系统要求评审(SRR)时,已将训练系统第 3 层要求分配到第 4 和第 5 层;

(5) 到 2004 年第一季度训练系统初步设计评审(PDR)时,完成与更低层次(供应商)规范和基线规范的门户链接(Doors Linkage);

(6) 到训练系统关键设计评审时(飞行员训练系统是 2006 年第三季度,维修人员训练系统是 2007 年第一季度),定义训练系统所有物理和功能接口(ICD)。

2. 以经济承受性为目标,强调通用性

JSF 训练系统的一个关键目标是降低训练系统采办和寿命周期费用,要求比传统的 F/A－18、F－16 和 AV－8B 飞机训练项目的成本减少 50%。该目标主要通过下列措施实现:提供从入门训练、初始训练,到转岗/转行训练、恢复性训练以及继续教育性训练等的完整的训练连续统一体;借助高级分布式学习(ADL)、分布式任务训练(DMT)和嵌入式训练等先进的训练技术,实现资源最大化利用和军种联合参与;改变某些现有的训练范式等。其核心措施是实现高度通用性。

JSF 的训练系统正在与众不同地将焦点集中于军种间的通用性上。建造飞行器所采用的通用性原则也同样适用于研制 JSF 训练系统。在尽可能之处,JSF

的设计工作和为飞机系统开发的模型都被用于训练系统的设计、研制和寿命周期保障,以节省费用和确保训练器材与飞机的技术状态相匹配。JSF 训练系统研制遇到的挑战是:在基线费用和进度下,设计、研制和交付一种单一的训练系统,能满足跨军种训练原理的需求,同时保持各型别的独特性,并纳入国际通用性。9 个国家、13 个军种、3 个型别将采用同一套训练系统。

JSF 训练系统将包括驾驶员训练器和维修训练器。洛·马公司 JSF 训练系统项目经理 J. Puglisi 认为,训练系统的研制首先应考虑经济承受性,然后考虑驾驶员训练器材和维修训练器材、驾驶员课件和维修课件特性的差别。课件将全部由数据库驱动,因为训练系统不可能建造三种不同的课件,应尽可能具有通用性并且也使驾驶员和维修人员具有适用性。

因此,洛·马公司为 JSF 的三种型别设计了同一种训练系统。在洛·马公司的方案中,训练中心是所有 JSF 人员进行全部基础训练的地方。JSF 训练大纲中使用的课件是电子式的,并且研制嵌入式训练,供飞机使用中训练用。洛·马公司设想 JSF 训练中心具有两个主要要素:课堂训练单元和飞行/维修训练单元。课堂训练包括电子教室、计算机资源中心的先进仿真设施。飞行/维修训练单元提供在实际飞机上的实际操作训练。训练中心的最后输出将按照合格的飞行员、技师和僚机飞行员(wingmen)来度量。在 JSF 作战基地完成部队任务训练、继续训练和作战训练。

JSF 训练系统的具体内容分为 3 个部分。其中,80% 为针对 JSF 各子系统的"共同训练"内容,也称为"核心训练"内容;其余两部分分别为针对不同型号飞机的"机种训练"和针对不同军种特点的"军种特有训练"。通用训练的详细内容见图 7-18 和图 7-19。

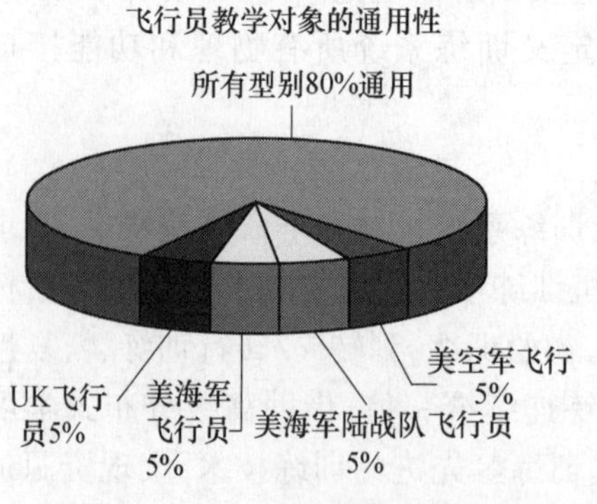

图 7-18　飞行员训练系统的通用性

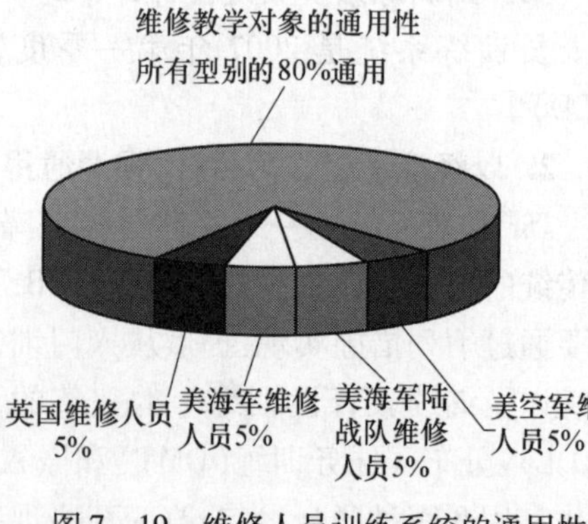

图 7-19　维修人员训练系统的通用性

图 7-20 反映出了 JSF 训练系统研制中的硬件/软件重复利用计划。JSF 训练系统的通用性在很大程度上体现为软件的通用性。例如,在 JSF 训练系统方

案中，“航空电子设备和系统维修训练器”采用了通用的核心 JSF 仿真软件，该仿真软件实现了“一次设计，多次重复使用”的目标。

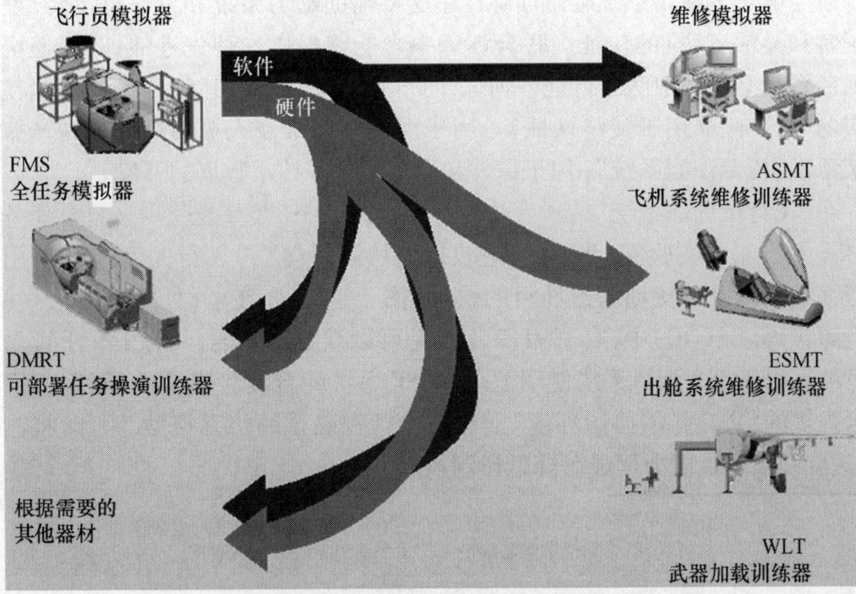

图 7－20　JSF 训练系统研制中的硬件/软件再使用计划

JSF 一体化训练中心和基地训练中心的航空电子设备和系统维修训练器用来支持 JSF 航空电子系统和任务系统、航空器系统及其相关“自主式保障”功能的初级训练和高级训练。它使用高保真的“武器系统训练器”座舱，以及基于“飞行大纲”和“使用与维修大纲”的通用仿真软件。“武器系统训练器”和“武器战术训练器”所使用的通用仿真软件也符合维修人员训练逼真度要求。

在 JSF 航空器、“预测与状态管理系统”（PHM）功能、“联合分布式信息系统”能力（包括维修人员可以访问的飞行前讲解、飞行后报告和维修规划功能等内容的仿真）等高保真建模与仿真中，将有 92% 以上的内容属于现有 JSF 资源的重用。在工程与制造研制阶段直接重用“飞行大纲”、“使用与维修大纲”和机组通用模型，显著地减少了开发高性能设备所需的时间、费用和研制风险。在整个项目期间，它还保证了项目的协调，并减少了寿命周期费用。这在 F－15E“飞机维修训练器”（AMT）项目中已得到验证。

航空电子设备和系统维修训练器将实际的交互式电子技术数据（IETD）和便携式维修辅助设备集成到虚拟现实维修环境中，以便以可承受的价格提供最高逼真度的系统级训练。这种针对维修人员的训练软件是与“预测与状态管理系统”试验和综合实验室联合开发的，并在 JSF 系统综合实验室内进行了验证。这就使航空电子设备和系统维修训练器能直接向维修人员引入逐渐成熟的“预测与状态管理系统”和“联合分布式信息系统”功能,使之成为机队及现场问题的“自主式响应机制”的组成部分。

航空电子设备和系统维修训练器还支持辅助动力系统和发动机运转(发动机正常和异常启动)的认证。联合训练中心能够提供这种先进的训练,但也可根据需要在基地和中队进行这种训练,而不必到联合训练中心,也不必大量使用真实的飞机(除非用于最终认证)。用于虚拟环境维修人员模拟的唯一产品数据来源是“资源访问系统”(用于课件和交互式电子技术数据的开发)。

在“飞行员训练系统”的所有软件中,大约有93%是重复使用来自全任务仿真、JSF系统集成实验室(JSIL)、“进攻作战协同环境”、“飞行大纲”和“使用与维修大纲”,以及传统训练器项目的软件(图7-21)。在全部可交付的2140.9千行源代码(KSLOC)中,有1991.9千行是可以重复使用的,只有149千行是新开发的。由于JSF训练系统使用了来自JSF系统综合实验室、“全任务仿真”和政府提供的“进攻作战协同环境”的经过验证和确认的仿真模型,因此,将在费用、进度和技术性能方面显著降低研制风险。

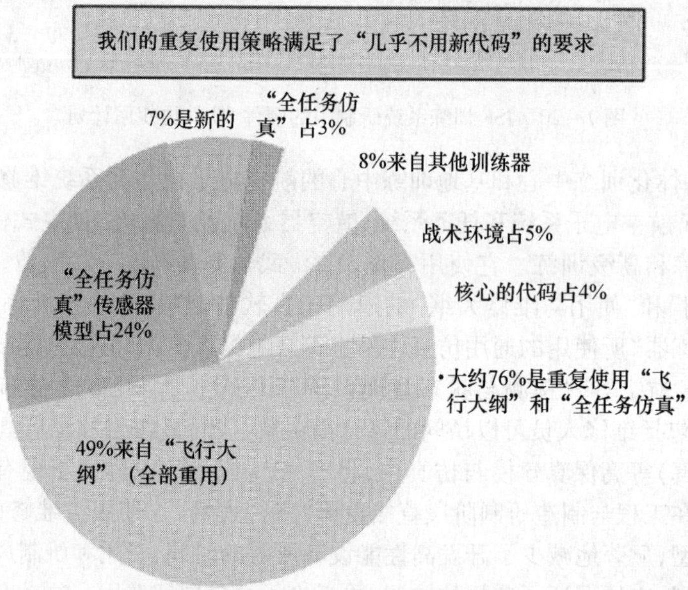

图7-21 飞行员训练系统源代码

为保持训练系统与航空器的同步,训练器材使用了为JSF航空器综合核心处理器开发的相同软件。用于飞机更新的“飞行大纲”软件可以直接用于更新训练器材,而无需开发或改进另外的软件。将飞机的“飞行大纲”应用于训练器材的做法,大大增强了飞机和训练系统保持同步的能力。波音公司在训练器与飞机的同步方面已经建立了一项跟踪记录，公司已经为美国空军遍布全球的F－22、F－15C FMT、F－15E“飞机维修训练器”、F－15C“合同训练仿真服务”和F－16“武器战术训练器”设备成功地保持了“飞行大纲”的同步性。

3. 训练原理的改变

训练技术的发展及在美新一代战斗机F－35(JSF)中的应用可能彻底改变五角大楼教育和训练驾驶员和维修人员的方式。JSF训练大纲采用一种新的途径，称为自主式保障的方法，即“在无需人为干预情况下开展后勤保障工作，就像人的呼吸系统一样”。在整个项目中，任何工作都采用电子方法联系，这样在一个地方建立的数据库可以在没有人为干预情况下和在所有时间内进行跟踪和检查。自主式保障系统是一种高度信息化的方案，通过该系统能够传递训练系统要求，进行基于Web的训练，发送信息并下载到系统中。

JSF项目的采办明确体现了“全系统、全寿命”思想。美国海军陆战队上校、联合攻击机项目办公室自主式保障主管Shaugnessy Reynolds说，“F－35项目将中心任务放在研制飞机系统，而非仅仅是飞机本身，飞机如何保障与飞机的气动性能同等重要。”整个飞机系统由飞机和自主式保障系统组成，而训练系统是其自主式保障系统的一个组成部分。

自主式保障是JSF项目提出的一个飞机保障新方案，主要内容是使与飞机有关的保障功能实现自动化。JSF自主式保障系统由5个部分组成：可靠的智能化的飞机、用技术武装的维修人员、一体化训练环境、智能信息系统、后勤保障基础设施。自主式保障方案中的维修人员拥有一组现代化的技术工具，使其能够以最经济有效和及时方式为飞机和后续的出动做准备。结合一种真正的“世界级”和现代化的训练环境，并通过采用新技术，维修技师的能力将大大得到增强。新技术的应用将使真正的交互式电子技术手册(IETM)、电子教室、训练持续/任务预演、嵌入式仿真、虚拟现实反馈工具、在线保障等得以实现。该工具集包括：

(1) 在开始工作之前，已掌握了飞机实际的完好状态情况；

(2) 适当及时的培训(预测允许时间，预先训练方法)；

(3) 在工作开始前，手上已掌握了所有必要的资料；

(4) 可实时获得交互式指导，以便按要求提供补充信息。

F－35飞机还将为维修人员提供一种嵌入式训练能力，为作战中队提供任务—工作预览能力。后者类似于飞行员任务预演，可能包括虚拟显示单元，便于技师在实际接触飞机之前就能进行预先演练。嵌入式训练能力旨在帮助在严酷的战场环境中工作的维修人员，向他们提供无法预料问题的相关文件和知识复习资料。

自主式保障系统与传统的保障系统的一个显著区别在于：维修保障系统的

启动时机不同。在现有的保障系统中，其机上有关状态监控和故障诊断的数据不能在飞机飞行中自动将数据传送给地面，只有等飞机着陆后，由机械师从机上下载，并与飞行员所做的飞行后报告情况进行综合分析后，才开始为下次任务订购所需的零备件、工具和设备，指派适当的维修人员进行维修和保养。而按照JSF的自主式保障方案，当飞机在空中飞行时，机上的预测和状态管理系统(PHM)就将检测到的飞机故障自动报告给地面的后勤保障系统，通知它准备好相应的备件、维修人员和维修设备等待飞机。

如果机上诊断系统报告了一个维修技师不熟悉的故障或故障指示，构成自主式保障系统组成部分的维修训练系统可以为维修技师提供一种在实际进行维修之前的维修预演。在维修技师进行维修预演时，备件订购工作也同时完成，结果在飞机返回之前，维修人员就已经既拥有必要的零部件，又具备完成故障隔离和修理异常系统所需的经验。这样，使飞机能够更快地以全任务能力状态投入下次任务。

两种保障系统的区别还有：传统保障系统中的测试能力(如BIT、PMA和ATE)只给出故障指示，但大部分的故障诊断分析工作要求维修人员来做。维修保障人员必须依靠来自飞机、驾驶员和飞行后报告系统等多种不同的信息源做出维修决策，如果平时对维修人员这方面的训练不够，就常常会导致不正确的维修活动。而自主式保障系统依靠机上预测和诊断系统的综合报告自动做出决策，大部分诊断工作已自动完成，航线机械师仅需完成最后的部件拆卸、更换等简单的维修工作，从而大大降低了航线维修人员的维修训练要求，最大程度地减少了不正确维修活动，并降低了保障响应要求。

JSF预计将具有很高的可靠性，飞机部件可能几年内都不会失效，那么维修技师就可能在比较长时间内无需对飞机系统进行维修。因此，他们需要熟悉维修程序。此外，维修训练的内容也相应发生变化，与过去教授维修人员如何查找系统中的故障不同，由于引入高性能PHM系统，因此JSF不太强调维修人员的诊断技能。但必须对维修人员正确使用自主式保障环境加以培训，JSF维修人员接受的是JSF的不同保障工具的训练。这种训练焦点的转变使一些高级技师感到担忧，他们不情愿看到传统的技能逐渐消退。但JSF主管强调，“我们不是寻找哑巴维修人员，我们寻找的是具有更广泛技能的人员。”

4. JSF训练系统作为基于性能的后勤(PBL)结构的一个有机组成部分

美国最新的防务采办文件DoDD 5000.1规定：为了最大限度地鼓励竞争、创新和具有最大的互用性，并在利用民用技术降低费用方面具有更大的灵活性，采办经理应在可行的情况下，在产品和服务的采办和持续保障中考虑并采用以性能为基础的策略。当采用基于性能的采办策略时，应按照性能术语陈述合同要求，而军用规范和标准仅限于在政府特有要求方面的应用。采办经理应根据在产品的整个寿命周期内最有效地保障基于性能的策略的贯彻的各种因素做出技术状态管理的决策。

JSF 项目全面贯彻了 DoDD5000.1 的要求，首次采用了性能规范（PBS），PBS 的核心是只关心结果及性能，而不干涉承包商满足该性能的手段和方法。为在这种新的 PBS 环境下运行，联合项目办公室（JPO）于 1996 年 12 月成立了一个 PBS 工作组来制定 JSF 型号规范。该小组由来自 JPO、波音、洛·马的代表组成，成员都具有较强的系统工程背景（特别是在要求制定方面）。型号规范有意将重点放在关系项目成败的关键性能要求上，并且只包括联合使用要求文件（JORD）中的最低性能要求。当然，JORD 中还包括了希望达到的“目标”，当承包商按此要求设计时会享有更大的竞争优势。

根据上述原则，作为合同规范基础的 JSF 型号规范的目标是只提出 150～200 项要求。与此形成鲜明对比的是，F/A－18E/F 项目包含 16000 多项合同要求，F－22 项目包含 6000 多项合同要求。JSF 型号规范是对所有承包商通用的，即对每个竞争者都是相同的，如图 7－22 所示，并且在方案验证阶段 JSF 型号规范的研制经费是由政府支付的。

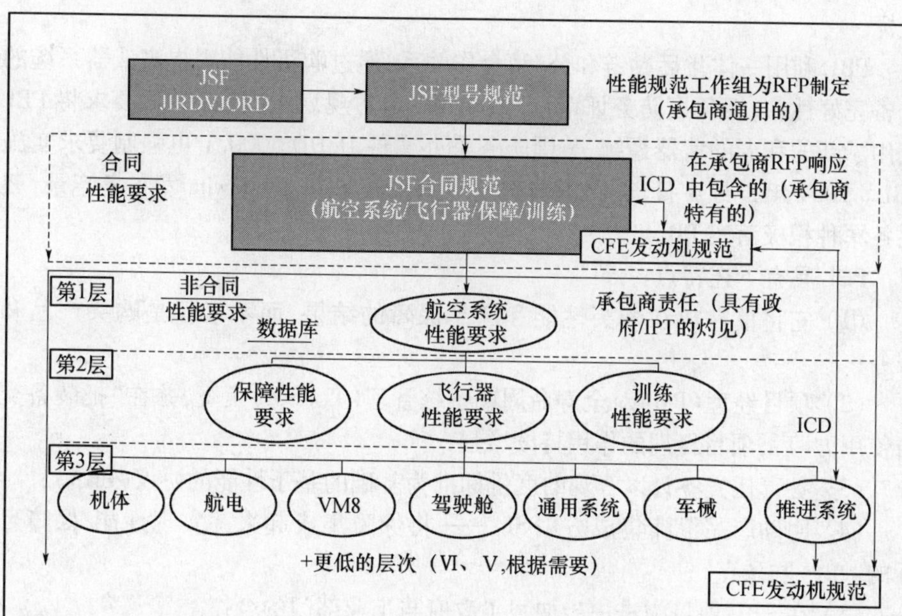

图 7－22　JSF 项目制定了一个性能规范树

每个承包商都要根据自己的设计制定一份“JSF 合同规范”，借此体现型号规范的所有要求。当然，如果觉得对自己竞争有利，承包商也可以自由签约满足额外的要求。根据项目建议书的要求，合同规范还应包含确保型号要求得到满足的验证计划。

如图7－22所示,以往项目合同中的所有低层次规范现在都成了非合同性条款。为了将这些要求分配到构成航空系统的各种产品领域中,所有这些低层次的规范仍需要按照传统项目的模式进行研制,但不同之处是它们现在已经不再属于合同的内容,承包商可以自主地进行设计变更。这样,比如说承包商在不考虑性能与经济承受性的前提下,就可通过对结构与航空电子系统的权衡实现整个系统最优化。

这种灵活性实际上增加了承包商的工作难度,因为他们必须最大限度地发挥其创新精神并采用最佳的实践措施。另外,这种灵活性也意味着仅在合同规范以下的层次进行具体的设计变更时,并不需要变更合同,因此也不需要牵涉合同与法律人员,这是降低费用和缩短研制周期的关键所在。图7－22的方框中概述了对型号规范和合同规范的定义。

基于性能的后勤(PBL)是国防部首选的产品保障策略,它将保障作为一个经济可承受的一体化性能包来购买,以便使系统的战备完好性达到最优。它通过以权、责界线清晰的长期性能协议为基础的保障结构来实现武器系统的性能目标。

PBL利用一体化后勤链和公/私合作关系,通过购买性能来提高武器系统的战备完好性。《四年度防务评审》(QDR)和《国防规划指南》(DPG)要求将PBL应用于新的和老的武器系统,美国防务采办文件DoDD 5000.1也强制要求实施PBL。2004年3月4日,美国国防部常务副部长Paul Wolfowitz发布备忘录,敦促各军种积极落实PBL。

PBL具有下述特点:

(1) 它将重点放在购买性能和产品保障的结果,而不仅仅是购买产品和服务;

(2) 项目经理(PM)对全寿命周期系统管理(TLCSM)负责,并在“把装备交给使用方”后,项目经理的作用持续增强;

(3) 各责任方签订以客观的度量标准为基础的基于性能的协议(PBA);

(4) 明确产品保障集成方(PSI)——将保障集成起来并实现性能/保障目标的“单一联系点”;

(5) 在PBL项目中进一步加强了政府与工业部门的合作。

JSF是美国第一个全面应用PBL的武器系统。洛·马公司正在与JSF项目办公室合作,为所有F－35 JSF飞机研制一个集中管理的最优自主式保障(AL)系统,JSF AL系统采用PBL结构,训练系统作为该系统的一个重要组成部分。

PBL首先体现在:签署能力合同,如在JSF合同中规定的8个关键性能参数中有3个属于AL方面的要求,训练构成其中每项要求的一部分,即:

(1) 后勤保障规模:部署训练器的规模;

(2) 出动架次率:合格的飞行员和维修人员;

(3) 任务可靠性:合格的飞行员和维修人员。

PBL 还体现在签署保障集成合同方面。PBL 项目的挑战之一是协调武器平台的保障和持续保障提供方式从政府建制方式向伙伴关系的转变。PBL 保障策略将系统保障的职责集中赋予一个或多个产品保障集成方(PSI)那里,由他们管理公、私保障来源,实现经过协商的性能输出目标。如图 7-23 所示,由洛·马公司作为产品保障集成方,在政府与工业界之间建立一种合作伙伴协议。

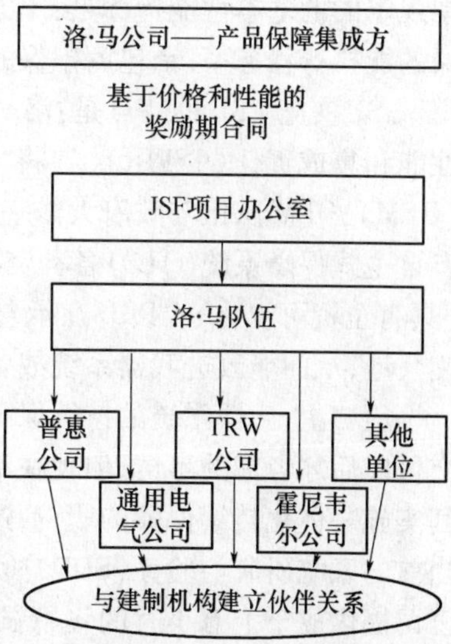

图 7-23　产品保障集成业务模型方案

项目经理(PM)或他们的产品保障经理(PSM)在保持全寿命周期系统管理(TLCSM)职责的同时,可以将某些级别的系统保障职责委派给系统、分系统或者部件级的产品保障集成方(PSI)。PBL 的保障源决策既不偏爱建制(政府)提供方也不偏爱商业提供方。该决策以最佳值的确定结果为基础,通过 PBL 工作案例分析(BCA)来证明,评价公有与私营能力、基础设施、技能基础、过去的业绩(表现)以及得到证明的能力的最佳组合,从而满足规定的性能目标。

简单地说,PBL 使国防部的保障策略从对具体的备件、修理件、工具和数据层次的基于交易的采购,转变为采购"能力",如系统可用度。这是一个根本性的、重大的转变,因为它将产品保障决策的责任和风险转移给了产品保障集成方(PSI)。

项目经理(PM)只是告诉提供方他们"想要什么",而不是告诉提供方"怎么做"。F-35 项目是美国国防部将基于性能的后勤(PBL)全面综合到重大武器系统采办中的一次大胆尝试。训练系统作为一个后勤保障要素,也是基于性能的后勤的一部分。洛·马公司就是 JSF 项目办公室委托的产品保障集成商,按照与军方签署的长达 10 年、价值 7.5 亿美元的合同,洛·马公司信息系统部负责管理、设计、研制、交付飞行员和维修一体化训练系统。

F-35 JSF 项目是美国国防部 6 个 PBL 策略的试验项目之一。主承包商(洛·马公司)与美国政府(军方)签署的 PBL 主合同是持续保障方面的保障与训练单一合同。JSF 的最终状态就是由 JSF 主承包商洛·马公司向军方交付其担保的JSF总体性能,政府则允诺与洛·马公司保持长期合同关系。PBL合同中规定的的基本性能指标是:军方按每飞行小时付费给承包商以获得承包商担保的能执行任务率;承包商担保的训练系统可用度(如99%)。

JSF实施PBL的特点是:洛·马公司作为产品保障集成方,即承担系统总体性能和集成责任(TSPIR),它将PBL子合同进一步下放给各原始设备承包商(OEM);OEM队伍与政府大修基地遵守TITLE 10规定(50:50);洛·马队伍拥有自主式保障系统(ALS)各种资源;提供客户保障服务;实施一体化供应链管理(具有全资可视化)。PBL在承包商如何为设备提供保障方面赋予其更多的回旋余地,从而能改进武器系统战备完好性,降低其总拥有费用。

历史上,武器系统的持续保障(包括训练系统的研制)一直被视为武器系统交付以后才考虑的事情,但现在洛·马公司从F-35项目的一开始就承担了对其实施一体化持续保障的职责,这对其为客户提供所需创造了巨大的机遇。在当前的系统研制与验证(SDD)阶段将预生产15架F-35,这些飞机将为洛·马公司提供成千上万小时的飞行试验数据和实际故障率、MTBF和服务时间间隔数据。

通过这些飞机的飞行试验将能证明预测系统是否可信,其结果将被用于开始为F-35机队建立PBL数据库。在SDD阶段,安装在F-35飞机上的大约300个传感器将为每次任务收集30亿~50亿字节数据。此外,洛·马公司及其合作伙伴已在实验室中投入巨资,用于对新部件进行试验与评价及建立能利用数据预计零件性能的解析模型。

据洛·马公司的消息,当前,JSF项目初始小批量生产(LRIP)第1阶段进度要求到2009年交付5架常规起飞和着陆型F-35飞机。交付时,航空电子和流体力学部件供应商应当是已经工作在一种PBL环境中,为飞机上他们所提供的系统提供保障。LRIP第2阶段将集中于短距起飞和垂直着陆型F-35飞机。到LRIP的第4阶段,F-35的一级供应商都将在PBL方式下工作。到2016年F-35达到批量生产时,空军、海军和海军陆战队以及包括英国、荷兰、土耳其、意大利、加拿大和其他国家的买主在内,整个F-35项目都将在全面的PBL环境中运转。

洛·马公司及各级供应商都将对满足F-35机队可用性要求和以经济可承受方式保持飞机在服役期的维修和持续作战能力负责。PBL计划要求洛·马公司拥有所有备件,向政府出租这些备件。此外,PBL将包括与政府大修基地建立伙伴关系。洛·马公司的目标就是压低持续保障成本,减少供应链成本。PBL标志着军种保障和维持其飞机的方式的一个重大转变。

JSF项目官员称,与现有战斗机相比,PBL将提高飞机的可靠性,并显著降低费用。PBL将对供应商产生激励,鼓励他们将更高的可靠性建造到其产品中。

例如,代替当前承包商修理零件,由政府支付报酬的过程,在 PBL 环境下,承包商将自己出钱修理该零件,引入升级以改进零件的可靠性,然后将零件送回供应。

采用 PBL 后,供应商将不希望 F-35 上他们的设备出任何问题,因为他们不想为修理这些设备支付费用。其利润将来自于提供高可靠、可预计的部件,便于军方摆脱干扰作战效能的定期维修。PBL 的主要目标是为美国军方提供更高水平的后勤效率,对战备完好性提供单一责任点。PBL 隐含的能力包括:简化基础设施;实现供应链网络管理;提供性能稳定可靠的信息系统;实现真正的全资可视化;实现系统协同与次优化;实现应急作战的灵活性;保证在提供武器系统的同时提供完整的训练系统。JSF AL 利用简化的业务途径结合可靠的飞机设计,产生一体化的保障和训练包,确保获得一种经济可承受的和费用有效的系统。据估计,PBL 可以使 F-35 的寿命周期费用比它将取代的 F/A-18 和 F-16 等现役飞机减少 20%。

伊顿(Eaton)公司、施密斯工业公司和古德里奇公司以及其他 30 家第一级供应商已与产品集成方洛·马公司签约,随着项目的推进,他们正在开发一种商业途径。为了帮助洛·马公司在 F-35 上实施 PBL,伊顿公司和施密斯工业公司在 LRIP 的第 1 阶段将对该项目进行试验。在洛·马公司及其合作伙伴诺斯洛普·格鲁门公司和 BAE 系统公司都将面临使 PBL 有效应用于 F-35 的机身和系统中的挑战的同时,GE 飞机发动机公司将在实现 F-35 发动机的 PBL 倡议中发挥关键作用。F136 发动机项目正在建立一种与洛·马公司同步实施 PBL 的方法。

7.5 启示和建议

7.5.1 利用信息技术推动我军军事训练变革,实现"训练如作战,作战如训练"

进入 21 世纪后,美军着眼于战争的发展和任务的需求,正在积极掀起以"全面联合"为主要标志的第三次训练转型。训练转型是当前美军全面军事转型的重要组成部分。美军在《国防部训练转型实施计划》中明确提出,要通过发展和运用"联合知识培养与分发能力"、"联合国家训练能力"和"联合评估与赋能能力来实现训练转型"。这三种联合能力是美军推进训练转型的核心内容和基本目标。

美军正在借助现代信息技术的最新成果,开发应用高级分布式学习、分布式任务训练和嵌入式仿真训练等先进的仿真训练技术,推动实现上述三种能力。

比如，联合知识培养与分发能力，主要解决美军各级军官、士兵和国防部文职人员的个体培养和训练问题，目的是通过以知识为基础、以网络为中心对个体进行全程培养训练，强化他们对联合知识、联合技能和联合战法的熟练掌握，形成本能地从联合作战角度考虑问题的思维能力。

为此，美军采取了四项作法，其中第二项就是联合分布式学习计划，充分利用国防部和各军兵种现有的教育训练资源，以信息技术为手段，以网络系统为中心，创造出一个互通的分布式学习训练环境，使任何人员在任何时间和地点（包括跨军种、跨部门、跨政府和跨国界）都能够接受联合教育训练。再如，联合国家训练能力，主要解决各级各类单位进行集体训练的问题。为此，美军提出了获得此种能力的五项发展计划，其中第四项发展计划就是重大防务采办项目嵌入式训练计划。

另一方面，随着社会文明的不断发展，人类对运用暴力手段的控制越来越严，军队也越来越只能通过在和平环境中的军事训练来掌握和提高打赢下一场战争的能力。在近年爆发的几场局部战争中，美军以很低的伤亡代价连战连捷，除了占有武器装备上的优势外，一个非常重要的原因，就是平时具有较高的训练水平。美军的训练口号是：像作战一样训练，像训练一样作战。当军队能够像作战一样训练时，这种训练才是真正高水平的训练，才是对赢得战争真正有意义的训练。

贴近实战的训练，是部队在和平环境下体验作战经历、发现存在问题、提高作战能力的主要途径。而实现贴近实战的训练的一个必要条件是：借助现代信息技术等高新技术，为部队开发创新、科学的训练手段，提供先进的训练和训练保障技术、器材和设施，提高战士综合素质。信息技术正在军事建模和仿真中发挥越来越大的作用，并且使训练仿真更加真实和实用。例如，美军在分布式任务训练（DMT）计划方面投入了成千上万美元的经费，开发网络仿真技术。这些计划使得飞行员能够在相距遥远的地方，使用不同的仿真器在相同的虚拟环境下进行训练。此外，嵌入式训练技术使作战人员在作战平台上实施模拟训练，从而使训练任务更接近实际的作战情况。

美军在 F-35 JSF 飞机的“飞行员训练系统”中，采用了高度逼真的 JSF 航空器、系统和子系统，以及所处作战环境的虚拟表达。JSF 飞行员的虚拟环境将包括一套 360°的、由高分辨率计算机生成的、能够支持白天、夜间和不利天气条件、如临其境的虚拟场景。计算机生成的图像还包括一种真实的和全相关的传感器数据库，它支持在最佳和最不利条件下各种 JSF 传感器和武器的使用。视觉生成和投影将能够实现在正常编队飞行和处于 18,000 英尺战术位置时的高分辨率目标定位能力。该一体化虚拟环境适用于初始过渡训练、多机日夜连续训练（2 机和 4 机战术）、本地课程的升级训练（如 2 机和 4 机领飞升级以及多机

(8 机或更多)长程任务指挥官升级)。

美军非常重视用逼真的战场环境训练部队,将其视为提高训练质量的必要条件。为营造近似实战的作战环境,美军借助建模仿真、虚拟现实、计算机网络等信息技术采取了两项措施:一是建设假想敌部队;二是建设近似各种可能战场自然地理环境的训练场所。多年的实践表明,使用假想敌进行对抗训练,把带着敌情练兵改变为与"敌人"一起练兵,不仅可达到实战练兵的目的,而且还可检验部队训练效果,为建设 21 世纪部队提供依据和样板。

长期以来,美军特别重视对可能执行作战任务的地区(如中东、东北亚等)的类比训练,专门设立了许多供部队适应特殊作战环境和进行特种作战训练的训练基地或训练中心。此外,近年来,美军还利用高科技类比各种作战地形、战斗环境,使受训者犹如置身于现实战场,既节省场地、器材和经费,又使训练针对性大大加强,训练质量进一步提高。

当前我军训练存在的最大问题,就是未能真正像作战一样训练,训练与实战的要求仍有很大差距。训练目的上的练为看而不是练为战,训练内容上程式化、简单化,训练方式上重形式、走过场,训练考核上低难度、低标准等,仍在部队中不同程度地存在。

部队几乎没有在近似实战的环境中训练的经历,不可能真正形成整体的作战能力。合成和联合训练是部队形成战斗力最关键的训练环节,也是最贴近实战的环节,而这个环节训练的质量和效果却往往最差。之所以出现这些问题,除了在训练指导上没有真正确立起按照实战标准严格训练的思想和观念外,缺少先进的训练和训练保障手段也是一个不可忽视的重要原因。特别是在强调联合训练的新形势下,开发联合训练技术支撑平台是支持部队实现"训练如作战"的联合训练的关键所在。

7.5.2 改革新装备训练系统开发和保障方式,确保主装备和训练系统保持同步

历史上,武器系统的持续保障(包括训练系统的研制)一直被视为武器系统交付以后才考虑的事情,但现在美英等发达国家的武器装备训练和训练保障系统都是在装备研制一开始就从全系统全寿命出发,利用系统工程和并行工程方法,与武器装备本身同时加以考虑,保证主装备与训练系统同步部署。而且未来当主装备能力要求或技术水平发生变化后,其训练系统也应随同主装备同时实施改进,以便不会影响实际作战能力。

美军的上述做法也是吸取了以往的经验教训。结合到 A-10 飞机上的新型导向目标吊舱就是一个典型的反面实例。在"持久自由"作战开始后,美空军很快就给该机装上了导向目标吊舱并投入作战使用。但是由于 A-10 的训练

器并没有添加该项能力,飞行员也没有接受过相应的训练,结果是飞行员不能正确利用该设备,造成功能闲置。

以下是美军在武器系统采办中,为确保主装备与训练系统保持同步所遵循的几项原则,可供我军借鉴。

(1) 综合产品和过程研制(IPPD)。项目经理(PM)在整个武器装备发展过程中,应在最大现实可能的范围内采用综合产品与过程研制(IPPD)方案。IPPD是一种管理技术,它综合了从要求定义到生产、部署和使用保障的所有采办活动,以便优化设计、制造、商务和保障性过程。IPPD实施的核心是综合产品组(IPT)。

(2) 全系统方法。PM应以使系统总体性能最优,并最大程度降低寿命周期费用,同时对缩短采办周期给予最大程度的注意为出发点,全面考虑系统保障的各个方面,包括:后勤规划、人力、人员和训练,人—环、安全性、职业健康(ESOH)、可达性、生存性和保密因素,以及频谱管理和作战电磁环境。采办项目经理应用系统工程解决设备与人的问题,以提高其成功概率。

(3) 训练作为一个系统。应将各种类型的军事训练作为一个完整的训练系统中彼此相关的部分考虑。当做出重点关注系统的某一部分的决定时,应考虑该部分对系统的其他部分可能造成的影响。例如,对部队训练的影响应作为院校训练决策中的一个关键的考虑因素。

注:本书所提及的训练系统包括系统训练所需的所有必要的后勤保障要素,如课件、教室辅助设备、训练模拟器和器材、使用设备、嵌入式训练能力,以及系统的使用、维修和保障人员等。

(4) 确保训练系统的采办/改进改型与主装备具有同样的优先权。在主装备的整个寿命周期中应保障训练系统与主装备的一致研制和同步性要求。所谓同步性,是指在训练需求日准备好训练条件,并且训练系统及其保障设备和材料的功能和使用与其所支持的主装备必须匹配。此外,如果对主装备进行改进改型或升级,必须同时为其训练系统的改进改型投资。如果没有充足的资金来改进主装备和训练系统,则不应只对主装备进行改进。

(5) 人—系统综合。人—系统综合(HSI)是将人素工程、人力、人员、训练和职业健康有效综合到主任务系统的采办中,通过重视人的能力和局限性,改进系统总体性能和降低成本。应当将训练系统开发作为HSI计划的一个组成部分。在采办过程早期,PM就应当将HSI项目作为系统工程过程的一部分而提出和落实,以综合人力、人员、训练、人素、职业健康和生存性等人的因素。应采用训练系统计划(STP)中概述的训练大纲要求进行HSI分析以及考虑系统设计决策。对于新系统,PM必须决定STP是独立的,是作为HSI文件中的一部分,还是作为单一采办管理计划(SAMP)的一部分。

要真正实现训练系统与其主装备的同步,保证我军通用装备成建制成系统形成作战能力和保障能力,还需要建立健全与训练变革配套的法规制度,对训练系统的研制加以规范和约束。

7.5.3 促进训练体制变革,努力实现一体化训练的高效益

早些年的联合作战,诸军兵种在联合指挥机构统一指挥下,围绕共同目标和统一的作战计划,实施陆、海、空立体化的作战行动。虽然诸军兵种实现了在立体战场上的相互支援配合,但是受技术手段和编制结构等方面的影响,它们各自的作战体系、作战行动仍然是相对独立的,信息资源难以达成实时共享,作战过程主要依靠预先制定的计划,严格按照规定的时间、空间和顺序展开,表现出明显的阶段性。近几年来,联合作战经历了一个由松散向紧密、由低级到高级的发展过程。参战诸军兵种间的相互关系,逐步从行动中互不冲突演变为能力上融合一体。我军要实现诸军兵种作战能力的高度融合,需要在理顺训练体制、创新训练内容、整合训练资源、强化训练法制等多方面开展更深入的工作。

(1) 理顺训练体制,优化训练机制。首先,理顺高级司令机关的编制结构及职能,妥善解决因战略、战役训练与战术、技术、共同、临战训练分别由不同业务部门主管,从而造成各管一段、计划单列、合力不足的问题,齐心协力地抓好情报信息收集融合训练、作战体系综合集成训练和一体化联合作战演练;其次,优化诸军兵种联合训练机制,稳妥解决因陆、海、空军和第二炮兵训练自成体系、纵向领导、条块管理,而造成的一体化联合训练难以总体筹划、统一指导、联合组织的问题,促使诸军兵种指挥系统集成训练、一体化联合作战演练在战略、战役、战术和技术训练层次都能全面落实;再次,完善训练保障体系,逐步解决因各大单位(系统)垂直保障、自我经营,而造成的训练资源分散、保障效益低下的问题,促使训练保障建立在横向一体、联合保障和资源开放、集约高效的基础之上。

(2) 创新训练内容,拓展训练方法。在训练内容上,应重点研究联合作战、特种作战、反恐怖作战理论,非接触、非线性、非对称作战理论,舆论战、心理战、法律战理论以及非传统安全威胁、非战争行动和太空军事竞争理论;突出演练主要方向、热点地区以及特定条件下的各种作战行动,使训练内容紧贴军事斗争任务;认真梳理近年来全军战法与训法改革成果,借鉴外军训练内容改革的有益做法,使新的训练内容更有利于提高我军一体化作战能力。

在训练方法上,应大力提高基地化、模拟化、网络化训练的信息化程度,力求使基地建设数字化、模拟系统一体化、网络训练普及化;注重研究高级分布式学习、分布式任务训练和嵌入式训练等新技术在训练中的运用,在高级司令机关、指挥院校、科研单位和大型训练基地,建立战略、战役、战术和技术仿真实验室,实现作战模拟与首长机关、部队演练的紧密结合;构建联合训练技术支撑平台,

实现联合作战与联合训练的无缝链接，保证训练在近似作战的环境与条件下顺利展开。

(3) 整合训练资源，营造训练环境。一方面，下大力开发新的资源，引进和利用信息技术、网络技术、传感技术、数据处理技术和多媒体技术等高新科技，加速我军训练资源更新换代的步伐，使训练环境符合一体化联合作战与训练的新要求；另一方面，努力盘活现有资源，实行“开放共享”的集约化保障，走军队自我保障与依托社会化保障并举之路，为训练变革营造更加有利的发展环境。

(4) 强化训练法制，严格训练秩序。首先，建立健全与训练变革配套的法规制度，尽快制定颁发一体化联合训练法规及配套的专项法规，细化训练奖罚制度，为训练变革提供法制保证。其次，加大训练变革中的执法力度，首长机关率先垂范，建立监督训练执法制度，纠正权大于法的现象。再次，应强调对训练变革效果的监察，首长机关必须充分发挥监察的“杠杆”作用，严格依法组织实施训练考核与验收，准确评定训练成绩，实事求是地评估训练变革效果。

7.5.4 试验与训练靶场一体化是提高经济承受性的一条有效途径

美国国防部正在开发一种试验与训练领域的通用体系结构——试验与训练使能体系结构(TENA)，其目的是能以快速、高效益的方式实现用于试验和训练的靶场、设施和仿真之间的互操作，促进这些资源的重用和再组合。TENA 提供一种机制，将试验场、训练场、实验室和各种建模与仿真资产联结起来，实现彼此间的互操作。TENA 对于实现基于仿真的采办(SBA)以及网络中心战(NCW)环境下的试验和训练具有重要的促进作用。

TENA 通过使用“逻辑靶场”的概念来促进试验和训练的集成，促进基于仿真的采办(SBA)的落实，支持美军的《2020 年联合设想》(JV2020)。一个逻辑靶场将分布在许多设施中的试验、训练、仿真、高性能的计算技术集成起来，并采用公共的体系结构将它们连接在一起互操作。在一个逻辑靶场中，真实的军事装备及其他模拟的武器和兵力之间能彼此交互，无论它们存在于世界上什么地方。

伴随着我军向信息化迈进进程的加快，我军试验与训练界将面临越来越大的挑战。其中，军事训练和训练保障的经济承受性就是挑战之一。TENA 的思想对于解决我国试验、训练界所将面临的经济承受性挑战、促进综合试验/训练水平的提高应该具有重要的借鉴意义；同时，由于 TENA 充分借鉴了建模与仿真高层体系结构(HLA)的诸多优点，而且 HLA 本身也可应用于试验与训练领域，能将分布在各地的构造的、虚拟的和真实的(CVL)仿真集成起来实现互操作，因此 TENA 的思想应该可以基于 HLA 并通过扩展加以实现，从而更好地促进我国试验与训练界各种资源的互操作、重用和可组合。然而，为了使 TENA 完全为国内试验与训练界所用，必须自主开发 TENA 所定义的公共基础设施及其产品线所定义的核心软件产品。

参考文献

[1] 樊世友，朱元昌. 嵌入式仿真研究. 计算机仿真. 2005,22(12).

[2] 孙柏林. 在转型中大显神通的嵌入式仿真训练系统. 计算机仿真,2005(1).

[3] 薛依群. 现代军事评论：从“互不冲突”到“融合一体”. 解放军报,2005,8.

[4] 孙晓波，唐保东. 美军实施自越南战争结束以来第三次训练改革. 解放军报,2004,8(25).

[5] 冯润明，王国玉，黄柯棣. 试验与训练使能体系结构(TENA)研究. 系统仿真学报,2004,10.

[6] 宋太亮，等. 装备综合保障实施指南. 北京：国防工业出版社,2004.

[7] 徐根初. 面向信息时代 推进训练变革. 解放军报,2004 年 3 月 16 日.

[8] 支俊编译. 嵌入式训练系统. 网上资料.

[9] 转型中的外军部队训练内容改革透析. 网上资料.

[10] 余胜泉. SCORM：E－Learning 的国际技术标准. 中国远程教育网.

[11] 吴 波. 支撑美军联合训练的三大技术平台. 网上资料.

[12] Department of Defense Training Transformation Implementation Plan. Office of The Under Secretary of Defense for Personnel and Readiness. FY2006 - FY2011. Feb. 23,2006.

[13] Department of Defense Training Transformation Implementation Plan. Office of The Under Secretary of Defense for Personnel and Readiness. June 9,2004.

[14] Dr Paul W Mayberry. Training: Transformation in action. MT&SN Vol. 6 Issue 1 - Jan. 2004.

[15] F - 35 Joint Strike Fighter Year In Review - 2005. http://www. Lockheed Martin. com/.

[16] JSF Training System Briefing to Industry #6. June 8 - 10, 2005. http://www. Lockheed Martin. com/.

[17] JSF Training System Briefing to Industry #5. August 4, 2004. http://www. Lockheed Martin. com/.

[18] DoDD 5000. 1 The Defense Acquisition System. May 12, 2003.

[19] Robert Wall. JSF Set to Redefine Training Philosophy. Aviation Week & Space Technology. August 19,2002.

[20] Joint Strike Fighter (JSF) System Training Plan (STP)(Draft). Oct. 1,2001.

[21] Innovation Simulation Architecture Linked to Reduced Training Costs for Lockheed Martin JSF. 洛克希德·马丁公司网站新闻. 2003 - 09 - 16.

[22] DoDD1322. 18 Military Training. September 3,2004.

[23] DoDI 1322. 26 Development, Management and Delivery of Distributed Learning. June 16,2006.

[24] DoDD 1322. 18 Military Training. January 9,1987.

[25] DoD Directive 1430. 13, Training Simulators and Devices, August 22, 1986.

[26] MIL - STD - 1379D Military Training Programs.

[27] MIL - HDBK - 29612 - 5. Part 5. Advanced Distributed Learning(ADL) Products and Systems. August 31, 2001.

[28] AFPD 36 - 22, Personnel, Air Force Military Training. March 22,2004.

[29] AFI 36 - 2251, Personnel, Management of Air Force Training Systems. Mar. 20,2003.

[30] AFI 36 - 2201 Vol. 1, Air Force Training Program, Training development, delivery and evaluation. Oct. 1, 2002.

[31] AFI 36 - 2201 Vol. 4, Personnel, Air Force Training Program. Managing Advanced Distributed Learning (ADL). Oct. 23, 2002.

[32] AFI 11 - 2F - 16, Vol. 1. Flying Operations. F - 16—Aircrew Training. May 1, 1998.

[33] AFI 11 - 2F - 15, Vol. 1, Flying Operations. F - 15—Aircrew Training. Oct. 16, 2002.

[34] Air Force Pamphlet 36 - 2211, Personnel, Guide for Management of Air Force Training Systems. Nov. 1, 1994.

[35] S. I. Erwin. E - Learning Sector Regroups After Years of Uncertainty. National Defence Magzine. Nov. 2002.

[36] Michael A. Dornheim. Distributed Simulation Shows Future Path. Aviation Week & Space Technologies. Dec. 2, 2001.

[37] The Air Force Advanced Distributed Learning(ADL) Vision(Draft). July 6, 2001.

[38] R. Tiron. Commander Fears "Simulation Atrophy". National Defence Magzine. Feb. 2002. Tim Ripley. Distributed Mission Training. Global Defence Review. 2000.

[39] T. N. Chandler. Navy Aviation Maintenance Intelligent Free - Play Troubleshooting Simulations: Capturing the Aviation Maintenance Decision Process. 2000 IEEE.

[40] Department of Defense Implementation Plan for Advanced Distributed Learning. Office of the Deputy Under Secretary of Defense (Readiness). 2000(5).

[41] Embedded Training Technologies. Lochheed Martin Advanced Technologies Laboratories. http://www. atl. external. lmco. com/overview/technology/ET. html.

[42] Duncan, J. C.; Feterle, L. C. How personal computer - based training is revolutionizing aviation education. NAECON 2000. Page(s): 415 - 420.

[43] Duncan J C, Feterle, L C. The use of personal computer - based aviation training devices to teach aircrew decision making, teamwork, and resource management. NAECON 2000Page(s): 421 - 426.

[44] Department of Defense Implementation Plan for Advanced Distributed Learning. Office of the Deputy Under Secretary of Defense (Readiness). May 19, 2000.

[45] Robert G Struth. Systems Engineering And The Joint Strike Fighter: The Flagshi PProgram For Acquisition Reform - U. S. defense policy. Acquisition Review Quarterly, Summer, 2000.

[46] DoD Strategic Plan for Advanced Distributed Learning. Report to the 106th Congress. Office of the Under Secretary of Defense for Personnel and Readiness. April 30, 1999.

[47] K A Seaman. Improving F - 15C Air Combat Training with Distributed Mission Training(DMT) Advanced Simulation. Air University. AU/ACSC/183/1999 - 04. April 1999.

[48] Distributed Mission Training. http://www. boeing. com/

[49] Amanda O'Shea, Catherine Cook. Dynamic Training Feedback: A Test - Bed for Naval Training. Human Computer Interaction Interact 99, IFI PTC, 13. International Conference on Human - Computer Interaction. 1999.

[50] D Krecker, P Bilazarian, An Advanced Embedded Training System(AETS) for Tactical Team Training. Fourth International Conference on Intelligent Tutoring Systems, September 1998.

[51] W Zachary, P Bilazaarian, etc. Advanced Embedded Training Concepts for Shipboard Systems. Proceedings of the 19th annual meeting of the Interservice/Industry Training, Simulation, and Education Conference (pp. 670 - 679). Washington, DC, 1997.

[52] Embedded Training Technologies. Lochheed Martin Advanced Technologies Laboratories. http://www. atl. external. lmco. com/overview/technology/ET. html.

第8章　预测与健康管理技术

8.1　预测与健康管理的基本概念及演变过程

8.1.1　预测与健康管理的内涵

预测与健康管理(Prognostics and Health Management ,PHM)的定义是预测未来一段时间内系统失效可能性以及采取适当维修措施的能力,是一种通过综合分布于产品各组成部分的数据、信息和知识而获得的一种能力。PHM 系统由原始数据、诊断、预测和健康管理几部分构成。原始数据包括来自传感器(或BIT)的数据以及维修和失效历史数据;诊断是指确定部件或系统完成其功能的状态或能力;所谓预测,即预计性诊断部件或系统完成其功能的状态,包括确定部件的残余使用寿命或正常工作的时间长度;所谓健康管理,是根据诊断/预测信息、可用资源和使用需求对维修活动做出适当决策的能力。

PHM 是对传统上使用的机内测试(BIT)和状态监控能力的进一步拓展,重点是利用各种传感器的集成,并借助各种算法和智能模型来监控、诊断、预测和管理武器装备的状态。它是在武器装备中集成和应用先进的软件、传感器、智能算法、数字通信、系统集成等技术,来实现对装备智能化的、系统级的健康评估和控制、信息和决策管理。PHM 是一揽子技术,涵盖了感应、解释、预计、修正和优化既定物理系统健康状况的任何方法。

当前,不同的组织使用不同的术语(如 HUMS、IVHM、ISHM、AHM 等)来描述其基本相同的功能,目的是为装备使用人员及任务执行者提供信息和辅助使用与维修决策,以避免一些不可预料的危险事故,提供敏捷、精确和经济的持续保障能力。我们将这类技术通称为 PHM 技术。

8.1.2　预测与健康管理的功能和作用

PHM 的功能是根据当前的设备状态和使用环境,评估设备或系统处于何种健康状态,当设备或系统出现性能下降时,判断是由何种原因引起的性能下降,分析其故障模式,评价偏离正常状态的程度,预测设备或系统未来一段时间的健康状态,评估其剩余寿命,预报其出现故障的时间,并根据预测、评估结果,形成维修决策,指导维修行动。

以飞机为例,高度可靠的飞机引入 PHM 不是为了直接消除故障,而是为了了解和预计故障何时将发生,或在出现未料到的故障时触发一种简单的维修活动。具体而言,是为了满足下列一项或多项要求:

(1) 提高安全性。安全性是极为重要的。接受单发飞机的前提条件是飞行器验证等于或好于当今双发飞机所具有的推进系统安全水平。

(2) 提高出动架次率。PHM 使武器系统的作战能力能够充分发挥,并可以预计和延期维修活动。

(3) 触发自主式保障功能。整个自主式保障链开始于飞机 PHM 系统预计或诊断事件,这些事件要求给予后勤响应。

(4) 降低寿命周期费用。武器系统 PHM 策略是降低飞机寿命周期费用的关键。PHM 可以消除虚警、不必要的拆卸和不能复现指示。可以通过开发和融合所有可获得的数据资源来将故障隔离到单个 LRU 或 LRM,以缩短修理时间。

(5) 缩小后勤保障规模。PHM 可以在减少测试和保障设备、减少人力和减少备件等三方面发挥作用,使飞机的后勤规模缩小。

(6) 触发系统重构以提高任务可靠性。PHM 在那些具有某一分系统或部件的准确功能知识的区域,可以保证武器系统选择其任务的最佳构型。

(7) 代替计划维修的视情维修方法。PHM 便于消除计划维修,代之以满足飞机的使用与保障费用目标所必需的视情维修。

(8) 提供先进的机上诊断和测试性。PHM 通过利用可用数据提供对系统当前和未来状态的准确、及时的分析,从而减少所需的技能性装置,降低了维修人员的训练费用。

可以说,没有 PHM,自主式保障系统就无法正常运转。

早在 2000 年,PHM 技术就被列入美国国防部威胁减少局的《军用关键技术》报告中,国防部最新的防务采办文件将嵌入式诊断和预测技术视为降低总拥有费用和实现最佳战备完好性的基础,进一步明确确立了 PHM 技术在实现美军武器装备战备完好性和经济可承受性方面的重要地位。PHM 已成为新型武器装备实现基于状态的维修和自主式保障的一项核心技术,是 21 世纪提高复杂装备"五性"(可靠性、维修性、测试性、保障性和安全性)和降低使用与保障费用的一项有前途的军民两用技术。目前,PHM 已成为美国国防部采购武器系统的一项要求。

8.1.3 预测与健康管理的演变过程

PHM 技术的演变过程是人们认识和利用自然规律过程的一个典型反映,即从对故障和异常事件的被动反应,到主动预防,再到事先预测和综合规划管理。PHM 技术是在传统的状态(健康)监控和故障诊断技术基础上发展起来的。

随着系统和设备性能、复杂性的增加以及信息技术的发展，PHM 技术的发展经历了由外部测试到机内测试(BIT)→测试性成为一门独立的学科→综合诊断的提出与发展→预测与健康管理(PHM)系统的形成等发展演变过程。在应用产品层次上，从过去的部件和分系统级发展到现在的覆盖整个平台各个主要分系统的系统集成级；在机械产品和电子产品等领域经历了不同的发展历程，并最终汇聚形成一种综合的故障诊断、预测与健康管理系统。

8.1.3.1 由外部测试到机内测试

早期的系统比较简单，由彼此独立的模拟系统构成，其故障诊断主要采用人工测试，维修测试人员的经验和水平起着重要作用。航电系统为分立式结构，依靠人工在地面上利用专用或通用测试设备检测和隔离飞机中的问题(外部测试)。外部测试设备需要和被测对象连接，获取其状态信息之后才能进行测试和诊断。有些重要的系统和设备，如飞机上的各系统和设备，操作人员需要实时了解其运行状态，如有故障能及时采取措施，所以需要被测系统本身具有一定的自测试能力，这就产生了嵌入式的机内测试(BIT)。

BIT 最初是为了警告飞行员有重要部件出了关键故障，后来又成为支持机械师查找故障的助手。早期的 BIT 只是检测几个主要参数，由人工判断是否为故障，故障隔离则由外部测试设备来完成。后来，由于技术的进步，系统和设备复杂程度增加，检测故障也更困难，因而要求有更强的 BIT 能力。部件的小型化，特别是计算机技术的广泛应用，为 BIT 发展提供了有利条件，机内测试能力得到了迅速提高，并出现了能够自动检测和隔离故障的机内测试设备(BITE)。

8.1.3.2 测试性成为一门独立学科

随着外部测试和机内测试的发展，就产生了测试性设计问题。对于复杂的系统和设备，其故障诊断需要综合运用机内测试和外部测试能力才能实现最佳的诊断能力。而要进行机内测试，必须首先把 BIT/BITE 设计到被测系统中去；要进行外部测试，被测系统要能够方便地与外部测试设备连接，以提供充分的状态信息。因此，需要对被测系统进行测试性设计。

测试性这一术语最早于 1975 年由 F. Liour 等人在《设备自动测试性设计》一文中提出，随后相继用于诊断电路设计及研究等各个领域。测试性定义为产品能及时准确地确定其工作状态(可工作、不可工作或性能下降)并隔离其内部故障的一种设计特性，对武器装备的可靠性、维修性、可用性和寿命周期费用等都有直接或间接的影响。

1985 年，美国国防部颁布了军用标准《电子系统和设备的测试性大纲》(MIL - STD - 2165)，把测试性作为与可靠性、维修性同等重要的产品设计要求，规定了电子系统和设备各研制阶段应实施的测试性设计、分析与验证要求及实施方法，标志着测试性成为一门与可靠性、维修性并列的独立学科。

8.1.3.3 综合诊断的提出与发展

20 世纪 70 至 80 年代,复杂装备在使用中暴露出测试性差、故障诊断时间长、BIT 虚警率高、使用与保障费用高、维修人力不足等各种问题,引起美英等国军方和工业部门的重视。美军及工业界分别针对自动测试设备(ATE)、技术资料、BIT 及测试性等各诊断要素相继独立地采取了很多措施,力图解决这些使用与保障问题,结果不理想。

经过深入研究发现,问题的根源在于各诊断要素彼此独立工作,缺少综合;而且除测试性和 BIT 外,其他诊断要素都是在主装备设计基本完成后才开始设计的。从解决现役装备保障问题的角度出发,美国国防部颁布军用标准和国防部指令,强调采用"综合后勤保障"的途径来有效解决武器装备的保障问题。

在此过程中,"诊断"问题成为贯彻综合后勤保障的瓶颈。美国原安全工业协会(现在的国防工业协会 NDIA)于 1983 年首先提出了"综合诊断"的设想,对构成武器装备诊断能力的各要素进行综合,并获得了美国军方的认可和大力提倡。

综合诊断通常定义为通过考虑和综合测试性、自动和人工测试、维修辅助手段、技术信息、人员和培训等构成诊断能力的所有要素,使武器装备诊断能力达到最佳的结构化设计和管理过程。其目的是以最少的费用最有效地检测、隔离装备内已知的或预期发生的所有故障,以满足装备任务要求。综合诊断不是一项新技术或技术组合,也不是一个产品,而是一种系统工程过程。综合诊断的实施必须从装备设计开始,并贯穿于其寿命周期的各个阶段。综合诊断实施的基本途径在于"综合",即通过有效的组织和配置使各组成单元成为一个整体协同地起作用,具体包括各诊断要素的综合、各维修级别的综合和寿命周期各阶段的综合三方面的内容。

美国国防部从 20 世纪 80 年代中期开始相继实施了一系列综合诊断研究计划,并于 1991 年 4 月颁布了军用标准《综合诊断》(MIL - STD - 1814),把综合诊断作为提高新一代武器系统的诊断能力和战备完好性、降低使用与保障费用的一种有效途径。综合诊断策略在 20 世纪 80 年代中后期开始研制的新一代装备(空军 F - 22、海军的攻击核潜艇 SSN - 21、陆军的主战坦克 MIA2 等)及在研的 F - 35(JSF)飞机上得到应用。20 世纪 90 年代以后,英、法等欧洲发达国家及俄罗斯也效法美国的做法,提倡在武器装备中通过采用类似综合诊断系统方案的综合维修系统来实现最大的故障检测和隔离能力,以提高武器装备的战备完好性,降低寿命周期费用。

冷战结束后,随着美军军费的缩减以及老龄武器装备的日渐增多,美军方和工业界都认识到,影响综合诊断推广应用的主要障碍是缺少一个针对综合诊断的开放系统方法。于是,在 1999 年,美国国防部办公厅(OSD)启动了"综合诊断开放系统方法演示验证"(OSAIDD)研究计划,探讨统一的、通用的综合诊断功能实现方法的可行性,以降低费用,增加互用性,加快引入新技术。该项目通过对军、民领域内具有不同测试和诊断特征的10个典型案例的深入研究和演示验证,最终提出一种基于信息的综合诊断开放式体系结构,并制定了实施路线图。

美国工业界和学术界也积极开展了综合诊断研究活动。比如,美国国防工业协会NDIA(原美国安全工业协会)多年来一直致力于综合诊断的研究和推广应用,综合诊断这个概念就是该协会首先提出的。近些年来,NDIA系统工程委员会开展了嵌入式诊断方法研究;研究和提出通过综合诊断和改进BIT来降低虚警率的具体措施建议;并受JSF项目委托,开展了电子预测能力和数据需求研讨和研究;为改善机械系统的诊断和预测能力,美"联合大学综合诊断研究中心",针对机械故障机理、无损检测技术、机械状态监控方法等展开广泛研究。

在美国军方的支持下,很多民营公司参与了综合诊断领域的研究和软件开发,如Harris公司开发了武器系统测试性分析软件(WSTA);QSI公司开发了TEAMS综合诊断工具集;Giordano自动化公司开发了并行工程工具集(CETS)和"诊断师"工具等。这些软件工具已应用于美国三军的多种武器型号和NASA航天系统的研制、测试和维修中。

8.1.3.4 PHM系统的形成

自20世纪90年代末以来,随着信息技术突飞猛进的发展和广泛应用,综合诊断系统向测试、监控、诊断、预测和维修管理一体化方向发展,并从最初侧重考虑电子系统扩展到电子、机械、结构、动力等各种主要分系统都考虑到,形成综合的诊断、预测与健康管理系统的时机已经成熟。总的来说,PHM系统是在需求牵引、技术推动下,并借助JSF项目的研制契机而诞生的。

预测技术的最初引入主要是针对现役飞机老龄化问题提出,对于这些价格昂贵的武器系统,弃之可惜,但继续使用风险又很大,于是需要研究一种技术,在发生灾难性事故之前能够及时预知,并采取措施预防。

20世纪90年代,随着系统复杂性、信息化和综合化程度大幅度提高,装备维修保障工作重点已由传统的以机械修复为主,逐步转变为以信息的获取、处理和传输并做出维修决策为主。以往的事后维修和定期维修已经无法很好地满足现代战争和武器装备对装备保障的要求,在这种情况下,美军20世纪90年代末引入民用领域的CBM,作为一项战略性的装备保障策略,其目的是对装备状态进行实时的或近实时的监控,根据装备的实际状态确定最佳维修时机,以提高装备的可用度和任务可靠性,这些需要借助PHM技术来实现;另外,大容量存储、高速传输和处理、信息融合、MEMS、网络等信息技术和高新技术的迅速发展,意味着允许在机上实时完成更多的数据存储和处理功能,消除过多依赖地面站来处理信息的需要,为PHM能力创造了条件;加之,20世纪90年代中期启动的JSF项目提出了经济承受性、杀伤力、生存性和保障性四大支柱目标,并因此提供了自主式保障方案，借此机遇诞生了比较完善的、高水平的 PHM 系统。

8.2 PHM 系统的典型结构及工作原理

本节主要介绍 PHM 系统典型的软、硬件体系结构及工作原理等。

8.2.1 PHM 系统的开放式体系结构

美国机械信息管理开放系统联盟(MIMOSA)已开发了一种基于状态的维修开放系统体系结构(OSA - CBM)标准，该标准为 CBM 和 PHM 系统提供了一种标准体系结构。

OSA - CBM 是一种事实上的、非专有标准。制定 OSA - CBM 的主要意旨是为了给 CBM 系统的所有功能提出标准化建议，使硬件和软件问题全部包括在内。由于集成不同供应商提供的产品常常会遇到困难，因此，大多数 CBM/PHM 系统用户都要对该系统的灵活性和性能加以限制。尤其是由于当今存在着的大量的专属标准都倾向于将用户引导到某个单一的解决方案中，用户选择权和自由度常常会受到更多的限制。因此，制定 OSA - CBM 这类标准的优势在于：

(1) 方便系统部件的升级；

(2) 便于拥有更广泛的供应商；

(3) 加快技术开发；

(4) 降低成本和价格。

如图 8 - 1 所示，OSA - CBM 是一种围绕 7 个层次组织的体系结构标准。

第 1 层：传感器模块。该类模块主要为 CBM/PHM 系统提供数字化的传感器或传感器数据。

第 2 层：信号处理。信号处理模块负责从传感器模块或其他信息处理模块接收信号和数据，输出数字化过滤的传感器信号、频谱、虚拟传感器信号以及其他 CBM/PHM 信息等。这些信息既包括专用的功能状态正常与否的指示，也包括依照设定的特征空间提取数据的内容特征。通常的提取算法包括快速傅里叶变换、小波、滤波器或统计(平均，标准偏差)等。

第 3 层：状态监测。状态监测模块负责接收传感器模块、信号处理模块以及其他状态监测器的数据。它的主要任务是将收集到的数据与期望的值进行对比，并能根据事先设置的使用极限值发出警报。该层对子系统、部件的行为以及材料的状况进行测试和报告，此外也对运行环境进行检测和报告。状态监测层的关键输入还包括来自“健康评估”层的控制输入和报告准则，其中报告准则用于控制报告的时间和阈值大小，而输出则为对检测部分、子系统、系统的状况报告信息。

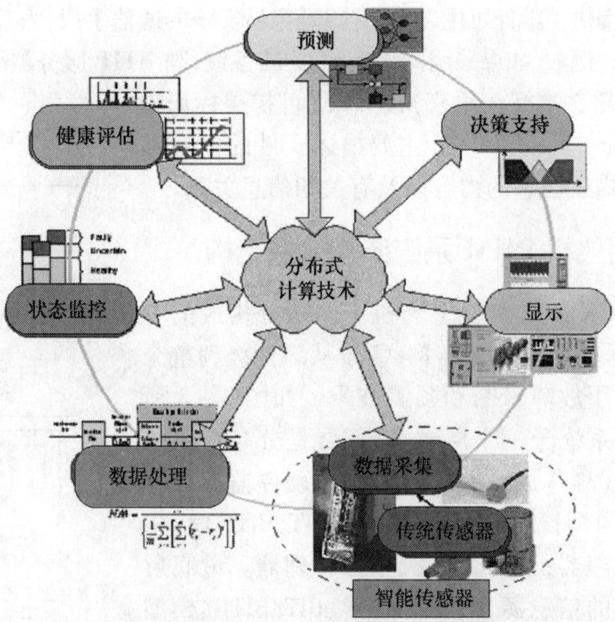

图 8-1　OSA-CBM 结构的数据流

第 4 层:健康评估。健康评估模块从不同的状态监测器或其他状态监测模块收集数据,并指示所监测的部件、分系统和系统是否出现性能降级。该模块应能生成诊断记录并做出故障概率提示。其诊断结论是依据设备的健康历史、使用状态、负荷以及维修历史趋势做出的。

第 5 层:预测。预测模块具有综合分析前述所有层次产生的数据的能力,其主要任务是根据部件、设备和子系统将来的使用工作包线和工作应力等,计算其未来健康状态,并报告将来某一特定时间的健康状态或剩余有用寿命(RUL)。

第 6 层:决策支持。决策支持模块从健康评估模块和预测模块接收数据,其主要任务是提供行动建议和备选方案,如应采取何种维修措施,或在不发生故障的前提下应如何使用设备完成当前的任务等。

第 7 层:显示。显示模块负责显示前述所有模块产生的数据。显示的最重要的层次应是来自健康评估、预测和决策支持模块的数据,以及状态监测器产生的警报。可以将显示模块设计到一般的机器界面中。该层应具备与其他所有层通信的能力,并可通过便携式维修设备、维修管理和操作管理实现 PHM 系统与维修人员的人机交互界面功能。

另外,部件之间的通信也有多种方式。其中,最为普遍是多点传送(multicast)、广播和客户机—服务器(client-server)。在 OSA-CBM 中,以客户机—服务器作为体系结构的核心效果最佳,因为信息技术如个人计算机、网络以及互联网已经为人们提供了随处可用、经济有效且容易实施的通信手段,为 CBM 系统提供了稳固的骨架。例如,如果采用网络型的 CBM 系统,则 HTTP 服务器可作为文件服务器, HTML(超文本标记语言)或 XML(可扩展标记语言)是传送媒介。其中,HTML 主要描述文件的内容和特征,XML 则描述信息的内容以及有关的信息关系。

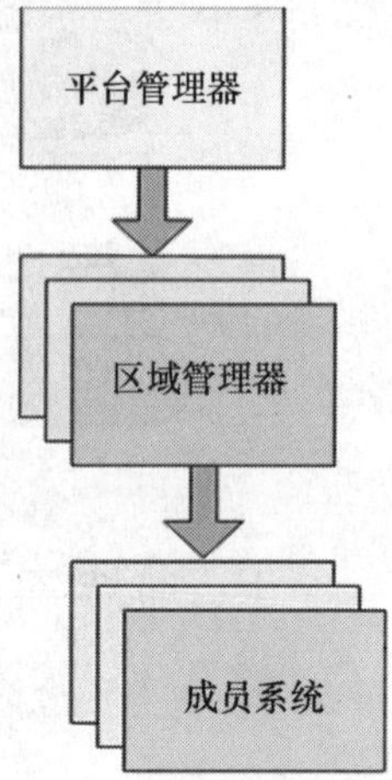

图 8-2　PHM 分层结构

8.2.2　军用飞机 PHM 系统典型体系结构

飞机 PHM 系统是由机上和机下两部分构成的一体化系统,它采用分层推理结构,便于从部件级到整个系统级综合应用故障诊断和预测技术。如图 8-2 所示,机载 PHM 系统分三个层次:最低层是分布在飞机各分系统部件(称作成员系统)中的软、硬件监控程序(传感器或机内测试/机内测试设备(BIT/BITE));中间层为区域管理器;顶层为飞机平台管理器。最底层作为识别故障的信息源,借助传感器、BIT/BITE、模型等检测故障,将有关信息直接提交给中间层的区域管理器。各区域管理器将区域故障信息经过整理后传送给更高层的平台管理器软件模块。诺·格公司为军用飞机开发的 PHM 系统基线体系结构如图 8-3 和图 8-4 所示。

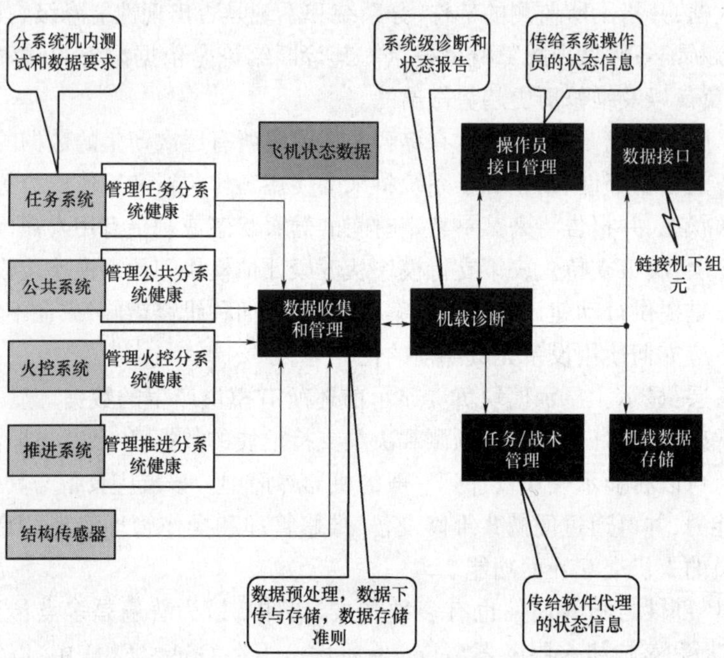

图 8-3　飞行器健康管理基线体系结构:机上组元

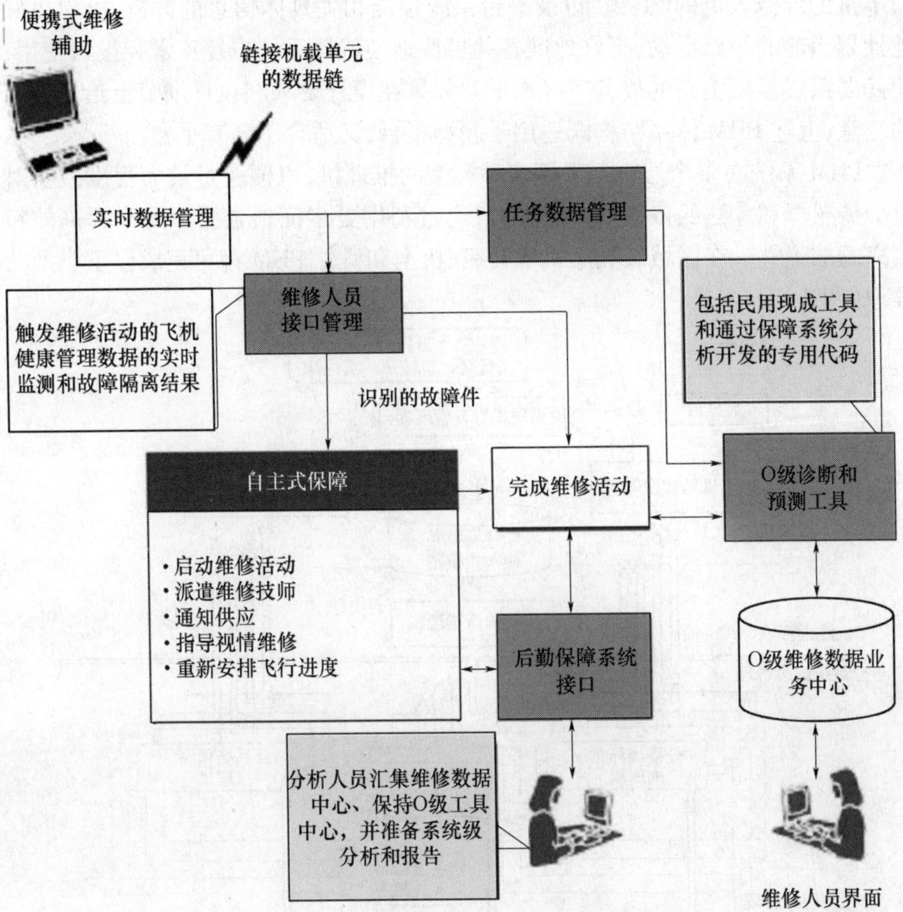

图 8-4　飞机健康管理基线体系结构:机下组元

对于数据收集(图 8-3),飞机各分系统提供 BIT 结果和参数数据、其他性能监控数据以及与即将发生故障指示有关的数据,还收集航空器状态数据。机上完成增强的诊断和某些预测,它们取决于故障模式和对故障前时间的估计。此外,机上收集的数据被传送给地面的健康管理组元,并补充来自空勤人员和基层级维修人员的其他信息。这些数据用于改进诊断过程,应用于基于状态的维修,评价有限寿命可更换产品的剩余寿命,评价即将发生的故障,并按照需要完成其他分析和报告工作。

如图 8-4 所示,通过一个便携式内存装置或其他数据存储手段将机上收集的数据传送到地面单元。至关重要的数据通过数据链发送给地面进行分析和存储,并用于启动所需的维修活动。

根据对使用中实时收集的最新数据、以往使用和维修活动中获得的信息、经验丰富的维修人员的“共识”以及平台系统性能相关具体信息的分析,可以更好地计划当前的维修活动,更好地准备并更快地使武器系统恢复正常和投入使用,使武器系统保持更高的战备完好水平。如果在设计要求和设计细节上给予适当的注意,上述PHM体系结构既适用于新型平台,又适合于已有平台。

PHM系统在多个层次上采用多种类型的推理机,以便通过最大程度减少对单个传感器和算法的依赖来减少虚警,通过利用更多证据查明原因来提高故障隔离的准确性。在区域级和飞机平台级,机上和机外PHM都可完成以下类型的推理(图8-5)。

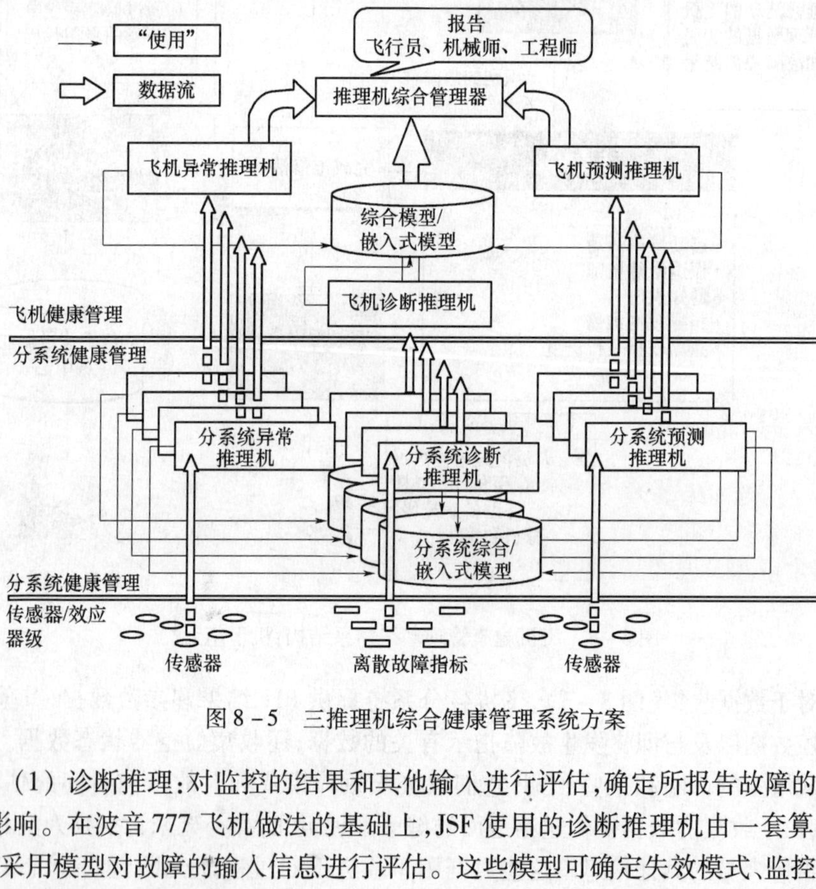

图8-5 三推理机综合健康管理系统方案

(1) 诊断推理:对监控的结果和其他输入进行评估,确定所报告故障的原因和影响。在波音777飞机做法的基础上,JSF使用的诊断推理机由一套算法构成,采用模型对故障的输入信息进行评估。这些模型可确定失效模式、监控信息和故障影响之间的关系。

(2) 预测推理:能够判明①飞机正朝某种已知的故障状态发展的情况;②相关的潜在影响。在许多情况下,机上的预测处理过程主要是收集数据。机外的处理过程则是根据机队信息和趋势情况完成预测推理。

(3) 异常推理:通过识别原来未预料到的情况,帮助改进飞机设计。机上的处理过程主要是检测异常情况和收集相关数据。机外的处理过程则是判断发现的异常是已知的故障,还是需要研究的新情况。

推理机信息管理器(RIM)综合上述三种推理机的结果,形成报告,阐明已发现的和预测出的故障及其对任务的影响。

8.2.3 民机 PHM 系统典型体系结构

民用运输机 PHM/IVHM 系统一般采用一种分层结构,每一层完成一定的 IVHM 功能(图 8-6)。

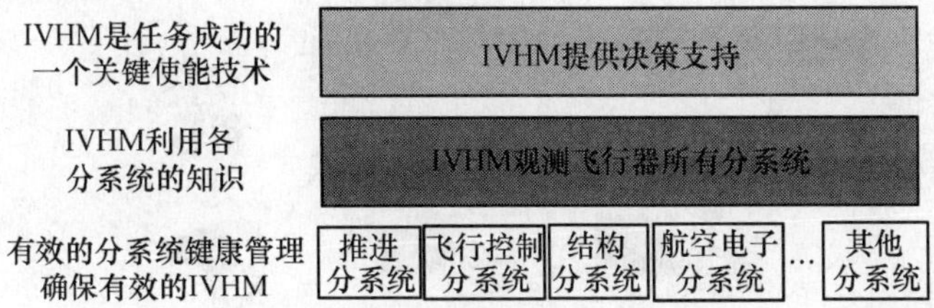

图 8-6 IVHM 的分层方法

IVHM 是建立在强有力的分系统健康管理(SHM)基础之上的,而 SHM 是由嵌入在分系统中的 BIT 能力提供的。SHM 的主要目的是确保安全使用,即要求每个分系统都能确保在分系统级具有一定的安全水平,并降低该分系统对整个飞行器的使用所带来的危险,其中包括对飞机乘员造成的危险,以及那些影响到飞机飞行中所遇到的公众和(或)环境安全的危险。

SHM 的第二个目的是经济性,即它应有助于通过改进维修性、测试性和可靠性来降低寿命周期费用。航空领域的经验已表明,飞机寿命周期费用中有 60% 以上是由维修活动产生的。总之,如果没有充分的 SHM,IVHM 系统的总体效能将受到严重限制。

IVHM 通过考察所有分系统,可以对飞行器总体健康进行评估。正如后续章节所述,当今许多飞机都采用某种类型的中央维修系统,该系统充当的角色是:收集来自所有分系统的故障信息,确定根本原因和推荐修理活动。

最后,通过综合飞行器健康和飞行器使用,人们可以获得整个系统的最大效益。如图 8-7 所示,IVHM 为任务提供全方位决策支持能力。

IVHM 预期的用途取决于特定市场份额和应用的商业场合。必须确定可用的 IVHM 数据是否为用户(如地勤人员、空勤人员、航空公司运营商、飞行器制造商等)创造必要的价值。

除了商业需求外,IVHM 系统设计(物理结构和设计过程)必须保障 IVHM 数据使用者的安全性和关键性需求。由于传统的维修系统一直用于飞行结束后修理飞机,而非用于在飞行中操作飞机,因此一直被划分为非关键系统。而另一方面,机组告警系统(CAS))用于确定飞机的总体功能能力,在飞机的飞行中起

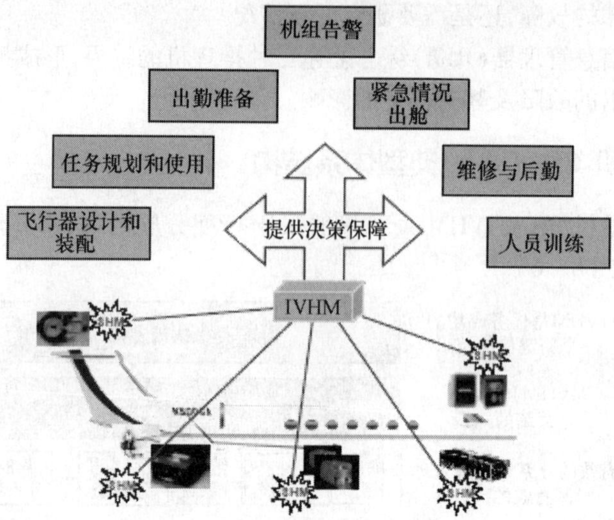

图 8-7　IVHM 提供决策支持

着重要的作用，因此，FAA 一般将其视为关键系统。要满足如此广泛用户的不同需求，强调需要确定 IVHM 数据的整个用户团体并确保采用适当水平的设计保证来满足用户的需求。

8.3　PHM 系统的关键技术及实现途径

本节主要介绍实现 PHM 系统的关键技术，如先进传感器及其选择和配置技术、先进诊断与预测技术、数据融合技术、决策支持技术等，以及国外对这些关键技术的预研、成熟典型途径。

8.3.1　PHM 系统的关键技术

PHM 连续监控装备的使用、健康和安全，检测部件或分系统的性能降级情况，然后隔离故障，预计失效时间，并计划需要完成的必要维修工作。在装备返回基地之前，把需要进行的维修活动信息通过数据链传给后勤链，使其提前做好准备。上述过程的成功实现取决于多种关键技术，主要包括传感器的选择和优化配置技术、故障诊断技术、预测技术、信息融合技术、决策支持技术和系统集成技术等几类。

1. 传感器的选择和优化配置

传感器系统是 PHM 的信息源，飞行器的特性要求所选择的传感器应具备重量轻、体积小、抗毁、抗干扰、工作温度范围大、低功耗、高性能、环境适应性强等特点。要求传感器布置在最能反映飞行器相应参数变化的点上，以便准确及时地反映飞行器的参数变化，通过优化配置提高传感器系统效能，降低传感器成本。

新一代飞行器 PHM 系统中采用的先进传感器技术主要有：用于飞行器结构健康监控的光纤传感器技术、无线传感器网络技术，用于发动机健康监测用的涡流叶片传感器（ECS）、发动机损失监测系统（EDMS）、吸入碎屑监测系统（IDMS）、滑油监测系统（OMS）、应力波分析（SWAN）传感器、基于信标的维修例外分析（BEAM）、健壮的激光干涉计（Rli）、MEMS 传感器、无线智能网络化传感器（ICHM）、滑油碎屑监控器（ODM）等。此外，PHM 系统还充分利用了飞行器和发动机上使用的传统传感器技术，如发动机传统的测温、测压传感器等。目前急需提高新型传感器的技术成熟度，研究开发新的应用方法、高效健壮的组网方式、传感器容错技术，研制更多新型高效的传感器，研究传感器优化布置的评价体系方法，以满足 PHM 系统中的应用需求。

2. 诊断与预测技术

故障诊断与预测是 PHM 的核心技术。目前有关健康管理的研究工作大部分集中在部件、子系统等的故障诊断和预测技术上，形成了一些比较成熟的诊断和预测方法，如基于模型、基于规则、基于数据等的诊断和预测方法。但是，在故障预测方面还存在着诸多难点，如预测的不确定性、预测缺乏通用的方法、对象数据获取困难和预测验证困难等。需要在现有的技术水平上，加深对失效机理的理解和认识，建立准确的有关故障发生、发展和传播的数学模型，建立一种诊断和预测的架构，选择和集成恰当的诊断和预测方法，各取所长，提高信息的利用率，实现对故障多角度、多参数的诊断和预测，完善和提高诊断和预测的水平。

3. 数据融合技术

数据融合是对多源信息的综合与提炼，从而得出更深层、更准确可靠的结论。PHM 系统从信号提取、故障检测、诊断和预测、状态评估、决策支持等各个阶段都需要广泛采用数据融合。

数据融合在 PHM 系统中的应用分三个层次：

（1）数据融合，用于融合来自传感器阵列的数据，确认传感器信号的合理性并提取特征；

（2）特征融合，对数据融合得到的特征进行智能综合，以获得最可信的诊断信息；

（3）信息融合，综合经验信息，如以往的失效率或物理模型和信号信息，提高预测精度。

PHM 系统中常用的数据融合方法有贝叶斯推论、D－S 判据理论、加权融合、模糊逻辑推论和神经网络融合等。在健康管理系统中，信息融合对象选择不合理或算法参数选择不合理，容易导致融合后诊断精度下降、故障被掩盖、出现虚警等问题。在实际应用中需深入理解数据间的关联，根据需要权衡融合级别，选择或恰当地融合算法和参数，开发一种适合 PHM 的融合体系架构，与 PHM 的系统集成架构协同一致。

4. 决策支持技术

决策支持技术主要用来解决非结构化、半结构化问题,以区别于处理结构化问题的信息系统。决策支持技术是健康管理系统区别于以往健康监测系统的重要方面，是健康管理系统最上层的管理和信息系统，是实现任务决策自动化、智能化的关键。健康管理系统要求决策支持技术能够分析和识别有关健康问题,形成候选的决策方案(目标、规则、方法和途径等),构造决策问题的求解模型(如数学模型、运筹学模型、程序模型、经验模型等),建立评价决策问题的各种准则(如价值准则、科学准则、效益准则等),多方案、多目标、多准则地比较和优先级划分,综合分析决策方案的作用和影响，以及环境因素、变量对决策方案或结果的影响程度等。

5. 系统集成

PHM 是由多个分系统组成的系统。各个分系统的功能划分、成本效益分析,各分系统之间的相互协作机制、数据流程、数据通信的标准、数据接口、数据库等,都是关系到整个 PHM 系统完整、高效、经济的重要方面。目前系统的集成主要是在现有系统上的功能添加,各个技术环节没有形成统一的标准和定义,系统的集成度和自动化水平不高。迫切需要建立一个 PHM 系统集成的标准，包括对系统各部分功能的完整定义;新型高效的协作机制;高效的任务调度机制;高效、稳定的数据通信标准;功能强大、安全可靠的数据库等。

以上 5 个方面是飞行器综合健康管理系统的关键问题，也是亟待解决和完善的技术要素。此外，对于 PHM 技术的分析、仿真、试验验证的技术、方法和工具等，评估 PHM 系统安全性、成本效益的仿真和试验计划、方法和工具等,也均是开展 PHM 相关研究的重要内容。

8.3.2 PHM 系统的关键技术预研及成熟途径

国外的经验教训表明,PHM 系统的实现不是一蹴而就的事情,必须制定循序渐进的技术发展计划,逐步突破各项关键技术。具体而言,需要通过关键技术预研,然后通过集成设计和验证,将 PHM 系统的成熟度从 3 级提升到 6 级,转入型号应用。在此过程中的一个关键环节就是 IVHM 技术的集成设计和验证。

8.3.2.1 PHM 系统的关键技术预研

NASA 制定的 IVHM(相当于 PHM)技术计划提供了 PHM/IVHM 系统的关

键技术预研途径。IVHM 技术计划采用了以下四个层次的实施途径。

1. 基础研究

重点是 4 个要素：先进传感器和材料、建模、先进的分析和复杂系统以及验证和确认。其中，先进传感器和材料要素侧重开发自适应感应技术、工作在极端环境下的传感器、嵌入式传感器技术和自愈材料方面的基础研究；建模要素重点是开发表征和理解损伤传播和估计剩余使用寿命的概率技术；先进的分析和复杂系统要素侧重于先进数据挖掘算法的开发，以实现对来自单架飞机的复杂的异构信号和飞机机队或空域系统的数据的大规模分析；验证和确认要素侧重于 PHM 验证和确认（V&V）过程以及基本方法和工具的开发。

2. 分系统研究

重点放在开发飞机的四个重要组元（机体、推进系统、飞机系统和软件系统）中每一个的综合健康管理系统所需的方法和工具上。该层的关键任务包括应用仿真方法、实验方法以及有关的物理模型验证和确认技术来开发与飞机分系统中影响飞机安全飞行和完成任务的关键功能领域有关的方法、工具和技术。

3. 主题研究

针对五个主题（检测、诊断、预测、减弱和完整性保证）开展研究，重点是开发从整个飞机角度减弱飞行中的不利事件所需的检测、诊断和预测方法和工具。检测、诊断、预测、减弱这四个主题中的每一个相应于一个关键的多学科研究活动。其中，减弱要素的目标是开发机载减弱技术以最大程度减少部署的 PHM 检测、诊断和预测系统所识别的负面影响，以确保飞机持续的安全飞行和（或）降落。完整性保证主题重点是开发用于复杂系统验证和确认的先进工具和技术，以及技术验证所需的试验台。

4. 飞机级研究

侧重于：①对实现飞机 PHM/IVHM 目标的多学科一体化方法、工具和技术进行评价。②系统分析使整个 PHM 计划保持对 IVHM 相关问题的内部和外部航空趋势的态势感知。具体而言，系统分析主要负责：对飞机硬件和软件系统中不利事件的检测、诊断、预测和减弱领域的 IVHM 研究有关的未来航空趋势进行评估，在每年对不利事件表进行更新和改进，并将上述信息分发给 PHM 管理组。③DASHlink 网站是 NASA 与学术界、工业界和政府其他实验室中的研究人员之间的关键链接。④通过研究试验和集成制定一项试验和集成飞行器健康管理技术的计划，并建立一个工作组来研究系统集成和体系结构问题。

8.3.2.2 PHM/IVHM 系统集成设计和验证

波音公司预研部门“鬼怪”工作室为 PHM/IVHM 系统的集成设计和验证开发了一种健康管理工程环境（HMEE）和开放式系统平台，能够促进将工业部门、学术领域以及政府部门的飞行器综合健康管理技术转换为波音的产品。正如在

图8-8中所展示的,这种能力使波音公司定位为飞行器综合健康管理(IVHM)解决方案的首选系统集成商和服务供应商。因此,波音“鬼怪”工作室技术攻关的重点在于支持飞行器综合健康管理的系统集成与信息集成。

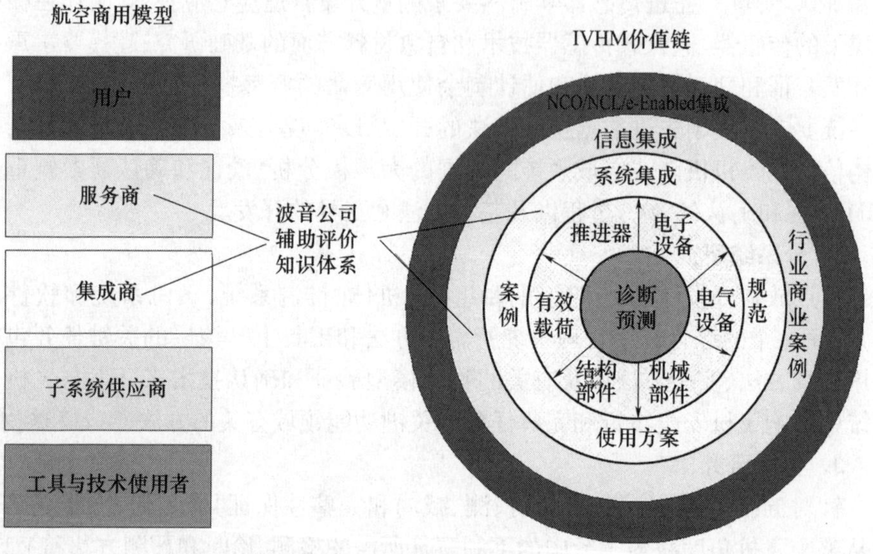

图8-8 波音在飞行器综合健康管理市场中的地位

飞行器综合健康管理系统的经济可承受性和效能与其早期的设计有着直接的关系。“鬼怪”工作室开展综合健康管理系统研究的任务是为波音公司各业务部门提供一组工具、技术和过程,以便在新系统或原有系统升级任务一开始时就组织并影响飞行器的设计。其研究成果不仅包括各项技术,而且还包括各项被明确定义的工具与过程,可用于规定综合健康管理的相应层次、对其进行的设计,并将这些部分集成到相关综合健康管理系统中。为了达到这一目标,“鬼怪”工作室已经开发了一个健康管理工程环境。该健康管理工程环境由三部分组成:项目分析与建模环境、开发环境和使用环境,如图8-9所示。

1. 项目分析和建模环境

项目分析与建模环境(图8-10)建立并保持一个PHM/IVHM飞行器综合健康管理过程与工具,用于确定和权衡飞行器综合健康管理的备选方案。其目标是为从项目的初步方案到初始设计各阶段提供帮助与指导,涉及内容包括:当前基线的费用与性能主宰因素,确定概念性解决方案的方法,优化概念方案及开发方案的费用与性能分析工具及方法等。

PHM/IVHM的费效概率分析模型(Probabilistic IVHM Cost-benefit Analysis Model,PICAM)对实施飞行器综合健康管理的商业案例进行评价。输入信息包

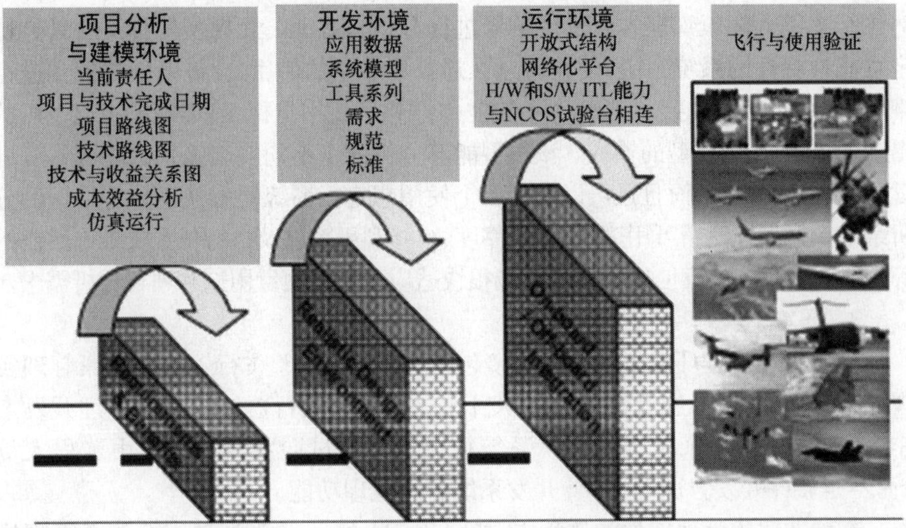

图 8－9　波音鬼怪工作室健康管理工程环境

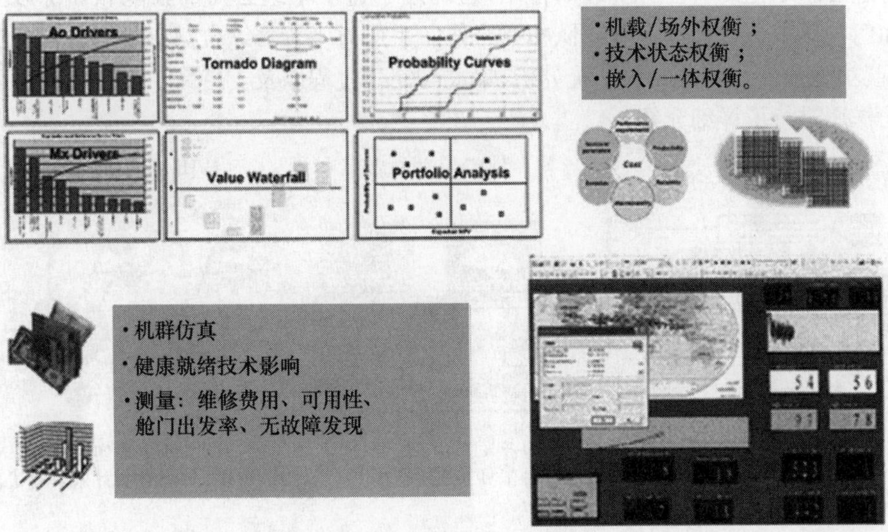

图 8－10　项目分析和建模环境：主宰因素、费用、效益

括可靠性和维修性基线数据、IVHM 系统级影响和 IVHM 费用的估算数据。此模型提供对一种 IVHM 方案的净现值、投资回报率和项目现金流以及诸如维修工时与机队规模等非费用指标的估算。PICAM 模型提供一组分析结果，可对项目组合中的所有方案的价值和相应的不确定性给出完整描述。

系统健康使用分析模型(System Health Operational Analysis Model,SHOAM)对飞行器综合健康管理方案使用结果进行分析与验证。此模型构建一些具有特定可靠性特性的系统,并且使其通过在逼真场景中的使用,允许发生故障和进行维修,使系统得以成熟。基本的可靠性、维修性和使用指标,诸如每天每架飞机的出动架次率,作为模型的输入。该模型能够分析两个不同实施级别的飞行器综合健康管理设计方案,而且还可以纳入多个使用想定。系统健康使用分析模型的分析结果包括系统使用可用度、任务可靠度、维修利用率以及执行任务或维修所需的等待时间。系统健康使用分析模型能很快适应于任一项目用途和项目分析需求。

2. 开发环境

健康管理工程环境中的开发环境包括:① 一本关于飞行器综合健康管理实现过程的使用手册,这本手册为各项目建立与完成飞行器综合健康管理开发工作提供指导;② 一个由桌面环境系统构成的开发试验室,在这里,由工程人员(而不是软件开发方面的专家)开发系统健康管理功能。

在增加健康管理部件的过程中,如图 8-11 所示,《飞行器综合健康管理执行过程手册》遵循标准的系统工程过程。该手册定义了飞行器综合健康管理综合过程组承担的责任与所起的作用,还确定了这个小组必需的技能和训练以及如何与其他的设计和保障团队相互合作。手册对飞行器综合健康管理的需求分析、功能分析、综合推理、系统分析、集成与完善过程以及支持每一个过程的工具的作用进行了详细介绍。

IVHM工程过程　　IVHM应用集成　　IVHM能力演示验证

为了将IVHM综合进其产品中,用过硬的技术提供程序。程序处理手册　　为综合IVHM工具,提供一种工具并运行环境　　为说明如何开发实用的TVHM应用,演示所设计效果的状态

图 8-11　IVHM 研制:经济可承受的分析和设计

桌面开发试验室(Development Laboratory,Dev Lab)是一个支持 IVHM 模型与工具集成的框架系统,这些 IVHM 模型和工具在最大范围内支持各重大应用开发任务的从生到死的自动化实现。图 8-12 阐述了桌面开发试验室集成任务的顶层指导思想。开发试验室当前研究的重点是在综合诊断方面,未来的工作还将包括预测。

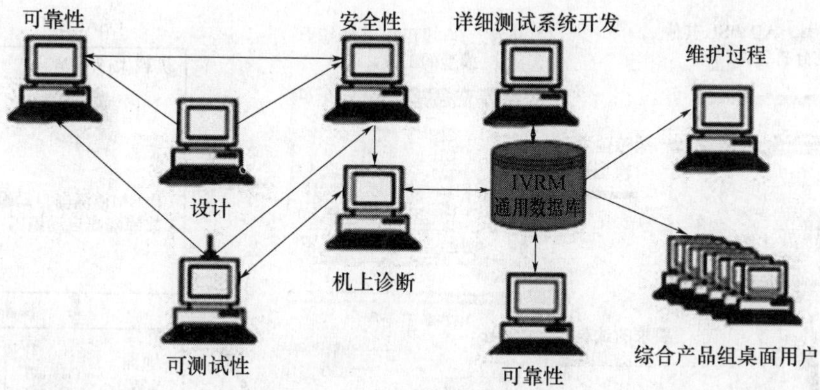

图 8 - 12　应用集成概念框架

集成框架的主要作用是支持健康管理方案所需的各开发工具间的信息交换。飞行器综合健康管理应用集成的目的在于提供如下几项功能：

（1）工具和模型的互操作性；

（2）数据重用；

（3）尽可能减少功能或工作的重复；

（4）提高分析过程及分析结果的可追溯性与可再现性。

在 IVHM 的开发过程中，应以数据为核心，将工作的重点集中在对支持过程要素的每个工具的数据需求、工具间的数据流程，以及支持数据交换的句法需求、语义完整性以及准确性上。集成框架的开发，促进了健康管理应用系统的定义、开发、测试与全寿命周期的成熟化进程，提高了一致性与效率。

工具集成使得整个研制过程的模型和支持同一过程间的工具能够重复使用。"鬼怪"工作室建立了可以在 ADVISE、ISIS Vanderbilt 的 TFPG 和 Matlab 之间互换的数据/模型原型。当前的工作是持续开发一个包括 DSI 公司的 eXpress、QSI 公司的 TEAMS 和 Impact 技术公司的 ReasonPro 等其他主要工具在内的通用工具集成框架（图 8 - 13）。

3. 使用环境

使用环境为实现 IVHM 系统端到端的集成和测试提供一个实验室（也称为使用实验室）。如图 8 - 14 所示，利用此环境可以对应用于波音公司各项目的综合健康管理系统与集成技术进行完善与验证。

使用实验室的一个重点是将 IVHM 集成到民用或军用平台的航空电子系统中，如图 8 - 15 所示。挑战是费用有效地采集、处理和传输较低层次的分系统数据，以产生更高层次的 IVHM 结果，如诊断和预测。增加更高带宽的传感器如加速度计强调了该需求。在体系结构权衡时应考虑的因素包括在分系统控制器中包括的处理能力、飞行和保障关键软件的划分、一个专用有线或无线保障关键数

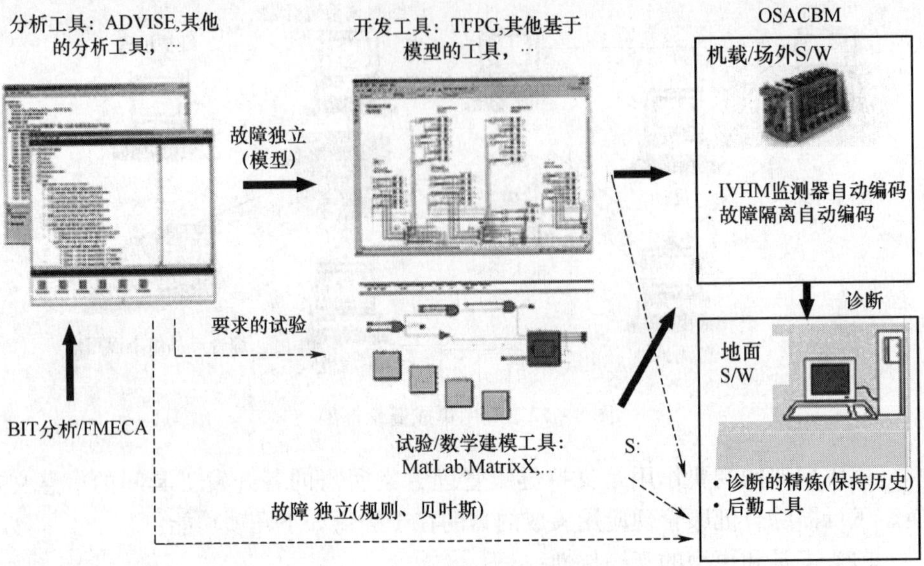

图 8－13　IVHM 工具链方案

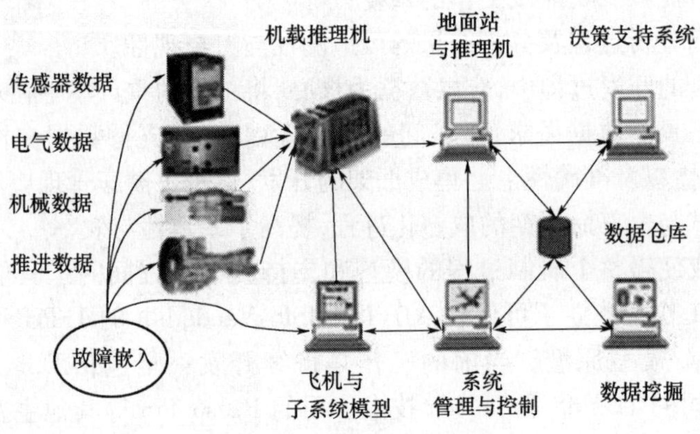

图 8－14　使用环境的功能组成

据总线、现有处理资源的扩展以及对分系统数据的直接访问。总之，需要的是健康就绪的分系统和创新体系结构，可以经济可承受地访问和获取那些对更高保真度的诊断和预测能力必需的较低层次数据。

使用环境提供用于成熟组成 IVHM 方案的硬件和软件的实验室设施，包括：

（1）一种集成 IVHM 软件要素的开放式基准体系结构；

（2）一个促进重用的部件库；

（3）一个存取实验室和外场实验数据的数据仓库以及实现数据仓库的模型和试验台；

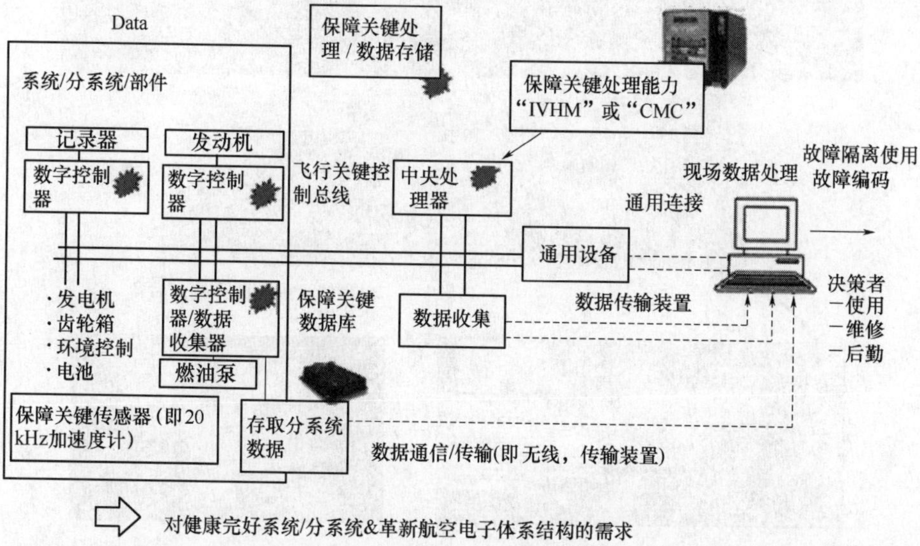

图 8－15　将 IVHM 集成到航空电子系统中:健康就绪系统/子系统

（4）与硬件在回路实验室的接口,该实验室用以表征部件/分系统中正常和降级的属性;

（5）验证实时应用的适航处理设施;

（6）与一种高速光纤的接口。

使用实验室提供一个能生成表征正常和降级模式数据的实验台。通过一条专用高速光纤连接缆,使用试验室能够与波音公司内的其他实验室以及供应商或客户处的实验装置相连接。这方面的一个案例是,座落在圣路易斯另一栋房屋中的子系统集成研究实验室(FIRST),能够生成各子系统运转状态正常或退化的数据信息,并能够与使用实验室正在实验的硬件直接连接。

子系统集成研究实验室包括一个测试液压或电子作动筒的通用加载装置、带有一个 270V DC 泵的燃料系统硬件、电子系统飞行器综合健康管理加热振动台、发电机传动机座以及高分辨率的数据采集设备。

如图 8－16 所示,使用实验室具有集成硬件在回路的能力,可以支持从传感器到网络中心决策辅助功能的端到端的、逼真的实验和验证环境。采用一种开放式基准体系结构(基于状态的维修开放系统体系结构 OSACBM),作为软件集成平台,为所有层次的 IVHM 处理能力提供一种即插即试的环境。这种“系统”集成实验室支持多种 IVHM 技术实现经济可承受的集成,从而为集成较低层次的 IVHM 结果所需的融合技术构建了一个试验台。

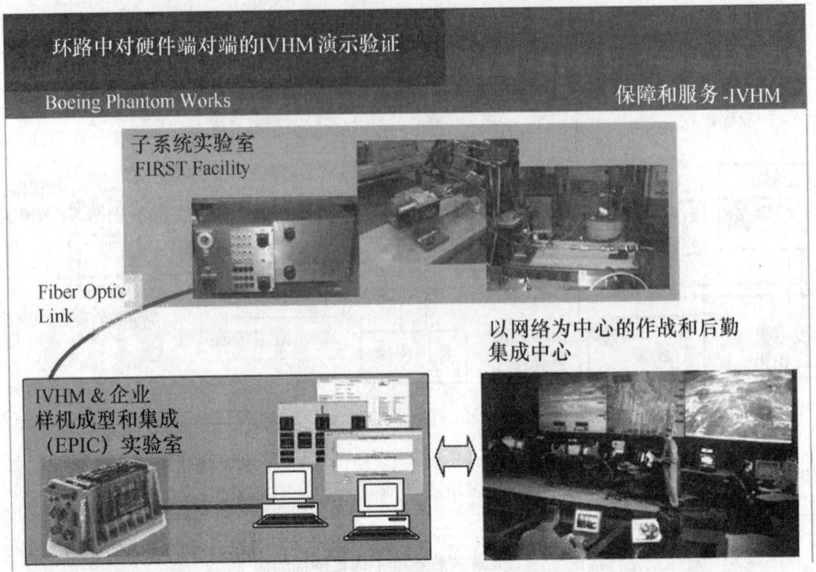

图8-16　座落在圣路易斯的波音公司使用实验室

上述能力为波音及其客户和供应商提供了手段来定义、开发、试验和成熟单个技术、子系统/系统的IVHM应用或整个端到端IVHM系统。IVHM使用实验室当前位于圣路易斯，但“鬼怪”工作室正在将使用实验室建设成一个通过高速链路连接多个地点的虚拟设施（图8-17）。

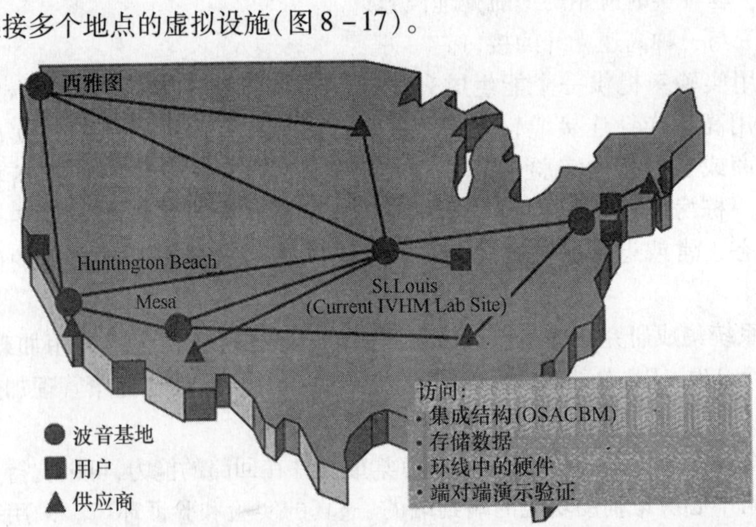

图8-17　波音公司IVHM实验室正在成为利用工业界、学术界和政府资源的虚拟设施

使用实验室还能够支持“离机”IVHM处理能力的验证。飞机综合健康管理（IAHM）计划提供了使用实验室的地面单元。IAHM开发了存储与访问从飞机

上下载的数据的能力。波音公司正在开发一个通用的、具有互操作性的、能够完成机上数据的下载、存储、访问与处理功能的系统，包括真实飞机上记录的数据是开发、试验和成熟 IVHM 算法的一个关键因素。

IAHM 开发了一种能完成多种飞机上数据的下载、存储、访问与处理功能的通用的、可互操作能力。利用一种通用框架可以实现：①利用特定数据来源的软件代码，将典型的 F/A－18、波音 737 和 C－17 数据输入到系统中；②以容纳各种飞机健康管理数据要求的公共关系数据库模式存储数据；③通过一个与明确定义的通用的或专用的图形用户接口相连接的通用访问层，提供一个与数据库、算法或其他用户应用软件编码的接口界面。

图 8－18 给出了飞机综合健康管理的系统框架的详细组成，其基本组成元素包括：①代表性的数据源；②一个具有互操作性的、多平台的飞机综合健康管理数据库方案；③飞机综合健康管理数据加载软件翻译器和公共数据库接口；④数据可视化与数据分析工具；⑤ 用于存储临时性工程数据分析与研究所需数据的 HKD5 接口。知识库能够支持机载及地面算法的开发与完善。

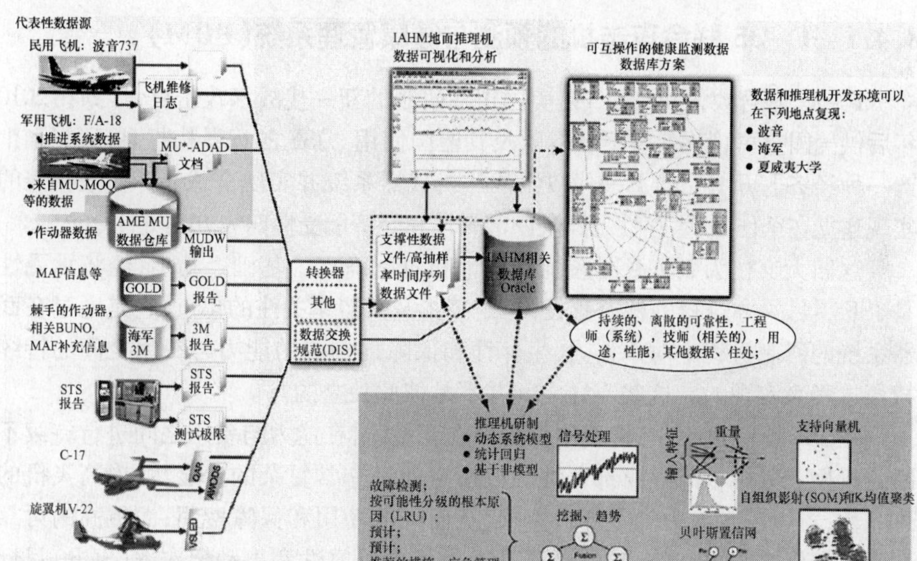

图 8－18　多平台飞机健康管理系统体系结构

以机械信息管理开放系统联盟（MIMOSA）的标准为基础，按照需要对数据库模式设计进行修改，以达到飞机综合健康管理目标。波音已开发的能满足互操作功能要求的数据规范具有灵活性与可扩展性，能够满足未来发展的需要。而且，以此数据规范为基础设计的通用数据库模式，可应用到飞机、试验站、船舶以及其他运载工具上。飞机综合健康管理数据库能够存储工程分析所需的数据、解决系统性问题或个别问题、确定飞机症状与飞机故障之间新的相关性,并能够提供数据可视化功能,提高维修的效率和效能。

总之,波音"鬼怪"工作室已经建立了一套基于开放式系统原理的、行之有效的健康管理工程环境。作为工业信息资源,健康管理工程环境能够用于飞行器综合健康管理系统的开发,完成将飞行器综合健康管理系统向商用/军用的空中/太空飞行器上的移植。项目分析和建模、环境实验室和使用实验室必须具有足够的灵活性,能够适应波音的各种产品平台使用中不断变化的需求和环境。

8.4 PHM的典型应用案例

本节介绍国外 PHM 技术的一些典型应用,给出工程应用实例,如 F-35 飞机的 PHM 系统、直升机的 HUMS、航天飞机 IVHM 系统、地面战车的嵌入式后勤保障系统等。

8.4.1 F-35 联合攻击机的预测与健康管理系统(PHM)

F-35 联合攻击机(JSF)是美国正在研制的新一代战术攻击机,计划在 2010 年后供美国空军、海军、海军陆战队及其盟国使用。JSF 的远景构想是:研制和生产一种经济上可承受的下一代攻击战斗机武器系统并实现全球保障。该构想的实现建立在杀伤力、生存性、保障性/部署性和经济承受性四大方案支柱之上。

这四大支柱为 JSF 武器系统的设计和研制确立了基础。其中,经济承受性是 JSF 项目采办过程的核心支柱,也是美军及其盟军关注的焦点,它是通过在武器系统的研制过程中对杀伤力、生存性和保障性构成的能力与费用之间的持续权衡过程来实现的。这些支柱之间并不是彼此独立的。

在 JSF 研制过程中,将费用作为独立变量,要在能力与费用之间进行持续不断的权衡。其中,保障性/部署性的权衡空间是非常复杂的。显然,提高飞机的可靠性,可以减少人力和零部件需求,从而降低使用和保障费用;而更高的可靠性意味着将带来更高的采办费用。JSF 的任务可靠性和出动架次率(SGR)目标如果严格通过高可靠性来实现,将会使飞机在经济上不能承受。经权衡研究发现,为保障性和部署性提供经济可承受方法的关键之一在于 PHM 系统及其如何支持自主式保障方案的实现。

自主式保障是利用飞机飞行中提供的电子信息来确定、计划,并以最少的飞机停机时间完成必要的维修活动。PHM 系统借助分层的智能推理机软件,并利用很少甚至不使用特殊传感器,就能预计、检测并隔离飞机上的故障。高度可靠的飞机引入 PHM 不是为了直接消除故障,而是为了了解和预报故障何时将发生,或在出现始料未及的故障时触发一种简单的维修活动。

具体而言,自主式保障是为了满足下列一项或多项要求:提高安全性,提高出动架次率,启动自主式保障功能,降低寿命周期费用,缩小后勤规模,触发系统重构以保证任务可靠性,以视情维修方法取代计划维修,提供先进的机上诊断和测试性等。可以说,没有 PHM,JSF 的自主式保障系统就无法正常运转。JSF 选择 PHM 技术的主要原因就是实现自主式保障,满足 JSF 降低使用和保障费用的目标。

8.4.1.1 自主式保障系统总体框架

为了实现经济承受性目标,JSF 采用了一种革新的保障方案——自主式保障系统。它是美军三军通用的一种实时、智能化的全球后勤保障网络系统,是一种借助先进数字化信息技术的全新的维修与保障系统。根据这一方案,原先劳动力密集型的活动如维修、备件供应和运输管理将实现自动化,即当飞机还在空中飞行时,机载的预测诊断系统所检测到的飞机故障信息便可自动传输给地面的维修站和后勤补给系统,使其准备好相应的零备件、技术资料、维修人员和维修设备等,当飞机着落后便可快速进行维修,保证飞机再次出动,缩短飞机再次出动准备时间,提高飞机的出动强度并大幅度减少维修工作量,节省使用和保障费用,提高飞机的战备完好性。

基于 F-35 的保障性分析与后勤保障商业实践的要求分析,利用现代信息与通信技术,F-35 自主式保障系统的总体框架如图 8-19 所示。这是一个多

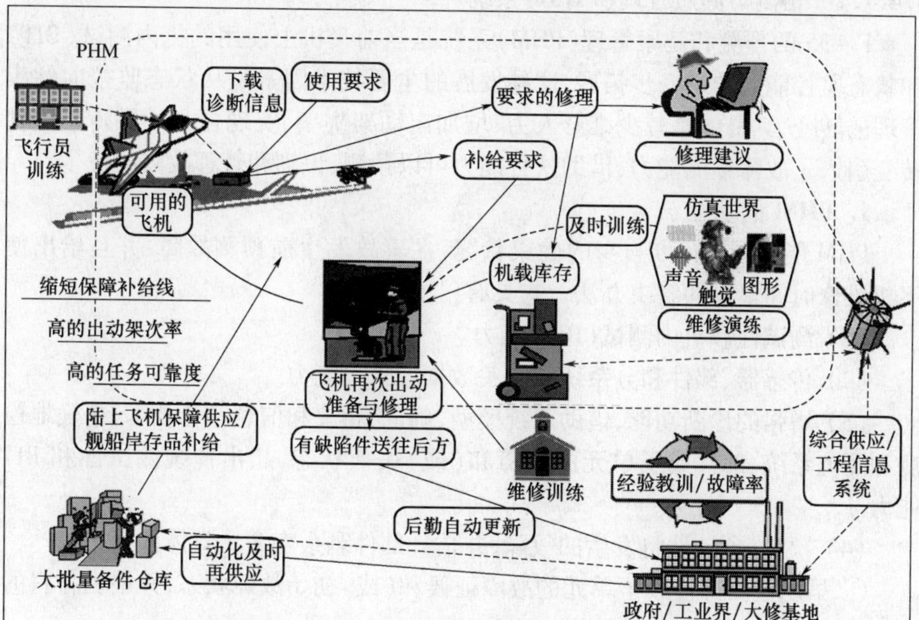

图 8-19 F-35 自主式保障系统的总体框架

维综合的信息化后勤保障运行网络,图中虽然只给出了海军舰载飞机的自主式保障系统框架,但是空军和海军陆战队的情况与此是一样的。自主式保障系统的两项关键技术为机载预测与健康管理(PHM)系统和分布式信息系统(自动式保障信息系统/联合分布式信息系统(ALIS/JDIS))。

首先,为了使自主式保障系统开始运转,必须有一个激励信号进行启动,先进的机载预测与健康管理(PHM)系统正是启动自主式保障系统自发响应的主激励;其次,分布式信息系统是自主式保障系统的支柱,建立通信网络,支持智能决策保障和先导式保障。先进的PMH通过预测故障和健康管理,大大提高了F-35飞机的可靠性,而作为F-35自主式保障系统神经中枢的DIS提供了决策支持工具和有效通信网络。然而,如果没有快速响应和灵活的后勤基础及时提供准确的保障,就不可能获得准确和全面的后勤保障信息;如果没有掌握先进技术的维修人员,也不可能使用各种工具经济有效和快速及时地维修与保障飞机再次出动。

因此,建立先进的后勤基础设施,制定科学的后勤保障策略,探索各种满足F-35飞机保障要求的有效途径,培养与训练掌握先进技术的维修人员,也是同等重要的。此外,以现代信息技术为基础的便携式维修辅助装置(PMA)、远程维修技术和信息化物资补给系统等也是保证自主式后勤保障系统正常运转的重要手段。

8.4.1.2 预测与健康管理(PHM)系统

F-35的预测和健康管理(PHM)系统是当前飞机上使用的机内测试(BIT)和状态监控能力的进一步拓展,这种发展的主要技术因素是从状态监控向健康管理的转变,其目的是减少维修人力、增加出动架次率、实现自主式保障。这种转变引入了故障预测能力,借助这种能力可以预测、识别和管理故障的发生。

1. PHM的功能

PHM能使飞机诊断自身的健康状况,在事故发生前预测故障,并且给出使飞机维修时间最少的解决办法。它具有以下能力:

(1) 测试性和机内测试(BIT)能力。

(2) 传感器、部件和分系统级有关数据的采集能力。

(3) 增强的诊断功能,借助系统模型、确证、相关和信息融合技术,精确地检测和隔离系统、部件或子单元的故障和(或)失效状态,超出传统测试性和BIT能力。

(4) 预测:预计即将发生的故障,并估计部件剩余寿命。具体包括:

① 早期检测部件或子单元的故障征候和(或)初始故障状态,并根据材料的实际状况预计剩余使用寿命;

② 预计在部件初始故障状态向最终失效发展过程中的任一时间的剩余使

用寿命；

③ 积累飞行器限寿件的寿命消耗情况。

(5) 健康管理：在飞行器存在功能降级情况下，能够保证最大程度地完成飞行系统的任务。健康管理包括根据飞行器实际的和预计的材料状况进行维修、供应和其他后勤保障活动。

借助上述能力，PHM 可完成的主要功能包括故障检测、故障隔离、故障预测、剩余使用寿命(useful life)预计、部件寿命跟踪、性能降级趋势跟踪、保证期跟踪、故障选择性报告(只通知立即需要驾驶员知道的信息，将其余信息通报给维修人员)、辅助决策和资源管理、容错、信息融合和推理机以及信息管理(将准确的信息在准确的时间通报给准确的人员)。

PHM 对 JSF 的使用、健康状态和安全性提供持续监控。在飞行过程中，如果 PHM 检测到任何部件或分系统有性能降级的情况，它将隔离该故障，预计失效时间，并计划需要完成的必要的维修工作。在飞机返回基地前，维修措施将传送给后勤保障链。PHM 所具有的这种持续的状态监控、故障诊断和预测能力可以降低并有望能大幅度减少飞机着陆后维修人员诊断问题花费的时间，节省下来的时间用于订购备件以及维修人员对修理/更换工作的演练。

总之，将 PHM 设计到飞机中，一是为了借助它来有效地减少或消除对测试设备、工具和其他诊断设备的需求；二是为了提供一种目前由维修人员(尤其是要求经诊断技能或专家训练的维修人员)来执行的功能；三是为了便于将某些不重要区域的维修活动推迟到适当的时机进行，从而减少在远征或海上作战时在前线部署备件的需要。另外，为了使自主式后勤保障方案开始工作，必须发出一个激励来触发该系统，PHM 系统就是 AL 系统的触发器。

2. PHM 的结构

F-35 的 PHM 系统是由 JSF 机上和机下部分构成的一体化系统。如图 8-20所示，机载 PHM 结构包括以下几种区域管理器软件模块(除推进系统管理器外，其他区域管理器软件都宿驻在综合核心处理机(ICP)中)：

(1) 功能系统管理器：监控飞行控制系统和通用分系统，包括起落架、环境控制系统和外部灯光；

(2) 任务系统管理器：监控通信、导航、电子战和外挂设备等，它采用电子射频的预测性诊断系统；

(3) 机体管理器：监控用于评估飞机结构健康状态、测量机体应力、过载力超限和寿命消耗量等数据的传感器；

(4) 推进系统管理器：监控发动机和升力风扇健康状态，包括发动机吸入碎屑监控系统、滑油状况监控系统、发动机应力监控系统、静电式轴承监控系统、静电式滑油碎屑监控系统、先进寿命算法和部件状况监控系统等。

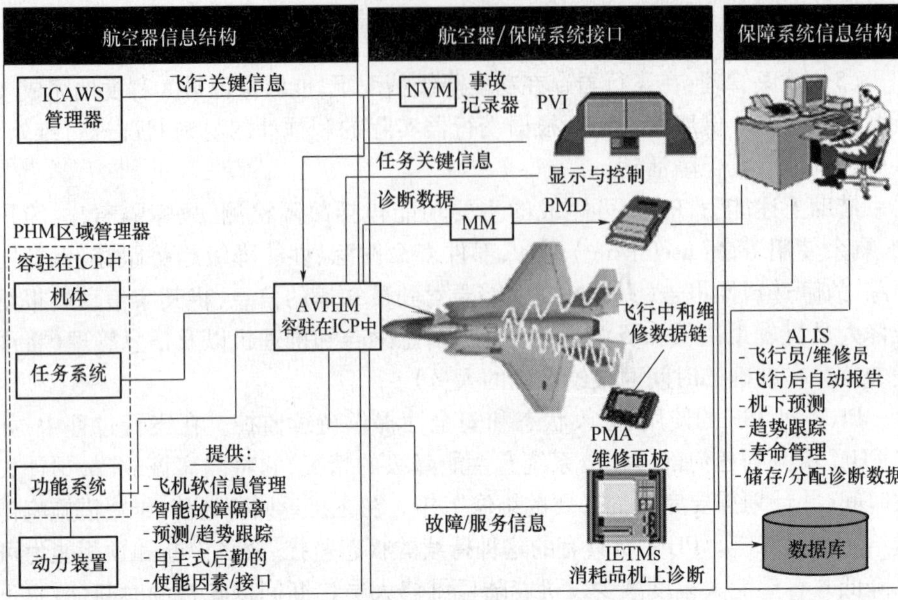

图 8－20　F－35 的机载 PHM 结构

AVPHM—飞行器 PHM 管理器；PVI—人机接口；MM—大容量内存；
PMD—便携式维修装置；PMA—便携式维修辅助设备；ALIS—自动化后勤信息系统。

各区域管理器将区域故障信息经过整理后传送给更高层的飞机管理器软件模块。飞机管理器也宿驻在 ICP 中，通过对所有系统的故障信息的相互关联，确认并隔离故障，最终形成维修信息和供飞行员使用的知识信息，传给地面的自动化后勤信息系统（ALIS），ALIS 据此来判断飞机的安全性，安排飞行任务，实施技术状态管理，更新飞机的状态记录，调整使用计划，生成维修工作项目，以及分析整个机群的状况。上述区域管理器和飞机管理器利用基于模型的推理、神经网络和模糊逻辑等 AI 技术，能够更好地消除虚警，并正确隔离故障。F－35 的 PHM 软件包含了飞机总密码中的 10%，每次飞行可以储存 10 亿字节的故障和寿命使用信息。

如图 8－21 所示，机外 PHM 软件宿主在自主式后勤信息系统（ALIS）中，它是一种综合 PHM 系统，负责完成对机载健康管理结论的综合、判别和决策。ALIS 是联合分布式信息系统（JDIS）的核心组成部分，ALIS 的民用维修管理系统的核心软件采用了 Mxi 技术公司的 Maintenix 软，它是一种“单项优势”应用软件（Best of Breed，BoB）。人们将那些经过长期精心培育、发展而推出的、在某一功能领域内集成的，既在某一方面优于 ERP 的特长，又有很强的独立性的软件称作 BoB 应用软件。该软件将提供资产管理、维修大纲管理、维修规划和进度安排、技术状态控制和工作落实等能力。Mxi 技术公司是世界上航空 MRO 软件的领头人。Maintenix 软件已在美国海军 F/A-18 项目中获得成功应用，积累了丰富的经验。为支持飞行试验飞机，初始的 ALIS 飞行试验能力在 2005 年 8 月进行部署和试验。

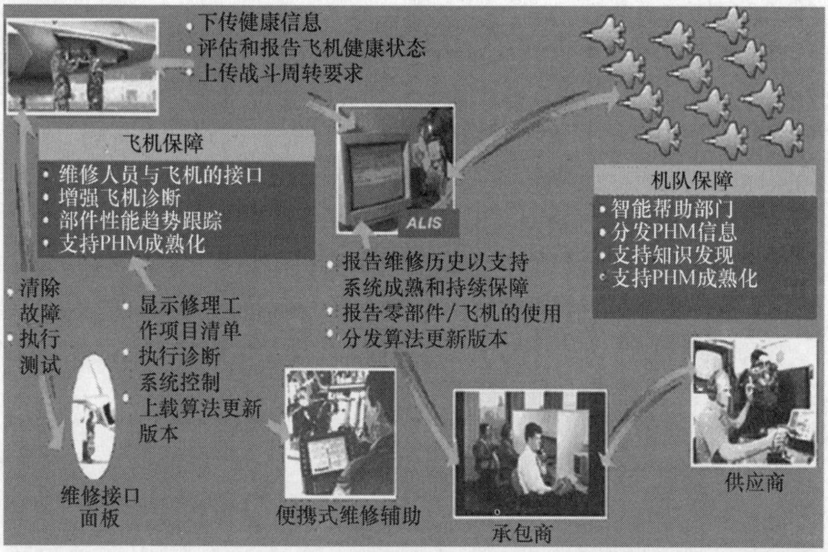

图 8-21　F-35 的机外 PHM 使用方案

洛·马公司信息系统部采用英国 BAE-IFS 公司的 IFS 国防应用程序(IFS Application for Defense)为 JSF 的 JDIS(ALIS)提供保障基础设施。IFS 应用程序采用开放式分层体系结构，便于将 IF 应用程序部件嵌入到一种与 Java 2 平台企业版(J2EE)兼容的保密网基构架内。J2EE 定义一种标准的功能，便于组织快速研制和部署应用程序，并且容易改进和增强这些程序以提高其价值。J2EE 模型支持广泛利用新技术的分布式应用程序，同时借助一种部件基应用程序模型来简化研制过程。

此外，洛克希德·马丁公司已委托荷兰的 PHM 联合公司开发一种智能辅助环境(IHE)，该技术被集成到 F-35 ALIS 的机外 PHM 结构中，用于辅助维修人员发现并修理飞机难于诊断的复杂故障。

机外 PHM 功能包括飞行重演模块(Flight Recreation Module，FRM)、预测、诊断和寿命管理。FRM 通过重现问题发生期间飞机的飞行(或地面功率循环)支持飞机的问题解决。FRM 的目标是向用户提供飞行数据播放器、飞行阅读器和图表阅读器，从而为保障工程师和维修人员深入洞察飞机发生的问题提供支持。飞行数据播放器使用户可以操纵和播放一组信号数据(来自飞机上传感器的记录数据)。其输出导入一个或多个飞行阅读器和图表阅读器中。

机外 PHM 程序应将航空电子系统的故障隔离至板级水平,将机械故障隔离至外场可更换部件(LRC),如液压制动装置和变速箱。由于采用了电子控制器来观察机械系统中的故障,故 F-35 对机械故障的隔离水平更高。国外有关资料预计 PHM 可以为 F-35 项目带来下列收益。

(1) 维修原理的改变

① 故障检测覆盖飞机各重要系统,包括航电系统、重要功能系统、飞机结构和动力装置,可实现Ⅰ、Ⅱ类故障模式监控和故障告警,提高飞机的安全性;

② 可实现对故障的精确诊断和定位,减少故障检测和隔离时间,提高维修性,降低对保障设备的依赖性;

③ 可实现飞机故障预测和关键部件剩余使用寿命预计功能,不是根据故障,也不是按照计划,而是采取视情维修和适时维修,因而减少了对任务计划的干扰,并显著减少甚至取消预防性维修,有助于实现基于状态的维修和两级维修体制;

④ 故障信息和故障征候可实时传输给地面,增加地面维护人员维修准备时间,减少后勤延误时间,提高维修效率。

(2) 减少测试设备

① 减少中继级和航线(基层级-O 级)测试设备;

② 减少系统研制和验证(SDD)过程中 35% 的专用保障设备;

③ 撤销 O 级测试设备;

④ 对常规起降型(CTOL)减少 81 块;

⑤ 对短距起飞垂直着陆型(STOVL)减少 77 块;

⑥ 对舰载型(CV)减少 61 块。

(3) 对 F-35 用户和维修人员的益处:

① 总资产可视化:在状态屏幕上可浏览所有资产或部件的完好状态。

② 提高质量:采用持续改进的商业运作方式,关键性能指标将获得改进;停机将减少甚至消除。

③ 降低维修成本:基于状态的维修可降低对计划检查的需要。由于掌握更详细的零备件消耗情况,可以减少库存水平,改进维修进度安排。

④ 预测:在出现薄弱环节前就能预计到,便于事先提出解决办法。可以缩短供应链、维修进度安排和其他过程的时间间隔。

⑤ 简化使用和维修训练。

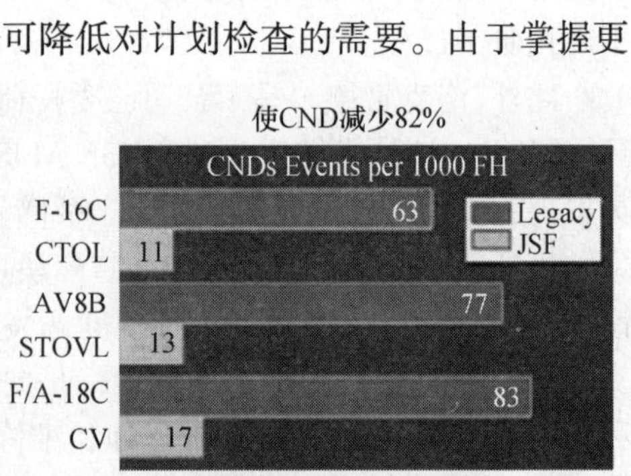

图 8-22　PHM 的费用节省

PHM 费用节省情况见图 8-22 所示。据估计,通过采用 PHM 技术等各种先进技术措施可使维修人力减少 20% ~40%，后勤规模减小 50%，出动架次率提高 25%，使飞机的使用与保障费用比过去的机种减少了 50% 以上而且使用寿命达 8000 飞行小时。

8.4.2 PHM 技术在直升机中的应用

直升机健康与使用监控系统(HUMS)是一个集航空电子设备、地面支持设备及机载计算机监视诊断产品于一体的复杂系统。它使用传感器和机载计算机与地面支持设备的计算机相连以便连续观察、自动记录和分析飞行机载设备的性能特征，从而监测潜在失效，对早期故障做出诊断。

英国直升机 HUMS 技术走在世界前列。英国自 1991 年研制世界上第一个直升机健康与使用监控系统以来，先后开发了三代产品。前两代 HUMS 系统的开发主要集中于 20 世纪后期，代表了 20 世纪 HUMS 系统的发展水平。目前正在研制、生产第 3 代 HUMS 系统。

8.4.2.1 直升机 HUMS 系统典型结构

HUMS 一般由传感器、机上数据采集、数据处理和存储用的硬件和软件、地面站硬件和软件以及把数据从机载系统(OBS)传送到地面站(GS)的装置构成(图 8-23)。OBS 用于采集和处理直升机和旋翼 / 传动系统 / 发动机振动数据，回应空勤人员咨询，自动完成对旋翼轨迹和动平衡调节、对传动系统监控和发动机检查等功能。GS 除用于提供诊断 / 预测和生成维修措施外，还提供与技术状态(配置)和维修管理功能的接口。下面以适合于不同直升机平台需求的 IMD HUMS 系统为例介绍系统结构。

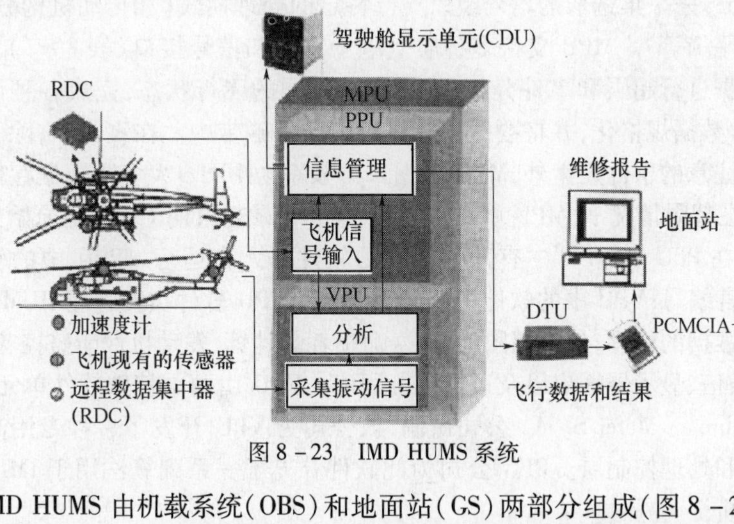

图 8-23 IMD HUMS 系统

IMD HUMS 由机载系统(OBS)和地面站(GS)两部分组成(图 8-23)。OBS 采集并处理四个方面的相关数据：当前的性能和超限、机械诊断、旋翼轨迹和平衡、使用寿命(service life)消耗量(utilization)。这些数据从构成飞机的基本组成部分(包括总线)的各种状态传感器以及专门安装的加速度计和轴位置传感器获得。

有关信息自动(可以有选择)显示在驾驶舱中,供空勤人员查看。不过,大部分原始数据和处理后的信息在直升机着陆后输出给 GS。GS 是与 HUMS 系统的主要用户接口,它负责自动记录并保持全部飞行数据和维修数据,完成飞机技术状态和零部件跟踪,支持飞行数据的维修和工程分析,生成工程和管理报告,并将数据存档,为维修人员、后勤人员、使用部门和工程保障人员提供辅助。在美国海军的应用环境下,GS 软件驻留在海军的维修管理和后勤保障工作站内,它将有关的趋势跟踪、预测和规划数据传送给一个上行线路(up - line)数据库。IMD HUMS 地面系统与海军航空后勤指挥管理信息系统(NALCOMIS)综合,可以提供一种完善的设备管理办法。

1. 机载系统(OBS)

OBS 主要包括主处理单元(MPU)、控制显示单元(CDU)、数据传输单元(DTU)、远程数据集中器(RDC)和传感器等机载设备。MPU 是一个基于 VME 标准的系统,位于一个 1/2ATR 外壳内(图 8 - 24)。MPU 由两个处理器构成:基本处理单元(PPU)和作为其补充的振动处理单元(VPU)。PPU 作为系统控制器,负责管理输入、输出信息,管理和控制机上所有运行,它接收来自 RDC 和 VPU 的信息;VPU 完成必要的振动数据采集和预处理,向 PPU 提供经选择的原始数据信号和处理后的信号。VPU 有 32M 字节数据采集区域供存储选取的振动数据信号,待随后处理。VPU 能够从 56 个加速度计、12 个指针传感器、2 个光学跟踪器和 1 个麦克风输入中采集数据。VPU 利用多路传输方式(multiplexing scheme)来采集选取的信号组以支持特定的处理模式(如传动机构分析、旋翼轨迹和平衡等)。MPU 支持多种航空电子总线和信号接口(表 8 - 1)。MPU 对输入数据进行超限和事件分析,计算各种不同的飞行状态,完成各种诊断算法,使趋势数据规格化,并将数据存储在机上数据磁带中。在飞行中,除了有超限或值得注意的事件发生外,MPU 数据采集频率为 10Hz,大多数数据存储频率为 1Hz。在超限情况下,MPU 将从 VPU 采集并记录超限期 15s 内的原始信号。

OBS 在 PPU 和 VPU 中有几种不同的软件单元在运行。PPU 中的软件用 Ada95 语言编写;VPU 中的软件用 C 语言编写。PPU 软件负责管理 HUMS 绝大部分采集数据的处理,包括超限检查、寿命损耗量计算、发动机性能监控、数据记录、总线通信、显示器输出以及运行飞行程序。VPU 由两个特殊软件单元构成。VPU 由 Vibro - Meter S. A. 公司研制,该公司为 VPU 开发了一种专用高水平数据采集和处理控制层。BFG 公司为此软件补充了一系列算法用于 IMD 有关的振动分析。

表 8-1 MPU 总线接口

接口类型	数 量
MIL-STD-1553(类型 A 或 B)	1 条冗余总线
ARINC429Tx	4
ARINC429Rx	14
RS-422	4
RS-232	2
RS-485	2
ARINC717	1
频率/测速仪	12
指针	8
加速度计	46

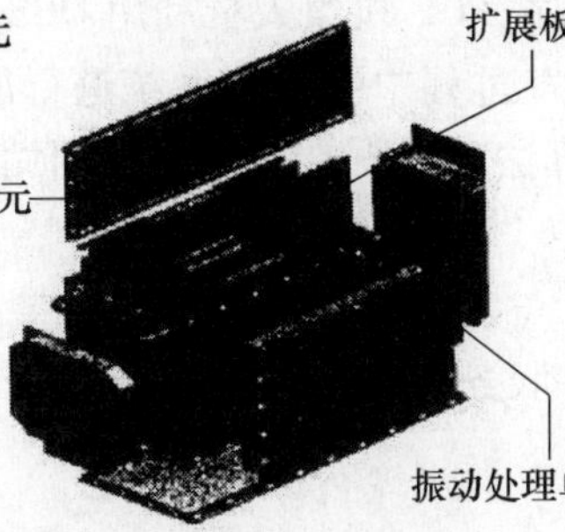

图 8-24 IMD HUMS 的 MPU

用户界面由机上 CDU 或其他与数据总线相连的显示设备提供。该界面使操作人员可以实时查看飞机工作数据,并提供受口令保护的维修信息,还可向空勤人员提供超限警告和飞机状态数据以及诊断程序提示。根据请求,MPU 可将信息传给 CDU。

对于那些不支持现代航空电子总线通信的飞机,采用 RDC 来收集所需的飞机信号。RDC 专门设计用于收集飞机上发现的各种信号类型(见表 8-2),提供从构成原始承包商的成套设备的状态传感器和处理器导出的信息。MPU 最多可以支持 3 个 RDU 的数据收集。

表 8-2 RDC 接口

信号类型	可用数量
分散输入	48
同步	4
交流信号	16
直流信号	32
ARINC-429 输入	1
ARINC-429 输出	1

DTU 用于将原始数据和处理后的数据传送给地面站。DTU 使用一种个人计算机存储卡接口适配器(PCMCIA)闪存卡作为飞行数据临时存储介质。PCMCIA 卡易于从飞机上拆卸下来,将数据传输给地面站。该卡还具有两用功能,即它还用于上载配置机上系统所需的数据和算法以及其他有关信息。

IMD 传感器由飞机现有的传感器加上一组用于收集与旋翼系统和传动机构有关的振动数据的加速度计和索引(index)传感器组成。这些传感器永久安装在飞机上,便于持续监控和收集振动数据。加速度计安装在每个主传动机构组件的输入和输出位置,并遍布座舱。以 SH-60B 和 CH-53E 直升机为例,至少有 30~70 多个传感器安装在发动机和传动机构及旋翼部件上,以提供状态指示。还增加了一个独立的测速仪和 1/rev 指示器(indexer),以构成成套传感器。该系统可以接收完全模拟信号或完全数字信号或同时具有模拟信号和数字信号。

OBS 除负责管理机上数据采集、处理、分析和存储以及空勤人员对选取事件的咨询外，还用于自动操纵几个程序。其中，旋翼轨迹和平衡、发动机执行功能检查飞行(FCF)程序是最重要的两个程序，FCF 机组人员利用 OBS 来确定他们的维修效能，而维修人员可以在诊断检查过程中利用该系统进行航线查故。OBS 完成上述功能和其他功能所使用的算法和数据在驻留于地面站的技术状态实用程序中有定义。

2. 地面站(GS)

GS 是一种基于 Windows NT 的客户—服务器系统，它宿驻于一个网络服务器或工作站环境中。

1）网络服务器最低要求

(1) 硬件方面：双 400MHz 奔腾 II 处理器 w/512K 高速缓冲存储器，24 - X CD - ROM 驱动器，512M 字节安装 RAM，6 个 9.0G 字节硬盘驱动器，网络接口。

(2) 软件方面：Windows NT 服务器 4.0、Build1381、补丁包(Service Pack)4、Windows NT 服务器资源包、Oracle(由美国独立广播组织经营的广播电视数据检索系统)相关数据库机系统(RDBMS)8.0.5.0.0。

2）用户工作站最低要求

(1) 硬件方面：266MHz 奔腾 II 处理器，256MB 安装 RAM，PCMCIA 卡片输入机，网络接口，20X CD ROM 驱动器，9GB 硬盘驱动器。

(2) 软件方面：Windows NT 服务器 4.0，Build1381、Service Pack 4，微软数据访问部件版本 2.0 Service Pack 2.0，Oracle 系统客户 8.0.5.0.0.(美国 Oracle 公司，主要生产数据库产品，也是主要的网络计算机的倡导者)。

(3) GS 的功能：DTU 初始化和下载、零部件(元器件)和维修技术状态跟踪、使用计算/更新、状态指示提取、传动机构、旋翼和座舱减振器诊断、数据绘图、趋势跟踪和报告、系统/用户管理、外部应用程序接口(交互式电子技术手册、用户技术状态/维修管理系统)。

3. IMD HUMS 的结构特点

任何一种 HUMS 结构都是由传感器、处理器、通信链(或互联网络)、存储器和软件等组成的一种综合的航空电子系统结构，其结构特点之一在于综合。HUMS 是一个集航电系统、机械部件、传动系统、发动机及其他非航电系统等的状态及使用监控与故障诊断为一身的复杂系统。它在一个系统中执行多种状态监控功能，如性能监控、振动监控、滑油系统监控以及旋翼轨迹与平衡。当然，HUMS 是一种多功能“系统的系统”，它比其他航空电子系统实现的功能要广泛得多。HUMS 中的各种不同的功能模块一般共享一个公共处理器来执行各种算法，共用一个公共的数据库来存储数据，共用一个共同的数据下载媒介将数据传送到地面站。在某些情况下，一些功能模块甚至可能共享同样的传感器数据。

IMD HUMS 除具有一般 HUMS 的上述特点外，其最显著的结构特点是一种通用的开放系统结构。开放系统结构对于在多种平台上应用 HUMS 非常关键。开放系统结构是系统升级和引入各种不同来源的新技术所必需的。尤其是 HUMS 是多种技术的集合体，这些技术解决的是飞机各分系统和操作范围内各种不同的问题。HUMS 的各项技术并非处于同样的成熟水平，新技术正在不断开发出来，没有一个机构拥有 HUMS 所有各种功能的最新技术。采用开放系统结构，不但便于快速吸收新技术，而且有助于先进技术和设备在不同类型的直升机中的转换使用。因此，推行开放系统方法是美军当前十分重视的一种策略。

8.4.2.2 HUMS 系统的工作原理与功能

HUMS 的原理：在飞机上安装必要的传感器和数据采集系统以及数据传输设备等机载设备，在飞机飞行过程中，HUMS 的机载设备高效率采集和处理各种来源的系统状态和使用信息；在飞行结束时，将这些数据通过数据传输设备传送给地面计算机系统做进一步处理、分析，并据此确定应采取的维修活动。HUMS 是根据部件的实际使用来计算部件的寿命损耗的。

如果发现部件寿命比飞机取证时根据假设的使用载荷谱确定的寿命长，则可以延长部件的服役时间，达到降低维修费用的目的；相反，如果根据实测的飞行数据发现部件寿命比取证时的设计寿命短，则应该让该部件及时退役，从而使驾驶员减少风险，提高飞行安全。HUMS 还可以提供趋势分析数据，使用户可以进行寿命损耗的趋势分析。

IMD HUMS 支持各种与状态和维修有关的功能（图 8－25），主要包括状态监控、使用监控和维修人员接口。

8.4.2.3 状态监控

状态监控功能为驾驶员和维修人员提供飞机各个子系统的状态。包括三个关键功能子系统：旋翼轨迹和平衡、机械诊断、发动机性能评估。

1. 旋翼轨迹和平衡（RTB）

由于旋翼和尾桨各自都以多种不同的旋转频率转动，造成所有直升机都呈现出不同程度的低频振动。这些低频振动会使机上人员感觉不适，并造成直升机结构和设备的疲劳损伤。通过调整桨毂—配重包、可调桨距传动杆和安装在桨叶后缘上的一个（或多个）调整片来减少这些振动。通过最大程度地减少桨叶轨迹偏差和最大程度地减少直接测出的振动来使振动最小。桨叶轨迹偏差方法通过跟踪桨叶在某一点的轨迹并及时调整，使每个桨叶服从同样的轨迹，以寻求最大程度地减少振动。更直接的方法是测量并最大程度地减少实际振动。RTB 程序降低了主旋翼和尾桨诱导的振动。

IMD HUMS 旋翼轨迹和平衡软件——ROTABS TM 是 IMD HUMS 的旋翼平衡系统，它利用了从机身上安装的平衡和轨迹传感器获得的振动数据。该技术

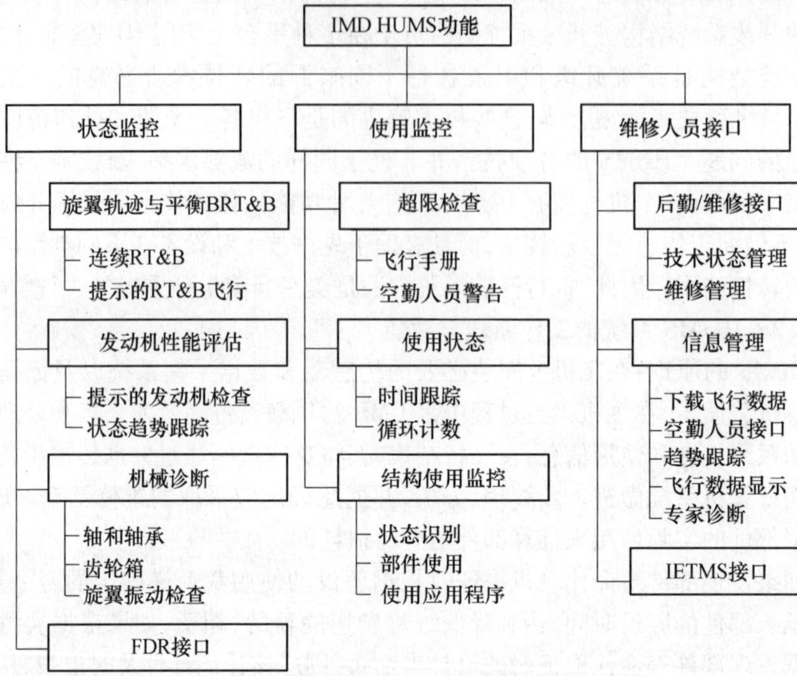

图 8-25　IMD HUMS 的功能

省去了手提的或机身上安装的光学轨迹仪。它尤其适合于全日制工作和军事作战环境。ROTABS TM 推荐对前述的三种备选对象(配重、操纵杆和调整片)的某些或全部进行调整的意见,形成一种有效的解决办法。该软件包括一种利用可获得的振动和轨迹数据的旋翼平衡算法。不过,当直升机没有安装跟踪装置(tracker)或跟踪装置不能工作时,只有振动数据,该算法仍能正常工作。在战时,可以将该系统配置成提供最少数量的变动,就使振动处于可接受水平;在平时,可以调用更全面的一组变动,以消除不适当的振动。

在许多飞机机队中,涉及 RTB 的飞行时间占年度飞行时间的 5% ~8%。HUMS 通过在飞行中自动采集和存储数据,提供了主旋翼自动轨迹和平衡以及尾桨的自动平衡能力,无需专门的试验飞行,从而最大程度地减少了对驾驶员输入的需求或对飞行专门的飞行包线的要求。预计 HUMS 将降低 RTB 专门飞行需求达 75%,即除了减少维修时间和增加可用性外,还使专用于 RTB 的飞行小时数减少 3.75% ~6%。

RTB 的技术关键是使该功能实现自动化,无需驾驶员干预,即 HUMS 系统必须识别飞行状态(regime)、记录和处理数据,并在飞机着陆时将需要做的调整报告维修人员。因此,RTB 软件程序的开发是 RTB 的技术关键。

2. 机械诊断

IMD HUMS 中的机械诊断对各个齿轮、轴承和轴实施监控。在飞行中对来自传动机构的振动信息进行分析，以探知传动机构的状态。具体包括轴平衡监控、滚动体轴承故障诊断、齿轮箱（主、尾部和中间）故障诊断、传动系统振动监控、宽带振动分析等。诊断采用先进的信号处理方法对各种不同来源的信号进行处理。利用多种来源可以避免依靠单一传感器可能产生的虚假指示。IMD HUMS 数据采集是完全自动化的，无需空勤人员干预，除非空勤人员专门请求干预。在关键部件有关的信号超出预定门限值情况下，系统自动提供飞行安全咨询（Flight Safety Advisories）。

在正常飞行中，VPU 根据 PPU 的指示，从选择的传感器和测速仪中采集数据。PPU 中有一个主技术状态数据采集进度表，指挥 VPU 在（只有在）数据俘获窗口（飞行状态）正确时采集数据。当从故障的传感器采集了数据时，这些数据被标记为潜在不合理数据。利用质量保证程序对数据质量进行证实后，首先对测速仪通道进行处理以给出传动系统的转速信息。在采集数据之后，对于一组特定传感器有关的一系列轴、齿轮和轴承进行诊断计算。计算输出的诊断指示由 VPU 发送给 PPU 进行评价和综合。然后，运用各种专用评价方法对来自同一部件而不同传感器的诊断指示进行综合分析，得出该部件的状态。在飞行过程中不断对每个部件的状态进行评价，以确保飞机安全。

所有部件的诊断指示、状态数据和经选择的原始数据通道通过 DTU 传给地面站做补充分析、报告、处理和存档。地面站可以为直升机维修人员和技师提供诊断查故指南和在线修理程序。同样，HUMS 系统帮助工程师和分析人员进行数据评审和诊断算法改进以获得新的或优化的诊断程序。HUMS 以这种方式迅速和实际地提供了有用信息，同时使分析人员可以评审数据并使系统尽快成熟。

IMD HUMS 的机械诊断功能是 HUMS 的一个重要的安全性特征。据美国海军安全中心估计，1/4 直升机机毁事故本可以用 HUMS 避免。HUMS 系统监控传动系统动部件产生的振动和施加在这些动部件上的扭矩。HUMS 系统对这些部件进行分析、识别振动超限、检测轴承开始失效的征兆、测量扭矩、监控产生的损伤，并在飞行中向空勤人员提供迫近失效的告警。

有关机械诊断的技术关键是确定门限设定值、部件的失效模式分类、消除虚警、开发压电传感器、声学传感器、神经网络技术、预测部件失效前时间（TTF）。

3. 发动机性能评估

IMD HUMS 根据既定的发动机功率保证程序自动进行传统的发动机状态检查（状态指示器测试（HIT）检查、最大功率检查等）。发动机状态的其他度量指标（温度、压力、金属屑探测等）也受到监控。

IMD HUMS 记录和计算发动机性能趋势、功率保证和寿命损耗量。功率保证能力使发动机当前功率检查（如状态指示器测试和涡轮发动机分析检查）程序实现自动化。系统向用户报告发动机状态，并提供与航空涡轮发动机诊断系统（ATEDS）的数传。发动机监控功能的关键是在无需驾驶员干预条件下完成上述功能。为做到这一点，技术关键包括工作状态（瞬态与稳态）识别技术、趋势跟踪算法、气路分析技术、成熟的静电传感器技术等。

8.4.2.4 使用监控

使用监控是指通过监控实际暴露出的损伤来评估关键部件、系统的寿命损耗过程，即查看飞机飞行情况并利用所采集的数据预计部件的剩余寿命或必要的维修措施。超限监控、使用情况监控和结构使用监控（SUMS）是使用监控的三个关键特征。

1. 超限监控

对基于飞行手册的超限或其他类型的超限（传动机构振动水平、状态指示器等）进行监控、报告和记录。将飞行数据与直升机工作极限进行比较，并将任何超限或即将超限的情况向驾驶员报警。还向维修人员提出需要采取的维修活动的建议，如检查或更换部件。

2. 使用情况（operational usage）监控

监控使用参数，如发动机工作小时数、飞行小时数、循环次数等。增强的使用监控能力包括精确地记录工作时间、飞行状态和事件计数，如起飞次数和着陆次数、飞行次数、旋翼启动次数、外载荷循环数、旋翼刹车运行／旋翼惯性降转以及旋翼运行时间等。

3. 结构使用监控

根据直升机实际使用情况跟踪单个零部件寿命。使用监控子系统确定直升机在每种飞行状态（regime）和特定顺序的飞行状态下花费的飞行时间的百分率。然后利用飞行模式数据计算部件损伤增长率以及为保持规定的可靠性水平，确定从服役日开始到预计的更换时间。飞行状态的一些示例，如起飞、悬停、水平飞行、各种转弯和着陆。

收集每架直升机的每次飞行数据，这一过程可以产生大量使用信息。将这些数据通过自动化分析转换成可管理的信息，然后存档和自动分配，以增强后勤决策过程的科学性。利用这种自动化收集数据的功能可以确定单个零部件寿命，处理机队中的每架飞机的实际使用数据。对于那些飞行严酷度不高的飞机，可以取消其不适当的零部件寿命罚值。而在某架飞机处于比预期更严酷的使用情况下，利用使用监控功能可以降低风险、提高飞行安全。另外，通过改进算法系统，可以对同一型号的所有机队飞机采用同样有效的安全余量处理。

飞机的许多部件是根据飞行小时数决定是退役或是大修。飞行小时极限是根据估算的使用谱（范围）、飞行载荷测量结果（survey）和材料强度特性导出的。

工程师们利用载荷分散区域中的峰值和材料强度减去 3σ 方法来得出保守的安全寿命极限。把不确定性置于假定的设计使用谱中。

借助现代仪表,可以测量飞行状态(regimes)并去掉假定的使用谱中的不确定性。结构使用监控系统(SUMS)功能可以根据飞行状态识别技术计算关键部件用去的疲劳寿命时间。SUMS 功能保持了与分散区最高载荷和材料强度减 3σ 的保守性。运用 SUMS 信息可以根据实际疲劳而非简单的飞行小时数来跟踪和更换零部件。运用 SUMS 功能可以对有限寿命件进行视情监控并防止部件的早期失效淘汰,并通过只更换必要的零部件来减少维修。从安全角度来看,SUMS 具有俘获超出设计谱的飞机使用状态从而预防灾难性失效的潜力。结构使用监控的技术关键是如何验证和确认关键部件疲劳寿命的精度,评估当前使用中部件的残余寿命,并研制全球数据库系统以跟踪零件使用情况。

8.4.2.5 接口

HUMS 的维修人员接口是将多种机上诊断与部件和机队趋势、需要的维修活动、机组输入和专家知识综合起来,用于诊断和预计武器系统状态的主要决策工具。这些接口能使状态数据、使用和维修数据的收集和管理实现自动化,并进一步为机上、航线和部队更高级维修用工具(如电子手册、电子履历薄)提供接口。HUMS 接口必须能够在不同军种的飞机间实现互用,并与本军种的数据信息系统相连,以借助无纸系统实现自动的数据传输和快速访问可用数据。此类信息还被一种基于仿真的预测工具用来优化维修作业和安排维修进度。

该项功能的技术关键包括新的/现有数据库的数据融合、维修预测算法、智能决策辅助、神经网络和预测的与需要的维修活动的确认。HUMS 接口,包括 HUMS 地面站在内是机上、航线、部队与数字化航空后勤基础设施之间的信息链。

8.4.2.6 直升机 HUMS 系统应用及成效

PHM 技术的起源是直升机上的健康与使用监控系统(HUMS)。英国直升机 HUMS 技术走在世界前列。英国自 1991 年研制世界上第一个直升机健康与使用监控系统(HUMS)以来,先后开发了三代产品,目前正在研制、生产第 3 代 HUMS 系统。英国国防部目前实施的直升机 HUMS 计划,主要包括史密斯航宇公司的通用 HUMS(GenHUMS)系统项目和阿古斯塔·韦斯特兰公司的“灰背隼”HUMS(Merlin HUMS)系统项目。前者用于“支奴干”、“海王”、“美洲豹”、“山猫”直升机,后者用于“灰背隼”直升机。

进入 21 世纪,美国古德里奇公司开发的综合机械诊断 HUMS(IMDHUMS)开始装备海军陆战队 CH - 53E“超种马”、MH - 53E、UH - 1Y/AH - 1Z“海龙”机队,海军的 SH - 60 和陆军 UH - 60 飞机以及 S - 92 和 S - 76 飞机。HUMS 技术已经装备了约 20% 的陆军航空部队,如果资金允许,陆军将为所有飞机安装数字来源收集器(HUMS 的重要组成)。到 2011 年,35% 的航空部队将完成装备。到目前为止,HUMS 设备已经装备在"阿帕奇"A 和 D 型号、"支奴干"D 和 F 型号以及"黑鹰"A、L 和 M 型号上。美国三军未来配备 IMD - HUMS 的直升机机群总数可能超过 2000 架。

2008 年 1 月 10 日美陆军联盟航空年会上,陆军航空与导弹司令部司令詹姆斯·迈尔斯将军透露,一个装备了 HUMS 的飞行大队,其能执行任务率可以提高 5%,同时飞行小时数增加近 1 倍。他希望尽快为所有派往战区的直升机安装 HUMS,这标志着陆军从反应式维修和定期维修向基于状态的维修方式的转变。美陆军当前的 HUMS 技术包括监视器和传感器(或称为健康与使用监控系统),它在飞行过程中监控特定的设备。飞机着陆后,这些传感器中的数据上传到一个网络中,将飞行过程中收集的信息发送给战区的维修人员以及美国国内的分析人员。陆军下一步将发展预测能力。为了实现这个目标,陆军希望开发新技术,利用从传感器及其他数据源得到的数据,实时地评价健康状态或完整性,从而提高故障诊断和预测能力。陆军还希望得到实现在机上连续调整旋翼的锥体平衡的技术。目前,调整锥体平衡需要维修时间,如果平衡没有调整好,可能导致旋翼出现严重的问题。

HUMS 系统经过 10 多年的发展,目前已经广泛应用于美、英、加拿大、荷兰、新加坡、南非、以色列等国直升机领域,目前,加拿大军方的 100 架 CH146"猎狗"已采用了 HUMS。荷兰皇家空军和新加坡空军都将 HUMS 作为直升机升级和新机采购的一部分。南非宇航监控和系统公司开发的 HUMS 已安装在 Rooivalk 攻击直升机上。史密斯重工与以色列空军于 2000 年 10 月在一架 CH - 53D 直升机上成功地完成了综合 HUMS / 近地告警系统(GPWS)飞行试验,以色列空军计划在其 CH - 53 和 UH - 60 直升机机队安装 HUMS/GPWS。安装了 HUMS 系统的美国陆军直升机战备完好性提高了 10%。陆军已向装备 HUMS 的飞机颁发了合格证或维修许可证,并批准在全部 750 架"阿帕奇"直升机上安装 HUMS。英国国防部也与史密斯航宇公司达成协议,为 70 架未来"山猫"直升机开发类似系统,交付时间于 2011 年开始。史密斯航宇公司还将为韩国直升机项目(KHP)提供价值超过 2000 万美元的直升机 HUMS 系统。

总之,世界上所有新型的飞机和直升机项目都至少将某种类型的 HUMS 作为一种选项,有些准备将 HUMS 作为其飞机的标准安装设备。

8.4.3 洛·马公司嵌入平台的后勤保障系统

军用地面车辆是美国陆军和海军陆战队武器系统重要组成部分,其中包括武器平台、士兵运输以及各种任务的补给和支援车辆。这些车辆具备较高的作战可用性是完成任务的关键。为此,要求通过高度集成、高效的全球作战支援系统实现高效维修、供给和保障。

美国海军陆战队未来作战方案的关键是分布式作战(DO)。分布式作战是一种机动作战形式,在这种作战形式中,具有高作战能力的小规模部队分散在很大的作战区域中,通过协同、独立的战术行动以及分散性获得对敌优势。这就要求后勤保障方面具备更强的能力,向机动作战部队提供聚焦的、定制的后勤保障,同时为作战指挥官及其官兵及时提供准确的关键任务信息。

为了克服上述挑战,美国国防部已经启动了一些旨在实现后勤工作和流程现代化的项目,其中一项是构建并部署自主式保障(AL)。自主式保障(AL)的任务需求描述为:在不同任务场景和作战条件下的部署环境中,能够及时、准确地接收有关战术设备使用状况的信息,即利用嵌入式传感器监控消耗品(燃油、弹药等)和部件、子系统、系统的健康状态,并将这些信息通过后勤管理架构报告给全球作战支援系统(GCSS)和全球指挥控制系统(GCCS),以便实现高效的后勤保障。

目前,美军自主式保障方案的目标包括:

(1) 实现基于状态的维修(CBM^+)。通过自动采集并向作战人员和维修人员汇报平台健康数据,减少手动分析并提供更准确的诊断信息,支持实现预测功能,提高寿命周期的经济可承受性。

(2) 增强后勤保障的可视化。通过及时交流后勤要求数据,支持根据预期的后勤要求进行资源匹配,并增强联合后勤性能的监控。

(3) 更快、更好地保障指挥与控制决策。通过交流平台使用健康/就绪状态和后勤信息,加速向决策制定人员的信息传递,并使联合作战指挥官了解保障评估。

图 8-26 和图 8-27 分别是美国海军陆战队的 AL 系统框架和 AL 功能示意图。这种自主式保障方案已经初步在陆军重型高机动性战术车(HEMTT),海军陆战队的轻型装甲车(LAV)、中型战车替代型(MTVR)和两栖攻击车(AAV)上得到使用和验证。

美国海军陆战队近期的自主式保障系列项目包括三个:嵌入式平台保障系统(EPLS)、电子维修保障系统(EMSS)和 AL-MC 服务(ALS)。

8.4.3.1 嵌入式平台保障系统(EPLS)

美军每天支持全球军事任务实施需要数千辆军车。当这些资产部署时,它们要携带大量贵重的货物、作战人员和供应物资。为了使这些战车能够及时交付其最珍贵的物资,洛·马公司正在为美国海军陆战队开发一种嵌入式平台保障系统(EPLS)。EPLS 交付“平台上”系统/基础设施,用于获得相关数据。

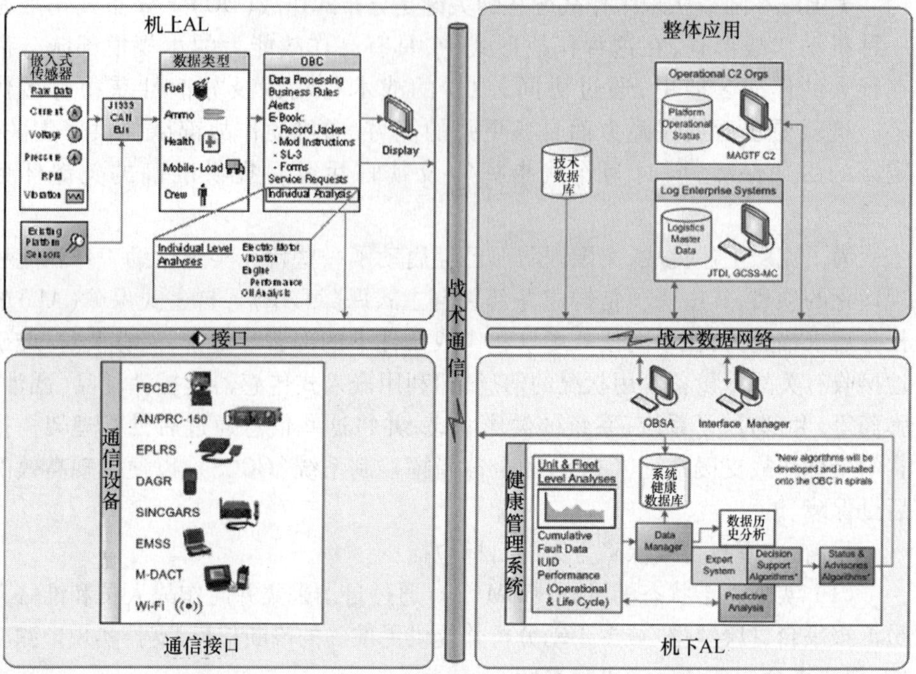

图 8－26　自主式保障系统框架

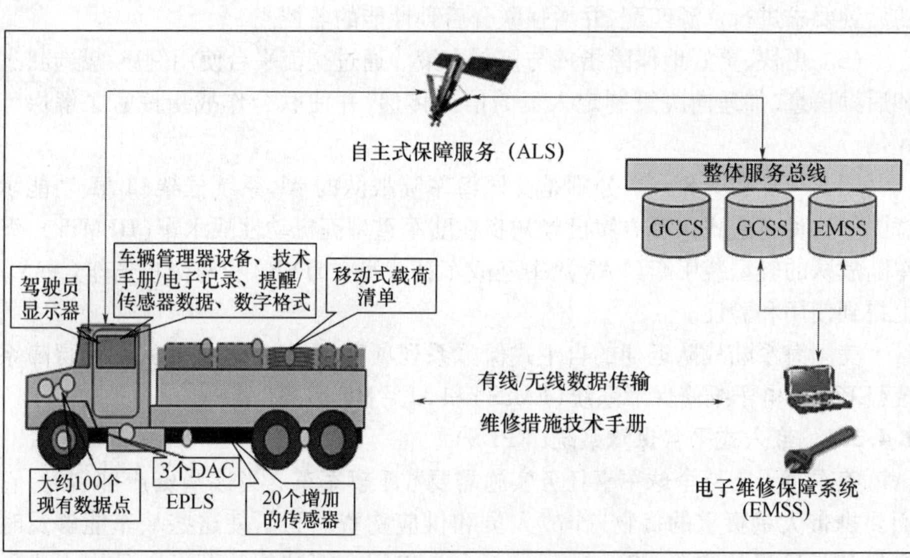

图 8－27　自主式保障的功能

如图 8－28、图 8－29 所示，EPLS 将传感器、计算机、显示器和设备嵌入到车辆中，用于为数据库和最终用户的管理系统收集信息，以改进指挥官现有的后勤保障系统，从而简化对资产进行测试和跟踪的方式。这项价值 1.448 亿美元的稳定定价无限期/无限数量交付合同是 2007 年 9 月签署的，目的是为海军陆战队的轻型装甲车（LAV）、中型战车替代型（MTVR）和两栖攻击车（AAV）提供一种先进的嵌入式诊断能力，以提高这些装备的战备完好性。美国海军陆战队计划 2010 年后在 5204 辆 MTVR、878 辆 LAV 和 1057 辆 AAV 上装备 EPLS。

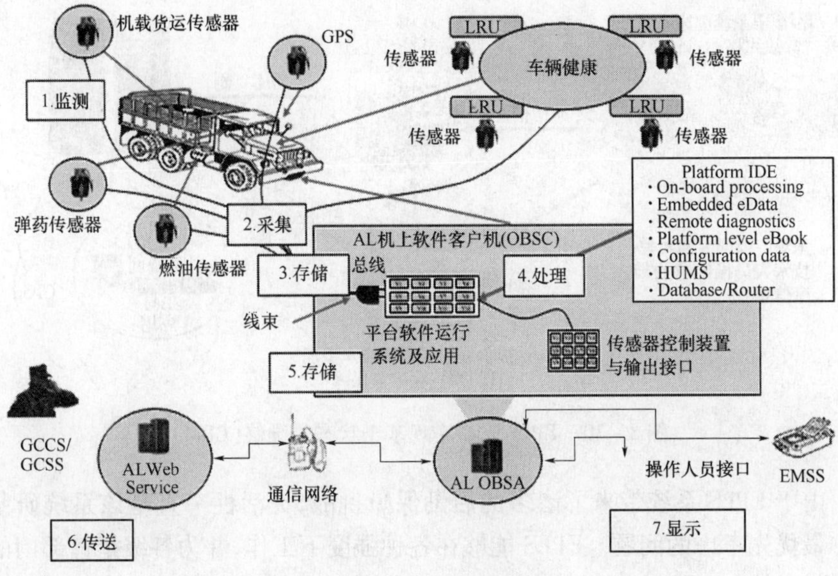

图 8－28　EPLS 顶层架构

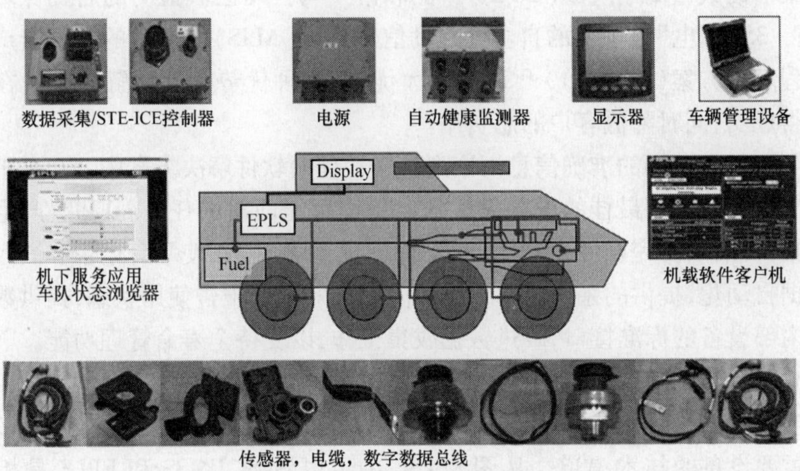

图 8－29　EPLS 车辆套件

目前,洛·马公司正在对监测车量性能和改进后勤保障所必需的传感器、车载计算机、显示器和设备进行改进。合同还要求建立数据库和最终用户管理应用软件,以改进供指挥官使用的后勤信息的可用性,确保获取车辆准确的使用状态和系统健康报告,支持美国基于状态的维修(CBM)工作(图 8-30)和海军陆战队的后勤现代化工作。

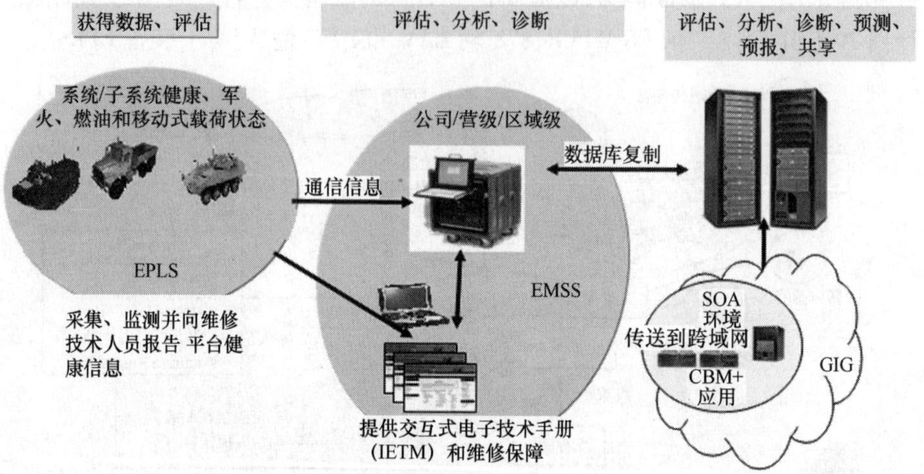

图 8-30 EPLS 支持实现基于状态的维修(CBM)

由于 EPLS 系统带来了诸多的后勤保障挑战,灵活性一直是该系统研制过程中最优先考虑的问题。EPLS 能够在各种强度下工作,并为各级指挥部门的用户提供支持。EPLS 的功能和能力可以随着需求的变化而变化,这种可剪裁的解决方案借助大量商用现成(COTS)产品和洛·马公司已获证明的后勤保障工作(如 F-35"闪电"Ⅱ项目的自主式后勤信息系统(ALIS)和英国的联合资产管理与工程解决方案(JAMES))凸现出巨大优势,这种优势确保该解决方案在该领域获得成功,同时降低客户的总费用。

随着每个车辆的准确信息汇聚到易于管理的软件解决方案中,EPLS 正在使作战部队能够利用最佳的设备完成任何他们可能面对的任务。EPLS 产生的效益包括:提高战备完好性,降低修理周期,改进诊断能力,使平台记录和嵌入式技术数据自动化,提供的系统能够根据故障和失效模式报告使用状态,提供数据交换和内部设备的标准接口,改进数据收集工作,以支持全寿命管理功能。

8.4.3.2 电子维修保障系统(EMSS)

电子维修保障系统(EMSS)提供实现网络中心数据环境并能够快速诊断和修理重要设备的技术渠道。从图 8-30 中可以看到,EMSS 和 EPLS 是相互依赖、相互配合使用的。图 8-31 所示为 EMSS 的结构示意图。

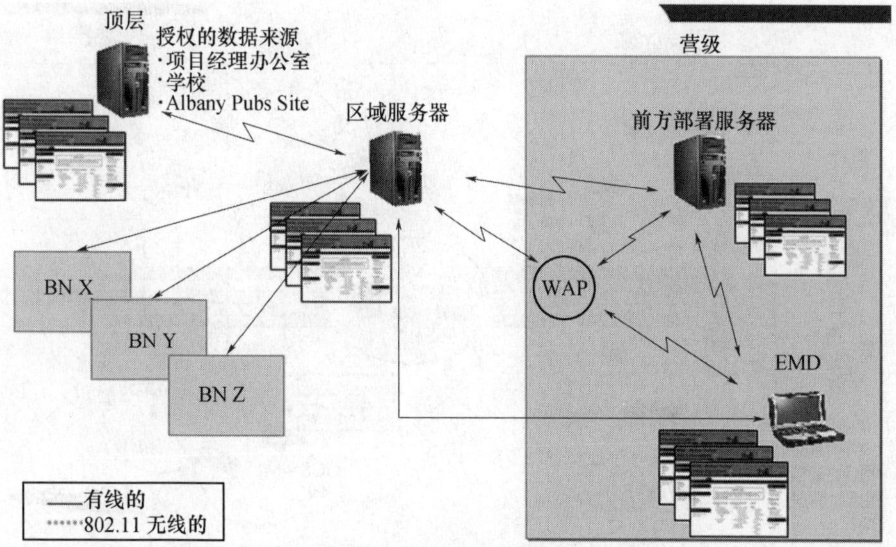

图 8-31　EMSS 结构图

EMSS 目前已经具备的功能包括 IETM/ETM 阅读器、内置数字万用表、网络连接性、技术数据更新、无线数据传输等。EMSS 电子维修设备(EMD)提供 EPLS 和 OBSA 之间的数据转换功能。EPLS OBSA 宿驻在 EMSS 服务器基础设施中,可以从网页获得单个平台的"车队"状态。EMSS 采用增量开发形式,其功能将逐渐增强。

8.4.3.3　AL-MC 服务(ALS)

ALS 向后勤和指挥与控制人员提供"平台下"数据/信息共享(网络、数据管理和应用)和集成(通信、信息安全和接口)。图 8-32 和图 8-33 分别为 ALS 的概念基准模型和功能领域示意图。

总的来说,美国海军陆战队的自主式保障方案将有助于提高作战效能、减小后勤规模、增强指挥与控制、提高后勤响应速度、缩短后勤延迟时间、提高寿命周期管理。它是实现美国海军感知与响应后勤(S&RL)和基于状态维修的一个重要组成部分和手段。

8.4.4　航天飞机主发动机先进的健康管理系统

在航天器发射时,航天飞机的主发动机工作在一种比其他任何机器都高的温度和压力极值环境下,使整个系统承受极高的应力水平。近几年,美国航空航天局(NASA)计划为这些发动机研制一种先进的健康管理系统(AHMS),以提高发航天飞机的安全性、可靠性和总体性能。AHMS 是将光学和振动传感器与先

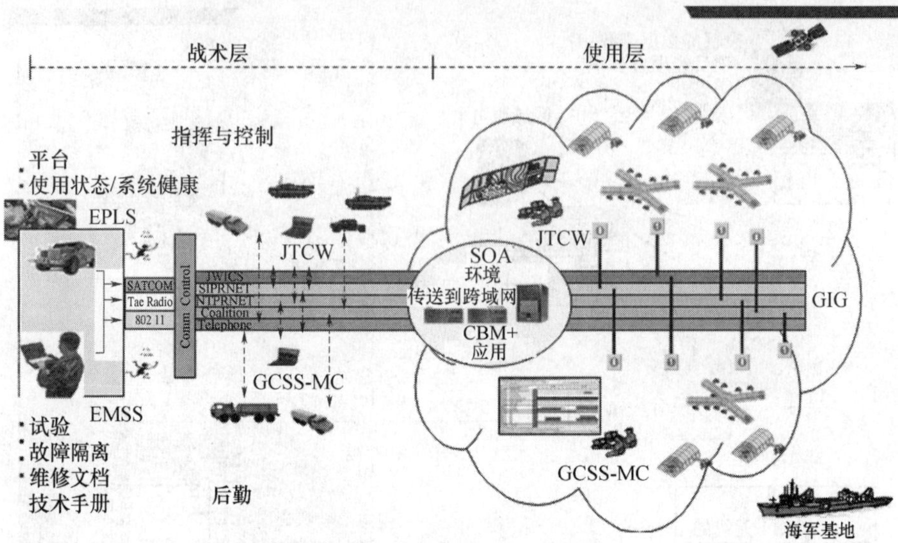

图 8-32 ALS 概念基准模型

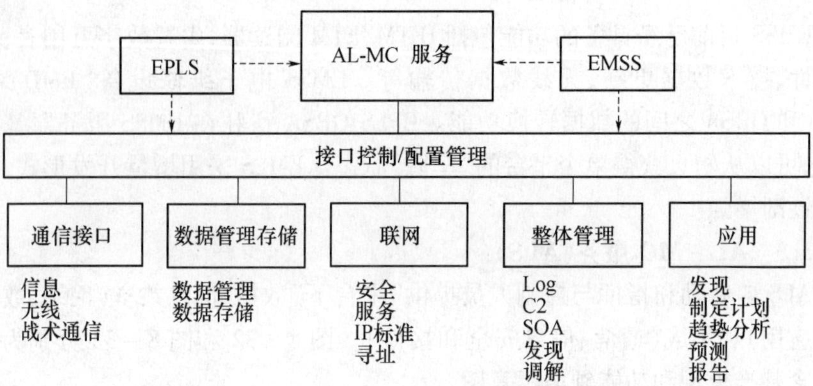

图 8-33 ALS 功能领域

进的处理和计算技术结合起来的一种高技术系统，该系统将监控航天飞机主发动机的工作，并在问题造成损坏之前的瞬间发现问题。

AHMS 包括两个要素：航天飞机主发动机先进的控制器和健康管理计算机。该系统监控发动机从启动到停机全过程的工作情况，并能够在瞬间检测和跟踪到发动机非常细微的性能缺陷。它将分析推进系统数据，如果发现出现非最佳性能，它可以选择使航天飞机主发动机安全停机。

该技术的开发分两个阶段实施。首先是研制和生产主发动机先进控制器，该控制器将与现有的发动机传感器、阀门和致动器协同工作，构成一个用于航天飞机主发动机的控制、数据收集和健康管理的自足(self - contained)系统。目前正在对现有控制器进行改进,引入先进的处理技术、额外的存储器、外部通信端口和新软件。这些新属性将使该系统能够检测出发动机的高压氢、氧涡轮泵内出现的特定的振动异常。该先进控制器在2004年开始投入飞行。

AHMS技术开发的第2阶段是研制和生产一种新型健康管理计算机(HMC),计划到2006年开始飞行。该计算机由三个在一起工作的独立部分构成,旨在对航天飞机主发动机的性能和完好状态提供补充的监控能力。第1部分是先进的实时振动监控系统,已在1999年12月的STS-96任务中成功地完成了飞行实验验证。这次实验表明,实时准确地收集和分析振动数据,确定发动机高压涡轮泵的完好状态是有可能实现的。先进的实时振动监控系统检查和分析涡轮泵振动异常的能力超出了发动机先进控制器的能力,因此,这两个系统是互补的。

健康管理计算机的第2部分是光学喷气流异常探测系统,通过分析发动机的尾气,检测发动机磨损和侵蚀情况。该系统自1989年以来已在地面上成功地使用,可以对发动机退化提供早期报警。它利用分光计,几乎可以瞬时分析出发动机尾气流的构成元素。元素周期表上的每个元素一般都以某一特定波长发光,分光计识别出这些特征波长,从而确定喷气流中现存的元素。光学喷气流异常探测系统可能成为未来取消手工(hands-on)检查的关键。

健康管理计算机的第3部分是发动机线性模型,它最初是作为一种诊断工具开发的,用于识别和量化发动机系统的不一致性。发动机线性模型作为系统和部件级诊断工具,将观察到的发动机性能数据与预先确定的基线数据持续进行比较,借此来评估发动机的完好状态。发动机线性模型的两个关键优点在于:①它能够诊断多个、同时出现的问题;②它能够提供异常情况的置信度得分。

在不远的将来,主发动机先进控制器与健康管理计算机的三部分综合使用,将显著改进航天飞机的飞行安全、可靠性和操作能力。

8.4.5 美国海军综合状态评估系统(ICAS)

美海军现在使用的主要的嵌入式诊断技术是综合状态评估系统(ICAS)。该系统自1995装舰使用以来,虽然一直在升级,但还是难以满足美海军越来越高的诊断和预测需求。

为此,美海军一方面通过基于ICAS的二次深度开发来提高动力系统的综合诊断和预测能力。这方面的典型实例是,美海军委托本国的冲击技术公司(Impact Technology)于2001年开始开发旨在完善、补充ICAS功能的“海神”软件。

另一方面,美海军研究开发了新的开放式的通用诊断与预测体系结构,即预测增强诊断系统(PEDS)。该新系统的侧重点在于提高预测能力,以及对新技术和既有系统的集成能力。目前,美国从事该领域研究的公司主要有上面提到的冲击技术公司和诺斯罗普·格鲁曼公司的导航系统分部。

本部分主要介绍 ICAS,下一节着重介绍预测增强诊断系统。

1. ICAS 的结构和功能

美海军 ICAS 是用来对舰载主推进系统和辅助设备进行故障诊断和维护规划的工具,主要用于舰员级维修。它为操作人员和维护人员提供数据采集、数据显示、设备分析、诊断建议和决策支持信息。此外,ICAS 还能够与其他应用维护软件进行链接来组成一个全面的综合维护系统。ICAS 通过传感器连续监视和采集机电设备的重要运行数据,利用逻辑算法将这些数据与历史数据分析、计算和比较,从而实现机电设备运行故障的诊断和预测。

ICAS 可监视主推进装置、减速齿轮装置、主轴轴承、螺旋桨、日用电燃气轮机发电机组、燃油系统、滑油系统、空调、冷库、海水淡化装置、泵、高压压缩空气装置和低压压缩空气装置等所有舰上设备。其中,最主要是监视舰艇主推进和舰艇发电设备,包括主燃气轮机和燃气轮机发电机组。

ICAS 系统组成包括 ICAS 软件、个人计算机工作站、数据采集外围设备、CD－ROM自动播放系统和网络打印机。ICAS 个人计算机工作站可部署在舰上任何位置,但主要安放在机舱、中央控制舱和推进舱等处。数据采集方式既可以通过局域网采集,也可以通过个人便携式设备采集。图 8－34 为 ICAS 在DDG－51级驱逐舰上的典型配置图。

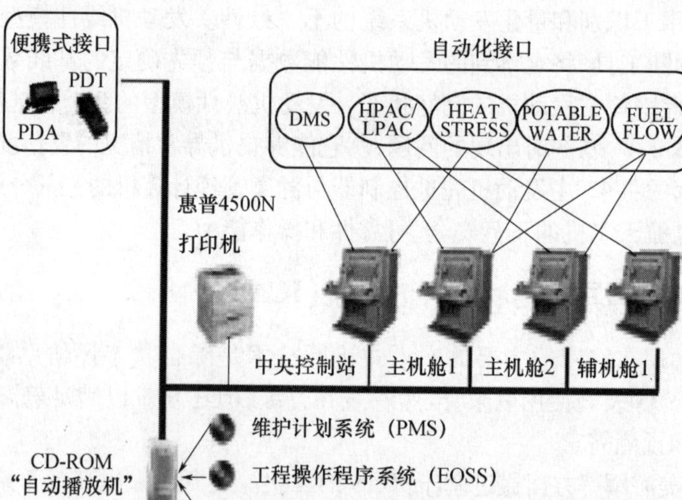

图 8－34　ICAS 在 DDG－51 级驱逐舰上的典型配置图

ICAS 持续采集、存储和分析的系统运行参数多达 64 种,包括:主机性能数据;主机材料状态数据;舰船结构材料状态;舰载存储能力;人员安全状态。

ICAS 能够通过舰上网络把数据分析结果传送到维护工作站和其他系统中,以供系统操作人员、维护人员和监控人员使用。

2. ICAS 的研制和应用

美海军最初开发的舰上监视和诊断系统是机械状态评估系统(MCAS),该系统具有监视和报警能力以及有限的预测能力,但缺少与后勤信息(工程制图、试验程序、技术手册和工作流程等)链接能力,因此这套系统被重新设计并被称为综合状态评估系统(ICAS)。

目前,美海军已有 100 多艘舰艇上安装了 ICAS。其中,在 100 艘水面作战舰艇中已有 76 艘采用,34 艘两栖舰和反水雷舰中已有 24 艘采用,11 艘航空母舰中已有 6 艘采用。美海军目前正在发展的 LCS 濒海战斗舰和 DDG-1000 驱逐舰也将使用 ICAS。

ICAS 在降低舰艇维修费用上发挥了很大作用,每艘 CG-47 级驱逐舰,每年采用 ICAS 后维修费用可节约 15.2 万美元,燃油费可节约 10 万美元,工时费可节约 23 万美元(工时费为 20 美元/小时),每舰合计节约 47.2 万美元。

根据美海军数据统计,在 2005 财年—2006 财年采用 ICAS 的舰用燃气轮机发电机组每年的平均费用为 9 万美元,未采用 ICAS 的燃气轮发电机组每年的平均维修费用为 15.45 万美元,前者比后者平均每年维修费用可节省 41.7%。

3. ICAS 的改进

目前 ICAS 在数据的可用性和自动化程度已有了很大进展,这将极大提高海军技术专家远程探测、诊断和检修任何舰艇运行异常的能力。但在“即插即用”能力和预测能力等方面还存在很多问题,ICAS 目前正在从以下几个方面进行改进。

1) 采用开放式体系结构

目前 ICAS 仅在数据处理和数据显示级进行开放式的信息交换。为满足未来分布式系统结构,ICAS 应在预测和诊断级进行开放式的信息交换。开放式体系结构的优点有很多,如:开放式系统间可共享数据,而无需进行硬件和软件的开发、测试和安装;通过替换“即插即用”结构中废弃的软件和硬件,一部分新硬件或软件可与老系统无缝地集成,从而节省使用费用。

2) 使用电子应用软件

ICAS 将发展成服务器应用软件,通过电子应用软件可与服务器应用软件连接。这种结构可使 ICAS 的单个应用软件与控制系统完全集成,同时提供所用数据处理、采集、存储和推理。可以镜像该服务器,使其成为各种电子应用软件的虚拟网络服务器。通过这些电子应用软件可提供数据显示和处理。

电子应用软件将成为舰船机械数据分发和显示的核心。这些应用软件可在工作站和笔记本电脑上运行,笔记本电脑将成为舰员掌握机械装置运行情况和状态的窗口。舰上运行人员通过网络服务器可实时掌握动力和机械设备的运行状态。此外,当探测到故障时,可通过这些软件发送警报,为进行检修利用这些软件可访问重要数据和后勤信息。因此,使用人员将始终掌握所需的使用和后勤信息。

3）提高诊断和预测能力

最初的ICAS采用的是一种简单的基于布尔逻辑的专家系统诊断算法,系统可自动生成运行数据和连续分析数据的趋势曲线。专业维修人员利用趋势曲线对出现异常数据的性能进行鉴别,故障诊断专家系统依据诊断算法可实时地鉴别异常性能并提供修正异常性能的建议。这种系统运行的经验表明,基于布尔逻辑的专家系统诊断算法可进行精确的诊断。但这种算法的开发通常需要花费大量的时间,并且只要有一个数据失效,就会造成诊断的失误。另外,为保证舰船能够完成正常的任务计划,减少人力,提高战备和降低维修费用,需要开发和使用预测和增强诊断算法,必须对最初版本的ICAS进行改进与综合。未来版本的ICAS是基于自动预测算法能力的,采用基于现代专家系统的智能化故障诊断技术(基于神经网络、模糊逻辑、专家系统、数据融合等集成诊断方法),可以鉴别即将出现的故障并预测出机械设备剩余的可用寿命。这将使系统的维护人员和使用人员可在最佳时机采取适当行动。

ICAS计划目前正在开展几个提高预测能力的项目。这些项目使用不同类型的分析引擎(基于模型、神经网络等)进行诊断及预测。其中的一个项目是燃气轮机模块的预测算法。燃气轮机模块的预测算法利用比较实用数据和发动机模型,来确定其剩余寿命。另一个项目是将MACSEA公司的DEXTER诊断软件与ICAS集成,用于舰用柴油机的监视与诊断。

4）采用综合视频技术

目前,有些故障传感器或仪器是不能监视的或监视费用过高。因此,某些人工检查仍是必不可少的。而在ICAS中采用综合视频技术可代替人工目视检查,从而可极大地节省人力。这种综合使报警和维修指示器可触发视频,使用人员不用一刻不停地监视所有视频频道,被触发的视频频道可自动显示。此外,可自动监视和探测故障形式的新型传感器也在开发之中。

5）采用无线设备

借助网络能力访问节点(NCAPS)作为无线输入/输出设备,可通过无线局域网为控制和监视系统采集和传输传感器数据。这种装置可极大地降低安装和全寿期费用。

无线便携式数字辅助设备(PDA)用于上传和显示数据,即提供了一个进入综合后勤系统的接口。它们将成为运行人员和维修人员的个人工具,使他们在日常工作中就能掌握设备的状态。

6）与控制系统完全集成

目前绝大部分 ICAS 与控制系统是部分集成的，具有传感器数据访问、报警和控制系统配置能力。进一步提高控制系统与 ICAS 的集成度，ICAS 就可将包含设备运行建议的数据发回控制系统。控制系统可感知每个设备的状态，并选择适当运行方式。ICAS 向控制系统的这种反馈可消除突发事故故障和灾难性故障。

8.4.6 预测增强诊断系统（PEDS）

1. PEDS 的原理和组成

预测增强诊断系统的关键是预测增强诊断系统模块。如图 8－35 所示，专用接口或开放式体系结构的视情维护中间件起到连接模块的作用。预测增强诊断系统模块通过现有系统定义的专用接口可与现有系统、人系统交互、决策支持和后勤系统直接接口。此外，预测增强诊断系统通过开放式体系结构规范（服从开放式体系结构视情维护的传感器和处理器）或包括开放式体系结构视情维护规范的增强系统可与任何系统直接接口，这些规范在图中用虚线表示。

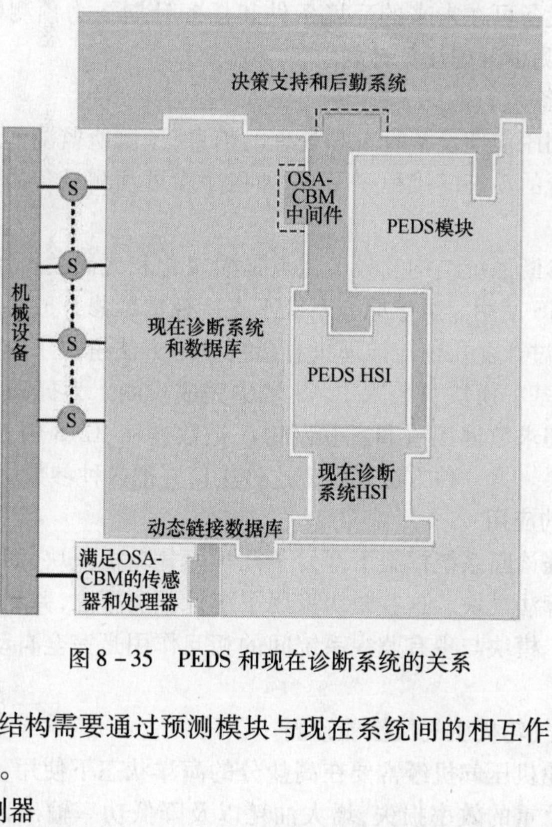

图 8－35　PEDS 和现在诊断系统的关系

预测模块的结构需要通过预测模块与现在系统间的相互作用确定，预测模块由 6 部分组成。

1）预测控制器

预测控制器为动态链接库存储配置文件，对数据的整理进行校验，利用开放式体系结构的目标和流程在设备间相互交换信息，协调模块整体运行。此外，还负责为设备提供与外部传感器或数据库相互作用的应用协议接口和中间件信息。利用可扩展的标记语言接口和“桥式”软件都可实现这种功能。

2）初始化设备

初始化设备负责初始化共享存储器，提供启动参数，启动其他设备，升级记录和接口。

3）数据处理设备

数据处理设备接收所需的原始数据，处理现在系统中没有应用价值的数据。数据处理设备对直接输入原始数据并直接进行故障预测的“垂直”预测模块而言是非常重要的。

4）诊断评估设备

诊断评估设备可将故障探测和诊断处理的外部连接到预测模块上。从而，可使预测模块在预测过程中就可考虑这些过程的输出结果。

5）任务加载设备

任务加载设备可在未来的环境条件和任务计划下为预测模块提供数据输入，可实现在预测中考虑任务计划。

6）预测设备

预测设备利用前期设备收集和处理的信息，预测所监测的系统和设备。预测设备拥有运行的动态链接程序库，这种程序库可预测设备的性能下降和设备故障。

预测增强诊断系统结构的最大优点是模块化和代码的再用性，因此非常适合美海军的 ICAS 使用。虽然原有系统不支持视情维修开放式体系结构数据传输，但美海军通过开发几种与推理机直接接口的方法解决了这个问题。利用这些方法，相同的基本模块可装入 ICAS 之中完成预测。为提高 ICAS 的能力，一种方法是利用需求数据接口和互联网协议把数据从 ICAS 中提取出来，并写入所需的预测结果。另一种方法是实现这种接口并把多种参数反馈给 ICAS。

2. PEDS 的应用

在预测增强诊断系统框架下开发了几种燃气轮机模块，如压气机和燃油喷嘴性能下降的算法模块。这些模块采用了统计预测算法，并利用了美海军工程站的故障数据。模块与现有监视系统间的相互作用是完全自动化的，并可实时处理数据。

1）舰用燃气轮机压气机性能预测

舰用燃气轮机压气机经常要在高盐分的海洋状态下使用，随着盐分结垢量的增加将造成严重的效率损失，增大油耗以及降低功率输出，造成运行费用增加。目前，燃气轮机压气机冲洗方式有两种，一种是 50h 的预防性在线冲洗，另一种是500h的人工冲洗。这两种维护都没经过必要的工程状态评估，也不是按最佳状态进行的。除了影响燃气轮机可用性和浪费维修时间外，冲洗使用的防垢剂会对环境造成污染。而利用预测增强诊断系统既可进行状态评估，又能预测冲洗时间，从而消除没有必要的定期清洗，又能节约维修费用。图8－36是压气机性能预测数据处理流程图。

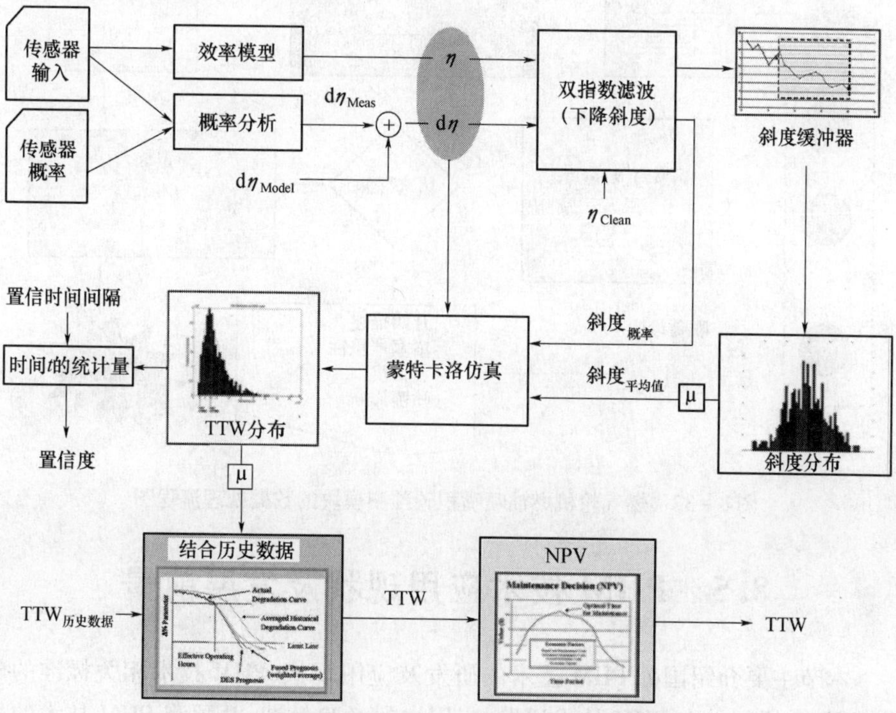

图8－36　压气机性能预测数据处理流程图

2）舰用燃气轮机燃油喷嘴积碳情况的预测

美海军舰队的Allison 501 K－17 和 K－34 燃气轮机使用引燃型或空气辅助型燃油喷嘴，喷嘴积碳堵塞后将降低燃烧效率，并可能对燃烧室和涡轮的局部受热区域造成破坏，以及造成喷嘴“热启动”或“无法启动”。经验表明燃油喷嘴在引燃管和喷嘴孔处积碳有自然增加的趋势，并造成不正确的喷射模式，以及造成燃气轮机热启动、慢启动和燃烧室衬底损坏。燃气轮机入口温度高和热启动可能会造成燃气轮机受热段的损坏。

预测增强诊断系统通过分析燃气轮机传感器的数值，对燃油喷嘴堵塞诊断进行验证，从燃料进气压力（FMP）、燃气轮机入口温度（TIT）、发动机转速（RPM）和燃料流量（Wf）中得到堵塞特征，通过这些基准数据就可预测燃油喷嘴的积碳情况。图8－37是燃气轮机燃油喷嘴积碳预测模块的数据处理流程图。

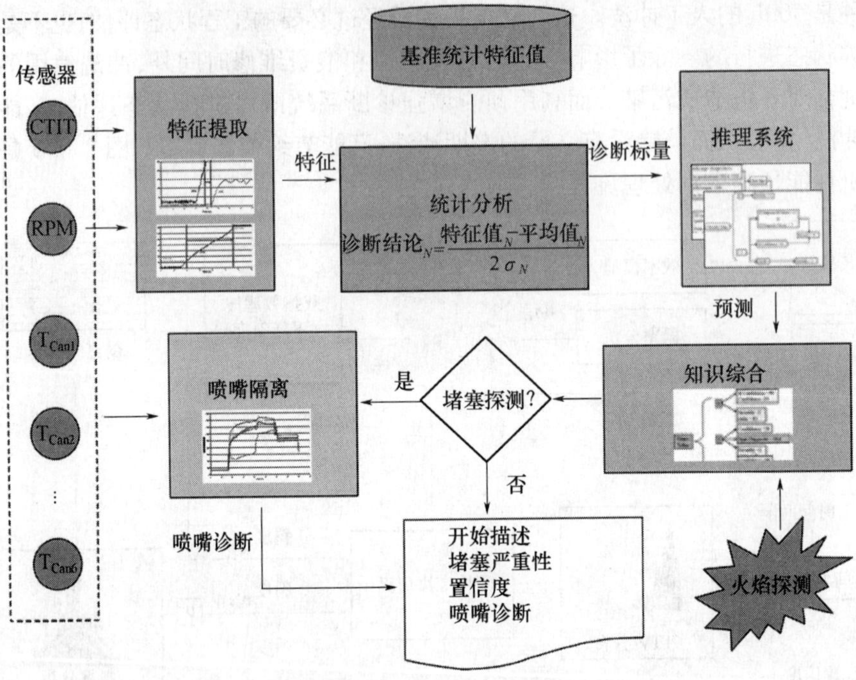

图 8-37　燃气轮机燃油喷嘴积碳预测模块的数据处理流程图

8.5　PHM 技术应用现状及发展前景

本节主要介绍国外 PHM 技术的研发及应用现状、PHM 技术相关标准的建设情况;介绍国外在 PHM 技术研发、应用中的经验教训,并预测 PHM 技术的发展前景及趋势。

8.5.1　国外 PHM 技术的研发及应用现状

从 20 世纪 70 年代起,故障诊断、故障预测、CBM、健康管理系统等逐渐在工程中获得应用。70 年代中期的 A-7E 飞机的发动机监控系统(EMS)成为 PHM 早期的典型案例。在 30 多年的发展过程中,电子产品机内测试(BIT)、发动机健康监控(EHM)、结构件健康监控(SHM)、齿轮箱、液压系统健康监控等具体领域问题的 PHM 技术得到了发展,出现了健康与使用监控系统(HUMS)、综合状态评估系统(ICAS)、装备诊断与预测工具(ADAPT)等集成应用平台,故障诊断、状态及使用监测与维修保障系统交联是这些平台具有的典型特征,但故障预测能力和系统集成应用能力很弱或没有。

目前,PHM 技术应用的深度和广度、综合复杂程度、自动化程度和功能水平随应用对象、目标和任务的不同有很大差异,其中美国新研四代机 F-35 所采用的预测与健康管理系统(PHM)和霍尼韦尔公司的飞机诊断和维修系统(ADMS)分别代表了目前军、民用飞机领域的先进水平。

8.5.1.1 PHM 相关技术在军事领域得到广泛应用且显现成效

近年来,PHM 技术作为降低成本、实现基于状态的维修和自主式保障的核心技术之一日益获得世界各国军方、工业界和学术界的重视。PHM 相关技术在军用直升机上已有比较广泛的应用,并已取得明显成效。比如,据美国陆军航空与导弹司令部司令詹姆斯·迈尔斯将军透露,一个装备了基于状态维修(CBM)设备的飞行大队,其能执行任务率可以提高 5%,同时飞行小时数增加近 1 倍。另据陆军航空和导弹司令部发言人称,这些技术已经装备了约 20% 的陆军航空部队。到 2011 年,35% 的航空部队将完成装备。到目前为止,这种设备已经装备在"阿帕奇"A 和 D 型号、"支奴干"D 和 F 型号以及"黑鹰"A、L 和 M 型号上。

PHM/HUMS 在固定翼飞机和导弹上也开始广泛应用,如"阵风"(Rafale)战斗机、B-2 轰炸机、"全球鹰"无人机、无人作战飞机(UCAV)、"鹰"教练机、C-130"大力神"运输机、AMRAAM 导弹系统、RQ-7A/B"影子"200 战术无人机系统、P-8A 多任务海上飞机都装备了类似系统。NASA 已为其航天飞机主发动机开发了先进的健康管理系统。美国空军研究实验室开发的综合系统健康管理(ISHM)系统已开始应用到美国研制空天飞机的 FAST(完全可重复使用的太空往返技术)计划中。美国国防部海军研究办公室支持为海军舰船开发了机械预测和诊断系统(MPROS),帮助海军舰船实现基于状态的维修(CBM)。

近年来,波音公司为首的研究队伍承担了美国海军的一项飞机综合健康管理(IAHM)项目,以 F/A-18、C-17 和波音 737 为主要研究对象,重点研究对军、民飞机都适用的一种可互操作的多平台飞机健康管理数据处理与分析方法,其主要目标是显著提高飞机系统可靠性、安全性、维修性、可用性和经济可承受性,从而改进任务性能和作战使用能力。该项目生成的 IAHM 数据库方案、数据接口方法和算法对新飞机、衍生飞机和现有飞机都适用。

鉴于 PHM 技术的应用和作用日益显著,2009 年 10 月,美国国防部自动测试系统执行理事会委托国防工业协会(NDIA)ATS 委员会调查企业健康管理(EHM)技术对 ATS/自动测试设备(ATE)的影响。2009 年 12 月,NDIA ATS 委员会会议明确了任务,任务重新命名为"飞行器健康管理(VHM)对 ATE 的影响"。此后,NDIA ATS 委员会针对已经引入 VHM 的诊断、预测和其他要素的复杂平台开始一项研究,研究内容主要考虑了引入 VHM 要素对武器系统保障的影响,包括:①对武器系统可用性和拥有费用的影响;②对武器系统 ATE 在整个寿命周期内的影响。

2010 年 9 月 NDIA ATS 委员会公布了最终调研结果: VHM 已经产生了显

著效益,如使机上和机旁的诊断劳动力需求减少 50% 以上,诊断时间低于过去的 30%,模糊度降低,故障不能复现现象略微下降(没有量化结果);仍需要 ATS 来验证失效和(或)修理,避免利用武器系统作为一个“热原型”对修理或 VHM 结果进行验证。由于可达性和尺寸、重量、电源原因,某些测试在平台上完成是不现实的,特别是在出现战斗损伤时,嵌入式诊断/飞行器健康管理(ED/VHM)会出现问题;不过,ED/VHM 可能会使 ATS 的劳动量有所降低。因此,VHM 和机旁、机外 ATS 的使用需要采取一种平衡的方法,最佳平衡取决于多个变量,如 VHM 平台的设计和 VHM 的有效性;部署地点和 ATS 可用性;平台设计复杂性和技术水平等。

报告的最终结论是:当前的技术和能力条件下,ED/VHM 需要在地面对修理进行验证;在战斗损伤情况下,ED/VHM 不能 100% 有效;另外,取消机外 ATE 而全面采用 VHM 会给平台增加过多的尺寸、重量和电力要求;先进的体系结构可能会更有利于应用 VHM 等。总之,在当前技术条件下,组合利用 ED/VHM 和 ATE 仍是最佳答案。

8.5.1.2 PHM 提高飞行安全和航班运营效率,让民机永葆“健康”

除了应用于军事领域外,PHM 还在民用飞机、汽车、桥梁、核电站、大型水坝等民用领域获得广泛应用,成为 21 世纪名符其实的军民两用技术。其中,PHM 技术在民用航空领域的应用尤其突出。近年来,波音公司开发的飞机健康管理(AHM)系统已经扩大应用于 30 多家国际民航客运和货运公司的波音 777、波音 747-400、A320、A330 和 A340 等飞机上,AHM 为全球 44% 以上的波音 777 飞机和 28% 的波音 747-400 飞机提供实时监控和决策支持服务,大大减少了航班延误,节省了运营成本,并支持民航机队长期可靠性计划的实现。

美国 ARINC 公司与 NASA 兰利研究中心合作,开发了与 PHM 类似的原型机系统——“飞机状态分析与管理系统”(ACAMS),对军、民用飞机具有广泛的通用性,其功能在 NASA 的波音 757 飞机上成功地进行了飞行试验演示验证,该套系统已申请了专利。庞巴迪公司也为 C 系列飞机研制了集中式健康监控系统。

在民用航天领域,NASA 第 2 代可重用运载器已采用了航天器综合健康管理系统;NASA 已选定 QSI 公司开发的综合系统健康管理方案对航天飞机进行健康监控、诊断推理和最优查故,以求降低危及航天任务安全的系统故障。此外,感应监测系统(IMS)和基于 IMS 的异常监测感应软件系统(AMISS)已被国际空间站任务评估室用于对其热控系统进行分析和健康监测;肯尼迪航天中心成功进行了“战神”I-X 地面诊断原型演示,为保证“战神”1-X 火箭飞行试验的成功发挥了显著作用。

PHM 应用中涉及到诸多关键技术,这些技术尚未完全成熟,即便具有当今最高水平的 F-35 战斗机的 PHM 系统也仍处于验证和成熟阶段,尤其像电子预测技术等仍处于研发过程中，许多技术仍处于成熟之中。为此，世界各国都在积极采取各种方式加速这类技术的开发和应用。比如，欧盟和 NASA 都通过制定和实施完整的技术发展计划，逐步实现 PHM 各项关键技术的研发、成熟和应用。

2007 年 7 月，NASA 公布了其未来 10 年的飞行器综合健康管理技术计划，作为其航空安全计划的一个重要组成部分。其目标是：减少作为飞机事故、事件的原因和影响因素的系统和部件故障；为空勤人员、地勤人员和维修基地提供持续的飞行器健康状态的机上态势感知能力。2008 年—2009 年，NASA 又对该计划作了修改完善，连续出版了 2.01、2.02、2.03 版本，将 IVHM 计划的研究范畴从硬件 IVHM 技术扩大到软件健康管理技术领域。

欧盟 2004 年启动了一个为期 4 年、总经费近 4000 万欧元的框架 -6 一体化项目“针对新的维修方案的技术和方法”（TATEM），该项目的核心就是借助一种综合健康管理途径，以显著改善飞机的运营能力，并在 10 年内使航空公司维修成本下降 20%，在 20 年内下降 50%。

8.5.1.3 有关 PHM 技术的学术交流活动异常活跃

近几年来，有关 IVHMS/PHM 技术的研究和学术交流活动日趋活跃。NASA 举办了首届国际宇航“综合系统健康工程和管理”（ISHEM）（航天领域的 PHM）论坛，将其作为一门新的学科推出；美国圣地亚国家实验室与美国能源部、国防部、工业界和学术界合作建立了预测与健康管理（PHM）创优中心（COE），支持 PHM 技术开发以及技术试验和确认；马里兰大学成立预测与健康管理联合会，致力于电子预测与管理方法的研究和培训；美国、欧洲、日本、中国等都纷纷召开 PHM/IVHM 研讨会。美国和中国等国还成立了 PHM 学会，通过开设 PHM 网站、举办 PHM 年度学术交流会、开办在线杂志、研制和采纳 PHM 方面的国际标准、研究方法、技术课程和度量参数等方式，致力于推进 PHM 成为一门工程学科。人们普遍认为，PHM/IVHM 技术目前虽然仍在成熟中，有许多问题尚待解决，但它代表了未来的一种重要发展趋势。

8.5.2 PHM 技术相关标准的建设情况

目前，国外尚未建立 PHM 标准，但针对状态监测、故障诊断和预测等需求，ISO、IEEE、SAE、ARINC、机械信息管理开放系统联盟（MIMOSA）等国外主要标准化组织和学术团体，陆续制定了一些 PHM 相关的标准和规范，从不同层面和不同侧面对 PHM 技术相关内容进行规范。下面概要介绍这些标准的情况。

8.5.2.1 ISO 标准

ISO 标准系列中，机器的状态监测与故障诊断标准已形成比较完整的标准族，至今已正式发布标准 17 项，正在修订的标准 4 项，正在编制已形成草案的 5 项（表 8-3）。这些标准由 TC108 技术委员会负责维护。

表8-3 ISO预测与健康管理标准

序号	标准编号	标准名称
1	ISO 13372:2004	机器的状态监测与诊断—词汇
2	ISO 13373-1:2002	机器的状态监测与诊断—振动状态监测—第一部分:一般程序
3	ISO 13373-2:2005	机器的状态监测与诊断—振动状态监测—第二部分:振动数据的处理、分析和表达
4	ISO 13374-1:2003	机器的状态监测与诊断—数据处理、通信和表达—第一部分:通用指南
5	ISO 13374-2:2007	机器的状态监测与诊断—数据处理、通信和表达—第二部分:数据处理
6	ISO/DIS 13374-3	机器的状态监测与诊断—数据处理、通信和表达—第三部分:通信
7	ISO 13379:2003	机器的状态监测与诊断—数据和诊断技术导则
8	ISO/DIS 13379-1	机器的状态监测与诊断—数据解释和诊断技术—第一部分:通用指南
9	ISO 13380:2002	机器的状态监测与诊断—运用性能参数的通用指南
10	ISO 13381-1:2004	机器的状态监测与诊断—预测—第一部分:通用指南
11	ISO 17359:2003	机器的状态监测与诊断—通用指南
12	ISO/DIS 17359	机器的状态监测与诊断—通用指南
13	ISO 18434-1:2008	机器的状态监测与诊断—热像法—第一部分:通用指南
14	ISO 18436-1:2004	机器的状态监测与诊断—人员训练与认征要求—第一部分:认证组织和程序要求
15	ISO 18436-2:2003	机器的状态监测与诊断—人员训练与认证要求—第二部分:振动状态监测和诊断
16	ISO 18436-3:2008	机器的状态监测与诊断—人员鉴定与评价要求—第三部分:培训组织与培训程序
17	ISO 18436-4:2008	机器的状态监测与诊断—人员鉴定与评价要求—第四部分;外场润滑分析
18	ISO/DIS 18436-5	机器的状态监测与诊断—人员鉴定与评价要求—第五部分:润滑试验技师
19	ISO 18436-6:2008	机器的状态监测与诊断—人员鉴定与评价要求—第六部分:声发射
20	ISO 18436-7:2008	机器的状态监测与诊断—人员鉴定与评价要求—第七部分:热像法
21	ISO/NP 20958-1	机器的状态监测与诊断—电信号分析—第一部分:三相电机
22	ISO 22096:2007	机器的状态监测与诊断—声发射
23	ISO/DIS29821-1	机器的状态监测与诊断—超声—第一部分:通信指南
24	ISO 10303-11:1994	工业自动化系统集成—产品数据表达和交换—第11部分:描述方法:EXPRESS语言参考手册
25	ISO 10303-21:1994	工业自动化系统集成—产品数据表达和交换—第21部分:实现方法:交换结构的明文编码
26	ISO 10303-28:2007	工业自动化系统集成—产品数据表达和交换—第28部分:XML:使用XML表达EXPRESS Schema和数据

ISO 13372:2004《机器的状态监测与诊断——词汇》是术语标准,定义了基线、失效、异常、征兆、诊断、预测、状态监测等 73 个术语。

ISO 17359:2003《机器的状态监测与诊断——通用指南》是状态监测和诊断的通用指南,描述了状态监测设计的通用流程,并对可靠性及危害性审查、测试方法、数据收集分析、维修活动确定、培训等进行了规定。

ISO13381 - 1:2004《机器的状态监测与诊断—预测——第一部分:通用指南》是关于预测的通用指南,论述了影响因子,预警、报警和死点的设置,多元参数分析、初始准则等预测的基本概念,然后对用于预测的实效和退化模型、预测过程、预测报告等进行了规定。

ISO 13374《机器的状态监测与诊断——数据处理、通信和表达》,为数据处理、通信和表达标准。ISO 13374 - 1 通用指南,提出了状态监测或诊断的信息流程,见图 8 - 38。监测信息从数据采集、数据处理、到状态检测、健康评估、最后做出预测评估并提出建议,并定义了 6 个功能模块,并对数据通信和方法、数据现实和表达格式等提出了建议。ISO 13374 - 2 数据处理,定义了状态监测与诊断的信息结构,并对以上 6 个模块的通用输入和输出做出了描述。比如状态监测模块的输入/输出关系如图 8 - 39 所示。

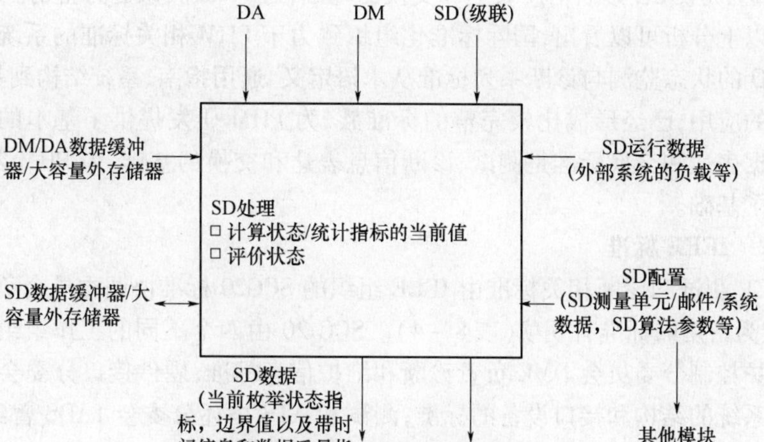

图 8 - 38 信息流程

ISO 13379:2003《机器的状态监测与诊断——数据解释和诊断技术导则》,为数据处理和诊断技术的通用指南。

ISO 13380:2002 为性能参数监测的通用指南。

ISO 18436 - 1 ~ 7 是关于人员认证和评价的要求。其他几个标准状态监测和诊断标准分别为振动、润滑、超声、热像等具体诊断技术标准。

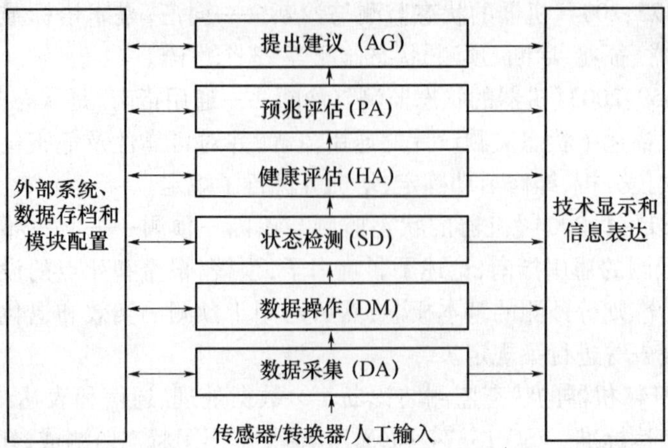

图 8－39　状态检测模块的输入输出接口

ISO 标准中还有 ISO 10303 工业自动化系统集成——产品数据表达和交换系列标准与 PHM 相关,其中 ISO 10303－11 EXPRESS 语言信息描述方法、ISO 10303－21 交换结构的铭文编码、ISO 10303－28 使用 EXPRESS Schema 和数据 XML 表达,是测试、诊断信息表达和交换的基础,与 PHM 关系更为密切。

从以上分析可以看出,国际标准化组织致力于 PHM 相关标准的系统开发。目前 ISO 的状态监测与诊断系列标准从术语定义、通用指南、系统结构到具体诊断技术的应用,已经形成比较完整的标准族,为 PHM 研发提供了基本的框架。而其数据表达和交换标准是测试、诊断信息表达和交换的基础,为 PHM 数据交换提供了基础。

8.5.2.2　IEEE 标准

IEEE 测试和诊断相关标准由 IEEE 组织的 SCC20 标准协调委员会负责,与 PHM 较为密切的标准有 6 项(表 8－4)。SCC 20 由四个不同的工作组组成,诊断和维护控制分委员会 DMC 负责诊断和维护信息标准;硬件接口分委会 HI 负责测试系统的结构和接口设备的标准;测试和 ATS 描述分委会 TADS 曾经致力于 ATLAS 语言标准的制定,目前负责信号定义、测试描述和仪器描述的标准;测试信息框架分委会 TII 负责 ATS 信息框架的标准,是 ATML 标准的父工作组。

表 8－4　IEEE PHM 相关标准

序号	标准编号	标准名称
1	IEEE Std 1232－2002	连接所有测试环境的人工智能交换和服务标准
2	IEEE Std 1522－2004	测试和诊断特性和测度的试用标准
3	IEEE Std 1636.1－2007	维修信息收集和分析的软件界面试用标准:交换测试结果和会话信息通过 XML 语言

（续）

序号	标准编号	标准名称
4	IEEE Std 1636	维修信息收集和分析的软件界面试用标准
5	IEEE Std 1636.2	维修信息收集和分析的软件界面试用标准:交换维修活动信息通过XML语言
6	IEEE Std 1641－2004	信号和测试定义标准
7	IEEE Std 1671－2006	通过XML语言交换自动测试信息的自动测试标记语言试用标准

随着现代武器装备日益复杂,采用常规的测试和诊断技术已经无法满足其维护的要求。在现代信息交换技术的支撑下,DMC开始制定新的、标准化的测试和诊断技术及相应的软件部件互操作规范。IEEE 1232系列标准－The Artificial Intelligence Exchange and Service Tie to All Test Environments (AI－ESTATE)就是在这种背景下制定的。1232标准的主要目的是:①在诊断推理机之间建立一个标准的接口;②定义规范的数据格式,以便在测试、诊断和维护相关的信息之间进行交换;③建立测试、诊断和维护过程需要的信息。

IEEE 1232的最终版本是在2002年11月发布的,它包含若干诊断信息模型和一组规范的、由诊断推理机提供的软件服务。目前,随着诊断技术的发展,对诊断推理机的扩展工作正在进行,如基于贝叶斯网的诊断推理技术越来越普遍,1232应该支持贝叶斯模型。另外,基于规则的逻辑推理在工业界应用也很普遍,促使这种基于规则的诊断推理成为1232的一个诊断模型。随着1232标准信息模型的开发,显然这些模型可以用于测试和诊断参数的标准化及诊断和维护的历史信息。IEEE P1636 Software Interface for Maintenance Information Collection and Analysis (SIMICA)则是基于1232信息模型的、用于管理诊断增长过程测试、诊断和维护的历史信息的标准。目前SIMICA由一个基本的标准定义、诊断增长的信息结构和两个部件标准组成,这两个部件分别是IEEE P1636.1 Test Results和IEEE P1636.2 Maintenance Action Information。IEEE P1636.1测试结果标准目的是提供测试过程信息及提供一个框架以便获取具体的测量和实际的测试输出。IEEE P1636.2维修活动信息标准的目的是提供一个结构用于收集维护服务的信息。

1. IEEE 1232－2002 (AI－ESTATE)标准

信息模型的目的是为了清晰地识别所研究领域的研究对象,在对象之间建立准确的通信。这样的模型由对象或实例、对象之间的关联、对象和相互关联的约束等构成。当对这些要素统一考虑时,这些信息模型的要素可以对研究的领域提供完整的、清晰的、规则的表示,或者说,它们对研究领域的通信提供了一个规则的语言。使用信息模型时,信息的交换可以有两种方式。第一种可以通过一组交换文件进行，具体说，一方可以将信息存放在一个文件中，另一方可以从该文件中将信息读出。文件格式可以直接从信息模型中导出，并定义包含其中的消息语法。消息的语义可以从模型的语义中导出。消息交换的第二种方法是通过对硬件或软件定义的一组服务完成。部件接口的定义可以从消息模型中导出，并进一步定义消息的语法，而消息的翻译是从模型的语义中导出。

IEEE 1232 则是对构成诊断领域的信息的描述，通过这种描述实现各种应用之间的诊断信息的交换。1232 还提供了模块化的诊断结构及与其他相关软件资源之间的互操作。1232 定义的模型是：通用要素模型（Common Element Model，CEM），贝叶斯模型（Bayesian Model，BM），故障树模型（Fault Tree Model，FTM），诊断推理模型（D－Matrix Inference Model，DIM），诊断逻辑模型（Diagnostic Logic Model，DLM）和动态上下文模型（Dynamic Context Model，DCM）。前 5 个是诊断模型，最后一个是软件服务信息模型，用于将诊断推理机集成到测试系统中。采用 Web 服务描述语言（Web Services Description Language，WSDL）访问推理机提供的服务。

AI－ESTATE 逐渐在系统的测试和诊断结构中采用，如 F35 的 LM－STAR 和波音的 SMART TPS AE。同时，随着 AI－ESTATE 的采用，人们对其提出了一些新的要求，为此大约在 2008 年会有一个修订版本发布。新版本将有下面一些变化：

（1）信息模型将有更严谨的语义定义；

（2）新的信息模型支持贝叶斯诊断；

（3）XML 框架将作为另一种文件交换方法；

（4）服务将使用 WSDL 重新定义；

（5）诊断推理模型将能支持基于 D－Matrix 推理的诊断；

（6）高级诊断推理模型将能支持诊断逻辑模型中的逻辑结构；

（7）动态上下文模型将进行简化，侧重于诊断信息的历史和对推理机内部状态的跟踪。

2. IEEE P1636

IEEE P1636 维护信息收集和分析软件接口（SIMICA）是系统维护领域的一个信息模型，是 IEEE P1389（测试和维护信息管理）的替代标准。SIMICA 支持对历史维护和诊断数据的收集，发现和提取维护知识，为诊断增长提供基础。SIMICA 使用 1232 模型定义维护相关的基本元素。在 SIMICA 的框架下，有三个标准正在开发：

（1）IEEE P1636。该标准用于定义诊断增长所必需的信息概念框架，提供支持 P1636 部件标准间关系的顶层结构。

（2）IEEE P1636.1。定义交换测试结果信息的 XML 框架，是 IEEE Std

1545 - 1999(参数数据日志标准)的替代标准。

(3) IEEE P1636.2。定义交换维护活动信息的 XML 框架。

其中,每一个部件标准都包含一个定义需要概念语义的 EXPRESS 信息模型。同时,每一个部件标准都包含一个 XML 框架用于实现与其他标准的兼容,如 ATML。SIMICA 中一个最重要的要素是 P1636 中的信息概念模型。这个模型中的一些主要元素可以发现被测试系统中各种文件或模型的基本关系,将诊断环节的信息放到这个过程的信息中心,以便对诊断模型进行熟化。然后,这些环节提供到测试数据和维护活动信息的入口。

从以上分析可见,IEEE 标准侧重于测试和诊断信息的通用描述,为不同开发环境、不同开发平台间数据的交换和集成提供了桥梁,对测试诊断建模、PHM 与维修管理系统的集成具有指导意义。

8.5.2.3 OSA - CBM 和 OSA - EAI 标准

OSA - CBM 和企业应用集成的开放系统架构(OSA - EAI)都是机械信息管理开放标准联盟(MIMOSA)发布的标准。OSA - CBM 通过为视情维修系统的实现制定一个标准的结构和框架,简化了不同软、硬件构件的集成过程。它提供了一个集成多种互异构件的方法,并且通过规范构件之间的输入和输出使集成的过程变得容易。

简单而言,OSA - CBM 在 ISO 13374 功能模块的基础上,增加了数据结构,定义了 ISO 13374 标准中功能模块的接口,为 CBM 提供了一个标准的信息传递系统,提供了周边传递的信息和传递方式,并且有内置的元数据来描述对事件的处理。OSA - EAI 定义了将装备各方面信息存储和移动至企业应用中的数据结构,包括平台健康和未来的能力。这包括平台的物理配置,也包括可靠性、条件和平台的维修、系统和子系统。OSA - EAI 中的信息范围从大类上包含 3 个主要方面:开放的可靠性管理、开放的维修性管理以及开放的资产健康和使用管理。

OSA - CBM 和 OSA - EAI 工作在不同的域。OSA - CBM 用于实时的或分布式系统内部的时间监测和处理。OSA - EAI 更多地用于信息管理活动驱动的中央或分布式的数据库。OSA - CBM 的主要工作是作为开发所需维修指示器的处理系统。OSA - EAI 则更侧重于维修活动管理领域,为整个企业应用集成层提供服务。OSA - EAI 是由公共关系信息模式(CRIS)描述的,它采用 XML 模式描述了 OSA - EAI 数据存储的实体、关系和数据类型。OSA - CBM 采用相似的数据域开发,关键部分结构与 OSA - EAI 相似。当前,OSA - CBM 中大约 90% 的数据元素是 OSA - EAI 中已有的。

8.5.2.4 ARINC 标准

ARINC 标准中,与 PHM 相关的标准项目较少(表 8 - 5),其中最为密切的标准是 ARINC624 机载维护系统设计指南。

表 8-5　ARINC PHM 相关标准

序号	标准编号	标准名称
1	APINC604-1	机内测试设备设计和使用指南
2	ARINC624	机载维护系统设计指南
3	ARINC602A-2	测试设备指南
4	ARINC608A	航空电子测试设备设计指南—第一部分:系统描述
5	ARINC626	模块测试的 ATLAS 语言标准
6	ARINC627	使用 ARINC626 ATLAS 的智能系统的程序员指南

ARINC624 描述的 OMS 综合了传统的 BIT 系统、BIT 接口与访问系统、综合数据处理系统以及状态监测系统(ACMS)。ARINC624 提出了 OMS 的功能要求、组成要求、各组成部分(包括中央维护计算机以及与其相连接的各成员系统)的要求,以及机载维护文档的能力要求。

ARINC624 是一个机载维护系统的具体设计标准,对设计的细节、接口等都做了规定。ARINC624 由 8 个主章节、3 个附件、12 个附录和 1 个补充说明组成。第 3 章提出了 OMS 整体要求,包括对 OMS 组成、功能、用户界面、与飞机其他系统之间接口 4 个方面的要求。第 4~8 章描述了 OMS 各组成要素的详细设计要求,分别是中央维护系统计算机要求、成员系统 BIT 要求、中央维护计算机与各成员系统之间的通信协议要求、机载维护文档的设计要求、状态监控系统的设计要求。

ARINC624 的主要目的是将航空公司和飞机制造商之间关于飞机 OMS 所达成的共识以规范的形式固定下来,使得 OMS 研制能在使用需求、成本控制和系统设计复杂性之间取得平衡。

8.5.3　国外 PHM 技术研发及应用过程中的经验教训

迄今,美国是开展 PHM 技术相关研究和应用最多、也是最深入的国家之一。下面是他们在开发和应用 PHM 技术过程中积累的一些经验教训。

(1) 预测能力很难开发并常常需要成熟时间,但其在很多情况下是可行的。预测并非对所有情况都是可行的,那么就需要鉴别出明显不可能预测的情况并考虑用其他方法来解决它们。恰当的做法是,将有限的资源集中在可以预测并有很高价值的系统、子系统或部件上,如推进系统、动力传动系统,或是电子装备(取决于具体的任务和系统设计)。

(2) 注意共担开发费用和寻找拥有其他平台预测经验的人员。利用一个平台或者程序，不可能为开发和验证每个系统、子系统和部件的精确剩余使用寿命预测能力提供所有必需的资源。为了减少在单一平台上资源的高额花费，需要采取一个聪明的策略。这个策略就是努力寻找类似的项目平台和类似的部件类型一起共同负担预测能力的开发费用。除了这些专门的平台项目之外，针对特定目的的科学和技术工作的合理应用也可以提供额外的资源。

(3) 真正好的故障诊断是实现健康预测的重要前提。在拥有预测能力之前，必须首先具有好的诊断能力。如果能够在功能故障诊断之前就发现问题，那么我们就比传统的系统拥有了更多的、更充分的预测能力。如果你已开发了全面、有效的诊断能力，那么接下来你就必然想开发预测能力。当然不排除存在例外情况，如系统或子系统整体性能退化趋势其本身就是非常有用的预测能力。

(4) 要获得剩余使用寿命的准确预测能力，需要多种类型的模型。这些模型包括，传感器校准或者相关性模型、累积使用到裂纹萌生的模型、初始故障或者裂纹扩展模型、基于统计和(或)概率的模型。所有需要开发的这些模型都是为了能准确、有效地集成到特定部件和系统应用的整体预测模型中。

(5) PHM 是多学科的工程问题，需要各类专业人员参与研发。成功开发整体预测模型和准确的剩余使用寿命预测能力，需要具有不同学科专业技术的开发队伍。这样的开发队伍需要配备材料学专家、状态感知传感器专家、数学建模和数据融合专家、部件设计专家、统计和概率建模专家和传统诊断专家。不要错误地认为“既然这是大型的软件，我就让软件设计人来处理它”。那样做虽然效率高，但是得到的 PHM 软件是没有价值的。与其他工程化系统一样，PHM 的核心是应用多个学科的工程知识。

(6) PHM 需要全寿命周期的努力，其成熟需要时间和实施经验。开发准确的预报和剩余使用寿命预测能力，需要大量数据、经验和成熟时间。对于那些失效物理模型不容易理解，或导致失效机理的根源是随机的具体部件而言，尤其是这样。要获得复杂的预测能力，必须有大量的研制数据和足够的成熟时间，这是勿庸置疑的，因此很重要的一点是确保规划项目中包含充足的成熟时间。

(7) 性能退化征兆的捕捉和趋势跟踪在很多系统中是容易实现的。通常，不用准确的剩余使用寿命预测，而直接对系统或子系统进行性能退化趋势跟踪，是非常有用的预测形式。这代表预测能力的最简单方式，但是它对于飞机机队经营者却是非常有用的。这种预测趋势跟踪结合基于案例的推理一起使用或者在特定部件的失效物理模型不可用的情况下是最好的选择。

(8) 好的失效模式和影响分析(FMECA)是预测必需的起始点。通过全面及时的 FMECA 找出故障模式和相关的征兆，同时把最常发生的故障模式和引发致命故障的部件进行排序。这些能力帮助识别需要预测的高价值部件。FMECA 在揭示部件的相关元件之间的相互关系方面也是非常有用的，不论它们位于单个系统内还是跨越互联子系统。

(9) 子系统部件注入故障试验是极其有用的,但是昂贵的费用阻碍其应用。计划几个注入故障试验并明智地利用这些试验。不要太匆忙投入试验,以致使试验无法取得任何进展。相反,应在试验开始就有一个合理的试验策略,以便尽可能在附带发生的环境中最大程度地捕捉到性能退化的征兆和潜在故障发展到失效的数据,这包括对在各种可能的系统、子系统和部件的研制试验、鉴定试验、环境试验、最终验收试验等过程中获取这些宝贵数据的仔细规划。

(10) 历史维修数据对于 PHM 费效分析非常有价值,但在某些领域存在不足。以美军的历史维修数据库为例,它是一项有价值的资源,但它们在某些领域存在缺陷。这些数据库提供了很多失效和维修费用数据,但使用起来费时、费力。针对一架现有的飞机,这些数据通过 7 个数字工作单元代码组织起来,将飞机定义为几千个零件的组合。为得到有意义的平均值,应该审查至少三年的数据,必须对很多数据进行研究和组织。一个航空承包商估计要花费 1 人·年的时间组织和挖掘一架飞机的数据库。即便完成这项工作之后,他们仍得不到关于维修人员如何花费其时间的足够详细信息,支持开展 PHM 对提高维修过程效率的影响的一个全面分析。为弥补这种不足,应组织对外场示例的研究,以采集有用的外场数据。由于一个人员的成本很大,特别是对于 30 年的时间而言,因此在缺乏真实数据的情况下,为估计 PHM 如何影响直接人力所做的假设,将导致最终的结论相差很大。

8.5.4 PHM 技术的发展前景及趋势

8.5.4.1 走体系化、标准化的发展道路

从美国 PHM/IVHMS 技术的发展来看,自 20 世纪 90 年代中期 JSF 项目为实现自主式保障方案而提出和开发 PHM/IVHMS 技术以来,美国军方、政府机构、工业界和学术界各自纷纷开展了大量相关技术项目的研究和开发工作,呈现出“百花齐放”、但“各自为政”的局面,在一定程度上造成了重复研究、资源浪费,尤其是重视技术开发而忽视了技术转化成能力等问题。

为此,美国国防工业协会系统工程部企业健康管理(EHM)委员正在帮助国防部构建和完善一种“企业健康管理框架”,该框架旨在建立一种在美国政府、盟国伙伴、工业界和学术界的健康管理机构之间使用的“通用框架”,以协调健康管理技术的规划、研发、资源规划以及向使用项目的转化工作,最大程度地实现技术共享和协作。通过按类别(即“支柱”(Pillar),包括业务、体系结构、科学技术能力、基础设施、实施几方面)确定的需求、差距及障碍等几方面,该框架将技术开发人员、用户、采办和保障团体的不同关注点(兴趣)综合起来,并在项目早期当其还能对结果产生影响时制定出解决方案。目前,该架构还在修改完善

过程中。

另外,IEEE 协会、机械信息管理开放系统联盟(MIMOSA)等行业标准化组织正在积极探索 PHM 相关标准的构建,如 IEEE 协会正在完成对 PHM 相关标准——AI - ESTATE 标准的再次更新,并在探讨建立 PHM 标准的可能性;MIMOSA 提出的开放系统体系结构基于状态的维修(OSACBM)标准在 2008 年 12 月的实验室试验中确认了在嵌入式环境和 PC 机环境下跨多个计算机操作系统使用的可能性。

2009 年,OSACBM 标准进一步被通用电气公司和波音公司所采纳,使飞机系统的嵌入式健康监测付诸实践,并验证了整架飞机向实现基于状态的维修方面迈进了重要的一步。

美国 PHM/IVHMS 技术发展的实践表明,走体系化、标准化的发展道路是 IVHMS 技术发展的一条捷径。

8.5.4.2 技术展望

PHM 技术的发展经历了状态(健康)监控和故障诊断、故障预测、系统集成三个日益完善的阶段。当前 IVHMS 技术的发展体现在以系统级集成应用为牵引,提高故障诊断与预测精度、扩展健康监控的应用对象范围,支持基于状态的维修(CBM)与自主式保障(AL)等方面。

在 PHM 系统集成应用方面,体现在:①如何采用并行工程的原则,与被监控产品设计同步,进行 PHM 的框架设计与细节设计? ②如何进行 PHM 的定量性能评价与验证? ③针对故障预测的不确定性,如何进行风险 - 收益分析,实现容忍不确定性的保障决策?

在提高故障诊断与预测精度方面,体现在:①研究混合及智能数据融合技术,加强经验数据与故障注入数据的积累,提高诊断与预测置信度;②不断寻求高信噪比的健康监控途径;③研究灵巧、健壮的先进传感器和传感器布局问题,提高数据源阶段的精度。

在扩展应用对象范围方面,体现在向电子产品故障预测的扩展:①如何与故障预测技术相结合,提升 BIT 能力,减少 CND,降低虚警率? ②如何实现寿命消耗监控(LCM)不确定性的定量评价? ③如何把 LCM 与故障征兆(Precursor)技术相结合,提高 LCM 的置信度等。

8.6 我国发展 PHM 技术的对策及建议

美英等国军方和工业界非常重视 PHM 技术的研究、演示验证和型号应用工作。这些国家多年的实践证明, PHM 技术是提高武器装备 RMS 水平,进而提高战备完好性、降低寿命周期费用的一种有效途径。总结吸收国外经验教训,对我国 PHM 技术的发展提出如下几点建议。

8.6.1 重视 PHM 要求论证的研究

PHM 要求是开展 PHM 设计分析和试验验证的依据，是开发满足新研装备诊断和预测能力的基础。要求提出的合理性直接影响到它们在装备研制中的成功应用。PHM 要求论证涉及到系统设计与分析、试验与评价、诊断与预测以及可靠性、维修性、测试性、保障性和安全性等多种学科，是一项复杂和艰巨的工作。为了保证这项技术能够在新一代装备中得到应用，应重视 PHM 要求论证的研究。

我国现有的 GJB1909A“装备可靠性维修性保障性要求论证”规定了 RMS 要求论证的原则、程序和一般方法，远远不能满足 PHM 要求论证的需要，建议重点开展如下内容的研究：

(1) 装备、功能系统、分系统、设备和部件等各个产品层次的要求，包括 PHM 的参数和指标；

(2) 根据装备的任务需求和使用要求导出 PHM 要求的程序和方法，包括参数的选择、指标的确定和分配；

(3) 要求确定过程中采用的各种权衡研究技术和方法，包括 PHM 要求和装备性能、费用和进度；与可靠性、维修性、测试性、安全性与保障资源要求等的权衡研究；

(4) PHM 要求论证过程中需要的数据，包括与测试、诊断和预测有关的数据，以及可靠性、维修性、测试性、安全性、保障资源等数据。

8.6.2 加强 PHM 系统基础技术、关键技术和自动化工具的研发

从美军发展及应用 PHM 技术的经验可以看出，我国新一代装备等武器装备的研制必将应用这项重要技术，因此为了满足我国新一代装备发展的需要，应组织人力，加强这一技术途径相关基础支撑技术和关键技术的研发工作，包括测试性设计分析和验证与评价技术、嵌入式诊断和预测技术等，这些技术是 PHM、自主式保障和基于状态的维修的技术基础和物质基础，是提高武器装备战备完好性和持续作战能力、降低使用与保障费用的重要技术保证。

(1) 重视测试性设计分析和验证与评价技术的研究。由于 PHM 是测试性的进一步扩展，而测试性是 PHM 的基础，为提高装备的内部诊断与预测能力，首先必须开展装备的测试性设计和分析。因此，研究出一套行之有效的测试性分析和设计及验证与评价方法，并开发相应的软件包，是开展 PHM 研究的首要目标。目前，国外已有比较成熟的测试性设计软件工具，我们可以在借鉴国外相关软件工具基础上，开发、成熟适合我们自己需要的测试性设计软件包。

(2) 深入开展嵌入式诊断与预测技术的研究。嵌入式诊断技术需要采用各种先进的传感器和非传统检测技术，如 F－35 PHM 系统采用的先进的传感器技术如智能传感器；用于检测轮盘裂纹的涡流叶尖传感器(ECS)、用于检测轴承降级的静电磨损位置探测器(EBM)，以及各种新型 MEMS 技术和革新的数据分析技术等。同时，PHM 系统要求这些传感器必须小、轻、容易与机上预处理单元联网，能够适应飞行器的工作条件和环境，不易受电磁干扰的影响等。传感器是支持 PHM 系统最基础的关键技术，也是我国目前的一个最薄弱的环节，国内装备目前使用的测试传感器有很多依赖进口，PHM 系统用的传感器更是缺乏，亟待首先开展这方面的研发工作。

BIT 在武器装备中的应用已有几十年的历史了，目前已广泛用于各种武器装备。但是，加强降低 BIT 虚警率的技术研究，特别是重视人工智能技术在 BIT 的应用研究，开发"智能"BIT 等新一代的 BIT 技术，为提高我国新一代装备的诊断能力奠定基础。此外，近些年，故障诊断和预测技术作为 PHM 系统的核心关键技术，在美英等国日益获得重视，特别是电子预测技术成为未来发展方向。我们应特别注意这一新动向，尽早开展这方面的预研工作。

(3) 加强各诊断要素的权衡研究。PHM 系统是型号研制中贯彻综合诊断策略的成果。PHM 技术在型号中的应用离不开综合诊断工作。因此，对某一具体型号，为了使之具有最优的综合诊断方案，必须对各种诊断要素进行权衡研究。在系统设计早期进行的各种综合诊断功能和能力之间的权衡分析，还需要采用费用与效能分析模型。因此，提供一套经济有效的综合诊断权衡技术和费效分析模型并开发相应的软件包，是开展综合诊断研究的主要目标。

(4) 重视自动化支持 工具的开发。现代武器装备的研制已广泛采用 CAD/CAM 技术，为了在装备研制过程中有效地实施综合诊断过程，必须开发具有自主知识产权的计算机辅助设计(CAD)的自动化支持工具，保证装备的综合诊断和 PHM 过程与装备设计过程同步进行，同时避免受制于人。

8.6.3 借鉴国外经验，把 PHM 系统的研制纳入我国新一代装备研制过程

为了显著改进飞机的经济承受性、安全性和保障性，JSF 的基线设计包含一种全面的 PHM 系统，用于检测和隔离故障并预计关键部件的剩余使用寿命。PHM 系统作为美军第四代三军通用的联合攻击机 F－35 实现其自主式保障系统的核心，从 JSF 型号预研开始就得到美国军方和工业界的高度重视。

美国军方和工业界认为，21 世纪将是 PHM 系统的时代。由于 PHM 系统的实现要引入大量的信息技术、网络技术、人工智能技术、测试技术等先进技术作为支撑，如先进的传感器和非传统检测技术、基于人工智能的预测技术和信息融

合技术等，为了降低风险和寿命周期费用，美军将 PHM 关键技术的成熟作为 JSF 项目 5 年方案演示验证阶段的重点任务之一。虽然 JSF 早已在 2001 年 10 月进入系统研制和验证阶段，但直至目前，PHM 技术仍未达到成熟，预计在今后会有很大的发展。

8.6.3.1 PHM 系统研制采用开放系统方法，有利于不断吸收新的技术成果，防止过时淘汰

为了研制经济上可承受、可持续的 PHM 系统，我们必须采用开放系统方法，使用模块化设计和开放接口，构建可互换的、即插即用的软件和硬件组件。这样在将来系统投入使用后，仍可以不断吸收新的技术成果，使用新算法或新型传感器方便地升级系统，防止过时淘汰。

开放系统方法是一项为研制的系统（或设备）定义接口的综合技术和商业策略。一般采用正式公认的或事实上的规范与标准，即“开放”接口规范来定义接口。所谓“开放”接口规范是指意义明确的、可公开获得的并根据一些统一的标准来保持的接口规范。这些规范和标准或已被工业标准化组织所采用，或是由市场力量所确定，是用于约束系统接口（功能接口和物理接口）、产品、工作惯例和工具等的通用要求。

一个有效的开放系统体系结构将依赖于硬件和软件的实体模块化和功能划分。实体模块化和功能划分应使其排列成在更换其中分系统或部件时不会影响其他部分。如果硬件和软件被有效地划分，用新技术更新硬件无需修改应用软件。同时，修改应用软件也能够不改变硬件。模块化设计是开放系统方法的基础，但开放系统方法不只意味着一种模块化结构。它假定利用标准的“开放”接口规范综合各个单一的功能部件形成模块化系统。开放系统具有如下特点：具有意义明确的、广泛使用的、非专有接口和（或）协议；通过引入或增加新技术实现扩展和升级；采用工业标准来定义接口；采用基于性能的规范；包括技术结构和商业结构。

开放系统方法具有多方面的优势，如能适应不断演变的要求和威胁；加速从科学和技术向采办和部署的转移；提高模块化和促进系统综合；推动在新技术和新产品中吸收商用技术和投资；缩短研制周期和降低寿命周期费用；在对现有部件不进行重大改进的条件下，保证系统与所有与其接口的系统能够完全互用；实现系统间的通用性和部件的重复利用；生产源可从多个竞争者中选择，有效解决了日渐减少的制造源与物资短缺（DMSMS）问题；基于标准的体系结构，通过增加技术引进而不是通过大规模系统再设计促进系统升级等。

8.6.3.2 综合诊断和仿真技术是设计 PHM 系统的关键

为了实现希望的 JSF 保障系统设计，PHM 系统设计程序、成熟的诊断/预测技术以及与现有基础设施的互联方法到 EMD 阶段必须到位。为产生和谐的武

器系统诊断/预测和自主式保障系统,必须将武器系统保障性的所有要素加以综合。综合诊断设计提供了综合这些复杂要素的解决办法。

因此,美国早在 JSF 项目前身的“联合先进攻击技术”(JAST)计划实施过程中,同时开展了“先进攻击综合诊断”(ASID)项目研究,旨在开发一种开放系统综合诊断体系结构,为开发 JSF 的 PHM 和自主式保障系统创造了条件。系统仿真和分析是设计 PHM 和自主式保障系统的关键。系统仿真是一种使最终用户在设计阶段早期参与进去的机制,可确保设计的 PHM 和保障系统满足作战部队的需求,实现高效的“假定推测”分析以正确确定要求分配,并实现高效率的自下而上的设计确认。综合诊断虚拟试验台(ID VTB)方案和综合诊断设计工具的成熟是实现这些目标的关键技术。

8.6.3.3 统筹规划、分工协作,推进装备 PHM 系统研发与成熟工作

目前,随着我国新一代装备的立项研制,对 PHM 技术提供了迫切的需求,各主机厂、所和成品厂、所都对这类技术非常重视,已投入力量开展了不同程度的研发工作。但是,各单位一般都是各自为战,彼此之间缺少沟通交流,这样难免存在力量分散、工作重复、浪费资源、效率低的问题。

为此,建议结合预研、型号研制等工作,由有关部门牵头组织对国内航空科研院所的 PHM 相关技术研发情况展开全面广泛的调研和总结,了解掌握我国装备 PHM 技术目前具有的水平、未来装备发展对预测与健康管理技术的实际需求内容,然后提出发展 PHM 技术的整体方案建议,以便领导机关根据实际情况制定统一的研发计划,结合各有关单位的特点和优势,有分工、有步骤地开展 PHM 相关技术的理论方法探索、预先研究和应用研究以及关键技术攻关工作,进而为我国新一代装备的研制及时提供较成熟的 PHM 技术,为实现新一代装备的自主式保障和视情维修提供关键技术支撑。

参考文献

[1] Rose Gaffney, Stephanie Knoch, Erica Plath, Robyn Walters. Improving Maintenance Management Tools and Data Collection to Increase Surface Ship Fuel Efficiency. https://www.navalengineers.org/.../FMMS2011/Papers/Gaffney.pdf.

[2] Ashok N Srivastava, Robert W Mah, etc. NASA Integrated Vehicle Health Management. Technical Plan. Version 2.03. 2009,11(2).

[3] Keller K, Baldwin A, Ofsthun , et al. Health Management Engineering Environment and Open Integration Platform [C]. IEEE Aerospace Conference, 2007.

[4] Eugene L. Morin. Autonomic Logistics (AL) CBM+. 28 Nov 2007. http://www.acq.osd.mil/log/mpp/cbm+/Briefings/USMC_AL_brief_28Nov07.ppt.

[5] Thomas Dabney, Luis Hernandez, etc. Enterprise Health Management Framework - A Holistic Approach for Technology Planning, R&D Collaboration and Transition. 2008 International Conference on Prognostics and

Health Management.

[6] Pecht M. Prognostics and Health Management of Electronics [M]. John Wiley & Sons. Inc. , 2008.

[7] Joseph A Castrigno, Stephen J Engel, etc. Vehicle Health Management: Architectures and Technologies. Technology Review Journal. Fall/Winter 2006.

[8] Neal McCollom. F - 35 Joint Strike Fighter Autonomic Logistics and Prognostics and Health Management. DoD Maintenance Symposium & Exhibition Presentations. Oct. 2006. [会议报告].

[9] Stephen B. Johnson. Introduction to System Health Engineering and Management in Aerospace. First International Forum on Integrated System Health Engineering and Management in Aerospace. November 7 - 10, 2005. Napa, California, USA. [会议报告].

[10] Andrew Hess. Joint Strike FIghter—Real Prognostics - Challenges, Issues, and Lessons Learned: Chasing the Big "P". First International Forum on Integrated System Health Engineering and Management in Aerospace. November 7 - 10, 2005. Napa, California, USA. [会议报告].

[11] Andrew Hess, etc. PHM—A Enabler for the JSF Autonomic Logistics Support Concept. Proceedings of the 2004 IEEE Aerospace Conference.

[12] James M, Baroth L, Mellinger E, et al. Integrated Virtual Test Bed for IVHM Systems on 2nd Generation RL V [A], Aerospace Conference [C]. 2003.

[13] DiUlio M, Savage C, Finley B,Schneider E. Taking the Integrated Condition Assessment System to the Year 2010,Apr 2003.

[14] Kacprzynski G J, Roemer M J, Hess A J. Health management system design: development, simulation and cost/benefit optimization [J]. Proceedings of IEEE, 2002, (6): 3065 - 3072.

[15] Aaseng G B. Blueprint for an integrated vehicle health management system Digital Avionics Systems [C] DASC. The 20th Conference, 2001, 1: 14 - 18.

[16] Andrew Hess. The Joint Strike Fighter (JSF) Prognostics and Health Management. JSF Program Office. NDIA 4th Annual Systems Engineering Conference. 2001,10.

[17] M E Malley. A Methodology for Simulating the Joint Strike Fighter's (JSF) Prognostics and Health Management System. Air Force Institute of Technology. March 2001.

[18] Hess R Duke A, Kogut D. The IMD HUMS as a tool for rotorcraft health management and diagnostics. Aerospace Conference, 2001, IEEE Proceedings.

[19] S Henley, R Currer, A Hess. Autonomic Logistics - the Support Concept for the 21st Century. 2000 IEEE Aerospace Conference.

[20] Les Atlas, George Bloor, etc. An Evolvable Tri - Reasoner IVHM System. Boeing Company. 1999.

[21] W. Scheuren. Safety & The Military Aircraft Joint Strike Fighter Prognostics & Health Management. AIAA 1998 - 3710.

[22] G Smith, J B Schroeder, S Navarro, etc. Development of a Prognostics & Health Management Capability for the Joint Strike Fighter. Autotestcon'1997.

[23] 张宝珍. 外军先进的诊断、预测与健康管理技术的应用及发展. 2007 年装备可靠性维修性保障性研讨会论文集,2007.

[24] 张宝珍. 国外综合诊断、预测与健康管理技术的发展及应用[J]. 计算机测量与控制,2008,16(5):591 - 594.

[25] 田仲,石君友. 系统测试性设计分析与验证. 北京:北京航空航天大学出版社,2003.

[26] 曾声奎,等. 故障预测与健康管理(PHM)技术的现状与发展. 航空学报,2005(5),626 - 631.

[27] 梁旭,李行善,等. 支持视情维修的故障预测技术研究. 测控技术,2007 年第 6 期. P5 - 8, 14.
[28] 张宝珍,曾天翔,等. 国外军工产品试验、测试与评价管理体系和先进技术研究. 国防科技情报研究报告,HY2004 - 005.
[29] 常琦,袁慎芳. 飞行器综合健康管理(IVHM)系统技术现状及发展[J]. 系统工程与电子技术,2009, 31(11):2652 - 2657.
[30] 章涵. 国外预测与健康管理(PHM)标准分析. 航空标准化与质量,2010(5).

第9章 持续过程改进技术

随着对产品质要求的不断提高,质量管理的方法不断推陈出新。质量管理经历了检验质量管理、统计质量管理和全面质量管理,目前可称之为持续质量管理。持续质量管理的核心是持续过程改进。

持续过程改进理论认为,所有产品都是由不同的过程形成的,过程的质量决定了最终产品的质量,因此,控制了产品形成过程实际上就控制了最终产品的质量。也可以说在这个过程中有许多非增值过程,而非增值过程可能会造成“浪费”,需要通过一系列的措施消除这些“浪费”,持续过程改进就是要持续不断地消除“浪费”,从而保证产品质量管理水平和质量水平的持续提高。持续过程改进的理论和方法不仅适用于产品形成过程,而且适用于装备建设的所有方面,如论证过程、研制生产过程、试验过程、修理过程、院校培训、机关业务管理等。

目前,用于过程改进的方法有许多,比较公认的最佳方法是精益 6σ 管理,即精益与 6σ 的最佳结合。

精益的思想起源于 20 世纪 40 年代后期,即第二次世界大战之后。日本丰田汽车公司经理大野耐一,在福特汽车公司先进管理方法的基础上,进一步发展了其理念,在组织、管理和用户的关系、供应链、产品开发和生产运作等方面,使工作效率和利润率都得到大幅度的提高,即以越来越少的投入获得越来越多的产出。精益生产的基本思想是消除浪费,降低成本。现在精益思想被广泛运用于各行各业,如汽车业、航天航空、机械制造、建筑、食品零售、邮政服务等。

20 世纪 90 年代以来,在美国和欧洲的企业界和质量界掀起了一股“6σ”热。6σ 被赋予新的内容,引起人们的广泛关注。6σ 哲学方法起源于 20 世纪 80 年代末期,首先在美国摩托罗拉公司使用。6σ 建立在许多其他以往最先进的管理理念和实践基础之上,特点是从顾客的要求出发,以流程为导向。其追求的质量目标是每百万个(次)产品(服务)只发生 3.4 个(次)缺陷。6σ 不仅在生产制造中起重大作用,对市场营销、服务、人力资源、财务、销售等所起的作用也同样重大。6σ 方法在美国通用电气公司得到了广泛运用和发扬,作为公司的四大战略之一,为企业赢得了近百亿美元的经济效益。近几年来,他们还将精益企业的思想与 6σ 哲学结合起来,发挥各自的长处,获得了一次又一次的成功。同样,6σ

方法在联合信号/霍尼韦尔、东芝、三星等企业中也获得了巨大的成功,甚至于一些非制造领域如花旗银行、迪斯尼、希尔顿酒店等也引进了6σ方法,从中获益匪浅。6σ正在被世界上越来越多的企业接受和推崇。

自从冷战结束后,美国国防部一直致力于业务转型。2005年,美国国防部部成立了国防业务转型局,进一步加强国防业务转型工作,即有效降低国防部业务系统的复杂性,并进一步提升财政透明度。由于美国防部内部实施"烟囱式"管理方式,众多部门之间缺乏沟通和交流,致使支持作战部队的相关工作常被忽视和遗忘。美政府内部其他机构对此也颇为不满。美政府负责审计工作的政府问责办公室(GAO)曾多次指责美国防部工作效率不高,每年浪费掉数十亿美元,但却未对美国会和纳税人充分负起责任。

2006财年美国防部计划斥资42亿美元用于推动其业务系统的现代化进程,其中极为关键的内容就是将美国国防部的业务活动逐渐调整到支持美军作战方面。为了节约开支、精简机构、减少繁冗工作环节、提升工作效率,近年来美国国防部一直在倡导向地方部门学习"取经",并积极采取了一些改革措施,大力推动业务工作向私营部门靠拢。

国防部和三军在国防业务转型中采用的一种有效工具就是精益6σ,通过实施精益6σ,实现持续过程改进,为此美国国防部采取了一系列有力措施。2006年5月11日,美国国防部颁布国防部备忘录《建立国防部范围内持续过程改进项目》,2006年5月颁布《持续过程改进转型指南》,并于2008年7月进行修订。2007年4月30日,国防部颁布备忘录《国防部范围内持续过程改进/精益6σ》,并成立国防部持续过程改进/精益6σ项目办公室,全面推进持续过程改进工作。2008年5月15日,美国国防部颁布国防部指令DODD5010.42《国防部范围内持续过程改进/精益6σ项目》,从法规层次上对国防部实施持续过程改进/精益6σ项目做出明确规定。2009年7月17日,美国国防部颁布国防部指示DODI 5010.43《国防部范围内持续过程改进/精益6σ项目的实施和管理》,该指南对国防部范围内持续过程改进/精益6σ项目制定政策、分配职责,并提供工作指南。

美国国防部实施持续过程改进取得了较好的效果。根据2008年7月的统计资料,空军应用持续过程改进减少C-5飞机维修周转时间33%,其最终目标是降低总维修周转时间的50%;海军水面作战中心实施精益6σ项目,在一个财政年度内,在节省管理、制造、研究和研制经费900万美元。陆军运用精益6σ项目收到巨大的回报,节约3000万美元,好处不仅是节省了费用,而且有更多的车辆交付给士兵;在国防后勤局通过精益生产和6σ技术对主要保障合同减少利息支出和行政管理延迟时间10%。

9.1 持续过程改进的基本概念

持续过程改进提供给组织一种结构性的方法，用于分析他们正在做的工作如何，以及下一步如何做才能更加有效。掌握组织目前的现状非常重要，就如同一个人在某个地方迷路了，如果他说不清楚他现在在什么地方，其他人就很难帮助他。持续过程改进适用于所有部门和过程。

精益(Lean)：一种持续过程改进的方法，该方法集中于工作流程、客户价值并消除过程中的浪费。

6σ：一种学科式的数据驱动的过程改进技术，其重点是满足客户的需求，同时通过减少和控制波动(Variation)使浪费达到最少。

约束理论(Theory of Constraint)：一种通过确认、利用、降级、提升和重新评估过程的约束来使资源利用优化的系统方法。将科学原理应用于一组逻辑思维过程来开发转型的突破性业务解决方案。

精益6σ(Lean 6σ)：精益6σ是将精益和6σ技术相结合，重点是分析工程流程及其存在的浪费，根据用户需求重新设计工作流程，并采取措施减少过程的浪费，从而实施改进过程和提高工作效率的目的。

精益6σ是一种集成了上面三种非常重要又相互补充的过程改进技术的综合方法论。精益6σ同时关注消除浪费和降低变异。精益6σ是精益生产与6σ管理的结合，其本质是消除浪费。精益6σ管理的目的是通过整合精益生产与6σ管理，吸收两种生产模式的优点，弥补单个生产模式的不足，达到更佳的管理效果。精益6σ不是精益生产和6σ的简单相加，而是二者的互相补充、有机结合。

按照所能解决问题的范围，精益6σ包括了精益生产和6σ管理。根据精益6σ解决具体问题的复杂程度和所用工具，我们把精益6σ活动分为精益改善活动和精益6σ项目活动，其中精益改善活动全部采用精益生产的理论和方法，它解决的问题主要是简单的问题。精益6σ项目活动主要针对复杂问题，需要把精益生产和6σ的哲理、方法和工具结合起来。

传统6σ主要解决与变异有关的复杂问题，例如控制一个过程的产品一次通过率；而精益6σ解决的问题不仅包括传统6σ所要解决的问题，而且要解决那些与变异、效率等都有关的“综合性”复杂问题，例如不但要控制一个过程的产品一次通过率，还要优化整个生产流程，简化某些活动和过程，缩短生产提前期，而且简化这些活动与控制过程变异有直接联系。

通过实施精益6σ，组织流程可以在以下方面获得收益：

(1) 减小业务流程的变异，提高过程的能力和稳定性，提高过程或产品的稳

健性;

(2) 减少在制品数量,减少库存,降低成本;

(3) 缩短生产节拍,缩短生产准备时间,准确快速理解和响应顾客需求;

(4) 改善设施布置,减小生产占用空间,有效利用资源;

(5) 提高顾客满意度,提高市场占有率。

以上几个方面在不同的企业应用不同的过程都取得了一定的成功,现在需要把这些技术综合起来,应用于过程改进。在军事领域应用精益6σ方法可以改进周转时间和可靠性、优化费用、完善安全性、减少能源消耗、改善部队作战能力。

在介绍持续过程改进的实施程序之前,需要了解持续过程改进的几个基本概念,即几个"务必"、原则、价值流的重点和可识别的文化。

1. 持续过程改进的几个"务必"

公共部门和私营部门的经验表明,需要具备下列条件,才能确保持续过程改进的有效实施:

(1) 保障持续过程改进实施建立的组织机构。每个组织的持续过程改进组织机构应包括最高管理者(领导)、指导委员会、保障小组和工作小组。监视小组也用来加强整个大的组织各职能部门的表现。

(2) 战略一致地将重点集中于客户的期望,并将其确认为通过组织的运行来推动真正的客户价值。

(3) 彻底解决问题的结构。例如,定义、测量、分析、改善和控制(DMAIC)用于有逻辑、有条理的持续过程改进行动计划,包括项目和相关组织的目标和优先考虑的措施。

(4) 从组织的最高层强有力和持续清晰的领导承诺和参与,重视并支持创新的和团队的持续过程改进文化。

2. 持续过程改进的原则

组织执行持续过程改进规划时,应当坚持如下最佳原则:

(1) 利用目标(以事实为依据)数据分析,确定当前的形势;

(2) 评价满足"5S"标准(整理、整顿、清扫、清洁、习惯(纪律))的当前进展;

(3) 利用DMAIC过程分析问题,以确定行动方针;

(4) 设定从整体上解决深层次问题的目标,并且避免将重点放在孤立的过程子要素而达到局部优化;

(5) 将工作和资源集中到能产生附加值的人、机器和系统;

(6) 通过持续控制的实验来改进过程;

(7) 根据长期的改善做出决定;

(8) 更新或创建标准化过程,以减少差异和浪费,并促进持续过程改进;

(9) 将经验和知识在整个组织的内部和外部进行共享。

3. 价值流在企业内部的聚焦

为了成功地应用持续过程改进,需要在转型的企业内形成一系列的价值流聚焦。在一个大组织内有许多职能部门以及许多管理会员会从事持续过程改进活动。例如,在美国国防部复杂的企业内建立了无数的节点、接口、活动和其他"接触点",可能需要作为一个特定的价值流的一部分加以考虑,即跨职能领域全企业范围内的过程,这些节点、接口等可能有助于改进过程和支持活动。例如,国家和高层次的终端到终端的国防部武器系统价值流将涉及所有的职能领域和委员会,包括采办过程,在其预期用途的武器系统的使用,在组织级、中继级和基地级所要求的所有维修活动、供应和运输活动,以及任务规划等。

在企业任何一级价值流程图的重点应当聚焦于客户。单个持续过程改进项目必须涉及受影响的企业内所有潜在的相关节点、所有接口和活动,因为它们聚焦于衡量客户或作战人员的价值。通常用3~5个指标作为组织间的衡量基准,用于描述和测量过程中的每项进展。

所谓价值流,类似于产品加工流程一样,必须涉及每一个环节和步骤。例如,在分析装备研制的效率时,不能仅涉及军队内部这一流程,必须包括国防工业管理层和企业层,否则分析结果可能是片面的。所以我们分析装备建设存在的问题,必然涉及到装备建设的方方面面。

4. 持续过程改进文化

在实施持续过程改进时,确定了职责和特定的活动后,还有一个重要的问题就是文化。必须在持续过程改进框架下建立鼓励和创新文化。转型文化的核心是时刻保持对浪费的警惕和毫不动摇地相信总有一个更好的方法来把事情做得更好。如果培育出这种文化,它将会确保越来越多的持续过程改进项目获得成功。一个有效的持续过程改进文化需要几个核心价值观,这些价值观应当在整个组织内得到承认和发展,即:

(1) 在整个组织内外相互信任和尊重;

(2) 在任何时候都要铭记顾客至上;

(3) 利用对现状的不满,不断推动进一步的性能改进;

(4) 始终铭记你所有行为的总成本意识,因为它们将影响到客户的价值和你的组织利益;

(5) 正确看待问题,承认问题存在才有解决问题的机会(不掩盖问题);

(6) 保持接受新的持续过程改进概念和工具,因为它们可能演变成为适用的概念和工具,同时避免固守单一思维模式,这可能排除其他有用的方法和观点。

9.2 持续过程改进实施框架

持续过程改进提供了组织一种结构性的方法,用于分析组织目前所做的工作如何,以及组织如何更高效和更有效地改进组织将来的工作。持续过程改进综合了已成功应用于私营和公共领域的单一改进方法,形成了美国国防部全面改进过程的方法。持续过程改进提供给国防部管理者和工作人员一种经过证实的绩效改进工具,用于建设强大的部队保障基础,以改善周期时间和可靠性,优化费用,改进安全性,减少能源消耗和提高部队作战能力。

在私营和公共领域,国防部持续过程改进框架全面推进充满活力的持续过程改进方法和概念。最为重要的是,国防部的目标是使其领导和整个队伍成为一丝不苟的思想家和解决问题的执行者,成为有远见卓识的群体。

有许多度量可以用于衡量某组织如何更好地满足用户的需求。持续过程改进所满足的用户就是作战部队,而作战部队的战备完好性是他们的主要目标。

周期时间(Cycle Time)反映了国防部部门接受一个目前和将来的用户需求(通常是作战部队)并提供要求的能力所需要的时间量。持续过程改进发现在此期间出现的“作用”(touch),每次作用所消耗的时间,并评价是否有特定的作用向作战部队提供价值。作用用作用的劳力来表示,除此之外通常是指直接劳力。从用户的角度看,这个过程通常包括两部分,即增值部分和非增值部分。持续过程改进的目标是瞄准组织及其过程,以缩短周期时间而不会损害产品或者服务的可靠性和费用。周期时间改进可以集中在任何过程,以减少涉及的时间和资源。持续过程改进的一个重要理念,就是不要仅考虑直接劳力部分,而必须扩大考虑更大的范围内可利用的时间和资源,包括直接、间接和其他保障利益相关方的资源,这些资源都是劳力消耗的一部分。

可靠性(Reliability)是指产品或者服务(或者任务预期的输出)在规定的条件下在设定的时间期间内执行任务的肯定程度。有经验的持续过程改进人员都知道,为减少周期时间简单地试图加快过程,可能有害于质量,从而降低可靠性。持续过程改进就是要平衡这些关系。

效能和效率(Effectiveness and Efficiency)可以以小的成本投入得到大的改善。但是高回报和可持续的组织级改善可能需要大的投资。因此,持续过程改进实施人员必须在投资前考虑过程改进的费用和效益。

在国防部,持续过程改进工作应当考虑从多层次的整体价值流研究来提高生产率和降低成本,以保证将最大价值提供给用户。

持续过程改进是达到企业目标的助推器。对于国防部,这是国家军事战略及其所有行动计划。战略和行动计划提供组织内强有力和制度化的持续过程改

进文化的基础和基石。在国防部,这些组织应当:

(1) 有确认过程的有效的方法,这些过程的改进将比较有益于作战部队;

(2) 培训人员实施持续过程改进分析,并以正式方式认证他们的技能,例如,从1级(初级)到2级(中级)再到3级(专家);

(3) 评估持续过程改进工作的成熟度;

(4) 特别关注知识和分享信息和经验总结,包括同行小组提供论坛,以便跨专业交流和思想与技术交流。

最初的持续过程改进努力通常可得到改进过程中的第一次大的时间改进,但是持续过程改进的最终价值取决于持续改进本身,以及基于事实的结果测量。工作过程中每次可测量的进展,都将提高所保障作战部队的增值。因此持续过程改进应当成为日常工作的一部分,深入到人们如何思考和如何做好工作之中。

持续过程改进框架包括四部分:持续过程改进实施周期、运行计划、变更管理和度量。

9.2.1 持续过程改进实施周期

通过一种有序的持续过程改进实施方法,将持续过程改进概念付诸实践,这需要改变关于工作的观念和认识。它提供了一种以价值驱动而不是以工作驱动的用户满意焦点,这些价值是由用户定义的。图9-1给出了持续过程改进的实施周期。

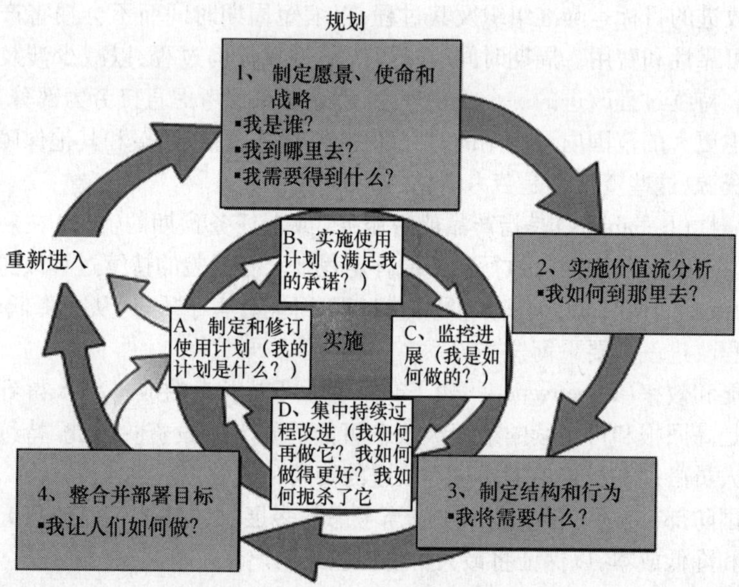

图9-1 持续过程改进实施周期

1. 制定愿景、使命和战略(方框1)

实施周期的第一步是制定组织的愿景和使命,以及达到它的战略。通过以内容清晰的愿景、集中的使命和广泛认可的战略,提供了达到组织目标的框架:

(1) 一个共同的愿景和进展的次序,能够促进团队工作、内部部门合作及目标、参数和行动的联合;

(2) 减少约束和其他非增值活动的重点,以达到资源和生产力的最佳利用;

(3) 连续加速地改进工作;

(4) 一个基于事实的分析和决策制定的更好基础;

(5) 一个对整个(从头到尾)价值流的视角。

愿景(Vision):持续过程改进愿景是一种简明地说明组织将如何实施业务的未来希望。它暗指现在状态与未来更好状态之间的差距。

使命(Mission):使命是一种简明的、清楚的和可测量的组织在国防部目标中作用的说明,它与国防部战略规划指南及紧急规划指南相衔接。

战略(Strategy):实施战略通常被记录在战略计划之中,或者记录在其他用于某组织的战略联合和部署过程之中。这些计划提供了高级别的活动,这些活动是在计划时间框架内实施的,用于实现愿景和达到组织的目标。

2. 实施价值流分析(方框2)

价值流表示合并的终端至终端的过程,该过程用于建立或者增加由用户需要某产品或者服务定义的价值。过程活动的价值流分析由所有的规划、实施、产品和服务所组成,它们进入过程并产生用户需要的价值。

价值流程图帮助图示出所改进的机会。价值流程图和分析必须聚焦于用户的价值,通常包括现有的状态图,它说明现有的过程和揭示改进的机会;还包括未来状态图,它说明未来状态的期望愿景,并通过差距分析揭示改进过程的潜在影响点。典型的价值流程图也将包括过程中价值增值和非常增值时间的确认和分析。

通过价值流程图进而可能确认新的消耗和供应重点,包括人、过程、材料和信息系统保障等。

在一个组织内,在多级实施价值流分析时,通常情况下最好完成从顶到底的活动。"企业"本身可能是一个主要功能领域,如基地维修集中于某型武器系统。但是,当企业被定义为特定的持续过程改进工作时,方法必须包括组织每一要素的代表和利益相关方,以达到协调解决问题的目的。

3. 制定结构和行为(方框3)

可靠地和费用有效地完成一项任务,取决于建立一个有效的保障基础设计,并促进持续过程改进行为。实施持续过程改进项目需要一个通用框架,如图9-2所示。这个框架对启动和评审正式项目是适当的,但应当注意在框架中所有的参与者之间需要直接相互影响。这些活动将不能简单地按逐级等级制度方式处理。

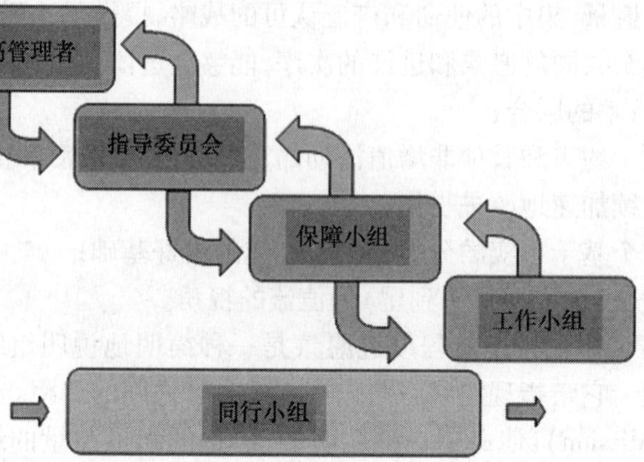

图9-2 持续过程改进实施结构

在美国国防部中,典型的焦点问题是多级职能组织,这意味着许多职能领域专家,在制定最高管理者期望的解决方案时,将被要求参加一些保障组和工作组级别的工作。

在某些职能领域内,参加人员不必指派成全日制负责持续过程改进工作,但是当需要他们时,他们必须及时和积极主动地做出回应。

4. 整合和部署目标(方框4)

保证某一组织以相互协调的方式进步的关键要素之一是整合和部署目标。例如,陆军排的目标需要整合和保障其大队的目标,而大队的目标需要整合和保障营的目标,依此类推,整合陆军目标,而陆军的目标需要整合和保障国防部的目标,其他军兵种的目标也是如此。每一子单位目标的制定,需要分析到组织的最低层次,需要整合和保障组织的目标。

相对于目标的进展必须正式地测量和可视。作为日常使用的工具度量应当基于输出,并且与组织的目标相互对正。每一度量必须直接、可确认,并与一个或者多个目标有对应关系。

5. 建立和修正运行计划(方框A)

在实施层次的第一步是建立和修正运行计划,这个计划是一个详细的供过程所有者及其保障工作组的活动计划。运行计划是一个在特定时间框架内完成特定组织级与持续过程改进相关任务的承诺。

6. 实施运行计划(方框B)

实施每一运行计划,以便向持续过程改进保障组、指导委员会监督工作和领导资助提供保障。这些代表了对瞄准目标活动的承诺。

7. 监控进展(方框 C)

指导委员会(有时在持续过程改进或者精益 6σ 的早期阶段称为部署组)是指导并提供作为持续过程改进保障组的高级参与者。其成员利用适当的度量和数据与每一工作组一起决定如何开展工作,然后他们向最高领导报告进展情况。指导是监控的副产品。这是评价运行计划中相对于目标进展的情况。

8. 聚焦持续过程改进(方框 D)

持续过程改进应当是完成运行计划的基本战略。通过获得和产出由工作组达到的明确结果标准,持续过程改进提升了现有的实践。

9. 重新进入

应当定期对整个过程重新进入,以检查是否组织已进展到最终状态,这个状态将根据使命和愿景在战略计划中做出明确规定。

当对持续过程改进进行适当的文化变更时,这个实施规划框架可以用于任何组织——从军事服务或者其他大型组织到小的单位。框架划分成不同的部分,这些部分支持持续过程改进的实施周期,并设计成包括提出持续过程改进文化所必要的各种工作。当组织实施持续过程改进时,规划需要得到批准,同时要得到指导委员会和保障组成员的认可。适当时,出版正式的规划,以便保持各成员之间的联系。

如果某组织已经开始实施持续过程改进,可能想首先确保完成这些工作,然后转向实施和维持阶段。应当强调的是,这个框架中的要素涉及可能反映特定组织的职能部门,包括但不限于行政、合同、财务、人员、运营、项目管理、供应链管理和维修。表 9-1 确定了持续过程改进的规划要素。

表 9-1　持续过程改进框架的规划要素

持续过程改进步骤	活动说明
制定愿景、使命和战略	1.1　获得领导层承诺
	1.2　获得专家帮助
	1.3　确认/选择指导委员会和保障组
	1.4　确认战略目标、远景和度量
	1.5　表达坚持要求/十分重要的论坛
	1.6　承诺开发人员
	1.7　聚焦用户价值
	1.8　交流
	1.9　制定转型战略
	1.10　确认和对准展开活动
	1.11　实施风险评估
	1.12　确认资金/资源需求和来源

（续）

持续过程改进步骤	活动说明
实施价值流分析	2.1　建立企业方法
	2.2　执行用户股东分析
	2.3　确认价值流图关键过程
	2.4　确认关键点
	2.5　确认试点项目
	2.6　决定如何度量收益
制定结构和行为	3.1　实施初始培训
	3.2　确认和选择辅助的拥护者
	3.3　建立持续过程改进保障设施
	3.4　利用指导委员会来分享经验
	3.5　组建持续过程改进实施组织
整合和部署目标	4.1　将整合的目标部署到整个组织
	4.2　将分组织的承诺对准目标
制定组织计划	5.1　将计划对准战略
	5.2　建立实施资金/资源
	5.3　建立目标和优先权
	5.4　确认实施活动
	5.5　处理输出质量的持续力/改进
实施运行计划	6.1　实施初始的改进活动
	6.2　建立关键过程基线(图处理)
	6.3　聚焦标准化:政策、程序和过程
	6.4　聚焦质量
监控进展	7.1　对建立的组织目标监控绩效
	7.2 指导结果
聚焦持续过程改进	8.1　维持收益(利润)
	8.2　培育过程
	8.3　建立穿越增长的过程
	8.4　确保高级领导参与
	8.5　实施定期自评估
	8.6　修正方向和规划

一个组织推动持续过程改进应该包括所有适用的概念、工具、技术和方法，这将推动企业更好地实现其目标。虽然没有任何组织有可能(或需要)掌握每一个改进技术,但是应当找出持续改进的最好方法。关键工具、概念和技术可以支持组织实施持续改进工作。

过多的工具和技术,无疑将对人们的工作造成不必要的麻烦,从而影响人们参与工作的积极性。但是,一个常见的错误是,试图将单一技术按照传统方法用于其他领域。试图以同样的工具或技术解决所有问题,将不可避免地导致一些局部优化或者可能失败。

持续过程改进所用的工具许多都是在其他专业领域常用的,因此目前这方面的资料比较多,所以不作为本书的重点。表 9-2 给出了常用的技术和方法。

表 9-2 常用的持续过程改进技术和方法

持续过程改进阶段	定义(Define)	测量(Measure)	分析(Analyze)	改进(Improve)	控制(Control)
可选择的工具	问题/目标描述 帕累托图 SIPOC 图 流程图 水平对比 头脑风暴法 价值链分析 ……	关系矩阵 因果分析 散点图 趋势图 直方图 检查表 帕累托图 测量系统分析 过程能力分析 价值流图 ……	鱼骨图 因果矩阵 方差分析 多变异分析 假设检验 故障模式影响分析 回归分析 相关性分析 散点图 价值工程 ……	实验设计 头脑风暴 亲和图 甘特图 均衡化技术 创造性思维 过程改进 故障模式影响分析 ……	控制图 统计过程控制 过程能力分析 防错设计 现场 5S 单件流 ……

9.2.2 运行计划

持续过程改进运行计划必须保障战略计划。该计划列出了为达到有效的持续过程改进项目所必须采取的措施,计划的目标如下:

(1) 确认达到特定组织转型的措施,包括清楚地确认主办者和最高管理者(领导);

(2) 识别和建立目前的最佳实践;

(3) 在组织内提供一致的、扩展的持续过程部署。

运行计划确保组织中的每个人都能分享对持续过程改进的共同理解,并理解组织的所有任务、目标和指标。

9.2.3 变更管理

管理变更过程是成功实施持续过程改进的一个组成部分。在国防部,下面几项内容被认为是系统地实施管理的关键:

(1) 教育领导。对组织关键领导培训如下内容:持续过程改进概念,持续过程改进参与者的作用和职责,对成功更改关键的初期和长期决策,以及为什么变更更重要。

(2) 挑战假设。挑战现状,凭经验验证变更的竞争性利益,并以令人信服的理由回答诸如“他能给我带来什么?”的问题。

(3) 保证协议。保证关键领导需要变更的协议,实现变更的必要目标,以及开始实施变更的行动方针。

(4) 为领导开展工作做准备。开展适当的教育和培训,保证领导能够定义成功的新标准,并建立必要的机制设置新的期望和产生的结果。

(5) 为管理变更准备参谋人员。教育和培训参谋人员来管理从旧文化向新文化的过渡,并在变更期间承担新的角色。

(6) 教育组织全体职员。教育和培训组织的每个成员关于新的标准和期望。这个过程中的投资可以解决后续阶段的困难,并帮助确保成功的过程。持续过程改进是每个人的职责。

(7) 应用 DMAIC 确认并落实有关持续过程改进的倡议。一个正式的 DMAIC 或者类似方法应是对持续过程改进实施和执行所有持续过程改进项目的综合。

变更管理开始于评审目前的绩效,并对其依据管理者为组织设计的标准来实施测量。不可能对没有测量的事情进行改进。这个测量估计现有的绩效水平及期望的未来绩效水平。分析结果可以强调需要纠正的差异,以及与达到整个目标相矛盾的绩效。

下一个系统要素是决定组织的方向感。通过寻找为了达到组织的目标应该往哪里努力来完成这一要素。方向感来自对如下问题的答案:

(1) 组织的优先权是什么?他们整合组织优先权的最高等级吗?

(2) 将帮助达到目标的环境要素(内部和外部)是什么?

(3) 在给定的现有组织能力下,什么样的可行机会可以实现?

(4) 可以由初始持续过程改进解决,而且组织学会该方法并认识到真实好处的“速赢”的承诺是什么?

这时,我们应当准备好交流下一规划期间的优先权。在管理周期这一部分的结束,应当与那些被要求成功满足这些目标的人员进行目标交流。

交流开始于管理者与其下属讨论优先权。这种互动逐渐灌输过程中的一种主人翁感,并提供了影响输出的机会。根据时机、使用的资源、委派和能力,通过有序的 DMAIC,以明确的预期制定最终目标。管理者与下属之间的对话,可确保目标被清楚地理解,并且资源被合理安排,同时可用于完成目标,这样就可实现委托过程。委托的结果是一个一致的计划,该计划决定了时间和资源的承诺。从委托目标中,形成的计划被监控并受到必要的指导。

最后评审是评估整个绩效的最终机会。根据下一年的优先权,某些目标已被实施。信息可作为下一规划周期的基础。

利用持续过程改进部署周期,为持续过程改进实施的以下几个重要方面建立模型：

（1）对过程管理的输入是更可预计的和真实的。

（2）管理已经明确地交流，什么是重要的，以及由谁负责这些活动。

（3）焦点是指导和简化达到成功的结果。

（4）成功应当值得庆祝，通报表彰，并鼓励继续改善。

9.2.4 度量

度量是一种手段，用以确认有价值的目标，并确定它们能否实现。用来评价某一组织如何做的度量，需要与组织的目标相一致。例如，如果在所有运营中的目标是优化成本，我们需要测量工作的成本，以便给用户提供可识别的价值。关键是要测量总成本。否则，在一个地方降低成本，可能在组织的其他地方出现未知的和意想不到的成本增加。

如果目标是减少周期时间，组织缩短了自己的周期时间，但同时不知不觉地降低了系统另一个部分的效能和可靠性（一个不期望的影响），然后负担被传递到另一个可能造成更长总循环时间的活动。国防部组织应该有一组度量和持续过程改进项目，它们都应得到积极的跟踪和报告，以共同实现改进，而且在组织其他进程中没有增加额外的费用。

1. 领先度量与滞后度量

对质量、交付（生产量和周期时间）和成本的度量，通常实施定期测量。这些度量被称为滞后度量，因为它们是在事情发生后进行收集和报告的。它们注重结果并可很好地跟踪整体表现的趋势，但是时间滞后度量反映了一个问题，它可能已经产生了重大影响。

基于结果的领先度量有助于预测会发生什么事情，至少使一些问题可以预见和避免。领先度量可能是一个不断记录基本过程的度量，该过程度量与定义的一组期望或限制相联系。一个领先度量的例子是在每个工作站测量的首次合格率。操作人员需要领先度量，以尽量减少问题。

当费用预算设定后，该组织应当管理独立的度量，例如加班时间，以继续保持原来的预算。周期时间和交货进度是有代表性的依赖度量。依赖度量通常可以作为滞后度量。独立指标通常可以作为领先度量。

2. 以客户为导向，基于结果的度量

对结果的测量是那些具有支持客户使命价值的度量。有几个国防部组织目前采用以客户为导向、以成果为基础的度量。例如，海军用任务完好率（RFT）度量来校准关键过程，并用它根据提供给部队指挥官的可用飞机数量来度量其企业的价值链。对这种度量的管理，需要将重点放在预防和预测活动。

3. 评估度量的标准

持续过程改进度量应当具有以下 5 个主要特性：

(1) 有效的测量度量,其实它们的目的是测量;

(2) 可以以及时的方式实际地(切实地)得到度量;

(3) 精确的度量可以信任地给出正确的信息;

(4) 合理的度量在相同的条件下每次都给出相同的答案;

(5) 可操作度量使我们能够用它们提供的信息做一些事情,这需要相关性和及时性。

9.3 持续过程改进培训和认证

经过良好培训的队伍,将确保能够成功地实施和应用改进组织绩效的持续过程改进技术和工具。一系列认证程序将确保个人拥有要求的教育、技能、能力和经验,可以成功地参与持续过程改进。

在整个组织内,成功实施持续过程改进的关键是人员培训以及后续的人员认证。目标是使人员不仅受到持续过程改进培训,而且要通过认证验证这些人员可以选择和正确地应用持续过程改进工具、技术和方法。持续过程改进培训超出技术方面的培训,包括三个方面的培训,即核心能力、目标(对正)一致、通用术语和概念方法。值得注意的是,20 个能力培训(表 9-3)远远超出直方图和散点图的知识,分为三个大的方面。概念性技能介绍了持续过程改进的原理,包括诸如项目和过程管理、系统工程和决策分析等子类。掌握持续过程改进的团队方法,人与人间相互交流技能作为第二大方面。最后一个方面,与持续过程改进有关的工具、技术和方法归属于技术技能。除了通晓技能外,培训课程还必须确保对持续过程改进术语和原理的共同理解。因此,为符合持续过程改进实施模型,培训必须目标对正(一致)。对于每一核心能力都有相应的技术,表 9-4给出了持续过程改进核心能力的主题与技术。

表 9-3 20 种核心能力分类

概念技能	人际沟通技巧	技术技能
持续过程改进哲学	解决冲突	价值分析
项目管理	变更管理	浪费分析
过程管理	团队动力	风险分析
系统思考	交流	流程分析
系统工程		约束分析
问题解决		度量
决策分析		概率和统计
		全面生产性维护/以可靠性为中心维修

表9-4 持续过程改进核心能力主题与技术

持续过程改进哲学	• 用户焦点 • 目标一致 • 文化评价 • 系统方法 • 许可 • 效能与效率 • 精益思想和紧急服务观点 • 6σ 原理和工具
领导	• 转型的领导 • 设计的通用愿景 • 应用3C,即交流、合作和协调 • 通过示例领导 • 设定期望
项目管理	• 重要管理职能 • 规划、组织、协助、指导和控制 • 开发工作分解结构 • 开发活动计划和里程碑 • 会议管理 • 预算 • 设定/对准组织目标
过程管理	• 理解并重新定义过程流 • 决定关键过程参数 • 监控过程 • 认识过程可变性
变更管理	• 变更困难的原因 • 以小的阻力实施变更 • 变更代理的作用
冲突解决	• 冲突的类型 °单个群组 °个人之间 °个人与小组之间 °小组之间 °组织之间 °功能实体(工程与采购) • 冲突的来源 °目标不一致 °资源竞争 °交流不畅

(续)

冲突解决	°效能标准 °组织结构 • 管理冲突 °避免 °疏通 °谈判 °权力/支配干涉 °妥协 °对抗 • 对付困难的人
动态团队	• 团队类型 • 团队干涉及友谊 • 团队会议 • 指导和监控
系统思考	• 系统类型 • 成体系的系统方法 • 定义系统组成 • 决定系统边界 • 决定干涉 • 防止"非故意后果的诉讼"
系统工程	• 从上至下的设计 °确定系统需求 °设计系统需求 °设计工具 • 从下至上的综合 °分配系统需求到子系统 °综合子系统需求 • 寿命周期设计和管理 • 用户的观点 • 均衡的价值系统设计 • 系统试验与验证
问题解决	• 确认/定义问题 • 发现工具 • 根本原因分析 • 检验根本原因
决策分析	• 基于实施的决策制定与固执己见的决策制定 • 收集备选方案(头脑风暴法、专业领域专家,等等) • 组织备选方案(管理与规划工具) • 评价备选方案(决定性和可行的) • 实施解决方案
价值分析	• 有价值和无价值附加活动 • 周期时间

（续）

浪费分析	• 7 种常见的浪费（从精益的原理）
风险分析	• 什么是风险 • 测量风险 °管理风险 °偶然事件规划
流程分析	• 价值流程图
度量	• 离散的与连续的度量 • 数据收集和存储 • 数据分析
概率与统计	• 描述性统计 • 推理性统计 • 概率理论 • 合并事件的概率 • 条件概率 • 计数规则 • 概率分布

由于实施持续改进角色（从一线工作人员到中间管理层再到高层管理）的作用不同，三类技能的重点也有所不同（从高技术/中等人际交往/低概念性到低技术/中等人际交往/高概念性）。如图 9－3 所示。

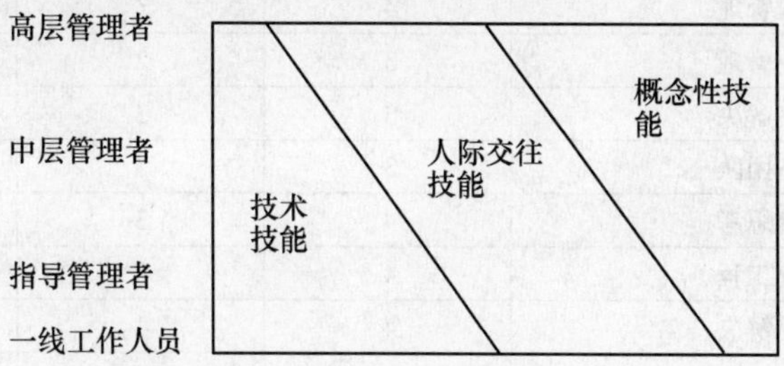

图 9－3　不同人员掌握技术的分类及程度

组织内从事持续过程改进的人员，必须能够选择、监控和跟踪低层次过程和组织级度量，并确保它们与高级或者企业级目标的整合和一致性。持续过程改进培训课程，应当确保持续过程所有方面的称职，并确保术语和方法与目标对正。但是，在组织内获得认证，只有培训还是不够的。除了培训外，认证需要一个培训项目、技术熟练程度测试完全合格，并且由其他的持续过程改进参加人员监控（见证）。目前，对于精益、6σ、约束理念理论的单独认证方法可满足国防部对持续过程认证要求。类似于美国国防部采办职业改进法案认证，美国国防部的持续过程认证分为Ⅰ、Ⅱ和Ⅲ级三级认证。这与民用部门的认证类似,民用部门认证采用带表示,即绿带、黑带和大师级黑带。每一等级要求掌握的核心能力的程度是不同的。通常用4个等级表示掌握的程度不同,即知道、重视、应用和权威。

(1) 知道(Awareness)。对专业问题基本的理解,可作为一个对某项任务/项目有贡献的成功参与者。

(2) 重视(Appreciation)。对材料有一个宽泛的印象和理解,可用为有主动精神的人和高阶层贡献者。

(3) 应用(Application)。对材料有一个比较深入的知识和见解,可作为低级别的技术领导。

(4) 权威(Authority)。对材料有全面的知识、理解,也可以自信地培训其他人,并且将工具/技术应用于实践方面作为领导者。

表9-5给出了国防部持续过程改进每个持续过程改进级别的核心技能程度。

表9-5 国防部持续过程改进每个持续过程改进级别的核心技能程度

核心技能	每个持续过程改进级别的核心技能程度		
	Ⅰ级	Ⅱ级	Ⅲ级
持续过程改进哲学	4	3	2
领导	4	3	2
项目管理	3	3	2
过程管理	4	3	2
变更管理	3	2	2
冲突解决	3	3	2
动态团队	3	3	2
系统思考	4	3	2
系统工程	4	3	2
问题解决	4	4	3
决策分析	4	2	2
价值分析	4	3	3
浪费分析	4	3	3
风险分析	4	3	1
流程分析	4	3	3
约束分析	4	3	2
度量	4	3	2
概率与统计	4	3	2
全面生产性维修/以可靠性为中心维修	3	2	1

每一组认证都包括受教育情况、工作经验、技术能力、计算机熟练程度、团队技能和培训/持续过程改进项目经验。例如，持续过程改进Ⅱ级要求200h目标培训，参加过3~5个改进事件，领导过3个改进项目。最后，根据认证等级，对20个核心能力的每一项都有要求的理解水平，包括从知识到授权的准确程度。培训和认证是国防部内部持续过程改进转型的关键。

美国国防部持续过程改进认证过程，是一种超脱于单独的精益、6σ和约束理论培训体系，以及它们各自的方法体系的革命性变革。通过吸收现有与持续过程改进有关的方法和工具，使用一种标准的认证框架，国防部认证过程形成了自己的持续过程改进特色。为开辟适用于兵种、局级特殊项目的认证过程，国防部开发的持续过程改进方法，提供了一种一致的国防部持续过程改进专业发展途径，并实现了这种方法的标准化。表9-6给出了国防部持续过程改进认证各级必须循序渐进达到的最低要求。

表9-6 国防部持续过程改进认证各级必须循序渐进达到的最低要求

认证内容	阶段Ⅰ	阶段Ⅱ	阶段Ⅲ
教育	高中或者在备选专业领域的同等和相关培训	高中或者在备选专业领域的同等和相关培训	高中或者在备选专业领域的同等和相关培训
工作经验	有3年使用、使用保障、商业、技术或者管理经验	• 至少有3年使用、使用保障、商业、技术或者管理/监督经验 • 作为职能或者交叉职能持续过程改进小组的成员或者领导的经验	• 有3年或者3年以上持续过程改进有关的经验
技术能力	熟练掌握高中数学，能够指导基本的持续过程改进	• 项目管理经验和过程管理的基本原理； • 精通代数； • 能实施费用和效益及商业案例分析； • 能够培训和应用DMAIC或者等同的持续过程改进框架； • 应用统计方法的验证能力	• DMAIC或者等同持续过程改进框架应用的专业领域通过验证； • 使用可用的工具能够实施高级统计分析
计算机熟练程度	掌握文字处理软件使用	熟练掌握文字处理、空白表格程序、图像和项目管理技能	• 熟练掌握文字处理、空白表格程序、图像和项目管理技能； • 熟练应用高级统计方法

（续）

认证内容	阶段Ⅰ	阶段Ⅱ	阶段Ⅲ
交流		良好的口头或者书面交流技能	作为可信的口头和书面交流技能的优秀组织人才
团队技能	具有帮助或者指导小组内问题解决活动的能力	• 能够实施会议，帮助小的组织，并且成功地处理冲突 • 能够指导和激发别人	• 经验证的正式/指导教育和培训； • 熟练的指导和监督技能； • 参加兵种批准的“培训教员”课程毕业； • 战略规划和 SWOT 分析的知识和应用
培训和持续过程改进项目经历	• 小组环境内理解和应用 DMAIC 或者相当的持续过程改进框架； • 完成兵种批准的Ⅰ级持续过程改进培训课程； • 在 1 年或者更少的时间内，领导过至少一个成功的持续过程改进项目，并积极参与 2 个或者多个成功的持续过程改进项目事件	• 获得国防部持续过程改进的Ⅰ级认证； • 参加了 200h 的兵种批准的持续过程改进培训； • 至少参加了 2 个持续过程改进项目和至少参加了 3 ~ 5 个持续过程改进事件	• 获得持续过程改进Ⅱ级认证； • 在Ⅱ级实施了 5 ~ 10 个持续过程改进项目

作为采办职业，过程决定了为完成工作做些什么及如何做。通过应用精益、6σ、约束理论的哲学，国防部的工业界和选择的领域，在降低费用、减少周转时间及改进质量方面取得了重大的成就。通过选择这些和其他的方法，国防部的持续过程改进项目探讨（寻求）建立一个部级范围内的持续改进文化。国防部的政策是组织现在可保留节省的费用并可将其用于与改进有关的活动。

9.4 美国国防部实施持续过程改进情况

美国国防部在整个国防部内部正式推进持续过程改进工作是在 2006 年，但是美国国防部系统的部分部门已经从 2002 年就引入 6σ 管理。美国陆军武器研发与工程中心是美国陆军精益 6σ 工作的先驱，首先将 6σ 管理思想应用于领导体制、战略规划、客户与市场导向、测量分析和知识管理。随后在海军和空军也逐步应用研究精益 6σ 管理技术和思想，并取得了巨大成功，产生了重大的经济效益。

美国为推行精益 6σ 管理,采取了一系列措施,包括发布指令、指令备忘录、指示、指南等管理文件,成立精益 6σ 项目管理办公室,开展精益 6σ 课程培训,实施从业人员资格认证,开展精益 6σ 项目试点,全面实施精益 6σ 战略。

美国国防部命令实施精益 6σ 来获得最佳的成本水平,最终向作战部队提供最佳保障。美国军方的长期战略是要成为一个自觉的精益 6σ 或持续改进组织,将持续过程改进作为日常工作的重要组成部分。

1. 美国国防部实施持续过程改进文件

美国国防部为开展持续过程改进,先后发布了一系列政策性和指导性文件。主要包括如下文件:

(1) 国防部备忘录《建立国防部范围内持续过程改进项目》(2006 年 5 月 11 日颁布);

(2) 国防部指南《持续过程改进转型指南》(2006 年 5 月颁布);

(3) 国防部备忘录《国防部范围内持续过程改进/精益 6σ》(2007 年 4 月 30 日颁布);

(4) 国防部指令 DODD5010.42《国防部范围内持续过程改进/精益 6σ 项目》(2008 年 5 月 15 日颁布);

(5) 国防部指南《持续过程改进转型指南》(第1 次修订版)(2008 年7 月颁布);

(6) 国防部指示 DODI 5010.43《国防部范围内持续过程改进/精益 6σ 项目的实施和管理》(2009 年 7 月 17 日颁布)。

以上这 5 份文件,从法规层次上对国防部实施持续过程改进/精益 6σ 项目做出了明确规定。

2. 职责与分工

上面发布的一系列指令性文件适用于国防部部长办公室、军事部门、参谋长联席会议主席办公室、作战司令部、国防部总检察长办公室、国防代表、国防部前线作战部门以及国防部内所有其他的组织机构(统称为国防部成员单位),包括了作战、工业、服务和司令部的办公环境、前线和作战组织的生产率、任务完成率、安全性、满足任务需求的灵活性和绩效等方面的改进。针对给定的各种运行要求,赋予国防部各单位在确认持续过程改进/精益 6σ 关注区域和培训计划方面应有的灵活性,并可对其使用的其他持续过程改进/精益 6σ 项目要素进行剪裁。

(1) 主管采办、技术和后勤的国防副部长的职责包括:

① 组建国防部持续过程改进/精益 6σ 项目办公室,以此作为国防部持续过程改进/精益 6σ 项目的倡导者;

② 制定并保持使用于国防部成员单位的持续过程改进/精益 6σ 指南、标准

和最佳应用实例,包括覆盖整个国防部范围的持续过程改进奖励计划以及与2006年5月的国防部副部长备忘录《建立国防部范围内持续过程改进项目》相一致的持续过程改进/精益6σ绩效目标。

(2) 副总管理主任(DCMO)的主要职责:

与国防部指令DODD5105.82"国防部副总管理主任"(2008.10.17)及2008财政年度国家国防授权法案最终实施报告904条款相一致,DCMO应当:

① 监督持续过程改进/精益6σ项目和倡议在国防部各部门的实施;

② 对实现持续过程改进/精益6σ项目信息和能力在国防部部门组织和职能界限内的全面一致、集成和协调提供必要的资源和指南。

(3) 国防部持续过程改进/精益6σ项目办公室主任的职责:

在副总管理主任的授权、指导和管理下,国防部持续过程改进/精益6σ项目办公室应当:

① 按照国防部指令DODD5010.42《国防部范围内持续过程改进/精益6σ项目》(2008.5.15颁布),通过国防部持续过程改进/精益6σ项目高级指导委员会(SSC)审查,制定持续过程改进/精益6σ实施和管理指南;

② 定期对项目实施情况和完成情况进行评估;

③ 担任持续过程改进/精益6σ高级指导委员会的主席;

④ 监督DCMO和国防部长办公室(OSD)雇员的持续过程改进/精益6σ奖励;

⑤ 向国防部部门提供一个集中的过程改进数据库和知识共享网站;

⑥ 按照规定的程序,在军事部门的协助下,监督年度持续过程改进专题讨论会;

⑦ 制定并维护国防部范围内持续过程改进/精益6σ培训、教育和认证标准。

(4) 国防部成员单位部门领导的职责包括:

① 按照与国防部指示DODI 5010.43《国防部范围内持续过程改进/精益6σ项目的实施和管理》相一致的政策,实施持续过程改进/精益6σ政策,该指示和指南由持续过程改进/精益6σ高级指导委员会批准(2009年7月17日颁布);

② 实现国防部指示DODI 5010.43《国防部范围内持续过程改进/精益6σ项目的实施和管理》规定的培训和项目目标;

③ 遵守国防部指示DODI 5010.43《国防部范围内持续过程改进/精益6σ项目的实施和管理》规定的持续过程改进/精益6σ程序;

④ 向国防部持续过程改进/精益6σ高级指导委员会及其保障团体提供适当陈述。

(5) 国防部持续过程改进/精益 6σ 高级指导委员会的主要职责：

高级指导委员会主席。促成高级指导委员会审议，批准高级指导委员会会议议程，并推荐未来高级指导委员会会议的议程议题。

① 协调高级指导委员会会前和会后有关的工作。

② 形成高级指导委员会会议纪要。

③ 提供高级指导委员会会议上宣读的资料。

④ 通过副总管理主任向国防部长提供在美国国防部范围内持续过程改进工作和/或者倡议的咨询。

⑤ 管理适用的保障团队。

高级指导委员会成员：代表各自组织的利益，提供洞察力，对持续过程改进倡议提出建议和投入资源，为促进持续过程改进项目和整个企业的成功提出战略，向其组织行使下放决策权。作为美国国防部企业的会员。

高级指导委员会的全面职责：

(1) 鼓励美国国防部关于持续过程改进的努力，促进信息共享和企业集成（例如，分享经验教训，讨论新出现的机会，提供重复目标，致力于战略）。

(2) 监控持续过程改进进展。

(3) 确定保障持续过程改进倡议所需要的国防部范围内的资源和政策要求。

(4) 为改进持续过程改进工作向国防部副部长或助理副国防部长提供建议。

(5) 适当时，集成和调整持续过程改进有关的活动。

(6) 推荐高级指导委员会议程和议题。

(7) 协调持续过程改进部门的政策和监督。

(8) 促进美国国防部的持续过程改进认证框架。

保障团队的职责：高级指导委会将为保障团队制定要求并指派保障团队。按照需求来自军事部门的适当成员将被确定。高级指导委会可能要求单个军兵种、国防局、联合参谋部、国防部长办公室或者民用资源的支持。高级指导委会可能与现有的保障团队建立关系，或者为推动特定的持续过程改进任务、概念或倡议提出新的保障团队。

秘书处：副首席管理官助理将确定由高级指导委会提出的问题，并为持续过程改进高级指导委员会按需提供秘书处保障。秘书处将创建和分发会议议程和纪要，并促进各工作组和持续过程改进高级指导委员会之间的沟通。

3. 方针与政策

美国国防部在实施持续过程改进/精益 6σ 项目方面的政策是：

(1) 按照国防部指令 DODD5010.42《国防部范围内持续过程改进/精益 6σ

项目》(2008 年 5 月 15 日颁布)的要求,美国国防部的所有部门应当执行持续过程改进/精益 6σ,将其作为提高贯穿整个组织的作战、行政管理、科学和技术及保障领域运行效能的一个必不可少的工具。

(2) 在整个国防部内,应当应用持续过程改进/精益 6σ 概念、技术和最佳实践,以确保费用有效的管理,以及改进的过程和新技术的实施。

(3) 经证明的性能方面的改进以及从持续过程改进/精益 6σ 项目结果所取得的成果,应当以自动、透明的方式得以记录和维护,以便为管理评审、评估、研究、知识共享和历史经验提供参考。

(4) 根据美国国防部指南明确指示,为了满足效率指标,国防部的所有部门被允许保留从持续过程改进/精益 6σ 项目产生的节省费用和其他财政利益。

4. 实施效果评价

通过实施精益 6σ 的质量改进方法,美国军方已经节约了数十亿美元,而且工作效率得到较大提高。随着国防部进一步推广质量改进活动,费用节约的数额将进一步提高。

为了配合美国军方的长期战略,2008 年 7 月 18 日第 5 批大黑带课程培训顺利结束,授予了 6 名军官和 5 名军部文官大黑带资格。自从 2007 年 8 月开课以来,总共毕业了 62 名大黑带。

陆军装备司令部在 2002 年首次采用精益 6σ 方法,并在 2005 财政年度节省资金 1.1 亿美元。

海军在众多部门都实施了精益 6σ 改进活动。从 2006 年以来,已经培训了 5000 多名海员和水兵作为 6σ 绿带或黑带,共完成了 2800 多个改进项目。这些改进项目涉及供应商管理、服务和后勤部门。从 2006 年—2007 年,海军部估计节约将超过 4.5 亿美元,投资收益比为 1:4。

美国空军已经培训了 500 名 6σ 绿带和黑带,并且航空后勤中心因为质量改进获得了两个奖项。

下面以一个实例说明实施精益 6σ 改进活动的效果:

北岛海军航空站西南舰队战备完好性中心位于加利福尼亚圣迭亚哥。该中心负责 E-2/C-2 定期计划维修(PMI)生产线,为海军交付高质量、费用适当、任务准备完好的飞机。每年完成 10 架 E-2 和 10 架 C-2 飞机维修任务,总成本为 4500 万美元。其战略目标是将组织转型为高绩效的团队,为用户及时提供可承受和可靠的产品。其工作主要是飞机和部件的拆除、检查、修复或者翻修,以保证飞机执行指定的任务。

该中心现有职工 80% 为文职人员,20% 为承包商,平均年龄 43 岁,近 70% 的人员有军队服役的经验,平均接受教育为 14 年。83% 的人员直接从事生产工作,有 17% 的人员从事管理和行政工作。

从2005年3月开始,该中心开始实施持续过程改进原理,包括精益、约束理论和6σ。其焦点是消除所有非增值的活动,达到成本适当的战备完好性。

通过分析发现,有80%的问题和障碍是材料缺乏造成的。为了解决这些问题,采取各种措施,包括与用户充分沟通,充分利用内部和外部保障及供应链担保,消除各种不良行为等工作,取得了较好的效果。包括:

(1) E-2C飞机维修周转时间(TAT)从250天减少到180天;

(2) C-2A飞机维修周转时间(TAT)从390天减少到330天;

(3) 质量:C-2A飞机飞行失望(不满意)下降60%;E-2C飞机飞行失望(不满意)下降33%;

(4) 人力:C-2A飞机PMI-3小时减少11%;E-2C飞机PMI-2小时减少16%;E-2飞机PMI-1小时减少85%;

(5) 循环时间(Cycle Time):C-2飞机PMI-3减少74%;E-2飞机PMI-2减少90%;

(6) 材料购买:通过非材料解决方案减少材料购买费用60%。

该中心下一步将继续应用持续过程改进,减少非增值活动和约束,改进工作将扩大到供应商和用户的内部和外部活动。目标是改进整个产业并使所有的利益相关方都满意。

9.5 我国实施持续过程改进的对策和建议

从前面的分析可以看出,美国国防部推行持续过程改进/精益6σ管理方法,同推行其他政策和技术一样,是一个系统性的全面推进,包括制定政策,成立组织机构并授权,颁布指令备忘录、指令和指示,发布实施指南,开展实施试点,组织培训与资格认证等。

美国国防部持续过程改进/精益6σ项目管理职能并没有放在采办部门,而是在国防部行政管理部门之下,主要原因是持续过程改进/精益6σ实施战略是整个国防部的事情,而不只是采办部门的事,所以其应用范围不仅包括装备的研制与生产、使用与维修、供应链管理等领域,还包括国防部各职能部门、大学。据有关资料介绍,美国西点军校也在推广持续过程改进/精益6σ理论和技术培训,实施持续过程改进/精益6σ项目,提高各个部门的管理效率,比如食堂饭菜供应等方面。

另外,美国国防部实施持续过程改进/精益6σ项目,是由国防部投资,并且没有将实施这项管理措施节省的费用收回,而是将这些节省的费用进一步用于改进工作,这样就可以提高部门的积极性,虽然国防部增加了一些投资,但其投资回报率是非常高的,也就提高了整个国防部的效率和效能,提高了部队的满意率。

美国国防部从来没有对类似质量管理方面的理论和技术如此感兴趣,包括全面质量管理和质量管理体系建设(ISO9000)。美国国防部将质量管理体系建设用于装备的生产过程,主要是从质量保证的角度向承包商提出要求,而且通过质量管理体系认证是鼓励性的而不是强制性的,这项工作由采办部门负责管理。美国为了加强质量管理成立了质量管理办公室,隶属于美国行政管理部门之下,主要是推行全面质量管理的理念,这一理念和方法在美国国防部的有些部门起到了一定的作用,但是没有像今天推进持续过程改进/精益 6σ 管理方法这样,涉及范围如此广泛。

美国实施持续过程改进/精益 6σ 管理战略也是无耐之举。前面介绍过,美国在装备保障方面的花费已接近装备采办费用,美国国防部期望深度削减国防预算,因此面临国防部总经费需求持续增长和国防预算消减的双重压力。为了解决这个问题,美国国防部提出了业务转型战略,而持续过程改进/精益 6σ 理论和技术成了成功地业务转型的最佳选择。

据美国《联邦计算机周刊》2008 年 6 月 12 日报道,美军官员在最近的一次“精益 6σ”国防会议上称,尽管当前国防部的流程改进专家可能没受到太大赏识,但随着国防开销的缩减,国防部将急切地需要他们的专业技术,这将是不可避免的。

所以,实施持续过程改进/精益 6σ 项目是整个国防部的行为,是美国国防部为了实现业务转型而采取的一项战略举措。从目前实现情况来看,随着各项工作的持续改进,美国国防部的工作效率将会大大提升,对作战部队保障的力度将进一步加强,如果有一天美国国防部真正改造成为“能够自我持续改进的企业”,精益 6σ 应当功不可没。

精益 6σ 管理最早在我国民用领域得到成功应用,海尔、宝钢、本钢、太钢等单位开展了广泛的精益 6σ 项目,并取得了显著的成果。我国在国防工业系统精益 6σ 理论和技术也得到一定的应用,中国航空工业第一集团公司较早开展了 6σ 管理,从 2004 年开始思考如何将精益生产与 6σ 有效融合,在借鉴国内精益与 6σ 相结合经验的基础上,以黑带培训为载体,构建精益 6σ 综合应用的模式。2006 年,以精益 6σ 为管理创新的主线,形成了具有自己特色的精益 6σ 体系。

本书,作者想用持续过程改进这一质量管理理念,作为装备建设各项工作持续改进的首选方法。从前面的几章中,读者也可以发现,不少内容是分析我国装备建设存在的问题,并且介绍国外是如何做的,这样安排的目的,就是想改造完善现有的装备建设模式、装备管理体制和运行机制等。如果我们掌握了持续过程改进的理论和方法,并且坚持实施,我们不怕现在落后,坚信将来一定能够赶上或者超过发达国家的管理水平。

同时,从前面几章的介绍也可以看出,我国装备建设管理体制改革存在诸多困难,也就是目前这个四总部体制问题。与部队作战有关的要素都涉及这四个总部,即便是装备领域,实际上也没有真正实现全系统全寿命管理。从这个角度上讲,推行精益6σ管理,应当四总部联合发文,才能取得明显效果。

鉴于四个部门之间协调的复杂性,建议首先在装备建设领域推行精益6σ管理,由总装备部安排一定的经费试点开展这项工作。试点工作可以首先在装备管理、装备维修、装备器材管理等与部队作战使用相关的领域进行,然后逐步扩展到装备论证、装备科研、装备试验、装备定型、装备型号管理等领域。随着各项工作的逐步展开,可以逐步扩展到其他部门和单位,例如装备机关、院校等。具体建议如下:

(1)制定装备建设推行精益6σ管理政策。首先,对精益6σ管理应有一个正确的认识。实践证明精益6σ管理是一种好的管理方法,但是需要认真论证,作好规划,逐步推进。目前的关键是,需要明确实施精益6σ管理的政策。这一方面不仅国外,国内也是如此。最高管理者必须下定这个决心,然后制定一个政策性文件和发展规划与计划,并给予适当的投入,这项工作才能系统地开展下去。否则,精益6σ管理推进会非常困难。

培养精益6σ管理文化非常重要。各级组织是否有持续改进的动力和主动性是问题的关键。美国国防部为了推动这项工作不但国防部出钱,而且各部门还可以把钱留下,用于持续改进工作。如果国防部把钱收回去,各部门持续改进的积极性肯定受到影响。实际上,国防部投入少量的钱,可能总体上收到更大的回报,少增加投资就等于节省,等于说增加少量的钱,但是在效能和效率、可靠性、安全性等方面得到较大改进,这是非常值得的一项投资。

(2)颁布《装备建设精益6σ管理办法》和实施指南。有了政策,需要用法规文件把它固定下来,并制定配套的指南和标准,以及操作性强的程序、表格等。建议总装备部制定《装备建设精益6σ管理办法》,规定政策要求、职责分工,程序要求等。同时,制定相应可操作的配套文件。

(3)成立装备建设精益6σ管理办公室和专家组。实施精益6σ管理需要组织上的保证。在现有体制增加新编制困难的情况下,可将工作授权现有的机构负责。另外,精益6σ管理是一项政策性、技术性比较强的工作,为了保证决策的科学性,需要成立专家组,在技术上给以把关,同时对人员进行培训和认证,特别是对认证工作进行评审和协助监督。

(4)开展装备建设精益6σ管理培训和认证。精益6σ管理虽然技术上执行难度并不大,但是需要加强培训,更新人们的观念,同时培养一大批懂管理的技术队伍。所以需要编制培训教材,组织教师队伍。同时加强人员认证工作,给各部门和单位培养一批骨干,让他们回到各部门和单位做主力,推动持续过程改进工作。经过几年的努力,使所有的人员都知道持续过程改进的重要性,都会持续过程改进方法,装备建设的总体质量和效益就会得到持续提高。

(5) 开展装备建设精益 6σ 管理项目实施试点。为了保证精益 6σ 管理工作的顺利进行,需要确定精益 6σ 实施项目。可以在装备建设的不同领域,每个领域选择 2~3 个项目,进行精益 6σ 管理实施试点。例如,装备维修领域是实施精益 6σ 管理效果比较明显的领域,每个军兵种都可能选择一些项目进行试点。在装备管理领域、装备器材管理领域都可以作为试点的重点。

根据试点单位情况,及时进行总结,以便在整个装备建设领域进行推广。

根据国外的实施情况,随着持续过程改进工作的进展,必须进一步扩大实施的范围和领域。例如,从维修领域肯定涉及到器材管理领域,从器材管理领域不仅扩展到军队内部,而且会涉及到地方物流企业,因为目前器材保障运用民用物流公司保障装备作战使用的成功例子越来越多。从器材保障领域又会扩展到装备研制和生产,因为造成装备维修和保障的许多问题会涉及到研制与生产过程,甚至论证过程,这样就涉及装备的全寿命周期过程。

本书的核心思想就是要运用系统工程的理论和技术,对现有装备建设管理体制和运行机制进行改进,所以持续过程改进这一理论和技术可能用于装备建设的方方面面,需要对装备建设的现有流程进行再造,这当然是一个浩大的工程。但必须坚持这种持续改进的方法,否则装备建设的总体质量和效益就不会得到大幅提升。

(6) 正确处理好质量管理体系认证与实施精益 6σ 的关系。

总装备部强制推行装备质量管理体系认证已有十几年的历史,这一制度对保证装备质量起到较好的作用。现在我们又建议推行精益 6σ 管理,它们之间关系如何,会不会有什么矛盾,如何处理它们之间的关系等,会出现这样许多类似的问题。

按照 ISO9000 标准实施质量管理体系建设与认证,以及按照精益 6σ 实施的持续过程改进,是现代组织管理中较为前沿的管理方法之一,优秀组织在追求卓越经营管理模式时,需正确处理两者之间的关系。ISO9000 标准和精益 6σ 管理的管理原则有许多共同之处。比如,它们都强调:①组织必须面向顾客,以顾客为关注焦点;②过程的观点,视任何工作为流程;③强调组织领导积极参与质量管理的重要性,提倡全员参与;④持续改进的思想;⑤广泛地应用统计工具;⑥基于数据决策,等等。ISO9000 标准和精益 6σ 管理并不存在互相替代的关系,二者之间既有许多相同之处,也有许多不同之处,对于组织的质量管理而言,前者是基础,后者是在这个基础上的超越。一个追求卓越的组织应该是博采众长、兼容并蓄的。

在激烈竞争的市场环境中,生产商除了应按国际标准组织生产外,还要符合质量认证要求，即符合产品认证和质量管理体系认证的要求。所以，取得 ISO9000 标准认证证书等于组织得到了进入国际市场的通行证。但是，一个组织如果要想长期、稳定地在国际市场里占有一席之地，仅仅依靠 ISO9000 标准认证是不够的。通过 ISO9000 标准认证只能证明组织已经具备保证本组织生产或提供的产品或服务达到国际标准规定的基本能力要求，但仅有这种能力要想在世界上长期保持竞争优势，还需要组织对本组织生产或提供的产品和服务，以及组织质量管理体系进行持续改进，因此，组织还需采用一些有效的质量管理方法，以确保质量得到持续改进，虽然质量管理体系中有一项技术改进要求，而精益 6σ 管理是众多质量管理方法中非常优秀的一种方法。国外许多大公司和中小型企业都已经采用精益 6σ 管理。

在装备建设领域，经过十几年的努力，所有承担军品研制和生产任务的企业都通过了由总装备部组织的按照 GJB9001《质量管理体系要求》实施的认证注册。实践证明这项制度是有效的，需要继续坚持。这几年，军队内部的一些论证科研单位、试验与保障基地等单位也在开展质量管理体系建设，并取得了较好的效果。问题是下一步如何做。

建议总装备部发布一项政策性文件，强制承担武器装备研制与生产任务的企业在通过质量管理体系认证的同时，鼓励企业积极采用国际上先进的质量管理技术和方法，实现装备质量的持续改进，即推荐采用精益 6σ 管理。在军队内部，包括与装备建设有关的部门和单位，必须强制推行持续过程改进管理，即强制推行精益 6σ 管理。因为，作为军队内部的部门和单位，不存在取得入门证的问题，也就是不存在必须通过质量管理体系认证这个证书才能承担工作的问题，所以不必要追求通过认证。关键是需要提高工作效率，需要更好地为一线作战部队服务，需要快速高质量地为作战部队提供优质武器装备。

实际上，军队系统的所有部门和单位每年都在进行半年和年终总结，这其实是一个非常好的持续过程改进的机会，只是这个总结不够规范，往往说成绩多，分析问题少，解决措施就更少，达不到持续改进的目的和效果。推行精益 6σ 管理就是推行一项制度，有评比、有指标、有评价、有措施，就是把精益 6σ 管理的原理运用到装备建设的各个方面，从而促进装备建设质量的全面提升，这将是对装备建设的巨大贡献。

参考文献

[1] 江元英，等. 精益六西格玛简介.

[2] DOD Technology Readiness Assessment (TRA) Desk book, July 2009.

[3] DOD Continuous Process Improvement/Lean Six Sigma Guidebook. Revision 1, July 2008.

[4] DODD 5010.42 DOD – Wide Continuous Process Improvements (CPI)/Lean Six Sigma(LESS) Program. May 15, 2008.

[5] DODI 5010.43 Implementation and Management of the DOD – Wide Continuous Process Improvements/Lean Six Sigma (CPI/LESS) Program. July 17, 2009.

[6] T Song, L Xing, Q Feng, Supportability System Engineering: Review and Respective, IERC 2010.

[7] Danny L Reed, Leon S Reed. Reduction of Total Ownershi PCosts(R – TOC) Best Practices Guide. DA Document D – 2843. July 2003.

[8] System Engineering Plan Preparation Guide, Office of the Deputy Under Secretary of Defense for Acquisition and Technology of Department of Defense, Version 2.0, October 18, 2007.

[9] DOD Diminishing Manufacturing Sources and Material Shortages (DMSMS) Guidebook, Version 1.1 December 31, 2005.

[10] Risk Management Guide for DOD Acquisition, Sixth Edition, Version 1.0, August 2006.

[11] Defense Management College, Scheduling Guide for Program Managers. October 2001.

[12] Defense Acquisition University, Test and Evaluation Managements Guide, Fifth Edition. January 2008.

[13] Michael Boito, Cynthia R Cook, John C Graster. Contractor Logistics Support in the U. S. Air Force. RAND, 2009.

第 10 章　基于状态的维修

10.1　引　言

基于状态的维修是基于内置测试(BIT)和外置检测设备对设备状态的实时或接近实时的评估而采取的一整套维修措施,其设备状态是利用原位诊断功能和原位/离位预测功能,由嵌入式传感器或便携式装备测试与度量得到的。而基于状态的维修(CBM^+)是对 CBM 的扩展和优化,具有更强的维修和保障能力。

10.1.1　CBM 的定义

所谓基于状态的维修(Condition - Based Maintenance,CBM),是指根据对设备(装备)状态的实时或接近实时的评估而采取的一整套维修措施。其宗旨是,只有在有需要维修的客观证据时才进行维修,同时保证设备的安全、可靠性并降低使用和维修费用。

10.1.2　CBM 的内涵与功能特征

10.1.2.1　CBM 的内涵

可以从以下三个方面来理解 CBM 的内涵。

(1) CBM 是一种维修方式。它与通常所说的"视情维修"含义基本相同。按照国外维修界目前普遍认可的看法,维修分为反应式(reactive)维修也称非主动维修和主动性(proactive)维修也称预先维修。所谓反应式维修,是指将设备一直用到坏了才修,在这之前不进行计划维修。主动性维修是指在故障发生前预先就采取措施,消除故障隐患,它包括预防性维修和预测性维修。

预防性维修也称计划维修,是目前流行的一种维修方式。它的主要特点是:

① 它是静态的,即根据固定的间隔期安排维修(检查、修理、翻修);

② 维修对象的故障模式和维修要求是在设计过程中预测出来的。

预测性维修是通过预测设备的初期故障而进行维修,是动态的。它有 CBM 和预测性维修(prognostics)两种形式。这两种形式之间的重要区别在于,CBM 根据当前的状态指示识别即将发生的故障,而预测性维修则能根据应力载荷预测设备的剩余寿命。

现行的设备维修仍主要采用预防性维修。这种维修方式会造成很多弊端,如:费用高,劳动密集,需要大量备件库存;做不必要的维修,如过早拆卸部件,造成无效劳动;不能防止灾难性故障;“不能复现”或“重测合格”率高等。采用预测性维修则可以缓和这些问题。

(2) CBM是一种技术。它以传统的状态监控技术、诊断技术等为基础,综合了多种先进的技术,其中主要包括传感器技术、人工智能技术、计算机技术、通信技术、网络技术等。这些技术的综合为准确掌握设备的状态、获得需要维修的客观证据创造了条件。

美空军将CBM的关键技术概括为10个方面,主要包括预测、诊断、便携式维修辅助装置(PMA)、交互式电子技术手册(IETM)、交互式训练、数据分析、综合信息系统、自动识别技术(AIT)、以可靠性为中心的维修(RCM)、全资可视化等(JTAV)等。

(3) CBM是一个系统。CBM从确定设备的当前状态开始,而确定设备的状态有三种基本的途径:

① 通过嵌入设备的传感器和计算机;

② 通过与设备的接口或电线相匹配的便携式传感设备来“读”出嵌入的传感器的信号;

③ 利用人工的测量仪器和仪表,如轮胎磨损测量仪等。

一个CBM系统通常由机上部分和机下部分构成。其中,机上部分包括用于收集状态监控数据的各种嵌入式传感器和计算机,还包括用于传递来自传感器的信号的数据总线、电线和接头。机下部分包括用来定期检查设备状况的便携式维修辅助装置或传感设备;此外,机下部分还包括一个计算机化的维修管理系统,它通常是一个网络化的工作站环境。

10.1.2.2 功能特征

CBM系统的功能可以从“机上”和“机下”两个方面进行描述。机上功能是指嵌入设备的功能。它反映了如何实时地收集、分析和处理信息,嵌入的功能越多,实时性就越强。

CBM系统的功能因系统而异,有的功能很有限,有的则很先进和完善,主要包括以下几个方面的功能。

(1) 故障检测:机上的故障检测有两种方式,一是直接通过传感器;另外是通过一个软件/硬件系统推断某个故障状态或将它预测出来。所用的推理软件一般是基于模型的或者基于神经网络的。

(2) 故障隔离:在机上完成故障检测后,需要先进的设备在机上隔离故障。

(3) 故障评估与故障恢复:故障评估是指在机上根据当前的任务能力对故障影响的严重程度做出评估。故障恢复是指被监控的系统或设备具有能启动余度功能或做出在降低任务能力的情况下工作的决策的硬件和软件。

(4) IETM(交互式电子手册):IETM 的种类很多,从 CBM 的角度来说,主要关心其如何与设备接口,以及是否能够利用嵌入的 CBM 硬件和软件。

(5) 与后勤信息系统的集成和自动“启动”决策:这是 CBM 最先进的一种功能,能够根据决策支持软件,自动地启动维修管理系统。

10.1.3 CBM⁺的特点和主要内容

10.1.3.1 CBM⁺的特点

CBM⁺通过对已有的和新兴的技术的利用,分析设备系统接近实时状况和历史数据,向操作人员提供设备的可预测维修能力。可以说,CBM⁺是将维修工作从工业时代领向信息时代的变革,它具有以下特点。

(1) 能把故障消灭在萌芽状态。CBM⁺能事先检测运行状态,确定异常情况,及时进行事先维修,从而把故障消灭在萌芽状态之中。

(2) CBM⁺是按照实际需要进行维修,提高了设备的利用率。由于对每个设备都进行状态监控,因此能及时、准确地发现设备的故障或隐患,针对具体的故障或隐患,只需更换或修理损坏的零部件而不必定期进行大修,从而减少了设备的停机时间和部件的消耗,进而大幅度地提高设备的利用率。有资料统计表明,与采用定期维修方式相比,实施增强型基于状态的维修后,设备故障减少了63%~84%,设备维修用时下降了26%~30%。

(3) CBM⁺的核心是巡回检测、故障诊断和适时适度修理。CBM⁺又称“预知修理”,其含义就在于修理之前是预知“状态”的,因而检测工作十分重要。检测方法有两种:一种是依靠五官检测;另一种是用科学仪器对产品和设备状态进行检测。通过对检测结果的综合分析即可对设备的健康状况做出诊断,进而进行适时适度的修理。

(4) 利用了设备的全寿命周期。CBM⁺也是有计划的,这种计划是建立在状态的基础上的,它强调计划检测,事先收集信息,计划适时适度修理,因此,它的计划性更符合实际。

10.1.3.2 CBM⁺的主要内容

事先设备的增强型基于状态的维修,主要包括三方面的内容:状态监控;故障诊断和预测;维修决策。

1. 状态监控

状况监控是指对设备的某些特征参数(如振动、噪声和温度等)进行测取,将测定值与规定的正常值进行比较,以判断设备工作是否正常。

设备的许多故障,在发生前都会有特定的征兆,其相应的参数会发生一系列的变化。状态监控就是要借助有效、可靠的仪器和技术手段,采集能真正表明设备故障状态的参数,并把实测参数按一定数学模型计算出综合指标,从而得到反映设备现有状态的实用参数。

2. 故障诊断和预测

故障诊断,就是对设备产生故障的原因、部位、严重程度等一一做出判断,从而为维修人员提供决策依据。故障诊断技术是对已经收集到的状态或故障信息进行综合分析、模式识别和预测评价。随着新型号处理技术、专家处理系统和神经网络技术的发展,为设备故障诊断提供了良好的技术手段。

故障预测就是通过建立的模型及各种智能方法对处于潜在故障的设备进行故障间隔时间的预测。

3. 维修决策

状态监控、故障诊断的最终目的就是获取维修决策。利用相关软件可对所收集的状态数据进行综合分析处理,得出维修决策,以决定对设备采用何种类型的维修。

10.2 CBM 模型研究

10.2.1 CBM 基本过程及模型

基于状态的维修过程首先需要进行状态监控及信号预处理,然后才能建立装备寿命与状态信息之间的关系从而进行维修决策。一个基于状态维修的基本过程可用图 10-1 表示。在实际应用中,应用目的不同、采用的模型不同,具体的维修系统及过程的侧重将有所不同,但都应包含图 10-1 中的几个步骤过程。

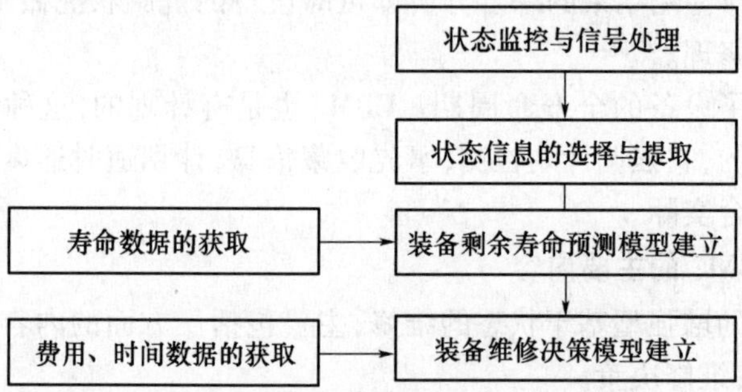

图 10-1 基于多状态信息的维修过程

进行基于状态的维修,首先要经过状态监控与信号处理过程,其中状态监控内容取决于装备本身特性和具体的监控任务。信号处理过程对基于状态的维修是一个重要的环节,如果不能得到良好的处理结果,很难建立准确的维修模型,从而得出不准确甚至是错误的维修决策。

通常情况下对装备进行状态监控时获得的状态数据具有高维的特点。由于状态数据量的巨大，有时甚至是海量的情况，所以在建立维修决策模型之前需要从中选择能够反映装备寿命的关键状态信息。大量原始状态数据经过提取与选择成为关键状态信息后，可以大大降低装备维修模型的复杂度与工作量。而且，在实际中发现，对于一个具体的装备寿命预测模型的精度并不随着状态数量的增多而提高。

在选择与提取出与装备寿命相关的关键状态信息后，就可以建立装备寿命预测模型。该预测模型不仅能够根据当前检测的状态信息估计出装备目前的可靠度及剩余寿命，而且能够根据装备状态的劣化过程估计出装备未来的可靠度及剩余寿命。装备寿命预测模型的输入既包括当前选择与提取后的状态信息，又包括过去所有的历史状态信息和同类装备的历史寿命数据。寿命预测模型的建立主要包括模型选择、参数估计和模型检验等过程。

装备维修决策模型根据实际应用需要，针对不同的决策目标，选择不同的维修决策准则，如费用最小、可用度最大等，建立不同的维修决策函数从而得到符合需要的最优决策结果。对装备剩余寿命与可靠度的估计结果是装备维修决策模型的基础，同时，模型的输入还应包括装备使用费用、维修费用和维修时间等。通常，这些费用和时间参数通过预先给定或是经过长期统计得出。

应当指出的是，上述基于状态信息的维修过程中，状态监控与信号处理、状态信息的选择与处理可认为是 CBM 信息处理部分，而装备剩余寿命预测模型和装备维修决策模型是我们需要根据前端处理好的信息建立的 CBM 模型部分。

10.2.2 CBM 模型国内外研究现状

基于状态的维修主要是通过收集到的状态信息建立与装备寿命之间的关系，在对装备的运行状态做出一定判断基础上确定最佳的维修决策。国内外许多研究机构和学者首先从理论上对基于状态的装备剩余寿命和维修决策模型进行了研究。这些研究基本上可分为以下 4 类：

1. 基于概率统计理论的剩余寿命预测和维修决策

应用基于概率统计理论的剩余寿命预测技术是经过大量的样本数据统计，建立设备的状态和寿命的统计分布，通常比较精确。对于这一类的模型最典型的有以下几种。

1）比例风险模型（Proportional Hazards Model，PHM）

加拿大多伦多大学 Jardine 等采用 PHM（综合诊断、预测与健康管理）对设备进行 CBM 决策，该方法使用统计模型进行设备状态评价，并在其基础上建立单位时间费用最小条件下的维修决策。1994 年 Jardine 和 Makis 组建了 CBM 实验室开始了 CBM 软件的开发与应用，推出了软件包 EXAKT。The CBM Optimizer 成功地将基于状态的维修应用于露天采矿企业、Campbell 公司、香港地铁公司、石化企业和 Cardinal River 煤矿公司等企业，通过对发动机、轴承、齿轮箱等关键设备进行分析，将这些企业的维修费用降低了 20% ~50% 甚至更多。

Huamin Liu 采用 PHM 研究了不同负载条件下的刀具的维修决策。Daming Lin 等对 11 个齿轮采集到的状态监测参数应用 EXAKT 软件中的功能实现优化，其中采用了 PHM，以费用最少为目标确定了维修间隔期。Kumar 和 Westherg 采用线性回归作图方法对与时间相关的状态变量的比例风险模型进行了研究。Newby 应用比例风险模型分析温度对设备的影响程度并进行维修决策。国防科技大学张秀斌、王广伟采用 PHM 对装备状态进行了描述。

2）滤波模型

Wang 等应用非线性滤波理论对设备的剩余寿命进行了预计并开发出了维修决策原型软件。Yang 采用含故障树分析和卡尔曼滤波的混合 Petri 网对设备的故障进行预测。Yimin Zhan 等考虑了不同负载条件下的齿轮箱的健康状态评估方法，应用了自适应卡尔曼滤波理论评估齿轮箱的状态。Ray 等通过采用广义卡尔曼滤波器对机械材料裂纹进行建模，在线估计系统当前的故障状态及预测系统的剩余寿命。Fausto Pedro 等建立了基于远程监测系统上的评估磨损的方法，并用在铁路上不易观察部件建立状态空间模型，采用极大似然估计法估计未知参数，并且当新的数据可利用时对参数进行修正。Christer、Wang，Sharp 把状态空间监测模型应用在熔炉的腐蚀寿命预测，给出了一种状态空间分布和卡尔曼滤波的基于状态的维修模型。

3）随机过程劣化模型

Dongyan Chen、Kishor S Trivedi 采用了半马尔可夫（SMDP）过程，建立了状态空间模型并应用于铁路上。Barbera 等假设系统故障率依赖于系统的状态变量和固定的检测间隔期建立了 CBM 模型，以单位时间费用最小确定维修活动。后来 Barbera 等完善了他们先前的模型，考虑在固定的检测间隔期和故障率服从指数分布情况下的两单元系统的 CBM 模型。Castanier 等针对两单元串联系统又考虑了非固定检测间隔期的 CBM 模型的建立。

Grall 等同时把更换阈值和检查间隔期作为变量，建立随机、连续劣化单个系统的状态检查/更换模型。接着，他又提出了可同时改变状态阈值和检查间隔期进行优化的随机劣化系统 CBM 决策模型。Wang 和 Christer 建立了非直接状态监测的随机动态系统 CBM 决策模型，利用整个磨损状态监测历史数据估计系统劣化水平，进而优化检查周期。Haitao Liao 等给出了以基于可用性为控制限的更换状态阈值，以期取得最大的可用性。Dieulle、Grall、Liao 等应用 Gamma 过程描述设备的劣化，并对预防性维修阈值进行优化。Chen、Hontelez、Saranga、

Suprasad V. Amari 等应用马尔可夫或半马尔可夫过程进行设备的维修决策。

Bunks、Lin、Carey Bunks、Dan McCarthy 等使用隐马尔可夫过程对设备进行 CBM 维修决策。Baruah 等人将隐马尔可夫模型应用于金属切割机的故障诊断和预测问题的研究中,通过使用隐马尔可夫模型对传感器检测信号建模,评估对象当前的健康状态,从而预测其剩余使用寿命。上海交通大学的杨志波等采用动态贝叶斯网络进行设备剩余寿命的预测。南京航空航天大学梁剑针对单部件基于状态的维修优化问题应用了再生和半再生过程理论,采用变精度粗糙集理论挖掘发动机的送修等级决策规则,以费用为目标建立了决策模型。

总的说来,基于概率统计理论的剩余寿命预测具有能够深入装备系统本质的性质和实现实时剩余寿命预测的优点,并且,装备系统的剩余寿命通常与模型参数紧密联系,随着对装备状态信息的积累、对装备性能状态理解的逐步深入,模型可以被逐渐修正来提高其预测精度。但是,实际工程应用中通常要求装备系统的分布形式具有较高的准确性,这就使得对在建立装备寿命模型时所需的一些典型数据(历史工作数据、故障数据以及状态信息数据)的收集提出了要求,因此基于概率统计理论的剩余寿命预测技术实际应用范围和效果受到一定的影响。

2. 基于知识的剩余寿命预测和维修决策

在实际工程应用中,有时由于各种原因导致样本数据的缺乏无法获得装备变量的分布情况,这时人们想到了采用知识的剩余寿命预测方法,因为利用已有的知识不需要对象基于大量样本基础上的精确分布模型,而在这一领域最具典型的是专家系统和模糊逻辑,还表现为这两种技术与其他方法的结合。

Asif Iqbal 采用模糊专家系统优化高速切削工具过程,对于刀具的各种参数进行了优化,包括刀具的寿命。化建宁、孙海港等采用模糊 Petri 网进行设备的故障诊断。胡文平应用神经网络及模糊理论进行维修决策。丁强和王长琼应用模糊理论及智能系统进行设备的维修决策。董玉亮提出了多状态特征参数变权模糊综合状态评价方法,利用设备的监测诊断、维修历史数据等信息,使状态评价的结果更贴近设备的实际运行状态,并利用这些结果建立了维修任务决策及优化模型。孙才新采用灰色聚类决策对变压器的健康状态进行了评估,将灰色关联度用到其维修决策中;袁志坚应用灰色系统理论与模糊理论相结合进行维修决策。

然而,专家系统也存在其自身不易克服的缺陷。一方面,专家知识本身带有一定的局限性;另一方面,专家知识表示的准确性问题,这两方面造成了专家知识的不完备性,当遇到一个没有相关规则与之对应时,剩余寿命的预测受到了挑战。

模糊理论提供了表达和处理模糊概念的机制,由于具有处理不确定性信息的能力,模糊理论为解决剩余寿命预测的问题提供了重要的理论方法和现实工具。模糊理论用于解决剩余寿命预测的最大优势是其模糊规则库可以直接利用专家知识构造,因而能够充分利用、有效处理专家的语言知识和经验,而且一个适当设计的模糊系统可以在任意精度上逼近某个给定的非线性函数。但采用模糊理论由于不能用时间参数表达装备的失效过程,使得预测的实时性受到限制。

因此,基于知识的剩余寿命的最大优势是能够充分利用装备有关的领域专家的知识和经验。但是,由于基于知识的剩余预测技术本身更适合于定性推理而不太适合于定量计算,因而限制了其实际应用。

3. 基于自学习的剩余寿命预测和维修决策

在研究剩余寿命预测时,有时建立复杂装备的剩余寿命与多种状态信息间的数学模型显得非常复杂,同时,领域专家的经验知识又无法进行有效的表达,那么装备工作的历史运转数据就成为预测装备剩余寿命的主要渠道,基于自学习的剩余寿命预测技术的典型代表是:神经网络以及近年发展的支持向量机等,这其中也包括对各种技术的衍生,如小波神经网络(Wavelet Neural Networks, WNN)、模糊神经网络(Neuron - Fuzzy Networks, NFN)以及改进的支持向量机等。这些衍生技术既继承了原有技术方法的优势,又在一定程度上克服了其不足之处,因而在剩余寿命预测研究中取得了很好的应用效果。

加拿大阿尔伯塔(Alberta)大学左明建,研究采用小波和神经网络算法用于旋转机械基于状态的维修优化系统(Condition Based Optimal Maintenance)。Dongyan Chen 采用 BP 神经网络预测切削工具的剩余寿命,邓士娟采用支持向量机根据轴承的振动信号预测轴承的寿命。基于自学习的剩余寿命预测方法不需要对象系统的先验知识(大量样本和专家经验),以采集的数据为基础,通过各种数据分析处理方法挖掘其中的隐含信息进行预测操作,从而避免了基于概率统计和基于知识的剩余寿命预测技术的缺点。但是,实际应用中由于所获得的数据往往受到环境、使用条件、工艺生产等影响,具有很强的不确定性和不完整性。这些问题都增加了剩余寿命预测技术的实现难度。

4. 基于仿真方法的 CBM 决策

在研究 CBM 决策时,有时无法收集装备的样本数据以及装备的运转数据,而专家的经验知识又无法进行有效的表达,仿真方法就成为 CBM 决策的一条出路。基于仿真方法的典型代表就是:采用蒙特卡洛法利用装备的寿命分布进行仿真。叶小松主要采用计算机仿真方法确定了起重机大型回转轴承装置的最小检测周期;Berenguer C 对于状态连续劣化的多部件系统采用了蒙特卡洛法进行了仿真,并以单位时间费用最小为目标做出维修决策。

基于仿真方法的 CBM 决策虽无需精确描述系统状态的概率分布形式,但结果的可信性得不到很好的验证。

综上所述,CBM剩余寿命预测和维修决策模型主要是用以上四类方法进行剩余寿命预测,而维修决策的变量主要是维修/更换时间、检测周期、状态阈值等,其中以维修/更换时间为主,维修决策的准则大部分是以长期使用条件下单位时间费用最小为约束目标做出维修决策。

10.2.3 研究现状分析

总的来看,国外对于基于状态的维修技术的研究比较广泛、丰富,而国内对于基于状态的维修还处于起步阶段,更多的是注重于装备的状态监测与故障诊断技术,而对剩余寿命的预测模型较少,主要是利用一些知识型的方法来进行故障诊断装备状态的评价,从而进行维修决策。但在我国,CBM越来越得到有关部门和科研人员的重视,开展这方面的研究对于提高军方装备的战斗力、降低维修费用等方面意义深远。应根据国内的具体情况,选择薄弱的环节、急需解决的关键技术进行研究。

10.2.3.1 CBM研究取得的进展

纵观国内外对于CBM的研究,主要取得了如下进展:

(1) 从实践中发展起来的CBM系统对降低维修费用、提高系统可用度发挥了重要作用;

(2) CBM决策模型研究取得一定进展,主要是应用马尔可夫、半马尔可夫决策过程理论,在模型的建立、最优策略的求解方法等各方面都取得了一些进展;

(3) 由于CBM需要以试验数据和系统运行数据为基础,因此从客观上推进了计算机维修信息系统CMMS的推广应用。

10.2.3.2 CBM研究中不足的方面

(1) 缺乏剩余寿命预测模型的研究。基于状态的维修决策理论研究都是建立在剩余寿命模型的基础上,而目前剩余寿命模型的确定一般都是从神经网络、灰色理论或仿真等角度出发,把已有的状态信息作为样本,通过这些方法预测未来的状态值。这些方法适用的对象是个体自身,而对于同一类型的设备,由于个体的差异,上述方法的预测值不适合同类的另一个个体。

(2) 缺乏对多目标情况下的维修决策研究。目前,维修决策模型的建立基本上都是基于费用目标进行优化的,而实际中系统维修决策优化的目标可能不同,尤其是对于军用装备来说,有时费用并不是主要的目标。因此,需要研究如何同时考虑费用和可用度为目标建立维修决策模型。

(3) 国内缺乏对CBM中维修决策模型的深入研究。目前,国内对CBM的研究基本上是进行理论上简单的探讨或介绍性研究,主要在电力、船舶行业有些应用。但这些应用是以状态监测和故障诊断为主,对维修决策研究的很少,特别是对剩余寿命分布的预测模型、维修决策模型及其求解过程都缺乏深入系统的研究。

10.3 CBM 的发展现状

10.3.1 国外情况

10.3.1.1 民用领域

CBM 技术最早开始于 20 世纪 70 年代,并首先在民用部门的设备维修领域得到应用。到了 80 年代,这项技术在很多行业已经是不可或缺的了。它们采用 CBM 的目的有很多,但主要是为了增加设备的能工作时间,降低维修费用,从而最大限度地获得设备投资的收益,增强企业的竞争能力。2000 年美国的一项调查显示,有 37 个行业采用了 CBM。迄今为止,CBM 技术的发展和应用效果还主要体现在民用领域。

据统计,目前设备维修所采用的各种维修方式中,基于状态的维修只占其中的 15%,将来的目标是要提高到 55%。通过采用 CBM,将使总的维修工作量比现在减少 50%。

目前,在美国和西方其他国家,CBM 已成为一个热点,尤其是在民用领域。很多与维修相关的行业、研究机构、专业团体都在从事 CBM 方面的研究并组织有关的技术活动,如召开研讨会、出版专门的刊物等。在美国,成立了一个由 50 多家公司参加的"机械设备信息管理开放系统联盟"(MIMOSA),由它负责 CBM 技术的使用和提供,并制定相关的标准。

在民用航空领域,美国波音公司正在开发一套飞机状况管理(AHM)系统,它可以在飞机发生故障之前进行故障预测,能实时地从空中向地面发送数据,从而尽快排除故障,缩短飞行延误时间。

另外,ARINC 公司也在与 NASA 合作,研制"飞机状态分析与管理系统"(ACAMS)。它实时地融合飞机总线上的信号,进行分析,对飞机的结构和各分系统的状态做出诊断和预测。该系统通过无线电数据链将关键故障的分析结果自动传给地面。它可以确保飞机出动的可靠性并改进零备件管理。2001 年该系统进行了成功的地面演示,样机于 2003 年试飞。

10.3.1.2 军用领域

过去的几十年里,军事装备的技术发生了巨大变化,而相应的维修管理方式和实践却没有多大变化。与民用设备一样,军事装备的维修仍主要采用预防性维修方式。所造成的突出问题是,维修占用的人力多,费用高,装备的完好性不能满足使用要求。

20世纪90年代以来,随着军事战略的调整和军事革命的深入,美军开始后勤改革,先后颁布了《联合设想2010》和《联合设想2020》,提出了“聚焦后勤”的策略,要求未来减少装备维修人员,减少维修费用,提高维修的有效性,使后勤保障的反应更加迅速、灵活。这就要求改变现行的维修管理方式。在这样的大背景下,美军各军种纷纷开始尝试利用新技术特别是CBM来应对这一挑战,以期使武器系统和设备具有机上计算功能,实现智能化,便于实时地掌握装备的状态,从而达到优化装备的维修、提高战备完好性和任务可靠性的目的。

目前,美国的各军种都在一些装备研制项目中试验CBM技术。其中最具有全局性影响的项目主要有四个:联合攻击机(JSF)的PHM系统,海军的综合状态评估系统(ICAS),陆军的诊断改进计划(ADIP),以及直升机的综合机械诊断—状况与使用监控系统(IMD - HUMS)。其中JSF是新研制项目,它所采用的PHM系统代表了目前CBM技术所能达到的最高水平。其他三个项目则是在现有装备的基础上,改进其CBM能力。

10.3.2 国内情况

近年来,国内航空公司开始实践基于状态的维修,并取得了相应成果。这些成果主要集中在以下三个方面。

1. 应用中央维护系统信息

中央维护系统(CFDS)是一个集中式维护辅助系统,该系统采集飞机大部分系统的维护信息。国内以中央维护系统为基础而开发的产品相对较多,也比较成熟。例如,中国国际航空股份有限公司开发的OMIS,将采集的飞机维护信息通过ACARS传递,可以实现维护信息的实时跟踪和在线监控,为机务维修提供了大量的数据并缩短了故障诊断时间。中国南方航空公司开发的飞机远程诊断实时跟踪系统(ACRDRTS)也具备了类似的功能。

2. 应用状态监控报文

国内已开始应用状态监控报文产品的开发。比如民航数据中心的SKY-LINK系统,就是将飞机起飞、巡航阶段产生的报文以良好的可视化界面展示,对于开展飞机状态监控,尤其是发动机的状态监控有重要的意义。同时也应当看到,在国内开展应用状态报文的监控的研究和应用还有很大的深入空间。

3. 自主状态报文

自主状态报文时给予状态维修的更进一步的发展,其应用研究在国内尚处于起步阶段。2010年,国航立项开展了自主状态报文的研究与实践,开发了飞机状态监控系统(APMS)。该系统通过自主报文的应用,实现飞机状态自动获取、分析及健康管理的功能。

20世纪90年代末期,国航就开始利用发动机性能监控系统进行初期的发动机健康管理,也是国内最早利用 ACARS 进行飞机状态监控的航空公司。2007 年,在 CBM 理论基本完善的前提下,国航重新启动了飞机实时故障监控项目,经过新技术开发和引进、组织机构调整、工作流程再造,初步建立了基于状态的维修体系,在应用方面大大缩小了和业内先进水平的差距。在 CBM 技术开发方面,国航大大加强了飞行数据采集系统的客户化开发能力,在飞机状态自动获取、分析和健康管理技术等方面已跻身业内前列,为在全机队实施 CBM 奠定了坚实的基础。

10.4 CBM 的实施策略与应用

10.4.1 实施策略

CBM 的实施是利用最新维修技术和管理方法对整个维修管理体系的升级。

相对于传统的维修方式,CBM 关注飞机状态信息的实时获取,要求维修系统具备更高的故障诊断和隔离精度、增强故障预测能力,要求维修系统具备开放式结构、强调信息系统的集成和信息共享。总之,CBM 是力图通过使用最新的信息系统工程技术,结合相应的管理手段来提升整个维修体系的综合能力。

CBM 实施技术在国际上已经形成了标准规范——ISO 13374 OSA - CBM 标准。该标准的目的在于提供一种开放的全球厂家共享的技术规范,以促进 CBM 策略在各行业的推广和发展,它试图通过 7 层结构规范 CBM 的基础架构和功能。

该标准将维修过程分为 7 个层次,从第 1 层到第 7 层分别是数据采集层、数据筛选层、状态检测层、健康诊断层、预诊断层、报警层和人机交互层。以空客 A320 飞机为例,第 1 层“数据采集层”可以采集到的系统数据高达 13000 多个。以第 1 层采集到的数据为基础,第 2 层“数据筛选层”是一个自主筛选特征参数,然后将这些特征参数实时地从飞机发送到地面平台的过程。

由于 CBM 分析的对象是传感器或数据处理系统采集的数据,所以实施 CBM 的第一步就是数据采集,而采集到的数据在处理之前往往还需要进行单位转换、标准化等工作。接下来的数据处理(包括状态检测)是从数据提取出信息的过程,随后将根据一系列状态信息判断设备的健康水平。由于 CBM 强调预测能力,所以健康诊断层之后是预诊断层,这一层利用智能分析算法预测设备未来的健康状况,无论是当前健康状况还是未来健康状况,都会被送至报警层,经过报警逻辑的筛选,生成需要报告维修人员的报警咨询信息。和其他交互式系统类似,CBM 同样需要人的干预,所以第 7 层被设定为人机交互层。

随着智能分析技术、计算机网络和通信技术的发展,CBM 策略在军机和民机维修领域都已进入产业应用阶段。美国军方要求以 CBM 策略指导 F-35 战斗机以及今后所有军用飞机的研发。

在民用维修领域,波音公司的飞机健康管理(AHM)系统以及空客公司的 AIRMAN 系统都是基于 CBM 思想研发的。GE 航空集团更是推崇以 OSA-CBM 为标准建立集成式运输器健康管理架构(IVHM),并通过此架构为客户提供全面的维修解决方案。霍尼韦尔、美国汉胜等公司正在利用飞行数据采集系统记录的 APU 数据提供性能监控服务。

10.4.2 应用

10.4.2.1 联合攻击机 PHM 系统

F-35 是美国空军、海军、海军陆战队及其盟国联合研制的下一代多用途战斗机,目前正处于工程研制阶段。该飞机的研制强调经济可承受性,并要求飞机具有良好的保障性、容易部署。

1. PHM 系统

PHM 的全称是 Prognostics and Health Management(预测诊断与状态管理),它属于一种高端的 CBM 技术。

JSF 的 PHM 系统具备很强的机上故障诊断与测试能力。这种预测诊断能力的关键在于其先进的传感器网络以及获取传感器数据并进行“推理”的软件系统。

整个飞机的 PHM 系统由下列区域的智能化实时监控系统构成:

(1) 推进系统:包括发动机吸入碎屑监控系统、润滑油状况监控系统、发动机应力监控系统、静电式轴承监控系统、静电式润滑油碎屑监控系统、先进寿命算法和部件状况监控系统等。

(2) 航空电子设备:采用电子射频的预测性诊断系统。

(3) 飞机结构。

(4) 飞行器管理系统(VMS)以及其他分系统和特征。

推理软件系统的结构按飞机的各主要分系统来区分,如航空电子分系统和推进分系统。每个推理软件都建立在各分系统的功能模型上,根据来自分系统传感器和作动部件的关键信息输入对其工作情况进行推断。它还可以对分系统的健康状况做出推断。

推理软件系统的一条重要原则是,它不是根据单个传感器的输入进行推断,而是吸收来自飞机其他方面的知识,从而增加了预测的置信度。

通过故障预测、诊断、检测和隔离,可以对故障的任务影响做出评估。通过评估,可以使系统从故障中恢复,重新建立所需的连接(如采用替代的数据路径),或者在性能下降的情况下工作。

对于不能在机上完成的故障隔离，或者在进行维修工作决策前需要机下做的工作，可以由便携式维修辅助装置(PMA)在地面完成。PMA可以通过飞机上的维修接口面板(MIP)或通过无线的方法与飞机上的PHM推理软件实现交连。

JSF PHM采用MIL－STD－1553数据总线加光纤数据总线进行信息传输。JSF飞机上的所有数据总线都是双余度的。

JSF飞机的通信系统采用无线电和卫星手段进行远程通信。它将一部分带宽分配给PHM系统，用于飞行过程中的视情报告和定时报告。

飞机的PHM系统通过联合分布式信息系统(JDIS)将信息综合后传给地面的后勤保障系统，据此来判定飞机的安全情况，安排飞机的飞行任务，进行技术状态管理，更新飞机的状态纪录，调整使用计划，生成维修工作项目，分析整个机群的状况。

2. 自主保障

自主保障是一种借助先进技术的全新的维修和供应保障方案，通过它使用户在未来的战场中高效、有效地保障飞机的作战部署。根据这一方案，当飞机还在空中飞行时，机内的预测诊断系统检测到的飞机故障便可自动下传，让地面的后勤保障系统准备好相应的备件、维修人员和维修设备等待飞机。这样可以缩短维修和供应保障过程，大大减少使用和保障费用，提高飞机的出动率。JSF飞机的自主保障系统由四个基本部分组成：

(1) 采用PHM的智能化飞机，它是实现自主保障的基础。

(2) 获得高技术支持的维修人员。

(3) 将飞机与后勤保障系统相衔接的联合分布式信息系统(JDIS)，它是实现PHM和自主保障的关键。

(4) 能及时对保障要求做出反应的后勤保障系统。

利用PHM及自主保障系统，可以充分实现视情维修，提高维修的针对性和有效性，提高维修保障的效率。与现有的飞机相比，JSF飞机将减少维修人力要求20%～40%，提高战时出动率25%，减少部署所需的运输量50%。

10.4.2.2 CBM$^+$在美国陆军直升机维修领域的运用

CBM$^+$计划已开始在美国陆军直升机维修领域实施，用于完成状态监控任务的测试设备和嵌入式机载诊断系统已成功安装在美国陆军的部分，并完成了飞行试验。

例如，振动处理增强程序(VMEP)既能监控旋翼的轨迹和平衡，又能监控动力传动系统的工作，目前已安装在87架“阿帕奇”、“黑鹰”和“支奴干”等直升机上，并计划将它装到其他直升机上。

然而，VMEP最终将被先进信号处理器(MSPU)取代。MSPU是一个更加复杂的系统，它既能实现VMEP的功能，又能实现其他的诸多功能，具体内容

如下:

(1) 取代了原有的信号处理器的功能。

(2) 联合多路数据记录器,支持基于状态的维修。

(3) 联合高价旋翼校平/诊断器,监控旋翼的轨迹与平衡。

(4) 增加对辅助动力装置离合器和附属离合器的监控。

(5) 增加14个传感器,完成对动力传动系统的监控。

(6) 存档数据并将数据通过网络传输。

(7) 与美军1553总线标准集成。

(8) 主动捕捉数据以识别战争性质。

(9) 自动调整旋翼的轨迹与平衡。

(10) 用18个传感器(附带174个状态指示器)监控直升机的50个部件。

其次,由古德里奇公司研制的状态与使用监控系统(HUMS)目前已经装备在“黑鹰”直升机上,用于实时监测直升机部件的状况。它由32个传感器组成,负责收集来自发动机的信息并传送到机载处理器,最终存储到一张PCMCIA卡上。直升机降落后,机械师将卡取下,插入便携式电脑,然后进行故障诊断和故障预测,并安排相应的维修工作计划。借助该系统,部队能预知整个机队零部件的损耗趋势,也能更好地预测战场上所需的零部件。

实践表明,装有HUMS的直升机,其维修工时减少了。AH-64A/D直升机的主旋翼旋转斜盘,由于安装了HUMS,每架直升机的每次检查节省了7.4个工时,停机时间缩短5.9h。UH-60A/L直升机的油冷却器轴向风扇轴承,由于长期使用了CBM$^+$的状态监控系统,取消了每120飞行小时的例行检查,大修间隔时间也从2500h延长到了3000h。每架直升机每次检查节省了0.75h,停机时间缩短0.6h。

此外,美国智能自动化公司(IAC)研制的状态与使用监控系统也已成功地完成了在陆军第160特种飞行航空团的MH-47G“支奴干”直升机上的首次安装与飞行试验。迄今为止,美国陆军的UH-60“黑鹰”、CH-47“支奴干”和AH-64“阿帕奇”直升机上共安装了180多套IAC公司的HUMS。该系统可检查直升机的传动系统,建立部件模型并定义“正常状态”,从而判明各部件的非正常状态;同时,其采集到的数据可以帮助维修人员在问题发生之前发现故障,某些情况下甚至能在事故发生前250h找到故障,为维修人员预留了充裕的时间,从而实现主动的预测性维修。

综上所述,可以预见,CBM$^+$计划在美国陆军直升机维修领域的实施最终将实现美军关于缩短后勤保障链条的意图。

美国陆军计划在1015年完成向CBM$^+$的转变,并希望在2011年在陆军直升机和导弹中广泛落实CBM$^+$计划。美国陆军航空兵CBM$^+$计划的未来发展重点如下：

（1）完善故障诊断功能。使原位嵌入式诊断功能不断完善，以减少故障识别和故障原因分析中的不确定因素。

（2）开发嵌入式故障预测功能。利用成熟德尔诊断功能来开发故障预测算法，并将算法潜入到飞机平台维修环境中，这样，武器系统便可以预测未来的故障并能计算剩余的使用寿命。

（3）实现对部件使用、消耗和可用度数据的端对端可视化。近实时地将数据从武器系统维修人员传输到各级保障人员，以实现对备件的主动订购和采办，并向指挥官提供准确的决策支持信息。

10.4.3 俄罗斯空军航空装备推行基于状态的维修

近些年来，为提高现役航空装备的安全性，俄罗斯空军部队、空军科研机构和工业部门有计划、分阶段地开展了延长航空装备总寿命和使用期限的工作。该项工作主要是依据设计和生产装备时建立的可靠性指标，以及合理的技术维修系统和俄联邦国防部第13国家科学研究所研制的方法，将超前通过维修所获得的使用期限（使用和贮存）和使用寿命指标扩展到全部的航空装备上。

俄罗斯空军科研机构及相关部门为确定延长总寿命和使用寿命的可能性、经济技术的合理性，不断分析现役的全部航空装备的无故障率，对领先样机和有故障的航空装备的技术状态进行研究。根据每个使用的航空装备样机的结果，优化提高飞行安全性和可靠性措施，运用先进设备和检测方法，完成整套工作并做出允许其继续使用的决定。这样使飞机使用期限较最初规定的提高了1.5~2倍，发动机和设备系统的使用期限提高了2~2.5倍。

航空装备使用时，其测试设备能够在故障出现的早期阶段通过测量诊断（识别）出它们的全套参数，并阻止故障蔓延或完全失去工作能力。根据目前的测试水平，俄罗斯空军还在使用的前几代航空装备是不能完全符合要求的，这与标准的功能参数传感器数量有限及实际上缺少内置检测系统（无损的、振动的、摩擦诊断等等）有关。

10.4.3.1 传统航空装备维修的局限性

航空装备最初的维护制度基本上是按计划预防的制度，即定时维修，使用期限和使用寿命（首次翻修时间、翻修间隔时间、报废时限）是规定值并不取决于对象的实际技术状态。随着装备复杂度的提高，定时维修越来越暴露出其局限性：不必要的维修可能增加故障率，影响装备的性能或质量；定期大修可能浪费大量人力和物力；产生过剩维修的缺陷。

10.4.3.2 基于状态维修方法的现实意义

领先样机的研究结果显示,航空装备的技术状态主要取决于其具体的使用条件和使用强度。但是,现在俄罗斯空军还没有能够对航空装备主要确定使用寿命潜力的零件累积损伤进行完全符合要求的评估方法。目前,在空军科研机构的参与下,工业部门针对 АЛ-31Ф 和 Р95Щ 发动机提出了有关方法和程序,针对发动机制造公司车尔内舍夫厂生产的系列发动机,提出了在总工作时间内提高使用强度情况下的剩余工作时间的换算方法。

基于状态的维修方法可最大限度地使用单机的寿命潜力。这时,可靠性保障不是指航空装备总寿命指标的现有安全指标,而是借助与系统相连接的现代化维修检测设备(机上的、地面—机上的、地面的)所评估出的单机实际技术状态值。例如,П. И. 巴拉诺夫中央航空发动机制造研究所研制出的航空发动机网络检测系统,其配置如图 10-2 所示。

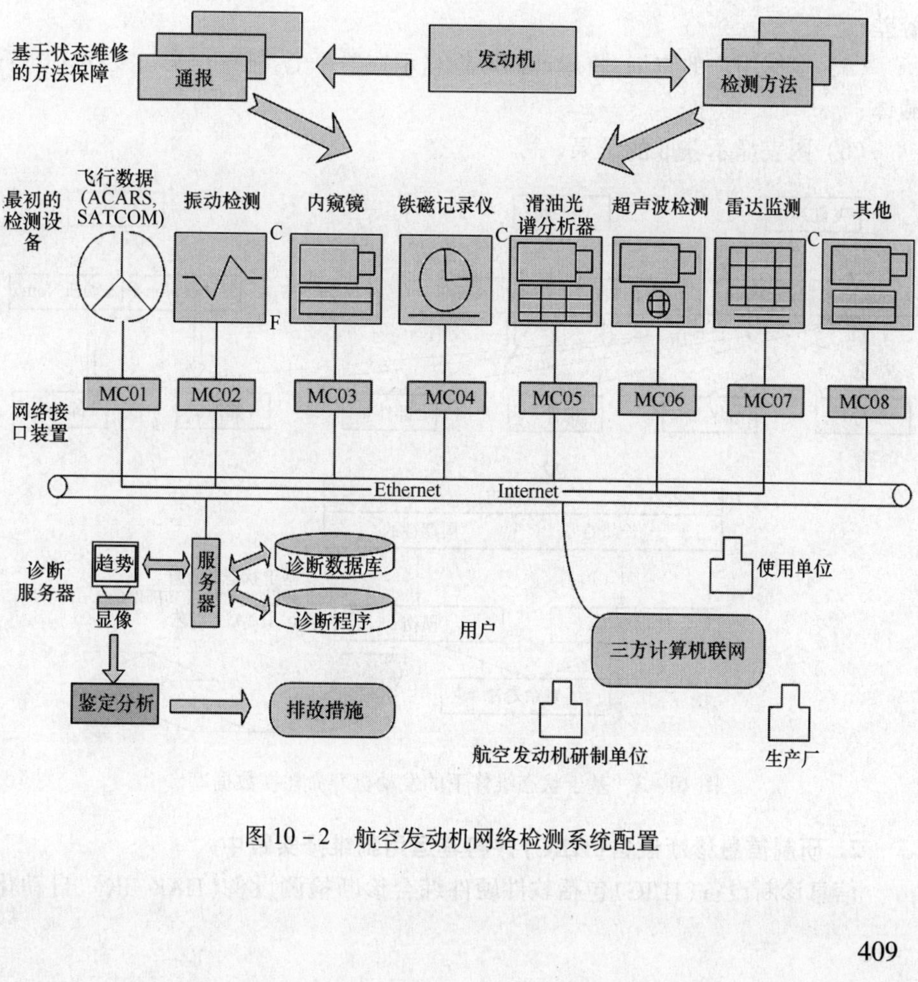

图 10-2 航空发动机网络检测系统配置

10.4.3.3 实现基于状态维修的主要做法

1. 建立基于状态维修下的航空装备寿命耗损数据库

为了实现基于状态的维修,必须要分析单个航空装备的飞行信息,评估其个体损伤程度以及在此基础上确定剩余寿命,同时判断在不同使用条件下同一型号航空装备的实际载荷范围。为此可以借鉴 И. М. 格罗莫夫飞行研究所和留里卡科研中心萨图尔科研生产联合体进行的苏-27/30 系列飞机 АЛ-31Φ 发动机的使用跟踪工作。在此项跟踪工作中,他们研制了涡扇发动机信息跟踪系统,在该系统内建立了基于状态维修下的发动机寿命耗损数据库(图 10-3),主要包括:

(1) 累计和保存测量到的发动机工作参数和外部环境(飞行条件)参数,以及自动处理机上测量的结果;

(2) 检测发动机主要零件的寿命损耗;

(3) 分析发动机参数趋势和预测可能出现的故障现象;

(4) 保存和修正"标准数据库",包括发动机特性、加载标准、检测限制容差;

(5) 根据用户的查询,将累计的数据显示在屏幕上,打印出来以及存入电子载体;

(6) 图表显示获取的结果。

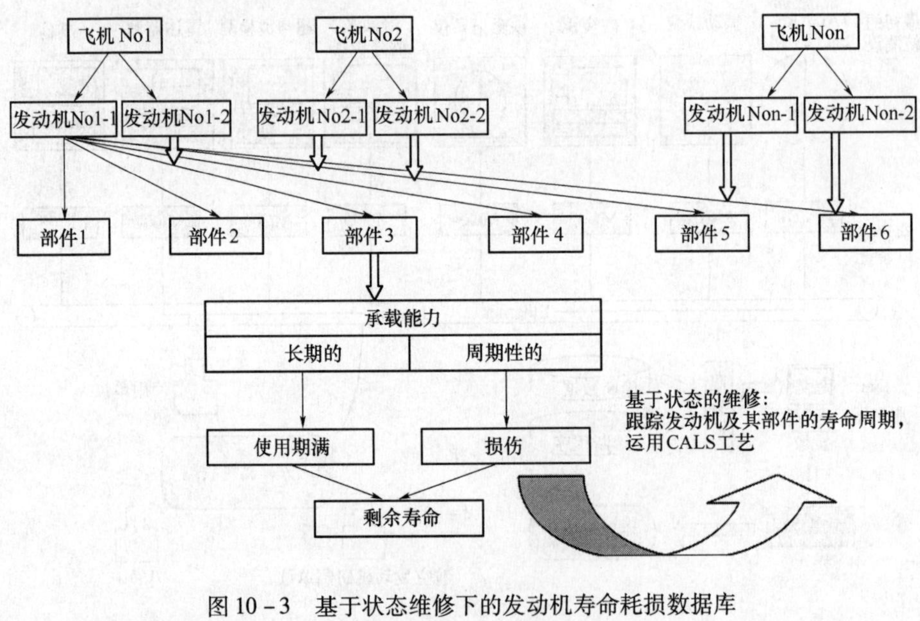

图 10-3 基于状态维修下的发动机寿命耗损数据库

2. 研制信息诊断设备(ИДС)并将其运用到维修实践中

信息诊断设备(ИДС)包括软件硬件综合诊断检测设备(ПАК ДК)、自动化诊断检测工作位(АРМ ДК)、综合检测系统(КСК－88)等。它们可帮助工程技术人员形成关于航空装备(特别是航空发动机)完好状态的客观结论,以及有关安全完成飞行任务准备的客观结论。例如,借助现代化接口装置和辅助测量涡扇发动机工作程序物理参数传感器,将信息诊断设备与АЛ－31Ф发动机相连接(图10－4)。

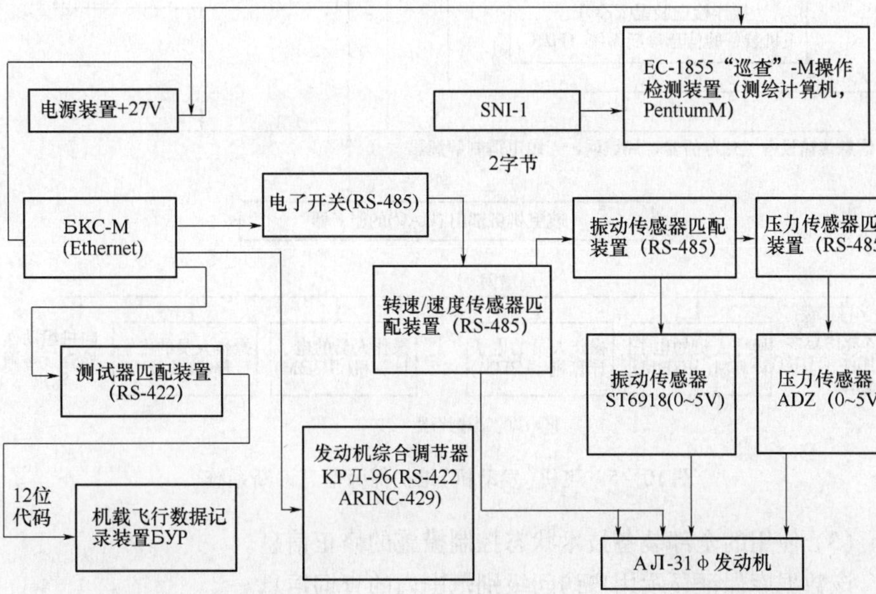

图10－4　АРМДК－30(СД)－М信息诊断设备与АЛ－31Ф发动机的连接

3. 建立维修信息诊断系统

维修系统的效率在很大程度上由现代化信息技术运用程度来决定,这种现代化信息技术能够实现单机以及所有航空装备的连续信息支援。在此情况下,特别注意监控航空装备在所有寿命周期阶段(研制、使用、贮存和修理)的状态。飞机(发动机)技术维护保障的信息诊断系统结构图见图10－5。

4. 建立寿命周期各阶段统一的航空装备技术状态数据库

在俄罗斯空军现有的航空装备和武器技术状态信息收集系统中,没有建立关于单机在其各寿命周期阶段的统一数据库。这导致在使用、修理、恢复完好状态、合理使用购买的成套产品等方面的决策灵活性降低。这个问题在于俄罗斯空军、科研机构与工业部门之间没有以现代化信息技术为基础的相互配合。为实现这种现代化信息技术,将建立并运用包含以下信息的数据库:

(1) 单机性能信息、航空发动机和购买的成套产品的信息;

(2) 使用的全部空军航空装备和武器的技术状态信息;

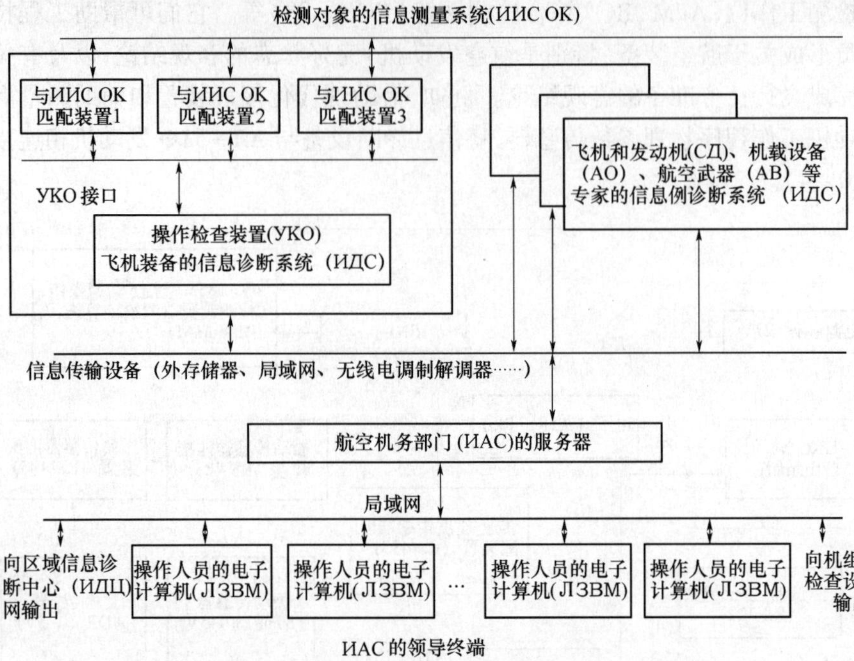

图10－5　飞机(发动机)维护保障信息诊断系统

(3) 使用的全部装备技术状态控制措施的修正信息。

该数据库保证显示用户访问级别范围内的查询信息。

有了这个数据库则能够提高系统决策(其中包括保障俄罗斯空军航空装备和武器在最初规定的寿命和使用期限以外的使用决策)的灵活性和质量;有效评估经过修正的提高航空装备可靠性和飞行安全水平的措施的有效性和使用可靠性;使解决维修问题程序最大限度自动化,显示保障完好状态中的薄弱环节,并预测全部使用的装备的状态;形成最合理的国防采购量。

顺利解决上述问题所必需的条件是使采集和分析航空装备状态数据自动化,以及建立俄罗斯空军、科研机构和工业部门之间的信息交流。

10.5 发展前景

1. CBM将成为用户必不可少的维修方式

未来,基于状态的维修将成为主要的维修方式,是飞机保值、增值的有效手段。从发展趋势看,已经出现的或未来将要出现的新机型,如波音787、空客A380、A350等都将状态监控作为飞机维修的基本手段。从飞机价值评估来看,如果某一型飞机能够拥有故障实时分析报告或故障预测能力,而具有这种能力所要付出的代价又在可接受范围内,那么这型飞机将拥有较高的保值能力。

2. 对持续适航维修管理产生深远影响

CBM 的应用对持续适航维修模式将带来越来越重要的影响。越来越多的维修工作将从传统的实施方式转变为基于状态的维修,而随着工作方式的转变,用户的持续适航维修管理方式也会随之改变,大量的飞机使用过程数据、维修过程数据和状态信息将进入用户的信息系统。通过对飞机各个系统的状态的监控、健康的诊断和趋势预测,进行辅助维修决策,正越来越成为世界范围内的关注和研究重点,对基于状态的维修策略的研究和实践也因此成为民航维修技术发展的最前沿方向之一。

3. 推动产业变革

应用 CBM 策略,将对航空产业的上下游产生一系列的影响。上游,飞机设计和制造商需要提前考虑更多的数据要求和更高的数据传输性能。下游,飞机用户依靠飞机数据获得技术的提高,从而改革飞机维修的工作模式。在今后的维修工作模式中,将逐步减少设计人工操作的工作环节,降低人为因素导致的不安全事件或隐患,在提高生产效率的同时提高安全效益。

4. CBM 产品将呈现多样化

目前 CBM 产品主要由飞机制造商提供,一方面由于这列产品技术难度较大,另一方面航空公司或维修企业还没有对 CBM 产生足够的重视。随着 CBM 方式的大量采用,对于航空公司、维修企业或其他相关企业而言,这类产品的技术门槛将越来越低,同时使用单位又有大量的实践经验,所以未来将会有越来越多的 CBM 产品出现。

参考文献

[1] LMI, Assessment of Condition - Based Maintenance in the Department of Defense. 2000.

[2] JSFPO. PHM Briefing. 2002.

[3] JSFPO. Autonomous Logistics Briefing. 2001.

[4] Timothy A Smith. USAF Condition - Based Maintenance Plus (CBM +) Initiative, Air Force Logistics Management Aency. September 2003.

[5] DoD Interim Policy. Condition Based Maintenance Plus. Nov 25, 2002.

[6] Department of the Army. Army Aviation Condition Based Maintenance Plus (CBM) Plan. NOV 29, 2004.

第11章 腐蚀预防与控制技术

11.1 引 言

11.1.1 腐蚀的定义

金属与周围环境介质之间发生化学或电化学作用而引起的破坏或变质被称为腐蚀。高分子材料在贮存和使用过程中,性能会逐渐变坏,以致最后丧失使用价值,人们通常习惯把高分子材料性能变坏的现象称为老化。但随着材料科学的发展,人们逐渐把环境对高分子材料等非金属材料的破坏或变质也称为腐蚀。

金属腐蚀有多种类型,按反应类型可分为电化学腐蚀与化学腐蚀,而按破坏形态可分为均匀腐蚀和局部腐蚀。均匀腐蚀指遍布金属整个表面上和连成一片的腐蚀破坏,如钢铁在大气中的锈蚀和银的变色;锌、铝及其镀层表面布满的白色腐蚀产物等都属于这一类腐蚀。金属均匀腐蚀的危害较小,若知道其腐蚀速率即可估算其相应的使用寿命,可通过在设计时保留一定的余量来确保性能正常发挥。局部腐蚀仅发生在金属表面上的个别地方,常常造成结构强度的局部弱化。局部腐蚀比均匀腐蚀的危害性更大,往往在没有任何预兆的情况下导致结构的突然破坏,很可能造成灾难性事故。因此,在装备设计时必须特别重视局部腐蚀问题。

在潮湿的大气中金属表面通常形成一层含有电解质和阴极去极化剂的水膜。水膜的形成与大气的相对湿度密切相关,当相对湿度超过某一临界值时,金属的腐蚀速度急剧增高,此值称为临界湿度。此时,金属表面形成完整水膜,金属的腐蚀从化学腐蚀转变为电化学腐蚀。在大气中,多数金属的临界湿度值为60%~70%。表11-1为几种常用金属的临界湿度值。当有粉尘或污染物存在时,可使临界湿度降低。另外,金属的表面状态也对临界湿度值有一定影响。通常情况下,对装备用金属材料腐蚀影响最严重的是高温高湿环境,如热带丛林环境。

表11-1 几种常用金属的临界湿度

金属	钢铁	铜	镍	锌	铝
临界湿度/%	70	60	>70	>70	76

高分子材料一般包括塑料、橡胶、涂料、纤维、有机粘接剂等,其老化主要是高聚物发生化学老化与物理老化的结果。化学老化又可分为化学过程和物理过程引起的两种老化形式。前者发生了降解和交联两类不可逆化学反应。降解是高聚物的化学键受到光、热、机械作用力、化学介质等因素的影响,分子键发生断裂而引发的自由基链式反应。老化是高分子材料的通病,是一种不可逆的变化,或者说是不可逆的化学反应。

大气环境中太阳光区分布为:紫外光极少,可见光占40%左右,红外光近60%。太阳光的光波能量,随波长不同而异,波长越短,能量越大。波长与光能量的关系如表11-2所示。

表11-2 波长与光能量的关系

波长/nm	200	290	300	340	350	400	500	600	700
光能量/(kJ/mol)	600	418	397	352	340	297	239	197	170

从表11-2可见,到达地面的太阳紫外光虽然很少,但它光能量却很大,对许多高分子材料的破坏性很大。因为,从能量观点来看,高聚物分子结合的键能多数在250~500kJ/mol的范围内。因此,短波紫外线,如300nm的紫外线的光能量达397kJ/mol,这个能量能切断许多高聚物的分子键或者引发其发生光氧化反应。

高分子材料和制品在贮存和室内使用中,老化过程主要以热老化为主。而在户外条件下,主要以光老化和光氧老化为主。

高分子材料和制品在大气环境条件下,由于内外因素的作用,老化按一定规律发生变化。有的以降解为主,变成低分子量聚合物或其他化合物,有的可变回原来的单体。高分子材料由于品种不同,使用环境条件不同,有各种各样的老化特征,归纳起来主要有外观变化、物理化学性能的变化、机械性能的变化、电性能的变化等。应当指出,每种高分子材料在其老化过程中,一般不可能同时出现上述所有的变化现象。实际上,往往只是其中一些性能指标的变化,并且常常在外观上出现一种或数种变化为其特征。

由于战争的特殊性和突发性,装备与民用产品最大的不同点在于和平年代需要大量生产,但生产出来以后,通常情况下并不会马上使用,而是进入使用部队进行长期贮存,以保证在战时有足够数量的装备能够随时投入使用。大量的装备经过一定年限的贮存后,都会原封不动地被报废和销毁。虽然如此,但也必须保证装备随时处于良好的可用状态,保证其战技指标和性能的正常发挥。装备在长期贮存中,各种环境因素会对其产生长期缓慢作用,必然会发生不同程度的腐蚀损坏,从而直接或间接地影响战技指标和性能的正常发挥。

由于装备总是在各种不同的环境中生产、运输、贮存和使用的，因此腐蚀是不可避免的。可以毫不夸张地讲，腐蚀是和平时期造成装备损失的最大敌人，各国都必须积极面对和解决腐蚀对装备造成的重大损失和影响。

腐蚀不可避免地产生装备普遍的维护维修问题，这是令各国政府、军方和工业部门倍感头痛的难题。即使对装备老旧零部件进行了维护维修或更换，但随着各种环境因素的再次共同作用，腐蚀仍将继续发生和发展，因此腐蚀是装备永远的敌人。

11.1.2 外军装备腐蚀损失

美军为满足其全球战略的需要，将大量装备部署在世界各地，包括极具腐蚀性的沿海或海上环境和酷热的沙漠地带，腐蚀对各类装备造成了不同程度的影响。图 11-1 为美军航母舰载机服役时面临的严酷腐蚀环境。腐蚀不仅影响装备战技性能、战备完好性和安全性，而且会造成巨大的经济损失。随着装备腐蚀的不断加剧以及海外恶劣作战环境的影响，装备腐蚀已成为影响美军装备战备完好性水平的主要因素之一。

图 11-1 美军 F/A-18 航母舰载机遭遇的严酷服役环境

调查表明，美军装备与腐蚀相关的维护费用估计每年在 100 亿～200 亿美元之间，为国防系统维护费用预算的 20%～40%，是武器系统全寿命周期费用中最大的部分。而这仅仅是用于维修腐蚀损坏所需人力和材料的直接费用，如果考虑包括装备停用期和由于腐蚀损坏引起的性能减少和降低这样的间接费用，则全部腐蚀费用将会显著增加。近年来，美军装备腐蚀费用呈指数增长，占维修费比例也越来越大，陆海空三军均面临严重的腐蚀费用控制问题。美国国防部部分装备及设施的腐蚀费用见表 11-3。

表 11-3 2005 年—2010 年美军部分装备腐蚀费用

年份	统计对象	年度费用/亿美元	占维修费百分比
2005—2006	陆军地面车辆	20	14.8%
	海军舰船	24	19.8%
2006—2007	国防部设备与基础设施	18	15.1%
	陆军航空装备与导弹	16	18.6%
	海军陆战队地面车辆	7	20.8%

（续）

年份	统计对象	年度费用/亿美元	占维修费百分比
2007—2008	海军与海军陆战队航空装备	30	31.5%
	海岸警卫队航空装备与船艇	3	25.5%
2008—2009	空军飞机与导弹	54	32.2%
	陆军地面车辆	24	14.3%
	海军舰船	32	26.3%
	国防部其他装备	51	22.1%
2009—2010	国防部设备与基础设施	19	11.7%
	陆军航空装备与导弹	14	20.5%
	海军陆战队地面车辆	5	18.6%
2010（估计值）	国防部年度腐蚀总费用	229	23.0%

据日本腐蚀费用调查委员会报告，日本1997年武器生产额为4593亿日元，其中腐蚀费用占1%，即46亿日元。

澳大利亚腐蚀产生的费用约占GDP的2%。1982年澳大利亚腐蚀协会的统计数据约为每年80亿澳元，其中空军和海军的腐蚀损失每年超过5000万澳元。

11.1.3 外军装备腐蚀典型案例

任何装备都离不开材料，而贮存和使用则离不开环境。装备及其材料在环境作用下必然会发生性能下降、状态改变，直至损坏、失效。装备与环境的交互作用，造成装备在环境中失效，而腐蚀是失效的最普遍现象。环境腐蚀具有长期性、普遍性、隐蔽性、突发性，其后果具有灾难性。环境腐蚀造成的损失令人触目惊心。

下面例举了外军装备腐蚀的一些典型案例：

(1) 1986年1月26日，美国“挑战者”号航天飞机升空74s后便发生爆炸，机上7名宇航员全部遇难。原因是“挑战者”号右侧固体火箭发动机尾部装配接头的小聚硫橡胶O形压力密封圈不能适应低温环境，过早地老化失效，出现了裂纹，从而造成密封失效，燃料外泄，引起爆炸。这次严重事故的直接经济损失高达14亿美元，同时还严重地打乱了美国航天发展计划，使美国“星球大战”计划陷入困境。

(2) 2000年2月，美国陆军报告称其40%的直升机不能处于战备完好状态，越战时期的“休伊”和“眼镜蛇”腐蚀老化问题更严重；较新的直升机，如“阿帕奇”和“支奴干”也存在同样的问题。报告指出，直升机的检查和修理费用有

8% ~22% 是由腐蚀引起的，估计 1998 年直升机腐蚀控制花费大约为 40 亿美元。

(3) 美国空军 F-4 飞机在使用过程中，发现平尾摇臂出现裂纹，结果迫使美国 1600 多架 F-4 飞机和其他国家 600 多架 F-4 飞机全部停飞检查，后经查明是材料对应力腐蚀比较敏感。F-111 飞机曾因可变翼枢轴接头空中折断的严重飞行事故，迫使美国空军全部 F-111 飞机停飞检查，后经查明是由于锻造缺陷和应力腐蚀疲劳断裂造成的。

(4) 美军空军夏威夷基地跑道，由于海拔仅 1.8m，且距海岸仅有 91.4m，海浪常冲击到跑道上，使所有的飞机镀铜天线仅几天就腐蚀，无论飞机是在飞行还是在机场上停放，每隔 7 天就得更换一次天线；镀镉短波天线和偶极板天线 15 天就被严重腐蚀。美国沿海空军基地的一次工作调查表明，引起飞机故障的原因中，气候环境占 73%，全是由于在复杂自然环境作用下，由于腐蚀老化所引起的。

(5) 日俄战争中，俄罗斯战舰远距离长途航行，因海洋生物附着和腐蚀而使航速下降，导致全军覆没。第一次世界大战期间，英国战舰因盐雾、海水腐蚀，造成 40% 战舰返修。第二次世界大战期间，美军运往亚洲、非洲的沙漠、高原、热带及亚热带地区作战的军事装备，由于材料、部件及整个产品对环境的适应能力差，而产生腐蚀、长霉以及由于沙漠干热、沙尘等的作用，使军事装备发生许多故障，造成机件失灵、甚至完全丧失战斗能力；而英国的雷达，在欧洲平均故障间隔时间(MTBF)为 116h，在地中海为 61h，而在东南亚则仅为 18h。

(6) 美军在 1965 年参加越战，初期美军仍使用 M14 步枪，在 1967 年美军全面配发 M16 自动步枪，但服役不久就发现机械故障与“麻膛”现象严重。美军为克服这个难题，下令人手 1 瓶枪械防锈油，只要战事稍有间歇必须立即对 M16 步枪进行保养，所以美军士兵几乎天天在保养枪械，并且发现所有机枪、迫击炮、榴弹炮、坦克炮等轻重武器极易出现锈蚀并产生“麻膛”现象。美军经调查后发现造成武器易锈蚀的主要原因在于东南亚地区所处的环境，因为当地平均相对湿度在 80% ~90%，任何武器只要摆放数小时后就会生锈。同时也发现美军各式武器保养用品如清洁液、润滑油、防锈油，其清洁、润滑、防锈的功能在亚热带环境中几乎完全失效。

(7) 20 世纪 80 年代，据美国国防部对价值 180 亿美元、总重量近 380 万 t 的三军库存常规弹药进行调查表明：由于美国本土、欧洲、太平洋等地区环境造成的腐蚀和变质，仅陆军维修和销毁弹药就高达 11 万多吨，造成了巨大经济损失。

(8) 1958 年以后入库的由美国劳伦斯·利弗莫尔国家研究所研制的 16 种武器型号中，有 1/3 在库存期间出了问题。例如，W68 是“海神”潜射弹道导弹的弹头，在进行库存例行检测时，发现 W68 高能炸药老化分解，分解产物引起雷管变质。

11.1.4 装备腐蚀预防与控制的作用

装备因环境因素造成失效或故障,不但会极大影响装备的战场生存能力,严重制约装备的作战效能,而且因降低了装备的结构完整性以及战技性能,进而缩短了装备的服役寿命。

装备腐蚀预防与控制是以装备用材料、工艺或功能系统为对象,进行的腐蚀行为表征、腐蚀机理分析、防腐蚀设计、系统集成控制、强化试验验证与工程化应用,以提高装备抗环境腐蚀能力、保障装备效能与服役寿命、降低事故风险、减少全寿命周期费用与后勤维护维修工作量等为目的的一系列工作的统称,是一项从装备研制顶层即开始的系统工程。

装备腐蚀预防与控制工作就是通过选用适当而经济的材料和采取适当而经济的腐蚀控制措施,有效防止或显著减缓腐蚀,最大限度地减轻由腐蚀造成的军事损失、经济损失和社会危害。一般认为,只要通过普及腐蚀预防与控制知识,加强管理,充分利用现有的防护技术,就可使腐蚀损失降低15% ~30%。

装备腐蚀预防与控制是军工行业的共性技术,也是事关各行业军工产品、军工主导产业及民品发展的基础技术,它贯穿于产品设计、制造、贮存、使用和维护全过程,是各国国防科技重大共性基础技术,因此装备要发展,腐蚀预防与控制技术要先行。

充分认识腐蚀对装备所产生的危害,针对装备存在的腐蚀问题,分析其产生的各种原因,在装备的设计、研制、生产和维护中,采用经过验证的经济而有效的腐蚀控制技术开展腐蚀预防和控制工作,不但对保障装备效能、提高装备的战备完好性、延长装备的服役寿命、降低装备全寿命期费用具有重要作用,而且能够大大减少后勤保障的负担。因此,对装备进行经济而有效的腐蚀预防与控制是一项特别重要的工作,有着巨大的经济和军事价值。

11.2 装备常用腐蚀预防与控制技术

11.2.1 合理设计结构

如果设计的装备结构不合理,存在介质积聚、缝隙、电偶接触等缺陷,以及由于存在机械应力、热应力、流体介质的停留和聚集、局部过热等,就可能加速腐蚀或造成装备质量下降甚至报废。

装备由于服役环境条件十分复杂,因此虽然不能完全避免腐蚀的破坏,但通过合理的结构设计,尽可能避免因结构设计不合理而导致的诱发腐蚀源,可以达

到减缓腐蚀破坏速度、降低维修费用、延长寿命周期的作用。装备在结构设计阶段,应当遵循以下基本原则:

(1) 在保证装备战技性能的前提下,形状尽可能简单。内部零件的形状尽可能设计为易于排除腐蚀介质积聚的凸形或平面形,避免设计成向下的凹形。

(2) 避免容易造成雨水、冷凝水、腐蚀介质等积存的结构,设置排泄孔、管、道等,使进入的腐蚀介质易于及时排除。采取密封设计,防止腐蚀介质进入结构内部。

(3) 零部件表面的粗糙度应当有明确规定,以减少腐蚀性介质在表面的积聚。内部使用的隔音、隔热材料采用防潮材料。

(4) 尽可能采用整体件,减少零部件数量,以便减少因连接而造成的各种腐蚀问题,如缝隙腐蚀、电偶腐蚀、腐蚀介质渗漏等。

(5) 不同金属连接的组装件,要避免电偶腐蚀。进行预防腐蚀应力、腐蚀疲劳设计。

(6) 对容易产生腐蚀损坏的装备,应当充分考虑将来的维修问题,如结构拆卸、零部件更换等。

11.2.2 正确选用材料

选材的基本原则主要包括:

(1) 满足装备全寿命期服役要求。

(2) 考虑整个装备中各部分材料防护寿命同步化。

(3) 综合考虑材料费、施工费、维修费的合理配比。如果仅仅力求低的初始投资费用,往往会增加以后的维修费用。

按照设计时腐蚀控制的程序,选择材料的顺序大体上可分为以下三步:

(1) 初步选择。根据已有的各种材料手册、材料环境试验数据、生产厂家的推荐数据和以往类似的经验等,进行初步选择,再考虑实际装备的复杂程度和在加工性能方面的要求,如可焊性、成型性、铸造性等,并综合考虑成本后,选出几种可供使用的材料,以便进一步筛选。

(2) 材料试验。特别是各种形式的腐蚀试验,是为进一步验证初选结果所必需的。这里还应包括在规定的实际环境条件下的自然环境试验、实验室环境试验和动态条件下的模拟试验等。

(3) 现场试验。对特别重要的装备有时还需要补充在实际服役条件下的模拟试验,如在装备上的现场挂片试验或模拟小装备的试验等。

11.2.3 表面前处理

表面前处理是指在装备零部件涂镀之前对被保护物表面进行的包括除油去

污、除锈(包括除氧化皮)等一系列工作的统称。表面前处理质量的好坏,对涂镀层的保护性能及装饰性能有极大的影响。表面前处理主要包括:①表面清洁处理;②表面活化/或表面制备;③表面粗糙化;④表面缺陷修复。

11.2.4 工序间防锈

装备在各个加工工序之间的停放和短时间贮存过程中,由于受到加工人员双手的反复触摸、污染或受潮湿空气、腐蚀介质以及设备装具的影响,常使加工的半成品、成品零件以及返修品生锈。为防止金属制品在工序间的腐蚀而采取的临时性防锈措施称为工序间防锈。

工序间防锈可以采取的主要技术措施包括:

(1) 防锈切削冷却液与防锈水。在切削金属时,为了提高加工表面的光洁度,减少切削阻力和降低切削温度,必须选用合适的冷却液,并要求这种冷却液还要有良好的防锈性能。因此,要在冷却液中加入某些缓蚀剂,使防锈切削冷却液具有良好润滑、冷却、防锈、洗涤性能的"四合一"效果。

防锈水是以水为基础材料,加入水溶性添加剂(如亚硝酸钠等)而制成的,主要用于钢铁件在工序间的防锈,具有使用方便、安全、经济等优点。

(2) 置换型防锈油。置换型防锈油是一种黏度较小的防锈油,其特点是:能把金属表面的水膜置换成油膜,有效防止由于手汗而引起的腐蚀,同时由于油膜能牢固地附着在金属表面,形成薄而致密的保护层,从而阻止了水分和外界腐蚀性物质对金属的腐蚀。置换型防锈油的封存期一般在2~3周左右,其主要成分是缓蚀剂、矿物油和溶剂。缓蚀剂一般采用对汗液和水膜置换能力强的石油磺酸盐类,如石油磺酸钙、石油磺酸钠、油酸二环已烷、磺化蓖麻油等。溶剂一般采用煤油或汽油。

(3) 金属钝化处理。经过除油和侵蚀后的零件,表面活性较高,很容易腐蚀,为了防止在下道工序前的腐蚀,除使用防锈水等方法外,还可采用钝化处理,使金属表面覆盖一层钝化膜进行防锈。钝化液的主要成分包括铬酐、磷酸、重铬酸钾、氯化纳等。

(4) 气相缓蚀剂法及干燥封存。对于加工后不允许涂油和使用防锈水防锈的零件,可使用气相缓蚀剂法或干燥封存法。

① 气相缓蚀剂法:在密闭的容器内,放入一定量的气相缓蚀剂,再将零件放入,由于气相缓蚀剂是一种挥发性物质,因此能充满容器,并吸附在金属表面上,从而使金属得到保护。例如,亚硝酸-环已胺气相缓蚀剂对钢铁、锡、镍、铬等有缓蚀作用,而苯并三氮唑则对铜及铜合金有缓蚀作用。

② 干燥封存法:将零件放入含有干燥剂(如硅胶、分子筛)的容器内贮存,这种方法特别适用于微型零件、轴承等的工序间防锈。

11.2.5 表面转化膜

在装备的金属零部件表面利用化学或电化学方法而形成的稳定的化合物膜层称为表面转化膜。质量良好的表面转化膜层应当薄而致密,与基体表面附着力良好,能保护基体不易受水和其他腐蚀介质影响。

根据采用的成膜剂的不同,可将转化膜分为化学氧化膜、阳极氧化膜、磷酸盐膜和铬酸盐膜。目前装备上应用较多的是铁、铝、锌、铜、镁及其合金的转化膜。表面转化膜与添加缓蚀剂防护的不同之处,在于它在以后的使用环境中(如大气、水)不需要再加入缓蚀剂,如铝的阳极氧化膜、钢铁件表面发蓝膜等表面转化膜在大气环境下都具有一定的耐蚀能力。

金属表面转化膜的主要作用包括:①提高材料耐环境腐蚀的能力;②提高基体与涂覆层的结合力;③作为涂层的底层;④提供满意的外观装饰。

11.2.6 金属覆盖层

金属或合金材料通过一定工艺涂镀到被保护的金属表面,形成连续膜或涂(镀)层,将基体金属与外部环境隔离,从而防止金属腐蚀的方法,称为金属覆盖层保护法。金属保护层根据其电化学性能可分成阳极性保护层和阴极性保护层。如覆盖金属在介质中的电位比基体金属的电位负,这样的镀层为阳极保护层;比基体金属的电位正,则这样的镀层为阴极保护层,例如钢上的镀锌、镀镉层为阳极保护层,而钢上的镀铬、镀铜层则为阴极保护层。阳极保护层的优点是当镀层存在微孔时,能起到电化学保护作用,使基体金属免受腐蚀,它通常用于保护在大气、淡水和海水中工作的金属设备。阴极覆盖层完整而无针孔或裂缝时,利用自身的耐蚀性,可起到屏蔽隔离作用,达到保护基体金属的目的。

金属覆盖保护层适用于各种金属表面,能在复杂表面上获得厚度均匀的镀层,具有防腐蚀及特殊功能作用。例如镀锌层具有保护钢基体不受腐蚀的优良性能;化学镀镍层具有优良的耐磨性,能防止对铝和钢表面的擦伤;镀金层能在触点上提供电的连续性,因为它具有抗氧化性和保持镀层纯净的能力,另外也可在光学元件上作为反射表面使用。

装备为了满足变化不定的服役环境的要求,特别是那些有腐蚀性的严酷环境,如海洋环境、城市酸雨环境等,这就要求装备及其所用材料必须具有良好的耐腐蚀能力,才能保证其战技性能的充分发挥。

金属覆盖层是保护装备及材料耐环境腐蚀措施中非常重要的一类,其目的在于利用金属覆盖层将基体材料与周围环境物理隔离,利用金属覆盖层自身特殊的性能使基体避免或减缓腐蚀。另外,金属覆盖层有时也有提高或增强基体材料功能的作用。

在金属表面产生具有保护功能的金属覆盖层主要有以下几种方法：

(1) 电镀。电镀是以电解的方法在被保护基体表面沉积其他具有保护作用的金属、合金或金属复合层的方法。它是将被镀的零件作为阴极浸于含有被电沉积的金属盐类的溶液中，在规定的工艺条件下，采用直流电源或脉冲电源并通以电流，这时相应的金属就在阴极上析出而形成电镀覆盖层。用电镀获得的镀层多半是纯金属，也可以获得合金镀层，如黄铜、锡青铜等。电镀是用得非常广泛的一种防腐蚀方法。

用电镀方法获得的保护层有许多优点，如可在很大范围内控制镀层的厚度，镀层金属消耗少，镀层纯度高与基体金属结合牢固，镀层厚度均匀等。镀层除具有防腐蚀作用外，还可获得美丽的外观而具有装饰作用。

目前，主要的电镀层包括镀锌层、镀铬层、镀镍层、镀铜层和镀镉层。其中，镀锌层是应用最多的一种电镀工艺，其对钢铁而言是阳极性镀层，能为钢铁提供可靠的电化学保护。在工业性大气和海洋性大气中使用的装备钢铁部件均可选择锌作保护层，其防护寿命几乎与锌层厚度成正比关系。

(2) 化学镀。化学镀是指不用电能，而直接利用还原剂让金属离子在被镀表面上自催化还原而沉积出金属镀层的一种表面处理方法。与电镀相比，化学镀层具有厚度均匀、外观好、晶粒细、无孔、更耐蚀、无需电解设备以及能在非金属和半导体上沉积等优点。化学镀的缺点是溶液稳定性差、使用温度高、寿命短。

化学镀和电镀一样，因镀液的种类和浓度、温度等的不同而影响镀层的性能。其优点是不管工件形状如何均可获得均匀的镀层，且不需电源。化学镀层具有耐磨、耐蚀、高硬度、焊接性好等优良的性能，目前用得最多的是化学镀镍和化学镀铜。化学镀特别适用于装备的现场维护维修。

(3) 热浸镀。热浸镀是将工件浸在熔融的液态金属中，在其表面发生一系列物理和化学反应，取出冷却后表面形成所需的金属镀层的方法，通常简称热镀。

热浸镀可用钢、铸铁和铜等作为基体材料，其中以钢最为常用。常用的镀层金属是低熔点金属及其合金，如锌、铝、锡等。这种方法具有工艺简单、生产效率高、与基体结合力好等优点，主要用来提高工件的防护能力，延长使用寿命。

热浸镀工艺常常作为一种批量预制具有较好防护性能材料的方法，特别适用于板材、线材和管材等大批量金属材料的预制防蚀，常用的是热镀锌和热镀铝。虽然锡是用得最早的热浸镀材料，但因热镀锡钢板镀层较厚，需要消耗大量昂贵的锡，且镀层不均匀，因此逐渐被镀层薄而均匀的电镀锡钢板所代替。

(4) 热喷涂。利用一定压力的气体将熔融的金属或其他材料通过喷枪以一定速度喷射到被保护的金属表面上，形成覆盖层的方法称为热喷镀。目前广泛采用的是火焰喷镀、等离子喷镀、电弧喷镀、爆炸喷涂等。用这种方法可获得金属、非金属、陶瓷涂镀层,广泛应用于耐磨、耐温、耐强腐蚀的零部件上。

(5) 热渗镀。热渗镀又称表面合金化,是在高温下将涂覆的保护金属扩散到基体金属表层内部而形成表面合金。热渗铝、热渗铬较多地在用于防止钢铁件的气体腐蚀。

(6) 金属包覆。金属包覆是把被保护金属坯料的每一面都放置保护金属板并加以热轧,靠机械力或热扩散使保护金属与基体金属结合起来的方法。金属包覆层用于防止内层金属腐蚀,或者用于给予所包金属的表面以其他性质。例如,钢上包铜、黄铜、镍、铜-镍合金、铝等。这种方法既可以用比较价廉的普通钢来代替贵而少的金属材料,如用覆铜钢来制造弹壳,同时又可以提高抗蚀性能。

11.2.7 涂料涂装

涂料涂装防护技术是通过相应的涂装工艺将涂料涂覆在物体表面而形成具有保护、装饰或特殊功能(如电性能、磁性、光学、热性能、力学性能、标志、伪装、增强等)的不透明或透明的固态连续膜层的方法,形成的膜层厚度可从几微米到几百微米的范围。

1. 有机涂料及涂装

有机涂料习惯上称为油漆,是装备上用量最大、范围最广的一类保护材料。有时为了加强金属的防蚀性能,把有机涂层和金属覆盖层等结合起来,如电镀锌以后,再进行涂漆处理,这样防护效果就更好。有机涂层主要提供腐蚀防护以及伪装。有机涂料具有品种多、成本低、施工快速方便、用途广泛等特点,适用于不同大小和形状的各类装备及材料的保护。

装备用有机涂料必须满足防湿热、防盐雾、防霉菌的"三防"性能,这是因为装备有可能需要在严酷的海洋环境、湿热环境和热带丛林环境等严酷条件下服役,并要求涂层在这些条件下仍然能够保证装备正常发挥战技性能。

装备涂装用漆一般分为底漆、中涂漆和面漆。

在涂装体系中,底漆是直接涂覆在基体上作为打底用的,是整个涂漆层的基础,具有增强面漆与基体间的附着和防锈两大功能。底漆及其成膜质量的好坏,直接决定了整个涂装体系性能的好坏。

中涂漆是处于底漆和面漆之间的一层过渡性涂膜,对防护性要求不高时,可以省去该道工序。

面漆是各类装备涂覆的最后一道保护屏障,也是整个防腐涂层发挥防蚀作用的第一道关口,其整体防护能力的好坏主要通过面漆得以体现,因此面漆的性能是关系涂层体系总体性能的关键。面漆必须具有长久保持表面光泽和保色、抗光氧化和耐水解的能力,以及耐霉菌、耐盐雾、耐湿热、耐化学品和耐其他机械力的能力。

面漆的主要作用包括:①阻挡外界腐蚀介质渗透入涂层中;②装饰和标志作用;③其他功能,如飞机依靠隐身涂层达到隐身目的。

高性能防护涂料必须能抵抗太阳射线、雨雪、冰雹、露水、冻融、底材的膨胀收缩、化学烟雾、降尘以及干湿交替等。涂料系统的面漆必须经受以上这些环境,在一定年限中,不能有过度的粉化、变色、开裂、剥落、起泡等。

2. 无机涂层

无机涂层是以金属氧化物、金属间化合物、难熔化合物等无机化合物及金属的粉末为原料,涂覆于各种结构底材上,保护底材不受氧化、腐蚀、磨损、冲刷,并能隔热或封严或有新的光、电等性能的涂层。

无机富锌涂料耐高温可达400~600℃,同时具有耐户外曝晒、耐磨蚀、耐盐水、耐盐雾、耐有机溶剂、可焊接以及导电性优良等特性。无机富锌涂料可用于一般大气和海洋大气环境中,它在舰船用钢材上可作为预处理车间底漆(其用量占舰船涂料总用量的20~25%)。

3. 无机和有机复合涂层

有些涂层既不属于有机涂层,也不属于无机涂层,而是两者结合的复合涂层,例如氟聚合物协合涂层。氟聚合物协合涂层是一种精密整体涂层,基本原理是在金属表面的多孔硬质基底层中通过物理或化学(包括电化学)方法引入所需的功能物质,再通过精密真空冶金方法对其进行整体改性处理来制备的一种涂层,其综合性能远远超过一般意义上的复合涂层,如高硬度(可达600HV以上)、高耐蚀(耐5%中性盐雾可达2000h)、减摩自润滑性(摩擦系数小于0.20)、击穿电压超过2000V、憎油憎水性和不黏性等;更重要的是,它还是一种"可设计"的复合改性涂层,通过引入不同的功能物质,可得到不同的表面功能特性,使其具有极大的军事应用价值。该协合涂层不但使铝合金等轻合金材料在许多场合能够取代钢铁材料,达到减重目的,而且对钢铁材料本身也是一个很好的保护手段。应用协合涂层技术后,可提高相关零部件的耐蚀性、耐磨性,增加其自润滑性能,使零部件的使用寿命延长几倍甚至十几倍,可提升装备的技战性能。

11.2.8 防锈封存包装

装备封存方式分为长期封存与简易封存。长期封存包括干燥封存法、气相防锈封存法、封套包装法、真空封存法等;而简易封存主要有润滑油脂封存法、可剥离抗腐蚀涂层封存法等,该法适用于短期战备封存,封存与解封步骤较为简单,所需经费较少。

利用气氛保护或密封等包装防护的方法阻止或减缓环境因素对被包装装备的质量产生不利影响的技术称为装备包装封存技术。包装封存主要是在装备的生产过程中采取各种包装防护措施来解决装备的防护问题。

气氛保护封存是在密闭包装空间内利用去湿、除氧、使用气相防锈剂或充入惰性气体等方法，把包装内的装备同周围大气隔离开来，并且人工创造一个较理想的环境，以防止和控制装备的腐蚀、霉变和老化。

密封包装封存是指利用具有阻隔性的材料制成一定形式的密封容器，将被包装物与氧气和水汽隔开的一种封存技术。其共同特点都是把装备同其周围的自然环境隔离，不仅避免了周围自然气氛对装备的腐蚀、老化和霉变等损伤，而且可以借助其他方法制造适合于装备长期贮存的良好气氛条件，以利于防止和控制装备腐蚀、老化和霉变等。密封包装主要有金属容器包装、玻璃钢容器密封包装、茧式包装、封套包装等。

装备常用防锈封存包装技术主要有：

1. 防锈油脂封存防锈技术

涂油是常用于金属防护的一种方法。当金属表面有油膜存在时，由于油是憎水的，它可阻止电解质溶液膜在金属表面形成，从而可减缓金属的腐蚀。

防锈油脂封存防锈技术包括防锈脂封存和防锈油封存两种主要形式。

防锈脂封存是将炮用润滑脂热融后，涂覆在装备的金属表面，形成1~3mm厚的油脂层，使装备的金属表面与腐蚀介质隔离，从而达到长期防锈。

防锈油封存是将防锈油涂在装备的金属表面，利用其与金属表面的吸附作用，共同形成一层排列紧密的吸附膜，阻缓腐蚀介质对装备表面的侵蚀，从而防止或延缓装备生锈。防锈油封存时膜厚通常在10~20μm，与防锈脂封存相比膜厚和防锈效果有了明显的提高。在沿海地区，两栖装甲装备产生锈蚀的主要原因是由于装备表面吸附一层几个纳米厚的含盐水膜，而防锈油是防止两栖装甲装备外露部件锈蚀的最有效方法之一。

2. 气相封存防锈技术

气相缓蚀剂（缩写 VPI）亦称挥发性缓蚀剂（VCI），是一种能够在常温下缓慢地挥发出缓蚀剂，并吸附在金属制品的表面，从而有效地抑制金属在大气中腐蚀的化学物质。

气相封存防锈技术就是在包装容器或封存空间放置一定量的气相缓蚀剂，或涂有气相缓蚀剂的气相防锈纸和气相塑料薄膜，其缓蚀剂不断缓慢挥发出防锈气体，形成一定的蒸气压，充满封存空间，甚至装备元件的缝隙，从而有效地抑制金属部件锈蚀，该方法又称作气相封存或气相防锈技术。当它同时与合适的防锈油、防潮密封内包装配合使用时，可以解决装备的长期贮存问题。

气相缓蚀剂可直接使用，但更多的是使其附于载体上制成气相防锈材料，包括气相防锈纸、气相防锈油、气相防锈塑料薄膜等。气相防锈材料使用与去除都方便，特别适用于忌油产品的防锈。气相缓蚀剂按用途主要分为黑色金属气相缓蚀剂、有色金属气相缓蚀剂和多效能气相缓蚀剂三种。例如亚硝酸二环己胺对钢铁防锈最为有效,适用于炮膛、枪械等钢铁表面的防锈;苯并三氮唑对铜与铜合金的保护作用十分有效,但对钢铁无缓蚀作用。

气相封存防锈技术具有以下优点:适用范围广,工艺简单,使用方便,维护保养方便,贮存条件要求低,适应战备需要,成本低,防锈期长,经济和军事效益好。

3. 干燥控湿包装技术

装备在包装贮存时都需要一个合适的环境,而湿度是造成装备锈蚀、破坏和丧失使用功能的主要原因。金属产品在45%相对湿度以下一般不会锈蚀。干燥控湿包装技术就是采用分子筛、硅胶等干燥剂吸收密闭容器中的水分,使产品处在一个干燥的密封内环境中,从而保护产品不发生锈蚀、变质、霉变等。实践证明,干燥控湿包装封存是既经济又行之有效的方法,这种方法已经从封存舰艇、坦克和火炮等大型装备,发展到封存集武器、电子、电气仪表和集各种材料于一体的军用飞机。它已成为海、陆、空三军长期或短期封存军用装备的最佳方法。

4. 充气包装

大多数军用精密仪器常采用干燥空气环境封存,即充气包装进行防锈。具体方法是将经过防锈封存准备后的军械装备,用防锈纸或防锈膜包好,装入干燥的金属容器或透气性极小的无腐蚀的塑料容器中,放入过量干燥剂,密封好容器。再经充气孔向容器内充入氮气或相对湿度为35%以下的干燥空气,检查不漏气后再密封充气孔。干燥空气环境封存包装法,对航空无线电器材、航空电气设备、航空军械器材、航空照像器材等进行封存包装,封存期可达5~8年。

5. 封套式防锈封存包装

对于大型军用器械等的长期防锈封存包装可采用此法。具体方法是将经过清洁干燥的军械装备,用包装纸或缓冲材料包好,然后将装备与适量的干燥剂一起放入密封套内。密封套是用透气性极低的复合防潮材料按军用器械外形制成的,控制套内的相对湿度在35%以下,从而使军用器械不锈蚀;套上设有观察窗,观察窗处设有湿度指示剂,然后将套子密封,再抽成真空或充入干燥的空气或氮气,最后再封合气孔,彻底密封,完成包装。如对大型电子管、高频器件、晶体管、集成电路块及其他有关器材采用去氧防潮套封存包装,封存期可达3~5年。

6. 可剥性塑料

可剥性塑料是一种以塑料为基体的保护覆层,用于金属制品在储运过程中的保护或长期封存,有热熔型和溶剂型两类。其除了具有使用方便、防蚀可靠等优点外,还具有在储运过程中防机械损坏的作用。例如用于飞机、坦克、车辆等的战备封存,使用时仅需几分钟拆除即可投入战斗。

11.2.9 电化学保护

利用外加电流使被保护金属进行阴极极化或阳极极化使其表面电位达到某一规定范围,从而不发生腐蚀而得到保护,这种方法称为电化学保护。该方法在舰艇腐蚀控制中得到了广泛应用。

1. 阴极保护

所谓阴极保护是指对被保护金属施加阴极电流,使其电位负向极化到金属不受腐蚀的保护电位范围,达到抑制金属腐蚀目的的电化学保护方法。阴极保护方法通常根据对被保护体提供电流的方式不同分为两种,即牺牲阳极法阴极保护和外加电流法阴极保护。

阴极保护可用于防止金属在电介质(海水、淡水及土壤等介质)中的腐蚀,对于裸露或防腐涂层很差的地下或水下金属构筑物,阴极保护是腐蚀防护的唯一可选择的手段。阴极保护的费用通常只占被保护金属结构物造价的1~5%,而结构物的使用寿命则可因此而成倍甚至几十倍地延长。

阴极保护有两种方法:①利用外加电流的阴极保护;②牺牲阳极的阴极保护法。

2. 阳极保护

阳极保护是通过对被保护结构物施加阳极电流,使金属电位正移而在金属表面形成一层保护性钝化膜,从而使金属处于钝性状态而对金属实现有效腐蚀控制的一种防腐蚀技术。阳极保护的主要优点之一是能应用于腐蚀性极强的环境中,并且保护电流需用量较低;缺点是只对那些在氧化性介质中可能发生钝化的金属,才有良好的效果,因此它的应用受到限制。

需要注意的是,如果广义地讲阳极保护,则实现阳极保护(实现钝态)可有如下四种方法:①在溶液中添加氧化剂(钝化剂);②合金的阳极改性;③电偶保护;④用外电源进行阳极极化,这种外电源法也就是常用的阳极保护法。

由外部供应电流(直流电),使金属成为阳极,电位向高的方向变化进入钝态区,金属表面形成保护膜。即使此保护膜破裂,由于电位的存在,在裂口处能立即自动地形成新的保护层。

11.2.10 工况介质环境处理

工况介质的处理,其目的在于减少和去除环境中腐蚀性物质成分,添加对腐蚀起抑制作用的物质,达到减小腐蚀速度的目的。该技术只适于密闭性或内循环流动体系下的防腐与保护。

工况介质环境处理是去除介质中的有害成分,改变介质的性质。装备库房在高温、高湿条件下,会加速贮存品的腐蚀,采用空调降温、除湿机除湿将温度控制在30℃以下、湿度控制在70%以下(所谓的“三七线”)等方式,就可以大大减缓腐蚀。

在工况介质环境中,加入少量缓蚀剂也能使金属的腐蚀速率大大降低。热交换循环体系和气相防锈包装可采用缓蚀技术进行防护。

综上所述,对金属材料的防护必须符合“有效保护”和“经济便宜”两条准则。有时单靠一种方法是不够的,往往需要几种方法结合起来应用,例如大口径钢弹壳采用磷化后电泳涂漆,再用塑料包装筒包装贮存。

11.3 装备自然环境腐蚀评价

11.3.1 自然环境对装备的影响

装备在贮存、运输和使用期间,经历时间最长的是自然环境。受自然环境的长期缓慢作用,装备会出现腐蚀(老化)等多种环境适应性问题。装备在各种自然环境因素的交互作用下,功能、性能和寿命均会受到影响,从而降低甚至丧失其遂行各种战斗任务的能力,还会导致各种事故的出现。

环境对装备影响的最突出表现形式就是腐蚀。环境腐蚀是装备最普遍、最严重的失效形式之一,在对装备的安全性和战备完好性造成巨大影响的同时,也造成严重的经济损失。

自然环境对装备功能的影响主要是通过环境对装备的化学与物理作用产生的。化学作用主要指环境与装备(材料)发生化学与电化学反应;物理作用主要指环境中的力学、热学、光学与电磁学等方面的作用与影响。自然环境中化学与物理因素的综合作用对装备性能的影响与危害最大,这是导致装备环境适应性下降、故障频发的主要原因。据报导,同一装备,在实验室条件下,单位时间内失效数若为1,则在野外地面上使用则为2,军舰上使用则为10,飞机上使用则为20。因此,自然环境对装备的影响是非常显著的。

装备环境适应性是指装备在其寿命期预计可能遇到的各种环境的作用下能实现其所有预定功能和性能和(或)不被破坏的能力,是装备的重要质量特性之一。

装备环境适应性优劣主要与装备选用的材料和元器件等耐环境的能力,以及其结构和工艺设计所采取的耐环境措施有关,如图11-2所示。一旦装备完成定型,其选用材料、元器件、结构组成和选用的加工工艺已冻结,其耐环境能力也就基本固定。因此环境适应性是装备固有的质量特性,它是靠设计纳入,在制造中获得,靠环境试验和管理保证的。同时,装备环境适应性的提高,可以极大地减轻装备后勤维修和保障的负担。

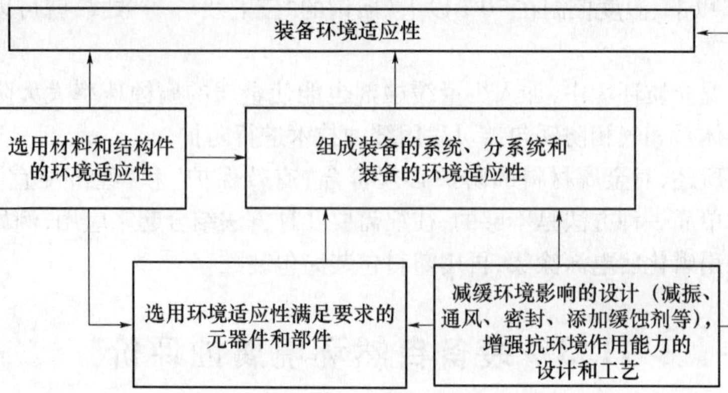

图 11－2　装备环境适应性的决定因素

造成装备腐蚀的主要自然环境因素有温度、湿度、太阳辐射、降水、风、盐雾、大气污染物、沙尘和生物等。装备及其材料、工艺是装备自然环境试验研究的主要对象，装备的环境适应性是装备自然环境试验研究的核心。了解自然环境对装备的影响，有助于在设计和生产过程中，积极采取措施提高装备环境适应性；在使用过程中，有助于合理地使用与维护，以减缓装备的自然环境腐蚀，延长装备服役寿命。

11.3.2　装备自然环境试验及特点

自然环境试验始于1839年，经过170多年的不断改进和发展，自然环境试验已经发展成为一门以材料和产品环境适应性研究为基础，涉及多种学科和技术的交叉学科，是获取材料和产品环境适应性结果的最真实可靠的方法。如图11－3为美军开展的弹用底漆户外自然大气暴露试验。

图 11－3　美军弹用底漆户外自然大气暴露试验

自然环境试验是指在典型或极端自然环境条件下对产品及材料、工艺进行的环境适应性试验与研究，其特点为：

（1）试验环境能代表某种类型环境的典型特征；

（2）试验环境条件直接利用自然环境条件，环境因素量值可实时监检测；

（3）试验环境类型、试验方式由产品寿命期各种环境数据及其对产品影响综合分析确定，基本上代表了产品寿命期较严酷的环境；

(4) 产品经受多种环境因素的综合作用,可以真实地反映出产品性能在多因素复杂作用下的演变规律;

(5) 试验结果更接近产品使用状况;

(6) 长期、系统积累的数据是材料研发、合理选材、装备(论证、设计、研制)、标准制定的基础。

全球气候类型是十分复杂和多样的,包括热带雨林气候、热带草原气候、热带季风气候、热带沙漠气候、亚热带季风和季风性湿润气候、地中海气候、温带海洋气候、温带季风气候、温带大陆性气候、寒带气候、高原山地气候等11类。研究表明,全球五大洋、甚至同一大洋不同海域,其海水水质理化因子是不一样的,包括盐度、腐蚀性元素的含量、溶解氧、无机营养盐、pH值、微生物的种类和数量等,一个海域有一个海域的特性,这些都会导致对装备不一样的腐蚀行为。而且再加上大气环境等多种因素的叠加累积效应,可能将进一步加速对装备的侵蚀和破坏。

从世界范围来讲,各国自然环境条件各不相同,差异很大,从而造成材料和产品在不同自然环境中的环境适应性相差很大。在自然环境条件下,材料和产品的环境行为随环境的不同差异甚大,是很难在实验室进行人工模拟的,必须通过实地或现场测试,积累数据,掌握规律。因此,国际上普遍采用在典型自然环境中建立自然环境试验站(场)的方法,通过材料和产品的自然环境试验,了解各类自然环境的严酷度与特性,掌握材料和产品在各类自然环境中的适应能力与变化规律,以及自然环境因素变化对材料和产品性能所带来的综合影响等。例如,目前世界上占地面积和规模最大的美国佛罗里达自然环境试验场始建于1931年,占地24公顷,属亚热带季风气候,有各种试验台架1万余台,试样百万余件。该试验场除开展亚热带气候的大气腐蚀试验,还进行海边盐雾试验、海水交替浸渍及全浸试验,同时也承接世界各国委托试验。图11-4为该试验场的鸟瞰图。

图11-4 美国佛罗里达自然环境试验场(亚热带季风气候)

由于自然环境试验所获得的试验结果更接近装备的使用环境,其数据更可靠、更有应用价值。因而各国都在大力开展自然环境试验,并将其放在优先考虑的地位。自然环境试验的分类方式很多,例如,可按试验目的分为研究型试验和考核型试验;按试验环境类型分为大气环境试验、海水环境试验、土壤环境试验以及其他特殊环境试验(如空间环境试验、电磁环境试验)等;按试验方式分为自然静置暴露试验、户外加速暴露试验,模拟工况条件暴露试验等;按试验目的不同,可分为考核性试验和研究性试验。其中,最常见的是按试验环境分类。对于装备而言,常用的是大气环境试验和海水环境试验。图 11-5 为自然环境试验的种类。

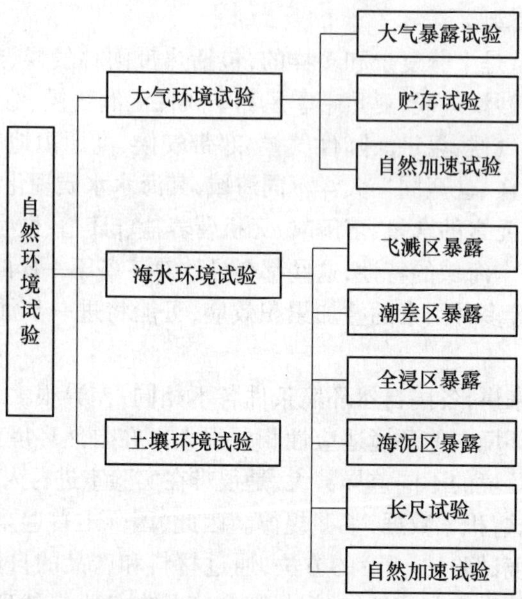

图 11-5　自然环境试验种类示意图

11.3.3　装备自然环境试验的作用

自然环境试验研究装备与材料劣化演变规律,科学确定装备与材料的寿命,为提高装备全寿命效费比提供支撑。在装备研制中,通过自然环境试验可以确定影响装备材料的关键所在,指导新材料、新工艺、新结构件的开发与应用,验证与评价装备、材料的环境适应性,可以有效地保障装备符合环境适应性要求。

自然环境试验是考核、筛选与研究装备及其材料环境适应性、暴露产品环境失效模式、评价产品贮存/使用寿命的重要手段,其目的是为装备论证、研制、定型、生产、使用等提供技术支撑和保障。

装备通过自然环境试验的考核与验证,可以减少研制过程中由于环境适应性问题而造成的反复,保证研制周期,降低研制总成本,提高装备研制的效费比。自然环境试验是装备环境适应性基础数据资源的重要来源,可为装备研制的论证分析、试验评价、改进提高以及制定技术规范提供依据。在装备研制过程中尽早开展自然环境试验,可及时暴露设计中存在的环境适应性问题,为改进提高提供技术支撑。

自然环境试验是保证装备环境适应性，提高装备内在质量的重要手段和途径；是提高装备在市场中的竞争力不可或缺的保障环节。持续、系统积累的数据是建立实验室环境试验研究方法的依据，也是制定相关标准、规范不可缺少的重要资源。可有效提高装备全寿命期的效费比，也是新型号、新材料、新工艺开发的依据。自然环境试验对提高装备质量、保证装备环境适应性和可靠性起着至关重要重要的作用，已成为检验装备环境适应性的一种重要手段。

因此，自然环境试验是装备、材料、工艺发展的重要溯源性技术基础，是评价装备、材料、工艺内在质量的重要手段，是装备、材料、工艺质量保证的重要环节。自然环境试验和研究获得的数据与规律，准确可靠，接近使用实际状况，对于装备合理选材、正确选择防护措施、延长装备使用寿命、减少经济损失是十分重要的。美国已把自然环境试验作为鉴定装备质量的重要手段，对于每项新定型的装备，首先要通过模拟环境试验，然后再分别送往美军寒冷地区试验中心、沙漠地区试验中心和热带地区试验中心按有关规定进行自然环境试验，并明文规定：装备不经过自然环境试验的考核，不准定型和生产。

11.3.4 装备腐蚀无损检测技术

11.3.4.1 装备无损检测的目的

无损检测技术是利用物质的某些物理性质因存在缺陷或组织结构上的差异使其物理量发生变化这一现象，在不损伤被检物使用性能及形态的前提下，通过测量这些变化来了解和评价被检测的材料、产品和设备构件的性质、状态、质量或内部结构等的一种特殊的检测技术。

装备无损检测的目的主要包括三个方面。

1. 质量管理

每一种产品均有其使用性能要求，这些要求通常在该产品的技术文件中规定，例如技术条件、技术规范、验收标准等，以一定的技术质量指标反映。无损检测的主要目的之一，就是对非连续加工（如多工序生产）或连续加工（如自动化生产流水线）的原材料、半成品、成品以及产品构件提供实时的工序质量控制，特别是控制产品材料的冶金质量与生产工艺质量，如缺陷情况、组织状态、涂镀层厚度监控等，同时，通过检测所了解到的质量信息又可反馈给设计与工艺部门，促使进一步改进设计与制造工艺以提高产品质量，收到减少废品和返修品，从而降低制造成本、提高生产效率的效果。

2. 质量鉴定

已制成的产品（包括材料、零部件等）在投入使用或作进一步加工，或进行组装之前，需要进行最终检验，亦即质量鉴定，确定其是否达到设计性能要求，能否安全使用，亦即判别其是否合格，以免给以后的使用造成隐患。因此，产品使用前的质量验收鉴定是非常必要的，特别是那些将在高应力、高温、高循环载荷等复杂恶劣条件下以及高温高湿、盐雾等恶劣环境中工作的零部件或构件等，仅仅靠一般的外观检查、尺寸检查、破坏性抽检等是远远不够的，在这方面，无损检测技术表现出能够百分之百地全面检查材料内外部的无比优越性。

3. 在役检测

使用无损检测技术对运行期间或正在运行中的设备构件进行经常性的或者定期的检查，或者实时监控（称为在役检测），能及时发现影响设备继续安全运行或使用的隐患，防止事故的发生，如疲劳损伤，或者产品中原有的微小缺陷在使用过程中扩展成为危险性缺陷等。特别是对于重要的大型装备，如飞机、舰船、导弹等，防患于未然，更有着不可忽视的重要意义。定期或不定期在役无损检测的目的并不仅仅是尽早发现和确认危害设备安全运行及使用的隐患并予以及时清除，从经济意义上来说，当今对无损检测技术还要求在发现早期缺陷（如初始疲劳裂纹）后，通过无损检测技术定期或实时（连续）监视其发展，对所探测到的缺陷能够确定其类型、尺寸、位置、形状与取向等，根据断裂力学理论和损伤容限设计、耐久性等对装备构件的状态、能否继续使用、安全使用的极限寿命或者剩余寿命做出评估和判断。

因此，无损检测技术不仅是装备设计制造过程和最终成品静态质量控制的极重要手段，而且是保障产品安全使用与运行的动态质量控制以及装备维护维修的重要故障检查手段，对提高装备维护维修质量、保证战备完好性方面有着极其重要的作用。

11.3.4.2 无损检测技术在装备腐蚀缺陷检测中的应用

随着新材料新工艺的应用以及工件结构日趋复杂，对其检测的难度越来越大。但是材料老化失效是不可避免的，为了确定重要工件的工作状况、工作寿命、预报事故的发生，各国不得不发展新的设备检测方法。对于军事装备和航空设备，其检测的重要性尤其重要。在军事装备上，重要零部件一旦发生失效等故障，就会发生连锁反应，致使整个设备瘫痪，不仅丧失战斗力，而且还会造成人员伤亡。在航空设备上，各国对航天器的设计提出了更为严格的设计标准，航天规划也不断推动航天系统性能和预期寿命的不断发展。

无损检测技术是装备腐蚀故障检查和预测的重要手段，对提高装备使用性能，保证装备修理质量，保障装备正常运行起到了至关重要的作用。装备腐蚀缺陷检测的目的是保证在腐蚀缺陷足以影响整个装备的性能之前，通过发现、监控缺陷的发生、发展趋势，并进行必要的维护维修或更换，以保证装备的装备完好性。所以无损检测应该贯穿于构件的整个使用过程中。

目前，装备腐蚀无损检测的主要用途是对装备的缺陷检查，主要有脱层检查、表面及内部的裂纹检查以及广泛分布的疲劳损伤和腐蚀检查。

1. 裂纹检测

在构件加工过程中,由于材料质量不合格,带有夹杂、原始裂纹等缺陷,那么材料的各项指标将会达不到要求,在使用过程中很容易产生裂纹。另外即使是完好的材料制作的工件,在使用过程中也会由于疲劳、蠕变等原因产生裂纹以致断裂。裂纹对装备造成的危害通常比较严重,如飞机起落架、火炮身管、导弹装备的燃料舱等,如果这些关键部位的裂纹扩大到一定的程度,将会造成重大事故。

美国的航天器设备都必须作完整性检查,通过各种方法可以对外壳结合处检查多达四层铝合金的疲劳裂纹。

2. 腐蚀检查

装备长期在盐分较大或空气潮湿的区域工作贮存时,零部件将会有不同程度的腐蚀,另外有些时候,使用中的构件直接导致了腐蚀状态的产生而不是裂纹问题,腐蚀失效也是目前失效的一种主要形式。腐蚀检查主要是测量构件的材料损失。一般可以用涡流法检查构件的损失情况。涡流法可以检查双层的表面以及重叠层间的腐蚀,由于采用了智能化检测技术,还可以报告侵蚀的程度和剩余材料的概要报告。

利用无损检测技术对武器装备和航空设备进行检测是化解风险、保证部队最大战斗力、发挥最大效益的有效方法。它可以对在用系统的结构完整性进行检查;鉴定构件的负荷区,为设计提供依据;预报缺陷可能出现和增长的情况;在系统遭受意外载荷后对系统进行评价。在系统日常训练工作中,定期检查可能出现的故障点,编制维修计划,对所出现的缺陷进行补救。可以说,无损检测技术在装备中的应用将会越来越广泛。

3. 脱层检查

在美国,红外无损检测技术已经正式应用于生产检测,美国无损检测学会还制定了一系列标准,并且已经运用红外无损检测技术对空间发射舱复合材料的脱粘进行检测。脱层是飞机机身等大面积构件裂缝产生的先导,所以对飞机机身的可靠性进行评价对飞行安全意义重大。利用红外无损检测技术可以很好地反映大面积构件的损伤。

无损检测方法很多,据美国国家宇航局调研分析,其认为可分为六大类约70余种。在实际应用中比较常见的有射线照相检验、超声检测、磁粉检测和液体渗透检测、涡流检测。其他无损检测方法还有声发射检测、热像/红外、泄漏试验、交流场测量技术、漏磁检验、远场测试检测方法等。

由于不同的工业和政府组织都非常重视腐蚀对军事部门和各国经济的严重影响,在过去的半个多世纪中,在预防和控制腐蚀方面取得了巨大成就。非破坏性的无损监检测技术在其中扮演了重要的角色,它主要是提供腐蚀早期迹象的监检测,以便能够在损害变得严重以前采取补救行动。在各国国防部及其他政府机构内部,对改进监检测方法的需求正在增长,不断老化陈旧的装备量在加速增加,而增加新装备的预算却反而在减少。目前,由于维修或替换费用的持续增长,希望非破坏性评价能够早期检测到腐蚀的要求显著增加。表 11-4 是美军部分已用于监检测飞机和地面车辆等装备腐蚀的无损监检测方法。

表 11-4 美军装备腐蚀无损监检测方法

序号	方法	序号	方法
1	中子射线透照术	6	交流磁桥扫描
2	数字化 X 线摄影术	7	热成像
3	导波超声	8	视频辅助外观检查
4	微波非破坏性评价	9	多频涡流法
5	磁光涡流成像		

11.4 外军装备腐蚀预防与控制典型案例

11.4.1 美军 P-3 飞机腐蚀预防与控制

1. P-3 飞机存在的腐蚀问题

P-3 飞机是美国洛克希德·马丁公司应美国海军的要求而研制的海上巡逻和反潜飞机。美军的许多飞机都存在腐蚀老化问题,包括空中加油机到战斗机以及战术运输机等,其中问题最严重的可能是 P-3 海上巡逻机群,这不仅因为 P-3 是在 1962 年—1990 年间生产的,而且它们经常要在低空盐雾环境中飞行,这对飞机的技术状态造成极其不利的影响。

由于 P-3 飞机处于严重的腐蚀环境,即使是最新的 P-3C 型的许多部件也产生了腐蚀,估计其比预计的设计寿命要降低 8 年之多。目前美国海军在全球工作的 P-3C 飞机超过 200 架。尽管 P-3 飞机已经老化,但它仍是美国主要的海上巡逻机。由于 P-3 海上巡逻和反潜机群迅速逼近其服役寿命的末期,为了维持 P-3 这一传统飞机一直服役到 2015 年,美国海军及其对外军售伙伴——加拿大军方、澳大利亚皇家空军和荷兰皇家海军,在 1997 年启动了结构寿命评估计划以评估飞机机身疲劳寿命和材料状况。结构寿命评估计划小组采用整体分析方法实现总拥有费用最小化和提高战备完好性,其主要措施包括采用最新的成熟技术使机身固有性能最大化、增强保护以抵抗工作环境以及改进探测缺陷的能力,同时实现减少使用、维修和保障费用的目的。

P-3 飞机设计于 20 世纪 60 年代早期,7075-T6 铝合金被广泛用于机身。

尽管其具有高强性能，但回火的7075铝合金呈现极其不良的应力腐蚀和剥落特性，外加严酷的海洋工作环境会导致显著的腐蚀问题。实践证明传统的腐蚀预防与控制方法不能有效地解决P-3飞机上发现的腐蚀损伤。在P-3飞机结构寿命评估计划中，采用整体方法来减缓该问题，但这需要三方面的技术支撑——最大化机身固有能力、增强防护以抵抗工作环境能力和改善探测缺陷能力。另外，某些部件还需要再设计以消除现有设计缺陷和改善可生产性。通过采用最新的成熟技术来获得最优化传统飞机的结构性能，同时还可降低使用、维修和保障费用。

2. 腐蚀预防与控制对策

1）最大化固有能力

材料在保证P-3飞机的安全及寿命方面起着重要的作用。P-3飞机主要采用7000系铝合金制造，而该合金对环境引起的损伤如点蚀、空穴腐蚀、剥蚀以及恒定载荷及疲劳载荷下的环境加速裂纹的扩展很敏感。

结构寿命评估计划小组研究了几个具有优异耐蚀性能的合金，被认为是可能一对一替代现有的材料。7150-T77511、7249-T76511和7055-T7XXXX铝合金显露出作为最好的替代候选物的可能。依据结构寿命评估计划小组的意见，在所有已知飞机计划中研制的大量合金，这些新材料详尽的特性受到前所未有的重视。

美国铝公司采用热处理回火专利技术生产的7150-T77511铝合金，适用于生产宽窄挤压制品。美国联合合金公司和Spectrulite国际财团股份有限公司对非专利技术生产的7249-T76511铝合金宽窄制品的热处理工艺最优化。美国铝公司非专利技术生产的7055-T74511和7055-T76511铝合金，被评估后分别作为窄的7075-T6511和7178-T76铝合金挤压制品的候选替代物。这些材料的航材规范（AMS）制定后由汽车工程师学会D委员会批准用于一般用途。测试了各个合金的100多个试样以形成A和B基线设计容限，该数据已被提交作为DOT/FAA/AR-MMPDS-01《金属材料性能研发和标准》的内容。另外，美国海军在印度洋服役的航空母舰上对新材料进行了6个月的环境暴露试验（图11-6），以验证这些新材料耐严酷环境腐蚀的能力。

图11-6 美国海军在航空母舰上开展的新材料环境暴露试验

2）增强防护

结构寿命评估计划小组评价了先进涂覆层和密封剂技术，以便改进材料性能和减少周期寿命费用。

美海军维修基地成立了一个 P-3 腐蚀行动小组以及 P-3 机群保障小组，制定了 P-3C 在基地维修时引入水置换型防蚀剂(WDCPC)的计划。美国海军《飞机武器系统的清理及腐蚀控制》技术手册(NAVAIR 01-1A-509)是美国三军通用的文件，它规定了几种水置换型防蚀剂在易腐蚀区或涂层损伤区的应用。这些 WDCPC 可以渗入到裂纹、空隙等处，一般采用喷涂或刷涂，通常为透明或半透明的涂层。WDCPC 可用于飞机大梁/腹板装配件、靠近辅助动力装置的内部结构、水平和垂直安定面、通道、盥洗间以及舱门等易腐蚀部位。WDCPC 在基地维修中一般被认为是降低用户成本和提高机群战备完好性的关键措施。

Ormecon 公司的 CORRPASSIVR^R 化学涂装产品是另外一类被评价的材料和工艺。该产品可充当电子接受体/供体，其聚苯胺给氧提供电子并参与金属氧化物壁垒的形成。初步结果表明该产品的性能比传统聚合物涂层更优异，可能取代化学转化涂层，是替换现有保护涂层的一个典型示例。

高速火焰喷涂被认为是适合涂装高强钢部件的最佳工艺。由火焰驱动的高速喷气发动机采用金属粉末涂装工艺。P-3 飞机起落架汽缸和炸弹舱传动装置选择采用高速火焰喷涂，验证计划包括试样和全尺寸试验，以及服役试用装置。实验室试验结果证实其性能相当于或优于铬镀层；具有类似的附着性能；增加了硬度、耐磨损、耐腐蚀和耐冲击；大幅降低疲劳和氢脆敏感性。在结构寿命评估计划中 P-3 飞机的全尺寸腐蚀疲劳试验表明，经过 59000 架次起落循环没有发现异常情况，同时在试验之后对起落架进行了完全破坏性拆解。另外，P-3 飞机的起落架汽缸累计超过 2000 个起落和炸弹舱传动装置工作超过 600 飞行小时而没有发现任何工作缺陷。

3) 再设计

再现有关发动机舱纵梁上部、主起落架桁肋和起落架阻力支柱在使用中出现的缺陷，有助于解决 P-3 机群过多的故障时间和高维修费用问题。目前的再加工/修复/更换方法，不能提供与现有设计和制造方法有关的疲劳裂纹和腐蚀损伤长期和经济可承受的解决办法。通过采用最新技术，结构寿命评估计划小组一体化设计了这些部件，从而改善了可生产性和可维修性。

(1) 发动机舱纵梁：以往由多达 39 个零件点焊而成的发动机舱上部纵梁生产复杂，并且前舱尾端接头部容易开裂。新的设计采用数控加工 17-4 PH 耐蚀钢坯，将总的零件数减少到 6 个，不仅改善了可生产性，而且消除了疲劳问题。

(2) 主起落架桁肋：锻造的 WS167 主起落架桁肋存在对应力腐蚀损伤敏感的问题，同时由于采用了 7075-T6 材料而引起插孔开裂，而以往的再加工容许公差却导致频繁的部件更换。新的数控加工的桁肋采用更耐蚀的 7050 - T7451,并且增加了再加工容许公差。该设计也将桁肋的制造时间从 6 个月大幅缩短到 6 周。沃特飞机工业公司采用相同的主起落架全尺寸疲劳试验夹具成功地测试了桁肋的最大荷载。

(3) 起落架阻力支柱:以往的起落架阻力支柱采用 4340 钢管设计,由于湿气易于滞留而导致腐蚀损伤,同时也妨碍内部检测。另外,由于生产技术复杂而使部件质量不稳定。再设计采用 AERMET 100 钢和数控加工技术生产有开口断面的新起落架阻力支柱(图 11 - 7),从而避免湿气滞留而导致的腐蚀损伤,同时显著提高可生产性并易于检测和再加工。

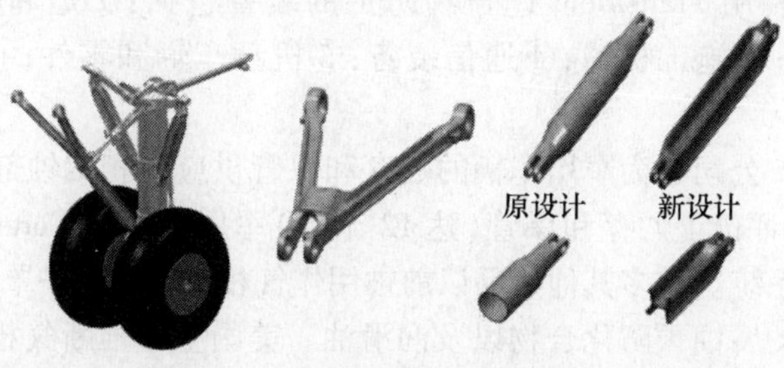

图 11 - 7　起落架侧支柱和阻力支柱

美国海军及对外军售伙伴实施的结构寿命评估计划采用最新的成熟技术实现飞机的结构性能最优化,可成功地解决 P - 3 飞机的老化问题,同时还能降低工作、维修和保障费用,使用户总的花费费用显著减少。通过这一系列必要的检测、修复、更换和再设计工作,能够支撑 P - 3 机群执行正常的勤务,并满足美国海军直到 2015 年前对 P - 3 机群的存量要求。

11.4.2 美军大型装备贮存腐蚀预防与控制

当存在高的相对湿度和腐蚀介质(如氯化物)时,装备就会发生腐蚀,通过消除、屏蔽或减少这些环境因素就可降低腐蚀速率。

1. 装备遮盖物

美军采用装备遮盖物来减少贮存在户外的车辆或大型目标的腐蚀。遮盖物的周边有束带,被拉紧以便环绕在目标周围并适应其形状。遮盖物由 3 层材料构成:①外层是耐紫外线的聚乙烯收缩/伸展薄膜,在极端温度下能够保持其性能;②中间层是胶粘剂;③内层是聚酯层,并用气相缓蚀剂充满并饱和。假设气相缓蚀剂从其原始态升华后,在金属表面吸附上 1 个或 2 个单分子层的缓蚀剂以抑制腐蚀。图 11 - 8 为利用 Transhield 商品制造的榴弹炮遮盖物的示例。

图 11-8　用 Transhield 商品制造的榴弹炮遮盖物

美军目前利用 Transhield 遮盖物防护的装备包括:①炮和炮零件;②引擎和传动装置;③施工机械;④通信装备;⑤机动车辆和零件;⑥飞机发动机和零件。

美国 Cortec 公司也为军用车辆的贮存和保管供应气相缓蚀剂产品和系统。最近,美国空军评价了贮存和保管(达 12 个月)军用车辆的 Cortec 公司的气相缓蚀剂产品和系统。许多其他产品以前被用作气相缓蚀剂防护罩,包括洗净剂、用于不同目的的腐蚀预防化合物以及润滑油。美国空军推断气相缓蚀剂产品,即使在严酷的大气条件下也能提供优异的腐蚀保护。整体化的气相缓蚀剂贮存方法简单有效。只需培训一天,美国空军人员就能很好地掌握该技术。由于不需要消除气相缓蚀剂产品,因此不管器材的大小,仅需几分钟就可除去遮盖物。表 11-5 给出了不同类型资产应用气相缓蚀剂防蚀的工时和费用。

表 11-5　不同类型资产应用气相缓蚀剂的费用和工时

车辆	应用/(工时/辆)	气相缓蚀剂产品成本(美元/辆)
120 辆的平均值	4.14	338
HMMVW	2.69	160
40K air cargo loader	7.5	795

2. 除湿

控制环境的相对湿度为 30%～40% 就可抑制大气腐蚀。Logis 技术公司供应美军用除湿设备。美海军陆战队后勤部门通过多支管系统和车辆接口适配器接收干燥空气去除装备内部湿气的例子如图 11-9 所示。通过使用车身封套,干燥空气也可被提供给遮盖物外面的装备。Martin 宣称通过除湿可以获得以下好处:

(1) 获得 10 年寿命期的投资回报率为 1∶7.4;

(2) 70% 的寿命期投资回报率包含在军事技术人员的人力费用中;

(3) 消除腐蚀、干裂和泄漏;

图 11-9 美海军陆战队多支管除湿系统

（4）消除燃料和液体的变质；

（5）减少维修工时 30% ~50%；

（6）降低贮存费用 20% ~30%；

（7）只需 50% 的人员即可完成全部武器的战斗准备。

11.4.3 国外军用飞机蒙皮防蚀涂层系统

聚氨酯涂料具有很好的柔韧性、抗腐蚀、耐老化、抗介质、抗燃油等性能。脂肪族聚氨酯涂料是目前性能最好的飞机蒙皮涂层系统所用的涂料。例如美国空军飞机的外表面有机涂层系统是采用符合美军标 MIL-C-83286 的脂肪族聚氨酯涂料，喷涂两层，平均干膜厚度约为 50μm；底层采用符合 MIL-P-83286 的底漆，喷涂一层，干膜厚度为 15~23μm，符合美军标的底漆有锌黄环氧聚酰胺底漆和锌黄聚氨酯底漆两个品种。

环氧聚酰胺底漆对飞机上各种液体介质具有良好抗耐性，对环境条件的腐蚀因素如潮湿盐雾等也有很好的抗耐性，并有良好的机械性能。对不同处理的氧化膜有良好的附着力，但对磷化底漆必须考察相容性后方可使用，还要能适应各种类型的面漆。双组分聚氨酯底漆也对飞机上液体介质具有良好的抗耐性，对大气条件下各种腐蚀因素也具有很好的抗耐性，有良好的机械性能，对经过不同表面处理方法处理过的铝合金有良好的附着力。与目前使用的聚氨酯面漆的层间结合力胜过环氧聚酰胺底漆。飞机蒙皮外表面涂层系统的面漆一般都是用双组分的脂肪酸聚氨酯磁漆，没有多少选择的余地，这种聚氨酯面漆的性能都符合美军标 MIL-C-83286，并得到波音公司、空中客车公司等大型飞机制造公司的确认。飞机外表面涂层系统有相当多的选择和组合方案，国外对飞机外表面涂层系统的选择见表 11-6。

表 11-6 国外飞机外表面涂层系统的选择

公司名称或机型	涂层系统				
	阿罗丁-1200处理	阳极化处理	磷化底漆	中间漆	聚氨酯面漆
波音公司,所有型号	√			√	√
MDC公司,所有型号	√			√	√
MDC公司,F-15		√		√	√
英国宇航,BAE 146		√	√	√	√
福克公司,F-27		√	√		√
F-28		√		√	√
DORNIER公司,DO-228			√	√	√
DORNIER公司,F-5		√		√	√
通用动力公司,F-16		√		√	√

11.4.4 美军减少军事预置资产腐蚀实现费用节省的附加措施

1. 背景

美军为了实现其全球战略目标和提高快速反应能力,在世界各地的陆地和船舶上贮备了大量军事预置装备和物资,以便能使部署的部队能够快速投入战斗。预置装备和补给物资是战略资产,与海上补给和空运一样,是延伸的军事能力,主要包括战斗装备、备件和支援补给等。

为了摸清腐蚀对军事预置资产的影响,美国会在审议2006财年国防拨款法案时,要求美国总审计署开展腐蚀对预置资产影响的评估工作。美国总审计署主要关注于陆军和海军陆战队对预置存货的管理,因为这两个军事部门占了军方预置资产的大多数,他们为当前在西南亚的行动提供了大多数的装备。为了实施评估工作,总审计署也研究了军方的政策、程序、管理及维护预置资产的习惯;访问了选择的维护设施和预置场所;分析这些资产各种报告,包括检查和维修报告;与管理和维护预置资产及管理腐蚀预防和减缓计划的负责官员讨论了腐蚀问题。实施评估过程中调查涉及的主要单位包括国防部长办公室下的腐蚀政策和监督办公室、参谋长联席会议后勤主管部门、11个陆军部门、9个海军陆战队部门、9个海军部门、第七空军总部、美军太平洋司令部及美军驻韩部队,总计达34个之多。

美国总审计署2006年6月14日向美国会提交了题为"国防管理:减少预置军事资产腐蚀的附加措施可实现费用节省"的报告(GAO-06-709),为了减少腐蚀对预置资产的影响和支持附加的腐蚀预防和减缓努力,美总审计署建议:①陆军考虑使用临时性掩蔽处的可行性,包括湿度可控设施来贮存目前贮存在户外地面基地的预置资产;②陆军和海军陆战队收集和使用与腐蚀有关的数据以支持附加的腐蚀预防和减缓努力。

总审计署的目标是:①评估陆军和海军陆战队为减少腐蚀对预置资产影响所采取的措施;②评估与腐蚀有关的数据对陆军和海军陆战队为了支持预置资产的腐蚀预防和减缓努力的有效性。

2. 预置资产贮存状况

总审计署发现陆军由于没有足够的掩蔽处而将大量地面基地的预置资产贮存在户外,特别是贮存在韩国 Cam PCarroll、科威特 Cam PArifjan 和南卡罗莱纳州 Goose Creek 户外的装备,因此遭受湿气、沙尘和其他因素的腐蚀。陆军官员自己也发现无保护的装备腐蚀更快、更严重,并将更快地下降到必需的维护状态标准之下。在韩国 Cam PCarroll,陆军加强旅作战部队装备有大约 30% 是贮存在经常有湿气和潮湿的地区户外,其余的装备则贮存在湿度可控设施中。陆军官员声称由于装备缺乏维护,因而发现大量缺陷和战备完好性不足,而腐蚀是主要的问题之一。这些官员说因为贮存在户面的一些装备腐蚀更快和更严重,因此陆军承受了额外的维护费用。在韩国的陆军官员发现需要更多费用去维护贮存在户面的那些装备,因为这些装备需要被检查三次,常常多于在湿度可控贮存库的装备。

大量的陆军预置装备也贮存在科威特的户外,按照国防部和陆军官员的说法,科威特的环境是高腐蚀的,因为是潮湿的气候、高盐分水平和强风。在 2006 年 4 月的时候,陆军几乎把它在西南亚的所有预置资产都贮存在外面(共计大约 11000 件产品)。南卡罗莱纳州 Goose Creek 的陆军海上预置设施,装备贮存在外面期间,因为缺乏贮存设施没有进行维护,装备大多数时间贮存在外面,平均有 1~3 个月。

在某些情况下,装备贮存在外面要超过 3 个月,例如曾有 44 辆 M1A1 坦克和 10 辆油罐车在户外搁置超过了 1 年之后进行了维护,与腐蚀有关的损坏花费总计达 120 万美元。陆军官员说虽然很少发生这种室外贮存拖延的情况,但由于装备等待上载的时候也可能发生某些室外贮存。

3. 贮存预置资产采取的附加措施及效果

陆军和海军陆战队采取了一些减少预置资产腐蚀和实现好的操作状态的措施,首先是通过在船舶和地面场所使用湿度可控的贮存设施。所有的海军陆战队预置资产是贮存在湿度可控的设施中,如湿度可控的船舶和挪威的山洞。虽然在陆军的政策中,贮存预置资产的首选方法是采用湿度可控设施,因为室外贮存会使装备更易受到腐蚀的影响而降级,由此增加维护要求和费用,然而在总审计署确定的几个地点,陆军却普遍地把它的大量地面预置资产贮存在户外,如陆军在南卡罗莱纳州的海上预置设施,对等待上船的装备来说也缺乏湿度可控的贮存库,装备在外面的某个地方平均要贮存 1 ~3 个月。陆军官员指出了一些原因,首先是竞争资金的优先权,因此不能为所有的陆基预置资产提供室内贮存。

虽然陆军和海军陆战队已经采取措施减少腐蚀对预置资产的影响,此外陆军也可能为地面基地的资产加大它的贮存设施的使用,但仍然需要采取额外的行动才能实现。掩蔽资产(特别是湿度可控设施)已经证明是关键的防腐蚀行动,但仍有大量陆军地面基地的预置资产由于没有适当的掩蔽而贮存在户外。该行动在进行装备采办方面大的投资和在其每年的维护费用方面是不经济的。

此外,当陆军和海军陆战队没有收集预置装备的腐蚀数据时,这类数据的收集可能提供确定维护问题的潜在原因和研究这些问题的解决措施的额外的信息。没有这样的数据,部队也许就缺乏支持更有效地防止、减缓腐蚀和实现长期费用节省努力的动机。直到陆军和海军陆战队采取附加的行动防止腐蚀,例如执行使用临时性掩蔽处是最可行的和收集与腐蚀有关的数据,贮存在户外的预置装备将继续遭受加速腐蚀和部队将继续招致不必要的维护装备和修复腐蚀损害的费用。

据报告在 2003 年代号为"自由伊拉克"的军事行动中使用的预置装备是处于良好的操作状态,没有因腐蚀而被降级,而这些装备中的大多数是贮存在湿度可控的设施中。一项陆军的研究表明,在湿度可控的设施中掩蔽的装备获得的投资回报,最小的投入产出比为 1:8。

在韩国,陆军最近付出巨大的努力完成了维护预置资产和改进一些长期存在的问题,但是仍然有几乎 1/3 的资产继续贮存在户外。同样,由于陆军重组它在西南亚的预置装备,在科威特的成千上万的陆军装备产品被贮存在户外严酷的环境条件下。陆军官员列举为了争取资金的优先权和其他的因素,而不能为所有的地面预置资产提供户内贮存。然而,临时性掩蔽处对立即贮存需要也许是可行的选择。陆军已经对若干预置资产使用临时性掩蔽处和湿度可控的贮存设施。

减少陆军和海军陆战队预置资产腐蚀的首要措施是使用湿度可控的贮存设施。在 2003 年伊拉克军事行动中拨付的预置装备的大多数都是贮存在海上或陆地上这样的设施中。来自第 3 步兵师的陆军官员声称除了一些车辆的橡胶密封外,输入西南亚的预置装备都处于良好状态,即便有腐蚀也是最小的。这些官员说他们没有遭受任何影响他们执行任务的腐蚀。同样地,在西南亚使用或观察预置装备使用的第 1 和第 2 海军远征队的官兵发现,预置装备处于很高的战备完好性和没有记录到任何影响他们执行任务的腐蚀情况。此外,第 3 海军远征队的官员说在预置船 USNS Lummus 的装备在韩国 2004 训练演习中使用,普遍处于无变化的良好工作状态,它们最早的上船大约已有 2 年时间。这些官员说后来在2005年8月的维护也证实这些装备继续处于良好的工作状态,而这些都是基于对这些装备中大约200件进行的详细检查。他们告诉总审计署除了较少的漏水和O形环变坏外,装备一般无腐蚀问题。

在陆军政策之下,贮存预置资产首选的方法是湿度可控设施,因为这样的贮存被认为可以非常有效的保存装备。维持低湿气水平可以减少腐蚀,因为潮湿是腐蚀的第一位的原因。同样地,海军陆战队的政策指出装备应该保护在气候可控的设施中可能是最好的。陆军和海军陆战队官员告诉总审计署使用湿度可控设施可以有效地将装备腐蚀最小化和维持高的战备完好性水平。在预置船上的陆军装备被贮存在甲板下的湿度可控货仓中。另外,陆军在一些地面基地的湿度可控仓库贮存预置装备,海军陆战队预置资产贮存在湿度可控的船舶或在挪威的洞穴中。湿气水平,特别是在船上,必须在陆军和海军陆战队指导线以下,并连续不断地保持在明确的范围内,同时严密地监控。

除了湿度可控的贮存库外,陆军和海军陆战队也采取了其他的措施有意帮助减少腐蚀对预置资产的影响。陆军和海军陆战队政策要求装备在配备到预置状态前将其恢复到好的状态。特别是,陆军维修规则要求预置装备维持在“10/20”标准,它是陆军对装备维护的最高标准。陆军维护规则也规定了滑润剂和防腐剂的使用,以及定期的检查。海军陆战队政策指出全部的装备放置在贮藏库时一般将是处于“规定A”状态。规定A意味装备的使用没有任何的限制或约束。海军陆战队官员告诉总审计署装备如果满足该标准,则仅仅只有少许或没有腐蚀。海军陆战队预置装备维护指南由多种腐蚀预防和减缓措施组成,包括目测检查泄漏、除去腐蚀、重涂及维护。贮存在预置船的装备,必须定期进行检查。陆军和海军陆战队官员都说例行处理腐蚀是作为恢复装备满足标准的维护过程的一部分。

国防部与总审计署同时建议陆军考虑使用临时性掩蔽处的可行性,包括湿度可控设施来贮存目前贮存在户外的地面基地的预置资产,以及陆军和海军陆战队收集和使用与腐蚀有关的数据去支持附加的腐蚀预防和减缓努力。然而,国防部没有提供明确的计划行动、里程碑和贯彻建议的办法的信息。为了尊重海军陆战队,国防部声明收集足够的数据大概不是低优先级问题而是资金问题。正如在总审计署的报告所提到的那样,海军陆战队官员告诉总审计署收集这些数据是低优先级的。

总审计署认为资金和优先权的结合应该最可能为部门慎重地使用资金提供更大的保障。同样在总审计署的报告中声明,国防部通过投资附加的腐蚀预防和减缓努力能够实现长期的费用节省。另外,在腐蚀预防措施上的投资可以减少装备产品需要的维护数量,从而延长装备产品的可用寿命期。在总审计署评价国防部意见的基础上,总审计署增加了国防部规定行动、里程碑及陆军和海军陆战队为了贯彻总审计署建议的办法的建议。

为了评估与腐蚀有关的数据对陆军和海军陆战队支持为预置资产所作的腐蚀预防和减缓努力的实用性，总审计署与国防部和负责管理与维护预置资产的部队司令官进行了接触；获得并检查了国防部和部队的政策及为了收集和报告维护费用与相关的装备材料状况信息的程序。总审计署获得和分析了对这些资产不同的费用与维护报告，包括检查与维护日志、数据库、估价和行动之后的报告。特别是，总审计署讨论了实际存在的确定和腐蚀对预置资产维护费用及装备状况的定量影响的障碍，以及衡量标准和为了更好地防止和减缓腐蚀所需要的收集、追踪、报告和管理努力的相关的信息系统，以及确定开展这些问题所需资金的数量。

通过收集腐蚀数据获得的附加信息可以支持陆军和海军陆战队更有效地防止和减缓腐蚀及实现长期费用节省的努力，这在给与部队每年提出与腐蚀有关的问题上投入的财力方面是非常重要的。腐蚀预防措施可能减少大量的维护需要，因此提供了装备产品延长其寿命期的可能。陆军以前有成功应用有关非预置计划的腐蚀数据来支持腐蚀预防和减缓以实现长期费用节省努力的案例，例如陆军国民警卫队在1994年它的车辆和装备的湿度可控的贮存计划的最初阶段。

警卫队官员告诉总审计署他们收集和分析了大量的腐蚀信息和它对所挑选装备的费用影响，估计通过采用湿度可控的贮存设施可能避免与腐蚀有关的大量费用。计划官员目前估计到2010财年，掩蔽和保存的努力将节省总计达12亿美元的费用，投入产出比为1∶9。陆军官员在收集“地狱之火”导弹发射器腐蚀数据之后提出了相似的结果，即最具腐蚀倾向的发射器的类型和所处区域——例如导弹的安全/保险开关——是确定和可证明的。

基于该研究，维护技术人员在其损坏前知道更好地寻找腐蚀和如何控制它。陆军导弹司令部战术导弹计划执行办公室认为通过对“地狱之火”导弹采取腐蚀预防措施能够节省全部长期寿命期所花32亿美元费用中的大部分。

有效地解决装备预置资产的腐蚀问题，能使部队实现大量的费用节省，也能为在世界范围内快速部署战斗力量而提高战备完好性和安全性。为了减少腐蚀对预置资产的影响和支持附加的腐蚀预防和减缓努力，美总审计署建议国防部长采取以下三项行动：

（1）指示陆军部长调查暂时掩蔽处的可行性，包括湿度可控设施——用于贮存目前贮存在户外的地面基地的预置资产及如果这种效果可行，就采取适当的行动去贯彻以便最大可能的使用掩蔽处。

（2）指示陆军部长收集与腐蚀有关的数据，与现有的陆军规则的要求一样，利用这些数据支持附加的腐蚀预防和减缓努力。

（3）指示海军陆战队司令官要求收集与腐蚀有关的数据，并利用这些数据支持附加的腐蚀预防和减缓努力。

总审计署也建议国防部长指示在负责采办、技术和后勤的国防部副部长领导下,指定部门的计划行动、里程碑和为完成陆军在使用临时性掩蔽处去贮存地面基地的预置资产,以及收集和利用陆军和海军陆战队与腐蚀有关的数据以便支持附加的腐蚀预防和减缓努力的可行性研究办法。

11.4.5 俄罗斯贮存装备的腐蚀预防与控制技术

俄军贮存装备所采用的两种主要防腐蚀方法及相关防腐蚀材料是:

1. 采用涂层将装备金属表面与大气隔离

为防止或延缓大气对装备的腐蚀,俄军主要采用使金属表面与大气隔离的方法。贮存装备(各种车辆、武器及其他装备)时,在其金属表面涂覆一层不透气且能抵抗环境影响的涂层。俄军目前采用的主要涂层有:

1) 油漆涂层

油漆涂层使用相当广泛,它不仅是一种机械屏障,而且有利于依靠涂料中的钝化剂来延缓腐蚀过程。涂料可用于各种战斗装备、车辆、导弹等。

施工方法是:把油漆均匀地涂在金属表面上,直接在贮存地使其完全干燥。油漆层具有很高的耐蚀性,坚固耐用,并保证了伪装。但应防止随便用一种别的涂料来代替制式油漆涂层,或违反规定的涂漆工艺,或忽视涂漆前认真处理金属表面。此外,工程技术人员应定期检查油漆涂层状态,清除已损坏的涂层部分,对于污垢,特别是油迹一定要清除干净,可用含有 3 ~ 5% 的肥皂液、温度 35 ~ 50℃ 的热水定期清洗武器装备的涂层表面,这有利于延长涂层的使用期限。还应用水和毛刷及抹布擦去漆层上的酸迹。油漆层表面再涂一层 п с – 40 防腐剂或 3л п 半流体润滑油(制造汽车时使用的),这样就能较好地保护漆层免受水分和阳光影响。

2) л с п 防护涂料

该涂料是由红褐色的 XB – 14 高氯乙烯瓷漆和 6% ~ 8% 的 AK OP – 1 缓蚀剂混合而成。此涂料不燃烧。使用时,可用毛刷涂刷、用喷雾器喷涂,或用“浸涂法”把零件浸入涂料,都很容易使金属的表面涂上防护涂层。清除涂层时,用机械方法就可轻易除掉。此涂料可用来保护除铜以外的所有金属表面。在这种涂层上再涂一层油漆,则可提高机械强度和气密性。

3) Hг – 222(A、Б)薄膜涂料

Hг – 222A 主要用来保护装备的外表面,而 Hг – 222Б 是用来保护装备的内表面。施工时用喷雾器或毛刷把涂料喷涂或刷涂到经过清洗、没有油脂的装备表面。内表面无需经过清洗就可进行封存。启封时,用石油溶剂(汽油或煤油)清除涂层。在海洋和热带气候及腐蚀性较强的条件下,使用 Hг – 216A 涂料效

果较好。发动机、黑色金属制品和铝制品的外表面一般使用 Нг－216Б 涂料，备件的贮存也可使用 Нг－216Б 涂料。

贮存装备时，主要应使用那些能用机械方法或化学方法（溶剂）清除的涂料。П 防护涂料即属于可用机械方法清除的涂料，Нг－222（А、Б）和其他涂料属于可用化学方法清除的涂料。

除油漆涂层外，俄军在贮存装备时还采用了下述主要的防腐蚀材料：

1）防护润滑油脂

像油漆涂料一样，下述各种防腐蚀封存材料在金属防腐蚀中占有重要位置。其中使用最普遍的是润滑脂和防护油。与油漆涂料相比，其优点是：涂油去油容易，价格低廉，并具有一定的润滑和抗磨作用。把缓蚀剂加入润滑脂中能提高防护效果。对装备进行外部油封时，一般用塑性防护脂，如 ПВК 炮油、ГОИ－5П、АМС－3（АМС－1）等。这类油脂的缺点是：涂油去油比较困难，机械强度和抗氧化能力较差，干燥慢，润滑能力较差。

2）防锈油

这种润滑油最适于涂在金属表面。它与防护脂不同，具有优良的物理化学性能，涂油简单，有很好的防护作用。

保护黑色和有色金属内外表面时，一般使用 К－17 液体防护油和溶剂稀释型防护油 Нг－203（А、Б）。Нг－203Б 防护油只用来保护内表面。液体防锈油的优点是在被封存的机械开封时，不用清除就可把制式的润滑油注入机械的油路系统。当装备贮存在有防护和阳光的遮棚里或盖布下面时，这些防护油就起到了保护装备金属表面的作用。液体防护油在保护有色金属方面有许多限制，例如 К－17 防护油不能用来保护镉、铅、铜及其合金。其中 Нг－203（А、Б）不能用来保护锌、镉、铜。

3）防锈润滑油

液体防护油的缺点是不能作为润滑油使用。当装备投入使用后，这种防锈润滑油可继续用到第一次换油。作为添加剂已得到广泛使用的有 АК ОР－1 缓蚀剂。在对减速器和曲轴箱注油前，在油里加入 10%～20% 的缓蚀剂，并要求防锈润滑油中没有机械杂质和不分层。

4）润滑防锈油

这是一种防护性能优良的制式油，装备封存和启封时无需换油，如 КРМ 发动机就属于工作防腐蚀油。该防护油可有效地保护未涂漆的金属外表面。此外，还起着密闭缝隙的作用。与防护脂相比，润滑防锈油的优点是：涂油去油迅速简单，用量较少，使用范围广。

5）其他防腐蚀材料及除锈方法

封存燃料、液压和冷却系统时，应使用制式的或添加缓蚀剂的油液。液压系统广泛使用制式液压油。燃料系统可以采用制式燃料（柴油、汽油）与 AK 0P－1 缓蚀剂的混合液。这种燃料还能用来启动启封后的发动机。冷却系统采用溶液加 AK 0P－1 添加剂的办法清洗，如水和甘油混合液与重铬酸盐、乳化剂，使金属表面留下一层保护膜，从而达到防锈效果。

清除 ЛСП 润滑油之前，一般先用机械方法（如钢丝刷、砂纸、砂布等）或化学方法（如氢氧化钠、硫酸等溶液）除去锈蚀。但是对于难以接近的部位（如支架梁、旋转台、底座的内腔、车架的内表面等）用这种方法不能达到完全除锈的目的。因此，必须使用专门的混合防锈改性液。施工时把改性液涂到已除去疏松锈层的表面上，使其变为中性层，然后再涂防腐蚀材料。目前广泛使用的防锈改性液有 П1Т 和 П3Б。此外，俄罗斯还生产了具有多种性能的 г－改性液（ПРЛ－2，ГИСИ，ВА－01 等），其中，ВА－01 防锈改性液使用效果更好。施工时，要等它干燥之后再涂防腐蚀涂料。

俄罗斯还研制了一种能把疏松的氢氧化铁变为浓密而稳固的不可逆的一层氧化物，保护金属不受腐蚀的磁性氧化铁（四氧化三铁）的防锈稳定剂。俄罗斯认为，这种能浸润锈蚀层并形成坚实防水层的制剂有很大的应用前景。

在俄罗斯国民经济成就展览会上展出了一种防腐蚀底漆，它是在环氧树脂和油酸的基础上合成的。用它来保护金属表面，预先不需清除锈层。

俄罗斯认为，П－П 3－1130“Ц”粉末涂料值得推广使用，这种涂料可保护金属表面封存 10 年之久。另外，受到重视的还有以 3П－00－10 油灰底漆为基础的合成瓷漆，它可使涂料的使用期限延长 2～3 倍。

2. 改变装备周围空气中的成分

装备贮存在暗舱或库房时，俄军还采用静态法（吸湿剂）和电动风干法进行防护。方法主要是降低空气中的水份，使用挥发性缓蚀剂或向贮存空同充惰性气体以减弱周围空气的侵蚀性。

1）自然干燥法

把吸湿剂装在若干个小口袋里，每袋装 350～400g，然后把这些口袋置于密封的容器内，每立方米需要挂 2～5kg 吸湿剂。

2）电动风干法

此方法主要是采用专门设备，使库房或暗舱里的空气定期通过设备上的过滤器以滤除空气中的水分。

俄军目前还广泛使用挥发性缓蚀剂来进行防腐蚀，认为采用挥发性金属缓蚀剂是一个既有效又通用、既经济又合理的保护装备的方法。使用缓蚀剂比其他防护方法大大简化了装备的封存和启封工作，并能保证装备长期安全贮存。抑制大气腐蚀的挥发性缓蚀剂充斥于金属周围空间，吸附在金属表面上，保护其不受腐蚀。采用这种缓蚀剂时，就没有必要再用防腐蚀涂料来保护零件。保护有黑色和有色金属装备的一般使用 г－2、ХЦА、НДАХ、НФХАН－6 等缓蚀剂。使用方法是：把缓蚀纸分挂（放置）在座舱、机械部件、隔舱、槽车里。уНИ 缓蚀纸用于保护黑色金属，НДА 缓蚀纸用于保护有色金属，而 МБгИ 缓蚀纸可用于黑色和有色金属。缓蚀纸的用量一般根据缓蚀剂的需要量（通常 $100g/m^3$）、防护范围和缓蚀剂在每平方米纸中的含量来确定。

俄军认为，仅仅熟悉防腐蚀涂料及其使用方法还不能保证装备完全不受腐蚀，重要的是要使全体官兵爱护装备，培养他们爱护装备的高度责任心。装备防腐蚀对部队来说是一项长期的重要任务，解决好这个难题就能提高装备的战备完好性，从而提高部队的战斗力。

11.4.6 加拿大陆军车辆腐蚀控制工作

1. 陆军车辆腐蚀状况

2000 年，加拿大军方开展了中型后勤轮式车辆的检查行动。检查表明，25% 的车辆遭受了严重的腐蚀。中型后勤轮式车辆在服役 18 年后，提供了晚期腐蚀和结构损坏的证据，由此凸显了最陈旧后勤车队的安全问题。加拿大国防部根据检查中存在的腐蚀问题，于 2001 年启动了战斗服务支援车辆的腐蚀控制和车身维修计划，计划包括腐蚀预防化合物（如 Krown T－40）在车辆上的应用。腐蚀控制和车身维修计划增加了费用，降低了由腐蚀损坏导致的车辆数量，同时也提高了陆军车辆开展更主动的腐蚀预防计划方面的兴趣。

加拿大陆军战斗支援车辆被贮存在户外，有些则用塑料布遮盖。根据其工作功能分为以下四种：① 轻型轮式多用途车辆（LUVW）；② 轻型轮式支援车辆（LSVW）；③ 中型轮式后勤车辆（MLVW）；④ 重型轮式后勤车辆（HLVW）。

轻型轮式多用途车辆总计为 2200 辆，在 2003 年和 2004 年开始服役，从开始就采用了满足 15 年防腐要求的预装件，目前尚没有直接的有关腐蚀的报告。

轻型轮式支援车辆有大约 2750 辆，于 1993 年开始服役，原计划 2013 年退役，但很可能进行延寿。据报告该型车有临时应急装置，以供维护所需。目前，腐蚀预防化合物 Krown T－40 每年都被用于该型车辆。

中型轮式后勤车辆有 6296 辆，于 1982 年开始服役，计划于 2008 年退役，检查中发现其有严重的腐蚀和结构损坏。目前，腐蚀预防化合物只用于在加拿大大西洋一侧和在蒙特利尔仓库的车辆，并将继续服役到被中型支援车辆系统（MSVS）替换。

重型轮式后勤车辆有 1210 辆，该型车目前正在进行较大范围的延寿计划。延寿计划的一部分就是处理腐蚀。一种腐蚀预防化合物每年都用于该型车，尽管其腐蚀没有在 LSVW 和 MLVW 那样显著。

加拿大国防部网站报告了在 2000 年秋天，对最老旧的中型轮式后勤车辆

(MLVW)的检查,唤起了对车辆部件安全性的担忧。在服役 18 年以后,大部分车辆部件都有严重腐蚀和结构损坏的迹象,导致完整性的严重损失,由此可能导致安全方面的危害。

对在 CFB Petawawa 和 CFB Gagetown 服役的车辆的调查表明,MLVW 驾驶室普遍腐蚀。该型车 25% 有显著腐蚀。驾驶室的车门槛板周围、地板、挡风玻璃框等处腐蚀最为明显。腐蚀导致维修费用增加,以及在不久的将来 MLVW 重要的和高利用率部件的维修备件的短缺,建议 MLVW 到 2010 年退役。

2001 年,车辆支援管理部门启动了战斗支援车辆的腐蚀控制和车体维修计划。该计划包括应用一种用于车辆的腐蚀预防化合物 Krown T-40,该产品是以质量工程测试研究所进行的评价研究为基础而被选择的。

腐蚀预防化合物是液体,它可为装备原有保护层老化失效的地方提供特佳的临时保护层,其处理后的薄膜类型可分为硬质、软质或油质膜三种。澳大利亚国防科学与技术组织、质量工程测试研究所和加拿大皇家军事学院联合开展了腐蚀预防化合物的研究。

2. 加拿大陆军车辆腐蚀控制计划建议

为了提高装备的战备完好性、可用性和使用寿命,降低用户总花费费用,加拿大国防部研究研制局所属的大西洋中心和加拿大皇家军事学院认为有必要贯彻全面腐蚀控制计划,以便将加拿大陆军车辆的腐蚀损失最小化。计划应当包括以下方面:

(1) 从设计阶段开始。对新采办的车辆,腐蚀控制计划应当确保费用低廉的新涂层材料和涂层应用技术在新车辆上被采用。

(2) 腐蚀调查。对已有车辆,应当进行调查以帮助确定腐蚀和费用减缓的范围和程度。建议对美国海军陆战队腐蚀管理工具进行修改以适合加拿大的需要。

(3) 基于状态的维修。目前的腐蚀控制和车体维修计划要求每年在车辆上应用腐蚀预防化合物。在维修车辆时,应当贯彻基于状态的维修计划(包括腐蚀预防化合物应用)。腐蚀预防化合物应用的最佳次数取决于车辆被暴露的环境。暴露在温和环境条件下的车辆需要应用腐蚀预防化合物的频率远低于暴露于严酷环境条件下的车辆。腐蚀预防化合物应用的量和位置也影响车辆的保护水平。对这些问题的回答需要试验室和现场测量的结合,或者通过使用原位传感器进行监测。计划也应当确保受到腐蚀的车辆尽早得到维修。

(4) 采用先进的贮存技术。目前采用的贮存技术的有效性可通过在被贮存的装备内放置传感器而得到评价(如 CLIMAT 试样、钢试块和温度/相对湿度记录仪)。如果发现所用的技术有缺陷,则应当考虑采用新的贮存技术(如气相缓蚀剂防护罩、除湿)。DSVPM 3-16 研究了气相缓蚀剂技术,发现应当将其融入腐蚀控制计划。

(5) 采用新的涂层修补技术。计划应当确保采用新的涂层材料和合适的涂层修补技术。

11.4.7 美军 F/A-18 舰载机腐蚀控制措施

海军在海水大气环境下执行军事行动,必然遭受严酷的盐、飞溅、浪花以及持续不断的湿/干循环的作用,从而使海军装备遭受到广泛而严重的腐蚀问题,估计每年的腐蚀费用在 20 亿~30 亿美元,是海军大量的维修问题之一,其飞机部件的腐蚀要占到每年维修费用的 1/3。

风和水的联合行动是产生海水浪花的条件,在航母舰载机和舰船处于低干舷的情况下,当钢质门保持开启状态时,海水浪花会被带到飞行甲板和机棚甲板上。有时,这些水花似乎像飞沫或薄雾,其大小取决于主要气象条件。如果加上排气,盐雾就可能被酸化至 pH2 的强酸性。经常发现这些薄雾冷凝在舰载机上,以致达到飞机表面滴落海水的程度,因此环境的腐蚀性很强。

暴露环境的严酷是腐蚀严重的原因之一,但它还需要与飞机在地面的时间相联系(或者在航母舰载机的修理甲板上)。美国海军飞机平均每天飞行 4~5h,然而,腐蚀过程在非作战期间最活跃。因此,海军航母舰载机静止地暴露于严酷腐蚀环境每天达 19~20h。这揭示并说明海军航母舰载机遭受腐蚀的数量和严重性。因此,不仅气候因素进入了腐蚀方程式,而且持续时期和暴露方式也进入了腐蚀方程。

生产 F/A-18 飞机必须解决的材料问题就是腐蚀控制。如果飞机在空中飞行,腐蚀问题一般不在空中,而是在地面,或者像 F/A-18 飞机一样是在海洋之中。对美国海军航母舰载机来说,观测报告指出腐蚀速度是相当严重的。

对飞机来说,阳极和阴极可能是铝翼梁和复合外壳,电解液是来自波浪的盐水,而波浪正好越过航空母舰舰艏以后坠落。由于阳极和阴极材料是按照设计标准(重量、强度和性能)选择的,阻止腐蚀的普通方法是密封隔水(电解液),通常是采用涂料和密封剂来实现的。

发生在飞机上的腐蚀类型有几种。在 F/A-18 飞机模铸线发现的普通腐蚀类型是丝状腐蚀,其特点是发生在涂漆的铝底层。丝状腐蚀多数从紧固件周围和涂覆体系已破裂的蒙皮边缘开始。高的相对湿度、氯离子(海盐)和氧促进了丝状腐蚀生长。维修腐蚀区域的方式是采用局部打磨方法除去腐蚀。美海军研制出在现场进行腐蚀维修的自修复面漆。它含有无铬酸盐缓蚀剂以及不需要底漆。

如果一直观察 F/A-18,那么剥离腐蚀是少见的,大多数部件采用较新的铝合金和改进的热处理而消除了剥离腐蚀。

点蚀是局部腐蚀，起因于铝上的小坑。一旦点蚀开始，它可能就会扩大和在铝上形成深洞，并通过氯离子、低 pH 和水的参与而加速，所有这些正如前面所述，是航空母舰环境的特征。在 F/A－18 飞机上已经发现了点状腐蚀。

几种其他材料被用于防止 F/A－18 飞机的腐蚀。铝包皮用在飞机上以减少腐蚀趋向。在包覆层情况下，相对于纯铝的薄牺牲层保护了其下面的高强铝合金。铬酸盐转化膜和阳极氧化铝提供了抗蚀性以及改善了涂层的附着力。电位不同的金属涂上有机涂层以隔离阳极和阴极材料。铬酸盐环氧底漆为铝底层提供了大部分的腐蚀保护。聚氨酯面漆因其卓越的弹性和耐久性而被使用。聚硫化物密封剂和铬酸盐底漆被用于装置的湿扣件腐蚀保护，也用于连接表面和嵌条密封以便减少水侵入的可能，可以防止某些类型的腐蚀。

为了腐蚀保护除了选择正确的材料之外，确保这些材料由波音公司有资格的供应商和转包商严格地生产和应用同样重要。金属化学处理溶液的维护浓度和温度、涂料和密封剂的正确混合及控制、检验涂料和密封剂的附着力、测量铝热处理后的硬度和电导率、通过氢脆测试和每月一次的盐雾试验等都是判定获得飞机最好耐蚀性的重要步骤。波音公司依靠其做得很好的供应商和转包商，因为腐蚀或许是当军用飞机服役时所面临的最大敌人。

在新飞机上使用特殊涂料会给海军维护人员造成有关腐蚀控制方面的额外挑战。用于飞机信号控制的涂料有时会加速腐蚀过程。大范围的工作就要求供应商将腐蚀对这些材料的影响减到最小。已经研制成功改善了耐蚀性的特殊涂料。

美国职业安全与卫生管理局的规定也许会引起腐蚀保护方面的额外挑战。铬在铝材飞机的腐蚀保护方面是主力。无铬酸盐底漆正在研制，目前正在 F/A－18飞机和其他飞机模铸线表面上进行户外评价。户外评价表明无铬酸盐底漆接近于铬酸盐底漆的耐蚀性，但溶液仍然需要进行内部结构方面的研制改进。

随着环境规定方面的不断改变，设计未来飞机以便将腐蚀减到最小永远都是一种挑战。新材料例如 appliqué 涂料，可能减少对 F/A－18 飞机模铸线的腐蚀量。

差异最小的金属和限制扣件的数量能减少潜在的腐蚀，同时也能减少装配时间和费用。当高性能飞机同时有强度和重量要求时，新材料需要能够提供改善的耐蚀性。

航母舰载机要遭受最严酷的腐蚀环境。腐蚀控制措施非常繁重并需要持久坚持，而确保的总目标就是保持 F/A－18 机队处于高度战备状态以便保护国家和同盟国的利益。由于环保要求、职业安全和健康规则的修改，需要供应商不断地研制更绿色和更安全的材料。在波音公司和它的供应商之间加强联系以便开发解决这些问题的措施是非常必须的。

11.4.8 外军弹药包装技术

国外关于弹药等军用设备的包装材料及包装容器的研究较深入,20 世纪 80 年代初就已开始炮弹塑料包装箱的研究。德国最大的化工集团 BAYER、美国通用电气公司等化工巨头都参与了各自国家的研制计划。德国1983 年开始在"黄鼠狼"步兵战车上试装了 20mm 炮弹塑料包装箱,美国也从 1983 年开始装备了 20mm 炮弹塑料包装箱。外军在弹药塑料包装箱的研制中经历了从小口径到中小口径直至大口径这一过程,现已有 120mm 炮弹塑料包装箱列装。到 1999 年,美军的各型炮弹塑料包装箱占炮弹包装箱的比例已达到 65% 左右,而在 1983 年以前还是空白。

目前美军正开发各种耐寒薄膜、防潮薄膜、防腐膜、高屏蔽薄膜等多功能复合薄膜,以适应各种弹药的包装需要。在内包装上大量采用铝塑复合膜进行防潮密封包装,外包装上正研制各种高性能、轻质化的塑料筒、玻璃钢筒及玻璃钢箱,以提高包装的贮运、使用性能。美国近年来成功地研制了采用聚酰胺(环氧)玻璃纤维增强塑料制作的具有高强抗冲击性、抗老化性及环境适应性的弹丸筒及药筒,如美国麦道公司的 SMAW83mm 火箭筒的发射筒就是用玻璃钢材料制成。

德国研制了一种包装炮弹的新塑料筒,该塑料筒由筒体、筒底、筒盖、内衬纸筒和弹性材料密封环组成,起到了较好的防护效果。外军还大量应用以塑料成膜剂为基材,通过添加增塑剂、缓蚀剂、矿物油、防霉剂、稳定剂等制成的可剥性塑料来封存炮弹定心部及弹带等进行防锈包装。欧洲开发了一种包装、运输和贮存三用的棉布袋散装火药的塑料包装筒,该包装由筒体、筒盖和筒底组成,其特点是强度高和抗静电性能优良,筒盖和筒底用炭黑、金属粉、金属纤维的聚乙烯或聚噻吩塑料制成。

11.4.9 美军装备紧固件腐蚀控制

美军装备的大量腐蚀问题中,也包括了紧固件和连接件的腐蚀。许多装备的紧固件与连接件由于没能正确选用材料和进行结构设计,或者腐蚀控制措施不恰当,在严酷的环境条件下造成紧固件断裂、连接失效、运动部件卡滞、转向制动操纵困难等故障,不但影响了装备的结构完整性、运动的灵活性以及安全性,同时也涉及维修时的拆解难易程度、维修工作量以及维护维修费用。

例如,高机动多用途轮式车辆(HMMWV)是设计用于几乎任何地形或环境的一种轻型卡车,美国陆军和海军陆战队大量采购的一种轻型战术车辆,其整个车辆用了 2800 多个铆钉固定。尽管当今已有非常先进的防腐蚀技术,但由于其预先缺乏设计和材料选择方面的通盘考虑,HMMWV 在使用仅仅几年后就开始出现严重的腐蚀问题。贯穿 HMMWV 的一个问题就是普通 1010 碳钢用于许多部件,如紧固件、把手、支架及结构。几乎所有服役的 HMMWV 的这些部件都被腐蚀,因而造成了需要进行大范围的维修。

为此,美军相应开展了紧固连接件腐蚀对策研究工作。例如,美国海军陆战队为了解决 HMMWV 存在的严重腐蚀问题,开展了紧固件腐蚀控制对策研究。研究证明紧固件卡滞最可能是由螺纹接触区的腐蚀引起的,并因存在连接的异金属而被加速如在铸铝上的钢螺栓暴露在海水侵蚀环境中。采用石油基防卡滞产品包含石墨和铝(粉、片)不仅可起到滑润剂的作用,而且耐蚀,可保护钢紧固件的电偶腐蚀。有需要注意的是,石墨也起着电偶组件的作用,因此会加重钢和铝的腐蚀。同样,石油基载体可能也起着水分散剂预防水进入螺纹接触区的作用,因此螺纹部件的腐蚀可能最小化。

另一方面,PTFE 基聚四氟乙烯防卡滞产品可能也起着螺纹润滑剂的作用,并且也可以预防水积聚,这是因为该成分的疏水性。地面车辆紧固件处理评价研究的目的是评价暴露在周期循环的侵蚀环境下的不同的螺纹紧固件材料的不同防卡滞处理在预防卡滞/咬合的性能。他们利用测定随在环境试验箱试验的时间而变化的增重和从铝板和钢板移除紧固件所需的扭矩来评价紧固件防腐蚀性能。加速大气暴露包括湿度暴露,准备好的三份装配件被放置在循环环境试验箱内,并暴露在 $NaCl$、$CaCl_2$ 和 $NaHCO_3$ 混合液的盐雾循环、高温干燥循环和高湿循环,试验标准按照 GM 9540P。试验暴露范围从 1~90 天,连续进行,中间不检查或维修。试验显示在钢板上的钢紧固件比在铝板上的钢紧固件最易咬合。石油基的防卡滞和聚四氟乙烯基螺纹处理可有效预防卡滞和螺纹损坏。

美国装甲车辆司令部进行的有关研究表明,一种高性能的用于战车紧固件上的防蚀涂层体系由两层构成,即金属陶瓷底层和氟碳树脂改性的硅树脂面层所构成,其耐盐雾性达到 1000h 以上;而美军研究实验室腐蚀科学小组对 M1 Abrams 和 Bradley 两种型号的战术装甲上所用的高强度钢紧固件进行了腐蚀控制研究,他们在这些紧固件上进行了多种涂层体系选择研究,其中有早期欲采用的镀镉及新近研究的等离子气相沉积铝(或铬)及二元合金电镀锌镍合金,其中等离子气相沉积铝和二元合金电镀锌镍合金显示出比镉电镀更好的耐蚀性。

1990 年美国国会首次颁布了《紧固件质量法》(101 公共法),对市场上紧固件的质量首次用国家法律的形式予以保护,2000 年国会对此法案又进行了重大修改。美国军用标准 MIL-STD-1546《航天器和运载器的零件、材料和工艺程控大纲》提供了外协产品的质量控制大纲。为了指导设计师选用,还制定了一套紧固件“优选目录”军用标准。

11.5 美军装备腐蚀预防与控制战略

美国作为当今世界唯一的超级大国,为了满足其全球战略的需要,其装备不可避免地要经受全球最严酷的腐蚀环境。由于装备高机动、高毁伤、高生存能力等要求,装备的复杂程度越来越高、新材料的应用越来越广泛,使环境腐蚀及其对装备造成的影响更加严重。

2002 年美国的腐蚀调查发现其装备及其基础设施普遍存在严重的腐蚀问题,在造成了巨大的经济损失的同时,对安全性和战备完好性造成严重影响。为此,美国国会责成总审计局对武器装备腐蚀状况进行全面评估。美国总审计局 2003 年呈交美国国会的题为《降低腐蚀费用,提高装备战备完好性》的报告中,报道了环境腐蚀对武器装备的战备性和安全性造成的巨大影响,并且估计造成每年 200 亿美元的直接损失,是构成武器装备寿命期总费用的最大部分,要求国防部认真对待装备腐蚀问题。

由于腐蚀对美军用资产所造成的巨大经济损失,美国国会制定了 2003 财政年度国防授权法案,并由布什总统于 2002 年 12 月签署,要求总审计局对国防部的腐蚀问题进行监控,由此拉开了美国从国防部顶层开始的改革预防和控制腐蚀的序幕。该新法案要求国防部指派高级官员或机构负责组织和进行军事装备和基础设施的腐蚀预防和减缓计划,同时要求指派官员或机构监督和协调国防部各部门的推荐政策指南,要求国防部长规划和执行减少腐蚀影响的长期战略。为此,美国国防部防腐蚀政策和监督办公室 2004 年发布了《预防和减缓腐蚀战略计划》,并于 2008 年 11 月发布了修订版,各军兵种也制定了各自的腐蚀预防与减缓计划。现在,所有美国防部超过 1 万美元的采购物在采办之前都要求有腐蚀控制计划。

如何对装备腐蚀费用进行精确统计、科学分析,准确查找出装备腐蚀费用产生的关键环节与原因,制定合理的应对措施,已成为美军装备保障领域亟待解决的关键问题之一。为了更有效地应对装备因腐蚀造成的巨大经济和军事损失,美国国防部成立了“腐蚀预防与控制综合产品组”,负责从顶层开始推进腐蚀预防与控制工作。

美国会要求国防部:①指定相应的负责人或机构监督国防部采办过程,保证在装备的研究和研制、以及工程和设计阶段中充分考虑和使用防腐蚀技术和工艺;②要求国防部长提出长期战略以减少腐蚀和腐蚀对军用装备及其基础设施的影响,研发长期腐蚀控制策略,包括:进一步加强腐蚀控制;在通用装备、基础设施和作战团体中使用的新腐蚀控制技术使用统一试验和鉴定的要求;在国防部内部全面实施腐蚀控制信息的采集和共享项目;设立腐蚀控制专项以及各种专题研究项目。

美国总审计局在分析原因时指出，国防部和军队缺乏有效的方法预防和减缓腐蚀。虽然部队在单独的防腐项目中取得一些成功，但在整体腐蚀控制方法上还很薄弱，从而削弱了其腐蚀控制效果。例如，国防部没有腐蚀预防和减缓的战略计划，各军种要么没有拟定，要么没有实施这种计划。各军种中也没有腐蚀控制中心办公室，以管理装备及基础设施的腐蚀控制；但其下属的单位中有多个腐蚀办公室。这些办公室有不同的策略、程序和经费渠道，因而限制他们之间的协调和标准化。在多数情况下，腐蚀控制官员并不知道其他腐蚀控制办公室所做的事情和取得的成就。而且，腐蚀控制办公室大部分扮演顾问角色，其目标和动机有时与为其投资的作战司令部的目标和动机有冲突。导致许多提议的项目，甚至那些有巨大潜力能减少未来腐蚀损失的项目被赋予低的投资优先度。这些弱点降低国防部的整体腐蚀控制效果，也使各军种没能避免每年几十亿美元的可以避免的损失。

美国先进材料和工艺技术信息分析中心指出以往装备腐蚀控制存在如下问题：

(1)过去单个的国防项目已实施一批高效的腐蚀控制工艺，但是，这些支撑特定项目的腐蚀控制工艺基本上未能转化到其他可用的项目，时常让项目经理去“搞重复发明”，造成巨大的浪费；

(2) 1993 年前后，五角大楼采办改革取消了许多腐蚀控制相关标准，一部分转化成基于性能的规范，其余的转化为商业“等同”标准，使有腐蚀控制要求的合同没有合适的标准可以引用；

(3) 国防部已在腐蚀控制技术投资大量经费，但有关数据难以得到和利用；

(4) 从高等院校毕业的设计者缺乏对腐蚀机理和控制措施的基本理解。

美国总审计局在对武器装备腐蚀问题的大量调查的基础上，向国防部提出了相关建议：

(1) 制定有效的国防部战略；

(2) 各军种提供更有力的保障，使国防部的战略计划能成功地实施；

(3) 完成一个腐蚀基线研究；

(4) 建立一个投资机制以实施腐蚀战略；

(5) 作为 2006 财政年度预算向国会提交报告；

(6) 各军种部建立政策以审查非重点项目的腐蚀控制计划；

(7) 参谋长联席会议主席指挥集中后勤能力委员会评审腐蚀控制计划。

美国防科学局通过对武器装备及基础设施腐蚀问题的研究之后，向国防部提出如下建议：

(1) 在采办过程中宣传并实施强调寿命周期成本而不是采办成本的政策，

提供激励和培训以保证腐蚀费用被完全考虑；

（2）采用标准量度和定义，在国防部中要求实施全面和准确的腐蚀数据报告系统；

（3）组成30个小组，每个小组由5位腐蚀专家组成的队伍，对所有国防部武器系统装备进行全面评价；

（4）在每个军种中设立腐蚀主管，负责监督、报告并全权管理腐蚀专项投资；

（5）重新提炼和再激活腐蚀科技组合投资，并且将这一领域的有效投资增加到原来的3倍；

（6）重新组建腐蚀政策和监督管理局。

为了切实贯彻美国会和总统的要求，通过切实可行的腐蚀预防与控制工作，实现减少装备腐蚀和节省费用的目标，美国国防部提出和逐步实施了以下对策措施：

1. 建立统一协调的管理和执行机构

根据国会及公共法案的要求，听取总审计局和国防科技局的有关建议，国防部迅速采取了一系列的装备腐蚀控制措施。首先是在国防部成立了腐蚀政策和监督办公室，负责用长远的眼光审视腐蚀的影响并制定腐蚀控制战略。这一战略将强调捆绑腐蚀费用的要求，建立度量标准以测量有效性，为军用装备和基础设施制定可靠的预防、控制和减少腐蚀的政策。

腐蚀控制战略是自从采办改革以来最重要的政策制定工作，制定和实施腐蚀控制战略将引起国防部处理腐蚀问题的实质变化，这需要来自国防部、其他关键政府部门，甚至国防领域以外的技术专家、管理人员和政策制定者的洞察力、经验和辛勤劳动。

为了完成国防部赋予的使命，腐蚀控制政策和监督办公室组首先成立了一个腐蚀论坛，主要是各军种的腐蚀控制主管和专家，军队科研机构的专家，以及来自美国腐蚀工程师协会和美总审计署的专家。他们理解存在的问题和涉及的制约条件，专业和高效地寻找解决问题的方案。腐蚀论坛的使命是协助腐蚀控制政策和监督办公室起草新的国防部腐蚀政策，负责建立实施新的腐蚀政策所需的文件、工具和技巧、方法、技术、大型项目和其他动议。该腐蚀论坛现已由一个固定的腐蚀控制集成产品组（CPCIPT）取代。CPCIPT的目标是：

（1）在减少腐蚀影响方面提供下列战略指导和有效管理：

① 在国防部内部进一步强调腐蚀控制和减轻；

② 确保在国防部中要求、试验标准和新的防护技术的认证一致应用；

③ 建立和维护一个协调的途径，以采集、评审、验证、和发布已通过验证的防腐蚀方法和产品的信息；

④ 监督和牵头实施协调的科技项目，包括新防腐技术在作战系统中的应用的演示、确认和转化。

（2）制定和建议有关预防和减少腐蚀的政策导向，包括：

① 审查由部长建议的各军部的腐蚀项目和投资水平；

② 制定一个路标并监控/跟踪腐蚀相关活动的进展；

③ 制定战略以有效地跟踪腐蚀损失及其对战备性和安全性的影响；

④ 在改进维护和训练计划方面提供指导；

⑤ 确保在军用系统和基础设施寿命期中充分考虑防腐技术的利用和防腐处理的应用。

为了获得最大的有效性，CPCIPT 从国防部相关机构和被认为关键和有益的机构中征募成员。他们是资深的技术、管理和政策的专业人员，所有成员利用他们的专业知识来制定和实施国防部腐蚀战略。

美国国防部已成立了完整的腐蚀控制组织机构，其构成和分工见图 11－10。

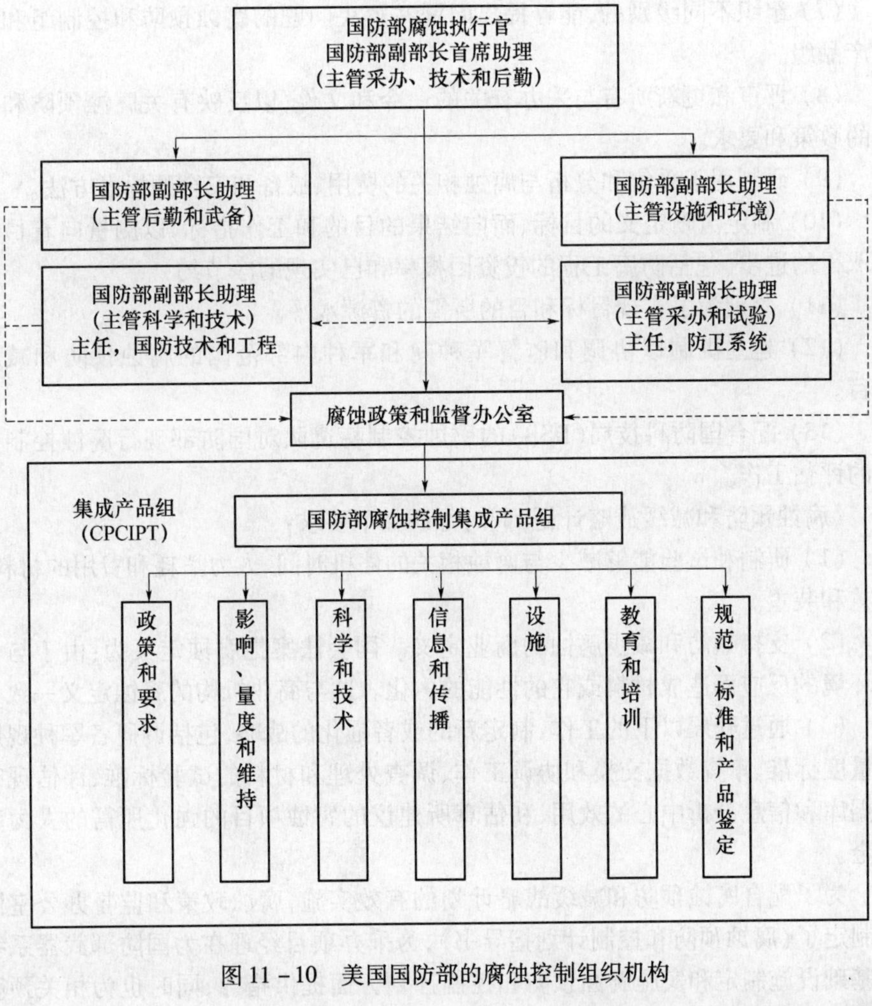

图 11－10　美国国防部的腐蚀控制组织机构

2. 制定装备及基础设施腐蚀控制长期战略

美国防部腐蚀政策和监督办公室发布了《腐蚀预防和减缓战略计划》,内容包括:

(1) 加速现代化(用更快的速度更换旧设备)。

(2) 关闭低效的设施(减少利用率低下的基础设施的维修负担)。

(3) 使用迅速、高效的基于网络的战略以交流和共享最好的经验。

(4) 把实施腐蚀控制计划作为基于性能的采办和基于性能的后勤的明确部分。

(5) 使规范、标准和认证过程流线化和标准化。

(6) 创建一个正式的延伸到国防采购局的评审构架,以评价腐蚀控制计划及其实施。

(7) 组织不同级别的,能够提出问题并解决问题的腐蚀预防和控制组和集成产品组。

(8) 评审和更新所有与采办有关的命令和文件,以反映有关腐蚀预防和控制的政策和要求。

(9) 研制用于采集和分析与腐蚀相关的费用、战备和安全的标准方法。

(10) 制定清晰定义的目标、面向结果的目的和工作指标,以测量向着目的所取得的进步(包括防腐工程的投资回报率和已实现的净节约)。

(11) 鉴别为了实现目标和目的所需的资源水平。

(12) 建立机制以协调和监督军种间和军种内部范围的腐蚀预防和减缓项目。

(13) 配合国防科技局(DSB)的腐蚀控制特遣队对国防部现行腐蚀控制努力的评估工作。

《腐蚀预防和减缓战略计划》同时强调如下要求:

(1) 研制和试验能够减少与腐蚀相关的停机时间、人力消耗和费用的材料、工艺和装置。

(2) 支持预防和减少腐蚀的商业定义。国会法案把腐蚀定义为:由于与化学环境的反应而造成材料或它的性能的劣化。这与商业机构的腐蚀定义一致。

(3) 通过开展以下的工作,制定新的或者强化的战略,包括调研各军种现用的量度标准、审查数据交换和协调工作、调查处理和材料的试验标准、评估现行数据库和信息分析中心的效用、和估算所建议的腐蚀项目的强化所需的人力和资金。

为了配合腐蚀预防和减缓战略计划的有效实施,腐蚀政策和监督办公室同时制定了《腐蚀预防和控制计划指导书》,为采办项目经理在为国防部武器系统和基础设施制定和实施腐蚀预防和控制计划方面提供指导,同时也为相关预防腐蚀设计提供指导。该指导书详细规定在装备寿命期各阶段所需要进行的腐蚀控制工作。指导书中提出了典型的腐蚀预防和控制计划应包括如下文件:

(1) 腐蚀预防和控制计划。

(2) 表面处理规范。

(3) 环境试验和验证计划。

(4) 腐蚀维修文件及指导。

提出腐蚀控制计划应该考虑的典型措施包括:选择耐蚀材料、防腐设计、防腐涂镀层、电化学保护、化学转化层、分析记录、与后继项目的防腐措施的配合等。

3. 制定和修订腐蚀控制有关政策法规

《腐蚀预防和减缓战略计划》的全面实施,需要相关的法规和标准的支持。从法规上讲,美国国会的公共法是腐蚀控制最顶层的法律。根据公共法和《腐蚀预防和减缓战略计划》的要求,国防部已开始制定、整理和修订相关法规。这些法规涉及面较广,包括 DODD5000 系列,以及各军种的有关法规如 AR750 - 59《陆军腐蚀预防与控制大纲》、AR70 系列条例等。

4. 增加腐蚀控制技术发展的经费投入

根据国防科技局关于增加装备腐蚀控制有效投资的建议,腐蚀政策和监督办公室组成专门的 CPCIPT 负责审议装备腐蚀控制项目,进一步拓宽经费渠道和提高支持力度。

5. 完善并强化标准体系

针对执行新的腐蚀控制政策时,主要存在的标准化程度、协调应用、维护职责和跨部门交流问题,下决心进行腐蚀控制标准的全面制定、整理和修订工作。所有这些工作都由 CPCIPT 的相应工作组负责,包括"政策和要求"工作组和"规范、标准和产品鉴定"工作组。

6. 强化信息交流与共享

优化对装备腐蚀控制知识库的访问,加强信息共享和交换,是全面实施装备腐蚀控制战略的重要手段。因此,《腐蚀预防和减缓战略计划》中提出"使用迅速、高效的基于网络的战略以交流和共享最好的经验"。

美军在腐蚀控制信息共享与交流方面,从原来定期召开三军腐蚀会议和陆军腐蚀峰会的基础上,发展到建立国防部腐蚀交换网站和召开国际装备腐蚀研讨会。

2003 年,由国防部负责,委托相关机构建立了基于互联网的信息共享平台(www. dodcorrosionexchange. org),从该平台上可以看到所有有关装备腐蚀控制的重大事件、相关文献、国家及军队的法规和条例、历次有关国防腐蚀控制会议的基本情况、腐蚀控制基本知识以及相关的腐蚀控制产品、国防部以外的腐蚀控制资源等。

7. 强化人才培养措施

人员培训是实施《腐蚀预防和减缓战略计划》不可缺少的重要部分，国防部在实施这一计划中专门指定 CPCIPT 机构负责人员培训工作。在国防部的腐蚀交换网络平台上也有相关的培训信息。整个教育和培训的长期策略的目的是鉴别并恰当地培训每一个人员，包括国防部和承包商的人员，因为他们的行为能够显著地预防或者减轻国防部的设备和基础设施的腐蚀。

美国国防部认为，腐蚀培训计划也应该包含以下的工作内容：①鉴定需要接受腐蚀培训的人员；②定义需接受培训的范围；③鉴定各层次人员潜在的培训不足；④鉴定持续培训/证书潜在的不足；⑤更新培训要求以涵盖最新技术的执行。

11.6 装备腐蚀预防与控制发展趋势

1. 大力研发耐蚀而经济的材料

所有装备都是由材料构成的，材料是腐蚀控制的基础，因此装备用材料耐蚀性优劣永远是装备腐蚀预防与控制的根本，是装备腐蚀预防与控制的内因，其他的外部防腐蚀技术、方法和措施只是外因，起辅助和补充防护的作用，不能从根本上解决装备腐蚀问题。研发新的特种合金、新型陶瓷、复合材料等耐腐蚀材料，是从根本上治理装备腐蚀问题的最好途径。在保证材料耐蚀性的同时，也应极其重视降低材料成本，因为如果材料价格太高，即使其耐蚀性特别突出，其应用范围和用量仍会受到很大限制，大力研发耐蚀和低成本的装备用材料是装备腐蚀预防与控制的永恒主题和方向。

2. 创新研发腐蚀预防与控制技术和工艺

随着装备向高毁伤、信息化、精确化、全天候发展，在对高性能新材料需求不断增加的同时，也对这些材料的腐蚀防护提出了新的要求。可以说，没有新材料的腐蚀防护，就没有新材料的工程应用。因此，不断开发新的腐蚀预防与控制技术和工艺，满足装备用各种新材料的防护需求，弥补新材料在耐腐蚀方面的不足，与新材料研发一样是装备腐蚀预防与控制永恒的主题和方向。

3. 强化腐蚀预防与控制技术和工艺的自然环境考核与验证

装备的制造、运输、贮存和使用等都离不开自然环境，自然环境是装备在全寿命期内经历的最基本环境。自然环境中的各种因素及其交互作用可能会腐蚀或破坏装备结构及材料，造成器件、部件和装备性能劣化和功能失常，从而影响其作战效能。因此，高度重视对装备及材料、构件、工艺进行自然环境试验，掌握其在各种典型环境条件下的腐蚀特征和变化规律，考核和验证装备腐蚀预防与控制技术及工艺的环境适应性优劣，采取相应改进措施，为装备环境适应能力的提升提供技术支撑。

4. 重视腐蚀预防与控制技术系统集成

引起装备腐蚀的环境无处不在,导致装备腐蚀是不可避免的。“腐蚀是从绘图板上开始的”,因此腐蚀控制也必须从设计阶段即介入。装备腐蚀控制涉及正确选材、合理设计、表面处理和涂覆、防护包装、改善环境条件和注入缓蚀剂、电化学保护等多种途径,任何环节的失误都可能对装备造成不利影响。在装备腐蚀预防与控制工作中,从系统工程的角度,重视对装备生产各个阶段所涉及的腐蚀预防与控制技术进行系统集成,不但可以有效提高装备腐蚀防护水平,而且从成本、效益出发,也可实现腐蚀控制的投资效益最大化。

5. 系统开展装备腐蚀监检测

装备的腐蚀通常是各种环境因素对其产生缓慢作用下逐渐发生损坏或劣化的具体表现,都有一个发生和发展的过程。有些腐蚀表现在外部如出现金属锈蚀、涂层脱落,肉眼即可发现,而有些则是肉眼无法直接发现的,如涂覆层下的腐蚀疲劳开裂。在各种腐蚀形态中,有些腐蚀对装备功能、性能没有太大影响,而有的不但对功能、性能有影响,而且对装备的结构完整性和安全性都会产生重大影响。

因此,系统的开展装备腐蚀监检测,特别是关重部件进行腐蚀状况的在线、实时、无损监检测,并进行腐蚀状况评价和预测预报,不但可以保证和提高装备的完整性和安全性,还可以实现视情维修,与传统间隔维修制度相比,有较好的针对性,可显著节约人力和物力。

6. 研发环境友好型的绿色腐蚀预防与控制技术

装备腐蚀预防与控制技术、工艺、措施的实施,或多或少都需要消耗防护材料,有些腐蚀防护工艺所用材料有毒,有些则是在生产过程中产生有毒有害物质。从严格意义上讲,没有任何一项腐蚀预防与控制技术的实施没有污染,而只有污染严重和不严重之分。随着人们对环境保护越来越重视,对环境保护的要求和法规也越来越严格,在装备生产中所受到的限制也越来越多。

从社会义务来讲,装备所采用的任何腐蚀预防与控制技术、工艺和措施都应当尽可能降低对环境的污染和损害。因此,在装备生产中,需要不断满足和符合环境保护的要求,应当积极主动开发和应用高效、施工方便、成本低廉的环境友好型的绿色腐蚀预防与控制技术,如用于工序间的长效水基防锈剂,淘汰对环境危害大的落后的技术和工艺。总之,研发满足装备腐蚀防护需要的环境友好型的绿色腐蚀预防与控制技术是社会发展的必然趋势。

综上所述,装备的腐蚀预防与控制是一项复杂的系统工程,涉及材料、结构设计、生产、运输、贮存、管理、维护、使用等诸多环节。虽然装备腐蚀过程是一个自发的过程,完全避免装备腐蚀是不可能的,但是只要通过合理选材、正确设计、科学生产、提高工艺水平、改善贮存条件、加强技术防护和科学合理的管理,就可以减缓腐蚀发生、发展的速度,延长装备服役寿命,大大降低装备后勤保障的负担,降低装备全寿命周期费用,保证装备的战备完好性,把腐蚀对装备造成的危害与损失降到最低,从而实现装备腐蚀预防与控制在军事和经济方面的巨大价值。

参考文献

[1] 文邦伟. 美军 P-3 飞机结构寿命评估计划简介[J]. 装备质量,2010,10:48-53.

[2] 文邦伟. 美国陆军车辆腐蚀控制工作综述[J]. 装备质量,2009,2:53-57.

[3] 文邦伟. 美军通用弹药涂料计划[J]. 装备质量,2006,5:51-55.

[4] 文邦伟. 美军 F/A-18 航母舰载机海洋环境腐蚀[J]. 装备质量,2006,11:36-41.

[5] 文邦伟. 用于航空母舰环境的材料[J]. 装备质量,2007,1:39-44.

[6] 文邦伟,等. 美军三大自然环境试验中心[J]. 装备环境工程,2004,1(4):87-90.

[7] 文邦伟,等. "中国兵器科技工业发展论坛"论文集[M]. 北京:兵器工业出版社,2004:25-27.

[8] 文邦伟,胥泽奇. 外军装备环境适应性典型案例[J]. 装备环境工程,2005,2(3):88-93.

[9] 文邦伟. 美军高机动多用途轮式车辆腐蚀分析[J]. 装备环境工程,2005,2(5):87-89.

[10] 文邦伟. 美军减少军事预置资产腐蚀实现费用节省的附加措施[J]. 装备质量 2008,1:52-59

[11] 文邦伟. 装备腐蚀无损监检测方法[J]. 装备质量 2006 年,8:

[12] 汪学华,等. 自然环境试验技术[M]. 北京:航空工业出版社,2003. 163-164.

[13] 王震,陈志伟. 无损检测技术在装备中的应用[J]. 中国测试技术,32(4):9-10.

[14] 陈学军. 俄罗斯军队武器装备防腐方法及所常用的防腐材料[J]. 防腐蚀(中文版)Anti-corrosion, 2004,11:20-22.

[15] 腐食コスと調査委員會. わが國の腐食コスと[J]. 材料と環境,2001,50(11):505.

[16] Daniel J Dunmire. Beating Corrosion Requires Change at the Top. The AMPTIAC Quarterly, Volume 7, Number 4, Dec 2003.

[17] Department of Defense, Corrosion Prevention and Mitigation Strategic Plan, http://www. dodcorrosionexchange. org, NOVEMBER 2008.

[18] David H Rose, George A Matzkanin. Improved Access to Corrosion Research Will Reduce Total Ownership Costs. The AMPTIAC Quarterly, Volume 7, Number 4, Dec 2003.

[19] FHWA funds Cost of Corrosion Study. Corrosion costs and preventive strategies in the united states - appendix bb defense. Report by CC Technologies Laboratories, Inc. to Federal Highway Administration (FHWA), Office of Infrastructure Research and Development, Report FHWA-RD-01-156, September 2001.

[20] GAO-06-709, Defense Management Additional Measures to Reduce Corrosion of Prepositioned Military Assets Could Achieve Cost Savings, June 2006.

[21] Nam D Phan. P-3 service life assessment program (slap) - a holistic approach to inventory sustainment for legacy aircraft. Support and Rotary Wing Aircraft Strength Branch United States Navy, Naval Air Systems Command.

[22] CC Technologies Laboratories, Inc. to Federal Highway Administration (FHWA), Office of Infrastructure Research and Development. FHWA funds Cost of Corrosion Study. Corrosion costs and preventive strategies in

the united states—appendix bb defense. Report FHWA – RD – 01 – 156, September 2001.

[23] United States General Accounting Office. Defense Management Opportunities to Reduce Corrosion costs and Increase Readiness. GAO – 03 – 753 , July 2003.

[24] United States General Accounting Office. Defense Management Additional Measures to Reduce Corrosion of Prepositioned Military Assets Could Achieve Cost Savings. GAO – 06 – 709, June 2006.

[25] Defence R&D Canada Atlantic, Royal Military College of Canada. Review of Corrosion Control Programs and Research Activities for Army Vehicles. Technical Memorandum, DRDC Atlantic TM 2006 – 055, August 2006.

[26] Nam D Phan. P – 3 service life assessment program (SLAP) – a holistic approach to inventory sustainment for legacy aircraft, Support and Rotary Wing Aircraft Strength Branch United States Navy, Naval Air Systems Command.

[27] Prepared by the Under Secretary of Defense (Acquisition, Technology and Logistics). REPORT TO CONGRESS Department of Defense Status Update on Efforts to Reduce Corrosion and the Effects of Corrosion on the Military Equipment and Infrastructure of the Department of Defense, May 2005.